TRATADO DA ARGUMENTAÇÃO

TRATADO DA ARGUMENTAÇÃO

A Nova Retórica

Chaïm Perelman
Lucie Olbrechts-Tyteca

Tradução
MARIA ERMANTINA DE ALMEIDA PRADO GALVÃO

wmf **martinsfontes**

Esta obra foi publicada originalmente em francês com o título
TRAITÉ DE L'ARGUMENTATION por Éditions de l'Université de
Bruxelles, Bruxelas, em 1992.

1ª edição *1996*
3ª edição *2014*
6ª tiragem *2025*

Tradução
MARIA ERMANTINA DE ALMEIDA PRADO GALVÃO

Revisão da tradução
Eduardo Brandão
Revisões
Luzia Aparecida dos Santos
Renato da Rocha Carlos
Dinarte Zorzanelli da Silva
Produção gráfica
Geraldo Alves
Paginação
Studio 3 Desenvolvimento Editorial
Capa
Katia Harumi Terasaka

Dados Internacionais de Catalogação na Publicação (CIP)
(Câmara Brasileira do Livro, SP, Brasil)

Perelman, Chaïm
Tratado da argumentação : a nova retórica / Chaïm Perelman, Lucie Olbrechts-Tyteca ; tradução Maria Ermantina de Almeida Prado Galvão ; [revisão da tradução Eduardo Brandão]. – 3ª ed. – São Paulo : Editora WMF Martins Fontes, 2014. – (Biblioteca jurídica WMF)

Título original: Traité de l'argumentation.
Bibliografia.
ISBN 978-85-7827-904-2

1. Oratória 2. Raciocínio 3. Retórica I. Olbrechts-Tyteca, Lucie. II. Título. III. Série.

14-10148 CDD-168

Índices para catálogo sistemático:
1. Argumentação : Lógica 168

Editora WMF Martins Fontes Ltda.
Rua Prof. Laerte Ramos de Carvalho, 133 01325-030 São Paulo SP Brasil
Tel. (11) 3293-8150 e-mail: info@wmfmartinsfontes.com.br
http://www.wmfmartinsfontes.com.br

Índice

TERCEIRA PARTE

AS TÉCNICAS ARGUMENTATIVAS

Prefácio à edição brasileira

Fábio Ulhoa Coelho

É instigante como algumas idéias, embora importantes quando irrompem na filosofia, acabam por esmaecer e chegam até ao completo desaparecimento, para, após séculos, ressurgirem vigorosas e renovadas, em contexto histórico substancialmente diverso. Esse é, entre outros, o caso da noção aristotélica de *dialética*, cujas exatas implicações foram pouco a pouco ignoradas ao longo da trajetória da filosofia ocidental. De fato, embora tenha, no pensamento de Aristóteles, tanta importância quanto os silogismos analíticos, essa noção não mereceu, e não tem merecido, igual atenção dos filósofos. Os dois modos básicos de raciocinar propostos pelo grande pensador da Antiguidade – isto é, por demonstração analítica ou por argumentação dialética – não foram desenvolvidos, explorados ou sequer considerados, na mesma medida, valendo a pena refletir sobre as razões de tal desequilíbrio.

No quinto capítulo do *Organon*, reuniram-se os escritos de Aristóteles dedicados a uma específica forma de raciocínio, que parte de premissas meramente prováveis. O capítulo denominou-se *Tópicos*, e, logo na introdução, é estabelecido um paralelo entre o silogismo analítico e o dialético. O primeiro se traduz numa demonstração fundada em proposições evidentes, que conduz o pensamento à conclusão verdadeira, sobre cujo estudo se alicerça toda a lógica formal; o outro se expressa através de um argumento sobre enunciados prováveis, dos quais se poderiam extrair conclusões apenas verossímeis, representando uma forma diversa de raciocinar. Evidentes, para Aristóteles, são as proposições que por si mesmas garantem a própria certeza, ao passo que prováveis são as que enunciam *opiniões* aceitas por todos, pela maioria ou pelos sábios – em especial, entre esses últimos, pelos "mais notáveis e ilustres". Não se nota, no pensamento aristotélico, qualquer sugestão de hierarquia entre essas duas maneiras de raciocínio: elas não se excluem mutuamente, não se sobrepõem, não substituem uma à outra.

O que se perdeu, na evolução do pensamento filosófico, pelas mãos do cristianismo e do racionalismo, foi exatamente a equiparação, na importância, dos raciocínios analítico e dialético. Isto é, relegada ao plano dos sofismas, identificada às técnicas de persuasão sem compromisso ético, aos discursos vazios de oradores hábeis em convencer auditórios, quaisquer que fossem as teses, a dialética não alcançou o estatuto de seriedade e consistência concedido à sua irmã, a analítica. A filosofia, com efeito, deu relevância aos métodos do conhecimento, o quanto possível rigoroso, da verdade, coisa que, decididamente, a dialética nunca foi.

A própria expressão *dialética* nem sequer conservou seu sentido original. Em Hegel, no século XIX, o termo se refere às contradições inerentes ao movimento de negação interna em que se manifesta o Espírito. Já nos quadrantes da inversão marxista, reporta-se aos movimentos da realidade histórica, externa ao pensamento humano. De qualquer modo, perdida a noção aristotélica, aproveita-se a expressão para coisas diferentes.

Nesse contexto, é impossível não se lembrar de Foucault e da genealogia dos saberes: o conhecimento acerca dos processos mentais, que foram mais tarde denominados persuasão ou convencimento – nascidos com os sofistas, a partir das necessidades práticas de discussão e deliberação política no seio da organização democrática grega –, a despeito do refinamento aristotélico, passa a ser considerado um saber menor e é desprezado pela tradição filosófica. Inicialmente, o desprezo vem com o cristianismo, que não poderia, em suas formulações iniciais, conviver com a idéia de multiplicidade de premissas, igualmente aproveitáveis como ponto de partida para a argumentação. Com efeito, se a verdade fundamental do conhecimento humano nos é revelada por Deus, não há como atribuir igual importância a um raciocínio fundado em meras opiniões de homens que, por mais sábios, notáveis e ilustres que sejam, estão contaminados pelo pecado original. Posteriormente, o desprezo pelo "saber persuadir e convencer" parte do racionalismo, para o qual a forma suficiente de conhecimento é a científica, capaz de explicar tudo e todos segundo padrões de racionalidade. As opiniões ou bem são teses, a reclamarem prova racional pelo método científico, ou são conceitos descartáveis (por perniciosos ou, ao menos, inúteis).

Ao ser tomado por mera técnica a serviço de interesses mesquinhos – os quais, por não conseguirem se afirmar por sua própria "verdade", se vêem na contingência de lançar mão de quaisquer meios para obter a adesão dos interlocutores –, o raciocínio dialético, tal como formulado por Aristóteles, é vítima de uma grande injustiça. Ele, rigorosamente falando, não se reduz a expedientes retóricos guiados exclusivamente pelo objetivo de vitória nos embates políticos ou forenses, acusação que costuma pesar contra os sofistas. O raciocínio dialético, já nos *Tópicos*, é distinguido com clareza do chamado silogismo erístico, alicerçado em premissas apenas *aparentemente* prováveis. Quer dizer, ao tomar como objeto de sua preocupação filosófica o estudo da maneira específica de raciocinar por argumentos, Aristóteles não pretendeu que qualquer encadeamento entre proposições, que desrespeitasse os postulados da demonstração analítica, pudesse, tão-somente pela força retórica de quem o sustentava, alcançar o estatuto de argumentação dialética. Em outros termos, a preocupação do pensamento filosófico no sentido de não legitimar todas e quaisquer manifestações do intelecto humano – mas apenas as resultantes de determinado método, que possibilite o controle de sua pertinência – também estava, de algum modo, presente na reflexão aristotélica. Assim, só é possível entender a hierarquização do raciocínio por demonstração analítica e o descarte do raciocínio dialético no contexto das necessidades históricas e na coerência interna das grandes expressões filosóficas que se seguiram ao período clássico.

Vinte e três séculos se passam enquanto a filosofia prestigia, do legado aristotélico, apenas o modo analítico de raciocinar. Ninguém manifesta preocupação em resgatar a idéia de dialética como um saber necessário, sério, pertinente, sujeito a regras próprias e, portanto, controlável. Somente a partir de 1947, na Bélgica, Chaim Perelman irá alterar esse quadro, dando início, juntamente com sua colaboradora Lucïe Olbrechts-Tyteca, a pesquisas que resultarão, em 1958, na publicação do *Tratado da argumentação*. O pioneirismo de Perelman, na reabilitação da retórica, é unanimemente reconhecido. Antes dele, a noção aristotélica, e as extraordinárias possibilidades que propicia, não despertaram o interesse de sucessivas gerações de filósofos. É certo, também, por outro lado, que o pensador belga não se limitou a transpor acriticamente o conceito de dialética da Antiguidade aos nossos dias. Pelo contrário, suas reflexões sobre o discurso argumentativo e a introdução dos conceitos de auditório interno e universal ampliaram, de modo significativo, o conhecimento acerca desse processo de comunicação.

O ponto de partida de Perelman é o modo pelo qual se entendeu, a partir da codificação napoleônica principalmente, o raciocínio jurídico, isto é, o relacionado com a aplicação do direito. Considerou-se, com efeito, durante muito tempo, que esse raciocínio seria uma operação dedutiva a partir das normas positivas, que, em função do princípio da legalidade, deveriam servir de premissas necessárias. Tal modo de entender o processo, no entanto, deveria ser capaz de explicar como se opera a interferência dos juízos de valor do aplicador da norma. Assim, a menos que se postulasse a desqualificação da questão como objeto da ciência jurídica, tal como tentado por Kelsen, a teoria do direito não a poderia negligenciar. Em outros termos, era necessário definir se os julgamentos expressam apenas as emoções, interesses e impulsos do julgador, inserindo-se o processo de aplicação do direito no campo do irracional, ou se existiria uma lógica dos julgamentos de valor.

Em sua obra *Da justiça*, de 1945, Perelman inclinou-se pela primeira solução. Nela, procurou explorar e fundamentar uma noção de justiça formal, de inspiração assumidamente positivista, segundo a qual o justo se traduz em dispensar tratamento igual a situações que se revelam, no essencial, semelhantes. Esse conceito de justiça somente se pode operar a partir de um julgamento de valor acerca dos traços a tomar por relevantes, na aproximação ou no afastamento entre qualquer nova situação e a que serve de precedente. Os julgamentos de valor, entretanto, apresentam-se inteiramente arbitrários, insuscetíveis de tratamento racional, nos escritos da fase inicial do pensamento perelmaniano. Já nas obras da maturidade, a resposta à questão da interferência dos valores muda significativamente. Perelman percebe que considerar irracional a aplicação do direito importa renunciar a qualquer filosofia prática e abandonar a disciplina da conduta humana ao sabor de emoções e interesses, quer dizer, confiá-la à violência. Insatisfeito com a afirmação da irracionalidade da aplicação do direito, Perelman elege como projeto teórico a pesquisa de uma "lógica dos julgamentos de valor". Daí nascerá a *nova retórica*.

A preocupação básica de Perelman, de entender os meandros pelos quais os valores se introduzem no processo de subsunção de fatos a normas gerais, é típica de sua geração. É a mesma preocupação, por exemplo, de Recaséns Siches, formulador da *lógica do razoável*, ou mesmo de Miguel Reale, em sua *teoria tridimensional do direito*. Mas os caminhos explorados pelo pensador belga apresentam a particularidade de se enraizarem num pensamento filosófico de primeira ordem, o aristotélico, e de desbravarem novos rumos. Além do mais, o resgate da noção de raciocínio dialético, embora motivado por questões originariamente jurídicas, situa a contribuição de Perelman entre as mais significativas, da segunda metade do século XX, para a própria Filosofia.

A *nova retórica* enseja possibilidades inéditas para a teoria do conhecimento jurídico, uma vez que estabelece a ligação entre a aplicação de normas e o raciocínio dialético, em sua formulação aristotélica. Ora, o pressuposto de tal liame é a negação da existência de interpretações jurídicas "verdadeiras". As premissas da argumentação não são evidentes mas resultam de um acordo entre quem argumenta e seu auditório: são as *opiniões* de que falava Aristóteles. O saber fundado em tais premissas pode ser verossímil, ou não, mas nunca será verdadeiro ou falso. Em outros termos, não se ocupa o conhecimento jurídico de qual seria a decisão judicial ou administrativa verdadeiramente derivada de uma norma geral, com exclusão de todas as outras, as falsamente derivadas; ocupa-se, isto sim, dos meios de sustentar determinada decisão como sendo mais justa, eqüitativa, razoável, oportuna ou conforme o direito do que outras tantas decisões igualmente cabíveis.

A contribuição de Perelman para a filosofia do direito é fundamental, enquanto uma das principais propulsoras da ruptura anticientificista em curso. De fato, nesse final de século a teoria do conhecimento jurídico passa por uma ruptura de suma importância, capaz de redirecionar totalmente sua trajetória. Trata-se da reflexão inspirada pelo esgotamento do modelo cientificista do conhecimento do direito, presente na trajetória até agora desenhada pela teoria jurídica. Após Kelsen, que, ao explorar os limites da ciência do direito, acabou por exaurir as possibilidades de desenvolvimento do projeto, dedica-se hoje uma parte dos jusfilósofos a examinar a natureza do saber concentrado na interpretação das normas. Põe-se em questão exatamente o estatuto científico desse saber. Em Tércio Sampaio Ferraz Jr., por exemplo, como o problema que se propõe a dogmática jurídica não é o da verdade ou da falsidade de seus enunciados mas as pautas de decisões possíveis, ela se manifesta como pensamento *tecnológico*, e não científico. O estudioso do direito conheceria, a rigor, a adequabilidade de meios (isto é, as muitas interpretações possíveis de uma norma jurídica) para o alcance de fins dados externamente a seu saber (a administração de conflitos sociais, a manutenção da organização econômica, política, social etc.); adequabilidade essa que não se revela por demonstração lógico-dedutiva mas por argumentação retórica.

Das novas e muitas perspectivas abertas pela ruptura anticientificista no seio da filosofia jurídica, destacam-se duas por sua importância. Primeira, a perda do caráter normativo da teoria do conhecimento jurídico; segunda, a integração entre a produção doutrinário-acadêmica e o cotidiano profissional do direito.

De fato, os jusfilósofos têm despendido esforços e tempo, em abundante literatura, na discussão sobre as condições para a construção da ciência do direito. As obras de Kelsen e Alf Ross, assim como as dos principais juristas marxistas, de muitos lógicos do direito e dos adeptos da análise econômica, têm em comum o traço de ditarem regras norteadoras do método científico que cada qual elege como o correto. Apontam, em suma, cautelas e procedimentos que deveriam ser adotados pelos estudiosos do direito para se assegurarem da certeza e da veracidade do conhecimento que produzem. Desse modo, a filosofia jurídica tem revelado, principalmente no século XX, uma indisfarçável natureza *normativa*. O abandono do projeto cientificista inverte o sentido da reflexão jusfilosófica, que passa a *descrever* o processo de produção do conhecimento do direito, não mais postulando a adoção de determinado método como pressuposto de qualificação desse conhecimento.

Por outro lado, ao reconhecer o estatuto tecnológico do conhecimento jurídico, a filosofia do direito reúne o que foi separado pela epistemologia normativa, isto é, o trabalho cotidiano dos profissionais (advogado, juiz, promotor de justiça etc.) e a produção doutrinária. Se se adota, por exemplo, a teoria de Kelsen, é necessário distinguir a redação de uma petição inicial, da elaboração de uma monografia sobre tema jurídico, negando-se peremptoriamente à primeira a natureza científica, que poderá ter a última no interior da teoria kelseniana. O que se *deve* fazer na academia – a ciência do direito – não influi no que se faz fora dela –

postulações judiciais e julgamentos. Tal separação é eliminada pela ruptura anticientificista, uma vez que todos os chamados operadores do direito – nesse conceito englobando-se desde os doutrinadores e jurisconsultos até os advogados e juízes – são tidos como articuladores de argumentos convincentes, gnoseologicamente situados em pé de igualdade.

Essas duas perspectivas inauguradas pela ruptura anticientificista servem como exemplo do potencial representado pelo novo enfoque jusfilosófico; enfoque que muito deve a Perelman, inegavelmente um de seus inspiradores mais destacados. Desse modo, conhecer sua obra – em especial o *Tratado da argumentação*, que recebe agora primorosa tradução para o português –, é indispensável a todos os profissionais do direito, cujas preocupações se ponham além das lides cotidianas, alcançando questões sobre o próprio sentido do trabalho que realizam. Assimilar seus ensinamentos é, sem dúvida, essencial para compreender nosso tempo.

Prefácio

Michel Meyer

Quando as Éditions de l'Université de Bruxelles me pediram que preparasse a nova edição do *Tratado*, devo confessar que hesitei muito antes de aceitar. Afinal de contas, trata-se de um dos grandes clássicos do pensamento contemporâneo, de uma dessas raras obras que, tais como as de Aristóteles e de Cícero, de Quintiliano e de Vico, atravessarão os séculos, sem necessitar realmente de introdução para tanto.

Afora a fidelidade a um pensamento que há muito tempo identifica a *Escola de Bruxelas* e a um homem que foi um amigo e um grande inspirador, o que me decidiu, por fim, a redigir as poucas linhas que se seguem foi precisamente o cuidado de tornar a situar o *Tratado* tanto com relação à tradição retórica quanto com relação à filosofia em geral. Pois em nenhuma parte do *Tratado* evidencia-se claramente o que constitui a especificidade da abordagem definida pela Nova Retórica. Preocupados em pôr em prática sua própria visão, os autores não se preocuparam muito, afinal, em situar historicamente a si mesmos, como o fez, porém, a maioria dos pensadores desde Aristóteles.

Em primeiro lugar, algumas palavras sobre a *Escola de Bruxelas*. Ninguém, hoje, pode dizer se ela sobreviverá, mas uma coisa é certa: com Dupréel e Perelman e, atualmente, com a Problematologia, nasceu, cresceu e desenvolveu-se, de modo único e contínuo, para enfrentar o que se convencionou chamar de essência do pensamento, uma filosofia específica que faz a originalidade de Bruxelas.

A retórica ressurge sempre em período de crise. A derrocada do mito, entre os gregos, coincide com o grande período sofista. A impossibilidade de fundar a ciência moderna e sua apodicticidade matemática, mediante a escolástica e a teologia, herdadas de Aristóteles, conduz à retórica do Renascimento. Hoje, o fim das grandes explicações monolíticas, das ideologias e, mais profundamente, da racionalidade cartesiana estribada num tema livre, absoluto e instaurador da realidade, e mesmo de todo o real, assinala o fim de uma certa concepção do *logos*. Este já não tem fundamento indiscutível, o que deixou o pensamento entregue a um cepticismo moderno, conhecido pelo nome de niilismo, e a uma redução da razão, tranqüilizadora porém limitada, o positivismo. Entre o "tudo é permitido" e "a racionalidade lógica é a própria racionalidade", surgiu a Nova Retórica e, de um modo geral, toda a obra de Perelman. Como atribuir à Razão um campo próprio, que não se reduz à lógica, demasiado estreita para ser modelo único, nem se submete à mística do Ser, ao silêncio wittgensteiniano, ao abandono da filosofia em nome do fim – aceito por Perelman – da metafísica, em proveito da ação política, da literatura e da poesia? A retórica é esse espaço de razão, onde a renúncia ao fundamento, tal como o concebeu a tradição, não se identificará forçosamente à desrazão. Uma filosofia sem metafísica deve ser possível, porquanto de agora em diante não há outra alternativa. O fundamento – a "razão cartesiana", em suma – fazia as vezes de critério *a priori* para desempatar as teses opostas. A Nova Retórica é, então, o "discurso do método" de uma racionalidade que já não pode evitar os debates e deve, portanto, tratá-los e analisar os argumentos que governam as decisões. Já não se trata de privilegiar a univocidade da linguagem, a unicidade *a priori* da tese válida, mas sim de aceitar o pluralismo, tanto nos valores morais como nas opiniões. A abertura para o múltiplo e o não-coercivo torna-se, então, a palavra-mestra da racionalidade.

O pensamento contemporâneo, porém, quase não ouviu o que Perelman propunha. Ao abandono do cartesianismo, sucedeu uma filosofia centrada na nostalgia do ser. Contudo, se Descartes recusara a ontologia, era precisamente porque o ser, expressando-se de múltiplas maneiras, não podia servir nem de fundamento, nem de critério de discursividade racional. Entre a ontologia, dotada de uma flexibilidade oca, mas infinita, e a racionalidade apodíctica, matemática ou silogística, mas limitada, Perelman tomou uma terceira via: a argumentação, que raciocina sem coagir, mas que também não obriga a renunciar à Razão em proveito do irracional ou do indizível.

Introdução

I

A publicação de um tratado consagrado à argumentação e sua vinculação a uma velha tradição, a da retórica e da dialética gregas, constituem *uma ruptura com uma concepção da razão e do raciocínio, oriunda de Descartes*, que marcou com seu cunho a filosofia ocidental dos três últimos séculos[1].

Com efeito, conquanto não passe pela cabeça de ninguém negar que o poder de deliberar e de argumentar seja um sinal distintivo do ser racional, faz três séculos que o estudo dos meios de prova utilizados para obter a adesão foi completamente descurado pelos lógicos e teóricos do conhecimento. Esse fato deveu-se ao que há de não-coercivo nos argumentos que vêm ao apoio de uma tese. A própria natureza da deliberação e da argumentação se opõe à necessidade e à evidência, pois não se delibera quando a solução é necessária e não se argumenta contra a evidência. O campo da argumentação é o do verossímil, do plausível, do provável, na medida em que este último escapa às certezas do cálculo. Ora, a concepção claramente expressa por Descartes, na primeira parte do *Discurso do método*, era a de considerar "quase como falso tudo quanto era apenas verossímil". Foi ele que, fazendo da evidência a marca da razão, não quis considerar racionais senão as demonstrações que, a partir de idéias claras e distintas, estendiam, mercê de provas apodícticas, a evidência dos axiomas a todos os teoremas.

O raciocínio *more geometrico* era o modelo proposto aos filósofos desejosos de construir um sistema de pensamento que pudesse alcançar a dignidade de uma ciência. De fato, uma ciência racional não pode contentar-se com opiniões mais ou menos verossímeis, mas elabora um sistema de proposições necessárias, que se impõe a todos os seres racionais e sobre as quais o acordo é inevitável. Daí resulta que o desacordo é sinal de erro. "Todas as vezes que dois homens formulam sobre a mesma coisa um juízo contrário, é certo", diz Descartes, "que um dos dois se engana. Há mais, nenhum deles possui a verdade; pois se um tivesse dela uma visão clara e nítida poderia expô-la a seu adversário, de tal modo que ela acabaria por forçar sua convicção[2]."

Para os partidários das ciências experimentais e indutivas, o que conta é menos a necessidade das proposições do que a sua verdade, *sua conformidade com os fatos.* O empirista considera como prova não "a força à qual o espírito cede e vê-se obrigado a ceder, mas aquela à qual ele *deveria* ceder, aquela que, impondo-se a ele, tornaria a sua crença conforme ao fato"[3]. Embora a evidência por ele reconhecida não seja a da intuição racional, mas a da intuição sensível, embora o método por ele preconizado não seja o das ciências dedutivas, mas o das ciências experimentais, ainda assim está convencido de que as únicas provas válidas são as provas reconhecidas pelas ciências naturais.

É racional, no sentido lato da palavra, o que é conforme aos métodos científicos; e as obras de lógica consagradas ao estudo dos meios de prova, limitadas essencialmente ao estudo da dedução e habitualmente completadas por indicações sobre o raciocínio indutivo, reduzidas, aliás, não aos meios de construir mas de verificar, as hipóteses, aventuram-se muito raramente no exame dos meios de prova utilizados nas ciências humanas. Com efeito, o lógico, inspirando-se no ideal cartesiano, só se sente à vontade no estudo das provas que Aristóteles qualificava de analíticas, pois todos os outros meios não apresentam o mesmo caráter de necessidade. E essa tendência acentuou-se mais ainda há um século, quando, sob a influência de lógicos-matemáticos, a lógica foi limitada à lógica formal, ou seja, ao estudo dos meios de prova utilizados nas ciências matemáticas. Daí resulta que os raciocínios alheios ao campo puramente formal escapam à lógica e, com isso, também à razão. Essa razão, da qual Descartes esperava que permitisse, pelo menos em princípio, resolver todos os problemas que se colocam aos homens e cuja solução o espírito divino já possui, ficou cada vez mais limitada em sua competência, de sorte que o que escapa a uma redução ao formal lhe apresenta dificuldades insuperáveis.

Deveríamos, então, tirar dessa evolução da lógica e dos incontestáveis progressos por ela realizados a conclusão de que a razão é totalmente incompetente nos campos que escapam ao cálculo e de que, onde nem a experiência, nem a dedução lógica podem fornecer-nos a solução de um problema, só nos resta abandonarmo-nos às forças irracionais, aos nossos instintos, à sugestão ou à violência?

Opondo a vontade ao entendimento, o *esprit de finesse* ao *esprit de géométrie*, o coração à razão e a arte de persuadir à de convencer, Pascal já procurara obviar as insuficiências do método geométrico resultantes do fato de o homem, decaído, já não ser unicamente um ser de razão.

É a finalidades análogas que correspondem a oposição kantiana entre fé e ciência e a antítese bergsoniana entre a intuição e a razão. Mas, quer se trate de filósofos racionalistas, quer daqueles qualificados de anti-racionalistas, todos continuam a tradição cartesiana com a limitação imposta à idéia de razão.

Parece-nos, ao contrário, que esta é uma *limitação indevida e perfeitamente injustificada do campo onde intervém nossa faculdade de raciocinar e de provar*. Com efeito, ao passo que Aristóteles já analisara as provas dialéticas ao lado das provas analíticas, as que se referem ao verossímil ao lado das que são necessárias, as que são empregadas na deliberação e na argumentação ao lado das que são utilizadas na demonstração, a concepção pós-cartesiana da razão nos obriga a fazer intervir elementos irracionais, cada vez que o objeto do conhecimento não é evidente. Consistam esses elementos em obstáculos que devem ser superados – tais como a imaginação, a paixão ou a sugestão – ou em fontes supra-racionais de certeza, como o coração, a graça, o *Einfühlung* ou a intuição bergsoniana, essa concepção introduz uma dicotomia, uma distinção das faculdades humanas inteiramente artificial e contrária aos procedimentos reais de nosso pensamento.

É a *idéia de evidência*, como característica da razão, que cumpre criticar, se quisermos deixar espaço para uma teoria da argumentação que admita o uso da razão para dirigir nossa ação e para influenciar a dos outros. A evidência é concebida, ao mesmo tempo, como a força à qual toda mente normal tem de ceder e como sinal de verdade daquilo que se impõe por ser evidente[4]. A evidência ligaria o psicológico ao lógico e permitiria passar de um desses planos para o outro. Toda prova seria redução à evidência e o que é evidente não teria necessidade alguma de prova: é a aplicação imediata, por Pascal, da teoria cartesiana da evidência[5].

Já Leibniz se insurgia contra essa limitação que queriam, assim, impor à lógica. Ele queria, de fato, "que demonstrassem ou proporcionassem o meio de demonstrar todos os Axiomas que não são primitivos; sem distinguir a opinião que os homens têm deles e sem se preocupar se, para tanto, eles lhe dão seu consentimento ou não"[6].

Ora, a teoria lógica da demonstração desenvolveu-se seguindo Leibniz, e não Pascal, e não admitiu que o que era evidente não tinha necessidade alguma de prova; da mesma forma, a teoria da argumentação não se pode desenvolver se toda prova é concebida como redução à evidência. Com efeito, o objeto dessa teoria é o estudo das técnicas discursivas que permitem *provocar ou aumentar a adesão dos espíritos às teses que se lhes apresentam ao assentimento*. O que caracteriza a adesão dos espíritos é sua intensidade ser variável: nada nos obriga a limitar nosso estudo a um grau particular de adesão, caracterizado pela evidência, nada nos permite considerar *a priori* que os graus de adesão a uma tese à sua probabilidade são proporcionais, nem identificar evidência e verdade. É de bom método não confundir, no início, os aspectos do raciocínio relativos à verdade e os que são relativos à adesão, e sim estudá-los separadamente, nem que seja para preocupar-se posteriormente com sua interferência ou com sua correspondência eventuais. Somente com essa condição é que é possível o desenvolvimento de uma teoria da argumentação de alcance filosófico.

II

Embora nestes três últimos séculos tenham sido lançadas obras de eclesiásticos preocupados com problemas levantados pela fé e pela prédica[7], embora o século XX possa mesmo ter sido qualificado de século da publicidade e da propaganda, e tenham sido dedicados numerosos trabalhos a essa matéria[8], os lógicos e os filósofos modernos, por sua vez, se desinteressaram completamente pelo nosso assunto. É por esta razão que nosso tratado se relaciona sobretudo com as preocupações do Renascimento e, conseqüentemente, com as dos autores gregos e latinos, que estudaram a arte de persuadir e de convencer, a técnica da deliberação e da discussão. É por essa razão também que o apresentamos como uma *nova retórica*.

Nossa análise concerne às provas que Aristóteles chama de dialéticas, examinadas por ele nos *Tópicos*, e cuja utilização mostra na *Retórica*. Essa evocação da terminologia de Aristóteles teria justificado a aproximação da teoria da argumentação à dialética, concebida pelo próprio Aristóteles como a arte de raciocinar a partir de opiniões geralmente aceitas (εὔλογος)[9]. Várias razões, porém, incentivaram-nos a preferir a aproximação à retórica.

A primeira delas é o risco de confusão que essa volta a Aristóteles poderia trazer. Pois se a palavra *dialética* serviu, durante séculos, para designar a própria lógica, desde Hegel e por influência de doutrinas nele inspiradas ela adquiriu um sentido muito distante de seu sentido primitivo, geralmente aceito na terminologia filosófica contemporânea. Não ocorre o mesmo com a palavra *retórica*, cujo emprego filosófico caiu em tamanho desuso, que nem sequer é mencionada no vocabulário de filosofia de A. Lalande. Esperamos que nossa tentativa fará reviver uma tradição gloriosa e secular.

Mas outra razão, muito mais importante, a nosso ver, motivou nossa escolha: é o próprio espírito com o qual a Antiguidade se ocupou de dialética e de retórica. O raciocínio dialético é considerado paralelo ao raciocínio analítico, mas trata do verossímil em vez de tratar de proposições necessárias. A própria idéia de que a dialética concerne a opiniões, ou seja, a teses às quais se adere com uma intensidade variável, não foi aproveitada. Dir-se-ia que o estatuto do opinável é impessoal e que as opiniões não são relativas aos espíritos que a elas aderem. Em contrapartida, essa idéia de adesão e de espíritos aos quais se dirige um discurso é essencial em todas as teorias antigas da retórica. Nossa aproximação desta última visa a enfatizar o fato de que *é em função de um auditório que qualquer argumentação se desenvolve*. O estudo do opinável dos *Tópicos* poderá, nesse contexto, inserir-se em seu lugar.

É evidente, entretanto, que nosso tratado de argumentação ultrapassará, em certos aspectos – e amplamente –, os limites da retórica antiga, ao mesmo tempo que deixará de lado outros aspectos que haviam chamado a atenção dos mestres de retórica.

O objeto da retórica antiga era, acima de tudo, a arte de falar em público de modo persuasivo; referia-se, pois, ao uso da linguagem falada, do discurso, perante uma multidão reunida na praça pública, com o intuito de obter a adesão desta a uma tese que se lhe apresentava. Vê-se, assim, que a meta da arte oratória – a adesão dos espíritos – é igual à de qualquer argumentação. Mas não temos razões para limitar nosso estudo à apresentação de uma argumentação oral e para limitar a uma multidão reunida numa praça o gênero de auditório ao qual nos dirigimos.

A rejeição da primeira limitação resulta do fato de nossas preocupações serem muito mais as de um lógico desejoso de compreender o mecanismo do pensamento do que as de um mestre de eloqüência cioso de formar praticantes; basta-nos citar a *Retórica* de Aristóteles para mostrar que nosso modo de encarar a retórica pode prevalecer-se de exemplos ilustres. Nosso estudo, preocupando-se sobretudo com a estrutura da argumentação, não insistirá, portanto, na maneira pela qual se efetua a comunicação com o auditório.

Conquanto seja verdade que a técnica do discurso público difere daquela da argumentação escrita, como nosso cuidado é analisar a argumentação, não podemos limitar-nos ao exame da técnica do discurso oral. Além disso, visto a importância e o papel modernos dos textos impressos, nossas análises se concentrarão sobretudo neles.

Em contrapartida, deixaremos de lado a mnemotécnica e o estudo da elocução ou da ação oratória. Tais problemas são da competência dos conservatórios e das escolas de arte dramática; dispensamo-nos de seu exame.

A ênfase dada aos textos escritos trará como resultado, por estes se apresentarem nas formas mais variadas, que o nosso estudo será concebido em toda a sua generalidade e não se deterá especialmente em discursos encarados como uma unidade de uma estrutura e de um tamanho mais ou menos convencionalmente aceitos. Como, de outro lado, a discussão com um único interlocutor ou mesmo a deliberação íntima dependem, em nossa opinião, de uma teoria geral da argumentação, compreende-se que a idéia que temos do objeto de nosso estudo excede largamente o da retórica clássica.

O que conservamos da retórica tradicional é a idéia mesma de *auditório*, que é imediatamente evocada assim que se pensa num discurso. Todo discurso se dirige a um auditório, sendo muito freqüente esquecer que se dá o mesmo com todo escrito. Enquanto o discurso é concebido em função direta do auditório, a ausência material de leitores pode levar o escritor a crer que está sozinho no mundo, conquanto, na verdade, seu texto seja sempre condicionado, consciente ou inconscientemente, por aqueles a quem pretende dirigir-se.

Assim, por razões de comodidade técnica e para jamais perder de vista esse papel essencial do auditório, quando utilizarmos os termos "discurso", "orador" e "auditório", entenderemos com isso a argumentação, aquele que a apresenta e aqueles a quem ela se dirige, sem nos determos no fato de que se trata de uma apresentação pela palavra ou pela escrita, sem distinguir discurso em forma e expressão fragmentária do pensamento.

Se, entre os antigos, a retórica se apresentava como o estudo de uma técnica para o uso do vulgo, impaciente por chegar rapidamente a conclusões, por formar uma opinião para si, sem se dar ao trabalho prévio de uma investigação séria[10], quanto a nós, não queremos limitar o estudo da argumentação àquela que é adaptada a um público de ignorantes. É este aspecto da retórica que explica ter ela sido ferozmente combatida por Platão em seu *Górgias*[11] e foi ele que favoreceu seu declínio na opinião filosófica.

Com efeito, se quiser agir, o orador é obrigado a adaptar-se a seu auditório, sendo facilmente compreensível que o discurso mais eficaz sobre um auditório incompetente não é necessariamente o que comporta a convicção do filósofo. Mas por que não admitir que algumas argumentações possam ser dirigidas a toda espécie de auditórios? Quando Platão sonha, em *Fedro*, com uma retórica que, esta sim, seria digna do filósofo, o que ele preconiza é uma técnica que poderia convencer os próprios deuses[12]. Mudando o auditório, a argumentação muda de aspecto e, se a meta a que ela visa é sempre a de agir eficazmente sobre os espíritos, para julgar-lhe o valor temos de levar em conta a qualidade dos espíritos que ela consegue convencer.

Isso justifica a importância particular que concederemos à análise das argumentações filosóficas, tradicionalmente consideradas as mais "racionais" possíveis, justamente por se presumir que se dirigem a leitores sobre os quais a sugestão, a pressão ou o interesse têm pouca ascendência. Mostraremos, aliás, que as mesmas técnicas de argumentação se encontram em todos os níveis, tanto no da discussão ao redor da mesa familiar como no do debate num meio muito especializado. Se a qualidade dos espíritos que aderem a certos argumentos, em campos altamente especulativos, apresenta uma garantia do seu valor, a afinidade da sua estrutura com a dos argumentos utilizados nas discussões cotidianas explicará por que e como se chega a compreendê-los.

Nosso tratado só versará sobre *recursos discursivos* para se obter a adesão dos espíritos: apenas a técnica que utiliza a linguagem para persuadir e para convencer será examinada a seguir.

Essa limitação não implica em absoluto que, a nosso ver, esse seja realmente o modo mais eficaz de atuar sobre os espíritos, muito pelo contrário. Estamos firmemente convencidos de que as crenças mais sólidas são as que não só são admitidas sem prova, mas também, muito amiúde, nem sequer são explicitadas. E, quando se trata de obter a adesão, nada mais seguro do que a experiência externa ou interna e o cálculo conforme a regras previamente aceitas. Mas o recurso à argumentação não pode ser evitado quando tais provas são discutidas por uma das partes, quando não há acordo sobre seu alcance ou sua interpretação, sobre seu valor ou sua relação com os problemas debatidos.

Por outro lado, qualquer ação que visa a obter a adesão cai fora do campo da argumentação, na medida em que nenhum uso da linguagem vem apoiá-la ou interpretá-la: aquele que prega com o exemplo sem nada dizer e aquele que usa o afago ou o tapa podem obter um resultado apreciável. Nós só nos interessaremos por esses procedimentos quando, graças à linguagem, eles forem postos em evidência, quer se recorra a promessas, quer a ameaças. Casos ainda há – tais como a bênção e a praga – em que a linguagem é utilizada como meio de ação direta mágica e não como meio de comunicação. Trataremos deles apenas se essa ação estiver integrada numa argumentação.

Um dos fatores essenciais da propaganda, tal como ela se desenvolveu sobretudo no século XX, mas cujo uso era bem conhecido desde a Antiguidade e que a Igreja católica aproveitou com incomparável mestria, é o condicionamento do auditório mercê de numerosas e variadas técnicas que utilizam tudo quanto pode influenciar o comportamento. Essas técnicas exercem um efeito inegável para preparar o auditório, para torná-lo mais acessível aos argumentos que se lhe apresentarão. Esse é mais um ponto de vista que nossa análise deixará de lado: trataremos apenas do condicionamento do auditório mediante o discurso, do que resultam considerações sobre a ordem em que os argumentos devem ser apresentados para exercer maior efeito.

Enfim, as provas extratécnicas, como as chama Aristóteles[13] – ou seja, as que não dependem da técnica retórica –, só entrarão em nosso estudo quando houver desacordo acerca das conclusões que delas se podem tirar. Pois interessamo-nos menos pelo desenrolar completo de um debate do que pelos esquemas argumentativos empregados. A antiga denominação de "provas extratécnicas" é adequada para nos lembrar que, enquanto nossa civilização, caracterizada por sua extrema engenhosidade nas técnicas destinadas a atuar sobre as coisas, esqueceu completamente a teoria da argumentação, da ação sobre os espíritos por meio do discurso, esta era considerada pelos gregos, com o nome de retórica, a τέχνη por excelência.

III

Como a teoria da argumentação visa, através do discurso, a obter uma ação eficaz sobre os espíritos, ela poderia ter sido tratada como um ramo da psicologia. De fato, se os argumentos não são coercivos, se não devem necessariamente convencer mas possuem certa força, que pode aliás variar conforme os auditórios, não é pelo efeito produzido que se pode julgá-la? O estudo da argumentação se tornaria assim um dos objetos da psicologia experimental, em que argumentações variadas seriam postas à prova perante auditórios variados, suficientemente bem conhecidos para que seja possível, a partir dessas experiências, tirar conclusões providas de certa generalidade. Alguns psicólogos americanos não deixaram de dedicar-se a semelhantes estudos, cujo interesse é, aliás, incontestável[14].

Mas nosso modo de proceder será diferente. Buscamos, acima de tudo, caracterizar as diversas estruturas argumentativas, cuja análise deve preceder qualquer prova experimental à qual se quisesse submeter sua eficácia. Por outro lado, não pensamos que o método de laboratório possa determinar o valor das argumentações utilizadas nas ciências humanas, em direito e em filosofia, pois a própria metodologia do psicólogo já constitui um objeto de controvérsia e se enquadra em nosso estudo.

Nosso procedimento diferirá radicalmente do procedimento adotado pelos filósofos que se esforçam em reduzir os raciocínios sobre questões sociais, políticas ou filosóficas, inspirando-se em modelos fornecidos pelas ciências dedutivas ou experimentais, e que rejeitam como sem valor tudo o que não se amolda aos esquemas previamente impostos. Muito pelo contrário, nós nos inspiraremos nos lógicos, mas para imitar os métodos que lhes têm propiciado tão bons resultados de um século para cá.

Não esqueçamos, de fato, que na primeira metade do século XIX a lógica não tinha o menor prestígio, nem nos meios científicos, nem entre o grande público. Whately podia escrever, por volta de 1828, que, se a retórica já não goza da estima do público, a lógica goza ainda menos de seus favores[15].

A lógica teve um brilhante desenvolvimento durante os cem últimos anos, quando, deixando de repisar velhas fórmulas, propôs-se analisar os meios de prova efetivamente utilizados pelos matemáticos. A lógica formal moderna constituiu-se como o estudo dos meios de demonstração utilizados nas ciências matemáticas. Mas o resultado foi a limitação de seu campo, pois tudo quanto é ignorado pelos matemáticos é alheio à lógica formal. Os lógicos devem completar a teoria da demonstração assim obtida com uma teoria da argumentação. Procuraremos construí-la analisando os meios de prova usados pelas ciências humanas, o direito e a filosofia; examinaremos argumentações apresentadas pelos publicitários em seus jornais, pelos políticos em seus discursos, pelos advogados em seus arrazoados, pelos juízes em suas sentenças, pelos filósofos em seus tratados.

Nosso campo de estudos, que é imenso, ficou inculto durante séculos. Esperamos que nossos primeiros resultados incentivem outros pesquisadores a completá-los e a aperfeiçoá-los.

PRIMEIRA PARTE
Os âmbitos da argumentação

§ 1. Demonstração e argumentação

Para bem expor as características particulares da argumentação e os problemas inerentes a seu estudo, nada como contrapô-la à concepção clássica da demonstração e, mais especialmente, à lógica formal que se limita ao exame dos meios de prova demonstrativos.

Na lógica moderna, oriunda de uma reflexão sobre o raciocínio matemático, os sistemas formais já não são correlacionados com uma evidência racional qualquer. O lógico é livre para elaborar como lhe aprouver a linguagem artificial do sistema que constrói, para determinar os signos e combinações de signos que poderão ser utilizados. Cabe a ele decidir quais são os axiomas, ou seja, as expressões sem prova consideradas válidas em seu sistema, e dizer quais são as regras de transformação por ele introduzidas e que permitem deduzir, das expressões válidas, outras expressões igualmente válidas no sistema. A única obrigação que se impõe ao construtor de sistemas axiomáticos formalizados e que torna as demonstrações coercivas é a de escolher signos e regras que evitem dúvidas e ambigüidades. Cumpre que, sem hesitar e mesmo mecanicamente, seja possível estabelecer se uma seqüência de signos é admitida no sistema, se ela tem forma igual a outra seqüência de signos, se é considerada válida, por ser um axioma ou uma expressão dedutível, a partir dos axiomas, de um modo conforme às regras de dedução. Qualquer consideração relativa à origem dos axiomas ou das regras de dedução, ao papel que se presume que o sistema axiomático represente na elaboração do pensamento, é alheia à lógica assim concebida, na medida em que ela sai do âmbito do formalismo em questão. A busca da univocidade indiscutível chegou a levar os lógicos formalistas a construírem sistemas nos quais não há preocupação com o sentido das expressões: ficam contentes se os signos introduzidos e as transformações que lhes dizem respeito ficam fora de discussão. Deixam a interpretação dos elementos do sistema axiomático para os que o aplicarão e terão de se preocupar com sua adequação ao objetivo pretendido.

Quando se trata de demonstrar uma proposição, basta indicar mediante quais procedimentos ela pode ser obtida como última expressão de uma seqüência dedutiva, cujos primeiros elementos são fornecidos por quem construiu o sistema axiomático dentro do qual se efetua a demonstração. De onde vêm esses elementos, sejam eles verdades impessoais, pensamentos divinos, resultados de experiência ou postulados peculiares ao autor, eis questões que o lógico formalista considera alheias à sua disciplina. Mas, quando se trata de argumentar, de influenciar, por meio do discurso, a intensidade de adesão de um auditório a certas teses, já não é possível menosprezar completamente, considerando-as irrelevantes, as condições psíquicas e sociais sem as quais a argumentação ficaria sem objeto ou sem efeito. Pois *toda argumentação visa à adesão dos espíritos e, por isso mesmo, pressupõe a existência de um contato intelectual.*

Para que haja argumentação, é mister que, num dado momento, realize-se uma comunidade efetiva dos espíritos. É mister que se esteja de acordo, antes de mais nada e em princípio, sobre a formação dessa comunidade intelectual e, depois, sobre o fato de se debater uma questão determinada. Ora, isso não é de modo algum evidente.

Mesmo no plano da deliberação íntima, existem condições prévias para a argumentação: a pessoa deve, notadamente, conceber-se como dividida em pelo menos dois interlocutores que participam da deliberação. E nada nos autoriza a considerar essa divisão necessária. Ela parece constituída com base no modelo da deliberação com outrem. Por conseguinte, é de se prever que encontraremos, transpostos para a deliberação consigo mesmo, a maioria dos problemas relativos às condições prévias para a discussão com outrem. Muitas expressões o comprovam. Limitamo-nos a mencionar frases como: "Não ouças teu anjo mau", "Não tornes a pôr isso em discussão", que são relativas, uma a condições prévias atinentes às pessoas, a outra a condições prévias atinentes ao objeto da argumentação.

§ 2. O contato dos espíritos

A formação de uma comunidade efetiva dos espíritos exige um conjunto de condições.

O mínimo indispensável à argumentação parece ser a existência de uma linguagem em comum, de uma técnica que possibilite a comunicação.

Isto não basta. Ninguém o mostra melhor do que o autor de *Alice no País das Maravilhas*. Com efeito, os seres desse país compreendem um pouco a linguagem de Alice. Mas o problema dela é entrar em contato, entabular uma discussão, pois no País das Maravilhas não há razão alguma para as discussões começarem. Não se sabe por que um se dirigiria ao outro. Às vezes Alice toma a iniciativa e utiliza singelamente o vocativo: "Ó camundongo"[1]. Ela considera um sucesso ter conseguido trocar algumas palavras indiferentes com a duquesa[2]. Em compensação, ao encetar um assunto com a lagarta, chegam imediatamente a um ponto morto: "Acho que você deveria dizer-me, primeiro, quem é". – "Por quê?, pergunta a lagarta"[3]. Em nosso mundo hierarquizado, ordenado, existem geralmente regras que estabelecem como a conversa pode iniciar-se, um acordo prévio resultante das próprias normas da vida social. Entre Alice e os habitantes do País das Maravilhas, não há nem hierarquia, nem direito de precedência, nem funções que façam com que um deva responder em vez do outro. Mesmo as conversas entabuladas costumam gorar, como a conversa com o papagaio. Este se prevalece de sua idade:

> Alice não podia admitir isso, sem antes saber qual a idade dele e, como o papagaio se recusasse a dizê-la, não havia mais nada a falar[4].

A única das condições prévias aqui realizada é o desejo de Alice de entabular conversa com os seres desse novo universo.

O conjunto daqueles aos quais desejamos dirigir-nos é muito variável. Está longe de abranger, para cada qual, todos os seres humanos. Em contrapartida, o universo ao qual a criança quer dirigir-se, precisamente na medida em que o mundo dos adultos lhe é fechado, se amplia mediante a associação dos animais e de todos os objetos inanimados por ela considerados seus interlocutores naturais[5].

Há seres com os quais qualquer contato pode parecer supérfluo ou pouco desejável. Há seres aos quais não nos preocupamos em dirigir a palavra; há outros também com quem não queremos discutir, mas aos quais nos contentamos em ordenar.

Com efeito, para argumentar, é preciso ter apreço pela adesão do interlocutor, pelo seu consentimento, pela sua participação mental. Portanto, às vezes é uma distinção apreciada ser uma pessoa com quem outros discutem. O racionalismo e o humanismo dos últimos séculos fazem parecer estranha a idéia de que seja uma qualidade ser alguém com cuja opinião outros se preocupem, mas, em muitas sociedades, não se dirige a palavra a qualquer um, como não se duelava com qualquer um. Cumpre observar, aliás, que querer convencer alguém implica sempre certa modéstia da parte de quem argumenta, o que ele diz não constitui uma "palavra do Evangelho", ele não dispõe dessa autoridade que faz com que o que diz seja indiscutível e obtém imediatamente a convicção. Ele admite que deve persuadir, pensar nos argumentos que podem influenciar seu interlocutor, preocupar-se com ele, interessar-se por seu estado de espírito.

Os seres que querem ser importantes para outrem, adultos ou crianças, desejam que não lhes ordenem mais, mas que lhes ponderem, que se preocupem com suas reações, que os considerem membros de uma sociedade mais ou menos igualitária. Quem não se incomoda com um contato assim com os outros será julgado arrogante, pouco simpático, ao contrário daqueles que, seja qual for a importância de suas funções, não hesitam em assinalar por seus discursos ao público o valor que dão à sua apreciação.

Mas, foi dito muitas vezes, nem sempre é louvável querer persuadir alguém: as condições em que se efetua o contato dos espíritos podem, de fato, parecer pouco dignas. Conhece-se a célebre anedota acerca de Aristipo, a quem censuravam por ter-se abaixado perante o tirano Dionísio, a ponto de pôr-se a seus pés para ser ouvido. Aristipo defendeu-se dizendo que não era culpa sua, mas de Dionísio, que tinha os ouvidos nos pés. Seria então indiferente onde se encontram os ouvidos?[6]

Para Aristóteles o perigo de discutir com certas pessoas é que, com elas, se perde a qualidade de sua própria argumentação:

> Não se deve discutir com todos, nem praticar a Dialética com o primeiro que aparecer, pois, com respeito a certas pessoas, os raciocínios sempre se envenenam. Com efeito, contra um adversário que tenta por todos os meios parecer esquivar-se, é legítimo tentar por todos os meios chegar à conclusão; mas falta elegância a tal procedimento[7].

Não basta falar ou escrever, cumpre ainda ser ouvido, ser lido. Não é pouco ter a atenção de alguém, ter uma larga audiência, ser admitido a tomar a palavra em certas circunstâncias, em certas assembléias, em certos meios. Não esqueçamos que ouvir alguém é mostrar-se disposto a aceitar-lhe eventualmente o ponto de vista. Quando Churchill proibiu os diplomatas ingleses até de ouvirem as propostas de paz que os emissários alemães poderiam transmitir-lhes, ou quando um partido político avisa estar disposto a escutar as propostas que lhe poderia apresentar um formador de ministério, essas duas atitudes são significativas, porque impedem o estabelecimento ou reconhecem a existência das condições prévias para uma eventual argumentação.

Fazer parte de um mesmo meio, conviver, manter relações sociais, tudo isso facilita a realização das condições prévias para o contato dos espíritos. As discussões frívolas e sem interesse aparente nem sempre são desprovidas de importância, por contribuírem para o bom funcionamento de um mecanismo social indispensável.

§ 3. O orador e seu auditório

Os autores de comunicações ou de memórias científicas costumam pensar que lhes basta relatar certas experiências, mencionar certos fatos, enunciar certo número de verdades, para suscitar infalivelmente o interesse de seus eventuais ouvintes ou leitores. Tal atitude resulta da ilusão, muito difundida em certos meios racionalistas e científicos, de que os fatos falam por si sós e imprimem uma marca indelével em todo espírito humano, cuja adesão forçam, sejam quais forem suas disposições. K. F. Bruner, secretário de redação de uma revista psicológica, compara esses autores, pouco preocupados com seu auditório, com um visitante descortês:

> Eles se jogam numa cadeira, fixando enfadonhamente os sapatos e anunciam bruscamente, a si mesmos ou aos outros, nunca se sabe: "Fulano e beltrano mostraram... que a fêmea do rato branco responde negativamente ao choque elétrico..." Muito bem, meu senhor, digo-lhes, e daí? Diga-me primeiro por que devo incomodar-me com isso, *então* ouvirei[8].

É verdade que esses autores, na medida em que tomam a palavra numa sociedade científica ou publicam um artigo numa revista especializada, podem descuidar dos meios de entrar em contato com seu público, porque uma instituição científica, sociedade ou revista, fornece o vínculo indispensável entre o orador e seu auditório. O papel do autor é apenas manter, entre ele e o público, o contato que a instituição científica possibilitou estabelecer.

Mas nem todos se encontram numa situação tão privilegiada. Para que uma argumentação se desenvolva, é preciso, de fato, que aqueles a quem ela se destina lhe prestem alguma atenção. A maior parte das formas de publicidade e de propaganda se preocupa, acima de tudo, em prender o interesse de um público indiferente, condição indispensável para o andamento de qualquer argumentação. Não é porque, em grande número de áreas – trate-se de educação, de política, de ciência ou de administração da justiça –, toda sociedade possui instituições que facilitam e organizam esse contato dos espíritos que se deve ignorar a importância desse problema prévio.

Normalmente, é preciso alguma qualidade para tomar a palavra e ser ouvido. Em nossa civilização, em que o impresso, tornado mercadoria, aproveita-se da organização econômica para impor-se à atenção, tal condição só aparece claramente nos casos em que o contato entre o orador e seu auditório não pode estabelecer-se graças às técnicas de distribuição. Portanto, percebemos melhor a argumentação quando é desenvolvida por um orador que se dirige verbalmente a um determinado auditório, do que quando está contida num livro posto à venda em livraria. Essa qualidade do orador, sem a qual não será ouvido, nem, muitas vezes, será autorizado a tomar a palavra, pode variar conforme as circunstâncias. Às vezes bastará apresentar-se como ser humano, decentemente vestido, às vezes cumprirá ser adulto, às vezes, simples membro de um grupo constituído, às vezes, porta-voz desse grupo. Há funções que autorizam – e só elas – a tomar a palavra em certos casos, ou perante certos auditórios, há campos em que tais problemas de habilitação são minuciosamente regulamentados.

Esse contato entre o orador e seu auditório não concerne unicamente às condições prévias da argumentação: é essencial também para todo o desenvolvimento dela. Com efeito, como a argumentação visa obter a adesão daqueles a quem se dirige, ela é, por inteiro, relativa ao auditório que procura influenciar.

Como definir semelhante auditório? Será a pessoa que o orador interpela pelo nome? Nem sempre: o deputado que, no Parlamento inglês, deve dirigir-se ao presidente pode estar procurando convencer não só os que o ouvem, mas ainda a opinião pública de seu país. Será o conjunto de pessoas que o orador vê à sua frente quando toma a palavra? Não necessariamente. Ele pode perfeitamente deixar de lado uma parte delas: um chefe de governo, num discurso ao Parlamento, pode renunciar de antemão a convencer os membros da oposição e contentar-se com a adesão de sua maioria. Por outro lado, quem concede uma entrevista a um jornalista considera que seu auditório é constituído mais pelos leitores do jornal do que pela pessoa que está à sua frente. O segredo das deliberações, modificando a idéia que o orador tem de seu auditório, pode transformar os termos de seu discurso. Vê-se imediatamente, por esses exemplos, quão difícil é determinar, com a ajuda de critérios puramente materiais, o auditório de quem fala; essa dificuldade é muito maior ainda quando se trata do auditório do escritor, pois, na maioria dos casos, os leitores não podem ser determinados com exatidão.

É por essa razão que, em matéria de retórica, parece-nos preferível definir o auditório como *o conjunto daqueles que o orador quer influenciar com sua argumentação.* Cada orador pensa, de uma forma mais ou menos consciente, naqueles que procura persuadir e que constituem o auditório ao qual se dirigem seus discursos.

§ 4. O auditório como construção do orador

O auditório presumido é sempre, para quem argumenta, uma construção mais ou menos sistematizada. Pode-se tentar determinar-lhe as origens psicológicas[9] ou sociológicas[10]; o importante, para quem se propõe persuadir efetivamente indivíduos concretos, é que a construção do auditório não seja inadequada à experiência.

Não se dá o mesmo com quem se dedica a ensaios sem alcance real. A retórica, tornada exercício escolar, dirige-se a auditórios convencionais e pode, sem inconvenientes, ater-se a visões estereotipadas deles, o que contribuiu, tanto quanto a artificialidade dos temas, para fazê-la degenerar[11].

A argumentação efetiva tem de conceber o auditório presumido tão próximo quanto o possível da realidade. Uma imagem inadequada do auditório, resultante da ignorância ou de um concurso imprevisto de circunstâncias, pode ter as mais desagradáveis conseqüências. Uma argumentação considerada persuasiva pode vir a ter um efeito revulsivo sobre um auditório para o qual as razões pró são, de fato, razões contra. O que se disser a favor de uma medida, alegando que ela é capaz de diminuir a tensão social, levantará contra tal medida todos os que desejam que ocorram distúrbios.

O conhecimento daqueles que se pretende conquistar é, pois, uma condição prévia de qualquer argumentação eficaz.

O cuidado com o auditório transforma certos capítulos dos antigos tratados de retórica em verdadeiros estudos de psicologia. Foi em sua *Retórica* que Aristóteles, ao falar de auditórios classificados conforme a idade e a fortuna, inseriu muitas descrições argutas e sempre válidas de psicologia diferencial[12]. Cícero demonstra que convém falar de modo diferente à espécie de homens "ignorante e grosseira, que sempre prefere o útil ao honesto" e à "outra, esclarecida e culta, que põe a dignidade moral acima de tudo"[13]. Quintiliano, depois dele, dedica-se às diferenças de caráter, importantes para o orador[14].

O estudo dos auditórios poderia igualmente constituir um capítulo de sociologia, pois, mais que do seu caráter pessoal, as opiniões de um homem dependem de seu meio social, de seu círculo, das pessoas que freqüenta e com quem convive: "Você quer", dizia M. Millioud, "que o homem inculto mude de opinião? Transplante-o"[15]. Cada meio poderia ser caracterizado por suas opiniões dominantes, por suas convicções indiscutidas, pelas premissas que aceita sem hesitar; tais concepções fazem parte da sua cultura e todo orador que quer persuadir um auditório particular tem de se adaptar a ele. Por isso a cultura própria de cada auditório transparece através dos discursos que lhe são destinados, de tal maneira que é, em larga medida, desses próprios discursos que nos julgamos autorizados a tirar alguma informação a respeito das civilizações passadas.

As considerações sociológicas úteis ao orador podem versar sobre um objeto particularmente preciso, a saber, as funções sociais cumpridas pelos ouvintes. Com efeito, estes costumam adotar atitudes ligadas ao papel que lhes é confiado em certas instituições sociais. Esse fato foi salientado pelo criador da psicologia da forma:

> Podem-se observar, escreve ele[16], maravilhosas mudanças nos indivíduos, como quando uma pessoa apaixonadamente sectária torna-se membro de um júri, ou árbitro, ou juiz, e suas ações mostram então a delicada passagem da atitude

sectária a um honesto esforço para tratar o problema em questão de uma maneira justa e objetiva.

Ocorre o mesmo com a mentalidade de um político cuja visão muda quando, após anos passados na oposição, torna-se membro responsável do governo.

O ouvinte, em suas novas funções, assumiu uma personalidade nova, que o orador não pode ignorar. E o que vale para cada ouvinte particular não é menos válido para os auditórios, em seu conjunto, a tal ponto que os teóricos da retórica acreditaram poder distinguir gêneros oratórios pelo papel cumprido pelo auditório a que se dirige o discurso. Os gêneros oratórios, tais como os definiam os antigos – gênero deliberativo, judiciário, epidíctico –, correspondiam respectivamente, segundo eles, a auditórios que estavam deliberando, julgando ou, simplesmente, usufruindo como espectadores o desenvolvimento oratório, sem dever pronunciar-se sobre o âmago do caso[17].

Trata-se, nesse caso, de uma distinção puramente prática, cujas falhas e insuficiências estão manifestas, sobretudo na concepção que ela apresenta do gênero epidíctico; aliás, teremos de voltar a ele[18]. Mas, embora essa classificação dos discursos não possa ser aceita tal qual por quem estuda a técnica da argumentação, ainda assim tem o mérito de salientar a importância que o orador deve atribuir às funções de seu auditório.

É muito comum acontecer que o orador tenha de persuadir um auditório heterogêneo, reunindo pessoas diferenciadas pelo caráter, vínculos ou funções. Ele deverá utilizar argumentos múltiplos para conquistar os diversos elementos de seu auditório. É a arte de levar em conta, na argumentação, esse auditório heterogêneo que caracteriza o grande orador. Poderíamos encontrar amostras dessa arte ao analisar os discursos proferidos perante os Parlamentos, onde os elementos do auditório heterogêneo são facilmente discerníveis.

Não é necessário encontrar-se perante várias facções organizadas para pensar no caráter heterogêneo do auditório. Com efeito, pode-se considerar cada um de seus ouvintes como integrante, em diversos pontos de vista, mas simultaneamente, de grupos múltiplos. Mesmo quando o orador está diante de um número limitado de ouvintes, até mesmo de um ouvinte único, é possível que ele hesite em reconhecer os argumentos que parecerão mais convincentes ao seu auditório; insere-o então, ficticiamente, por assim dizer, numa série de auditórios diferentes. Em *Tristram Shandy* – ao qual nos referiremos ainda muitas vezes, porque a argumentação constitui um dos seus temas principais –, Sterne descreve uma discussão entre os pais do herói. Meu pai, diz este, que queria convencer minha mãe de arrumar um parteiro,

> fez valer seus argumentos sob todos os ângulos; discutiu como cristão, como pagão, como marido, como patriota, como homem; minha mãe respondeu sempre como mulher. Foi um jogo duro para ela: incapaz de adotar para o combate tantas máscaras diferentes, ela sustentava uma partida desigual, lutava um contra sete[19].

Ora, atenção, não é somente o orador que muda assim de cara, é muito mais ainda o auditório a que se dirige – a pobre esposa no caso – que ele transforma assim, ao sabor de sua fantasia, para apreender-lhe aspectos mais vulneráveis. Mas, competindo a iniciativa dessa decomposição do auditório ao orador, é a ele que se aplicam os termos "como cristão", "como pagão", "como marido", "como pai"...

Perante uma assembléia, o orador pode tentar situar o auditório em seus marcos sociais. Perguntar-se-á se o auditório está incluído por inteiro num único grupo social ou se deve repartir seus ouvintes em grupos múltiplos ou, mesmo, opostos. Nesse caso, vários pontos de partida sempre são possíveis. De fato, pode-se dividir igualmente o auditório de acordo com grupos sociais – por exemplo, políticos, profissionais, religiosos – aos quais pertencem os indivíduos ou de acordo com valores aos quais aderem certos ouvintes. Essas divisões ideais não são independentes uma da outra; não obstante, podem levar à constituição de auditórios parciais muito diferentes.

A subdivisão de uma assistência em subgrupos dependerá, aliás, da posição pessoal do orador: se este mantém, sobre uma questão, opiniões extremistas, nada se oporá a que ele encare todos os seus interlocutores como partes de um único auditório. Em contrapartida, se é de opinião moderada, será levado a encará-los como partes de pelo menos dois auditórios distintos[20].

Não se concebe o conhecimento do auditório independentemente do conhecimento dos meios suscetíveis de influenciá-lo. Isso porque o problema da natureza do auditório é ligado ao de seu condicionamento. Esse termo implica, acima de tudo, que se trata de fatores extrínsecos ao auditório. E qualquer estudo desse condicionamento pressupõe que este é considerado como que se aplicando a uma entidade que, por sua vez, seria o auditório tomado em si mesmo. Mas, examinando melhor o caso, conhecer o auditório é também saber, de um lado, como é possível assegurar seu condicionamento, do outro, qual é, a cada instante do discurso, o condicionamento que foi realizado.

Para poder influenciar mais o auditório, pode-se condicioná-lo por meios diversos: música, iluminação, jogos de massas humanas, paisagem, direção teatral. Tais meios foram conhecidos em todos os tempos, foram empregados tanto pelos primitivos como pelos gregos, pelos romanos, pelos homens da Idade Média; os aperfeiçoamentos técnicos possibilitaram, em nossos dias, desenvolvê-los poderosamente; de modo que se viu nesses meios o essencial da ação sobre as mentes.

Ao lado desse condicionamento, cujo estudo não podemos abordar, existe um condicionamento através do próprio discurso; de sorte que o auditório já não é, no final do discurso, exatamente o mesmo do início. Este último condicionamento só pode ser realizado pela adaptação contínua do orador ao auditório.

§ 5. Adaptação do orador ao auditório

"Todo o objeto da eloqüência", escreve Vico, "é relativo aos nossos ouvintes, e é consoante suas opiniões que devemos ajustar os nossos discursos."[21] O importante, na argumentação, não é saber o que o próprio orador considera verdadeiro ou probatório, mas qual é o parecer daqueles a quem ela se dirige. Sucede com um discurso, para citar uma comparação de Gracián, "o mesmo que com um festim, em que as carnes não são preparadas para o paladar dos cozinheiros, mas para o dos convivas"[22].

O grande orador, aquele que tem ascendência sobre outrem, parece animado pelo próprio espírito de seu auditório. Esse não é o caso do homem apaixonado que só se preocupa com o que ele mesmo sente. Se bem que este último possa exercer certa influência sobre as pessoas sugestionáveis, seu discurso o mais das vezes parecerá desarrazoado aos ouvintes. O discurso do apaixonado, afirma M. Pradines, embora possa tocar, não produz um som "verdadeiro", sempre a verdadeira figura "rebenta a máscara lógica", pois, diz ele, "a paixão é incomensurável para as razões"[23]. O que parece explicar esse ponto de vista é que o homem apaixonado, enquanto argumenta, o faz sem levar suficientemente em conta o auditório a que se dirige: empolgado por seu entusiasmo, imagina o auditório sensível aos mesmos argumentos que o persuadiram a ele próprio. O que a paixão provoca é, portanto, por esse esquecimento do auditório, menos uma ausência de razões do que uma má escolha das razões.

Como os chefes da democracia ateniense adotavam a técnica do hábil orador, um filósofo como Platão lhes censurava "adular" a multidão que deveriam dirigir. Mas nenhum orador, nem sequer o orador sacro, pode descuidar desse esforço de adaptação ao auditório. Cabe aos ouvintes, diz Bossuet[24], fazer os pregadores. Em sua luta contra os demagogos, Demóstenes pede ao povo ateniense que se aprimore, para aprimorar o estilo dos oradores:

> Jamais vossos oradores, diz ele, vos tornam bons ou maus; sois vós que fazeis deles o que quiserdes. Com efeito, não vos propondes conformar-vos à sua vontade, ao passo que eles se pautam pelos desejos que vos atribuem. Tende, pois, vontades sadias e tudo irá bem. Pois, de duas, uma: ou ninguém dirá nada de mal, ou aquele que o disser não se aproveitará disso, por falta de ouvintes dispostos a se deixarem persuadir[25].

É, de fato, ao auditório que cabe o papel principal para determinar a qualidade da argumentação e o comportamento dos oradores.[26]

Embora os oradores possam ter sido comparados, em suas relações com o auditório, não só com cozinheiros, mas até com parasitas que, "para terem um lugar nas boas mesas, empregam quase sempre uma linguagem contrária aos seus sentimentos"[27], não esqueçamos todavia que, quase sempre, o orador tem toda a liberdade de renunciar a persuadir um determinado auditório, se só o pudesse fazer eficazmente de um modo que lhe repugnasse. Não se deve acreditar que seja sempre honroso, a esse respeito, nem ser bem-sucedido nem sequer se propor sê-lo. O problema de conciliar os escrúpulos do homem de bem com a submissão ao auditório é um dos que mais preocuparam Quintiliano[28]. Para ele, a retórica *scientia bene dicendi*[29] implica que o orador perfeito persuada bem, mas também que diga o bem. Ora, se admitirmos que há auditórios de pessoas depravadas que não queremos renunciar a convencer e se nos colocarmos no ponto de vista da qualidade moral do orador, seremos estimulados, para resolver a dificuldade, a estabelecer dissociações e distinções que não são nada evidentes.

A obrigação, para o orador, de adaptar-se ao seu auditório e a limitação deste à multidão incompetente, incapaz de compreender um raciocínio ordenado e cuja atenção está à mercê da menor distração, levaram não só ao descrédito da retórica, mas introduziram na teoria do discurso regras gerais cuja validade parece, entretanto, limitada a casos específicos. Não vemos, por exemplo, por que, em princípio, a utilização de uma argumentação técnica afastaria da retórica e da dialética[30].

Há apenas uma regra a esse respeito, que é a adaptação do discurso ao auditório, seja ele qual for: o fundo e a forma de certos argumentos, apropriados a certas circunstâncias, podem parecer ridículos noutras[31].

A realidade dos mesmos acontecimentos descritos numa obra que se pretende científica ou num romance histórico não deve ser provada da mesma forma. Aquele que teria achado despropositadas, se publicadas numa revista médica, as provas fornecidas por J. Romains de suspensão voluntária dos movimentos cardíacos poderá considerá-las uma hipótese interessante, se a encontrar desenvolvida num romance[32].

A extensão do auditório condiciona em certa medida os processos argumentativos, e isso independentemente das considerações relativas aos acordos nos quais nos baseamos e que diferem conforme os auditórios. Estudando o estilo em função das circunstâncias em que se exerce a palavra, J. Marouzeau assinala

> a espécie de deferência e de respeito humano que o número impõe. À medida que a intimidade diminui, o escrúpulo aumenta, escrúpulo de ser bem julgado, de colher o aplauso ou, pelo menos, o assentimento dos olhares e das atitudes...[33]

Muitas outras reflexões relativas a particularidades dos auditórios que influenciam o comportamento e a argumentação do orador poderiam ser desenvolvidas com pertinência. É, pensamos, baseando-se na consideração dos auditórios sob seu aspecto concreto, particular, multiforme, que nosso estudo será fecundo. Todavia, gostaríamos sobretudo de estender-nos nos quatro parágrafos seguintes sobre as características de alguns auditórios, cuja importância é inegável para todos, especialmente para o filósofo.

§ 6. Persuadir e convencer

As páginas precedentes mostram suficientemente que a variedade de auditórios é quase infinita e que, querendo adaptar-se a todas as suas particularidades, o orador vê-se confrontado com inumeráveis problemas. Talvez seja esta uma das razões pelas quais o que suscita acima de tudo o interesse é uma técnica argumentativa que se imporia a todos os auditórios indiferentemente ou, pelo menos, a todos os auditórios compostos de homens competentes ou racionais. A busca de uma objetividade, seja qual for sua natureza, corresponde a esse ideal, a esse desejo de transcender as particularidades históricas ou locais de modo que as teses defendidas possam ser aceitas por todos. Por esse motivo, como o diz Husserl no emocionante discurso onde defende o esforço de racionalidade ocidental: "Somos, em nosso trabalho filosófico, *funcionários da humanidade*"[34]. É no mesmo espírito que J. Benda acusa os clérigos de traição quando abandonam o cuidado com o eterno e com o universal, para defenderem valores temporais e locais[35]. De fato, assistimos aqui à retomada do debate universal entre os partidários da verdade e os da opinião, entre filósofos, indagadores de absoluto, e retores, envolvidos na ação. É por ocasião desse debate que parece elaborar-se a distinção entre *persuadir* e *convencer*, que gostaríamos de retomar em função de uma teoria da argumentação e do papel desempenhado por certos auditórios[36].

Para quem se preocupa com o resultado, persuadir é mais do que convencer, pois a convicção não passa da primeira fase que leva à ação[37]. Para Rousseau, de nada adianta convencer uma criança "se não se sabe persuadi-la"[38].

Em contrapartida, para quem está preocupado com o caráter racional da adesão, convencer é mais do que persuadir. Aliás, ora essa característica racional da convicção depende dos meios utilizados, ora das faculdades às quais o orador se dirige. Para Pascal[39], o autômato é que é persuadido, e ele entende com isso o corpo, a imaginação, o sentimento, em suma, tudo quanto não é a razão. Com muita freqüência a persuasão será considerada uma transposição injustificada da demonstração. Segundo Dumas[40], na persuasão, o indivíduo "se contenta com razões afetivas e pessoais", sendo a persuasão em geral "sofística". Mas ele não especifica em que essa prova afetiva diferiria tecnicamente de uma prova objetiva.

Os critérios pelos quais se julga poder separar convicção e persuasão são sempre fundamentados numa decisão que pretende isolar de um conjunto – conjunto de procedimentos, conjunto de faculdades – certos elementos considerados racionais. Há que salientar que esse isolamento às vezes incide sobre os próprios raciocínios; por exemplo, mostrar-se-á que tal silogismo, mesmo ocasionando a convicção, não ocasionará a persuasão; mas falar assim desse silogismo significa isolá-lo de todo um contexto, significa supor que suas premissas existem no espírito independentemente do resto, significa transformá-las em verdades inabaláveis, intangíveis. Dir-nos-ão, por exemplo, que tal pessoa, convencida do perigo de mastigar muito rápido, nem por isso deixará de fazê-lo[41], porque se isola o raciocínio em que se baseia essa convicção de todo um conjunto. Esquece-se, por exemplo, que tal convicção pode colidir com outra convicção, a que nos afirma que há ganho de tempo em comer mais depressa. Vê-se, portanto, que a concepção daquilo que constitui a convicção, que pode parecer baseada numa diferenciação dos meios de prova ou das faculdades postas em jogo, o é também, muitas vezes, no isolamento de certos dados dentro de um conjunto muito mais complexo.

Embora se possa recusar, como fazemos nós, a adotar essas distinções dentro de um pensamento vivo, cumpre não obstante reconhecer que nossa linguagem utiliza duas noções – convencer e persuadir – entre as quais considera-se geralmente exista um matiz apreensível.

Propomo-nos chamar *persuasiva* a uma argumentação que pretende valer só para um auditório particular e chamar *convincente* àquela que deveria obter a adesão de todo ser racional. O matiz é bastante delicado e depende, essencialmente, da idéia que o orador faz da encarnação da razão. Cada homem crê num conjunto de fatos, de verdades, que todo homem "normal" deve, segundo ele, aceitar, porque são válidos para todo ser racional. Mas será realmente assim? Essa pretensão a uma validade absoluta para qualquer auditório composto de seres racionais não será exorbitante? Mesmo o autor mais consciencioso tem, nesse ponto, de submeter-se à prova dos fatos, ao juízo de seus leitores[42]. Em todo caso, ele terá feito o que depende dele para *convencer*, se acredita dirigir-se validamente a semelhante auditório.

Preferimos nosso critério àquele, bastante próximo em suas conseqüências, embora diferente em seus princípios, que foi proposto por Kant em sua *Crítica da razão pura*. A convicção e a persuasão são, para Kant, duas espécies de crença:

> Quando é válida para cada qual, ao menos na medida em que este tem razão, seu princípio é objetivamente suficiente e a crença se chama *convicção*. Se ela tem seu fundamento apenas na natureza particular do sujeito, chama-se *persuasão*. A persuasão é mera aparência, porque o princípio do juízo que está unicamente no sujeito é tido por *objetivo*. Assim, um juízo desse gênero só tem um valor individual e a crença não pode comunicar-se... Logo, a persuasão não pode, na verdade, ser distinguida subjetivamente da convicção,

> se o sujeito imagina a crença apenas como um simples fenômeno de seu próprio espírito; mas a experiência que se faz no entendimento dos outros, dos princípios que são válidos para nós, a fim de ver se eles produzem sobre uma razão alheia o mesmo efeito que sobre a nossa, é um meio que, mesmo sendo somente subjetivo, serve não para produzir a convicção, mas para descobrir o valor particular do juízo, ou seja, o que nele é apenas simples persuasão... Posso guardar para mim a persuasão, se me dou bem com ela, mas não posso, nem devo fazê-la valer fora de mim[43].

A concepção kantiana, embora bastante próxima da nossa por suas conseqüências, difere dela por fazer da oposição *subjetivo-objetivo* o critério da distinção entre persuasão e convicção. Se a convicção é fundamentada na verdade de seu objeto e, por isso, válida para qualquer ser racional, apenas ela pode ser provada, pois a persuasão tem um alcance únicamente individual. Vê-se, desse modo, que Kant só admite a prova puramente lógica, estando a argumentação não-coerciva excluída, para ele, da filosofia. Sua concepção só é defensável na medida em que se admite que o que não é necessário não é comunicável, o que excluiria qualquer argumentação concernente a auditórios particulares. Ora, esta última é o campo preferido da retórica. A partir do momento que se admite que existem outros meios de prova, além da prova necessária, a argumentação concernente a auditórios particulares tem um alcance que supera a crença puramente subjetiva.

A distinção que propomos entre persuasão e convicção explica indiretamente o vínculo que se costuma estabelecer, ainda que confusamente, de um lado entre persuasão e ação, do outro entre convicção e inteligência. Com efeito, o caráter intemporal de certos auditórios explica que os argumentos que lhes são destinados não constituem um apelo à ação imediata.

Tal distinção, fundamentada nas características do auditório ao qual se dirige o orador, não parece, à primeira vista, explicar a distinção entre convicção e persuasão tal como ela é sentida pelo próprio ouvinte. Mas é fácil ver que o mesmo critério pode, não obstante, ser aplicado, se levarmos em conta o fato de que esse ouvinte imagina a transferência, para outros auditórios, dos argumentos que se lhe apresentam e se preocupa com a acolhida que lhes seria concedida.

Nosso ponto de vista permite compreender que o matiz entre os termos *convencer* e *persuadir* seja sempre impreciso e que, na prática, deva permanecer assim. Pois, ao passo que as fronteiras entre a inteligência e a vontade, entre a razão e o irracional, podem constituir um limite preciso, a distinção entre diversos auditórios é muito mais incerta, e isso ainda mais porque o modo como o orador imagina os auditórios é o resultado de um esforço sempre suscetível de ser retomado.

Nossa distinção entre persuadir e convencer se assemelha, portanto, por muitos traços, às distinções antigas[44], mesmo que não lhes adote os critérios; ela explica também o uso que outros fazem, por modéstia, do termo persuasão em sua oposição a convicção. Assim, Claparède, na apresentação de um de seus livros, diz-nos que, se se decidiu a exumar seu manuscrito, "foi a pedido da sra. Antipoff, que me persuadiu (mas não me convenceu) de que haveria interesse em publicar estas pesquisas"[45]. O autor, aqui, não pensa em estabelecer uma distinção teórica entre os dois termos, mas vale-se de sua diferença para expressar ao mesmo tempo o pouco valor objetivo assegurado e a força das razões apresentadas por sua colaboradora. O matiz de que se vale Claparède pode corresponder à concepção kantiana; atende muito melhor ainda, ao que parece, ao fato de se tratar de razões probatórias para ele, que concebe, contudo, que não o sejam para todos.

É, portanto, a natureza do auditório ao qual alguns argumentos podem ser submetidos com sucesso que determina em ampla medida tanto o aspecto que assumirão as argumentações quanto o caráter, o alcance que lhes serão atribuídos. Como imaginaremos os auditórios aos quais é atribuído o papel normativo que permite decidir da natureza convincente de uma argumentação? Encontramos três espécies de auditórios, considerados privilegiados a esse respeito, tanto na prática corrente como no pensamento filosófico. O primeiro, constituído pela humanidade inteira, ou pelo menos por todos os homens adultos e normais, que chamaremos de auditório *universal*; o segundo formado, no diálogo, unicamente pelo *interlocutor* a quem se dirige; o terceiro, enfim, constituído pelo *próprio sujeito*, quando ele delibera ou figura as razões de seus atos. Digamos de imediato que somente quando o homem às voltas consigo mesmo e o interlocutor do diálogo são considerados encarnação do auditório universal é que adquirem o privilégio filosófico confiado à razão, em virtude do qual a argumentação a eles dirigida foi amiúde assimilada a um discurso lógico. Com efeito, conquanto o auditório universal de cada orador possa ser considerado, de um ponto de vista exterior, um auditório particular, ainda assim, a cada instante e para cada qual, existe um auditório que transcende todos os outros e que é difícil precisar como um auditório particular. Em contrapartida, o indivíduo que delibera ou o interlocutor do diálogo podem ser percebidos como um auditório particular, cujas reações conhecemos e cujas características somos ao menos capazes de estudar. Daí a importância primordial do auditório universal enquanto norma da argumentação objetiva, pois o parceiro do diálogo e o indivíduo que delibera consigo mesmo não são mais que encarnações sempre precárias.

§ 7. O auditório universal

Toda argumentação que visa somente a um auditório particular oferece um inconveniente, o de que o orador, precisamente na medida em que se adapta ao modo de ver de seus ouvintes, arrisca-se a apoiar-se em teses que são estranhas, ou mesmo francamente opostas, ao que admitem outras pessoas que não aquelas a que, naquele momento, ele se dirige. Esse perigo fica aparente quando se trata de um auditório heterogêneo, que o autor deve decompor para as necessidades de sua argumentação. Isso porque esse auditório, tal como uma assembléia parlamentar, deverá reagrupar-se em um todo para tomar uma decisão, e nada mais fácil, para o adversário, do que voltar contra o seu predecessor imprudente todos os argumentos por ele usados com relação às diversas partes do auditório, seja opondo-os uns aos outros para mostrar a incompatibilidade deles, seja apresentando-os àqueles a quem não eram destinados. Daí a fraqueza relativa dos argumentos que só são aceitos por auditórios particulares e o valor conferido às opiniões que desfrutam uma aprovação unânime, especialmente da parte de pessoas ou de grupos que se entendem em muito poucas coisas.

É óbvio que o valor dessa unanimidade depende do número e da qualidade dos que a manifestam, sendo o limite atingido, nessa área, pelo *acordo do auditório universal.* Trata-se evidentemente, nesse caso, não de um fato experimentalmente provado, mas de uma universalidade e de uma unanimidade que o orador imagina, do acordo de um auditório que deveria ser universal, pois aqueles que não participam dele podem, por razões legítimas, não ser levados em consideração.

Os filósofos sempre pretendem dirigir-se a um auditório assim, não por esperarem obter o consentimento efetivo de todos os homens – sabem muito bem que somente uma pequena minoria terá um dia a oportunidade de conhecer seus escritos –, mas por crerem que todos os que compreenderem suas razões terão de aderir às suas conclusões. *O acordo de um auditório universal não é, portanto, uma questão de fato, mas de direito.* É por se afirmar o que é conforme a um fato objetivo, o que constitui uma asserção verdadeira e mesmo necessária, que se conta com a adesão daqueles que se submetem aos dados da experiência ou às luzes da razão.

Uma argumentação dirigida a um auditório universal deve convencer o leitor do caráter coercivo das razões fornecidas, de sua evidência, de sua validade intemporal e absoluta, independente das contingências locais ou históricas. "A verdade", diz-nos Kant, "repousa no acordo com o objeto e, por conseguinte, com relação a tal objeto, os juízos de qualquer entendimento devem estar de acordo." Toda crença objetiva pode comunicar-se pois é "válida para a razão de todo homem". Apenas uma asserção assim pode ser *afirmada*, ou seja, expressa "como um juízo necessariamente válido para todos"[46].

De fato, presume-se que semelhante juízo imponha-se a todos, porque o próprio orador está convencido de que ele não poderia ser posto em dúvida. Dumas descreveu, numa linguagem muito expressiva, essa certeza cartesiana:

> A certeza é a crença plena, que exclui inteiramente a dúvida, é afirmação necessária e universal; isso significa que o homem seguro não imagina a possibilidade de se preferir a afirmação contrária e imagina sua afirmação como devendo impor-se a todos nas mesmas circunstâncias. Em suma, ela é o estado em que temos consciência de pensar a verdade, que é justamente essa coerção universal, essa obrigação mental; a subjetividade desaparece, o homem pensa como inteligência, como homem e não mais como indivíduo. O estado de certeza foi muitas vezes descrito com a ajuda de metáforas, como a luz e a clareza; mas a iluminação da certeza racional traz sua explicação. Ele é repouso e descontração, mesmo que a certeza seja penosa, pois ela acaba com a tensão e com a inquietude da busca e da indecisão. Ele é acompanhado de um sentimento de potência e, ao mesmo tempo, de aniquilamento; sente-se que a prevenção, a paixão, o capricho individual desapareceram. ... Na crença racional, a verdade torna-se nossa e tornamo-nos a verdade[47].

Observa-se que, onde se insere a evidência racional, a adesão do espírito parece pendente de uma verdade coerciva e os procedimentos de argumentação não representam nenhum papel. O indivíduo, com sua liberdade de deliberação e de escolha, apaga-se ante a razão que o coage e tira-lhe qualquer possibilidade de dúvida. No limite, a retórica eficaz para um auditório universal seria a que manipula apenas a prova lógica.

O racionalismo, com suas pretensões de eliminar qualquer retórica da filosofia, formulara um programa muito ambicioso que deveria proporcionar o acordo dos espíritos graças à evidência racional que se impõe a todos. Porém, mal foram formuladas as exigências do método cartesiano, Descartes já adiantava, em nome delas, asserções muito contestáveis. Com efeito, como distinguir as evidências verdadeiras das falsas? Será que se imagina que o que convence um auditório universal, cujo representante ideal é considerado a própria pessoa, possui realmente essa validade objetiva? Pareto observou admiravelmente, em páginas penetrantes[48], que o consentimento universal invocado o mais das vezes não passa da generalização ilegítima de uma intuição particular. É por esta razão que é sempre temerário identificar com a lógica a argumentação para uso do auditório universal, tal como a própria pessoa o concebeu. As concepções que os homens criaram no curso da história dos "fatos objetivos" ou das "verdades evidentes" variaram o bastante para que nos mostremos desconfiados a esse respeito. Em vez de se crer na existência de um auditório universal, análogo ao espírito divino que tem de dar seu consentimento à "verdade", poder-se-ia, com mais razão, caracterizar cada orador pela imagem que ele próprio forma do auditório universal que busca conquistar para suas opiniões.

O auditório universal é constituído por cada qual a partir do que sabe de seus semelhantes, de modo a transcender as poucas oposições de que tem consciência. Assim, cada cultura, cada indivíduo tem sua própria concepção do auditório universal, e o estudo dessas variações seria muito instrutivo, pois nos faria conhecer o que os homens consideraram, no decorrer da história, *real*, *verdadeiro* e *objetivamente válido*.

Se a argumentação dirigida ao auditório universal, e que deveria convencer, não convence todavia a todos, resta sempre o recurso de *desqualificar o recalcitrante*, considerando-o estúpido ou anormal. Esse modo de proceder, freqüente entre os pensadores medievais, encontra-se igualmente entre os modernos[49]. Tal exclusão da comunidade humana só pode obter a adesão se o número e o valor intelectual dos proscritos não ameaçarem tornar ridículo semelhante procedimento. Existindo o perigo, deve-se recorrer a outra argumentação e opor ao auditório universal um auditório de elite, dotado de meios de conhecimento excepcionais e infalíveis. Aqueles que se jactam de uma revelação sobrenatural ou de um saber místico, aqueles que apelam aos bons, aos crentes, aos homens que têm a graça, manifestam sua preferência por um auditório de elite; esse auditório de elite pode até confundir-se com o Ser perfeito.

O auditório de elite nem sempre é considerado assimilável ao auditório universal, longe disso. Com efeito, ocorre muitas vezes que o auditório de elite queira ficar distinto do homem comum; nesse caso, a elite é caracterizada por sua situação hierárquica. Muitas vezes, porém, o auditório de elite é considerado o modelo ao qual devem amoldar-se os homens para serem dignos desse nome; o auditório de elite cria, então, a norma para todo o mundo. Nesse caso, a elite é a vanguarda que todos seguirão e à qual se amoldarão. Apenas a sua opinião importa, por ser, afinal de contas, a que será determinante.

O auditório de elite só encarna o auditório universal para aqueles que lhe reconhecem o papel de vanguarda e de modelo. Para os outros, ao contrário, ele constituirá apenas um auditório particular. O estatuto de um auditório varia conforme as concepções que se têm.

Certos auditórios especializados costumam ser assimilados ao auditório universal, tal como o auditório do cientista dirigindo-se aos seus pares. O cientista dirige-se a certos homens particularmente competentes, que admitem os dados de um sistema bem definido, constituído pela ciência em que são especialistas. Contudo, esse auditório tão limitado é geralmente considerado pelo cientista não como um auditório particular, mas como sendo realmente o auditório universal: ele supõe que todos os homens, com o mesmo treinamento, a mesma competência e a mesma informação, adotariam as mesmas conclusões.

Dá-se o mesmo quando se trata de moral. Esperamos que nossos juízos sejam confirmados pelas reações dos outros. Os "outros", aos quais apelamos assim, não são, porém, quaisquer "outros". Apelamos somente àqueles que "refletiram" devidamente sobre a conduta que aprovamos ou desaprovamos. Como diz Findlay:

> Apelamos, para além das cabeças irrefletidas da "sociedade presente", para a "grande sociedade das pessoas refletidas", onde quer que ela possa ser situada no espaço ou no tempo[50].

Semelhante apelo é criticado por J.-P. Sartre em suas notáveis conferências sobre o auditório do escritor:

> Dissemos que o escritor se dirigia em princípio a todos os homens. Mas, logo depois, observamos que era lido somente por alguns. Da distância entre o público ideal e o pú-

> blico real nasceu a idéia de universalidade abstrata. Isso quer dizer que o autor postula a perpétua repetição, num futuro indefinido, do punhado de leitores de que dispõe no presente. ... o recurso à infinidade do tempo busca compensar o fracasso no espaço (volta infinita do homem de bem do autor do século XVII, extensão infinita do clube de escritores e do público de especialistas para o autor do século XIX). ... Pela universalidade concreta cumpre entender, ao contrário, a totalidade dos homens que vivem numa dada sociedade[51].

Sartre censura os escritores por deixarem de lado a universalidade concreta à qual poderiam, e deveriam, dirigir-se e contentarem-se com a ilusória universalidade abstrata. Mas não é o auditório universal de Sartre que deverá julgar da legitimidade dessa crítica, que deverá decidir se, sim ou não, houve até agora ilusão voluntária ou involuntária por parte do escritor, se ele falhou até agora no que se atribuíra "como missão"? E esse auditório universal de Sartre é aquele ao qual ele se dirige para expor suas próprias opiniões sobre a universalidade abstrata e concreta.

Acreditamos, pois, que os auditórios não são independentes; que são auditórios concretos particulares que podem impor uma concepção do auditório universal que lhes é própria; mas, em contrapartida, é o auditório universal não definido que é invocado para julgar da concepção do auditório universal própria de determinado auditório concreto, para examinar, a um só tempo, o modo como é composto, quais os indivíduos que, conforme o critério adotado, o integram e qual a legitimidade desse critério. Pode-se dizer que os auditórios julgam-se uns aos outros.

§ 8. A argumentação perante um único ouvinte

O alcance filosófico da argumentação apresentada a um único ouvinte e sua superioridade sobre a dirigida a um vasto auditório foi admitida por todos os que, na Antiguidade, proclamavam a primazia da dialética sobre a retórica. Esta se limitava à técnica do longo discurso contínuo. Mas um discurso assim, com toda a ação oratória que comporta, seria ridículo e ineficaz perante um único ouvinte[52]. É normal levar em conta suas reações, suas denegações e suas hesitações e, quando constatadas, não há como esquivar-se: cumpre provar o ponto contestado, informar-se das razões da resistência do interlocutor, penetrar-se de suas objeções: o discurso degenera invariavelmente em diálogo. É por isso que, segundo Quintiliano, por causa do aspecto mais denso da argumentação, Zenão comparava a dialética, como técnica do diálogo, a um punho fechado, enquanto a retórica lhe parecia semelhante à mão aberta[53]. Não há dúvida, de fato, que a possibilidade que lhe é oferecida de formular perguntas, de apresentar objeções, dá ao ouvinte a impressão de que as teses a que adere, para terminar, são mais solidamente alicerçadas do que as conclusões do orador que desenvolve um discurso contínuo. O dialético, que se preocupa, a cada passo de seu raciocínio, com a concordância de seu interlocutor, estaria mais seguro, segundo Platão, de seguir o caminho da verdade. Essa opinião está claramente expressa neste pequeno discurso que Sócrates dirige a Caliclés:

> Eis pois uma questão resolvida; cada vez que estivermos de acordo sobre um ponto, este ponto será considerado suficientemente provado por ambas as partes, sem ser necessário examiná-lo de novo. Não podias, de fato, conceder-mo por falta de ciência, nem por excesso de timidez, e não poderias, fazendo-o, querer enganar-me; pois tu és meu amigo, dizes. Nosso acordo, por conseqüência, provará realmente que teremos atingido a verdade[54].

Esse modo de transformar a adesão de um só em indício de verdade seria ridículo – o que é, aliás, a opinião de Pareto[55] –, se o interlocutor de Sócrates expressasse um ponto de vista puramente pessoal. Talvez fosse exagerado dizer, com Goblot, que "Platão pensa estar seguro de que nenhum interlocutor poderia responder de forma diferente daquele que ele faz falar"[56], mas é certo, de todo modo, que cada interlocutor de Sócrates é o porta-voz, suposto o melhor, dos defensores de um determinado ponto de vista, cujas objeções devem ser previamente afastadas para facilitar a adesão do público às teses desenvolvidas.

O que confere ao diálogo, como gênero filosófico, e à dialética, tal como a concebeu Platão, um alcance eminente não é a adesão efetiva de um interlocutor determinado – pois este constitui apenas um auditório particular dentre uma infinidade de outros –, mas a adesão de uma personalidade que, seja ela qual for, tem de inclinar-se ante a evidência da verdade, porque sua convicção resulta de uma confrontação rigorosa de seu pensamento com o do orador. A relação entre diálogo e verdade é tal que E. Dupréel tende a crer que Górgias não deve ter praticado espontaneamente o diálogo: a predileção pelo procedimento do diálogo teria sido, pensa ele, característica de um adversário da retórica, partidário da primazia apenas da verdade, a saber, Hípias de Élida[57].

O diálogo escrito pressupõe, mais ainda do que o diálogo efetivo, que esse ouvinte encarne o auditório universal. E tal concepção parece justificada sobretudo quando se admite, como Platão, que existem no homem princípios internos coercivos que o guiam no desenvolvimento de seu pensamento[58].

A argumentação de semelhante diálogo só tem significado filosófico se ela pretende ser válida aos olhos de todos. Compreende-se facilmente que a dialética, assim como a argumentação voltada para o auditório universal, tenha sido identificada com a lógica. Essa é a concepção dos estóicos e da Idade Média[59]. Não vemos nela senão uma ilusão, ou um processo, cuja importância foi, porém, inegável no desenvolvimento da filosofia absolutista, buscando por todos os meios passar da adesão à verdade. A adesão do interlocutor no diálogo extrai seu significado do fato de este ser considerado uma encarnação do auditório universal. Admite-se que o ouvinte dispõe dos mesmos recursos de raciocínio que os outros membros do auditório universal, pois os elementos de apreciação relativos apenas à competência técnica são fornecidos pelo orador ou, presume-se, estão largamente à disposição do ouvinte, em virtude de sua situação social.

Não conviria, no entanto, que a adesão do interlocutor tivesse sido obtida unicamente graças à superioridade dialética do orador. Quem cede não deve ter sido vencido numa contenda erística, mas deve ter-se inclinado ante a evidência da verdade. É que o diálogo, tal como é focalizado aqui, não deve constituir um *debate*, em que convicções estabelecidas e opostas são defendidas por seus respectivos partidários, mas uma *discussão*, em que os interlocutores buscam honestamente e sem preconceitos a melhor solução de um problema controvertido. Opondo ao ponto de vista erístico o ponto de vista heurístico, certos autores contemporâneos apresentam a discussão como o instrumento ideal para chegar a conclusões objetivamente válidas[60]. Supõe-se que os interlocutores, na discussão, não se preocupam senão em mostrar e provar todos os argumentos, a favor ou contra, atinentes às diversas teses em presença. A discussão, levada a bom termo, deveria conduzir a uma conclusão inevitável e unanimemente admitida, se os argumentos, presumidamente com mesmo peso para todos, estivessem dispostos como que nos pratos de uma balança. No debate, em contrapartida, cada interlocutor só aventaria argumentos favoráveis à sua tese e só se preocuparia com argumentos que lhe são desfavoráveis para refutá-los ou limitar-lhes o alcance. O homem com posição tomada é portanto parcial, tanto por ter tomado posição como por já não poder fazer valer senão a parte dos argumentos pertinentes que lhe é favorável, ficando os outros, por assim dizer, gelados e só aparecendo no debate se o adversário os aventar. Como se supõe que este último adote a mesma atitude, compreende-se que a discussão seja apresentada como uma busca sincera da verdade, enquanto, no debate, cada qual se preocupa sobretudo com o triunfo de sua própria tese.

Embora idealmente a distinção seja útil, ela não permite, senão mediante uma generalização muito audaciosa, considerar os participantes de uma discussão desinteressada como porta-vozes do auditório universal: apenas em virtude de uma visão bastante esquemática da realidade é que se poderia assimilar a determinação do peso dos argumentos a uma pesagem de lingotes. Ademais, aquele que defende um determinado ponto de vista está, o mais das vezes, convencido de que se trata de uma tese que é objetivamente a melhor e de que seu triunfo é o triunfo da boa causa.

Por outro lado, na prática, essa distinção entre a discussão e o debate parece, em muitas ocasiões, difícil de precisar. Com efeito, na maioria dos casos, ela repousa na intenção que atribuímos, com ou sem razão, aos participantes do diálogo, intenção essa que, por sua vez, pode variar no decurso deste. Somente nos casos privilegiados, em que a atitude dos participantes é regulamentada pelas instituições, é que podemos conhecer de antemão suas intenções: no processo judicial, sabemos que o advogado de cada parte tende menos a esclarecer-se do que a desenvolver argumentos em favor de uma tese. Fixando os pontos a serem debatidos, o direito favorece essa atitude unilateral, essas tomadas de posição, que o litigante só tem de sustentar com constância contra o seu adversário. Em muitos outros casos, as instituições intervêm de uma maneira mais discreta, conquanto efetiva: quando um candidato defende uma tese contra os membros do júri que a criticam, quando um membro do Parlamento defende o programa de seu partido. Enfim, essa atitude pode resultar de compromissos assumidos pelo orador: se este prometeu a alguém defender-lhe a candidatura perante uma comissão competente, o diálogo que manterá com os membros dessa comissão será, na verdade, mais um arrazoado do que uma busca da verdade – no caso, a determinação do melhor candidato.

Vê-se que, salvo quando sabemos por qual razão – institucional ou outra – a atitude dos participantes é a da defesa de uma tese e, conseqüentemente, implica o desejo de embaraçar o adversário, a distinção clara entre um diálogo que tende à verdade e um diálogo que seria uma sucessão de defesas de teses é difícil de manter. Ela só poderia sustentar-se mediante uma distinção, prévia e exata, entre a verdade e o erro, distinção essa que, salvo prova de má-fé, a própria existência da discussão torna difícil de estabelecer.

O diálogo heurístico, em que o interlocutor é uma encarnação do auditório universal, e o diálogo erístico, que teria por meta dominar o adversário, são apenas, ambos, casos excepcionais; no diálogo habitual, os participantes tendem, pura e simplesmente, a persuadir seu auditório com o intuito de determinar uma ação imediata ou futura. É nesse plano prático que se desenvolve a maioria de nossos diálogos diários. Aliás, é curioso salientar que essa atividade diária de discussão persuasiva é a que menos atraiu a atenção dos teóricos: a maior parte dos autores de tratados de retórica a considerava alheia à sua disciplina. Os filósofos que se ocupavam do diálogo o focalizavam geralmente por seu aspecto privilegiado, em que o interlocutor encarna o auditório universal; ou, então, pelo aspecto mais psicológico, mas também mais escolar, do diálogo erístico, dominado pelo cuidado daquilo a que Schopenhauer[61] chama "Rechthaberei". A. Reyes notou, com razão[62], que o discurso privado constitui um terreno contíguo ao da antiga retórica; de fato, é durante conversas cotidianas que a argumentação tem mais oportunidade de exercer-se.

Acrescentemos que, mesmo quando o ouvinte único, seja ele o ouvinte ativo do diálogo ou um ouvinte silencioso a quem o orador se dirige, é considerado a encarnação de um auditório, nem sempre se trata do auditório universal. Ele também pode ser – e muito amiúde o é – a encarnação de um auditório particular.

Isso é verdade, evidentemente, quando o ouvinte único representa um grupo do qual é o delegado, o porta-voz, em cujo nome ele poderá tomar decisões. Mas é também o que ocorre quando o ouvinte é considerado uma amostra de todo um gênero de ouvintes. O professor poderá escolher, para se dirigir, o estudante que lhe parecer menos dotado, ou o estudante mais inteligente, ou o estudante mais mal colocado para ouvi-lo.

A escolha do ouvinte único que encarnará o auditório é determinada pelas metas que o orador se atribui, mas também pela idéia que ele tem do modo como um grupo deve ser caracterizado. A escolha do indivíduo que encarna um auditório particular influencia com freqüência os procedimentos da argumentação. Se Bentham[63] aprova o uso observado nas Comunas de dirigir-se ao presidente, é para tornar os debates tão corteses quanto possível. O ouvinte único é, nesse caso, escolhido não por suas qualidades, mas por suas funções; é a escolha que menos compromete o orador e menos revela a opinião que ele tem de seu auditório.

O mesmo não ocorre nas outras escolhas: o indivíduo escolhido para encarnar o auditório particular a que se dirige o orador revela, de um lado, a idéia que ele se faz desse auditório, de outro, as metas que espera atingir. Ronsard, ao dirigir-se a Hélène, vê nela a encarnação de todos os jovens, a quem se destina o conselho: "Colhei hoje mesmo as rosas da vida"[64]. Mas, dirigido a Hélène, esse conselho perde qualquer pretensão didática, para não ser mais que o reflexo de uma emoção, de uma simpatia ou mesmo de uma esperança. Essa técnica, nós a encontramos ao longo de toda a história literária e política. Muito raro é o discurso publicado cujo destinatário individualizado não deva ser considerado a encarnação de um determinado auditório particular.

§ 9. A deliberação consigo mesmo

O sujeito que delibera é considerado em geral uma encarnação do auditório universal.

Com efeito, parece que o homem dotado de razão, que procura formar-se uma convicção, tem de desprezar todos os procedimentos que visam conquistar os outros: ele não pode, crê-se, deixar de ser sincero consigo mesmo e é, mais do que ninguém, capaz de experimentar o valor de seus próprios argumentos. "O consentimento de vós mesmos a vós mesmos e a voz constante de vossa razão"[65] é, para Pascal, o melhor critério de verdade; é também o empregado por Descartes, nas *Méditations*[66], para passar das razões que o convenceram pessoalmente à afirmação de que ele "chegou a um exato e evidente conhecimento da verdade". Ao contrário da dialética, que seria a técnica da controvérsia com outrem, e da retórica, técnica do discurso dirigido a muita gente, a lógica se identifica, para Schopenhauer[67] como para J. S. Mill[68], com as regras aplicadas para conduzir o pensamento próprio. É que, neste último caso, o espírito não se preocuparia em defender uma tese, em procurar unicamente argumentos que favoreçam um determinado ponto de vista, mas em reunir todos os que apresentam algum valor a seus olhos, sem dever calar nenhum e, após ter pesado os prós e os contras, decidir-se, em alma e consciência, pela solução que lhe parecer melhor. Do mesmo modo que não se confere uma importância igual aos argumentos desenvolvidos em sessão pública e àqueles que são apresentados em sessão secreta, também o segredo da deliberação íntima parece penhor da sinceridade e do valor desta última. Assim Chaignet, na última obra em língua francesa a considerar a retórica uma técnica da persuasão, opõe esta à convicção nos seguintes termos:

> Quando somos convencidos, somos vencidos apenas por nós mesmos, pelas nossas idéias. Quando somos persuadidos, sempre o somos por outrem[69].

O individualismo dos autores que conferem uma nítida preeminência ao modo de conduzir nossos próprios pensamentos e o consideram o único digno do interesse do filósofo – pois o discurso dirigido a outrem não passa de aparência e embuste – contou muito para o descrédito não só da retórica, mas também, em geral, de qualquer teoria da argumentação. Parece-nos, em contrapartida, que há todo interesse em considerar a deliberação íntima uma espécie particular de argumentação. Mesmo não esquecendo as características próprias da deliberação íntima, pensamos que há tudo a ganhar em não menosprezar esta opinião de Isócrates:

> Os argumentos pelos quais convencemos os outros falando são os mesmos que utilizamos quando refletimos; chamamos oradores aos que são capazes de falar perante a multidão e consideramos de bom conselho aqueles que podem conversar consigo mesmos, da forma mais judiciosa, sobre os negócios[70].

Com muita freqüência, aliás, uma discussão com outrem não é mais do que um meio que utilizamos para nos esclarecer melhor. O acordo consigo mesmo é apenas um caso particular do acordo com os outros. Por isso, do nosso ponto de vista, é a análise da argumentação dirigida a outrem que nos fará compreender melhor a deliberação consigo mesmo, e não o inverso.

Com efeito, não se pode distinguir, na deliberação íntima, uma reflexão que corresponderia a uma discussão de outra que seria apenas uma procura de argumentos em favor de uma posição tomada de antemão? Podemos confiar inteiramente na sinceridade do sujeito que delibera para nos dizer se está em busca da melhor linha de conduta ou se elabora um arrazoado íntimo? A psicologia das profundezas ensinou-nos a desconfiar até do que parece indubitável à nossa própria consciência. Mas as distinções que ela estabelece entre razões e racionalizações só poderão ser compreendidas se não tratarmos a deliberação como um caso particular de argumentação. O psicólogo dirá que os motivos alegados pelo sujeito para explicar sua conduta constituem racionalizações, se diferirem dos móbeis reais que o determinaram a agir e que o sujeito ignora. Quanto a nós, tomaremos o termo racionalização num sentido mais amplo, sem nos prender ao fato de o sujeito ignorar, ou não, os verdadeiros motivos de sua conduta. Conquanto pareça ridículo, à primeira vista, um ser ponderado que, depois de ter agido por motivos muito "razoáveis", se empenha em dar, em seu foro íntimo, razões muito diferentes aos seus atos, menos verossímeis, mas que o deixam sob uma luz mais bonita[71], uma racionalização assim explica-se perfeitamente quando a consideramos um arrazoado antecipado para o uso dos outros, que pode aliás ser perfeitamente adaptado a este ou àquele presumido ouvinte. Tal racionalização de modo algum significa, como crê Schopenhauer[72], que o nosso "intelecto" se atém a camuflar os verdadeiros motivos de nossos atos, que seriam, por sua vez, completamente irracionais. É possível que alguns atos tenham sido perfeitamente refletidos e tenham tido outras razões além daquelas que procuramos, posteriormente, fazer nossa consciência admitir. Aqueles que não vêem, ou não admitem, a importância da argumentação não podem explicar-se a racionalização que, para eles, não seria mais que a sombra de uma sombra.

Talvez uma comparação com a seguinte situação, descrita por J. S. Mill, nos permita apreciar-lhe melhor o alcance:

> Todos, diz-nos ele, conhecem o conselho dado por Lorde Mansfield a um homem dotado de grande senso prático que, tendo sido nomeado governador de uma colônia, tinha, sem experiência nos casos judiciários e sem conhecimentos de direito, de presidir uma corte de justiça. O conselho era dar sua decisão resolutamente, pois provavelmente ela seria justa, mas jamais se aventurar a expor-lhe as razões, pois elas seriam quase infalivelmente más[73].

Com efeito, se o conselho de Lorde Mansfield era bom, é porque, depois que o presidente tivesse julgado com eqüidade, seus assessores sozinhos poderiam "racionalizar" seu veredicto, precedendo-o de considerandos ignorados pelo governador, porém mais conformes à legislação em vigor do que as razões que lhe teriam motivado a decisão. Acontece, muito amiúde aliás, não sendo isso necessariamente deplorável, que mesmo um magistrado conhecedor do direito formule seu julgamento em dois tempos, sendo as conclusões a princípio inspiradas pelo que lhe parece ser mais conforme a seu senso de eqüidade, vindo a motivação técnica apenas como acréscimo. Há que concluir, nesse caso, que a decisão foi tomada sem nenhuma deliberação prévia? De modo algum, pois os prós e os contras poderiam ter sido pesados com o maior cuidado, mas fora de considerações de técnica jurídica. Esta só intervém para justificar a decisão perante outro auditório e de forma nenhuma para, como explica Mill, formular de um modo experiente as máximas gerais de que o governador tinha uma impressão bastante vaga. O cientificismo de Mill, que lhe faz conceber tudo em função de um único auditório, o auditório universal, não lhe permite fornecer uma explicação adequada do fenômeno.

As argumentações novas, posteriores à decisão, podem consistir na inserção da conclusão num âmbito técnico, como no caso que acabamos de citar; podem ser não-técnicas, como no relato de Antoine de La Salle[74], em que um suserano e sua mulher conversam à noite. O suserano deve escolher entre o sacrifício de sua cidade e o de seu filho. Não que haja dúvidas sobre a decisão, mas Antoine de La Salle confere importância às palavras da esposa, que relata com muitos pormenores. Essas palavras transformam a maneira pela qual a decisão é focalizada: a mulher proporciona ao marido o orgulho próprio, o equilíbrio, a confiança, a consolação, ela é que lhe põe ordem nas idéias, insere a decisão num contexto e a reforça pelo próprio fato. Ela age como o teólogo, que fornece as provas racionais de um dogma no qual todos os membros da Igreja já acreditavam antes.

A vida política também oferece situações em que a justificação de uma decisão é esperada com impaciência, pois dessa justificação é que dependerá a adesão da opinião pública. Por ocasião do banimento do rei negro Seretse, a imprensa anunciava que o governo britânico, sem nada mudar de sua decisão, faria uma concessão à opinião pública dando uma justificação melhor e mais detalhada dessa decisão, ou seja, que pudesse ser aceita pelo auditório ao qual ela se dirigia.

Essa preferência por certos argumentos pode resultar do fato de o ouvinte desejar ter à sua disposição argumentos que fossem válidos para outro auditório, até mesmo para o auditório universal, que seriam, portanto, transponíveis a uma situação modificada.

Evidencia-se, de tudo o que acabamos de dizer a respeito dos auditórios, que, do nosso ponto de vista, o valor retórico de um enunciado não poderia ser anulado pelo fato de que se trataria de uma argumentação que se julga construída *a posteriori*, depois que a decisão íntima estava tomada, ou pelo fato de que se trata de uma argumentação baseada em premissas às quais o próprio orador não adere. Em ambos os casos, que são distintos embora ligados por certo aspecto, poderá ser feita a censura de insinceridade, de hipocrisia, por um observador, ou por um adversário. Mas esse será apenas um meio de desqualificação cujo alcance só subsistirá se a pessoa adotar uma perspectiva totalmente diferente da nossa; o mais das vezes, aliás, tal perspectiva se baseia numa concepção bem definida do real ou da pessoa.

Nossa tese é de que, de um lado, uma crença, uma vez estabelecida, sempre pode ser intensificada e de que, de outro, a argumentação depende do auditório a que se dirige. Por conseguinte, é legítimo que quem adquiriu uma certa convicção se empenhe em consolidá-la perante si mesmo, sobretudo perante ataques que podem vir do exterior; é normal que ele considere todos os argumentos suscetíveis de reforçá-la. Essas novas razões podem intensificar a convicção, protegê-la contra certos ataques nos quais não se pensara desde o início, precisar-lhe o alcance.

Por outro lado, é unicamente quando o orador se dirige a um auditório ao qual presumidamente pertence – sendo esse, evidentemente, o caso do auditório universal – que qualquer discordância entre os argumentos que o convenceram pessoalmente e os que ele profere poderia ser-lhe censurada. Mas, mesmo nesse caso privilegiado, não fica excluído que a convicção íntima do orador esteja fundamentada em elementos que lhe são próprios – tal como uma intuição incomunicável – e que ele seja obrigado a recorrer a uma argumentação para fazer que se compartilhe a crença por eles gerada.

Em conclusão, se o estudo da argumentação nos permite compreender as razões que incitaram tantos autores a conceder à deliberação íntima um estatuto privilegiado, esse mesmo estudo nos fornece os meios de distinguir as diversas espécies de deliberação e de compreender, ao mesmo tempo, o que há de fundamentado na oposição entre *razões* e *racionalizações*, e o interesse real que se prende, do ponto de vista argumentativo, a essas racionalizações por demais menosprezadas.

§ 10. Os efeitos da argumentação

O objetivo de toda argumentação, como dissemos, é provocar ou aumentar a adesão dos espíritos às teses que se apresentam a seu assentimento: uma argumentação eficaz é a que consegue aumentar essa intensidade de adesão, de forma que se desencadeie nos ouvintes a ação pretendida (ação positiva ou abstenção) ou, pelo menos, crie neles uma disposição para a ação, que se manifestará no momento oportuno.

A eloqüência prática, que comportava os gêneros judiciário e deliberativo, era o campo predileto onde se enfrentavam litigantes e políticos que defendiam, argumentando, teses opostas e às vezes até contraditórias. Nessas justas oratórias, os adversários procuravam conquistar a adesão de seu auditório acerca de assuntos controversos, em que os prós e os contras encontravam amiúde defensores igualmente hábeis e, aparentemente, igualmente honrados.

Os detratores da retórica – para os quais só havia uma verdade, em todas as matérias – deploravam semelhante estado de coisas. Segundo eles, os protagonistas conduziam suas argumentações divergentes com o auxílio de raciocínios cujo valor probatório só podia ser ilusório. A retórica digna do filósofo, diz-nos Platão em *Fedro*, aquela que conquistaria, por suas razões, os próprios deuses, deveria ao contrário ser condicionada pela verdade. E, vinte séculos mais tarde, Leibniz, que se dá conta de que o saber humano é limitado e muitas vezes incapaz de fornecer provas suficientes da verdade de toda asserção, queria que ao menos o grau do assentimento concedido a uma tese qualquer fosse proporcional ao que ensina o cálculo das probabilidades ou das presunções[75].

Os ataques dos filósofos à teoria da persuasão racional, desenvolvida nas obras de retórica, parecem, aliás, ainda mais fundamentados porque o objeto da argumentação se limitava, para os teóricos, a questões que poderíamos reduzir a problemas de conjetura e de qualificação. Os problemas de conjetura concernem aos fatos, fatos passados, nos debates judiciais, fatos futuros, nos debates políticos. "X realizou o que lhe é imputado?", "Tal ato acarretará ou não tal conseqüência?": eis o tipo de questões que qualificamos de conjeturais. Nos problemas de qualificação, pergunta-se se tal fato pode ser qualificado desta ou daquela forma. Em ambos os casos, parece escandaloso que se possa defender honestamente mais de um ponto de vista. Esse ponto de vista competia ao filósofo, que estudava de um modo desinteressado os problemas de ordem geral, fornecer e justificar. As conclusões práticas que se deveriam tirar do estudo dos fatos se imporiam por si sós a qualquer espírito racional.

Numa perspectiva assim, a argumentação, tal como a concebemos, já não tem razão de ser. Os fatos, as verdades ou, pelo menos, as verossimilhanças submetidas ao cálculo das probabilidades triunfam por si sós. Quem os apresenta não desempenha nenhum papel essencial, suas demonstrações são intemporais e não há motivo para distinguir os auditórios a que se dirige, uma vez que se presume que todos se inclinam diante do que é objetivamente válido.

E, sem dúvida alguma, no campo das ciências puramente formais, tais como a lógica simbólica ou as matemáticas, assim como no campo puramente experimental, essa ficção, que isola do sujeito cognoscente o fato, a verdade ou a probabilidade, apresenta inegáveis vantagens. Por isso, por essa técnica "objetiva" obter êxito em ciência, formou-se a convicção de que seu uso é igualmente legítimo nos outros campos. Mas quando não existe um acordo, mesmo entre pessoas competentes na matéria, o que é a afirmação, senão um expediente a ser exorcizado, de que as teses preconizadas são a manifestação de uma realidade ou de uma verdade ante a qual um espírito sem prevenção tem de inclinar-se?

Parece, muito pelo contrário, que há menos risco de simplificar e de deformar a situação em que se efetua o processo argumentativo considerar-se como um caso particular, conquanto muito importante, aquele em que a prova da verdade ou da probabilidade de uma tese pode ser administrada no interior de um campo formal, científica ou tecnicamente circunscrito, de comum acordo, por todos os interlocutores. Só então é que a possibilidade de provar os prós e os contras é o indício de uma contradição que se tem de eliminar. Nos outros casos, a possibilidade de argumentar de modo que se chegue a conclusões opostas implica justamente que não nos encontremos na situação particular que o uso das ciências nos tornou familiar. É o que acontecerá sempre que a argumentação tender a provocar uma ação que resulta de uma escolha deliberada entre vários possíveis, sem que haja acordo prévio sobre um critério que permita hierarquizar as soluções.

Os filósofos, que se indignavam com que o homem não pudesse conduzir-se consoante a conclusão que parecia a única racional, foram obrigados a completar sua visão deste dotando-o de paixões e de interesses capazes de se oporem aos ensinamentos da razão. Retomando a distinção pascaliana, à ação sobre o entendimento, acrescentar-se-ão os meios de atuar sobre a vontade. Nessa perspectiva, enquanto a tarefa do filósofo, na medida em que se dirige a um auditório particular, será calar paixões que são próprias deste, de modo que se facilite a consideração "objetiva" dos problemas em discussão, quem visa a uma ação precisa, que se desencadeará no momento oportuno, deverá, ao contrário, excitar as paixões, emocionar seus ouvintes, de modo que se determine uma adesão suficientemente intensa, capaz de vencer ao mesmo tempo a inevitável inércia e as forças que atuam num sentido diferente do desejado pelo orador.

Podemos perguntar-nos se a existência dos dois tratados de Aristóteles consagrados à argumentação, *Tópicos* e *Retórica*, um referente à discussão teórica de teses, o outro de considerações sobre as particularidades dos auditórios, não favoreceu essa distinção tradicional entre a ação sobre o entendimento e a ação sobre a vontade. Quanto a nós, cremos que essa distinção, que apresenta a primeira como inteiramente pessoal e intemporal e a segunda como totalmente irracional, funda-se num erro e leva a um impasse. O erro é conceber o homem como constituído de faculdades completamente separadas. O impasse é tirar da ação fundada na escolha qualquer justificação racional e, com isso, tornar absurdo o exercício da liberdade humana. Apenas a argumentação, da qual a deliberação constitui um caso particular, permite compreender nossas decisões. É por essa razão que examinaremos a argumentação sobretudo em seus efeitos práticos: voltada para o futuro, ela se propõe provocar uma ação ou preparar para ela, atuando por meios discursivos sobre o espírito dos ouvintes. Essa forma de examiná-la permitirá compreender várias de suas particularidades, notadamente o interesse que apresenta para ela o gênero oratório, que os antigos qualificaram de *epidíctico*.

§ 11. O gênero epidíctico

Aristóteles e todos os teóricos nele inspirados incluem em seus tratados de *Retórica*, ao lado dos gêneros oratórios deliberativo e judiciário, o gênero epidíctico.

Este era, inegavelmente, afirmado com vigor. A maioria das obras-primas da eloqüência escolar, os elogios e panegíricos de um Górgias ou de um Isócrates, trechos solenes célebres em toda a Grécia, constituíam discursos do gênero epidíctico. Contrariamente aos debates *políticos* e *judiciários*, verdadeiros combates em que os dois adversários procuravam, acerca de matérias controvertidas, ganhar a adesão de um auditório que decidia o desfecho de um processo ou de uma ação por empreender, os discursos *epidícticos* não eram nada disso. Um orador solitário que, com freqüência, nem sequer aparecia perante o público, mas se contentava em fazer circular sua composição escrita, apresentava um discurso ao qual ninguém se opunha, sobre matérias que não pareciam duvidosas e das quais não se via nenhuma conseqüência prática. Que se tratasse de um elogio fúnebre ou do elogio de uma cidade diante de seus habitantes, de um tema desprovido de atualidade, tal como a exaltação de uma virtude ou de uma divindade, os ouvintes nele só representavam, segundo os teóricos, o papel de espectadores. Após ouvir o orador, tinham apenas de aplaudir ou ir-se embora. Tais discursos formavam aliás uma atração de escol nas festas que reuniam periodicamente os habitantes de uma cidade ou os de várias cidades-estados, e seu efeito mais visível era ilustrar o nome de seu autor. Semelhante trecho solene era apreciado como uma obra de artista, de virtuose, mas via-se nessa apreciação lisonjeira um fim, e não a conseqüência do fato de o orador haver atingido certo objetivo. Tratava-se o discurso como espetáculos de teatro ou competições atléticas, cujo objetivo parecia ser pôr em evidência os participantes. Por causa de seu caráter particular, seu estudo foi delegado aos gramáticos pelos retores romanos, que exercitavam seus alunos nos dois outros gêneros, considerados como pertencentes à eloqüência prática[76]. Ele apresentava, para os teóricos, uma forma degenerada de eloqüência que só procurava agradar, realçar, ornando-os, fatos manifestos ou, pelo menos, incontestes[77]. Não é que os antigos não tenham visto outra finalidade para o discurso epidíctico. Para Aristóteles, o orador se propõe atingir, conforme o gênero do discurso, finalidades diferentes: no deliberativo, aconselhando o útil, ou seja, o melhor; no judiciário, pleiteando o justo; no epidíctico, que trata do elogio ou da censura, tendo apenas de ocupar-se com o que é belo ou feio. Portanto, trata-se mesmo de reconhecer valores. Mas, faltando a noção de juízo de valor e a de intensidade de adesão, os teóricos do discurso, depois de Aristóteles, misturam incontinenti a idéia de belo, objeto do discurso, aliás equivalente da idéia de bom, com a idéia do valor estético do próprio discurso[78].

Com isso, o gênero epidíctico parecia prender-se mais à literatura do que à argumentação. Foi assim que a distinção dos gêneros contribuiu para a posterior desagregação da retórica, pois os dois primeiros gêneros foram anexados pela filosofia e pela dialética, tendo sido o terceiro englobado na prosa literária. E Whately, no século XIX, criticará Aristóteles por ainda ter-lhe atribuído demasiada importância[79].

Ora, acreditamos que os discursos epidícticos constituem uma parte central da arte de persuadir, e a incompreensão manifestada a seu respeito resulta de uma concepção errônea dos efeitos da argumentação.

A eficácia de uma exposição, tendente a obter dos ouvintes uma adesão suficiente às teses apresentadas, só pode ser julgada pelo objetivo que o orador se propõe. A intensidade da adesão que se tem de obter não se limita à produção de resultados puramente intelectuais, ao fato de declarar que uma tese parece mais provável que outra, mas muitas vezes será reforçada até que a ação, que ela deveria desencadear, tenha ocorrido. Demóstenes, considerado um dos modelos da eloqüência clássica, consagrou a maior parte de seus esforços não só a obter dos atenienses que tomassem decisões conformes aos seus desejos, mas também a pressioná-los, por todos os meios, a que essas decisões, uma vez tomadas, fossem executadas. Ele queria, de fato, que os atenienses travassem contra Filipe não "uma guerra de decretos e de cartas somente, mas uma guerra em ação"[80]. Devia lembrar constantemente aos seus concidadãos:

> "... um decreto nada é por si mesmo, se não lhe acrescentardes a vontade de executar energicamente o que decretáreis", pois, "se os decretos pudessem ou obrigar-vos a fazer o que é preciso, ou executar por si sós o que ordenam, vós não chegaríeis, após tantos votos, a tão minguados resultados, ou, melhor dizendo, a nada..."[81]

A decisão tomada se encontra, por assim dizer, a meio caminho entre a disposição para a ação e a própria ação, entre a pura especulação e a ação eficaz.

A intensidade de adesão, visando à ação eficaz, não pode ser medida pelo grau de probabilidade conferido à tese aceita, mas, antes, pelos obstáculos que a ação supera, pelos sacrifícios e escolhas que ela acarreta e que a adesão permite justificar. A existência de um lapso de tempo, maior ou menor, entre o momento da adesão e o da ação que ela deveria suscitar[82] explica suficientemente a intervenção no debate, julgado anteriormente encerrado, de certos valores esquecidos ou minimizados, de elementos novos que talvez tenham surgido depois da tomada de decisão. Essa interferência, que tem ainda maiores possibilidades de ocorrer se a situação evoluiu no intervalo, acarreta uma dupla conseqüência: de um lado, a avaliação da eficácia de um discurso é aleatória, de outro, a adesão por ele provocada sempre pode ser utilmente reforçada. É nessa perspectiva, por reforçar uma disposição para a ação ao aumentar a adesão aos valores que exalta, que o discurso epidíctico é significativo e importante para a argumentação. Por não ser a reputação do orador a finalidade exclusiva dos discursos epidícticos, sendo no máximo uma conseqüência deles, é que um elogio fúnebre pode, sem indecência, ser pronunciado à beira de uma tumba recém-aberta, é que um discurso de quaresma pode visar a outra coisa que não a glória do pregador.

Tentou-se mostrar que a oração fúnebre dos gregos se havia transformado, com o cristianismo, em meio de edificação[83]. De fato, trata-se realmente do mesmo discurso, mas versando sobre valores novos. Estes são incompatíveis com a busca da glória terrestre. Por isso o temor de ver o discurso sacro ser considerado um espetáculo é tamanho que Bossuet, no Sermon sur la parole de Dieu [Sermão sobre a palavra de Deus], desenvolve uma longa analogia entre o púlpito e o altar, para chegar a esta conclusão:

> ... deveis agora estar convencidos de que os pregadores do Evangelho não sobem aos púlpitos para ali fazerem discursos vãos que se devam ouvir para divertir-se[84].

E estas não são somente precauções de um orador, precauções que, por si sós, poderiam ser apenas um fingimento, previsão de um perigo imaginário. É certo que o discurso – particularmente o discurso epidíctico – costuma ser julgado um espetáculo. La Bruyère escarnece-o fartamente:

> ... ficam comovidos e tocados a ponto de decretarem em seu coração, sobre esse sermão de *Teodoro*, que ele é ainda mais belo que o último que ele pregou[85].

Ao contrário da demonstração de um teorema de geometria, que estabelece de uma vez por todas um vínculo lógico entre verdades especulativas, a argumentação do discurso epidíctico se propõe aumentar a intensidade da adesão a certos valores, sobre os quais não pairam dúvidas quando considerados isoladamente, mas que, não obstante, poderiam não prevalecer contra outros valores que viessem a entrar em conflito com eles. O orador procura criar uma comunhão em torno de certos valores reconhecidos pelo auditório, valendo-se do conjunto de meios de que a retórica dispõe para amplificar e valorizar.

É na epidíctica que são apropriados todos os procedimentos da arte literária, pois se trata de promover o concurso de tudo quanto possa favorecer essa comunhão do auditório. É o único gênero que, imediatamente, faz pensar na literatura, o único que poderíamos comparar com o libreto de uma cantata[86], o que corre maior risco de virar declamação, de tornar-se retórica, no sentido pejorativo e habitual da palavra.

A própria concepção desse gênero oratório, que lembra mais, para falar como Tarde[87], uma procissão do que uma luta, fará com que seja praticado de preferência por aqueles que, numa sociedade, defendem os valores tradicionais, os valores aceitos, os que são objeto da educação, e não os valores revolucionários, os valores novos que suscitam polêmicas e controvérsias. Há na epidíctica um lado otimista, um lado incensador, que não escapou a certos observadores perspicazes[88]. Não receando a contradição, nele o orador transforma facilmente em valores universais, quando não em verdades eternas, o que, graças à unanimidade social, adquiriu consistência. Os discursos epidícticos apelarão com mais facilidade a uma ordem universal, a uma natureza ou a uma divindade que seriam fiadoras dos valores incontestes e que são julgados incontestáveis. Na epidíctica, o orador se faz educador.

§ 12. Educação e propaganda

A análise do gênero epidíctico, de seu objeto e do papel que nele representa o orador, permitirá elucidar uma questão controvertida, que preocupa tantos teóricos atualmente: a distinção entre educação e propaganda. J. Driencourt, num livro recente e bem-documentado[89], analisa e rejeita numerosas tentativas para distinguir a educação da propaganda, e não chega a nenhuma conclusão satisfatória, por não situar seu estudo no âmbito de uma teoria geral da argumentação. Harold D. Lasswell, o especialista americano dessas questões, crê que o educador difere essencialmente do propagandista porque seu tema versa sobre matérias que não são, para seu auditório, objeto de controvérsia[90]. O padre católico que ensina os preceitos de sua religião a crianças católicas de sua paróquia cumpre um papel de educador, ao passo que é propagandista e se dirige, com o mesmo intento, aos adultos membros de outro grupo religioso. Mas, em nossa opinião, há mais. Enquanto o propagandista deve granjear, previamente, a audiência de seu público, o educador foi encarregado por uma comunidade de tornar-se o porta-voz dos valores reconhecidos por ela e, como tal, usufrui um prestígio devido a suas funções.

Ora, basta um instante de reflexão para constatar que, desse ponto de vista, o orador do discurso epidíctico está muito próximo do educador. Como o que vai dizer não suscita controvérsia, como nunca está envolvido um interesse prático imediato e não se trata de defender ou de atacar, mas de promover valores que são o objeto de uma comunhão social, o orador, embora esteja de antemão seguro da boa vontade de seu auditório, deve, ainda assim, possuir um prestígio reconhecido. Na epidíctica, mais do que em qualquer outro gênero oratório, é preciso, para não ser ridículo, ter qualificações para tomar a palavra e não ser inábil em seu uso. Com efeito, já não é sua causa nem seu ponto de vista que o orador defende, mas o de todo o auditório; ele é, por assim dizer, o educador deste, e se necessita usufruir um prestígio prévio é para poder servir, amparado na autoridade pessoal, aos valores defendidos.

Aliás, cumpre que os valores cujo elogio se faz sejam considerados dignos de guiar nossa ação, pois senão, como diz espirituosamente Isócrates,

> de que adianta escrever discursos cuja maior vantagem só poderia ser não poder persuadir nenhum dos ouvintes?[91]

Os discursos epidícticos têm por objetivo aumentar a intensidade de adesão aos valores comuns do auditório e do orador; seu papel é importante, pois, sem esses valores comuns, em que poderiam apoiar-se os discursos deliberativos e judiciários? Enquanto esses últimos gêneros utilizam disposições já existentes no auditório, enquanto neles os valores são meios que permitem determinar uma ação, na epidíctica a comunhão em torno dos valores é uma finalidade que se persegue, independentemente das circunstâncias precisas em que tal comunhão será posta à prova.

S. Weil, analisando os meios que os franceses de Londres poderiam ter utilizado, durante a guerra, para galvanizar os franceses do interior, enumera entre outros estes:

> a expressão, quer oficial, quer aprovada por uma autoridade oficial, de uma parte dos pensamentos que, já antes de serem expressos, encontravam-se realmente no coração das multidões ou no coração de certos elementos ativos da nação... Se ouvimos formular esse pensamento fora de nós mesmos, por outrem e por alguém em cujas palavras prestamos atenção, ele recebe disso uma força centuplicada e às vezes pode produzir uma transformação interior[92].

O que ela evidencia assim, muito bem, é precisamente o papel dos discursos epidícticos: apelos a valores comuns, não contestados embora não formulados, e por alguém qualificado para fazê-lo; com isso, reforço da adesão a esses valores, tendo em vista ações posteriores possíveis. O que era chamado de propaganda de Londres se torna, nessa perspectiva, muito mais próximo da educação do que da propaganda.

O fato de o epidíctico ser destinado a promover valores sobre os quais há concordância explica que se sinta a impressão de um abuso quando, por ocasião de um discurso assim, alguém toma posição numa matéria controversa, desvia sua argumentação para valores contestados, introduz dissonâncias numa circunstância criada para favorecer a comunhão, durante uma cerimônia fúnebre por exemplo. O mesmo abuso existe quando um educador se torna propagandista.

Na educação, seja qual for seu objeto, supõe-se que o discurso do orador, se nem sempre expressa verdades, ou seja, teses aceitas por todos, pelo menos defende valores que não estão, no meio que o delegou, sujeitos a controvérsia. Presume-se que ele usufrui uma confiança tão grande que, ao contrário de qualquer outro, não deve adaptar-se aos seus ouvintes e partir de teses que estes aceitam, mas pode proceder com o auxílio de argumentos a que Aristóteles chama didáticos[93] e que os ouvintes adotam porque "o mestre disse". Ao passo que, numa tentativa de vulgarização, o orador se faz como que o propagandista da especialidade e deve inserir esta no âmbito de um saber comum, quando se trata de iniciação a uma disciplina particular, o mestre começará por enunciar os princípios próprios dessa disciplina[94]. Assim também, quando é encarregado de inculcar os valores de uma determinada sociedade a crianças muito pequenas, o educador deve proceder mediante afirmação, sem enveredar numa controvérsia em que defenderia livremente os prós e os contras. Aliás, isso seria contrário ao próprio espírito da primeira educação, pois toda discussão pressupõe a adesão prévia a certas teses, sem o que nenhuma argumentação é possível[95].

O discurso educativo, assim como o epidíctico, visa não à valorização do orador, mas à criação de uma certa disposição entre os ouvintes. Contrariamente aos gêneros deliberativo e judiciário, que se propõem obter uma decisão de ação, o discurso epidíctico, como o discurso educativo, criam uma mera disposição para a ação, pelo que é possível aproximá-los do pensamento filosófico. Embora essa distinção entre gêneros oratórios nem sempre seja fácil de aplicar, ainda assim ela apresenta, de nosso ponto de vista, a vantagem de oferecer, ao estudo da argumentação, um contexto unitário: toda argumentação se concebe, nessa perspectiva, apenas em função da ação que ela prepara ou determina. É uma razão suplementar para nos aproximarmos mais da retórica do que da dialética dos antigos, esta limitando-se apenas à especulação, aquela pondo no primeiro plano a ação exercida pelo discurso sobre a personalidade inteira dos ouvintes.

O discurso epidíctico – e toda educação – visam menos a uma mudança nas crenças do que a um aumento da adesão ao que já é aceito, enquanto a propaganda se beneficia de todo o lado espetacular das mudanças perceptíveis que ela procura realizar e que às vezes realiza. Não obstante, na medida em que a educação aumenta a resistência a uma propaganda adversa, é útil considerar educação e propaganda como forças que atuam em sentido contrário. Por outro lado, veremos que toda argumentação pode ser encarada como um substituto da força material que, pela coerção, se propunha obter efeitos de mesma natureza.

§ 13. Argumentação e violência

A argumentação é uma ação que tende sempre a modificar um estado de coisas preexistente. Isso é verdade, até no que concerne ao discurso epidíctico; por isso é que ele é argumentativo. Mas, ao passo que aquele que toma a iniciativa de um debate é comparável a um agressor, aquele que, por seu discurso, deseja reforçar valores estabelecidos se assemelhará àquele guarda protetor dos diques que sofrem sem cessar o ataque do Oceano.

Toda sociedade que preza seus valores próprios tem, portanto, de favorecer as ocasiões que permitem aos discursos epidícticos se reproduzirem num ritmo regular: cerimônias em comemoração de fatos que interessam ao país, ofícios religiosos, elogios dos desaparecidos e outras manifestações que servem à comunhão dos espíritos. Na medida em que os dirigentes do grupo buscam aumentar sua ascendência sobre o pensamento de seus membros, multiplicarão as reuniões de caráter educativo e alguns chegarão mesmo, no limite, a empregar a ameaça ou a coerção para levar os recalcitrantes a se submeterem aos discursos que os impregnarão de valores comunitários. Em contrapartida, considerando qualquer ataque contra valores oficialmente reconhecidos um ato revolucionário, esses mesmos dirigentes, mediante o estabelecimento de uma censura, de um índex, mediante o controle dos meios de comunicar as idéias, forcejarão por tornar difícil, se não impossível, para os adversários, a realização das condições prévias da argumentação. Estes últimos serão compelidos, se quiserem continuar a luta, ao uso da força.

Pode-se, de fato, tentar obter um mesmo resultado seja pelo recurso à violência, seja pelo discurso que visa à adesão dos espíritos. É em função dessa alternativa que se concebe com mais clareza a oposição entre liberdade espiritual e coação. O uso da argumentação implica que se tenha renunciado a recorrer unicamente à força, que se dê apreço à adesão do interlocutor, obtida graças a uma persuasão racional, que este não seja tratado como um objeto, mas que se apele à sua liberdade de juízo. O recurso à argumentação supõe o estabelecimento de uma comunidade dos espíritos que, enquanto dura, exclui o uso da violência[96]. Consentir na discussão é aceitar colocar-se do ponto de vista do interlocutor, é só se prender ao que ele admite e não se prevalecer de suas próprias crenças, senão na medida em que aquele que procuramos persuadir está disposto a dar-lhe seu assentimento. "Toda justificação", diz E. Dupréel, "já é, por essência, um ato moderador, um passo rumo a mais comunhão das consciências."[97]

Alguns pretenderão que, às vezes, ou mesmo sempre, o recurso à argumentação não passa de uma dissimulação. Haveria apenas uma aparência de debate argumentativo, seja porque o orador impõe ao auditório a obrigação de escutar, seja porque este último se contenta em simular escutá-lo: tanto num como noutro caso, a argumentação não seria mais que uma léria, o acordo adquirido não passaria de uma forma disfarçada de coerção ou de um símbolo de boa vontade. Esta opinião sobre a natureza do debate argumentativo não pode ser excluída *a priori*; no entanto a movimentação da máquina argumentativa fica mal explicada se, em certos casos pelo menos, não há persuasão verdadeira. De fato, toda comunidade, seja ela nacional ou internacional, prevê instituições jurídicas, políticas ou diplomáticas que permitem resolver certos conflitos sem que se seja obrigado a recorrer à violência. Mas é uma ilusão crer que as condições dessa comunhão das consciências estão inscritas na natureza das coisas. Por não poderem referir-se a esta, os defensores da filosofia crítica, tais como Guido Calogero, vêem na vontade de compreender outrem, no princípio do diálogo, o fundamento absoluto de uma ética liberal[98]. Calogero concebe o dever do diálogo como

> liberdade de exprimir sua fé e de esforçar-se por converter os outros a ela, dever de deixar os outros fazerem a mesma coisa conosco e de escutá-los com a mesma boa vontade para compreender-lhes as verdades e torná-las nossas, que reclamamos deles com relação às nossas[99].

Esse "dever do diálogo", que Calogero apresenta como um compromisso entre o absolutismo de Platão e o cepticismo de Protágoras, não constitui de modo algum uma verdade necessária nem sequer uma asserção incontestável. Trata-se, nesse caso, de um ideal perseguido por um número reduzido de pessoas, as que conferem mais importância ao pensamento do que à ação – e ainda, entre estas, este princípio só valeria para os filósofos não-absolutistas.

De fato, muito poucas pessoas admitiriam que todas as questões pudessem ser postas em discussão. Aristóteles considera que:

> Não se deve, em suma, examinar toda tese, nem todo problema; só se deve fazê-lo no caso em que a dificuldade é proposta por pessoas em busca de argumentos, e não quando é um castigo o que ela requer, ou quando basta abrir os olhos. Aqueles que, por exemplo, colocam a si próprios a questão de saber se cumpre ou não honrar os deuses e amar os pais necessitam apenas de uma boa correção, e aqueles que se perguntam se a neve é branca, ou não, têm apenas de olhar[100].

Vai ele mais longe ainda e aconselha seus leitores a não sustentarem nenhuma proposição que seja improvável ou contrária à consciência, como, "tudo se move" ou "nada se move", "o prazer é o bem" ou "cometer a injustiça é melhor do que a sofrer"[101]. Decerto, estes são apenas conselhos dirigidos ao dialético. Mas refletem a atitude do senso comum. Este admite a existência de verdades indiscutidas e indiscutíveis, admite que certas regras estejam "fora de discussão" e que certas sugestões "não merecem discussão". Um fato estabelecido, uma verdade evidente, uma regra absoluta trazem em si a afirmação de seu caráter indiscutível, que exclui a possibilidade de defender os prós e os contras. O acordo unânime sobre certas proposições pode tornar muito difícil pô-las em dúvida. Conhece-se o conto oriental em que, ao contrário de todos, apenas uma criança, ingênua e inocente, atreveu-se a afirmar que o rei estava nu, rompendo assim a unanimidade nascida do temor de dizer a verdade[102].

Ser de uma opinião que se afasta da de todos os outros é romper uma comunhão social fundada, crê-se – e o mais das vezes com toda a razão –, em dados de ordem objetiva. O século XVIII, francês e alemão, fornece-nos o exemplo de uma tentativa, utópica decerto, mas com toda a certeza emocionante, de estabelecer uma catolicidade dos espíritos com base num racionalismo dogmático que permitia assegurar fundamentos sociais estáveis a uma humanidade impregnada dos princípios racionais. Essa tentativa de resolver, mercê da razão, todos os problemas levantados pela ação, embora tenha contribuído para a generalização da instrução, infelizmente fracassou porque se percebeu, bem depressa, que a unanimidade era precária, ilusória, ou mesmo impensável.

Contudo, todas as sociedades fazem questão de assegurar essa unanimidade, pois conhecem-lhe o valor e a força[103]. Por isso a oposição a uma norma aceita pode levar o homem à prisão ou a um hospício.

Por vezes, o mero questionamento de certas decisões será severamente punido. Demóstenes faz alusão, em sua *Primeira olintíaca*, ao decreto ateniense que interditava, sob pena de morte, a introdução de um projeto de lei que modificasse a destinação do fundo de reserva da cidade[104].

Mesmo quando a discussão é em princípio admitida, momentos há em que seu prolongamento já não é tolerado por causa das necessidades da ação. A regulamentação de um debate pode versar não só sobre as questões prévias, tais como a competência dos oradores e dos ouvintes, a delimitação do objeto, mas também sobre a duração dos discursos, sua ordem, a maneira de concluir e sobre as condições nas quais a discussão pode prosseguir. Este último ponto é muito importante. Com efeito, a vida social exige que se reconheça a autoridade da coisa julgada. Mas a discussão pode prosseguir. E esse prosseguimento costuma até ser organizado, de sorte que não se deva esperar uma decisão particular cuja iniciativa incumbiria a alguém: o sistema bicameral fornece um exemplo disso.

A institucionalização nem sempre é completa; podem existir todos os matizes. Mais amiúde, porém, já não é preciso que, a cada vez, intervenha uma decisão: o prosseguimento em geral é previsto, espera-se vê-lo ocorrer, sua organização atende a necessidades sociais profundas. Ainda que, para que se dê o prosseguimento, seja necessária uma iniciativa, esta em geral é regulamentada; é-se convidado a tomá-la pelas próprias instituições: a ordem judiciária com suas cortes de apelação e de cassação é uma das mais características a esse respeito.

Cumpre notar que os casos de interdição do prosseguimento não são limitados ao sistema jurídico. É possível referir-se ao princípio da coisa julgada mesmo fora dos tribunais. Muito antes de sua impossibilidade ter sido demonstrada, a investigação da quadratura do círculo era considerada pela Academia de Ciências de Paris definitivamente fora de discussão.

Há que acrescentar, aliás, que é raro, na vida social, que o prosseguimento de uma discussão seja, de modo incontestável, permitido ou vedado. Existe toda uma zona intermediária entre a interdição absoluta de prosseguimento e a permissão incondicional de prosseguimento; essa zona é regida em grande parte por tradições, por costumes extremamente complexos. Este é um dos aspectos não descuráveis da vida de uma comunidade.

A interdição de prosseguir certas discussões pode ser uma manifestação de intolerância, da mesma maneira que a interdição de pôr em questão certos problemas. Todavia, subsiste uma diferença capital: a de que um veredicto definitivo, seja ele qual for, enquanto for concebido como veredicto, não ficará inteiramente desvinculado de tudo quanto o precede. Conseqüentemente, o que a vida social da comunidade arrasta consigo é uma decisão, mas, além disso, as argumentações que a precederam.

Isso se relaciona, aliás, com um problema teórico bastante grave: como o objetivo da argumentação é obter um assentimento, poderíamos dizer que a argumentação visa suprimir as condições prévias para uma argumentação futura. Mas, como a prova retórica nunca é coerciva, o silêncio imposto não deve ser considerado definitivo se, por outro lado, são realizadas as condições que permitem uma argumentação.

As instituições que regulamentam as discussões têm importância porque o pensamento argumentativo e a ação por ele preparada ou determinada estão intimamente ligados. É por causa das relações que a argumentação possui com a ação – pois ela não se desenvolve no vazio, mas numa situação social e psicologicamente determinada – que ela compromete praticamente os que dela participam. É aos problemas levantados por esse compromisso que será consagrado o último parágrafo desta primeira parte.

§ 14. Argumentação e envolvimento

A impossibilidade de considerar a argumentação um exercício intelectual inteiramente desvinculado de qualquer preocupação de ordem prática obriga a alterar certas noções concernentes ao conhecimento, que foram elaboradas numa perspectiva filosófica totalmente diferente, tal como a oposição entre o objetivo e o subjetivo. A objetividade, quando atinente à argumentação, deve ser repensada, reinterpretada, para que possa ter sentido numa concepção que se recusa a separar uma afirmação da pessoa de quem a faz.

Muitas vezes, por ocasião de um debate que opõe entre si partidários de teses opostas, nas quais julgamos ter interesses, ouvimos pessoas pedirem que se apele a terceiros que dirimirão o debate recorrendo a critérios objetivos. Mas basta ser completamente alheio aos interesses em confronto para dispor de um critério objetivo que se imporia a todos? Se fosse esse o caso, não seria mais simples reunir num volume todas essas regras objetivamente válidas que permitiriam resolver conflitos tão simplesmente quanto problemas de aritmética? De fato, existem obras assim, são os diversos tratados de moral, de direito, as regulamentações reconhecidas nos mais diversos campos. Mas, como se sabe, esses tratados e essas regulamentações não têm validade universal e univocidade perfeita. Se, apesar dessas regulamentações, podem ocorrer divergências, de boa-fé, é ou porque uma das partes pelo menos não reconhece a validade de certa regulamentação, ou porque as regulamentações admitidas dão azo a interpretações diferentes. As dificuldades são ainda maiores quando nenhuma regulamentação rege a questão, quando se trata de escolher o melhor candidato para um cargo responsável e não se está de acordo sobre critérios que permitam classificar os candidatos disponíveis, quando se trata de tomar a melhor decisão de ordem política e esta escapa a qualquer regra preexistente. Bastará dizer que nos colocamos do ponto de vista de Sirius, que estamos perfeitamente desinteressados, para podermos fornecer um parecer objetivamente válido? A reação que tal intrusão não deixaria de provocar por parte das partes em confronto será o espanto, se não a indignação, de que um alheio ao debate ouse imiscuir-se no que não lhe diz respeito. Com efeito, como esses debates devem redundar numa decisão, como devem determinar uma ação, ser um espectador desinteressado não confere, longe disso, o direito de participar da discussão e de influir no sentido de seu desfecho. Contrariamente ao que se passa em ciência, onde basta, para resolver um problema, conhecer as técnicas que permitem consegui-lo, é mister, para intervir numa controvérsia cujo desfecho afetará determinado grupo, fazer parte desse grupo ou ser-lhe solidário. Quando uma opinião exerce uma influência sobre a ação, já não basta a objetividade, a menos que se entenda por isso o ponto de vista de um grupo mais amplo, que engloba ao mesmo tempo os adversários e o "neutro". Este é apto a julgar não como neutro – aliás, cada qual pode criticar-lhe a neutralidade em nome de princípios comuns de justiça ou de direito –, mas por ser imparcial: ser *imparcial* não é ser *objetivo*, é fazer parte de um mesmo grupo que aqueles a que se julga, sem ter previamente tomado partido por nenhum deles. Em muitos debates, o problema de saber quem tem qualidade para intervir, até mesmo para julgar, é penoso e delicado, porque uns tomaram partido e os outros não são membros do grupo. Quando se tratou de julgar a atitude dos oficiais franceses que haviam preferido seu lealismo militar ao prosseguimento da guerra contra a Alemanha em 1940, os franceses não tinham direito de julgá-los por terem tomado partido, os estrangeiros, particularmente os neutros, por não fazerem parte do grupo em questão.

A imparcialidade, se concebida como a de um espectador, pode parecer a ausência de qualquer atração, uma afetação desprovida de participação nos debates, uma atitude que transcende as discussões. Em contrapartida, se ela deve caracterizar um agente, é antes um equilíbrio das forças, uma atenção máxima aos interesses em causa, mas repartida igualmente entre os pontos de vista[105].

A imparcialidade encontra-se, assim, nos campos em que o pensamento e a ação estão intimamente associados, entre a objetividade que não confere ao terceiro nenhuma qualidade para intervir e o espírito sectário que o desqualifica.

Ignorou-se com freqüência, sob a influência de um objetivismo abstrato, que o pensamento que determina a ação tem um estatuto diferente dos enunciados integrados num sistema científico. Mas, por outro lado, é essencial prever uma possibilidade de dissociar nossas convicções de nossos interesses e de nossas paixões.

É quase um lugar comum a insistência no modo como nossas esperanças e nossos desejos determinam nossas convicções.

> Todos os homens, diz-nos Pascal, são quase sempre levados a crer não pela prova, mas pelo atrativo[106].

e procura explicar esse fenômeno insistindo no fato de que

> as coisas são verdadeiras ou falsas, conforme a face pela qual as olhamos. A vontade que se compraz numa mais do que noutra desvia o espírito de considerar as qualidades das que ele não gosta de ver; e assim o espírito, formando um todo com a vontade, detém-se para olhar a face de que gosta; e assim julga pelo que nela vê[107].

William James justificava as opiniões que favorecem nossos desejos, pois, reforçando estes últimos, elas tornam mais prováveis suas possibilidades de sucesso[108]. Outros escritores, mais racionalistas, descontam os efeitos desse fator de desejabilidade, que consideram responsável pelo caráter irracional de nossas opiniões[109]. Mas se trata, em ambos os casos, apenas de hipóteses de ordem geral, de difícil verificação, quando faltam os critérios de uma opinião "objetivamente fundamentada". Desse modo um estudo, como o de Lund[110], que mostra uma correlação de 0,88 entre a desejabilidade de certas teses e o grau de convicção por elas inspirado, ao passo que a correlação seria pequena entre convicção e conhecimento, ou entre convicção e elementos de prova, foi criticado pelo sociólogo americano Bird em termos não isentos de ironia:

> Receio, escreve ele, que a análise dos coeficientes de correlação não deixe muito espaço para a imaginação, de tal forma que o desejo pode ter determinado a crença de que o desejo determina a crença[111].

Cada vez que importa refutar a acusação de que nossos desejos é que determinaram nossas crenças, é indispensável fornecer provas, não de nossa objetividade, o que é irrealizável, mas de nossa imparcialidade, indicando as circunstâncias em que, numa situação análoga, agimos contrariamente ao que podia parecer nosso interesse e especificando se possível a regra ou os critérios que seguimos, os quais seriam válidos para um grupo mais amplo que englobaria todos os interlocutores e, no limite, se identificaria com o auditório universal.

Contudo, nunca se deve esquecer que, mesmo nesse caso, é sua própria concepção do auditório universal que o indivíduo apresenta e que as teses que ele pretende serem válidas para todo o mundo poderiam encontrar detratores, que não são necessariamente insensatos ou de má-fé. Não concordar com isso seria expor-se à crítica de fanatismo. Quando se trata de verdades, cujo estabelecimento apela para critérios reconhecidos como indiscutíveis, já que o indivíduo não se encontra numa situação em que o recurso à argumentação é possível, não se pode falar de fanatismo. O fanático é aquele que, aderindo a uma tese contestada e cuja prova indiscutível não pode ser fornecida, recusa mesmo assim considerar a possibilidade de submetê-la a uma livre discussão e, por conseguinte, recusa as condições prévias que permitiriam, nesse ponto, o exercício da argumentação.

Assimilando a adesão a uma tese ao reconhecimento da verdade absoluta desta, chega-se às vezes, não ao fanatismo, mas ao cepticismo. Quem exige, de uma argumentação, que ela forneça provas coercivas, provas demonstrativas, e não se contenta com menos para aderir a uma tese, desconhece tanto quanto o fanático o caráter próprio do processo argumentativo. Este, por tender justamente a justificar escolhas, não pode fornecer justificações que tenderiam a mostrar que não há escolha, mas que uma única solução se oferece aos que examinam o problema.

Como a prova retórica jamais é totalmente necessária, o espírito que dá sua adesão às conclusões de uma argumentação o faz por um ato que o envolve e pelo qual é responsável. O fanático aceita esse envolvimento, mas como alguém que se inclina ante uma verdade absoluta e irrefragável; o céptico recusa esse envolvimento, a pretexto de que ele não lhe parece poder ser definitivo. Recusa-se a aderir porque tem da adesão uma idéia que se assemelha à do fanático: ambos desconhecem que a argumentação visa uma escolha entre possíveis; propondo e justificando a hierarquia deles, ela tenciona tornar racional uma decisão. Fanatismo e cepticismo negam essa função da argumentação em nossas decisões. Tendem ambos a deixar, na falta de razão coerciva, campo livre à violência, recusando o envolvimento da pessoa.

SEGUNDA PARTE

O ponto de partida da argumentação

Capítulo I

O acordo

§ 15. As premissas da argumentação

Nossa análise da argumentação versará primeiro sobre o que é aceito como ponto de partida de raciocínios e, depois, sobre a maneira pela qual estes se desenvolvem, graças a um conjunto de processos de ligação e de dissociação. Essa divisão, indispensável para a exposição, não deve ser mal compreendida. Com efeito, tanto o desenvolvimento como o ponto de partida da argumentação pressupõem acordo do auditório. Esse acordo tem por objeto ora o conteúdo das premissas explícitas, ora as ligações particulares utilizadas, ora a forma de servir-se dessas ligações; do princípio ao fim, a análise da argumentação versa sobre o que é presumidamente admitido pelos ouvintes. Por outro lado, a própria escolha das premissas e sua formulação, com os arranjos que comportam, raramente estão isentas de valor argumentativo: trata-se de uma preparação para o raciocínio que, mais do que uma introdução dos elementos, já constitui um primeiro passo para a sua utilização persuasiva.

O orador, utilizando as premissas que servirão de fundamento à sua construção, conta com a adesão de seus ouvintes às proposições iniciais, mas estes lha podem recusar, seja por não aderirem ao que o orador lhes apresenta como adquirido, seja por perceberem o caráter unilateral da escolha das premissas, seja por ficarem contrariados com o caráter tendencioso da apresentação delas. É pelo fato de a crítica de um mesmo enunciado poder situar-se em três planos diferentes que nossa análise das premissas comportará três capítulos, consagrados sucessivamente *ao acordo referente às premissas, à sua escolha e à sua apresentação.*

Trataremos, para começar, do objeto dos acordos que podem servir de premissas. Nosso exame não tenderá, evidentemente, a estabelecer o inventário de tudo quanto é suscetível de constituir objeto de crença ou de adesão; investigaremos quais são os tipos de acordo que desempenham um papel diferente no processo argumentativo. Acreditamos que será útil, desse ponto de vista, agrupar esses objetos em duas categorias, uma relativa ao *real*, que comportaria os fatos, as verdades e as presunções, a outra relativa ao *preferível*, que conteria os valores, as hierarquias e os lugares do preferível.

A concepção que as pessoas têm do real pode, em largos limites, variar conforme as opiniões filosóficas professadas. Entretanto, na argumentação, tudo o que se presume versar sobre o real se caracteriza por uma pretensão de validade para o auditório universal. Em contrapartida, o que versa sobre o preferível, o que nos determina as escolhas e não é conforme a uma realidade preexistente, será ligado a um ponto de vista determinado que só podemos identificar com o de um auditório particular, por mais amplo que seja.

Poder-se-ia facilmente contestar o fundamento de uma classificação em tipos de objetos de acordo, tal como proporemos, mas achamos difícil não recorrer a ela se tencionarmos fazer uma análise técnica e referente às argumentações tais como elas se apresentam. Cada auditório admitirá, evidentemente, apenas um determinado número de objetos pertencentes a cada um desses tipos. Mas alguns objetos de cada tipo se encontram nas argumentações mais diversas. Aliás, encontram-se igualmente como tipos de objetos de desacordo, ou seja, como pontos sobre os quais pode incidir um litígio.

Além da matéria dos acordos, duas ordens de considerações serão por nós estudadas neste primeiro capítulo: trata-se das condições em que se encontram as premissas, quer em razão de acordos especiais que regem certos auditórios, quer em razão do estado da discussão. A primeira ordem de considerações é, antes, estática, porque estuda a natureza dos acordos de certos auditórios constituídos; a outra é mais dinâmica, porque se prende aos acordos enquanto ligados ao progresso da discussão. Mas o que nos interessará nesse dinamismo, uma vez que estudamos as premissas, será mostrar o empenho do orador em buscar as manifestações explícitas ou implícitas de uma adesão com a qual possa contar.

a) OS TIPOS DE OBJETO DE ACORDO

§ 16. Os fatos e as verdades

Entre os objetos de acordo pertencentes ao real distinguiremos, de um lado, os fatos e verdades, de outro, as presunções. Não seria possível nem conforme ao nosso propósito dar do fato uma definição que permita, em todos os tempos e em todos os lugares, classificar este ou aquele dado concreto como sendo um fato. Cumpre-nos, ao contrário, insistir em que, na argumentação, a noção de "fato" é caracterizada unicamente pela idéia que se tem de certo gênero de acordos a respeito de certos dados: os que se referem a uma realidade objetiva e designariam, em última análise, citando H. Poincaré[1], "o que é comum a vários entes pensantes e poderia ser comum a todos". Estas últimas palavras sugerem imediatamente o que chamamos de acordo do auditório universal. O modo de conceber esse auditório, as encarnações desse auditório que reconhecemos serão, portanto, determinantes para decidir o que, neste ou naquele caso, será considerado um fato e se caracteriza por uma adesão do auditório universal, adesão tal que seja inútil reforçá-la. Os fatos são subtraídos, pelo menos provisoriamente, à argumentação, o que significa que a intensidade de adesão não tem de ser aumentada, nem de ser generalizada, e que essa adesão não tem nenhuma necessidade de justificação. A adesão ao fato não será, para o indivíduo, senão uma reação subjetiva a algo que se impõe a todos.

Só estamos em presença de um fato, do ponto de vista argumentativo, se podemos postular a seu respeito um acordo universal, não controverso. Mas, por conseguinte, a nenhum enunciado é assegurada a fruição definitiva desse estatuto, pois o acordo sempre é suscetível de ser questionado[2] e uma das partes do debate pode recusar a qualidade de fato ao que afirma seu adversário. Haverá, portanto, dois modos normais para que um acontecimento perca o estatuto de fato: quando são levantadas dúvidas no seio do auditório ao qual ele fora apresentado e quando se amplia esse auditório, acrescendo-lhe outros membros cuja qualidade para julgar é reconhecida e que não admitem que se trata de um fato. Esse segundo processo entra em jogo a partir do momento em que é possível mostrar eficazmente que o auditório que admitia o fato é apenas um auditório particular, a cujas concepções se opõem a dos membros de um auditório ampliado.

Não contamos com nenhum critério que nos possibilite, em qualquer circunstância e independentemente da atitude dos ouvintes, afirmar que alguma coisa é um fato. Não obstante, podemos reconhecer que existem certas condições que favorecem esse acordo, que permitem defender sem dificuldade o fato contra a desconfiança ou a má vontade de um adversário: será este o caso, notadamente, quando se dispõe de um acordo acerca das condições de verificação; no entanto, assim que temos de fazer esse acordo intervir efetivamente, estamos em plena argumentação. O fato como premissa é um fato não-controverso.

O simples questionamento basta, pois, para fazer que um enunciado perca seu estatuto privilegiado. Porém, o mais das vezes, para combater o prestígio daquilo que foi admitido como fato, o interlocutor não se contentará com uma mera denegação, que poderia ser julgada simplesmente ridícula. Ele se esforçará por justificar sua atitude, seja mostrando a incompatibilidade do enunciado com outros fatos, e condenando o primeiro em nome da coerência do real, seja mostrando que o pretenso fato constitui apenas a conclusão de uma argumentação que, como tal, não é coerciva.

Assim que não é mais utilizado como ponto de partida possível, e sim como conclusão de uma argumentação, o fato perde seu estatuto; poderá recobrá-lo, mas com a condição de ser separado do contexto argumentativo, quer dizer, se nos encontrarmos, de novo, em presença de um acordo que não depende das condições argumentativas que permitem o estabelecimento de sua prova. Cumpre notar que a perda do estatuto de fato, por inserção num contexto argumentativo do qual já não é a base, e sim uma das conclusões, apresenta-se freqüentemente em filosofia, onde a construção de um sistema argumentativo leva muito amiúde a ligar os fatos, antes os mais banalmente admitidos como tais, a uma argumentação que pretende fundamentá-los.

Os fatos que são admitidos podem ser, quer fatos de observação – e esta será, talvez, a fração mais importante das premissas –, quer fatos supostos, convencionais, fatos possíveis ou prováveis. Há aí uma massa considerável de elementos que se impõe ou que o orador se esforça por impor ao ouvinte. Uns, como os outros, podem ser recusados e perder seu estatuto de fato. Mas, enquanto eles usufruírem esse estatuto, deverão amoldar-se às estruturas do real aceitas pelo auditório e deverão defender-se contra outros fatos que vierem concorrer com eles num mesmo contexto argumentativo.

Aplicamos, ao que se chamam *verdades*, tudo o que acabamos de dizer dos *fatos*. Fala-se geralmente de *fatos* para designar objetos de acordo precisos, limitados; em contrapartida, designar-se-ão de preferência com o nome de *verdades* sistemas mais complexos, relativos a ligações entre fatos, que se trate de teorias científicas ou de concepções filosóficas ou religiosas que transcendem a experiência.

Se bem que, assim como o sublinha Piaget, os dados psicológicos atualmente conhecidos não permitam sequer imaginar que possamos atingir fatos isolados[3], a distinção entre *fatos* e *verdades* parece-nos oportuna e legítima para o nosso objeto, por corresponder ao uso habitual da argumentação, que se apóia ora nos fatos, ora nos sistemas de alcance mais geral. Mas não gostaríamos de resolver, de uma vez por todas, o problema filosófico das relações entre fatos e verdades: essas relações caracterizam concepções de auditórios diferentes. Para uns, o fato se opõe à verdade teórica como o contingente ao necessário; para outros, como o real ao esquemático. Pode-se também conceber a relação deles de tal forma que o enunciado de um fato seja uma verdade e que toda verdade enuncie um fato.

Quando uma primazia dos fatos ou das verdades resulta da maneira de conceber-lhes as relações recíprocas, fatos e verdades não podem ser utilizados exatamente da mesma forma como ponto de partida da argumentação. Presume-se que somente um dos dois goze plenamente do acordo do auditório universal. Mas não podemos esquecer que essa primazia em geral só é evocada quando os dois tipos de objetos são confrontados. Em contrapartida, na prática diária, fatos e sistemas podem ser, indiferentemente, levados em consideração como ponto de partida da argumentação.

O mais das vezes, utilizam-se fatos e verdades (teorias científicas, verdades religiosas, por exemplo) como objetos de acordo distintos, mas entre os quais existem vínculos que permitem a transferência do acordo: a certeza do fato A, combinado com a crença no sistema S, acarreta a certeza do fato B, o que significa que admitir o fato A, mais a teoria S, equivale a admitir B.

Em vez de ser admitida como um vínculo certo, a relação entre A e B pode ser apenas provável: admitir-se-á que o aparecimento do fato A acarreta, com certa probabilidade, o aparecimento de B. Quando o grau de probabilidade de B pode ser calculado em virtude de fatos e de uma teoria sobre os quais o acordo é inconteste, a probabilidade considerada não é objeto de um acordo de natureza diferente da do acordo concernente ao fato certo. É por essa razão que assimilamos a acordos sobre os fatos aqueles concernentes à probabilidade dos acontecimentos de uma certa espécie, na medida em que se trata de probabilidades calculáveis.

Kneebone[4] salienta a esse respeito, com toda a pertinência, que a verossimilhança ("likelihood") se aplica a proposições, notadamente às conclusões indutivas e, por isso, não é uma quantidade mensurável, ao passo que a probabilidade é uma relação numérica entre duas proposições que se aplicam a dados empíricos específicos, bem definidos, simples. O domínio das probabilidades é, portanto, vinculado ao dos fatos e verdades e se caracteriza, para cada auditório, em função destes.

§ 17. As presunções

Além dos fatos e das verdades, todos os auditórios admitem presunções. Estas também gozam do acordo universal; todavia, a adesão às presunções não é máxima, espera-se que essa adesão seja reforçada, num dado momento, por outros elementos. Os que admitem a presunção contam mesmo, habitualmente, com esse reforço.

Uma argumentação prévia pode tender a estabelecer que existem certas presunções, da mesma forma que uma argumentação pode tender a mostrar que se está em presença de um fato. Mas como as presunções, por natureza, estão sujeitas a ser reforçadas parece que, nesse ponto, deve ser salientado um importante matiz: ao passo que a justificação de um fato sempre corre o risco de diminuir-lhe o estatuto, não se dá o mesmo com o que concerne às presunções; para conservar seu estatuto, não há necessidade portanto de separá-las de uma eventual argumentação prévia. Todavia, o mais das vezes as presunções são admitidas de imediato, como ponto de partida das argumentações. Veremos mesmo que algumas podem ser impostas a auditórios ligados por convenções.

O uso das presunções resulta em enunciados cuja verossimilhança não deriva de um cálculo aplicado a dados de fato e não poderia derivar de semelhante cálculo, mesmo aperfeiçoado. Claro, as fronteiras entre probabilidade calculável – pelo menos em princípio – e verossimilhança podem variar conforme as concepções filosóficas. Mas para reduzir os enunciados resultantes de presunções a enunciados de probabilidade calculável seria preciso modificar-lhes, de todo modo, a formulação e o alcance argumentativo. Citaremos algumas presunções de uso corrente: a presunção de que a qualidade de um ato manifesta a da pessoa que o praticou; a presunção de credulidade natural, que faz com que nosso primeiro movimento seja acolher como verdadeiro o que nos dizem e que é admitida enquanto e na medida em que não tivermos motivo para desconfiar; a presunção de interesse, segundo a qual concluímos que todo enunciado levado ao nosso conhecimento supostamente nos interessa; a presunção referente ao caráter sensato de toda ação humana.

As presunções estão vinculadas, em cada caso particular, ao normal e ao verossímil. Uma presunção mais genérica do que todas as que mencionamos é a de que existe para cada categoria de fatos, notadamente para cada categoria de comportamentos, um aspecto considerado normal que pode servir de base aos raciocínios. A própria existência desse vínculo entre as presunções e o normal constitui uma presunção geral admitida por todos os auditórios. Presume-se, até prova em contrário, que o normal é o que ocorrerá, ou ocorreu, ou melhor, que o normal é uma base com a qual podemos contar em nossos raciocínios[5]. Essa base corresponderá a uma representação definível em termos de distribuição estatística das freqüências? Não, sem dúvida. E esta é uma das razões que nos obriga a falar de presunções e não de probabilidade calculada. Quando muito pode-se dizer que, *grosso modo*, a idéia que fazemos do normal, em nossos raciocínios – afora o caso em que o cálculo das freqüências é efetivamente praticado e em que a idéia corrente do normal é eliminada para dar lugar àquela de características de uma distribuição – oscila entre diferentes aspectos. Empregando linguagem estatística para descrever esses aspectos, diremos que a noção de *normal* abrange mais amiúde, ao mesmo tempo e de uma forma diversamente acentuada, conforme os casos, as idéias de média, de modo e, também, de parte mais ou menos extensa de uma distribuição.

Assim, o normal, quando se trata da capacidade que se exige de um motorista, é tudo quanto ultrapassa um mínimo; quando se trata da velocidade de um automóvel que atropelou um pedestre, é tudo quanto é inferior a um máximo. Em outros casos, a atenção se concentra em toda a parte central da curva de distribuição e o normal se opõe ao excepcional; se imaginarmos uma distribuição binomial, o normal o mais das vezes incidiria sobre o modo cercado de certa margem nos dois sentidos.

Como característica de uma população (no sentido lato desse termo e sejam quais forem seus elementos, animados ou inanimados, objetos ou comportamentos), é antes o *modo* do que a *média* que certamente predomina em todas as presunções baseadas no habitual; é o modo que encontramos como ponto de comparação nas apreciações de *grande* e de *pequeno*; é ele que encontramos na base de todos os raciocínios sobre o comportamento, na base das presunções que podem justificar a Einfühlung e que os oradores utilizam tão largamente quando suplicam ao auditório que se ponham no lugar de seus protegidos.

Conquanto a presunção baseada no normal raramente possa ser reduzida a uma avaliação de freqüências e à utilização de características determinadas de distribuição estatística, ainda assim é útil esclarecer a noção usual do normal mostrando que ele depende sempre do grupo de referência, ou seja, da categoria total em consideração à qual ele se estabelece. Cumpre notar que esse grupo – que costuma ser um grupo social – quase nunca é explicitamente designado. Talvez os interlocutores pensem nisso raramente; está claro, não obstante, que todas as presunções baseadas no normal implicam um acordo acerca desse grupo de referência.

Esse grupo é, na maioria dos casos, eminentemente instável. Com efeito, se certos indivíduos se afastam em seu comportamento do que é considerado normal, sua conduta pode modificar esse normal (estatisticamente, diremos que pode modificar a média); mas, se o indivíduo se afasta dele além de certos limites, será excluído do grupo e, em conseqüência, o grupo de referência é que será modificado. O indivíduo será considerado louco e excluído da comunidade, ou muito mal-educado para ser incluído entre os que convivem com as pessoas de bem. Citaremos um procedimento que nos parece baseado numa exclusão assim:

> O senhor – disse Bloch, voltando-se para o Sr. d'Argencourt, a quem haviam dito seu nome junto com o das outras pessoas –, o senhor é certamente um partidário de Dreyfus: no estrangeiro todo o mundo o é.
>
> É um assunto que só diz respeito aos franceses entre eles, não é? – respondeu o Sr. d'Argencourt, com aquela insolência particular que consiste em atribuir ao interlocutor uma opinião que se sabe manifestamente que ele não compartilha, pois que acaba de emitir uma oposta[6].

Isso é excluir o interlocutor das pessoas distintas, entre as quais essa opinião é normal e entre as quais se tem o direito de presumi-la.

Não só o grupo de referência é instável, como pode variar a maneira de encará-lo. Pensa-se às vezes no grupo real ou fictício que age de certo modo, às vezes na opinião comum, referente aos que agem de tal modo, ou na opinião daqueles que são considerados porta-vozes dessa opinião comum, ou no que se considera comumente como sendo a opinião desses porta-vozes. Essas diversas concepções do grupo de referência atuarão com freqüência, na argumentação, uma contra a outra.

Em toda a argumentação judiciária intervêm as variações do grupo de referência. A antiga oposição entre a argumentação pelos motivos do crime e pelo comportamento do acusado corresponde a dois grupos de referência diferentes: o primeiro, mais amplo, o segundo, mais específico, o que significa que, no segundo caso, tiram-se as presunções do que é normal para homens que se comportaram, a vida inteira, como o acusado.

De um modo geral, qualquer complemento de informação pode provocar uma mudança do grupo de referência e, com isso, modificar nossa concepção do que é notável, monstruoso. A função do orador será, em geral, favorecer essa modificação comunicando informações novas. Quando o advogado do réu alega circunstâncias atenuantes, sugere a mudança do grupo de referência: o comportamento presumido, o que servirá de critério para julgar o réu, será daí em diante o comportamento normal desse novo grupo de referência. Por outro lado, se o círculo de nossas relações se estende, alguns dons naturais que nos parecem notáveis perderão essa característica, porque teremos a oportunidade de encontrá-los com maior freqüência. Inversamente, se ocorre um falecimento entre os habitantes de uma grande cidade, não há nada de mais normal; se o mesmo acontecimento afeta o pequeno círculo de nossas relações, achamolo extraordinário. É a oposição entre os dois grupos de referência que permite, a um só tempo, que uns se espantem que um mortal tenha morrido e outros se espantem com esse espanto.

Portanto, embora as presunções ligadas ao normal sejam um objeto de acordo, é preciso, ademais, haver um acordo subjacente quanto ao grupo de referência desse normal. A maior parte dos argumentos que tende a mostrar que é extraordinário, contrário a qualquer presunção, que o homem possa ter encontrado um globo à sua medida pressupõe, o mais das vezes sem o dizer, que o grupo de referência, o dos globos habitáveis, é extremamente reduzido. Em contrapartida, um astrônomo como Hoyle, que avalia que os mundos habitáveis são extremamente numerosos, dirá com humor que, se nosso globo não fosse habitável, estaríamos noutro lugar[7].

Muitas vezes, as próprias noções utilizadas na argumentação pressupõem um ou vários grupos de referência que determinam o normal, sem que isso fique explícito; é o caso, por exemplo, da noção jurídica de negligência: as discussões relativas a essa noção farão, por si sós, aparecer a existência desses grupos.

O acordo baseado na presunção do normal é supostamente válido para o auditório universal da mesma forma que o acordo sobre os fatos demonstrados e as verdades. Por isso costuma ser difícil distinguir esse acordo do acordo sobre fatos. Os fatos presumidos são, num dado momento, tratados como equivalentes a fatos observados e podem servir, da mesma forma que eles, como premissa para argumentações. Isso, bem entendido, até que se ponha em discussão a presunção. Operou-se portanto um salto, pelo qual o normal chega a coincidir com algo único, que aconteceu apenas uma vez e nunca mais acontecerá. Cumpre notar que, especificando cada vez mais as condições às quais devem satisfazer os membros do grupo de referência, poder-se-ia chegar, efetivamente, a reduzir este último a um único indivíduo. Não obstante, mesmo então, a presunção referente ao comportamento desse indivíduo e o comportamento real deste último não se confundem, e o estranho salto em questão, que permite raciocinar sobre os fatos presumidos da mesma maneira que sobre fatos observados, ainda subsistiria.

§ 18. Os valores

Ao lado dos fatos, das verdades e das presunções, caracterizados pelo acordo do auditório universal, cumpre incluir, em nosso inventário, alguns objetos de acordo acerca dos quais se pretende apenas a adesão de grupos particulares: os valores, as hierarquias e os lugares do preferível.

Estar de acordo acerca de um valor é admitir que um objeto, um ser ou um ideal deve exercer sobre a ação e as disposições à ação uma influência determinada, que se pode alegar numa argumentação, sem se considerar, porém, que esse ponto de vista se impõe a todos. A existência dos valores, como objetos de acordo que possibilitam uma comunhão sobre modos particulares de agir, é vinculada à idéia de multiplicidade dos grupos. Para os antigos, os enunciados concernentes ao que chamamos de valores, na medida em que não eram tratados como verdades indiscutíveis, estavam englobados, com toda espécie de afirmações verossímeis, no grupo indiferenciado das *opiniões*. Essa é ainda a maneira pela qual os considera Descartes nas máximas de sua moral provisória:

> E assim, como as ações da vida freqüentemente não suportam nenhuma delonga, é uma verdade muito certa que, quando não está em nosso poder discernir as opiniões mais verdadeiras, devemos seguir as mais prováveis; ... e considerá-las depois, não mais como duvidosas, no que diz respeito à prática, mas como muito verdadeiras e muito certas, porque a razão que a isso nos determinou o é[8].

Descartes acentua bem, nesta máxima, o caráter ao mesmo tempo precário e indispensável dos valores. Fala de opiniões prováveis, mas na verdade se trata de opção referente ao que chamaríamos hoje de valores. Com efeito, o que ele qualifica de razão muito verdadeira e muito certa é, à espera de uma certeza filosófica, o valor aparentemente incontestável que se prende a uma conduta humana eficaz.

Os valores intervêm, num dado momento, em todas as argumentações. Nos raciocínios de ordem científica, eles são geralmente restringidos à origem da formação dos conceitos e das regras que constituem o sistema em questão e ao termo do raciocínio, na medida em que este visa ao valor de verdade. O desenvolvimento do raciocínio é, tanto quanto possível, isento deles; essa purificação atinge o auge nas ciências formais. Mas nos campos jurídico, político, filosófico os valores intervêm como base de argumentação ao longo de todo o desenvolvimento. Recorre-se a eles para motivar o ouvinte a fazer certas escolhas em vez de outras e, sobretudo, para justificar estas, de modo que se tornem aceitáveis e aprovadas por outrem.

Numa discussão, não podemos subtrair-nos ao valor negando-o pura e simplesmente. Assim como, se contestamos que algo seja um fato, temos de dar as razões dessa alegação ("Não percebo isso", o que equivale a dizer "percebo outra coisa"), assim também, quando se trata de um valor, podemos desqualificá-lo, subordiná-lo a outros ou interpretá-lo, mas não podemos, em bloco, rejeitar todos os valores: estaríamos, então, no domínio da força e não mais no da discussão. O gângster que dá primazia à sua segurança pessoal pode fazê-lo sem explicações, se se limitar ao domínio da ação. Mas assim que quiser justificar essa primazia perante outrem ou perante si mesmo deverá reconhecer os outros valores que se lhe opõem para poder combatê-los. Nesse sentido, os valores são comparáveis aos fatos: tão logo um dos interlocutores os expõe, é mister argumentar para livrar-se deles, sob pena de recusar o diálogo; e, geralmente, o argumento implicará que se admitam outros valores.

Nossa concepção, que considera os valores como objetos de acordo que não pretendem a adesão do auditório universal, colide com diversas objeções.

Não estaremos descurando, em proveito dessa distinção, de outras diferenças mais essenciais? Não podemos contentar-nos em dizer que os fatos e verdades expressam o real, ao passo que os valores concernem a uma atitude para com o real? Mas, se a atitude para com o real fosse universal, não a distinguiríamos das verdades. Apenas seu aspecto não-universal permite conceder-lhe um estatuto particular. É realmente difícil acreditar que critérios puramente formais possam entrar em linha de conta. Pois um mesmo enunciado, conforme o lugar que ocupa no discurso, conforme o que anuncia, o que refuta, o que corrige, poderá ser compreendido como relativo ao que se considera comumente fato ou ao que se considera valor. Por outro lado, o estatuto dos enunciados evolui: inseridos num sistema de crenças, que se pretende valorizar aos olhos de todos, alguns valores podem ser tratados como fatos ou verdades. No curso da argumentação e, às vezes, por um processo bastante lento, talvez se reconheça que se trata de objetos de acordo que não podem pretender a adesão do auditório universal.

Mas, se é esta, em nosso entender, a característica dos valores, que dizer do que se considera de imediato valores universais ou absolutos, tais como o *Verdadeiro*, o *Bem*, o *Belo*, o *Absoluto*?

A pretensão ao acordo universal, no que lhes concerne, parece-nos resultar unicamente da generalidade deles; só se pode considerá-los válidos para um auditório universal com a condição de não lhes especificar o conteúdo. A partir do momento em que tentamos precisá-los, já não encontramos senão a adesão de auditórios particulares.

Os valores universais merecem, segundo E. Dupréel, ser chamados de "valores de persuasão" porque são:

> meios de persuasão que, do ponto de vista do sociólogo, *são apenas isso*, puros, espécie de ferramentas espirituais totalmente separáveis da matéria que permitem moldar, anteriores ao momento de serem utilizadas e que permanecem intactas depois de serem utilizadas, disponíveis, como antes, para outras ocasiões[9].

Essa concepção evidencia admiravelmente o papel argumentativo dos valores. Tais ferramentas, como os chama Dupréel, são utilizáveis perante todos os auditórios: os valores particulares sempre podem ser vinculados aos valores universais e servir para especificá-los. O auditório real poderá considerar-se tanto mais próximo de um auditório universal quanto mais o valor particular parecer apagar-se ante o valor universal por ele determinado. É, portanto, na medida em que são vagos que esses valores se apresentam como universais e pretendem um estatuto semelhante ao dos fatos. Na medida em que são precisos, apresentam-se simplesmente como conformes às aspirações de certos grupos particulares. Seu papel é, pois, justificar escolhas sobre as quais não há acordo unânime, inserindo essas escolhas numa espécie de contexto vazio, mas sobre o qual reina um acordo mais amplo. Se bem que realizado no tocante a uma forma vazia, este não deixa de ter um significado considerável: atesta que se decidiu superar os acordos particulares, pelo menos em intenção, e que se reconhece a importância que se deve atribuir ao acordo universal que tais valores permitem realizar.

§ 19. Valores abstratos e valores concretos

A argumentação sobre os valores necessita de uma distinção, que julgamos fundamental e foi muito menosprezada, entre valores abstratos, tais como a justiça ou a veracidade, e valores concretos, tais como a França ou a Igreja. O valor concreto é o que se vincula a um ente vivo, a um grupo determinado, a um objeto particular, quando os examinamos em sua unicidade. A valorização do concreto e o valor conferido ao único estão estreitamente ligados: desvelar o caráter único de alguma coisa é valorizá-la pelo próprio fato. Os escritores românticos, revelando-nos o caráter único de certos seres, de certos grupos, de certos momentos históricos, provocaram, até no pensamento filosófico, uma reação contra o racionalismo abstrato, reação que se assinala pela situação eminente conferida à pessoa humana, valor concreto por excelência.

Enquanto a moral ocidental, na medida em que se inspira em concepções greco-romanas, atribui importância sobretudo à observância de regras válidas para todos e em todas as circunstâncias, existem comportamentos e virtudes que não podem ser concebidos senão em comparação com valores concretos. As noções de envolvimento, de *fidelidade*, de *lealdade*, de *solidariedade*, de *disciplina* são dessa espécie. Da mesma forma que os cinco deveres de obrigação universal de Confúcio[10], entre governantes e governados, entre pai e filho, entre marido e mulher, entre irmão mais velho e irmão mais moço, entre amigos, são a expressão da importância dada às relações pessoais entre seres que constituem valores concretos uns para os outros.

De fato, sejam quais forem os valores dominantes num meio cultural, a vida do espírito não pode evitar apoiar-se tanto em valores abstratos como em valores concretos. Parece que sempre houve pessoas que dão mais importância a uns do que aos outros; talvez constituam famílias caracteriais. De todo modo, estas teriam como traço distintivo não menosprezar completamente os valores de uma espécie, mas subordiná-los aos da outra. Contrapor-se-á a Erasmo, que preferia uma paz injusta a uma guerra justa, aquele que prefere à amizade de Platão o valor abstrato da verdade.

A argumentação se baseia, conforme as circunstâncias, ora nos valores abstratos, ora nos valores concretos; às vezes, é difícil perceber o papel representado por uns e outros. Quando dizemos que os homens são iguais porque filhos de um mesmo Deus, parecemos estear-nos num valor concreto para encontrar um valor abstrato, o da igualdade; mas poderíamos dizer também que se trata, nesse caso, apenas do valor abstrato que se expressa recorrendo, por analogia, a uma relação concreta; apesar do emprego do *porque*, o ponto de partida estaria no valor abstrato.

Em nenhum lugar se observa melhor esse vaivém do valor concreto aos valores abstratos, e inversamente, do que nos raciocínios referentes a Deus, considerado, a um só tempo, valor abstrato absoluto e Ser perfeito. Deus é perfeito por ser a encarnação de todos os valores abstratos? Uma qualidade é perfeição porque certas concepções de Deus permitem conceder-lha? É difícil determinar, nessa matéria, uma prioridade qualquer. As tomadas de posição contraditórias de um Leibniz, a esse respeito, são muito instrutivas. Ele sabe que Deus é perfeito, mas gostaria que essa perfeição fosse justificável e que tudo quanto Deus decide não seja bom unicamente pela própria razão de que Deus o fez[11]. A universalidade do princípio da razão suficiente exige que exista uma razão suficiente, uma conformidade a uma regra, que justifique a escolha divina. Mas, em contrapartida, a crença na perfeição divina precede qualquer prova que Leibniz poderia fornecer e constitui o ponto de partida de sua teologia. Num grande número de pensadores, Deus é o modelo que é preciso seguir, em todos os pontos. Assim, Kenneth Burke pôde fornecer uma lista bastante longa de todos os valores abstratos que encontraram seu fundamento no Ser perfeito[12].

Ideologias que não queriam reconhecer em Deus o fundamento de todos os valores foram obrigadas a recorrer a noções, de outra ordem, como o Estado ou a humanidade. Tais noções, por sua vez, podem ser concebidas, quer como valores concretos do tipo da pessoa, quer como a conclusão de raciocínios baseados nos valores abstratos.

Uma mesma realidade, um grupo social, por exemplo, será tratada ora como valor concreto e como única, ora como uma multiplicidade de indivíduos que serão contrapostos a um só ou a alguns, mediante argumentações através do número, às quais qualquer idéia de valor concreto é completamente alheia. O que é valor concreto, em certos casos, nem sempre o é. Para que um valor seja concreto, cumpre examiná-lo sob seu aspecto de realidade única; declarar que tal valor é, de uma vez por todas, um valor concreto constitui uma tomada de posição arbitrária.

Valores concretos são utilizados, o mais das vezes, para fundar os valores abstratos, e inversamente. Para saber qual conduta é virtuosa, voltamo-nos freqüentemente para um modelo que nos esforçamos em imitar. A relação de amizade e os atos que ela incita a praticar fornecerão a Aristóteles um critério de avaliação:

> E as coisas que preferimos fazer por um amigo são mais desejáveis do que as que faríamos por qualquer um; por exemplo, praticar a justiça e fazer o bem, em vez de somente parecer fazê-lo, pois preferimos fazer realmente o bem aos nossos amigos em vez de parecer, ao passo que, com os indiferentes, é o inverso[13].

Fénelon, em contrapartida, indigna-se de que preguem mais certas virtudes do que outras, porque um homem que querem elogiar as praticou, ao passo que "não se deve elogiar um herói senão para ensinar suas virtudes ao povo, senão para incentivá-lo a imitá-las"[14].

A necessidade de estribar-se em valores abstratos talvez esteja vinculada essencialmente à mudança. Eles manifestariam um espírito revolucionário. Vimos a importância que os chineses davam aos valores concretos. Esta estaria relacionada com o imobilismo da China.

Os valores abstratos podem servir comodamente para a crítica por não levarem em consideração pessoas e parecerem fornecer critérios a quem quer modificar a ordem estabelecida. Por outro lado, enquanto uma mudança não é desejada, não há razão alguma para expor incompatibilidades. Ora, os valores concretos sempre podem harmonizar-se: se o concreto existe, é por ser possível, é por realizar uma certa harmonia. Em contrapartida, os valores abstratos, levados ao extremo, são inconciliáveis: é impossível conciliar no abstrato virtudes como a justiça e a caridade. Talvez a necessidade de mudança, no Ocidente, tenha incitado a argumentação sobre os valores abstratos, que se prestam melhor a expor incompatibilidades. Ademais, a confusão dessas noções abstratas permitiria, depois que essas incompatibilidades foram expostas, formar novas concepções desses valores. Uma vida intensa de valores seria assim tornada possível, um refazimento incessante, uma remodelação constante.

Portanto, o apoio nos valores concretos seria muito mais fácil quando se trata de conservar do que quando se trata de renovar. E a razão pela qual os conservadores se julgam realistas é, talvez, porque põem em primeiro plano semelhantes valores. As noções de fidelidade, de lealdade e de solidariedade, vinculadas a valores concretos, costumam caracterizar, aliás, a argumentação conservadora.

§ 20. As hierarquias

A argumentação se esteia não só nos valores, abstratos e concretos, mas também nas hierarquias, tais como a superioridade dos homens sobre os animais, dos deuses sobre os homens. Por certo essas hierarquias seriam justificáveis em virtude de valores, porém, mais comumente, só se tratará de buscar-lhes um fundamento quando for o caso de defendê-las; amiúde, aliás, ficarão implícitas, tal como a hierarquia entre pessoas e coisas na passagem em que Scheler, tendo mostrado que os valores podem hierarquizar-se de acordo com seus suportes, conclui que os valores relativos às pessoas são, por sua própria natureza, superiores aos valores relativos às coisas[15].

As hierarquias admitidas se apresentam praticamente sob dois aspectos característicos: ao lado das hierarquias concretas, como a que expressa a superioridade dos homens sobre os animais, há hierarquias abstratas, como a que expressa a superioridade do justo sobre o útil. As hierarquias concretas podem evidentemente referir-se, como no exemplo acima, a classes de objetos; mas cada um deles é considerado em sua unicidade concreta.

Pode-se conceber que, numa hierarquia com vários termos, A seja superior a B e que B seja superior a C, sem que os fundamentos que se poderiam alegar a favor de cada uma dessas superioridades sejam os mesmos, ou até sem que se forneça motivo para essas superioridades. Mas, se recorremos a princípios abstratos, estes geralmente introduzem nas relações entre coisas uma ordem que transforma a simples superioridade, o preferível, em hierarquia sistemática, em hierarquia no sentido estrito. Nesses casos, um mesmo princípio abstrato, cuja aplicação é repetível, pode estabelecer o conjunto da hierarquia: por exemplo, a anterioridade, o fato de gerar, de conter, podem constituir o critério de hierarquização.

Semelhante hierarquia se distingue claramente do simples preferível por assegurar uma ordenação de tudo o que está submetido ao princípio que a rege. Assim é que, segundo Plotino, todos os elementos do real formam uma hierarquia sistematizada, devendo o que é causa e princípio ocupar uma posição superior ao que é efeito ou conseqüência[16]. Em certos casos, um segundo princípio pode estabelecer uma hierarquia entre termos que o primeiro princípio não permite hierarquizar: pode-se completar uma hierarquização dos gêneros animais, consoante certo princípio, com uma hierarquização das espécies de cada gênero, consoante outro princípio. Encontrar-se-iam em Santo Tomás curiosas aplicações dessa dualidade de princípios, notadamente na hierarquização dos anjos[17].

Um dos princípios hierarquizantes mais usuais é a quantidade maior ou menor de alguma coisa. Assim é que teremos, ao lado das hierarquias de valores baseadas na preferência concedida a um desses valores, hierarquias propriamente ditas baseadas na quantidade de um mesmo valor: o grau superior é caracterizado por uma maior quantidade de certo caráter.

A essas hierarquias quantitativas se oporiam as hierarquias heterogêneas. A hierarquização dos valores abstratos não ordenados quantitativamente não implica que esses valores sejam independentes. Muito pelo contrário. Veremos que os valores são, em geral, considerados como vinculados entre si; esse vínculo mesmo é com freqüência o fundamento de sua subordinação: por exemplo, quando o valor que é fim é julgado superior ao que é meio, o valor que é causa, superior ao que é efeito. Todavia, em muitos casos, poderíamos muito bem fundamentar a hierarquização admitida recorrendo a esquemas de vinculação, mas estes não são explícitos e não estamos seguros de que sejam presentes aos ouvintes: por exemplo, o verdadeiro será, para alguns, admitido como superior ao bem, sem que se pense em explicitar os possíveis fundamentos dessa superioridade, sem que se procure estabelecer qual seria o vínculo de subordinação de um com o outro, nem mesmo de qual natureza poderia ele ser.

As hierarquias de valores são, decerto, mais importantes do ponto de vista da estrutura de uma argumentação do que os próprios valores. Com efeito, a maior parte destes são comuns a um grande número de auditórios. O que caracteriza cada auditório é menos os valores que admite do que o modo como os hierarquiza.

Os valores, mesmo se admitidos por muitos auditórios particulares, o são com maior ou menor força. A intensidade da adesão a um valor, em comparação com a intensidade com a qual se adere a outro, determina entre esses valores uma hierarquia que se deve levar em conta. Quando essa intensidade não é conhecida com precisão suficiente, o orador tem, por assim dizer, liberdade na utilização de cada um dos valores, sem precisar justificar necessariamente a preferência que concede a um deles, uma vez que não se trata de subverter uma hierarquia admitida. Mas esse caso é relativamente raro. Quase sempre, não só os valores gozam de uma adesão de intensidade diferente, mas, além disso, são admitidos princípios que permitem hierarquizá-los. Este é um dos pontos para os quais muitos filósofos que tratam dos valores descuraram de chamar a atenção. Porque estudaram os valores de certo modo neles próprios, independentemente de sua utilização argumentativa prática, os filósofos insistiram, com toda razão, na convergência dos valores, descurando o mais das vezes de sua hierarquização, da solução de conflitos que os opõem.

Há que notar, entretanto, que essas hierarquias não impedem a relativa independência dos valores. Esta ficaria comprometida se os princípios que permitem essa hierarquização estivessem fixados de uma vez por todas; chegar-se-ia então a um monismo dos valores. Mas não é assim que se apresentam as hierarquias na prática: seus fundamentos são tão múltiplos quanto os próprios valores por elas coordenados.

Tomemos, para ilustrar nossa tese, diferentes maneiras de examinar as relações existentes entre a certeza de um conhecimento e a importância ou o interesse que ele pode apresentar. Isócrates e Santo Tomás concedem mais primazia à importância do que à certeza. Para Isócrates:

> ... é melhor emitir sobre assuntos úteis uma opinião razoável do que, sobre inutilidades, conhecimentos exatos[18].

Encontramos como que um eco amplificado e dramatizado desta passagem, mas numa perspectiva totalmente diferente, no pensamento de Santo Tomás:

> Aos espíritos atormentados pela sede do divino, é em vão que se oferecerão os conhecimentos mais exatos relativos às leis dos números ou à disposição deste universo. Propensos para um objeto que não se deixa capturar por eles, esforçam-se por soerguer um canto do véu, muito felizes de perceber, às vezes até sob espessas trevas, algum reflexo da luz eterna que deve iluminá-los um dia. A estes, os menores conhecimentos atinentes às realidades mais elevadas parecem mais desejáveis do que as certezas mais completas atinentes aos menores objetos[19].

Num sentido inverso, J. Benda lembra uma passagem de uma carta inédita de Lachelier a Ravaisson: "O assunto que tomarei para tese não é aquele que vos anunciei; é um assunto mais restrito, *ou seja, mais sério*"[20].

Sentir-se obrigado a hierarquizar os valores, seja qual for o resultado dessa hierarquização, provém do fato de a busca simultânea desses valores criar incompatibilidades, obrigar a escolhas. Este é mesmo um dos problemas fundamentais que todos os homens de ciência devem resolver. Tomemos o exemplo dos que se dedicam à "Content analysis", que tem por meta descrever objetiva, sistemática e quantitativamente o conteúdo manifesto de qualquer espécie de comunicação[21].

> Um problema da análise dos conteúdos que sempre reaparece, escreve Lasswell, é o de encontrar o justo equilíbrio entre a segurança e o valor significativo. Podemos estar totalmente seguros da freqüência com que qualquer palavra escolhida se apresenta, mas isso pode ser de mínima importância[22].

Nesses diversos casos, os problemas são diferentes, assim como os contextos nos quais se apresentam; a justificação da hierarquização, quando dada, pode variar, mas o processo argumentativo apresenta analogias flagrantes: ele supõe a existência de valores aceitos, mas incompatíveis numa certa situação, e a hierarquização, tanto a resultante de uma argumentação como a enunciada já no início, designará aquele que decidimos sacrificar[23].

§ 21. Os lugares

Quando se trata de fundamentar valores ou hierarquias, ou de reforçar a intensidade da adesão que eles suscitam, pode-se relacioná-los com outros valores ou com outras hierarquias, para consolidá-los, mas pode-se também recorrer a premissas de ordem muito geral, que qualificaremos com o nome de *lugares*, os τόποι, dos quais derivam os *Tópicos*, ou tratados consagrados ao raciocínio dialético.

Para os antigos, e isto parece ligado à preocupação de ajudar o esforço de invenção do orador, os lugares designam rubricas nas quais se podem classificar os argumentos. Tratava-se de agrupar o material necessário[24] a fim de encontrá-lo com mais facilidade, em caso de precisão; daí a definição dos lugares como depósitos de argumentos[25]. Aristóteles distinguia os *lugares-comuns*, que podem servir indiferentemente em qualquer ciência e não dependem de nenhuma, e os *lugares específicos*, que são próprios, quer de uma ciência particular, quer de um gênero oratório bem definido[26].

Portanto, os lugares-comuns se caracterizavam, primitivamente, por sua imensa generalidade, que os tornava utilizáveis em todas as circunstâncias. A degenerescência da retórica e a falta de interesse dos lógicos pelo estudo dos lugares é que levaram à conseqüência imprevista de que desenvolvimentos oratórios contra o luxo, a luxúria, a preguiça, etc., que os exercícios escolares fizeram repetir até a náusea, fossem qualificados de lugares-comuns, apesar de seu cunho totalmente particular. Já Quintiliano procurou reagir contra esse abuso[27], mas sem muito sucesso. Cada vez mais, entende-se por lugares-comuns aqueles a que Vico, por exemplo, chama de lugares oratórios, para opô-los àqueles de que tratam os *Tópicos*[28]. Os lugares-comuns de nossos dias se caracterizam por uma banalidade que não exclui de modo algum a especificidade. Tais lugares-comuns não são, a bem dizer, senão uma aplicação dos lugares-comuns, no sentido aristotélico, a temas particulares. Mas, como essa aplicação é feita a um tema tratado com freqüência, que se desenvolve numa certa ordem, com conexões previstas entre lugares, agora só se pensa em sua banalidade, ignorando-lhes o valor argumentativo. Isso a tal ponto, que se tende a esquecer que os lugares formam um arsenal indispensável, do qual, de um modo ou de outro, quem quer persuadir outrem deverá lançar mão.

Aristóteles estuda, nos *Tópicos*, toda espécie de lugares que podem servir de premissa para silogismos dialéticos ou retóricos e os classifica, segundo as perspectivas estabelecidas por sua filosofia, em lugares do acidente, do gênero, do próprio, da definição e da identidade. Nossa proposta será diferente. De um lado, não queremos vincular nosso ponto de vista a uma metafísica particular e, do outro, como distinguimos os tipos de objetos de acordo referentes ao real dos que se referem ao preferível, só chamaremos de lugares as premissas de ordem geral que permitem fundar valores e hierarquias e que Aristóteles estuda entre os lugares do acidente[29]. Esses lugares constituem as premissas mais gerais, aliás amiúde subentendidas, que intervêm para justificar a maior parte de nossas escolhas.

Uma enumeração dos lugares que seriam primeiros acordos no campo do preferível, dos quais todos os outros poderiam ser deduzidos e que eles permitiriam, portanto, justificar, é uma empreitada cuja possibilidade está sujeita a discussão. De todo modo, semelhante empreitada seria da alçada da metafísica ou da axiologia, o que não é nosso propósito. Nosso objetivo se limita ao exame e à análise de argumentações concretas. Estas se detêm em níveis variáveis. Quando um acordo é constatado, podemos presumir que é fundado sobre lugares mais gerais aceitos pelos interlocutores; todavia, para indicá-los, cumpriria recorrer a hipóteses que não são nem um pouco certas. Assim, talvez nos julgássemos autorizados a restringir a afirmação de que o que é mais duradouro e mais estável é preferível ao que o é menos, a um lugar, que parece mais geral, o da superioridade do todo sobre a parte; mas importa notar que este último lugar não está expresso no lugar sobre o duradouro, que se trata de uma interpretação à qual os interlocutores poderiam não dar seu assentimento. Entretanto, sendo utilizado um lugar qualquer, sempre se pode exigir do interlocutor que o justifique.

Embora os lugares mais genéricos costumem atrair mais a nossa atenção, há, não obstante, um inegável interesse no exame dos lugares mais particulares, que prevalecem em diversas sociedades e permitem caracterizá-las. Por outro lado, mesmo quando se trata dos lugares mais genéricos, é de se notar que a cada lugar poder-se-ia opor um lugar adverso: à superioridade do duradouro, que é um lugar clássico, poderíamos opor a do precário, daquilo que dura apenas um instante e que é um lugar romântico. Daí a possibilidade de caracterizar as sociedades, não só pelos valores que têm a sua preferência, mas também pela intensidade da adesão que elas concedem a este ou àquele membro de um par de lugares antitéticos.

Não julgamos útil, para o entendimento geral da argumentação, fornecer uma lista exaustiva dos lugares utilizados. Essa tarefa nos parece, aliás, dificilmente realizável. O que nos interessa é o aspecto pelo qual todos os auditórios, sejam eles quais forem, são levados a levar em conta lugares, que agruparemos sob alguns itens bastante gerais: lugares da quantidade, da qualidade, da ordem, do existente, da essência, da pessoa. A classificação que apresentamos se justifica, a nosso ver, pela importância, na prática argumentativa, das considerações relativas a essas categorias. Somos forçados a estendermo-nos longamente sobre eles a fim de que a noção de lugar não fique sendo, para todos os nossos leitores, um contexto vazio.

§ 22. Lugares da quantidade

Entendemos por *lugares da quantidade* os lugares-comuns que afirmam que alguma coisa é melhor do que outra por razões quantitativas. O mais das vezes, aliás, o lugar da quantidade constitui uma premissa maior subentendida, mas sem a qual a conclusão não ficaria fundamentada. Aristóteles assinala alguns desses lugares: um maior número de bens é preferível a um menor número[30], o bem que serve a um maior número de fins é preferível ao que só é útil ao mesmo grau[31], o que é mais duradouro e mais estável é preferível ao que o é menos[32]. Há que observar, a esse respeito, que a superioridade em questão aplica-se tanto aos valores positivos como aos negativos, no sentido de que um mal duradouro é um mal maior do que um mal passageiro. Para Isócrates, o mérito é proporcional à quantidade de pessoas às quais se prestam serviços[33]: os atletas são inferiores aos educadores, porque se beneficiam sozinhos de sua força, ao passo que os homens que pensam bem são proveitosos a todos[34]. É o mesmo argumento que Timon utiliza para valorizar o panfleto:

> O orador fala aos deputados, o publicista aos homens de Estado, o jornal aos seus assinantes, o Panfleto a todos... Onde o livro não penetra, o jornal chega. Onde o jornal não chega, o Panfleto circula[35].

"O todo é melhor do que a parte" parece transpor, em termos de preferência, o axioma "o todo é maior do que a parte", e mesmo Bergson, quando se propõe estabelecer a superioridade do devir, da evolução, sobre o imóvel e o estático, não hesita em utilizar o lugar da quantidade:

> Dizíamos que há *mais* num movimento do que nas posições sucessivas atribuídas ao móvel, *mais* num devir do que nas formas atravessadas sucessivamente, *mais* na evolução da forma do que nas formas realizadas uma após a outra. A filosofia poderá, portanto, dos termos do primeiro gênero, tirar os do segundo, mas não do segundo o primeiro... Como, tendo enunciado a imutabilidade sozinha, extrairemos dela a mudança? ... No fundo da filosofia antiga está necessariamente entranhado este postulado: há mais no imóvel do que no

movente, e passamos, por intermédio de diminuição ou de atenuação, da imutabilidade ao devir[36].

O lugar da quantidade, a superioridade do que é admitido pelo maior número, é que fundamentam certas concepções da democracia e, também, as concepções da razão que assimilam esta ao "*senso comum*". Mesmo quando certos filósofos, como Platão, opõem a verdade à opinião do grande número, é contudo em virtude de um lugar da quantidade que eles valorizam a verdade, fazendo dela um elemento de acordo de todos os deuses e que deveria suscitar o de todos os homens[37]; o lugar quantitativo do duradouro permite também valorizar a verdade como o que é eterno, em comparação com as opiniões instáveis e passageiras.

Outro lugar de Aristóteles afirma que:

> É também mais desejável o que é mais útil em todas as ocasiões ou na maior parte do tempo: por exemplo, a justiça e a temperança são preferíveis à coragem, pois as duas primeiras sempre são úteis, ao passo que a coragem só o é em certos momentos[38].

Rousseau aprecia os raciocínios desse tipo. É em semelhantes considerações de universalidade que é fundamentada a superioridade da educação que ele preconiza:

> Na ordem social, em que todos os lugares estão marcados, cada qual deve ser educado para o seu. Se um particular formado para o seu lugar sai dele, já não serve para nada... Na ordem natural, sendo os homens todos iguais, sua vocação comum é o estado de homem; e qualquer um que é bem-educado para este não pode cumprir mal aqueles com ele relacionados... Portanto, cumpre generalizar nossas visões e considerar em nosso aluno o homem abstrato, o homem exposto a todos os acidentes da vida humana[39].

A validade geral de um bem será definida também como sendo aquilo cujo uso não será tornado supérfluo por nenhum outro bem; por esse viés pode justificar-se novamente a preferência concedida antes à justiça que à coragem.

> É preferível, diz Aristóteles, ... de duas coisas, aquela que, sendo possuída por todos, nos suprimiria a necessidade da outra, ...: se todos fossem justos, a coragem de nada serviria, ao passo que, se todos fossem corajosos, a justiça ainda seria útil[40].

Podemos considerar como lugares da quantidade a preferência concedida ao provável sobre o improvável, ao fácil sobre o difícil, ao que há menos risco de nos escapar. A maior parte dos lugares que tendem a mostrar a eficácia de um meio será lugar da quantidade. Assim, em seus *Tópicos*, Cícero agrupa sob a rubrica da eficácia (*vis*) os seguintes lugares:

> A causa eficiente prevalece sobre a que não o é; as coisas completas por si sós são preferíveis às que necessitam do concurso de outras coisas, as que estão em nosso poder às que estão em poder dos outros, as que são estáveis às que são inseguras, as que não nos podem ser tiradas às que o podem ser[41].

O que se apresenta mais amiúde, o habitual, o normal, é objeto de um dos lugares utilizados com mais freqüência, a tal ponto que a passagem do que se faz ao que é preciso fazer, do normal à norma, parece, para muitos, ser natural. Apenas o lugar da quantidade autoriza essa assimilação, essa passagem do normal, que expressa uma freqüência, um aspecto quantitativo das coisas, à norma que afirma que tal freqüência é favorável e que cumpre conformar-se a ela. Enquanto todos podem entender-se sobre o caráter normal de um acontecimento desde que estejam de acordo sobre o critério do normal que será utilizado, a apresentação do normal como norma exige, ademais, o uso do lugar da quantidade.

A assimilação do normal ao normativo levou Quetelet a considerar seu homem médio imaginário como o próprio modelo do belo[42], e Pascal extrai daí pensamentos paradoxais, tais como este: "Os homens são tão necessariamente loucos, que seria ser louco, com outro tipo de loucura, não ser louco"[43].

A passagem do normal ao normativo, que se encontra em todos os que fundamentam a ética na experiência, foi considerada, com toda a razão, um erro de lógica[44]. Mas devemos reconhecer nisso um dos fundamentos válidos da argumentação, no sentido de que essa passagem é implicitamente admitida, seja qual for o domínio examinado. Encontramo-lhe o traço na expressão alemã *Pflicht*, próxima de *man pflegt*; encontramo-la em todas as expressões que abrangem, ao mesmo tempo, o pertencer a um grupo e uma maneira de ser dos indivíduos pertencentes a esse grupo: "americano" e "socialista" aludem a um só tempo, e conforme as circunstâncias, a uma norma de conduta ou a uma conduta normal.

A passagem do normal à norma é um fenômeno deveras corrente, que parece ser natural. É a dissociação dos dois e sua oposição mediante a afirmação da prioridade da norma sobre o normal, que necessita de uma argumentação que a justifique: essa argumentação tenderá à desvalorização do normal, o mais das vezes pelo uso de outros lugares que não os da quantidade.

O excepcional é visto com desconfiança, salvo demonstração de seu valor. Descartes chega a fazer dessa desconfiança uma regra de sua moral provisória:

> E, entre várias opiniões igualmente aceitas, só escolhia as mais moderadas; não só porque são sempre as mais cômodas para a prática e, verossimilmente, as melhores, pois todo excesso costuma ser mau...[45]

Toda situação excepcional é julgada precária: "A rocha Tarpéia fica próxima do Capitólio". Assim, o caráter anormal de uma situação, mesmo favorável, pode tornar-se um argumento contra esta.

§ 23. Lugares da qualidade

Os lugares da qualidade, os menos apreensíveis, aparecem na argumentação quando se contesta a virtude do número. Será esse o caso dos reformadores, daqueles que se revoltam contra a opinião comum, tal como Calvino, que alerta Francisco I contra aqueles que argúem, opondo-se à sua doutrina, que "ela já é condenada por um consenso geral de todos os estados"[46]. Rejeita ele o costume, pois "a vida dos homens jamais foi regrada tão bem, que as melhores coisas agradassem à maior parte"[47]. Ele opõe ao número a qualidade da verdade garantida por Deus:

> Em oposição a toda essa multidão é enviado Jeremias, para denunciar, da parte de Deus, que a Lei perecerá entre os Sacerdotes, o conselho será retirado dos sábios e a doutrina, dos Profetas[48].

Mesmo os chefes podem, pois, enganar-se. Não se trata, no ponto extremo onde se coloca Calvino, de uma ciência superior concedida à elite. Já não se trata, tampouco, de um conhecimento da verdade correspondente ao que admitiria, como em Platão, um auditório universal de deuses e de homens. Trata-se da luta de quem detém a verdade, garantida por Deus, contra a multidão que erra. O verdadeiro não pode sucumbir, seja qual for o número de seus adversários: estamos em presença de um valor de ordem superior, incomparável. É esse aspecto que os protagonistas do lugar da qualidade não podem deixar de enfatizar: no limite, o lugar da qualidade redunda na valorização do único que, assim como o normal, é um dos pivôs da argumentação.

O único é ligado a um valor concreto: o que consideramos um valor concreto nos parece único, mas é o que nos parece único que se nos torna precioso:

> Sua semelhança comigo, diz-nos Jouhandeau, o que se nos assemelha, nos confunde, não me interessa; é o sinal particular que isola X, a sua "singularidade" que me importa, se me impõe[49].

Considerar entes como permutáveis, não ver o que produz a especificidade de suas personalidades é desvalorizá-los. Basta às vezes uma inversão dos termos para que se manifeste o caráter apagado de quem eles designam: "Thanks, Rosencrantz and gentle Guildenstern", diz o Rei. "Thanks, Guildenstern and gentle Rosencrantz", repete a Rainha[50].

Esses exemplos tendem a mostrar que a unicidade de um ente ou de um objeto qualquer decorre da maneira pela qual concebemos nossas relações com ele: para um, tal animal não passa de uma amostra de uma espécie; para outro, trata-se de um ser único com o qual mantém relações singulares. Filósofos como Martin Buber, como Gabriel Marcel, insurgem-se contra o fungível, o mecânico, o universalizável:

> É preferível, dirá Buber, violentar um ser que se possuiu realmente do que praticar uma benevolência anódina a números sem rosto![51]

Para G. Marcel, o valor de um encontro com um ser nasce de esse encontro ser "único em seu gênero"[52]. O que é único não tem preço, e seu valor aumenta pelo próprio fato de não ser avaliável. Por isso Quintiliano aconselha ao orador não cobrar a sua colaboração, porque "a maioria das coisas pode parecer sem importância, apenas por se dar um preço a elas"[53].

O valor do único pode exprimir-se por sua oposição ao comum, ao corriqueiro, ao vulgar. Estes seriam a forma depreciativa do múltiplo oposto ao único. O único é original, distingue-se, por isso é digno de nota e agrada mesmo à multidão. É a valorização do único, ou pelo menos do que parece tal, a base das máximas de Gracián e dos conselhos que ele dá ao homem da corte. Cumpre evitar repetir-se, cumpre parecer inesgotável, misterioso, não classificável com facilidade[54]: a qualidade única torna-se um meio com vistas a obter o sufrágio do maior número. Mesmo o grande número aprecia o que se distingue, o que é raro e difícil de realizar.

> O mais difícil, dirá Aristóteles, é preferível ao que o é menos, pois apreciamos mais a posse das coisas que não são fáceis de adquirir[55].

Nota-se que Aristóteles não se contenta em enunciar o lugar. Esboça uma explicação. Relaciona-o com a pessoa, com o esforço. O raro concerne sobretudo ao objeto, o difícil ao sujeito, enquanto agente. Apresentar uma coisa como difícil ou rara é um meio de valorizá-la.

A precariedade pode ser considerada o valor qualitativo oposto ao valor quantitativo da duração; é correlativa ao único, ao original. Sabe-se que tudo quanto está ameaçado ganha um valor eminente: *Carpe diem*. A poesia de Ronsard joga habilmente com esse tema que nos toca imediatamente. A precariedade nem sempre é ameaça de morte, pode referir-se a uma situação: a dos amantes aos olhos um do outro, comparada com a dos esposos, é oposição do valor do precário ao do estável.

Esse lugar é vinculado a um lugar muito importante citado por Aristóteles, que seria o da oportunidade:

> Cada coisa é preferível no momento em que tem mais importância: por exemplo, a ausência de mágoa é mais desejável na velhice do que na juventude, pois tem mais importância na velhice[56].

Se invertermos o exemplo de Aristóteles, se insistirmos nas coisas importantes para a criança ou o adolescente, veremos que, fazendo o valor depender das circunstâncias transitórias, insistimos na precariedade desse valor e, ao mesmo tempo, enquanto ele é válido, aumentamo-lhe o preço.

O lugar do irreparável se apresenta como um limite, que vem acentuar o lugar do precário: a força argumentativa, vinculada à sua evocação, pode ter um efeito fulminante. Exemplo, a célebre peroração de São Vicente de Paulo, dirigindo-se às damas piedosas e mostrando-lhes os órfãos por ele protegidos:

> Fostes suas mães segundo a graça, desde que suas mães segundo a natureza os abandonaram. Vedes agora se quereis também abandoná-los para sempre...; sua vida e sua morte estão em vossas mãos... Eles viverão, se continuardes a ter para com eles um cuidado caridoso; mas, declaro-vos perante Deus, estarão mortos amanhã, se vós os desamparardes[57].

Se essa peroração teve tanto sucesso (o apelo resultou na fundação do Hospital das Crianças Abandonadas), é ao lugar do irreparável que o deve.

O valor do irreparável pode, se quisermos pesquisar-lhe os fundamentos, relacionar-se com a quantidade: duração infinita do tempo que se escoará depois que o irreparável tiver sido feito ou constatado, certeza de que os efeitos, intencionais ou não, se prolongarão indefinidamente. Mas ele também pode vincular-se à qualidade: a unicidade é conferida ao acontecimento que se qualifica de irreparável. Seja ele bom ou mau em suas conseqüências, é fonte de pavor para o homem; para que uma ação seja irreparável, é preciso que não possa ser repetida: ela adquire um valor pelo próprio fato de ser considerada sob esse aspecto.

O irreparável se aplica ora ao sujeito, ora ao objeto; alguma coisa pode ser irreparável em si ou com relação a tal sujeito: poderão replantar à frente de minha porta um novo carvalho, mas já não serei eu que sentarei à sua sombra.

Vê-se que o irreparável na argumentação é realmente um lugar do preferível, no sentido de que, quando ele se refere a um objeto, só pode ser na medida em que este é portador de um valor; não se mencionará o irreparável, o irremediável, quando se tratar de uma irreparabilidade que não acarreta nenhuma conseqüência na conduta. Talvez se fale num discurso científico da segunda lei da termodinâmica, mas esta só será considerada argumento do irreparável se atribuirmos um valor a um certo estado do universo.

Uma decisão cujas conseqüências seriam irremediáveis é valorizada por isso mesmo. Na ação, prendemo-nos em geral ao que é urgente: os valores de intensidade, vinculados ao único, ao precário, ao irremediável, nela estão no primeiro plano. Assim é que Pascal vale-se dos lugares da quantidade para mostrar-nos que é preciso preferir a vida eterna à vida terrena, mas quando nos pressiona para tomar uma decisão afirma-nos que estamos embarcados e que cumpre escolher, que a hesitação não pode durar, que há urgência e temor de naufrágio.

Além dos usos do lugar do único como original e raro, cuja existência é precária e a perda irremediável, pelo que é contraposto ao que é fungível e comum, que não corremos o risco de perder e é facilmente substituível, há, numa ordem de idéias totalmente diferente, um uso do lugar do único como oposto ao diverso. O único é, nesse caso, o que pode servir de norma: esta adquire um valor qualitativo em relação à multiplicidade quantitativa do diverso. Opor-se-á a unicidade da verdade à diversidade das opiniões. A superioridade das humanidades clássicas em relação às humanidades modernas, dirá um autor[58], deve-se ao fato de os antigos apresentarem modelos fixos, reconhecidos, eternos e universais. Os autores modernos, mesmo que sejam tão bons quanto os antigos, oferecem o inconveniente de não poder servir de norma, de modelo indiscutível: é a multiplicidade dos valores representados pelos modernos que lhes causa a inferioridade pedagógica. Esse mesmo lugar serve a Pascal para justificar o valor do costume:

> Por que se seguem as antigas leis e as antigas opiniões? Será que são mais sadias? Não, mas são únicas, e nos extirpam a raiz da diversidade[59].

O que é único se beneficia de um prestígio inegável: a exemplo de Pascal, pode-se explicar com isso um fenômeno de adesão, fundamentando-o nesse valor positivo que se toma como base de uma argumentação, sem dever fundamentá-lo por sua vez. A inferioridade do múltiplo, seja ele o fungível ou o diverso, parece admitida com muita freqüência, sejam quais forem as justificações, muito variadas aliás, que seríamos capazes de lhe encontrar.

§ 24. Outros lugares

Poder-se-ia pensar em reduzir todos os lugares aos da quantidade ou da qualidade, ou mesmo em reduzir todos os lugares aos de uma única espécie – teremos a ocasião de tratar dessas tentativas –, mas parece-nos mais útil, dado o papel que representaram e continuam a representar como *ponto de partida* das argumentações, consagrar algumas exposições aos lugares da ordem, do existente, da essência e da pessoa.

Os lugares da ordem afirmam a superioridade do anterior sobre o posterior, ora da causa, dos princípios, ora do fim ou do objetivo.

A superioridade dos princípios, das leis, sobre os fatos, sobre o concreto, que parecem ser a aplicação dos primeiros, é admitida no pensamento não-empirista. O que é causa é razão de ser dos efeitos e, por isso, lhes é superior:

> Se essas formas produzidas, dirá Plotino, ... existissem por si sós não estariam nos últimos lugares; [se aí estão, é porque] ao longe estão as coisas primitivas, as causas produtoras que, por serem causas, estão nos primeiros lugares[60].

Muitas grandes discussões filosóficas giram em torno da questão de saber o que é anterior e o que é posterior, para daí tirar conclusões quanto à predominância de um aspecto do real sobre o outro. As teorias finalistas, para valorizar o objetivo, transformam-no em verdadeira causa e origem de um processo. O pensamento existencial, que insiste na importância da ação voltada para o futuro, relaciona o projeto com a estrutura do homem e, com isso, "busca sempre remontar ao originário, à fonte"[61].

Os lugares do existente afirmam a superioridade do que existe, do que é atual, do que é real, sobre o possível, o eventual ou o impossível. O *Molloy* de Samuel Beckett expressa, assim, a vantagem do que existe sobre o que ainda deve ser realizado, sobre o projeto:

> Pois estando na floresta, local nem pior nem melhor do que os outros, e sendo livre para ali ficar, não tinha eu o direito de ver vantagens nisso, não em razão do que ela era, mas porque eu lá estava. Pois eu estava lá. E lá estando não tinha necessidade de ir para lá...[62]

A utilização dos lugares do existente pressupõe um acordo sobre a forma do real ao qual são aplicados. Em grande número de controvérsias filosóficas, mesmo admitindo que o acordo sobre esses lugares está garantido, os participantes esforçam-se em tirar deles um partido inesperado, através de uma mudança de nível na sua aplicação ou através de uma nova concepção do existente.

Entendemos por lugar da essência não a atitude metafísica que afirmaria a superioridade da essência sobre cada uma de suas encarnações – e que é fundamentada num lugar da ordem –, mas o fato de conceder um valor superior aos indivíduos enquanto representantes bem caracterizados dessa essência. Trata-se de uma comparação entre indivíduos concretos: assim é que atribuímos de imediato um valor a um coelho que apresenta todas as qualidades de um coelho; será, para nós, um "belo coelho". O que encarna melhor um padrão, uma essência, uma função, é valorizado por isso mesmo. Conhecem-se estes versos de Marot a Francisco I:

Roi plus que Mars d'honneur environné
Roi le plus Roi, qui fût onc couronné[63].
[Rei mais que Marte de honra cingido
O Rei mais Rei, que jamais tenha sido coroado.]

Proust serve-se do mesmo lugar para valorizar a duquesa de Guermantes:

> ... a duquesa de Guermantes, que a bem dizer, de tanto ser Guermantes, tornava-se em certa medida algo diferente e mais agradável...[64]

Uma ética ou uma estética poderiam ser fundadas na superioridade do que melhor encarna a essência e na obrigação que há em chegar a eles, na beleza de quem aí chega. É porque o homem é feito para pensar que, para Pascal, bem pensar é o primeiro princípio da moral. É porque, para Marangoni, as deformações são inerentes à essência da arte que é impossível encontrar obra sem deformação entre as consideradas perfeitas[65].

Na vida heróica, segundo Saint-Exupéry, o chefe vê uma justificação de suas maiores durezas, dos sacrifícios que impõe aos seus homens, não no rendimento que deles obtém, nem na dominação que exerce, mas no fato de que seus subordinados realizam assim suas possibilidades extremas, de que efetuam aquilo de que são capazes[66]. A moral do super-homem extrai do lugar da essência todo o seu atrativo e todo o seu prestígio.

Examinemos, para terminar este rápido apanhado geral, alguns lugares derivados do valor da pessoa, vinculados à sua dignidade, ao seu mérito, à sua autonomia.

> O que não podemos nos proporcionar por meio de outrem, diz Aristóteles, é preferível ao que podemos proporcionar-nos por meio dele: é o caso, por exemplo, da justiça em comparação com a coragem[67].

Esse lugar permite a Pascal criticar o divertimento:

> Não é ser feliz poder ser alegrado pelo divertimento? Não; pois ele vem de alhures e de fora...[68]

Esse lugar também confere valor ao que é feito com cuidado, ao que requer um esforço.

Os lugares que mencionamos e que estão entre os utilizados com mais freqüência poderiam ser completados por muitos outros, mas cujo significado é mais limitado. Aliás, ao especificar os lugares, passaríamos por graus insensíveis aos acordos que qualificaríamos, de preferência, de acordos dos valores ou das hierarquias.

§ 25. Utilização e redução dos lugares: espírito clássico e espírito romântico

Seria interessante destacar, nas diferentes épocas e nos diferentes meios, os lugares que são aceitos com maior freqüência, ou pelo menos parecem aceitos pelo auditório, tal como o imagina o orador. Essa tarefa seria, aliás, delicada, pois os lugares considerados indiscutíveis são utilizados sem serem expressos. Insiste-se, em contrapartida, naqueles que se deseja refutar ou matizar em sua aplicação.

Um mesmo objetivo pode ser realizado com o auxílio de lugares muito diversos. Para acentuar o horror de uma heresia ou de uma revolução, empregam-se ora lugares da quantidade, mostrando que essa heresia acumula todas as heresias do passado, que essa revolução, mais do que qualquer outra, amontoa conturbações sobre conturbações, ora lugares da qualidade, mostrando que ela preconiza um desvio inteiramente novo ou um sistema que jamais existiu antes[69].

Convém observar, contudo, que o uso de certos lugares ou de certas argumentações não caracteriza necessariamente um determinado meio cultural, mas pode resultar, o que aliás costuma acontecer, da situação argumentativa particular em que se está. Argumentações que Ruth Benedict, em sua interessante obra sobre o Japão, considerava características da mentalidade japonesa se explicam, para nós, pelo fato de que o Japão era o agressor; ora, quem quer mudar o que está ocorrendo tende a introduzir, como justificação, um elemento normativo, como a substituição da anarquia pela ordem, o estabelecimento de uma hierarquia[70].

A situação argumentativa, essencial para a determinação dos lugares aos quais se recorrerá, é por sua vez um complexo que abrange, ao mesmo tempo, o objetivo a que se visa e os argumentos com os quais há risco de se chocar. Esses dois elementos estão, aliás, intimamente ligados; com efeito, o objetivo a que se visa, mesmo que se trate de desencadear uma ação bem definida, é a um só tempo a transformação de certas convicções e a réplica a certos argumentos, transformação e réplica que são indispensáveis ao desencadeamento dessa ação. Assim é que a escolha entre diferentes lugares, lugares da quantidade ou da qualidade, por exemplo, pode resultar de um ou de outro componente da situação argumentativa: ora veremos claramente que é a atitude do adversário que influi nessa escolha, ora veremos, ao contrário, o vínculo entre essa escolha e a ação por desencadear. Sabemos que Calvino costuma utilizar lugares da qualidade. É, como dizíamos, característica freqüente da argumentação dos que querem mudar a ordem estabelecida. Em que medida isso se deu, também, porque os adversários de Calvino recorreram aos lugares da quantidade?

> Eles põem grande empenho em recolher muitos testemunhos da Escritura, a fim de que, se não puderem vencer por tê-los melhores e mais apropriados do que os nossos, possam pelo menos abater-nos com a grande profusão[71].

Poder-se-ia encontrar um exemplo muito mais genérico de semelhante oposição no esforço feito pelos românticos para inverter certas posições do classicismo: onde percebiam que este podia defender-se mercê dos lugares da quantidade, o romantismo recorria inevitavelmente aos lugares da qualidade. Se os clássicos visavam ao auditório universal, o que sob certo aspecto é um apelo à quantidade, era normal que os românticos, cuja ambição o mais das vezes se limita a persuadir um auditório particular, recorressem a lugares da qualidade: o único, o irracional, a elite, o gênio.

De fato, quando se trata de lugares, menos ainda do que quando se trata de valores, quem argumenta busca eliminar completamente, em proveito de outros, certos elementos; busca de preferência subordiná-los, reduzi-los aos que considera fundamentais.

Quando os lugares da ordem são correlacionados com os da quantidade, o anterior é considerado mais duradouro, mais estável, mais geral; se forem correlacionados com os lugares da qualidade, o princípio será considerado original, com uma realidade superior, modelo, determinante das possibilidades extremas de um desenvolvimento. Se o antigo for valorizado por ter subsistido durante muito tempo e por encarnar uma tradição, o novo será valorizado por ser original e raro.

Os lugares do existente podem ser relacionados com os lugares da quantidade, vinculados ao duradouro, ao estável, ao habitual, ao normal. Mas também podem ser relacionados com os lugares da qualidade, vinculados ao único e ao precário: o existente tira seu valor do fato de impor-se enquanto vivência, enquanto irredutível a qualquer outro objeto, enquanto atual. Poder-se-ia, aliás, sustentar que o existente, como concreto, fundamenta os lugares da qualidade, dá valor ao único, e que o existente, como real, fundamenta os lugares da quantidade e dá sentido ao duradouro e ao que se impõe universalmente.

O lugar da essência pode ser relacionado com o normal, que é o único que permite, aos pensadores empiristas, a constituição de padrões, de estruturas, cuja realização perfeita foi apreciada em alguns de seus representantes. Mas, para os racionalistas, para um Kant, por exemplo, é o ideal, o arquétipo abstrato, o único fundamento válido de toda normalidade[72]: que esse arquétipo seja valorizado como fonte e origem, ou como realidade de uma espécie superior, como universal ou como racional, trata-se ainda de outro problema. A superioridade do que encarna melhor a essência poderia, aliás, ser fundamentada, ora no aspecto clássico e universalmente válido, ora no aspecto excepcional desse êxito considerado raro e difícil.

Os lugares da pessoa podem ser fundamentados nos da essência, da autonomia, da estabilidade, mas também na unicidade e na originalidade do que se relaciona com a personalidade humana.

Por vezes essas ligações e justificações de lugares são apenas ocasionais, mas pode acontecer que semelhante tentativa resulte de uma tomada de posição metafísica e caracterize uma visão do mundo. Assim é que a primazia concedida aos lugares da quantidade e a tentativa de reduzir a esse ponto de vista todos os outros lugares caracteriza o espírito clássico; o espírito romântico argumenta, pelo contrário, reduzindo os lugares aos lugares da qualidade.

O que é universal e eterno, o que é racional e comumente válido, o que é estável, duradouro, essencial, o que interessa ao maior número, será considerado superior e fundamento de valor entre os clássicos.

O único, o original e o novo, o distinto e o marcante na história, o precário e o irremediável são lugares românticos.

Às virtudes clássicas de veracidade e de justiça, o romântico oporá as de amor, de caridade e de fidelidade; se os clássicos se apegam aos valores abstratos, ou ao menos universais, os românticos preconizam os valores concretos e particulares; à superioridade do pensamento e da contemplação, preconizada pelos clássicos, os românticos oporão a da ação eficaz.

Os clássicos se empenharão mesmo em justificar a importância que conferem aos lugares da qualidade apresentando-os como um aspecto da quantidade. A superioridade de uma personalidade original será justificada pelo caráter inesgotável de seu gênio, pela influência que exerce sobre o grande número, pela grandeza das mudanças que ocasiona. O concreto será reduzido ao infinito de seus elementos constituintes, o irremediável à duração do tempo durante o qual não poderá ser substituído.

Para os românticos, os aspectos quantitativos que se levarão em conta poderiam reduzir-se a uma hierarquia puramente qualitativa; tratar-se-á então de uma verdade mais importante, que formará uma realidade de nível superior. Quando o romântico opõe à vontade individual a do grande número, esta última pode ser concebida como manifestação de uma vontade superior, a do grupo, que será descrito como um ser único, com sua história, sua originalidade e seu gênio próprios.

Assim é que a sistematização dos lugares, sua concepção em função dos lugares considerados fundamentais, confere-lhes aspectos variáveis e que o mesmo lugar, a mesma hierarquia, podem, em virtude de outra justificação, redundar numa visão diferente do real.

b) OS ACORDOS PRÓPRIOS DE CERTAS ARGUMENTAÇÕES

§ 26. Acordos de certos auditórios particulares

Aquilo a que chamamos habitualmente *senso comum* consiste numa série de crenças admitidas no seio de uma determinada sociedade, que seus membros presumem ser partilhadas por todo ser racional. Mas, ao lado dessas crenças, existem acordos, próprios dos partidários de uma disciplina particular, seja ela de natureza científica ou técnica, jurídica ou teológica. Tais acordos constituem o *corpus* de uma ciência ou de uma técnica, podem resultar de certas convenções ou da adesão a certos textos, e caracterizam certos auditórios.

Esses auditórios se distinguem em geral pelo uso de uma linguagem técnica que lhes é própria. É nas disciplinas formalizadas que essa linguagem se diferencia ao máximo daquela que, por outro lado, os membros de semelhante auditório utilizam em suas relações diárias e compreendem enquanto membros de um auditório mais geral; mas, mesmo em disciplinas como o direito, que tomam muitos de seus termos técnicos emprestados da linguagem corrente, puderam parecer herméticas aos não-iniciados. Pois esses termos, que se deseja tornar tão unívocos quanto possível no contexto da disciplina, acabam por resumir um conjunto de conhecimentos, de regras e de convenções, cuja ignorância faz com que sua compreensão, enquanto termos tornados técnicos, escape inteiramente aos profanos.

Para entrar num grupo especializado, faz-se necessária uma iniciação. Enquanto o orador deve adaptar-se normalmente ao seu auditório, não se dá o mesmo com o mestre encarregado de ensinar aos alunos o que é admitido no grupo particular ao qual estes desejam agregar-se ou, pelo menos, ao qual desejam agregá-los as pessoas responsáveis por sua educação. A persuasão é, nesse caso, prévia à iniciação. Deve ela obter a submissão às exigências do grupo especializado do qual o mestre aparece como porta-voz. A iniciação a uma disciplina particular consiste em informar regras e técnicas, noções específicas, de tudo quanto nela é admitido, e a maneira de criticar seus resultados conforme exigências da própria disciplina. Por essas particularidades, a iniciação se distingue da vulgarização dirigida ao público em geral, para informá-lo de certos resultados interessantes, numa linguagem não técnica, e sem o capacitar nem para se servir dos métodos que permitiram estabelecer esses resultados nem, *a fortiori*, para empreender a crítica destes últimos. Tais resultados são, de certo modo, apresentados como independentes da ciência que os elaborou: eles adquiriram o estatuto de verdades, de fatos. A diferença entre a ciência que se edifica, a dos cientistas, e a ciência aceita, que se torna a do auditório universal, é característica da diferença entre iniciação e vulgarização[73].

A questão de saber se uma argumentação é desenvolvida para o uso de um auditório ligado por acordos particulares ou para o uso de um auditório não especializado nem sempre é fácil de se responder. Certas controvérsias, relativas às fraudes em arqueologia, por exemplo, apelarão, a um só tempo, aos especialistas e à opinião pública[74]; o mesmo ocorrerá com freqüência por ocasião de processos criminais em que o debate se situa, simultaneamente, no plano jurídico e no plano moral.

Ademais, existem campos dos quais se dirá, conforme a concepção que deles se fez, ou que são especializados, ou que escapam a qualquer convenção ou a qualquer acordo particular: é, de um modo eminente, o caso da filosofia.

Enquanto, de um lado, uma filosofia escolar, desenvolvendo-se nos planos do sistema elaborado pelo mestre, pode ser considerada especializada e aproximada de uma teologia, será, de outro lado, admissível que um esforço filosófico independente pressuponha a iniciação prévia a uma técnica erudita, que seria a dos filósofos profissionais? Este é o parecer formulado, numa obra póstuma, muito sugestiva, por um jovem autor alemão, E. Rogge, que opõe a uma "filosofia popular", como a de Nietzsche, por exemplo, as filosofias contemporâneas, que supõem, todas, um conhecimento aprofundado da história da filosofia, em relação à qual elas são levadas, de um modo ou de outro, a se pensarem a si próprias[75].

Mas o filósofo que toma posição a respeito dessa história da filosofia, que lhe atribui um determinado significado e, por conseguinte, deve admitir que sua própria concepção atende a esse significado, renuncia totalmente a dirigir-se ao auditório universal? Não se poderá dizer que o auditório universal, tal como o filósofo o figura, é um auditório que aceita certos fatos, notadamente a aquisição das ciências, mais particularmente o da história científica da filosofia, mas que, não obstante, continua soberano para inserir esses fatos em argumentações novas, até mesmo subvertê-los? Nesse caso, todo filósofo continua a dirigir-se ao auditório universal, da mesma forma que o filósofo popular, e não parece que se possa, em filosofia, alegar um conjunto de conhecimentos, de regras e de técnicas comparável ao *corpus* de uma disciplina científica e comum a todos os que a praticam.

O exemplo da filosofia mostra bem que a questão de saber quais são os auditórios especializados é uma questão real que deve ser dirimida em cada caso. Mas há auditórios tais como os de juristas ou de teólogos, para os quais essa questão é resolvida graças a considerações de ordem formal: contrariamente ao direto natural e à teologia racional, o direito e a teologia positivos, ligados por textos bem determinados, constituem domínios de argumentação específicos.

Seja qual for a origem, seja qual for o fundamento dos textos de direito positivo ou de teologia positiva – problema que não nos diz respeito atualmente –, o essencial é que eles constituem o ponto de partida de novos raciocínios. A argumentação jurídica ou teológica deve desenvolver-se no interior de um sistema definido, o que colocará no primeiro plano certos problemas, notadamente os relativos à interpretação dos textos.

Certas noções, tais como a de evidência ou a de fato, adquirem um sentido particular em disciplinas ligadas por textos.

Quando, argumentando perante um auditório que não está ligado por textos, dizemos que uma proposição é evidente, é porque não desejamos rejeitar essa proposição ou não dispomos de um meio para fazê-lo. Em compensação, quando dizemos de uma regra de direito que ela parece evidente, é porque acreditamos que nenhuma contestação poderia surgir a respeito de sua aplicabilidade a um caso particular. Pois a não-evidência atribuída a certas regras, a suposta necessidade de justificá-las, resulta do fato de convertermos imediatamente a possibilidade de contestações numa busca de fundamentos; é que toda dificuldade de aplicação, ainda que os valores protegidos pela lei não sejam discutidos, corre o risco de dar início a toda uma argumentação na qual intervirão provavelmente os fundamentos possíveis da regra. Da mesma forma, dizer que um texto sacro é evidente é, uma vez que não se trata de rejeitá-lo, pretender que há uma única maneira de interpretá-lo.

Os acordos de auditórios especializados podem comportar definições particulares de certos tipos de objetos de acordo, por exemplo, do que é um fato. Referem-se também à maneira pela qual estes podem ser invocados ou criticados.

Para o teólogo ou o jurista, é considerado um fato não o que pode pretender o acordo do auditório universal, mas o que os textos exigem ou permitem tratar como tal. Um teólogo não pode pôr em dúvida fatos ou verdades atestadas por dogmas sem se excluir do auditório particular que os considera incontestes. Em direito, existem ficções que obrigam a tratar uma coisa, mesmo que não exista, como se existisse ou a não reconhecer como existente alguma coisa que existe. O que é admitido como um fato de senso comum pode ficar privado de qualquer conseqüência jurídica. Assim é que o juiz "não está autorizado a declarar um fato constante, pela única razão de que teria adquirido pessoalmente, fora do processo, o seu conhecimento positivo"[76]. A intervenção do juiz poderia vir a modificar as pretensões das partes; ora, são as partes que determinam o processo, no âmbito da lei. Vemos, portanto, que, para certos auditórios, o fato é vinculado à prova que se quer ou pode administrar.

Nas ciências naturais contemporâneas, o fato está subordinado, cada vez mais, à possibilidade de uma medição, no sentido amplo desse termo. Elas opõem resistência a toda observação que não pode inserir-se num sistema de medidas. Ademais, um cientista que verifica as conclusões que outro cientista propôs, após determinada experiência, levará em conta todos os fatos que se apresentam e são relevantes à legitimidade dessa teoria, mas não se crê autorizado, nessa controvérsia, a aventar outros fatos que, nos limites propostos, não são relevantes; ao contrário, todavia, do que se passa no direito, não existem na ciência regras de procedimento que dêem à pretensão das partes uma fixidez relativa: o cientista, juiz, sempre é aí parte ao mesmo tempo, e logo introduzirá novas pretensões. Portanto, é apenas por analogia com o que se passa em direito que podemos perceber fases de debate, fases em que certos fatos são considerados provisoriamente irrelevantes.

Mesmo na vida diária, certos fatos são considerados não ocorridos, e isso porque seria de mau gosto aventá-los. O orador que ataca um adversário não pode avançar certas informações relativas ao comportamento deste último sem depreciar a si próprio: um grande número de regras morais, de regras de etiqueta ou de deontologia impedem a introdução de certos fatos num debate. O auditório jurídico constitui, a esse respeito, um caso privilegiado apenas porque nele as restrições são codificadas e obrigatórias para todas as partes; é isso que distingue essencialmente a prova judiciária da prova histórica[77].

Uma distinção tão importante quanto essa concerne às presunções: o vínculo que une certos fatos a outros pode ser considerado pela lei "tão forte que a probabilidade de que este esteja acompanhado daquele equivale à certeza judiciária daquele"[78].

As presunções legais costumam ser da mesma natureza que aquelas que seriam admitidas na vida extrajurídica; a lei, notadamente, regulamenta geralmente o que ela considera normal. Entretanto, a origem dessas presunções jurídicas importa pouco: é verossímil que a presunção da inocência do acusado, em matéria penal, provenha do fato de que se temem as conseqüências sociais e morais de outra convenção, e não do fato de que o direito tenha adotado uma presunção de senso comum ligada ao normal.

O que caracteriza geralmente as presunções legais é a dificuldade que há em derrubá-las: elas são amiúde irrefragáveis ou só podem ser recusadas segundo regras muito precisas. Por vezes concernem apenas ao ônus da prova. Este é quase sempre, perante qualquer auditório, função de presunções aceitas. Mas a escolha destas não é imposta como o é em certas matérias jurídicas.

Essas observações referentes aos acordos específicos, próprios de certos auditórios, indicam o suficiente o quanto argumentos válidos para certas pessoas não o são em absoluto para outras, às quais podem parecer extremamente estranhos.

> Um profano, diz Jouhandeau, que assiste a uma discussão de teólogos não está longe de pensar que descobre um mundo onde as pessoas se empenham em disparatar juntas com a mesma lógica imperturbável que os internos de uma casa de loucos[79].

Daí resulta que pode ser vantajoso para o orador a escolha de um auditório determinado. Quando o auditório não é imposto pelas circunstâncias, uma argumentação pode ser apresentada primeiro a certas pessoas, depois a outras, e pode tirar proveito seja da adesão das primeiras, seja, caso mais curioso, da rejeição destas: a escolha dos auditórios e dos interlocutores, assim como a ordem na qual se apresentam as argumentações, exercem grande influência na vida pública.

A vizinhança dos auditórios, especializados e não-especializados, reage sobre a argumentação. Um artifício assinalado por Schopenhauer, como utilizável durante uma discussão entre cientistas na presença de um público incompetente, consiste em lançar uma objeção não-pertinente, mas que o adversário não poderia refutar sem longos desenvolvimentos técnicos[80]. Esse expediente deixa o adversário numa situação difícil, porque o obriga a valer-se de raciocínios que os ouvintes são incapazes de seguir. O adversário poderá, entretanto, denunciando a manobra, desacreditar quem a ela recorreu, e essa desqualificação, que não requer premissas técnicas, poderá funcionar com todos os membros do auditório, tanto leigos como cientistas. Assim também, num processo, a tendência para julgar em direito se combina com a tendência para julgar em eqüidade. Embora esta última tenha menos importância para um juiz técnico, ainda assim este não poderia fechar-se aos argumentos que lhe são apresentados enquanto membro de um grupo social particular, mas não-especializado, ou enquanto membro do auditório universal. Esse apelo ao seu senso moral pode incentivá-lo a inventar argumentos válidos em seu âmbito convencional, ou a apreciar de modo diferente aqueles de que dispõe. Por outro lado, a preocupação com a opinião atual ou futura dos auditórios especializados reage sobre os discursos dirigidos a auditórios não-especializados: certos atos da vida corrente, como as compras e vendas, realizam-se e discutem-se levando-se em conta seu alcance presente, mas também levando em conta que eles um dia podem ser evocados num contexto jurídico. Da mesma forma, o homem do vulgo que observa certos fenômenos naturais pode fazê-lo levando em conta o que importará, acredita ele, a um auditório de cientistas. Assim, as argumentações entre não-especializados são formuladas de modo que, ou escapem ao parecer de um especialista, ou fiquem na dependência de sua decisão: de toda forma, a possível intervenção do especialista influenciará um grande número de controvérsias entre leigos.

§ 27. Acordos próprios de cada discussão

As premissas da argumentação consistem em proposições admitidas pelos ouvintes. Quando estes não estão ligados por regras precisas que os obrigam a reconhecer certas proposições, todo o edifício de quem argumenta funda-se apenas num fato de ordem psicológica, a adesão dos ouvintes. Aliás, esta é, o mais das vezes, apenas presumida pelo orador. Quando as conclusões deste último desagradam aos seus interlocutores, eles podem, se assim julgarem útil, opor a essa presunção de acordo sobre as premissas uma denegação que terá o efeito de minar toda a argumentação pela base. Essa rejeição das premissas nem sempre ocorre, todavia, sem inconvenientes para os ouvintes – falaremos disso mais longamente quando, ao analisarmos as técnicas argumentativas, tratarmos do ridículo[81].

Casos há em que o orador tem por caução a adesão expressa dos interlocutores a suas teses iniciais. Tal adesão não é uma garantia absoluta de estabilidade, mas a aumenta, sem o que não teríamos o mínimo de confiança necessário para a vida em sociedade. Quando Alice, conversando com os seres do País das Maravilhas, quer desdizer uma de suas afirmações, ouve a objeção: "Quando você disse uma vez alguma coisa, isso estabelece essa coisa, e você tem de aceitar as conseqüências dessa afirmação"[82]. Réplica esquisita, se nos pusermos no plano da verdade, onde a mudança é sempre permitida, pois se pode alegar um erro. Mas observação profunda se nos pusermos no campo da ação, onde o que foi dito constitui uma espécie de envolvimento que, sem razão suficiente, não poderia ser desfeito, sob pena de destruir qualquer possibilidade de vida em comum.

Assim, as manifestações de adesão explícita ou implícita são procuradas pelo orador, que utiliza uma série de técnicas para ressaltar a adesão ou para captá-la. Essas técnicas são elaboradas, particularmente, por certos auditórios, notadamente pelos auditórios jurídicos. Mas não lhes são em absoluto exclusivas.

De uma maneira geral, todo o aparato de que se cerca a promulgação de certos textos, o pronunciamento de certas falas, tende a tornar-lhe mais difícil o repúdio e a aumentar a confiança social. O juramento, em especial, acresce à adesão expressa uma sanção religiosa ou quase religiosa. Pode ele referir-se à verdade dos fatos, à adesão às normas, estender-se a um conjunto de dogmas, e o relapso era passível das maiores penas, porque transgredia um juramento.

A técnica da coisa julgada tende a estabilizar certos julgamentos, a vedar o questionamento de certas decisões. Na ciência, ao distinguir certas proposições qualificadas de axiomas, concede-se-lhes explicitamente uma situação privilegiada no seio do sistema: a revisão de um axioma já não poderá efetuar-se senão mediante um repúdio também explícito; ela não poderá ser feita por uma argumentação que se desenvolvesse no interior do sistema de que esse axioma faz parte.

O mais das vezes, entretanto, o orador só pode contar, para suas presunções, com a inércia psíquica e social, que, nas consciências e nas sociedades, corresponde à inércia na física. Pode-se presumir, até prova em contrário, que a atitude adotada anteriormente – opinião expressa, conduta preferida – continuará no futuro, seja por desejo de coerência, seja em virtude da força do hábito. A estranheza de nossa condição, segundo Paulhan, está em ser fácil encontrar razões para os atos singulares, difícil para os atos comuns. Um homem que come carne de vaca não sabe por que come carne de vaca; mas, se trocar para sempre a carne de vaca pelo salsífi ou pelas rãs, não o fará sem inventar mil provas, umas mais eruditas do que as outras[83].

De fato, a inércia permite contar com o normal, o habitual, o real, o atual e valorizá-lo, quer se trate de uma situação existente, de uma opinião admitida ou de um estado de desenvolvimento contínuo e regular. A mudança, em compensação, deve ser justificada; uma decisão, uma vez tomada, só pode ser alterada por razões suficientes. Numerosíssimas argumentações insistem em que nada nesse caso justifica uma mudança. Partidário da continuação da guerra contra a França, Pitt se opõe, nestes termos, a qualquer idéia de negociação:

> As circunstâncias e a situação do país terão mudado substancialmente desde a última moção a esse respeito ou desde que meu honrado amigo viu-se, pela primeira vez, como advogado da negociação? A situação dos negócios terá variado desde aquele tempo, de tal modo que a negociação seria atualmente mais desejável do que o era em qualquer outro momento anterior?[84]

A justificação da mudança será substituída muitas vezes por uma tentativa de provar que não houve mudança real. Essa tentativa é às vezes determinada pelo fato de que a mudança é vedada: o juiz, que não pode mudar a lei, sustentará que a sua interpretação não a modifica, que corresponde melhor à intenção do legislador; a reforma da Igreja será apresentada como uma volta à religião primitiva e às Escrituras. A justificação da mudança e a argumentação tendentes a mostrar que não houve mudança não se dirigem, em princípio, ao mesmo auditório. Mas tanto uma como a outra tendem ao mesmo objetivo, que é o de atender às exigências da inércia na vida social.

A justificação da mudança será feita quer pela indicação de uma modificação objetiva, à qual o sujeito teve de adaptar-se, quer pela indicação de uma mudança no sujeito, considerada um progresso; assim, a mudança – a qual, por abalar a confiança social, é sempre um tanto depreciativa – poderá mesmo assim ser apreciada como prova de sinceridade. Uma mudança que foi bem-sucedida para seu autor pode tornar-se exemplar para os que hesitariam em tomar o mesmo caminho. Assim é que W. Lippmann apresenta como modelo aos republicanos dos Estados Unidos a evolução do senador Van Den Berg que, tradicionalmente isolacionista, se tornou, depois da última guerra, um defensor convicto e prestigioso de uma política de colaboração internacional[85].

A inércia pode ser oposta, em princípio, a todos os novos projetos e, *a fortiori*, a projetos que, de há muito conhecidos, não foram aceitos até esse dia. O que Bentham chama de sofisma do medo da inovação ou também de sofisma do veto universal, que consiste em opor-se a qualquer medida nova, simplesmente por ela ser nova, não é de modo algum um sofisma, mas o efeito da inércia que intervém em favor do estado de coisas existente. Este só deve ser modificado se houver razões a favor da reforma.

Bentham compreende isso muito bem, na realidade, pois àquele que alega que, se a medida fosse boa, já teria sido tomada há muito tempo, replica que interesses particulares podiam opor-se a ela ou que ela podia necessitar de um progresso dos conhecimentos, encarregando-se assim, de fato, do ônus da prova[86]. Notemos a esse respeito que se, em direito, o mais das vezes cabe ao demandante o encargo probatório, é porque o direito se conforma à inércia; é concebido de modo que ratifique, até informação mais ampla do caso, os fatos tais como são[87].

É graças à inércia que a técnica da coisa julgada é prolongada, por assim dizer, pela técnica do precedente. A repetição do precedente só difere da continuação de um estado existente porque os fatos são encarados como algo descontínuo. Por essa óptica ligeiramente diferente, continuamos a ver a inércia em atividade: assim como é preciso dar a prova da utilidade de mudar um estado de coisas, é preciso dar a prova da oportunidade de mudar de conduta diante de uma situação que se repete.

Nos países tradicionalistas, o precedente se torna, assim, parte integrante do sistema jurídico, um modelo do qual podemos nos prevalecer, contanto que mostremos que o caso novo se parece suficientemente com o antigo. Daí o receio de criar um precedente que intervém em grande número de decisões: "Ides decidir, não a respeito de Isócrates, mas a respeito de uma regra de vida, se é mister filosofar"[88]. Com efeito, o fato de praticar certos atos, trate-se de apreciações ou de decisões, é considerado um consentimento implícito para a utilização deles a título de precedentes, como uma espécie de compromisso de comportar-se da mesma maneira em situações análogas.

Assim também, quando alguém observa uma regra, em especial quando proclama que a observa, tal pessoa manifesta que ela é boa para seguir. Essa tomada de posição é assimilável a uma *confissão*, que se poderia, em determinada circunstância, lembrar. Assim é que, ao atacar Ésquines, Demóstenes invoca o testemunho de seu adversário sobre o modo como um processo deve ser conduzido:

> ... ele proferiu discursos que subsistem para perdê-lo. Pois o que definiste como a justiça quando fazias o processo de Timarco, isso mesmo também deve valer para os outros em teu detrimento[89].

É eficaz repetir, para utilizar contra o adversário, tudo quanto se possa considerar, por causa da adesão que aí se manifesta, uma confissão sua. Tal repetição imediata das palavras do interlocutor constitui o essencial do que se chama comumente *espírito de réplica*.

Em direito, quando apenas o interesse das partes está em jogo, a confissão de uma das partes, bem como o acordo das duas, fornece um elemento estável no qual o juiz pode estribar-se; quando se trata de matérias que envolvem a ordem pública, a confissão não tem a mesma força probatória, pois é o juiz, e não as partes, que então determina o que pode ser considerado adquirido.

Em vez de basear-se nos juízos do interlocutor, o orador às vezes utilizará meros indícios de sua confissão, se prevalecerá notadamente de seu silêncio.

O silêncio pode ser interpretado, quer como indício de que nenhuma objeção ou refutação foi encontrada, quer como indício de que o caso é indiscutível. A primeira interpretação afirma um acordo de fato do interlocutor; a segunda tira do silêncio o direito. "O que o adversário não nega" constitui para Quintiliano um elemento no qual o juiz pode estribar-se[90].

O perigo do acordo tirado do silêncio é que explica que, em muitas circunstâncias, escolha-se responder alguma coisa, mesmo que a objeção de que se dispõe momentaneamente seja fraca.

A associação que se estabelece entre silêncio e confissão pode, contudo, intervir em detrimento de certas afirmações. O silêncio absoluto ante certas medidas tomadas pelos poderes públicos parece suspeito, pois é difícil interpretá-lo como uma aprovação unânime; prefere-se, para interpretá-lo, recorrer à hipótese da intimidação.

Os indícios dos quais se tira a confissão são múltiplos: poderá ser detectada numa abstenção, melhor ainda, numa guinada cuja pista julga-se ter descoberto. Assim é que a rejeição, pelo legislador, de um artigo de uma lei, que lhe é submetida, será tratada posteriormente como uma confissão, ou seja, como a afirmação implícita de que ele pensou nessa coisa e não a queria.

O uso dialético das perguntas e das respostas tende essencialmente a assegurar acordos explícitos, dos quais se poderá tirar partido em seguida; esta é uma das características da técnica socrática. Uma das aplicações desse método consiste na busca de um acordo explícito sobre o ponto a ser julgado, aquele de que o adversário fará depender o desfecho do debate, ou sobre as provas que ele admitirá e considerará concludentes. Citamos noutra obra[91] o caso do empresário americano que solicita, durante um dia inteiro, as objeções dos representantes dos operários e as manda anotar cuidadosamente no quadro-negro: consegue assim obter o acordo explícito deles sobre os pontos aos quais se devem responder; o fato de acrescentar-lhes novos, posteriormente, seria interpretado como um indício de má vontade. Fixando o objeto da controvérsia, tornamo-la mais compacta: o interlocutor não poderia encontrar uma escapatória, para recusar seu acordo, quando as condições admitidas foram cumpridas, senão com o risco de desdizer-se. Aliás, como são terceiros que, o mais das vezes, são juízes do desfecho do debate, há poucas possibilidades de que tal desdito tenha outras conseqüências que desabonar seu autor.

Quintiliano dá este conselho aos advogados:

> Por isso poderá ser vantajoso dissimular algumas de nossas armas. Pois o adversário as reclama com insistência e amiúde faz com que delas dependa o desfecho da causa, crendo que não as temos; reclamando nossas provas, confere-lhes autoridade[92].

O acordo preliminar à discussão pode basear-se, não no objeto do debate ou nas provas, mas na forma de conduzir a discussão. Esse acordo pode ser quase ritual, como nas discussões judiciárias, parlamentares ou acadêmicas; mas pode resultar, ao menos parcialmente, da discussão particular em andamento e de uma iniciativa tomada por uma das partes. Assim é que Demóstenes apresenta a Ésquines as modalidades de sua defesa:

> A defesa justa e sincera é a de provar ou que os fatos incriminados não ocorreram, ou que, tendo ocorrido, são úteis ao Estado[93].

Receando que o acusado desvie a atenção da assembléia para pontos secundários, Demóstenes prescreve-lhe, por assim dizer, a técnica de sua defesa, cujo valor, por isso mesmo, se compromete a reconhecer. Assim é que o interlocutor que, numa controvérsia, repete, ponto por ponto, as alegações de seu predecessor prova sua lealdade no debate, ao aceitar a ordem do discurso.

Assegurar para si certos acordos ou certas rejeições é, portanto, um dos objetivos que determinam a ordem na argumentação. Com efeito, a construção de um discurso não é unicamente o desenvolvimento de premissas dadas no início; é também estabelecimento de premissas, explicitação e estabilização de acordos[94].

Assim é que cada discussão apresenta etapas, balizadas pelos acordos que se devem estabelecer, resultantes às vezes da atitude das partes, e que às vezes são institucionalizadas graças a hábitos assumidos ou a regras explícitas de procedimento.

§ 28. A argumentação *ad hominem* e a petição de princípio

As possibilidades de argumentação dependem do que cada qual está disposto a conceder, dos valores que reconhece, dos fatos sobre os quais expressa seu acordo; por isso, toda argumentação é uma argumentação *ad hominem* ou *ex concessis*. No entanto, se é freqüente opor à argumentação *ad hominem* a argumentação *ad rem*[95], a primeira baseada na opinião e a segunda referente à verdade ou à própria coisa, é porque se esquece que a verdade em questão deve ser admitida. Em termos da nossa teoria, a argumentação *ad rem* corresponde a uma argumentação que o orador pretende válida para toda a humanidade racional, ou seja, *ad humanitatem*. Esta seria um caso particular, mas eminente, da argumentação *ad hominem*.

A argumentação que visa ao auditório universal, a argumentação *ad humanitatem*, evitará, tanto quanto possível, o uso de argumentos que só forem válidos para grupos particulares. Será este o cuidado, notadamente, da argumentação filosófica.

Poderíamos distinguir tipos de argumentos *ad hominem* tão variados quanto os auditórios aos quais se dirigem; propomos qualificá-los de argumentos *ad hominem*, no sentido restrito, quando o orador sabe que eles não teriam peso para o auditório universal, tal como ele o imagina.

Eis um exemplo muito simples. Seremos onze ao almoço. A empregada exclama: "Oh! isso dá azar!" Apressada, a patroa responde: "Não, Marie, você está enganada: treze é que dá azar". O argumento não tem réplica e termina imediatamente o diálogo. Essa resposta pode ser considerada um tipo de argumentação *ad hominem*. Não questiona nenhum interesse pessoal da empregada, mas baseia-se no que esta admite. Mais rapidamente eficaz do que seria uma dissertação sobre o ridículo das superstições, ela permite argumentar no âmbito do preconceito, ao invés de combatê-lo.

Os argumentos *ad hominem* são em geral qualificados de pseudo-argumentos, porque são argumentos que persuadem manifestamente certas pessoas, ao passo que não o deveriam, pela simples razão de que, pensa quem os desvaloriza assim, não teriam nenhum efeito sobre ele próprio. De fato, quem os trata com tal desprezo, de um lado, acredita que a única argumentação verdadeira é a que se dirige ao auditório universal e, de outro, constitui-se representante autêntico desse auditório. Por considerarem que toda argumentação deve valer para o auditório universal, alguns verão na eficácia dos argumentos *ad hominem stricto sensu* um sinal da fraqueza humana. Schopenhauer qualificará de artifício (*Kunstgriff*) o uso do argumento *ad hominem* que consiste em pôr o interlocutor em contradição com suas próprias afirmações, com os ensinamentos de um partido que ele aprova ou com seus próprios atos[96]. Mas não há nada de ilegítimo nesse modo de proceder. Poderíamos até qualificar semelhante argumentação de racional, mesmo admitindo que as premissas discutidas não são aceitas por todos. São essas premissas que determinam o âmbito no qual se move a argumentação; é por isso, aliás, que vinculamos o exame dessa questão aos acordos próprios de certas argumentações.

Não se deve confundir o argumento *ad hominem* com o argumento *ad personam*, ou seja, com um ataque contra a pessoa do adversário, que visa, essencialmente, a desqualificá-lo. A confusão pode estabelecer-se porque as duas espécies de argumentação costumam interagir. Aquele cuja tese foi refutada graças a uma argumentação *ad hominem* vê seu prestígio diminuído, mas não esqueçamos que esta é uma conseqüência de qualquer refutação, seja qual for a técnica utilizada: "Um erro factual", já observou La Bruyère, "lança um homem sábio no ridículo"[97].

Doutro lado, utilizando a técnica da confissão que, acabamos de examinar, pode-se passar, dos atos realizados por alguém, às regras de conduta que ele parece aprovar implicitamente e que servirão de apoio para uma argumentação *ad hominem*. As argumentações *ad personam* e *ad hominem* ficam, então, intimamente mescladas, como neste pequeno diálogo que encontramos em Stevenson:

> A) O senhor é duro demais para com seus empregados.
>
> B) Mas certamente não compete ao senhor falar assim. Sua fábrica suportaria uma sondagem com muito menos facilidade do que a minha[98].

É em função da argumentação, em geral, e da argumentação *ad hominem*, em particular, que se pode compreender em que consiste a *petição de princípio*.

Esta é amiúde considerada um erro na técnica da demonstração, e Aristóteles trata dela não só nos *Tópicos* mas também nos *Analíticos*[99]: ela consistiria no fato de se postular o que se quer provar.

Constatemos imediatamente que, no plano da lógica formal, a acusação de petição de princípio é desprovida de sentido. Poder-se-ia, de fato, pretender que toda dedução formalmente correta consiste numa petição de princípio, e o princípio de identidade, que afirma que toda proposição implica a si própria, seria mesmo a petição de princípio formalizada.

De fato, a petição de princípio, que não diz respeito à verdade, mas à adesão dos interlocutores às premissas que se pressupõem, não é um erro de lógica, mas de retórica; é compreendida, não no interior de uma teoria da demonstração, mas relativamente à técnica argumentativa. A petição de princípio consiste num uso do argumento *ad hominem* quando ele não é utilizável, porque ela supõe que o interlocutor já aderiu a uma tese que o orador justamente se esforça por fazê-lo admitir. Além disso, é preciso que as duas proposições, o princípio e a conclusão, que nunca são exatamente as mesmas, estejam suficientemente próximas uma da outra para que a acusação de petição de princípio seja justificada. Por isso, quase sempre surge uma discussão a respeito da legitimidade da acusação.

O ouvinte só poderá pretender que há realmente petição de princípio se a premissa por ele contestada não tiver, na ocasião, nenhum outro fundamento além da própria conclusão que dela se quis tirar e para a qual essa premissa constituiria um elo indispensável no raciocínio. É extremamente raro que essa dependência fique suficientemente assegurada para que a acusação seja admitida sem réplica. Isso porque semelhante acusação implica que se pode, numa argumentação, discernir com precisão não só se, sim ou não, o enunciado de uma premissa se distingue do enunciado da conclusão, mas também qual parte compete a certo tipo de argumentos, e exclusivamente a ele, na relação "conclusão-premissa-conclusão". Ora, é por causa da complexidade dessa relação que a discussão para saber se há petição de princípio pode, na prática, desenvolver-se.

A importância da maneira pela qual se consideram as relações entre as premissas e a conclusão fica clara neste exemplo que versa sobre as relações entre os atos e a natureza de uma pessoa. Se quisermos fazer que se admita que X tem uma natureza corajosa e se, para tanto, apresentarmos um de seus atos como sendo uma manifestação dessa natureza corajosa, o interlocutor poderá pretender que se trata de uma petição de princípio; em contrapartida, essa acusação será mais difícil de sustentar se o mesmo ato for considerado um exemplo que deve permitir uma generalização. Assim é que, para mostrar que não se trata de petição de princípio, o orador enfatizará que a premissa atacada tem outro fundamento que não a conclusão e que sua relação argumentativa com a conclusão é de uma espécie diferente daquela que fora suposta. Quem acusa seu interlocutor de cometer uma petição de princípio terá, pois, todo o interesse de formalizar o raciocínio.

Eis uma petição de princípio, assinalada por Navarre na esteira de Blass, numa passagem do discurso de Antifonte sobre o assassínio de Herodes [73]:

> Bem sabeis que mereço muito mais vossa piedade do que um castigo. De fato, o castigo cabe aos culpados, a piedade aos que são objeto de uma acusação injusta[100].

A ordem da premissa maior e da conclusão está invertida. A premissa menor subentendida ("Sou objeto de uma acusação injusta") não pode ser admitida pelos ouvintes porque, se tivesse sido aceita, o processo estaria julgado. É por essa razão que Antifonte, em vez de apresentar o direito que pretende ter à piedade como conclusão de um silogismo, apresenta sua afirmação antes da premissa maior, para conferir-lhe uma espécie de validade independente. Há que notar, a esse respeito, que os autores antigos gostavam, em seus discursos, de apresentar as questões como julgadas a seu favor e se empenhavam, mediante artifícios de forma, em desnortear os que queriam imputar-lhes uma petição de princípio. E conseguem-no com muita freqüência. Assim é que nem Blass, nem Navarre consideram petição de princípio uma argumentação que se encontra no exórdio do mesmo discurso de Antifonte [1 a 8] e apresenta uma estrutura análoga à que acabamos de analisar.

Bentham qualificou de "petição de princípio oculta numa única palavra" a utilização de apreciações valorizadoras ou desvalorizadoras na descrição de certos fenômenos[101]. É esse procedimento que Schopenhauer denuncia quando observa que o que seria considerado "fenômeno de culto", por um observador neutro, o partidário chamará de "expressão de piedade" e o adversário qualificará de "superstição"[102]. Mas não achamos que se possa, em semelhantes casos, falar de petição de princípio, salvo se se presumir que as qualificações são admitidas pelo interlocutor que precisamente as contesta; sem isso, viríamos a considerar petição de princípio toda afirmação de valor.

Para concluir, a petição de princípio é um erro de argumentação. Concerne à argumentação *ad hominem* e a pressupõe, pois seu campo não é o da verdade, mas o da adesão. Se reconhecemos que é ilegítimo cometer petições de princípio, ou seja, fundamentar nossa argumentação em premissas que o auditório rejeita, isso implica que podemos servir-nos daquelas que ele admite. Quando se trata de verdade, e não de adesão, o argumento *ad hominem* deve ser proscrito, mas nesse caso a petição de princípio é impossível. Os dois são correlativos: não se pode levar em conta a acusação de "petição de princípio" e pesar a legitimidade da crítica que ela implica senão no âmbito de uma teoria da argumentação.

Capítulo II

A escolha dos dados e sua adaptação com vistas à argumentação

§ 29. A seleção dos dados e a presença

Os acordos de que dispõe o orador, nos quais pode apoiar-se para argumentar, constituem um dado, mas tão amplo e suscetível de ser utilizado de modos tão diversos, que a maneira de prevalecer-se dele apresenta uma importância capital. Portanto, antes de examinar o uso argumentativo desse dado, é indispensável chamar a atenção sobre o papel da seleção prévia dos elementos que servirão de ponto de partida para a argumentação e da adaptação deles aos objetivos desta última.

Há que especificar, porém, que poder escolher entre os dados não implica que se possa refugar elementos que não serão utilizados. Para cada auditório existe um conjunto de coisas admitidas que têm, todas, a possibilidade de influenciar-lhe as reações. Tal conjunto é relativamente fácil de discernir quando se trata de um auditório especializado: será o *corpus* do saber reconhecido pelos praticantes de uma disciplina científica[1]; será o sistema jurídico inteiro no qual uma decisão judiciária se insere[2]. Salvo quando se trata de um domínio formalizado, completamente isolável, esse conjunto é fluido, sempre aberto. Seus contornos são particularmente vagos quando se trata de um auditório não-especializado, ainda que a elaboração filosófica possa contribuir, em certas épocas, a precisá-lo um pouco. De todo modo ele constitui, para cada auditório, um sistema de referência que serve para testar as argumentações.

Dito isto, o papel da seleção é tão evidente que, quando alguém menciona fatos, deve sempre perguntar-se o que estes podem servir para confirmar ou para invalidar. A imprensa, governamental ou de oposição, habituou-nos a essa seleção dos fatos, visando quer a uma argumentação explícita, quer a uma argumentação que se espera ver o leitor efetuar por si só. Nas retóricas tradicionais, no capítulo da narração, não faltam conselhos sobre a maneira de escolher os fatos da causa[3]. Mas essa escolha também predomina nos debates científicos: escolha dos fatos julgados relevantes, escolha das hipóteses, escolha das teorias que se acreditará dever confrontar com os fatos, escolha dos próprios elementos que constituem fatos. O método de cada ciência implica uma escolha assim, que, relativamente estável nas ciências naturais, é muito mais variável nas ciências humanas.

O fato de selecionar certos elementos e de apresentá-los ao auditório já implica a importância e a pertinência deles no debate. Isso porque semelhante escolha confere a esses elementos uma *presença*, que é um fator essencial da argumentação, por demais menosprezado, aliás, nas concepções racionalistas do raciocínio.

Um bonito relato chinês ilustrará o nosso pensamento:

> Um rei vê passar um boi que deve ser sacrificado. Sente piedade dele e ordena que o substituam por um carneiro. Confessa que isso aconteceu porque estava vendo o boi e não via o carneiro[4].

A presença atua de um modo direto sobre a nossa sensibilidade. É um dado psicológico que, como mostra Piaget, exerce uma ação já no nível da percepção: por ocasião do confronto de dois elementos, por exemplo, um padrão fixo e grandezas variáveis com as quais ele é comparado, aquilo em que o olhar está centrado, o que é visto de um modo melhor ou com mais freqüência é, apenas por isso, supervalorizado[5]. Assim, o que está presente na consciência adquire uma importância que a prática e a teoria da argumentação devem levar em conta. Com efeito, não basta que uma coisa exista para que se tenha o sentimento de sua presença. Isto é verdadeiro mesmo nas controvérsias eruditas, como atesta o papel desempenhado, na discussão travada por

Gassendi, por um livro onde Jean de Launoy mostrava as variações na atitude da Igreja para com Aristóteles:

> Por certo, diz-nos a esse respeito o abade Lenoble, ninguém ignora que a Igreja é muito anterior ao aristotelismo do século XIII. Isso, todos os protagonistas sabem, só que ninguém pensa nisso[6].

Destarte, uma das preocupações do orador será tornar presente, apenas pela magia de seu verbo, o que está efetivamente ausente e que ele considera importante para a sua argumentação, ou valorizar, tornando-os mais presentes, certos elementos efetivamente oferecidos à consciência.

Em Bacon, o papel da retórica, como técnica que permite "aplicar a razão à imaginação para melhor mover a vontade"[7], é essencialmente vinculado aos efeitos da presença:

> O sentimento considera somente o presente; a razão considera o futuro e a seqüência dos tempos. E, por causa disso, como o presente enche mais a imaginação, a razão em geral é vencida; mas, depois que a força da eloqüência e da persuasão fizeram as coisas distantes e futuras parecerem presentes, então a razão prevalece sobre a revolta da imaginação[8].

Bacon exprime, na linguagem filosófica de seu tempo, uma idéia próxima da nossa: a presença, fenômeno psicológico no início, torna-se um elemento essencial na argumentação.

Certos mestres de retórica, partidários de efeitos fáceis, preconizam, para emocionar o auditório, o recurso a objetos concretos, como a túnica ensangüentada de César que Antônio brande perante os romanos, como os filhos do réu que são levados perante os juízes para despertar-lhes a piedade. O objeto real deve acarretar uma adesão que sua mera descrição parece incapaz de provocar; é um auxiliar precioso, contanto que a argumentação lhe valorize os aspectos úteis. Com efeito, o real pode apresentar aspectos desfavoráveis que será difícil subtrair ao espectador; ademais, o objeto concreto poderia desviar a atenção do ouvinte numa direção que se afasta do que importa ao orador. Portanto, não se deve confundir a presença, e os esforços com vistas a aumentar o sentimento de presença, com a fidelidade ao real.

Por outro lado, como se ficaria tentado a fazer racionalizando por demais o pensamento, tampouco convém querer reduzir a presença à certeza e tratar os acontecimentos mais distantes do presente como menos importantes, porque menos prováveis. É a única solução que, segundo Lewis, permitiria tornar compatíveis com o cálculo utilitário a proximidade e o distanciamento, propostos por Bentham como uma dimensão dos prazeres[9]. Por mais anormal que seja em seu sistema, essa dimensão suplementar que Bentham introduz é, para nós que a interpretamos relativamente à presença, perfeitamente justificada, porque conforme a tendências psíquicas inegáveis.

Whately cita, num apêndice de sua *Retórica*[10], uma longa nota de Campbell relativa às condições de tempo, de lugar, de conexão e de interesse pessoal pelas quais um acontecimento nos afeta: tais condições são também as que determinam a presença. A presença não é, pois, vinculada exclusivamente à proximidade no tempo, conquanto esta constitua um elemento essencial seu. Há que observar, aliás, que o esforço para tornar presente à consciência pode referir-se não só a um objeto real, mas também a um juízo ou a todo um desenvolvimento argumentativo. Esse esforço visa, na medida do possível, fazer que se ocupe, com essa presença, todo o campo da consciência e isolá-lo, por assim dizer, do conjunto mental do ouvinte. E isso é capital. Se foi possível constatar que um silogismo bem conduzido e aceito pelo ouvinte não determina necessariamente este último a agir conformemente às conclusões, é porque as premissas, isoladas durante a demonstração, puderam esbarrar em obstáculos, depois de terem entrado no circuito mental de quem elas deveriam persuadir[11].

A importância da presença na argumentação não se expressa somente de um modo positivo; a supressão deliberada da presença constitui um fenômeno igualmente marcante e que mereceria um estudo detalhado. Daremos somente uma indicação, que nos parece essencial, sobre o caráter irreal de tudo o que não faz parte da nossa ação, não se prende às nossas convicções. Stephen Spender nota, a esse respeito, com muito acerto:

> ... quase todos os seres humanos têm uma apreensão muito intermitente da realidade. Somente um pequeno número de coisas que ilustram seus próprios interesses são reais para eles; as outras coisas que, de fato, são igualmente reais parecem-lhes abstrações... Seus amigos, porque aliados seus, são verdadeiros seres humanos... Seus adversários não passam de aborrecidas, pouco racionais, inúteis teses cujas vidas não passam de falsos juízos que você desejaria apagar com uma bala de chumbo...[12]

E, aplicando essa concepção às reações que ele experimentava, durante a guerra civil na Espanha, ante as atrocidades dos franquistas e as dos defensores da República, ele acrescenta:

> No primeiro caso, via cadáveres, no segundo, somente palavras.

No mesmo livro, a propósito de execuções que a causa justa necessitava, Koestler observa, em certo momento:

> Agora esses dois indivíduos se tornavam mais reais para mim do que a causa em cujo nome iam ser sacrificados[13].

O indivíduo que estão prestes a sacrificar ao sistema é irreal, não só em direito, porque perdeu seu estatuto ontológico, mas também de fato, porque está privado da presença. O choque se produz, seja por causa da dúvida teórica, seja quando, na situação concreta, a presença do homem que vão sacrificar já não pode ser repelida da consciência.

A noção de presença, de que nos valemos aqui e que julgamos de importância capital para a técnica da argumentação, não é uma noção filosoficamente elaborada. Uma filosofia que fizesse da presença uma pedra angular de sua constituição, como a de Buber ou de Sartre, a vincularia a uma ontologia ou a uma antropologia. Não é essa a nossa intenção. Atemo-nos ao aspecto técnico dessa noção, que leva à conclusão inevitável de que toda argumentação é seletiva. Ela escolhe os elementos e a forma de torná-los presentes. Com isso, expõe-se inevitavelmente à crítica de ser parcial e, portanto, parcial e tendenciosa. E é uma censura que se deve levar em conta quando se trata de uma argumentação que pretende ser convincente, ou seja, válida para o auditório universal. Uma argumentação tendenciosa, adotada de caso pensado, com vistas a uma posição que se favorece por interesse ou por função, deveria ser completada pela argumentação adversa, a fim de permitir um equilíbrio na apreciação dos elementos conhecidos. O juiz só decidirá depois de ter ouvido as duas partes. Mas passar dessa exigência à afirmação de que é preciso apresentar a totalidade dos elementos de informação, concedendo a cada um o lugar que lhe cabe, é supor que existe um critério que possibilita determinar quais são esses elementos relevantes e é supor que a totalidade assim definida poderia ser esgotada. Pensamos que isso é uma ilusão e que a passagem do subjetivo ao objetivo só pode ocorrer através de ampliações sucessivas, das quais nenhuma pode ser considerada a última. Quem efetuar uma nova ampliação enfatizará necessariamente o fato de que as exposições precedentes haviam procedido a uma escolha dos dados e decerto conseguirá mostrá-lo com relativa facilidade. Cumpre acrescentar que nas ciências humanas, como nas ciências da natureza, essa escolha não é, aliás, somente seleção, mas também construção e interpretação[14].

Toda argumentação supõe, portanto, uma escolha, que consiste não só na seleção dos elementos que são utilizados, mas também na técnica da apresentação destes. As questões de forma se mesclam com questões de fundo para realizar a presença. Dadas as necessidades da exposição, nós as trataremos sucessivamente[15].

§ 30. A interpretação dos dados

A utilização dos dados tendo em vista a argumentação não pode ser feita sem uma elaboração conceitual que lhes confira um sentido e os torne relevantes para o seguimento do discurso. São os aspectos dessa elaboração – dessa formalização – que fornecem um dos ângulos pelos quais se pode apreender melhor o que distingue uma argumentação de uma demonstração.

Toda demonstração exige a univocidade dos elementos nos quais ela se fundamenta. Presume-se que estes últimos são compreendidos por todos da mesma forma, graças a meios de conhecimento que se supõem intersubjetivos, e, se não for esse o caso, reduz-se artificialmente o objeto do raciocínio aos únicos elementos cuja ambigüidade parece, de fato, excluída. Ou o dado é apresentado imediatamente como claro e significativo, numa concepção racionalista da dedução, ou também só há interesse pelas meras formas dos signos que se presume serem percebidas por todos do mesmo modo, sem que a manipulação destes últimos se preste a equívocos; esta é a concepção dos formalistas modernos. Em todos esses casos, a interpretação não levanta nenhum problema ou, pelo menos, os problemas por ela levantados são eliminados da teoria. Não se dá o mesmo quando se trata de argumentação.

O estudo da argumentação nos obriga, de fato, a levar em conta não só a seleção dos dados, mas igualmente o modo como são interpretados, o significado que se escolheu atribuir-lhes. É na medida em que ela constitui uma escolha, consciente ou inconsciente, entre vários modos de significação, que a interpretação pode ser distinguida dos dados que interpretamos e oposta a estes. Isto evidentemente não quer dizer que aderimos a uma metafísica que separaria os dados imediatos e irredutíveis das construções teóricas elaboradas a partir deles. Se devêssemos adotar uma posição metafísica, estaríamos inclinados, antes, a admitir a existência de um vínculo indissolúvel entre a teoria e a experiência, tal como expressa o princípio de dualidade de F. Gonseth[16]. Mas, por ora, nossas pretensões são mais limitadas. Queremos somente insistir no fato de que os dados constituem, na prática argumentativa, elementos sobre os quais parece existir um acordo considerado, pelo menos de um modo provisório ou convencional, unívoco e fora de discussão. A esses dados será oposta, de um modo consciente, a interpretação deles, quando esta se mostrar uma escolha entre significados que não parecem formar um todo, por assim dizer, com o que interpretam. É justamente quando interpretações incompatíveis fazem-nos hesitar sobre a maneira de conceber o dado que o problema da interpretação coloca com força; ele passa para o último plano assim que, tendo uma das interpretações parecido ser a mais adequada, apenas ela fica presente na consciência.

O problema que nos preocupa somente aparecerá em toda a sua amplidão a quem se aperceber de que a interpretação não consiste apenas na escolha, num plano bem definido, entre interpretações que parecem incompatíveis – quando nos perguntamos, por exemplo, se é o trem em que estamos ou o trem vizinho que acaba de pôr-se em movimento –, mas também na escolha do plano que será objeto do esforço de interpretação. Um mesmo processo pode ser descrito, na verdade, como o fato de apertar um parafuso, de montar um veículo, de ganhar a vida, de favorecer o fluxo de exportações[17]. Por outro lado, um ato pode ser considerado em si, circunscrito tanto quanto possível, analisado por seu aspecto mais contingente e isolado da situação. Mas pode também ser interpretado como símbolo, como meio, como precedente, como ponto de referência numa direção. Quer apresentem o fenômeno neste ou naquele nível de abstração, quer o vinculem a uma situação de conjunto – e notemos, a esse respeito, que a interpretação pode ser, não mera seleção, mas também criação, invenção de significações –, essas diversas interpretações nem sempre são incompatíveis, mas o destaque de uma delas, o lugar que ela ocupa no primeiro plano da consciência, amiúde recua as outras para a sombra. O essencial de grande número de argumentações resulta desse jogo de inumeráveis interpretações e da luta para impor algumas delas, suprimir outras.

A infinita complexidade das interpretações, sua mobilidade e sua interação explicam suficientemente a impossibilidade de reduzir todos os enunciados a proposições cuja probabilidade numérica possa ser determinada. Mesmo que um aumento de nossos conhecimentos permita especificar essas probabilidades, isso só ocorre se permanecermos no âmbito de uma interpretação determinada. Convencionalmente nada se opõe a isso, mas também nada poderá impedir que uma nova interpretação seja aventada ou sugerida implicitamente. As possibilidades de interpretação parecem inesgotáveis.

Por vezes, o esforço daqueles que argumentam não visa tanto impor uma determinada interpretação como mostrar a ambigüidade da situação e as diversas maneiras de compreendê-la. O fato de conceder sua preferência a uma certa interpretação ou mesmo o de crer na existência de uma única interpretação válida podem ser reveladores de um sistema particular de crenças ou até de uma concepção do mundo. Pode-se, de fato, postular a unicidade de interpretação não só num caso determinado, mas também como regra geral. Para Pascal, o que nos impede de reconhecer as verdades é a nossa vontade corrompida[18]; nessa concepção não se concebe justificação racional possível para uma multiplicidade de interpretações. Os antigos haviam qualificado de *cor* as interpretações favoráveis a um partido; esse termo tem entre eles um sentido pejorativo, que se deve ao fato de se admitir que há uma verdade dos fatos, conhecida pelo advogado e da qual a cor seria uma alteração[19].

Entre os antigos, sejam eles filósofos, juristas ou teólogos, a interpretação concerne normalmente a textos; foram sobretudo os psicólogos modernos que insistiram na ubiqüidade da interpretação, a qual não está ausente sequer do nível da percepção[20]. Para dissipar um pouco as confusões que esses usos múltiplos da noção de interpretação não deixariam de provocar, sugerimos uma distinção – que parece essencial, numa teoria da argumentação – entre a interpretação de *signos* e a de *indícios*. Entendemos por *signos* todos os fenômenos suscetíveis de evocar outro fenômeno, na medida em que são utilizados num ato de comunicação, com vistas a essa evocação. Sejam eles lingüísticos ou não, o importante, para nós, é a intenção de comunicar que os caracteriza. O *indício*, em contrapartida, permite evocar outro fenômeno, de uma forma por assim dizer objetiva, independentemente de qualquer intencionalidade. O mesmo ato, o de fechar uma janela, pode ser, conforme o caso, signo convencionado ou indício de que alguém está com frio. A ordem "saiam!" pode ser simultaneamente interpretada não só como um convite a sair dirigido a alguém, mas também como um indício da cólera de quem a profere. Nossa distinção, que se pode aproximar daquela de Jaspers, entre expressão e sintoma[21], dela difere, entretanto, por ser estritamente técnica. Com efeito, a interpretação como signo ou como indício levanta problemas distintos, conquanto essas duas espécies de interpretação estejam às vezes inextricavelmente enredadas.

§ 31. A interpretação do discurso e seus problemas

Nossas considerações puseram em evidência a ambigüidade do dado argumentativo que se deve interpretar, bem como a multiplicidade dos aspectos, em constante interação, pelos quais ele se presta à interpretação. Os estudos atuais sobre a linguagem como meio de comunicação são dominados pelos problemas levantados pela interpretação. Nunca causou tanta admiração, como na época contemporânea, que se pudesse comunicar a outrem algo que tivesse, para o ouvinte, um significado previsível. Não mais se considerou a incompreensão, o erro de interpretação, como um acidente evitável, e sim como a própria condição da linguagem. Não mais distinguiram a letra e o espírito somente para opô-los, para sustentar o direito a interpretar de modo diferente do que a letra autoriza; viram na própria letra uma miragem que se dissolvia, por assim dizer, entre as interpretações possíveis. Desde então assistimos a um esforço para encontrar regras que permitam limitar as demasiado amplas possibilidades de interpretação teoricamente admissíveis.

Ninguém trabalhou para isso com mais paixão do que I. A. Richards. Para ele, a retórica não é essencialmente ligada, como para nós, à argumentação; ela é, como para Jean Paulhan, estudo da expressão, porém, mais especialmente ainda, da interpretação lingüística; a retórica deveria ser, segundo ele, o estudo do mal-entendido e das maneiras de saná-lo[22].

Depois de ter libertado o pensamento do suposto sentido único das palavras, Richards propõe uma técnica de interpretação. Ela consiste em buscar um sentido próximo daquele que o orador atribuiria a suas próprias palavras se ele próprio pudesse observar seu discurso[23]. O ouvinte encontra esse sentido ao buscar "o que lhe dá satisfação"[24], critério aplicável porque autor e ouvinte têm em comum tanto experiências como modos de reagir. A justa interpretação de uma expressão seria, portanto, a que o autor poderia aprovar, levando-se em conta o contexto.

É sempre o contexto, diz-nos Richards, que atribui a uma palavra sua função e é somente pelo contexto que podemos descobrir o que ela desempenha[25]. Mas quais elementos da situação esse contexto – que não poderia ser puramente verbal – engloba? Quando a criança grita que viu o lobo pela décima vez e já não chama a atenção, apesar do perigo real que, agora, a ameaça, é porque a interpretação de seus gritos foi determinada pelo conjunto da situação, da qual os apelos anteriores também fazem parte. A criança não deseja essa extensão do contexto. Em outros casos, em contrapartida, o próprio autor se empenha para que certos elementos sejam nele englobados. Um autor de teatro dará como âmbito ao seu diálogo o alojamento de um porteiro, outro, o mundo natural e sobrenatural inteiro[26].

Todo autor deve poder contar com a boa vontade do intérprete[27]; este estará tanto mais disposto ao esforço quanto mais prestigioso for o texto. Mas não se corre o risco, por isso mesmo, de impor ao autor uma interpretação que dependerá das convicções próprias do leitor? Quando o crente interpreta uma passagem da Bíblia, supõe que o texto é não só coerente, mas ainda verídico. Como diz Pascal: "Mesmo quando a palavra de Deus, que é veraz, é falsa literalmente, é verdadeira espiritualmente...[28]" Mas aquele que decidiu nada rejeitar da Escritura só poderá interpretá-la de acordo com verdades às quais adere previamente. Se bem que numa medida menor, desde que o autor goza de certo crédito, a boa vontade na interpretação de seu texto não é independente daquilo que o intérprete admite, pois que ele deve incorporar o que o autor traz às suas próprias convicções. Ora, as teses admitidas podem variar conforme os intérpretes. Por conseguinte, toda regra pretensamente interna de interpretação, tal como a coerência, é infalivelmente acompanhada de critérios vindos do intérprete. Rejeitar as interpretações incoerentes é, *a priori*, recomendável, mas essa preocupação não nos fornece uma regra de conduta suficiente para nos guiar, em cada caso, para a interpretação que seria objetivamente a melhor.

Se a interpretação de um texto deve traduzir o conjunto das intenções do autor, há que se levar em conta o fato de o texto comportar em geral uma argumentação implícita, que constitui o seu essencial. Por exemplo, quando Isócrates faz o filho de Alcibíades dizer:

> Todos sabem, de fato, que os mesmos homens causaram a destruição da democracia e o banimento de meu pai[29].

trata-se de fatos verificáveis, mas essas palavras significam: o banimento de meu pai constitui um ato político tão condenável quanto a destruição da democracia. Todo o sentido da frase está na argumentação implícita que deve conduzir a esta última conclusão. Conquanto o enunciado não pareça concernir senão a fatos, o que ele sugere é uma apreciação. Ora, a distinção entre o que é dito e o que não passa de construção acrescentada posteriormente e sujeita a controvérsia depende do acordo ou do desacordo concernente à interpretação. Assim como a escolha, efetuada pelo orador, de uma interpretação dos fatos só se distingue dela quando outra interpretação se mostra possível, assim também a interpretação do texto vem acrescentar-se posteriormente a este último como um elemento distinto, quando há razões de distingui-la.

Além dos casos, que podemos excluir *a priori*, em que a ambigüidade de um texto é intencional e em que todo esforço para torná-lo unívoco resulta de uma incompreensão, é raro que, numa linguagem não formalizada, o texto pareça, aos olhos de todos, absolutamente claro. O mais das vezes a impressão de clareza, vinculada à univocidade, resulta da ignorância ou de uma falta de imaginação. É o que Locke notou muito bem, quando escreve:

> Mais de um homem que, à primeira leitura, acreditara compreender uma passagem da Escritura ou uma cláusula do Código perdeu totalmente a inteligência delas, após ter consultado comentadores cujas elucidações aumentaram-lhe as dúvidas, ou as originaram, e mergulharam o texto na obscuridade[30].

A clareza de um texto é condicionada pelas possibilidades de interpretação que ele apresenta. Mas, para que a atenção seja atraída pela existência de interpretações não-equivalentes, é preciso que as conseqüências decorrentes de uma delas difiram, de certo modo, das decorrentes de uma outra; ora, é possível que a divergência venha a ser percebida apenas num contexto particular. A clareza de um texto, ou de uma noção, jamais pode, pois, estar absolutamente assegurada, a não ser convencionalmente, limitando-se voluntariamente o contexto no qual convém interpretá-lo. Portanto, a necessidade de interpretar se apresenta como a regra, e a eliminação de toda interpretação constitui uma situação excepcional e artificial.

§ 32. A escolha das qualificações

A organização dos dados com vistas à argumentação consiste não só na interpretação deles, no significado que se lhes concede, mas também na apresentação de certos aspectos desses dados, graças aos acordos subjacentes na linguagem que é utilizada.

Essa escolha se manifesta da forma mais aparente pelo uso do *epíteto*. Este resulta da seleção visível de uma qualidade que se enfatiza e que deve completar nosso conhecimento do objeto. Esse epíteto é utilizado sem justificação, porque se presume que enuncia fatos incontestáveis; apenas a escolha desses fatos parecerá tendenciosa. É permitido chamar a Revolução Francesa de "aquela sangrenta revolução", mas não é a única maneira de qualificá-la e outros epítetos também poderiam perfeitamente ser escolhidos. O papel argumentativo dos epítetos é percebido com maior clareza quando duas qualificações simétricas e de valor oposto parecem igualmente possíveis: qualificar Orestes de "assassino de sua mãe" ou de "vingador de seu pai", dizer de uma mula "filha de jumento" ou "filha de corcel de patas rápidas"[31], é escolher nitidamente um ponto de vista cujo caráter tendencioso se percebe porque se vê imediatamente como se poderia corrigi-lo. Mas nem todos os epítetos se apresentam como uma escolha entre dois pontos de vista que exigem, por assim dizer, ser completados um pelo outro; o mais das vezes os aspectos de uma realidade se situam em planos diferentes, e uma visão mais completa do real tem de consistir numa multiplicação progressiva de aspectos para os quais se chama a atenção.

Se, quando da escolha de um epíteto, o aspecto tendencioso da apresentação fica facilmente detectável, o mesmo não ocorre quando se trata da simples inserção de um ser numa classe e de sua designação por essa qualificação mesma[32]. Quando se designa alguém pelas palavras "o assassino", a escolha não aparece tão nitidamente como na expressão "Orestes, o assassino", porque a escolha parece confundir-se com o próprio uso das noções[33]. Mas, na verdade, as classificações existentes que se utilizam na qualificação são numerosas, não sendo possível qualificar sem escolher, ao mesmo tempo, a classificação à qual se concederá a preeminência. Tal escolha raramente é desprovida de intenção argumentativa. Com efeito, as classes são caracterizadas não só por características comuns aos seus membros, mas ainda, e às vezes sobretudo, pela atitude adotada a seu respeito, pela maneira de julgá-las e de tratá-las. As diversas legislações regulamentam essa relação: declarar de alguém que cometeu um roubo é também determinar as penas de que é passível. Dizer de alguém que sofre de tal doença já é prejulgar, pelo menos parcialmente, o tratamento a que o submeterão.

Assim, todo pensamento conceitual se insere em contextos totalmente formados[34], os quais cumpre utilizar e organizar em função das necessidades da ação sobre outrem.

Não só a argumentação concreta implica a existência de classificações, mas às vezes até nos apoiamos nestas últimas para desqualificar o que nelas não se insere e parece, por essa razão, defeituoso. Os marxistas classificam todas as filosofias como materialistas ou idealistas; por conseguinte, os metafísicos que não se enfileiram em nenhuma das duas categorias serão acusados de falta de coragem[35].

Essas classificações podem ser combatidas, modificadas e adaptadas; porém, mais amiúde, contentar-se-ão em oporlhes outras classificações, julgadas mais importantes, mais interessantes ou mais fecundas. Em vez de separar os indivíduos em pobres e ricos, basta pôr no primeiro plano a oposição entre negros e brancos, para que o branco pobre se sinta valorizado. "Da mesma forma", diz-nos S. de Beauvoir, "o mais medíocre dos varões se crê, em face das mulheres, um semideus."[36] Uma classificação dominante, para a qual se dirige a atenção, deixa na sombra as outras classificações e as conseqüências que elas comportariam.

Assim é que, diz-nos ainda S. de Beauvoir,

> uma fé sincera ajuda muito a menina a evitar todo complexo de inferioridade: ela não é macho nem fêmea, mas uma criatura de Deus[37].

Santo Tomás servir-se-á de um procedimento análogo, para sugerir a superioridade do conhecimento relativo à salvação sobre o conhecimento dos fenômenos sensíveis; ele convida o homem, diz-nos Gilson, a voltar seus olhares de preferência para outro domínio que não é meramente o do homem, mas o dos filhos de Deus[38].

Não só o substantivo comum e o adjetivo, mas também o substantivo próprio pode ser utilizado para operar essa mudança de ponto de vista. Quando, por exemplo, depois do desastre dos exércitos ingleses na Holanda, Pitt pergunta ao Parlamento "se não era uma imensa vantagem para a Europa em geral que a Holanda não tivesse sido anexada sem luta à França"[39] ele modifica a apreciação dos acontecimentos, vinculando o desastre, não mais ao grupo restrito que é a Holanda, nem à Inglaterra, cujos interesses ele não ousaria questionar exclusivamente, mas a uma noção que engloba ambas e fornece certo consolo à vítima, tornando sua sorte solidária de um continente cuja derrota está longe de estar consumada.

As qualificações apresentam às vezes um caráter tão inesperado que nelas se veria antes uma figura do que uma escolha. O importante é ver o que a torna uma figura argumentativa[40]. É a forma classificatória, que produz um efeito surpreendente. Eis um exemplo tirado de Bossuet:

> Nestes estados deploráveis [de miséria pública] pode-se pensar em ornar o corpo; e não se tremerá por trazer em si a subsistência, a vida, o patrimônio dos pobres?[41]

Os ornamentos são qualificados, pura e simplesmente, de subsistência do pobre: a forma classificatória considera adquirido aquilo a que justamente tende o sermão de Bossuet.

A qualificação, a inserção numa classe, pode exprimir-se não pelo emprego de uma noção já elaborada, mas pelo uso de uma conjunção de coordenação, como "e", "ou", "nem". Tomaremos dois exemplos, num mesmo volume de

Gide, onde ele começa por insurgir-se contra um procedimento, que não hesita em utilizar algumas páginas mais adiante:

> E nem sequer vos falaria dele [do livro de Stirner], cara Angèle, se, com um procedimento digno das *leis celeradas*, algumas pessoas não quisessem agora ligar a sorte de Nietzsche à de Stirner, julgar um com o outro para englobar melhor a ambos numa admiração ou numa reprovação mais fácil. ... indignai-vos pura e simplesmente ao ouvir dizer: "Stirner e Nietzsche", como o próprio Nietzsche se indignava ao ouvir dizer: "Goethe *e* Schiller"[42].

O próprio Gide logo aplica a detestada técnica:

> Pode-se amar e não compreender a Bíblia, amar ou não compreender as Mil e uma noites, mas, com vossa licença, dividirei a multidão dos pensantes em duas classes, por causa de duas formas inconciliáveis de espírito: os que diante desses dois livros se emocionam; os que diante desses livros ficam e ficarão fechados[43].

Aqui não há conjunção "e" expressa, mas é como se houvesse; os dois livros são inseridos numa mesma classe perante a qual a reação será idêntica. Aqui também há homogeneização e, com isso, igualização dos valores. Em nenhum dos dois casos há argumentação em favor dessa igualização. Mas há apresentação dos dois termos, como se sua inserção numa mesma classe fosse óbvia, e formação de uma classe *ad hoc* pela reunião dos dois termos num plano de igualdade. Esse processo de qualificação por coordenação pode aplicar-se a qualquer objeto. Basta, para consegui-lo, tratar esses objetos da mesma maneira. Os autores humorísticos, os criadores de utopias, em geral, conseguem produzir um efeito cômico tratando da mesma forma comportamentos regidos por convenções sociais e outros que não o são em absoluto.

Semelhante tratamento não redunda necessariamente na formação de classes tecnicamente elaboradas. O mais das vezes nenhuma noção permitirá designá-los: basta que os indivíduos assim justapostos e formando classe reajam uns sobre os outros na mente do ouvinte, e é assim que essa técnica adquire valor argumentativo. Entretanto, não é indiferente que a inserção numa classe seja feita ou não pelo emprego de uma qualificação. A noção que é utilizada desempenha com freqüência um papel essencial, ainda que seja por causa do matiz de elogio ou de censura a ela ligada. Já vimos que o uso tendencioso de qualificações como "tirano" ou "pirata" foi condenado por Bentham sob o nome de "petição de princípio numa única palavra"[44]. Esse papel das funções nos leva a considerar a escolha sob seu aspecto talvez mais profundo, ou seja, o mais insidioso e também o mais inelutável.

§ 33. Sobre o uso das noções

A qualificação dos dados e sua inserção nas classes constituem os dois aspectos de uma mesma atividade, focalizada ora como compreensão, ora como extensão; é ela a aplicação das noções ao objeto do discurso. Essas noções, enquanto seu emprego não suscita dificuldades, apresentam-se igualmente como dados nos quais se crê poder confiar, e nos quais se confia, de fato, eficazmente. Mas a natureza desse acordo, a consciência de sua precariedade, de seus limites e, também, das possibilidades argumentativas que contém podem ser interpretados diversamente.

A passagem unívoca da palavra à idéia que ela representaria é, aos olhos dos antigos teóricos, um fenômeno decorrente do uso adequado da linguagem. Supõe-se, ademais, que essa idéia pode ser determinada com precisão pelo recurso a outras idéias, elas próprias expressas por termos unívocos, ou que ela pode ser objeto de uma intuição racional[45]. Faz séculos que a linguagem artificial dos matemáticos fornece, a muitas pessoas de tino, um ideal de clareza e de univocidade que as línguas naturais, menos elaboradas, deveriam empenhar-se em imitar. Nessa perspectiva, consideram-se imperfeições toda ambigüidade, toda obscuridade, toda confusão, elimináveis não só em princípio, mas ainda de fato. A univocidade e a precisão de seus termos fariam da linguagem científica o melhor instrumento para as funções de demonstração e de verificação, e são essas características que se queria impor a toda linguagem.

Mas todas as funções da linguagem estão ligadas do mesmo modo a essas qualidades – e pode-se acaso dizer que a linguagem científica é realmente isenta de qualquer ambigüidade? Uma discussão que se travou, em conseqüência de um artigo de M. Black[46], numa revista dedicada à filosofia das ciências[47], permite a A. Benjamim chegar à conclusão de que as idéias vagas são parte integrante da ciência e que toda teoria da significação que as nega não é uma teoria da ciência[48].

Como explicar essa reviravolta? Ela resulta, ao que parece, do fato de se ter reconhecido que uma noção só pode ser considerada unívoca se seu campo de aplicação for inteiramente determinado, o que só é possível num sistema formal do qual se pôde eliminar qualquer imprevisto: a noção de "bispo" no jogo de xadrez satisfaz a essa condição. Mas não se dá o mesmo quando se trata de noções elaboradas no seio de um sistema científico ou jurídico, que devem aplicar-se a acontecimentos futuros cuja natureza nem sempre pode ser completamente especificada. É por levar em conta essa situação que F. Waismann, num notável artigo, pede-nos que abandonemos a idéia de que as noções cientificamente utilizáveis possam ser reduzidas a *sense-data*, pois o uso delas pressupõe uma estruturação adaptável às exigências de uma experiência futura:

> Por exemplo, escreve ele, definimos o ouro contrastando-o com outros metais, tais como as ligas. Isto basta para as nossas necessidades atuais e não buscamos mais adiante. Temos a tendência de *menosprezar* o fato de que sempre há outras direções nas quais o conceito não foi definido. E, se o fizéssemos, poderíamos facilmente imaginar condições que poderiam necessitar de novas limitações. Em suma, não é possível definir um conceito como o ouro com absoluta precisão, ou seja, de tal maneira que todo recôndito e toda fissura ficassem bloqueados contra a entrada da dúvida[49].

Na medida em que as experiências futuras e a maneira de examiná-las não são inteiramente previsíveis, é indispensável conceber os termos mais bem especificados como que cercados de uma margem de indeterminação suficiente para que possam aplicar-se ao real. Uma noção perfeitamente clara é aquela cujos casos de aplicação são todos conhecidos e que não admite, portanto, novo uso, que seria um uso imprevisto[50]; apenas um conhecimento divino ou convencionalmente limitado é adequado a tal exigência.

Por essas razões, não é possível, como sugere Bobbio, aproximar o rigor do direito ao das matemáticas[51] nem, como propõe Kelsen, ver no direito apenas uma ordem fechada[52]. Com efeito, o juiz não pode, a exemplo do lógico formalista, limitar, de uma vez por todas, o campo de aplicação de seu sistema. Ele arrisca-se a tornar-se culpado de negativa de prestação jurisdicional, se se recusar a julgar "sob pretexto do silêncio, da obscuridade ou da insuficiência da lei" (art. 4 do Código Napoleão). Ele deve, a cada vez, poder julgar se a disposição legal invocada é ou não é aplicável à situação, mesmo que esta última não tenha sido prevista pelo legislador: isto o obriga a tomar uma decisão motivada quanto à maneira pela qual ele especificará uma ou outra categoria jurídica[53].

Quando o uso das noções não está formalizado, a aplicação destas levanta, pois, problemas relativos à organização e à precisão dos conceitos. Tais problemas são tanto mais inevitáveis quanto mais vagas e mais confusas são as noções empregadas. É este o caso, mais particularmente, das noções que, explícita ou implicitamente, se referem a conjuntos indeterminados, tais como as expressões negativas, do tipo "o que não é vivo", "os que não pagam impostos". É este o caso mormente das noções confusas, tal como a noção de *justiça*[54], que só poderão ser especificadas e aplicadas se escolhermos e pusermos em evidência alguns de seus aspectos, incompatíveis com outros, ou ainda noções como a de *mérito*, cujo uso só se concebe em função da sua própria confusão. Trata-se de avaliar referindo-se, a um só tempo, ao sujeito atuante e ao resultado obtido[55].

A utilização das noções de uma língua viva apresenta-se, assim, com muita freqüência, não mais como mera escolha de dados aplicáveis a outros dados, mas como construção de teorias e interpretação do real graças às noções que eles permitem elaborar. Há mais. A linguagem não é somente meio de comunicação, é também instrumento de ação sobre as mentes, meio de persuasão. Ora, ainda não se evidenciou suficientemente a influência das necessidades da argumentação sobre a maleabilidade das noções[56]. Notadamente no tocante às noções fundamentais da moral e da filosofia, apenas a argumentação e a controvérsia possibilitam explicar por que as matizamos, por que introduzimos distinções que mostram a ambigüidade do que fora considerado claro anteriormente. E é justamente porque as noções utilizadas na argumentação não são unívocas e seu sentido não é fixado *ne varietur* que as conclusões de uma argumentação não são coercivas.

Os valores aceitos pelo auditório, o prestígio do orador, a própria língua de que se serve, todos esses elementos ficam em constante interação quando se trata de ganhar a adesão dos espíritos. A lógica formal eliminou todos esses problemas de sua técnica demonstrativa, graças a um conjunto de convenções perfeitamente fundados num campo do saber puramente técnico. Mas seria cegar-se e desconhecer certos aspectos fundamentais do pensamento humano ignorar a influência que as necessidades de decisão e de ação exercem sobre a linguagem e sobre o pensamento.

§ 34. Aclaramento e obscurecimento das noções

A necessidade de uma linguagem unívoca, que domine o pensamento científico, fez da clareza das noções um ideal que, crê-se, sempre se deva procurar realizar, esquecendo-se que esta mesma clareza pode ser um obstáculo a outras funções da linguagem[57]. Aliás, é em razão desse ideal que alguns se ocuparam, tecnicamente, em realizar esse aclaramento das noções e, teoricamente, em descrevê-la, não se ocupando das ocasiões e usos que provocam seu obscurecimento, do mesmo modo que, num jardim bem cuidado, ninguém se preocupa com o modo como crescem as ervas daninhas, contentando-se em arrancá-las. Acreditamos, ao contrário, que o uso das noções e a regulamentação deste de acordo com as necessidades devem fazer-nos compreender, a um só tempo, como as noções se aclaram, se obscurecem, e como às vezes o aclaramento de umas pode acarretar o obscurecimento das outras.

Acabamos de ver que uma noção não pode ser perfeitamente clara senão no seio de um sistema formal. Assim que certas experiências são relacionadas com um sistema formal que deveria permitir descrevê-las e prevê-las, já se introduz certa indeterminação pelo fato de não ser dito, *a priori*, como essa integração da experiência será realizada. Uma vez realizada a integração, o sistema em questão comportará, além das regras formais, regras semânticas referentes à interpretação dos signos, à sua aplicação a um aspecto determinado do real, considerado modelo do sistema projetado. Daí resulta que, fora de um puro formalismo, as noções só podem ficar claras e unívocas em relação a uma área de aplicação conhecida e determinada. Uma mesma noção, como a de número, cujo uso é perfeitamente unívoco num sistema formal, deixará de ter essa limpidez quando empregada em ontologia. Inversamente, uma noção eminentemente confusa, como a de liberdade, pode ter alguns de seus usos aclarados num sistema jurídico em que o estatuto dos homens livres é definido em comparação com o dos escravos. Mas notemos de imediato que o acordo sobre certos usos claros de uma noção confusa, embora prestando inegáveis serviços num campo determinado, será inutilizável na maioria dos casos em que a noção confusa era empregada antes. É isso que resulta nitidamente de uma análise como a empreendida por Dupréel sobre a noção de mérito[58].

Salvador de Madariaga lembra-nos, a esse respeito, o que fora dito com freqüência dos ingleses:

> O sentido da complexidade da vida, que torna o pensamento inglês concreto, torna-o também vago.

e, mais adiante

> O caráter complexo e vital do pensamento inglês requer, pois, como norma, algo mais complicado e, ao mesmo tempo, mais elástico do que a razão. Esta norma é a sabedoria[59].

Há que notar, entretanto, que esse uso vago das noções se completa com a especificação de situações tradicionalmente regulamentadas em que a utilização dessas mesmas noções é especificada ao máximo.

Mas uma noção confusa não pode ser esmiuçada pela enumeração de seus casos de aplicação. Isso também significa que ela não pode ser eliminada de nossas preocupações pela crítica sucessiva de uma série de seus aspectos: não basta mostrar que todas as formas de justiça, de liberdade, de sabedoria que analisamos são um logro para desvalorizar definitivamente essas noções.

Quando o sistema de referência delas não é indicado e não pode ser suprido de uma maneira unívoca ou, mesmo, quando estão integradas em sistemas ideológicos muito diferentes uns dos outros, as noções confusas permitem a cristalização de um esforço de boa vontade global; mas sua aplicação particular tendo por finalidade uma ação combinada necessitará, a cada vez, de acertos apropriados. Assim é que a adoção da declaração universal dos direitos do homem por partidários de ideologias muito diferentes permitiu, como o diz J. Maritain, chegar a normas práticas que, "diversamente justificadas por cada qual, são para uns e outros princípios de ação analogicamente comuns"[60]. Apenas o uso de noções confusas, compreendidas e interpretadas por cada qual segundo seus próprios valores, permitiu esse acordo, cujo principal mérito é favorecer um diálogo posterior. O dia em que terceiros, juízes ou árbitros, forem designados para dirimir conflitos, com base na carta adotada, a interpretação variável de cada um dos signatários contará menos do que o próprio fato de haver aceito o texto cuja interpretação não é unívoca, o que aumentará na mesma proporção o poder de apreciação dos juízes.

Como o sentido das noções depende dos sistemas nos quais são utilizadas, para mudar o sentido de uma noção basta inseri-la num novo contexto e, notadamente, integrá-la em novos raciocínios. É o que observa sagazmente Kenneth Burke a propósito das provas cartesianas da existência de Deus:

> Um dos editores de Descartes, John Veitch, disse que quando este punha em dúvida um velho dogma, em vez de atacá-lo de frente, visava "solapar-lhe os fundamentos". E desembaraçava-se dos princípios tradicionais "não tanto atacando-os diretamente quanto substituindo-os por novas provas e premissas". Veitch cita também um defensor de Descartes

> que diz ironicamente que seus inimigos o chamavam de ateu "provavelmente porque ele dera novas provas da existência de Deus!" Mas essas novas provas eram, de fato, novas determinações de Deus. Por isso, mudavam sutilmente a natureza de "Deus" como termo de motivação...[61]

Cada vez que se apresenta como elemento de um sistema bem estruturado uma noção tradicionalmente confusa, o leitor pode ter a impressão de que acabam de expressar o que ele sempre pensou, se ele mesmo não possuísse um contexto suficientemente preciso capaz de fornecer a essa noção algumas de suas determinações. Mas se tal contexto existir o leitor crerá de preferência na traição, como é o caso dos escolásticos indignados pelas ousadias de um Descartes.

As noções confusas deixam aquele que as utiliza diante de dificuldades que, para serem resolvidas, requerem uma organização dos conceitos, uma decisão concernente à maneira de compreendê-las num caso dado. Essa decisão, uma vez admitida, terá o efeito de aclarar a noção em alguns de seus usos, nos quais ela poderá desempenhar o papel de noção técnica. Uma noção parece suficientemente clara enquanto não se vêem situações em que ela se prestaria a interpretações divergentes. Quando surge uma situação assim, a noção se obscurece, mas, depois de uma decisão que regulamenta sua aplicação unívoca, ela parecerá mais clara do que antes, *contanto que essa decisão seja unanimemente admitida*, se não por todos, pelo menos por todos os membros de um grupo especializado, científico ou jurídico.

As noções têm tanto mais possibilidades de serem obscurecidas quanto mais as proposições nas quais estão inseridas parecerem difíceis de rejeitar, seja porque confirmam certos valores universais, seja porque são obrigatoriamente válidas, como textos sagrados ou prescrições legais. Todo o empenho tem, de fato, de centrar-se na interpretação dessas proposições.

Lembremos, a esse respeito, um pensamento de La Bruyère:

> Os agonizantes que falam em seus testamentos podem esperar ser ouvidos como oráculos: cada qual procura utilizá-los em proveito próprio e os interpreta à sua maneira, quero dizer, conforme seus desejos ou seus interesses[62].

Os móbeis que levam a interpretações variadas podem ser mais nobres do que os citados por La Bruyère. Pode tratar-se, no caso do teólogo, de uma preocupação com a coerência, no caso de um juiz, de uma preocupação com a eqüidade; o que nos importa é assinalar as circunstâncias em que há risco de ocorrerem interpretações variadas que contribuem para o obscurecimento das noções.

As noções se obscurecem igualmente em conseqüência das confusões que situações novas podem introduzir nas relações aceitas entre os diferentes aspectos das noções. Se certos seres se comportam de um determinado modo, será feita normalmente uma ligação entre sua natureza e seu comportamento: este último será considerado a expressão da essência deles. O mesmo adjetivo virá a expressar, de uma forma indiscernível e ambígua, uma determinação no espaço ou no tempo, o fato de pertencer a um partido e uma forma de manifestar-se: europeu, medieval, liberal qualificam uma cultura, uma arte, uma política, por suas determinações e pela natureza de suas manifestações. Se estas últimas acabam não coincidindo mais, se a cultura européia se espalha nos outros continentes, se as igrejas góticas são construídas no século XX, se membros de outros partidos aderem a uma política liberal ou se, inversamente, habitantes da Europa se deixam influenciar pela cultura da Índia, se encontramos, na Idade Média, manifestações de arte clássica e se membros do partido liberal preconizam medidas socialistas, as noções se obscurecem e perguntamo-nos se não é o caso de procurar, de novo, um critério que permita a aplicação unívoca delas.

Ademais, como o uso das noções é vinculado às suas conseqüências práticas, a modificação dessas conseqüências acarreta, por efeito indireto, reações quanto ao seu uso. Na Bélgica, grande número de medidas legais foram editadas depois de 1939, com o preceito de que o respectivo termo final corresponderia à "volta do exército ao estado de paz", o que seria estabelecido por decreto real. Em 1947, dois anos após o fim das hostilidades, quando fazia muito tempo que o exército belga fora desmobilizado, esse decreto real ainda não fora promulgado. Como explicava M. Lilar, ministro da Justiça na época,

> Se a volta do exército ao estado de paz ainda não foi realizada até agora, isso se deve exclusivamente a dificuldades de ordem jurídica. Com efeito, essa volta do exército ao estado de paz é um ato de considerável alcance jurídico, que necessita a revisão, texto por texto, de toda a legislação de guerra, notadamente de todos os decretos-leis oriundos dos poderes extraordinários de 20 de março de 1945 e invalidados pelo fato da volta do exército ao estado de paz[63].

O limite de validade dos poderes especiais, em virtude dos quais foram tomadas algumas medidas, fora fixado de uma maneira mais precisa referindo-se a um fato determinado, a volta do exército ao estado de paz, do que o teria sido pela simples menção do "retorno a condições normais de vida". Mas o uso da noção de "volta do exército ao estado de paz" não deixava de reagir sobre ela: suficientemente clara antes, ela se obscurecia com a solidariedade estabelecida entre ela e o conjunto de suas conseqüências jurídicas.

Todo uso analógico ou metafórico de uma noção a obscurece. Com efeito, para que haja uso analógico, é preciso que a noção seja aplicada a outro domínio que não o seu campo normal de aplicação e, portanto, esse uso não pode ser regulamentado e especificado[64]. Os usos futuros guardarão, queira-se ou não, desse uso analógico, um traço que, não sendo necessariamente o mesmo entre todos os usuários, deixará a noção necessariamente mais indeterminada.

O conjunto dessas circunstâncias, às quais cumpre acrescentar aquelas, muito numerosas, em que a noção é modificada pelas necessidades da própria argumentação, das quais trataremos no parágrafo seguinte, contribui para aquilo a que se chama a vida da linguagem e do pensamento e que conduz a uma evolução do sentido das palavras.

Essa evolução pode ser, por sua vez, utilizada para obter efeitos poéticos também capazes de reagir sobre o uso lingüístico. Charles Chassé mostrou que Mallarmé valeu-se de muitas palavras em seu sentido antigo e ultrapassado, chegando a escrever "A chave de Mallarmé está no Littré"[65]; bastaria, segundo ele, referir-se a esse sentido para compreender certos poemas julgados obscuros. Mas cumpre insistir, com G. Jamati e com R. Caillois[66], no fato de que não se pode, para compreender tais textos, contentar-se com o sentido antigo. Com efeito, não se espera do leitor que ele abstraia o sentido atual das palavras; este interfere no antigo para criar um conjunto conceitual evocador que não corresponde a nenhum momento da evolução semântica e é mais vago do que os sentidos já conhecidos.

Notemos, para terminar, que a evolução das noções, em conseqüência de seu uso, terá um efeito ainda mais deplorável para sua compreensão unívoca, porque, para a maior parte dos espíritos, essa evolução toda só apresenta aspectos fragmentários, acertos, aproximações de um mesmo conceito, que interagem uns sobre os outros. O orador deverá, a cada instante, pôr em evidência, tornar presentes, alguns desses aspectos em detrimento de outros. Ele o fará, com maior freqüência, valendo-se da plasticidade deles e adaptando as noções às necessidades da argumentação. É ao exame dessas técnicas de adaptação que gostaríamos de consagrar o próximo parágrafo.

§ 35. Usos argumentativos e plasticidade das noções

A maneira pela qual apresentamos as noções fundamentais numa discussão depende amiúde do fato de elas serem vinculadas às teses por nós defendidas ou às do adversário. Em geral, quando uma noção caracteriza sua posição pessoal, o orador a apresenta como sendo não confusa, mas flexível, rica, ou seja, como contendo grandes possibilidades de valorização e, sobretudo, como podendo resistir aos ataques de experiências novas. Em contrapartida, as noções vinculadas às teses do adversário serão congeladas, apresentadas como imutáveis. Procedendo assim, o orador faz intervir, em seu proveito, a inércia. A flexibilidade da noção, que se postula desde o início e se reivindica como lhe sendo inerente, permite minimizar, salientando-as ao mesmo tempo, as mudanças que a nova experiência imporia, que as objeções reclamariam: a adaptabilidade de princípio a novas circunstâncias possibilitará sustentar que se mantém viva a mesma noção. Eis alguns exemplos.

H. Lefebvre defende um materialismo flexível e rico, enquanto congela o conceito de idealismo:

> Para o materialismo moderno, o idealismo é definido e criticado por sua *unilateralidade*. Mas os materialistas não devem deixar as verdades primeiras do materialismo serem simplificadas, não devem deixá-las recair no nível do materialismo vulgar, por esquecimento dos preciosos resultados obtidos pelos idealistas na história do conhecimento, especialmente em lógica[67].

O materialismo pode e deve englobar tudo o que é válido, beneficia-se de uma plasticidade que é explicitamente negada ao idealismo, o qual é definido, como diz o autor, por sua "unilateralidade".

A mesma rigidez é imposta à noção de "metafísica", considerada expressão de um estado do conhecimento ultrapassado. O autor se pergunta mesmo como a metafísica foi possível[68]; sua atitude supõe que a metafísica é incapaz de adaptação e de renovação, que é delimitada, de uma vez por todas, e que suas funções estão definitivamente congeladas. Poder-se-ia opor a esse ponto de vista as reflexões sobre a metafísica desenvolvidas por um de nós, que apresentou ampliações sucessivas da metafísica e procurou mostrar a permanência desta: metafísica como ontologia, depois como epistemologia, depois como elucidação das razões da opção axiológica, metafísica futura, enfim, com fronteiras imprevisíveis[69]. Sem querer, ele deu assim um exemplo de flexibilidade de uma noção.

Parece que a técnica se desenvolve muitas vezes num plano duplo. De um lado, flexibilizamos de fato as noções, o que permite sua utilização em circunstâncias que se afastam muito de seu uso primitivo; do outro, qualificamos de flexíveis as noções em questão.

O caráter congelado dos conceitos do adversário facilita a sua refutação e possibilita considerá-los inválidos, inadaptáveis e, por isso, ultrapassados. As concepções que defendemos serão as de um pensamento vivo, flexível, adaptável e, por isso, sempre atuais. Esses diversos procedimentos, por mais espontâneos que sejam, geralmente são, não obstante, interpretados pelo adversário como indício de incompreensão ou de má-fé, contra a qual não deixa de protestar.

A flexibilização e o enrijecimento das noções é uma técnica adotada quando a apreciação que lhes concerne deve resultar, ao menos em parte, da argumentação. Em contrapartida, quando o valor designado pela noção estiver nitidamente estabelecido e for prévio à argumentação, será utilizada outra técnica, baseada mais na extensão das noções. Ela consiste, pura e simplesmente, em ampliar ou restringir o campo de uma noção, de modo que ela englobe ou não certos seres, certas coisas, certas idéias, certas situações. Por exemplo, alargaremos o campo do termo pejorativo "fascista" para nele englobar certos adversários; ao passo que restringiremos a extensão do termo "democrático" que é valorizador, para excluí-los dele. Inversamente, limitaremos o sentido da palavra "fascista" para dela excluir os amigos que apoiamos e alargaremos o sentido da palavra "democrático" para nela os incluirmos. Essa técnica não é utilizada unicamente em política. Encontramo-la mesmo em controvérsias científicas. Assim é que Claparède constata que, quando o associacionismo foi abandonado pelos psicólogos, eles se criticavam uns aos outros tratando-se de associacionistas e ampliando progressivamente essa noção para poder nela englobar o adversário. E Claparède termina sua divertida análise concluindo: "Sempre se é o associacionista de alguém"[70].

Resulta dessas poucas observações que o uso das noções consoante o desejo de valorizar ou desvalorizar o que elas qualificam não deixa de influir profundamente em seu significado. Esta não é, como certas análises tenderiam a fazê-lo crer, uma justaposição de dois elementos, um descritivo, o outro emotivo. O que foi chamado de "sentido emotivo" das noções[71] é um componente que o teórico cioso de expor a complexidade dos efeitos da linguagem é obrigado a introduzir quando quer corrigir, posteriormente, a idéia de que o significado das noções é essencialmente descritivo, ou seja, quando se analisou estas de um modo estático. Mas se analisarmos esse significado de um modo dinâmico, consoante os usos argumentativos da noção, veremos que o campo de aplicação da noção varia com esses usos e que a plasticidade das noções é vinculada a estes. O "significado emotivo" é parte integrante do significado da noção; não é um acréscimo suplementar, adventício, alheio ao caráter simbólico da linguagem[72]. O uso argumentativo das noções influi, portanto, em sua confusão. É na medida em que elas servem de instrumento de persuasão que o acordo sobre sua utilização será feito com mais dificuldade. Os valores universais, considerados instrumentos de persuasão por excelência, são designados, ninguém se espante, pelas noções mais confusas de nosso pensamento.

Essas observações bastam, por ora, para pôr em evidência o fato de que a apresentação dos dados não consiste numa mera escolha entre elementos prévios, mas numa organização que explica, ao menos parcialmente, o dinamismo da linguagem e do pensamento.

O que a escolha das premissas oferecia de particular ao nosso estudo é que seria lícito e útil reconhecê-la sob avatares muito diversos: a seleção dos dados que tem por corolário conceder-lhes a presença, o papel da interpretação, a escolha de certos aspectos dos dados realizada pelo uso do epíteto, pela inserção dos fenômenos numa ou noutra classe previamente conhecida dos ouvintes e, enfim, a escolha que se opera pelo uso e pela transformação das próprias noções. Achamos conveniente seriar nosso exame de tal maneira que pareça um aprofundamento contínuo. Nem é preciso dizer que, ao tratarmos da seleção dos dados, da interpretação, do uso do epíteto, da inserção numa classe, do recurso à plasticidade das noções, retomamos com freqüência, sob aspectos novos, o exame de um mesmo processo fundamental. Parece-nos, porém, que o exame de nenhum dos aspectos que examinamos pode ser descurado, se não aceitamos uma sistematização filosófica, ou mesmo simplesmente técnica, quando menos prematura. A ordem adotada em nosso estudo levou-nos a considerar em último lugar o uso e a transformação das noções, ou seja, o aspecto sob o qual o problema da escolha nos obriga a repensar, numa perspectiva retórica, a maior parte dos problemas semânticos.

Isto quer dizer que a forma em que são enunciados os dados está necessariamente em questão em tudo o que precede. E poderíamos perguntar-nos se, do ponto de vista do raciocínio, outros problemas que concerniriam mais especialmente à forma devem ser focalizados. É o que examinaremos no curso de um terceiro capítulo, relativo à apresentação dos dados e à forma do discurso. Em que, sobretudo, esse capítulo se distinguirá dos precedentes? Unicamente no fato de que, em vez de partirmos dos pontos de vista que tradicionalmente concernem ao raciocínio, à crença, à adesão, em suma, ao que é o objeto ou a finalidade da persuasão, partiremos de pontos de vista que tradicionalmente concernem à forma, à expressão do pensamento e nos empenharemos em ver o papel eventual que diversas características de expressão podem ter na apresentação dos dados. Isso quer dizer que o termo "forma" será utilizado num sentido muito mais próximo ao do escritor do que ao do lógico.

Capítulo III

Apresentação dos dados e forma do discurso

§ 36. Matéria e forma do discurso

Já tivemos a oportunidade de assinalar, no capítulo anterior, quão eminente papel deve-se atribuir, na argumentação, à presença, à ênfase de certos elementos nos quais o orador deseja centralizar a atenção, permitindo-lhes assim ficar no primeiro plano da consciência. Antes mesmo de argumentar a partir de certas premissas, é essencial que o conteúdo delas se destaque contra o fundo indistinto dos elementos de acordo disponíveis. Essa escolha das premissas se confunde com sua apresentação. Uma apresentação eficaz, que impressiona a consciência dos ouvintes, é essencial não só em toda argumentação visando à ação imediata, mas também naquela que visa a orientar o espírito de uma certa forma, a fazer que prevaleçam certos esquemas interpretativos, a inserir os elementos de acordo num contexto que os torne significativos e lhes confira o lugar que lhes compete num conjunto.

Essa técnica da apresentação obteve tamanho desenvolvimento que reduziram ao seu estudo toda a matéria da retórica, concebida como arte de bem falar e de bem escrever, como uma arte de expressão do pensamento, de pura forma. É contra essa concepção que deu origem à degenerescência da retórica, à sua esterilidade, ao seu verbalismo e ao desprezo que ela acabou por inspirar que devemos insurgir-nos. Recusamos separar, no discurso, a forma do fundo, estudar as estruturas e as figuras de estilo independentemente da meta que devem cumprir na argumentação. Iremos mais longe até. Sabemos que certos modos de expressar podem produzir um efeito estético, vinculado à harmonia, ao ritmo, a outras qualidades puramente formais e podem ter uma influência argumentativa através da admiração, da alegria, da descontração, da excitação, das retomadas e das quedas de atenção que provocam, sem que esses diversos elementos sejam analisáveis em função direta da argumentação. Apesar de sua incontestável importância na ação oratória, excluiremos o estudo desses mecanismos, de nossa presente análise da argumentação.

O que focalizaremos no exame da forma do discurso, na medida em que a cremos discernível de sua matéria, são os meios que possibilitam a uma determinada apresentação dos dados situar o acordo num determinado nível, imprimi-lo com certa intensidade nas consciências, enfatizar alguns de seus aspectos. É pensando nas variações de forma, nas diferentes apresentações de certo conteúdo, que aliás não é completamente igual quando apresentado de modo diferente, que será possível descobrir a escolha de uma determinada forma. Assim como a existência de mais de uma interpretação possível nos permite não confundir o texto com os sentidos que se lhe atribuem, assim também é pensando nos diversos meios que o orador poderia ter utilizado para dar a conhecer ao auditório a matéria de seu discurso que conseguiremos, para as necessidades da exposição, distinguir entre os problemas levantados pela apresentação dos dados e os relativos à escolha deles.

§ 37. Problemas técnicos de apresentação dos dados

Todo discurso é limitado no tempo, dando-se praticamente o mesmo com todo escrito dirigido a terceiros. Se essa limitação é imposta convencionalmente ou dependente da oportunidade, da atenção dos ouvintes, de seu interesse, do espaço disponível num jornal ou numa revista, dos custos acarretados pela impressão de um texto, são fatores que a forma do discurso tem de levar em conta. O problema genérico da amplitude do discurso repercute imediatamente no espaço que se concederá à exposição dos elementos iniciais, na escolha destes e no modo como serão apresentados aos ouvintes. Quem pronuncia um discurso visando à persuasão – ao contrário das exigências de uma demonstração formal, na qual, em princípio, nada deveria ficar subentendido – deve organizar bem seu tempo e a atenção dos ouvintes; é normal que conceda a cada parte de sua exposição um espaço proporcional à importância que gostaria de ver-lhe atribuída na consciência dos que o escutam.

Quando certa premissa é conhecida de todos e não está em discussão, o fato de enunciá-la poderia parecer ridículo:

> Se uma das premissas é conhecida, escreve Aristóteles, não há sequer necessidade de enunciá-la: o ouvinte a supre. Por exemplo, para concluir que Dorieu recebeu uma coroa como prêmio de sua vitória, basta dizer: ele foi vencedor em Olímpia; inútil acrescentar: em Olímpia, o vencedor recebe uma coroa; é um fato conhecido de todos[1].

Esta observação, que é indiscutivelmente justa, requer contudo duas observações. Nem sempre é tão fácil indicar a premissa subentendida, e essa premissa nem sempre é tão evidente como no exemplo citado. Alguns oradores não deixam de utilizar essa latitude para omitir premissas, ao contrário, muito discutíveis e para as quais preferem não chamar a atenção de seu auditório. Por outro lado, certos elementos indubitáveis merecem, não obstante, que o orador se estenda longamente sobre seu significado e sua importância, em vez de deixá-los subentendidos ou simplesmente mencioná-los. Prolongando a atenção que se lhes concede, aumenta-se a presença deles na consciência dos ouvintes. Certos conselhos precisos dos retóricos antigos destinam-se a lembrar-nos essa técnica de acentuação de um ponto, pelo tempo que lhe é consagrado:

> Eu costumava também, escreve Quintiliano, destacar os pontos em que meu adversário e eu estávamos de acordo... e não somente tirar das confissões de meu adversário todas as conseqüências possíveis, mas multiplicá-las por meio da divisão[2].

O conselho de Aristóteles, justo quando se trata de um fato que serve unicamente de elo numa argumentação, deve ser substituído pelo de Quintiliano, quando se trata de fatos indubitáveis, mas que convém valorizar tornando-os familiares. Se o estilo rápido é favorável ao raciocínio, o estilo lento é criador de emoção: "pois o amor se forma pelo hábito... Daí advém que os oradores concisos e breves penetram pouco o coração e emocionam menos"[3].

A repetição constitui a técnica mais simples para criar tal presença; a acentuação de certas passagens, pelo som da voz ou pelo silêncio por que as fazemos preceder, visa ao mesmo efeito. A acumulação de relatos, mesmo contraditórios, sobre um dado sujeito pode suscitar a idéia da importância deste. Uma avalanche de livros relativos a um mesmo país age não só por seu conteúdo, mas também pelo simples efeito de uma presença acrescida. A literatura romântica, drama e novela, revalorizou a Idade Média e, devolvendo-lhe a presença, ela serviu, como diz com pertinência Reyes, de espora ao pensamento histórico[4].

A insistência pode ser realizada, aliás, por meios indiretos. Pode-se perguntar se um dos efeitos benfazejos de certos textos obscuros não é avivar a atenção; a "presença de espírito" tornaria presente o que se quer comunicar[5]. Por vezes o autor confia em que o ouvinte, ante um signo que lhe contraria a expectativa, concederá a este uma importância maior. O próprio Aragon analisa esse mecanismo a propósito de dois versos do cântico a Elsa:

> *Ce ne sont plus les jours du vivre séparés*
> ....
> *Et jamais tu ne fus si lointaine à mon gré...*
> [Já se passaram os dias do viver separados
> ....
> E jamais estiveste tão distante a meu grado...]

> Convirão comigo que o plural de *separados*, que implica duas pessoas, realça a expressão. Se eu tivesse escolhido uma rima plural, o *s* final de *separados* passaria por uma redundância ou um erro, e a intenção lhe escaparia[6].

A acumulação de relatos contraditórios sobre um dado sujeito não age somente, por certo, pelo efeito de massa a que aludíamos acima, mas ainda pelo problema que essa multiplicidade evoca.

A técnica da acumulação, da insistência, é freqüentemente vinculada a outra técnica, a da evocação de detalhes, a ponto de as duas serem em geral indiscerníveis. Tratar-se-á um tema fazendo que se sucedam descrição sintética, global, e análise ou enumeração de detalhes. Em sua oração fúnebre de Turenne, Fléchier descreve as reações provocadas pela morte do general:

> Quantos suspiros então, quantos lamentos, quantos louvores ecoam nas cidades, no campo! Um, vendo crescer suas colheitas, abençoa a memória daquele... O outro... deseja uma eterna paz àquele que... Aqui oferecem o adorável Sacrifício de Jesus Cristo pela alma daquele que... Ali montam-lhe uma cerimônia fúnebre... Assim, todo o Reino chora a morte de seu defensor; ...[7]

Em outros casos, explicitar-se-ão as sucessivas etapas de um fenômeno, o modo como dele se tomou consciência. As etapas evocadas podem ser as da ação a ser realizada. Os publicitários sabem que, indicando o detalhe das operações que devem ser feitas para fazer a encomenda, tornam-na presente na consciência e facilitam a tomada de decisão. A impressão de realidade é criada da mesma forma pela acumulação de todas as condições que precedem um ato ou pela indicação de todas as suas conseqüências. Eis dois exemplos desses procedimentos extraídos de Proust:

> [Tia Léoni afirma que vai sair.] A Françoise, incrédula, ela ordenava não só preparar de antemão suas coisas, arejar aquelas que estavam havia muito tempo fechadas, mas até encomendar o carro, acertar, em cerca de um quarto de hora, todos os detalhes do dia[8].
>
> ....
>
> Da mesma forma, para que Albertine não pudesse achar que eu estava exagerando e para fazê-la ir o mais longe possível na idéia de que nos deixávamos, tirando eu mesmo as deduções do que eu acabava de afirmar, pus-me a antecipar o tempo que ia começar no dia seguinte e duraria para sempre, o tempo em que ficaríamos separados, dirigindo a Albertine as mesmas recomendações que se não fôssemos reconciliar-nos daí a pouco[9].

Há um paralelismo flagrante entre esses procedimentos, que conferem a presença, e a metodologia da hipótese. Formular uma hipótese não é fazer uma afirmação isolada, pois a explicitação desta só é possível pela enumeração das condições que se lhe impõem e das conseqüências que dela se deduzem. É por essa razão que, ao lado de hipóteses científicas que servem à invenção, encontramos hipóteses argumentativas. Num de seus discursos, Demóstenes evoca a hipótese de que Ésquines seria o acusador, Filipe o juiz e ele próprio o acusado[10]. Ele imagina, nessa situação fictícia, o comportamento, as reações de cada um, para deduzir daí o que devem ser o comportamento e as reações na situação real. Às vezes, ao contrário, a hipótese é descrita em todos os seus detalhes, para torná-la violentamente indesejável ou chocante. Essas duas possibilidades indicam-nos os dois usos argumentativos habituais de todas as formas da utopia. Como pretende com todo acerto R. Ruyer, a utopia busca menos a verdade do que um aumento de consciência, confronta o real com uma presença imaginária, que ela impõe para daí tirar reações mais duradouras[11]. É por isso que a utopia propriamente dita tende a desenvolver-se em seus mais ínfimos detalhes; não se hesita em manter o auditório nesse meio novo durante longas horas. O sucesso só é possível se a estrutura lógica do meio imaginário é a mesma do meio habitual do leitor e se nela os acontecimentos produzem normalmente as mesmas conseqüências. Os mitos coletivos, as narrativas legendárias que fazem parte de um fundo comum de cultura, têm, sobre as hipóteses e as utopias, a vantagem de se beneficiarem com muito mais facilidade da presença. Para combater a crença na superioridade da mão direita sobre a mão esquerda, Platão nos diz: "Se tivéssemos cem mãos, como Gerião e Briareu, cumpriria, com essas cem mãos, ser capaz de lançar cem dardos"[12]. Ele passa, assim, da antiga estrutura, em que havia uma diferença qualitativa entre as duas mãos, para uma estrutura em que as mãos são homogêneas. Por poder referir-se à mitologia, a hipótese de Platão se impõe com mais facilidade à atenção; parece menos arbitrária, menos abstrata.

Para criar a emoção[13], é indispensável a especificação. As noções gerais, os esquemas abstratos não atuam muito sobre a imaginação. Whately assinala, numa nota, que um auditório, que ficara insensível ante proposições gerais sobre a carnificina que marcou a batalha de Fontenoy, emocionou-se até as lágrimas com um pequeno detalhe relativo à morte de dois moços[14]. Para dar a impressão de presença é útil especificar o lugar e o momento de uma ação; Whately aconselha mesmo utilizar, todas as vezes que for possível, o termo concreto em vez do termo abstrato. Quanto mais especiais os termos, mais viva a imagem que evocam, quanto mais gerais eles são, mais fraca ela é. Assim é que nos discursos de Antônio, no *Júlio César* de Shakespeare, os conjurados não são designados como aqueles que "mataram" César, mas como aqueles cujos "punhais trespassaram" César[15]. O termo concreto aumenta a presença.

O conselho parece bom, em regra geral, mas se quisermos precisar a oposição entre termos abstratos e concretos constataremos a existência de várias espécies de abstrações que atuam certamente de um modo variável sobre o sentimento da presença. É comum o empenho em definir essas espécies de abstrações, seja por elas fugirem do concreto, seja por seu caráter construtivo: "homem" seria do primeiro tipo, "verdade" do segundo[16]. Mas vê-se imediatamente que a linha de delimitação entre concreto e abstrato depende em todos os casos do ponto de partida que nos atribuímos, o qual será fornecido por nossa concepção do real.

Abandonando a oposição entre concreto e abstrato, pode-se tentar hierarquizar certos níveis de abstração. Comentando a escala de Korzybski, que sobe aos níveis de abstração mais elevados, Hayakawa assinala que, nos níveis mais baixos, os próprios fatos atuam diretamente sobre a nossa afetividade[17]; mas isso nem sempre será verdade, se pensarmos que, para Korzybski, a vaca que percebemos seria mais abstrata do que os átomos, os elétrons, de que ela é constituída e que a ciência apreende[18].

Para dar-se conta da complexidade do problema, basta refletir na ação que produzem sobre nossa imaginação os mesmos fatos, cujo aspecto quantitativo nos é apresentado, ora em números absolutos, ora em números relativos. Com muita freqüência, os números absolutos falam mais vivamente à imaginação; os objetos, embora considerados por seu aspecto puramente quantitativo, são de fato individualidades independentes presentes no ponto mais elevado. Mas o inverso também pode acontecer, notadamente quando o número relativo, que certamente não é mais concreto do que o número absoluto, refere-se a um acontecimento que nos toca: por exemplo, a probabilidade de morrer este ano desta ou daquela doença. A mesma relação numérica pode parecer mais ou menos concreta conforme o interesse que lhe votamos. O grau de abstração não determinaria tanto a presença quanto seria, aparentemente, determinado por ela. E, em vez de resolvermos o problema que nos interessa, amparados em considerações ontológicas, não seria mais certo fazermos nossa idéia do concreto depender da impressão de presença provocada em nós por certos níveis de apresentação dos fenômenos?

O modo intuitivo de exprimir-se, o uso do termo que impressiona nem sempre deixa de ter inconvenientes. Schopenhauer constatou que certos escritores evitam, na medida do possível, a expressão mais definida e preferem o uso de noções mais abstratas que lhes permitem escapar mais facilmente às objeções[19]. A observação é correta, e repleta de ensinamentos. Embora o termo concreto e preciso possibilite o estabelecimento de um acordo, graças, ao mesmo tempo, à presença que ele cria e à univocidade que favorece, jamais se deve esquecer que, em certos casos, apenas o uso de um termo abstrato permite não deixar para trás as possibilidades de um acordo. No limite, o termo mais concreto, o mais presente, pode corresponder ao inexprimível, não ser mais que o demonstrativo fugaz de uma presença infinitamente movediça. O desejo de exprimir o concreto em sua unicidade, levado longe demais, pode ser não a base de um bom entendimento, mas a renúncia a qualquer entendimento. A apresentação dos dados deve adaptar-se, em cada caso, às condições de uma argumentação eficaz.

§ 38. Formas verbais e argumentação

A apresentação dos dados não é independente dos problemas de linguagem. A escolha dos termos, para expressar o pensamento, raramente deixa de ter alcance argumentativo. Apenas depois da supressão deliberada ou inconsciente da intenção argumentativa é que se pode admitir a existência de sinônimos, de termos que seriam suscetíveis de ser utilizados indiferentemente um pelo outro; então, unicamente, é que a escolha de um desses termos fica pura questão de forma e depende de razões de variedade, de eufonia, de ritmo oratório. Essa intenção negativa parece ser óbvia toda vez que a intenção argumentativa não pode ser conhecida, como nos dicionários em que os termos parecem intercambiáveis, por serem mencionados para todos os fins úteis. Mas, quando se trata de sua utilização por um orador num discurso particular, a equivalência dos sinônimos só pode ser assegurada levando-se em conta a situação de conjunto na qual se insere o discurso, notadamente certas convenções sociais que poderiam regê-lo. Por vezes a escolha de um termo será destinada a servir de indício, indício de distinção, de familiaridade ou de simplicidade. Por vezes ela servirá mais diretamente à argumentação, situando o objeto do discurso numa categoria, melhor do que o faria o uso do sinônimo: é a essa intenção que poderia corresponder a escolha da palavra "hexaedro" em vez de "cubo".

O início pelo qual se nota, em geral, a intenção argumentativa é o uso de um termo que se afasta da linguagem habitual. É escusado dizer que a escolha do termo habitual também pode ter valor de argumento; por outro lado, conviria especificar onde e quando o uso de um determinado termo pode ser considerado habitual; *grosso modo*, poderemos considerar habitual o termo que passa despercebido. Não existe escolha neutra – mas há uma escolha que parece neutra e é a partir dela que se podem estudar as modificações argumentativas. O termo neutro depende evidentemente do meio. Por exemplo, sob a ocupação alemã, na Bélgica, em certos meios era sem dúvida normal designar o alemão pelo termo "boche". Por conseguinte, o emprego do termo "alemão" podia indicar seja uma atenuação genérica da atitude hostil para com o inimigo, seja uma estima particular por um determinado alemão que merecesse essa consideração. Assim também o uso da perífrase "pessoa com uma disposição para induzir em erro" para designar "o mentiroso" pode ter o objetivo de despojar tanto quanto possível esse termo do elemento desvalorizador para assimilá-lo a um termo descritivo e conferir ao juízo no qual ele intervém a aparência de um juízo de fato[20], donde o significado argumentativo dessa perífrase, que não possui o termo "mentiroso". Esses dois exemplos mostram bem que o termo a que chamamos neutro, ou seja, o que passa despercebido, está longe de ser sempre aquele a que se chama geralmente descritivo ou factual. Nada a esse respeito é mais arbitrário do que as distinções escolares entre discurso factual, neutro, descritivo e discurso sentimental, emotivo. Tais distinções só têm interesse na medida em que chamam a atenção do estudante para a introdução manifesta de juízos de valor na argumentação, mas são nefastas na medida em que fazem subentender que existem maneiras de expressar-se que seriam descritivas em si, discursos em que apenas intervêm os fatos e sua objetividade indiscutível.

Para discernir o uso argumentativo de um termo, é importante, pois, conhecer as palavras ou as expressões de que o orador poderia ter-se servido e às quais preferiu a palavra utilizada. O conjunto de locuções disponíveis poderia ser chamado, seguindo a terminologia dos significistas holandeses, *família de palavras*, que não são palavras ligadas por um sistema de derivações, mas expressões aparentadas por seu sentido[21]. Claro, a constituição de semelhante família de palavras não é desprovida de certa arbitrariedade, pois essa família não é determinada por nenhum outro critério senão a idéia prévia que temos do conceito que essa família permitirá elucidar. A evolução do conceito dependeria das variações no uso de cada um dos quase-sinônimos[22] que fazem parte da mesma família; esses termos formariam um sistema em interação[23]. Nada se oporia, aliás, a que os termos de várias línguas diferentes sejam considerados integrantes de uma mesma *família de palavras*, contanto que os contatos entre esses círculos lingüísticos diferentes sejam suficientes. Talvez até seja nesse domínio pouco estudado que a intervenção da noção de *família de palavras* poderia prestar maiores serviços. Por certo ver-se-ia que a introdução de um termo estrangeiro, com seus matizes particulares de significação, pode ter o efeito de modificar o conceito já existente e também de proporcionar a cada um dos quase-sinônimos um novo plano de fundo. Hoje o sentido do termo "honra" é certamente influenciado a um só tempo pelo termo francês "honneur" e pelo termo espanhol "honor", ao menos na consciência dos letrados, para quem eles pertencem a uma mesma família de palavras.

Os termos de uma mesma família formam um conjunto em comparação com o qual um termo se especifica; são, de certo modo, o fundo contra o qual se destaca o termo utilizado. Em contrapartida, os termos aparentados por derivação influenciam diretamente um ao outro. Os antigos costumavam falar do argumento pelas flexões[24], que consiste em aplicar um mesmo predicado aos termos derivados um do outro, tais como "justamente" e "justo". Esse gênero de argumento está sujeito a muitas objeções por descurar, notadamente, da divergência das evoluções semânticas. Mas a verdade é que, antes de qualquer argumentação, é geralmente importante apresentar um enunciado em termos suscetíveis de evocar outros por derivação, verdadeira ou imaginária.

Mais eficaz ainda será a aproximação dos termos num mesmo contexto. Quando se desqualifica uma teoria, tratando-a de simplista, dizer logo depois, de outra teoria, que ela não é muito menos simples[25] é impingir-lhe um matiz pejorativo, ao passo que, habitualmente, a simplicidade de uma teoria científica constitui uma inegável qualidade. Encontramos em Jouhandeau um belo exemplo de interação de termos, realizado graças a efeitos puramente formais. A um general alemão que havia tomado posse, em 1940, de seu solar e acabava de fazer-lhe o elogio da França, um aristocrata nonagenário responde:

> Com efeito, senhor, meu país é um grande país, mas que conhece há tanto tempo regimes tão pequenos que, para empregar a linguagem de Madame de Deffand, depois dos enganadores e dos enganados*, era de esperar (e ninguém está menos surpreso do que eu) ver vossas trombetas[26].

Quando a relação entre formas habituais não basta, poderemos recorrer aos metagramas e outras mutações para efetuar as aproximações desejadas.

A análise do papel argumentativo de certas variações de expressão só pode ser feita mercê das divergências com relação à expressão que passa despercebida. Tomado ao pé da letra, esse método faria acreditar que se servir de expressões que passam despercebidas não é um procedimento argumen-

---

* A interação citada se perde em português. Em francês, *trompeur* ("enganador"), *trompé* ("enganado") e *trompette* ("trombeta"). (N. do T.)

tativo. Evidentemente, não é assim. Mas todo estudo que trata, não das divergências mas do que passa despercebido terá um caráter global. Ele não poderá prender-se ao efeito de tal modalidade de expressão particular; quando muito, se poderá investigar por que há interesse em expressar-se de maneira neutra, não como se consegue isso. Pois, já que a maneira pode ser apreendida, é porque apresenta características especiais, definíveis de outro modo que não a neutralidade.

Quando nos perguntamos por que um orador se expressa de maneira neutra, subentendemos que ele poderia não o fazer e que, fazendo-o, tem um objetivo. É, sob um de seus numerosos aspectos, o problema do expediente que se coloca. Nós o encontraremos a cada passo: a ausência de técnica pode ser um método, não há naturalidade que não possa ser intencional.

Limitar-nos-emos aqui a algumas observações sobre os efeitos da sobriedade no ponto de vista da argumentação. Yves Gandon, num estudo sobre o estilo de Gide, assinala:

> Alguns chegam a dizer que um estilo fulgurante não o teria servido da mesma forma. O vocabulário sem asperidade, o enunciado que só visa ao essencial e desvanece, poder-se-ia crer, a intenção do autor sob frases sem relevo, locuções esvaziadas de qualquer sentido agressivo, formariam o instrumento ideal para o escritor em busca de climas febris ou malditos[27].

Gandon refuta esse raciocínio "com toda a evidência instituído apenas para a comodidade do Sr. Gide e que o exemplo de um Mauriac... basta para destruir". Mas Yves Gandon se engana quando compara o clima febril de Mauriac ao de Gide. Mauriac se integra na tradição cristã, enquanto Gide tenta promover normas novas: é febril pelo que aprova, não pelo que descreve. Ora, bem parece que, no interior de uma ortodoxia, todos os expedientes são utilizáveis; em contrapartida, quando se tenta promover juízos de valor inusitados, chocantes, estes seriam aceitos com mais facilidade quando o estilo, por sua vez, não choca. Portanto, não é impossível que o estilo neutro de Gide possa realmente tê-lo servido em seu esforço de persuasão. Se mencionamos essas observações de Gandon, foi porque chamam imediatamente a atenção para uma das vantagens do estilo neutro:

a de sugerir uma transferência do assentimento geral dado à linguagem ao assentimento às normas expressas. De fato, não se deve esquecer que, entre os elementos de acordo, a linguagem é um dos primeiros. Quintiliano já havia salientado, depois de Cícero, que, para o orador, "talvez o defeito mais grave seja o de recuar ante a linguagem comum e ante as idéias geralmente aceitas"[28]. A aproximação entre linguagem comum e idéias aceitas não é fortuita: a linguagem comum é, por si só, a manifestação de um acordo, de uma concordância, da mesma forma que as idéias aceitas. Pode servir para favorecer o acordo sobre as idéias.

O recurso ao estilo neutro também pode ser considerado um caso particular de renúncia tendente a reforçar o crédito dado às premissas[29]. O estilo neutro aumenta a credibilidade por contraste com o que poderia ter sido um estilo argumentativo mais insistente; age pelo conhecimento que, por outro lado, temos da força argumentativa de certas variações de estilo.

Encontramos aqui um fenômeno que nunca é demais salientar, o de que o conhecimento generalizado – pelo menos intuitivo – das técnicas argumentativas, de suas condições de aplicação, de seus efeitos, está na base de muitos mecanismos argumentativos: o ouvinte não é considerado um ignorante, mas, ao contrário, alguém bem-informado.

Tomemos, para ilustrar essa relação entre a arte e a argumentação, o esboço e a versão definitiva de certas passagens de Bossuet. Escolhemos de propósito uma passagem citada num tratado de retórica[30]. O autor do tratado insiste no progresso do estilo:

> Primeira versão: "Quando se assiste a funerais ou quando se ouve falar de alguma morte imprevista, diz-se..." Segunda versão: "Ouvem-se nos funerais apenas palavras de espanto, de que esse mortal morreu..."[31]

Progresso no número, na harmonia, na força, na densidade. Por isso mesmo, o prazer da arte aumentou. Mas, sobretudo, Bossuet encontrou, para incorporá-la no seu discurso, uma argumentação de Epicteto: por que se espantar de que um vaso frágil se quebre, de que um mortal morra. Pelo uso da classificação, situando o morto entre os mortais, introduz-se explicitamente na segunda versão uma argumentação que estava apenas implícita no esboço. Acrescentemos um exagero, um reforço da observação: não só se fala de uma morte imprevista, mas "ouvem-se apenas palavras de espanto"; o absurdo parecerá ainda mais grave por sua manifestação ser mais freqüente. Portanto, podemos dizer que, parecendo escolher uma forma nova para o seu pensamento, Bossuet na realidade transformou o alcance das premissas de sua argumentação; muito mais, já incorporou a argumentação na própria expressão dessas premissas. Não devemos esquecer, é artificialmente e para a comodidade da análise que se separam premissas e argumentação; na realidade, já há argumentação na própria posição das premissas. Isso aparece mormente se justapomos certas variações de forma na expressão destas últimas: sem essas variações, a argumentação passaria despercebida. Mas o próprio fato de que podemos pô-la em evidência pelo estudo dessas variações prova bem que, mesmo quando a expressão parece neutra e passa despercebida, em geral já há escolha dos termos e esboço de argumentação.

§ 39. As modalidades na expressão do pensamento

A maneira pela qual formulamos o nosso pensamento mostra algumas de suas modalidades, que modificam a realidade, a certeza ou a importância dos dados do discurso.

Há uma concordância quase unânime hoje em reconhecer que as modalidades da significação são expressas, de preferência, por certas formas gramaticais, mas que estas também podem servir para exprimir outras modalidades. Essa independência relativa é salientada tanto pelas novas escolas semióticas[32] como pelos partidários das velhas disciplinas filológicas[33]. A consciência dessa flexibilidade dá azo à busca de categorias de sentidos, de "categorias afetivas", que não correspondem às categorias gramaticais e podem exprimir-se através de diferentes meios gramaticais. Notemos todavia que, paralelamente a esse empenho para encontrar as modalidades de pensamento sob as formas gramaticais variáveis, assistimos a certos empenhos inversos, ou seja, que tendem a vincular à escolha desta ou daquela categoria de expressão verbal uma conduta bem definida. A prova é Fr. Rostand, que tenta uma exegese psicanalítica das formas gramaticais e da sua aquisição pela criança[34].

Quanto a nós, parece-nos importante chamar a atenção para o papel argumentativo desempenhado por certas formas de expressão, atinentes às modalidades, no sentido lato desse termo. Nossas observações não serão norteadas exclusivamente pela forma gramatical nem pelas categorias psicológicas ou lógicas.

A mesma idéia pode ser formulada de um modo afirmativo ou negativo. Atribuir uma qualidade a um objeto já é escolhê-la entre muitas outras, porque a consideramos importante ou característica. Toda descrição se estabelece contra um plano de fundo do qual se quer destacar o objeto, de uma forma que só se torna significativa em função da meta buscada. Mas essa referência à situação e à maneira pela qual é orientada pode não ser detectável por quem não reconhece o vínculo entre o pensamento e a ação. No caso da formulação negativa, a referência a outra coisa é totalmente explícita: a negação é uma reação a uma afirmação real ou virtual de outrem[35]. Para Bergson, o pensamento que está colado à realidade não poderia expressar-se senão de uma forma afirmativa:

> Restituam ao conhecimento seu caráter exclusivamente científico ou filosófico, suponham, em outros termos, que a realidade venha inserir-se por si só num espírito que só se preocupa com coisas e não se interessa por pessoas: afirmar-se-á que esta ou aquela coisa é, jamais se afirmará que uma coisa não é... O que existe pode vir a registrar-se, mas a inexistência do inexistente não se registra[36].

O pensamento negativo, segundo ele, só intervém se nos interessamos pelas pessoas, ou seja, se argumentamos.

Somente em certos casos bem definidos, quando apenas duas possibilidades estão presentes na consciência, é que a rejeição, através de negação de uma delas, equivale a escolher a outra, que é apresentada assim, freqüentemente, como o mal menor. Por vezes a negação não corresponde a nenhuma afirmação precisa, mas revela uma ordem de preocupações. Perguntemo-nos, depois de Empson e depois de Britton, o que significa a frase de Otelo: "Mesmo assim não derramarei o sangue dela"[37]. O ouvinte, num caso assim, deve adivinhar se se trata da rejeição como gênero ou como espécie, ou seja, se esse ato rejeitado deve ser interpretado em função de um gênero de atos do qual seria uma espécie, uma maneira de matar dentre outras ou uma maneira de vingar dentre outras, que se tem em mente, ou se esse enunciado representa um gênero, e qual gênero, ou seja, se nenhum assassínio será cometido, se nenhuma vingança será exercida. Conforme adotemos uma ou outra interpretação, a negação pode ser anúncio de vingança ou anúncio de perdão. Mas o interesse da forma negativa provém de que, seja qual for a interpretação, a morte é evocada irresistivelmente.

Encontra-se a mesma ambigüidade quando a negação se aplica não a uma asserção, mas a uma noção, pela aposição de um prefixo. Assim é que em "desumano" a negação pode concernir ao gênero e designar o que é completamente alheio ao homem, ou designar a espécie de homens ou de condutas humanas que não realizam o ideal humano. A formulação negativa deixa na indeterminação o conceito em cujo seio se opera o recorte.

Quando dispomos de certo número de dados, oferecem-se-nos amplas possibilidades quanto aos vínculos que estabeleceremos entre eles. O problema da coordenação ou da subordinação dos elementos se prende em geral à hierarquia dos valores aceitos; todavia, no âmbito dessas hierarquias de valores, podemos formular ligações entre os elementos do discurso que modificarão consideravelmente as premissas: operamos entre esses vínculos possíveis uma escolha tão importante como a que operamos pela classificação ou pela qualificação.

Os gramáticos conhecem em francês conjunções coordenativas como "et" (e), "mais" (mas), "ou" (ou), "car" (pois), "donc" (portanto), "ni" (nem) e conjunções subordinativas como "bien que" (conquanto), "malgré" (apesar de), "puisque" (já que). Mas se examinarmos a natureza das ligações assim significadas deveremos reconhecer que a subordinação das orações umas às outras é de regra, seja qual for a conjunção utilizada.

Com efeito, as conjunções coordenativas como "et", "ou", "ni", "donc" podem ser consideradas a expressão de uma relação lógica. Mas será apenas em certas condições bem definidas que essa relação lógica deixará as orações assim ligadas em pé de igualdade. De um modo geral, verifica-se que, na prática do discurso, quase sempre, sob a forma de uma coordenação, insere-se uma intenção de subordinação.

Tomemos um caso muito simples de uma sucessão de acontecimentos: "Encontrei teu amigo ontem; ele não me falou de ti". A primeira oração é um fato, que meu interlocutor não contesta; a segunda, igualmente. São coordenadas e poderiam unir-se pela conjunção "e". Mas a interpretação normal em certas situações será: "teu amigo não me falou de ti, *conquanto* tenha tido a oportunidade". A inserção dessa primeira oração, nesse lugar, precedendo a segunda, à qual está efetivamente subordinada, modifica, pois, consideravelmente a impressão que a afirmação desses dois fatos simplesmente coordenados provocaria. Os juízos de fato se revestem, com isso, de uma interpretação implícita, que lhes confere todo o seu significado.

A subordinação não é expressa unicamente por conjunções; outras formas gramaticais podem desempenhar a mesma função. Fr. Rostand estabelece o parentesco entre expressões tais como: "bela, pois modesta", "bela, porque modesta", "bela pela modéstia", "embelezada pela modéstia", "de uma beleza criada pela modéstia"[38]. A dependência entre beleza e modéstia é expressa, se bem que de um modo ligeiramente diferente, por cada uma dessas frases.

A própria qualificação se presta amiúde a jogos de subordinação. Conforme a subordinação que estabelecermos, falaremos de "piedosa dor" ou de "piedade dolorosa".

As diferenças técnicas de apresentação permitem chamar a atenção, entre elementos diversos, para os que têm peso: as expressões "pelo amor de", "em consideração de", "por causa de" salientam a quais termos é dada a primazia: "Tudo se transforma em bem para os eleitos, até as obscuridades da Escritura; pois eles as reverenciam, por causa das clarezas divinas..."[39] Aliás, a mesma primazia se expressa noutra passagem pela oração relativa: "a clareza que merece que se venerem as obscuridades"[40]. A minimização de certos elementos é muitas vezes significada pela conjunção "sinon" (senão) ou pela locução "à l'exception de" (com exceção de). Eis como se reflete curiosamente a benevolente indulgência de Juliano o Apóstata para com os judeus:

> Eles são concordes com os gentios, com exceção de sua crença num único Deus. Isto lhes é especial e nos é alheio. Todo o resto nos é comum...[41]

Enfim, expressões como "bien que" (conquanto), "malgré" (apesar de), "sans doute" (decerto) marcam que se fazem certas concessões, mas indicam sobretudo, notadamente conforme o seu lugar na frase, qual o grau de importância que se atribui ao que se concede.

Amparado nessas técnicas, o orador é capaz de guiar o ouvinte de uma maneira extremamente eficaz para o que quer fazê-lo admitir; assim Auerbach salientou com razão o caráter estratégico[42] da construção que estabelece relações precisas entre os elementos do discurso e que foi qualificada de "sindética". A esta, opõe-se a construção assindética, que renuncia a qualquer ligação precisa entre as partes. O exemplo típico apresentado por Auerbach é a frase latina da Vulgata: *Dixitque Deus: fiat lux, et facta est lux*[43]. O ouvinte fica livre para imaginar entre os elementos uma relação que, dada a sua própria imprecisão, assume um feitio misterioso, mágico; por isso, aliás, ela pode provocar um efeito altamente dramático. É com a construção assindética que se deve, pensamos, correlacionar, pelo menos em alguns de seus usos, a enumeração. Esta chama, com razão, a atenção de É. Noulet no soneto das vogais de Rimbaud. Expressão extrema do movimento?[44] Talvez. Mas também maneira de exprimir o triunfante mistério de relações que o poeta sabe existir sem que lhes conheça o exato teor.

A construção sindética é a construção argumentativa por excelência; seria, segundo Auerbach – em oposição à construção assindética própria da cultura hebraica –, característica dos escritos greco-romanos. O síndeto cria contextos, constitui uma tomada de posição. Ele impõe-se ao leitor, obriga-o a ver certas relações, limita as interpretações que ele poderia levar em consideração, inspira-se no raciocínio jurídico bem-construído. O assíndeto deixa mais liberdade, não parece querer impor nenhum ponto de vista; assim, é decerto por ser assindética que a frase compassada, equilibrada, dos escritores ingleses do século XVIII dá, como diz R. M. Weaver, uma impressão filosófica[45] ou, melhor dizendo, descritiva, contemplativa, imparcial.

As modalidades, no sentido técnico do lingüista, são, como geralmente se admite, em número de quatro: a assertiva, a injuntiva, a interrogativa e a optativa.

A modalidade assertiva convém a qualquer argumentação; não há por que falar dela.

A modalidade injuntiva se expressa, em nossas línguas, pelo imperativo.

Contrariamente às aparências, ela não tem força persuasiva, todo o seu poder vem da ascendência da pessoa que ordena sobre a que executa: é uma relação de forças que não implica adesão nenhuma. Quando a força real está ausente ou não se pretende a sua utilização, o imperativo toma a inflexão de um rogo.

Por causa dessa relação pessoal implicada pela forma imperativa, esta é muito eficaz para aumentar o sentimento de presença. O locutor de uma competição esportiva, no rádio, às vezes prescreve aos jogadores fazerem isto ou aquilo. Esses imperativos não são ouvidos pelos jogadores, não dizem respeito aos ouvintes, mas, ao mesmo tempo que comunicam indiretamente juízos acerca dos jogadores – por exemplo, admiração por sua coragem, desaprovação por sua hesitação –, dão à cena um alto grau de presença, devido ao fato de que quem fala parece participar da ação que descreve.

O interrogativo é um modo cuja importância retórica é considerável. A pergunta supõe um objeto, sobre o qual incide, e sugere que há um acordo sobre a existência desse objeto. Responder a uma pergunta é confirmar esse acordo implícito; os diálogos socráticos nos ensinam muito sobre a utilidade e os perigos dessa técnica dialética.

O papel da interrogação no procedimento judiciário é um dos pontos sobre os quais os antigos, notadamente Quintiliano, enunciaram muitas observações práticas que continuam atuais. O uso da interrogação visa às vezes a uma confissão sobre um fato real desconhecido de quem questiona, mas cuja existência, assim como a de suas condições, se presume. "Que o senhor fez naquele dia em tal lugar?" já implica que o interpelado se achava em certo momento no lugar indicado; se ele responde, mostra seu acordo a esse respeito. Mas, com muita freqüência, a interrogação, mesmo sendo real, não visa tanto a esclarecer quem interroga como a compelir o adversário a incompatibilidades. As perguntas são, em geral, apenas uma forma hábil para encetar raciocínios, notadamente usando da alternativa ou da divisão, com a cumplicidade, por assim dizer, do interlocutor que se compromete, por suas respostas, a adotar esse modo de argumentação.

Os pressupostos implícitos em certas perguntas fazem com que a forma interrogativa possa ser considerada um procedimento bastante hipócrita para expressar certas crenças. Dizendo "que *é* que pôde realmente levar os alemães a iniciar ultimamente tantas guerras?" sugere-se amiúde que as respostas que virão espontaneamente ao espírito deverão ser rejeitadas. A pergunta visa menos à busca de um motivo do que à busca da razão pela qual não o encontraremos; ela é sobretudo afirmação de que não há motivo suficientemente explicativo. Por isso é que Crawshay-Williams acredita ver em tais perguntas o sinal de advertência de uma expressão de espírito irracional[46].

A interrogação seria, segundo Wittgenstein, numa frase como:

> O tempo não está esplêndido hoje?

um simples juízo[47]. Bem mais, segundo Sartre, nestes versos de Rimbaud:

> *O saisons, o châteaux,*
> *Quelle âme est sans défauts?*
> [Ó estações, ó castelos,
> Qual alma não tem defeitos?][48]

a interrogação se teria tornado "coisa", "substância". De fato, a forma interrogativa não deixa de introduzir um apelo à comunhão com um auditório, ainda que este fosse o próprio sujeito[49].

Acrescentemos, por fim, que uma pergunta pode servir para rejeitar outra, como no sonho em que A. Gide, embaraçado em responder à pergunta: "Que é que o sr. pensa da Rússia?" adota como resposta a frase eficaz "O sr. pode perguntar isso?", significando assim que o acordo com o interlocutor está fora de dúvida[50].

A modalidade optativa talvez seja a que melhor se presta à expressão das normas. A ação do voto "tomara que ele consiga" é da mesma ordem que a do discurso epidíctico; o voto exprime uma aprovação e, indiretamente, uma norma; por isso, aproxima-se do imperativo que exprime um rogo, uma súplica.

Também o emprego dos tempos permite agir sobre o auditório. Cada grupo de línguas oferece, a esse respeito, possibilidades que mereceriam um estudo minucioso.

No que concerne ao francês, pode-se dizer que o perfeito é o irrefragável, o fato; o imperfeito é o tempo do transitório; o presente expressa o universal, a lei, o normal. O presente é o tempo da máxima, do adágio, ou seja, daquilo que é considerado sempre atual, jamais invalidado – é o presente que parece, por isso, ter o papel mais equívoco; é ele que melhor expressa o normal em sua passagem para a norma. Numa frase como "a mulher gosta de falar", insiste-se no normal a ponto de fazer dele um caráter geral; não se pode à primeira vista distinguir semelhante enunciado da afirmação "o homem é sujeito à morte". Se substituíssemos o presente por "constatou-se que a mulher gostava de falar", a confusão com o sentido distributivo não seria tão forte. Escapar-se-ia à lei para ficar na observação.

O presente tem também a propriedade de proporcionar mais facilmente o que chamamos de "sentimento de presença". Os retóricos reconheceram-lhe com freqüência essa função[51]. Talvez seja esta a razão de seu emprego pelos romancistas contemporâneos. Nelly Cormeau cita a brusca passagem para o presente em Mauriac:

> Após um debate interior, ela deixou sua cama, enfiou nos tamancos seus pés inchados e, vestida com um roupão marrom, com uma vela na mão, saiu do quarto. Ela desce a escada, segue um corredor, atravessa a estepe do vestíbulo[52].

Encontraremos no estudo de Yves Gandon sobre o estilo observações acerca do emprego dos tempos pelos escritores. O pretérito perfeito cedeu lugar, em Flaubert e nos naturalistas, ao imperfeito. O presente narrativo é descoberto ou, pelo menos, posto em voga pelos contemporâneos: Jules Romains, por exemplo, o aprecia. Como o observa Y. Gandon, "a ilusão da vida é obtida com menores esforços"[53].

Claro, não é certo que em todas as línguas a forma do presente seja a que melhor exprime esse sentimento. Sabe-se que nas línguas eslavas a forma gramatical do presente, dos verbos de ação perfeita, expressa na realidade um futuro e só é utilizada nessa acepção. A influência da forma verbal sobre a maneira de exprimir a passagem do normal para o normativo, sobre o sentimento de presença, só pode ser estudada para um sistema lingüístico dado e num momento dado. Basta mencionar os recursos oferecidos pelo emprego dessas formas quando são utilizadas, com uma intenção argumentativa, no âmbito das convenções existentes.

Terminaremos este parágrafo com algumas observações sobre o uso argumentativo dos pronomes, dos artigos e do demonstrativo.

Cumpre notar que o pronome indefinido francês "on"* é amiúde utilizado para introduzir uma norma. "On fait ceci" (faz-se isso) equivale aproximadamente a "il faut faire ceci" (é preciso fazer isso); às vezes o "on" (se) pode designar simplesmente o que concerne a certos seres em situações determinadas: "On ne distingue pas clairement la forme de cet arbre" (Não se distingue claramente a forma dessa árvore). Como a passagem do normal para o normativo é um lugar, essa forma de expressão pode ter um nítido interesse argumentativo.

A substituição do "je" (eu) pelo "on" é, segundo o Chevalier de Méré, ora agradável, ora imprópria:

---

* O pronome pessoal indefinido "on", de largo uso e oriundo do nominativo latino *homo*, não tem equivalente em português. Em nosso idioma, para os mesmos fins, indetermina-se o sujeito mediante a partícula apassivadora "se" ou, numa linguagem coloquial, utiliza-se "a gente". (N. do T.)

> ... vejo que uma Dama preferirá dizer "On ne vous hait pas" (Não sois odiado), "on vous aime" (sois amado), a dizer "je ne vous hai pas" (não vos odeio), ou "je vous aime" (amo-vos); e acrescenta "e, como essa expressão vem da modéstia, tem de ser muito graciosa. Mas, se é uma falsa finura, como "on prétend" (pretende-se), "on ne demeure pas d'accord" (não se chega a um acordo), é muito desagradável; e conheço pessoas que não podem tolerá-la[54].

Nos dois casos transforma-se o subjetivo em normal; diminui-se de certo modo a responsabilidade pessoal no juízo; não obstante o "on" é compreendido como "je" e não como uma mera expressão do normal. Se o primeiro uso é agradável e o segundo não, trata-se menos de modéstia e de falsa finura do que de efeitos divergentes produzidos pela generalização de uma apreciação elogiosa ou de um desacordo pessoal ao qual se dá uma importância bem maior.

O emprego da terceira pessoa, mesmo definida, no lugar da primeira pode ter por efeito, tal como o uso do "on", diminuir a responsabilidade do sujeito, criar uma distância entre quem fala e o que ele diz.

Citemos, a esse respeito, as bonitas observações de Jouhandeau:

> No momento em que a inebriava o orgulho, a admiração que ela sentia ante a si própria, a pobre velha cessava de dizer "eu"; talvez por deferência falava de si na terceira pessoa, tratando-se de "Madame Robillard", de boca cheia. Ou então era por modéstia, para separar-se de sua glória ou para ser mais verídica, fazendo-se de repente objetiva[55].

Mesmo que a substituição seja apenas uma volta a um comportamento infantil – sabe-se que o nome próprio precede, na maioria das crianças, o pronome pessoal da primeira pessoa[56] –, um dos maiores efeitos sobre o auditório parece ser a objetivação do enunciado.

Um emprego argumentativo particular do pronome ou do adjetivo indefinido deve-se à sua ambigüidade. As asserções "certas pessoas estão a par de tudo" e "a gente não se diverte aqui" podem abranger, ou não, o orador ou o interlocutor. As frases são voluntariamente ambíguas: um enunciado demasiado preciso, não permitindo nenhuma dúvida sobre sua interpretação, às vezes é ciosamente evitado, pelas mais variadas razões.

Notemos, em contrapartida, que a substituição do pronome indefinido "on" por expressões que designam uma ou várias pessoas determinadas pode ter um efeito de presença marcante. É por isso que "o contador de lorotas... invoca, como testemunhas do que afirma, homens obscuros que não se podem encontrar para desvendar-lhes a falsidade"[57].

O uso do artigo definido, do singular pelo plural, do demonstrativo, terá amiúde efeitos argumentativos dignos de nota.

Em química, experimenta-se em corpos particulares e tiram-se daí afirmações concernentes a "o cloro", "o fósforo"; o artigo definido permite tratar as amostras como representantes de uma espécie. Assim também, o uso do singular pelo plural, "o judeu", "o russo", tem um significado inegável[58]. Julgamos reconhecer aí, a um só tempo, uma ação de presença, pela transformação do grupo em uma pessoa, e a unificação do ponto de vista, a impossibilidade de distinguir entre os bons e os maus que tal transformação acarreta.

O emprego inusitado do demonstrativo possibilita criar um efeito de presença muito vivo; François Mauriac o aprecia. Citemos um exemplo, entre mil:

> Seus olhos fixaram a grande cama com colunas torsas onde, oito anos atrás, seu irmão mais velho, Michel Frontenac, havia sofrido *aquela* interminável agonia[59].

Esse artifício de exposição, Y. Gandon o qualifica de "inaceitável do ponto de vista da lógica pura" embora reconheça que é "excelente quanto à técnica romanesca". O demonstrativo refere-se aqui a algo que só é conhecido por uma das personagens, ela própria descrita de fora, e estamos na primeira página do romance. Mas o efeito de presença é inegável.

Todas essas formas de apresentação exercem influência sobre o que os lógicos consideram as modalidades: certeza, possibilidade, necessidade, de uma afirmação. Claro, os advérbios são normalmente aptos para esse uso, mas vê-se pelas poucas notas precedentes que seria não dar importância à realidade argumentativa julgá-los os únicos capazes de expressar essas modalidades.

O objetivo da argumentação não é tanto a precisão de certas modalidades lógicas atribuídas às afirmações como os meios de obter a adesão do auditório graças às variações na expressão do pensamento.

§ 40. Forma do discurso e comunhão com o auditório

A forma em que são apresentados os dados não se destina somente a produzir efeitos argumentativos relativos ao objeto do discurso; pode também oferecer um conjunto de características relativas à comunhão com o auditório.

Todo sistema lingüístico implica regras formais de estrutura que unem os usuários desse sistema, mas a utilização deste aceita diversos estilos, expressões particulares, características de um meio, do lugar que nele se ocupa, de certa atmosfera cultural.

Conhece-se o papel que os vocabulários desempenham na diferenciação dos meios. Sabe-se que existem, em certas sociedades, línguas particulares aos nobres ou aos deuses[60]; o uso de termos arcaicos, de dialetos, tem um significado o mais das vezes particularizador, ora no sentido de uma oposição de classes, ora no de uma oposição doutra natureza. O significado dessas divergências deve-se a que a língua particular ou dialeto coexistem com a linguagem de um grupo mais amplo, do qual seus usuários também fazem parte. As linguagens particulares desempenham, pois, um papel de segregação muito diferente do representado pelas línguas de povos estrangeiros em relação uma à outra. Pode acontecer que essa linguagem particular seja a linguagem usual de um grupo exterior mais extenso: é o caso das sociedades que têm uma língua erudita pertencente a outro grupo, tal como o latim para os galo-romanos e, no século XIX, o francês para os habitantes de Flandres.

Conhece-se também o papel que uma expressão negligente pode desempenhar: a mutilação de um nome próprio ou a deformação de um texto atestam geralmente certo desprezo pelo objeto de que se fala. Tais negligências podem criar uma conivência com o ouvinte, salientar uma hierarquia. Tomemos um exemplo comezinho: um médico encarregado de ler um relatório financeiro parece hesitar em sua leitura entre "milhares" ou "milhões" de francos: é a indicação de um desprezo por essas questões materiais, em comunhão com os membros do auditório que compartilham o mesmo desprezo. O uso de um vocabulário voluntariamente pobre ou desajeitado pode servir para os mesmos fins.

Há mais. Começa-se a reconhecer que, a cada estrutura social, corresponderiam modos específicos de expressar a comunhão social. Lasswell, em seus trabalhos sobre a propaganda, insistiu nesse problema. Até agora, parece que foram distinguidos dois grandes estilos na transmissão do pensamento: o das sociedades democráticas e o das sociedades hierárquicas. Os estudos ainda estão embrionários... É interessante destacar, porém, como faz Lasswell, o caráter quase ritual do estilo de certas sociedades hierárquicas. Foi possível sublinhar que o estilo das proclamações do rei da Inglaterra como imperador das Índias era muito mais ritual do que o estilo das proclamações do mesmo soberano como rei da Inglaterra. Já foram formuladas importantes hipóteses: parece que certas estruturas lingüísticas convêm melhor a uma sociedade baseada na igualdade, na iniciativa individual; outras conviriam melhor às sociedades baseadas numa estrutura hierárquica.

Em seu interessante estudo sobre o alemão dos nazistas[61], Heinz Paechter se esforça por assinalar tais estruturas. A gramática das sociedades igualitárias enfatizaria os predicados, as avaliações pelo sujeito. A linguagem das sociedades hierárquicas seria evocadora, sua gramática e sua sintaxe seriam mágicas:

> Os símbolos verbais já não serão representativos das coisas, mas tenderão a tornar-se coisas por si sós, com um lugar bem definido na hierarquia dos valores e uma participação no ritual, em seu plano próprio[62].

A linguagem, que, numa sociedade igualitária, pertence a todo o mundo e evolui quase livremente, congela-se numa sociedade hierárquica. Nela as expressões, as fórmulas se tornam rituais, são escutadas dentro de um espírito de comunhão e de submissão total.

Mas basta que as fórmulas deixem de ser obrigatórias, que deixem de ser ouvidas no mesmo espírito de comunhão, para que adquiram o feitio de um clichê. A imitação do estilo bíblico, característica de certos sermões, bem como as tentativas mais ou menos bem-sucedidas de reproduzir um belo verso de Racine – os trechos conhecidos da literatura clássica têm algo da fórmula ritual – parecem clichês, justamente por causa de sua pretensão à originalidade.

Se os clichês são perseguidos, desde o romantismo, em nossa cultura apaixonada pela originalidade – e Jean Paulhan pôs mesmo em evidência esse reinado do terrorismo na literatura – é porque a expressão estereotipada só tem valor como meio fácil, fácil demais às vezes, de comunhão com os ouvintes. Essa expressão resulta de um acordo sobre o modo de expressar um fato, um valor, uma ligação de fenômenos ou um relacionamento entre pessoas. Há clichês da poesia, clichês da política. Tais formas servem para o bom andamento da interpretação: sabemos que a introdução da palavra "corcel" marca uma intenção poética e que "vossa nobre pátria" é uma expressão consagrada ao uso dos oradores de banquetes. Os termos "direito", "liberdade", "democracia" permitem a comunhão, como o desfraldar de uma bandeira.

Para que essas expressões, essas palavras, sejam percebidas como clichês, é preciso uma distância, é preciso que o ouvinte já não se identifique, em todos os pontos de vista, com os que as utilizam e as aceitam. Esse recuo é favorecido, ao que parece, por duas ordens de considerações que podem, aliás, reforçar-se mutuamente. Com efeito, o clichê é, a um só tempo, fundo e forma. É um objeto de acordo que se expressa regularmente de uma certa maneira, uma expressão estereotipada que se repete. Portanto, para que uma expressão seja percebida como clichê, basta que as pessoas se dêem conta de que haveria meios de dizer tão bem, até melhor, a mesma coisa de outro modo. O ouvinte que faz essa constatação operou uma dissociação entre fundo e forma e tomou recuo no nível da linguagem. Mas basta também que se rejeitem os valores expressos pelo clichê. Nesse caso o ouvinte tomará recuo no nível do pensamento. Nos dois casos, o ouvinte percebe uma inadequação; ela lhe deixa patente que ali se trata de algo já pronto, não perfeitamente adequado à situação.

Se a fórmula estereotipada, aceita, favorece o bom andamento da discussão, com a comunhão que permite estabelecer, recusada, pode servir para desqualificar certos raciocínios, para desacreditar certos oradores.

É quando se trata de expressar mais ou menos explicitamente uma norma que a importância de uma formulação consagrada se mostra relevante. As *máximas* não condensam somente a sabedoria das nações – são também os meios mais eficazes de promover essa sabedoria e de fazê-la evoluir: o uso das máximas nos faz ver claramente o papel dos valores aceitos e os processos de sua transferência. Sem dúvida, uma máxima sempre pode ser repelida, o acordo que ela invoca jamais é obrigatório, mas sua força é tão grande, ela se beneficia de tamanha presunção de acordo, que são necessárias sérias razões para rejeitá-la.

A máxima γνῶμη, tal como a descreve Aristóteles[63], é realmente o que qualificaríamos hoje de juízo de valor. Ela confere ao discurso, diz ele, um caráter ético[64]. Seu significado se deve à sua elaboração social. Enunciam-na para sugerir sua aplicabilidade a uma situação particular. Quanto mais sua forma for tradicionalmente reconhecida, mais o enunciado, com as conseqüências que acarreta, será facilmente admitido.

Os provérbios, dizem nossos dicionários, são máximas curtas, tornadas populares. Schopenhauer os aproxima dos lugares: são, diz ele, lugares com tendência prática[65]. Gostaríamos de chamar a atenção para uma característica desse tipo de máxima que nos parece essencial: o provérbio exprime um acontecimento particular e sugere uma norma; daí, decerto, sua difusão fácil, seu aspecto popular, que o opõe ao aspecto livresco, erudito, de certas máximas. Acrescentemos que, como salienta Estève[66], a índole imperativa dos provérbios se deve certamente, pelo menos em parte, ao seu ritmo.

Por ser percebido como ilustração de uma norma, o provérbio poderá servir de ponto de partida para os raciocínios, contanto, claro, que essa norma seja admitida pelo auditório. Mas não se deverá concluir daí que os provérbios servem apenas se seu enunciado ficou praticamente inútil. Os rosários de provérbios desfiados por Sancho Pança equivalem a admoestações para quem esquecesse alguns dos valores de que convém não descurar totalmente.

Embora marcando um acordo tradicional, os provérbios também nascem; mas logo tomam seu estatuto emprestado, enquanto provérbios, dos provérbios existentes, seja por imitação puramente formal, seja porque o provérbio novo não passa de uma nova ilustração da mesma norma que um provérbio anterior já ilustrava. Jean Paulhan descreveu-nos, aliás, os concursos poéticos dos malgaxes, em que a disputa é feita por intermédio de provérbios e do que é chamado de "imagens de provérbio"[67]. Trata-se de frases estilizadas que expressam uma norma, mas nas quais apenas o iniciado pode distinguir o provérbio daquilo que não passa de imagem de provérbio.

Os *slogans*, as palavras de ordem, constituem máximas elaboradas para as necessidades de uma ação particular[68]. Devem eles impor-se por seu ritmo, por sua forma concisa e fácil de guardar, mas são adaptados às circunstâncias, devem sempre ser renovados e ainda não participam do amplo acordo tradicional que o provérbio usufrui. Embora possam ser um incentivo à ação, têm muito menos serventia para determinar uma crença; seu papel é essencialmente o de impor, por sua forma, certas idéias à nossa atenção.

§ 41. Figuras de retórica e argumentação

Desde a Antiguidade, provavelmente desde que o homem meditou sobre a linguagem, reconheceu-se a existência de certos modos de expressão que não se enquadram no comum, cujo estudo foi em geral incluído nos tratados de retórica; daí seu nome de *figuras de retórica*. Em conseqüência da tendência da retórica a limitar-se aos problemas de estilo e de expressão, as figuras foram cada vez mais consideradas simples ornamentos, que contribuem para deixar o estilo artificial e floreado. Quando um orador, como Latrão, professava a opinião de que as figuras não haviam sido inventadas como ornamento, considerava-se esse parecer digno de nota[69]; a opinião comum, entre os teóricos do discurso persuasivo, é a de Quintiliano, para quem as figuras são, por certo, um importante fator de variedade e de comodidade, mas isso "conquanto pareça muito pouco interessante, para a prova, que os argumentos sejam apresentados sob esta ou aquela figura"[70]. Será realmente assim? Tomemos a definição da *hipotipose* (*demonstratio*) tal como a encontramos na *Rhetorica ad Herennium*, como figura "que expõe as coisas de uma maneira tal que a ação parece desenrolar-se e a coisa acontecer ante nossos olhos"[71]. Portanto, é uma forma de descrever os acontecimentos que os torna presentes à nossa consciência: pode-se negar seu papel eminente como fator de persuasão? Se menoscabarmos essa função argumentativa das figuras, seu estudo parecerá rapidamente um vão passatempo, a busca de nomes estranhos para modos de expressão rebuscados. Quintiliano[72] já considerava com lassidão a multiplicidade das denominações e classificações propostas, seu enredamento, e as divergências até quanto a saber o que é uma figura. Jean Paulhan constata que, se nos atemos ao que se pode tirar dos autores, "as figuras têm, como única característica, as reflexões e a investigação que os retóricos fazem continuamente a seu respeito"[73]. Esse paradoxo obriga Paulhan a repensar o problema da relação entre o pensamento e sua expressão.

Para nós, que nos interessamos menos pela legitimação do modo literário de expressão do que pelas técnicas do discurso persuasivo, parece importante não tanto estudar o problema das figuras em seu conjunto quanto mostrar *em que e como o emprego de algumas figuras determinadas se explica pelas necessidades da argumentação*. Notemos, a esse respeito, que Cournot já havia reconhecido que as figuras não atuavam somente sobre a sensibilidade. Pois é fácil, escrevia ele, perceber que "a linguagem dos filósofos não é menos figurada do que a dos oradores e dos poetas"[74].

Duas características parecem indispensáveis para que haja figura: uma estrutura discernível, independente do conteúdo, ou seja, uma forma (seja ela, conforme a distinção dos lógicos modernos, sintática, semântica ou pragmática), e um emprego que se afasta do modo normal de expressar-se e, com isso, chama a atenção. Uma dessas exigências, pelo menos, encontra-se na maioria das definições das figuras propostas no curso dos séculos; a outra se introduziu por algum viés. Assim, Omer Talon definiu a figura como

> "uma expressão pela qual o andamento do discurso difere do hábito direto e simples".

Mas introduz, por intermédio da etimologia, a idéia de forma:

> o nome de figura parece tirado da máscara e das vestes dos atores, os quais pronunciavam os diversos gêneros de discurso com formas exteriores diferentes (*variis corporis figuris*)[75].

Quem estuda os discursos do ponto de vista estrutural se acha diante de formas que parecerão, de imediato, figuras (por exemplo, a repetição) mas também formas que parecem normais (a interrogação, por exemplo) e que, não obstante, podem, em certos casos, ser consideradas figuras. O fato de que possam ou não ser consideradas figuras levanta imediatamente o problema sob seu aspecto mais delicado. Isso porque em princípio não há nenhuma estrutura que não seja suscetível de tornar-se figura por seu uso, mas não basta que um uso da língua seja incomum para que fiquemos autorizados a ver nele uma figura.

Cumpre que uma estrutura, para poder ser objeto de estudo, seja isolável, possa ser reconhecida como tal; por outro lado, cumpre que se saiba em que um uso deve ser considerado incomum. A frase exclamativa, a frase com reinício hesitante são estruturas; elas só seriam figuras fora de seu emprego normal, ou seja, fora da surpresa e da hesitação verdadeiras.

Isso não será estabelecer um vínculo direto entre o emprego de figuras e a simulação? Segundo Volkmann, é bem essa a idéia que os antigos[76] tinham delas. É certo, de todo modo, que só há figura quando se pode operar uma dissociação entre o uso normal de uma estrutura e seu uso no discurso, quando o ouvinte faz uma distinção entre a forma e o fundo, que lhe parece impor-se. Mas é quando essa distinção, percebida logo de início, se extingue em virtude do efeito mesmo do discurso, que as figuras assumem todo o seu significado argumentativo.

Pode ocorrer que o uso de uma dada estrutura, em condições anormais, tenha simplesmente o objetivo de dar movimento ao pensamento, de simular paixões, de criar uma situação dramática que não existe. Se, por exemplo, o orador introduz em seu período objeções para respondê-las ele próprio, estaremos diante de uma figura, a *prolepse*, que seria apenas uma simulação. Tais objeções podem ser manifestamente imaginárias, mas pode ser importante mostrar que a própria pessoa entreviu objeções possíveis, que as levou em conta. Na realidade, há uma série de graus entre a objeção real e a objeção simulada. Uma mesma estrutura pode passar de um grau a outro, mercê do próprio efeito produzido pelo discurso. Formas que, à primeira vista, parecerão empregadas de modo incomum poderão contudo parecer normais se esse emprego for justificado pelo todo do discurso. Consideraremos uma figura *argumentativa* se, acarretando uma mudança de perspectiva, seu emprego parecer normal em relação à nova situação sugerida. Se, em contrapartida, o discurso não acarretar a adesão do ouvinte a essa forma argumentativa, a figura será percebida como ornamento, como figura de *estilo*. Ela poderá suscitar a admiração, mas no plano estético, ou como testemunho da originalidade do orador.

Vê-se, por conseguinte, que não se poderia decidir, de antemão, se uma determinada estrutura deve ser considerada ou não figura, nem se ela desempenhará o papel de figura argumentativa ou de figura de estilo; quando muito, pode-se detectar um número de estruturas aptas a se tornarem figuras.

Certas figuras, como a *alusão*, nunca são reconhecidas senão em seu contexto, pois sua estrutura não é nem gramatical, nem semântica, mas se deve a uma relação com alguma coisa que não é o objeto imediato do discurso. Se essa maneira de exprimir-se for percebida como incomum teremos uma figura; o movimento do discurso, a adesão do ouvinte à forma de argumentação que ela favorece é que determinarão o gênero de figura com que lidamos. Observemos, desde agora, que a alusão terá quase sempre valor argumentativo, por ser essencialmente elemento de acordo e de comunhão.

Perceberemos melhor ainda a importância do movimento do discurso se examinarmos certas *metáforas*. A. Smith, numa passagem célebre, mostra por qual mecanismo o indivíduo, buscando seu proveito pessoal, serve também ao interesse geral:

> ... ele só tem em vista seu próprio ganho e, nisso como em muitos outros casos, é conduzido por uma mão invisível a promover um fim que não fazia parte de sua intenção[77].

A célebre expressão "mão invisível" utilizada por Smith não é em geral percebida pelo ouvinte como a expressão normal do pensamento, no sentido de que poucos ouvintes admitirão que A. Smith realmente tem em vista uma mão de carne e osso; mas o ouvinte sente que essa mão invisível deve persuadir que a harmonia entre o interesse individual e o interesse coletivo não é devida ao acaso, que seria permitido explicá-la por uma intervenção sobrenatural, que a presciência recusada ao homem pode ser a de um ser supremo. Em suma, não analisaremos aqui o mecanismo dessa figura, mas gostaríamos de mostrar que, pelo fato de se poder aderir ao valor argumentativo que contém, essa expressão será mesmo considerada uma figura, mas não uma figura de estilo. Cumpre observar, a esse respeito, que para ser percebida como argumentativa uma figura não deve necessariamente acarretar a adesão às conclusões do discurso, bastando que o argumento seja percebido em seu pleno valor; pouco importa se outras considerações se oponham à aceitação da tese em questão.

Resulta do que precede que uma figura, cujo efeito argumentativo não foi feliz, cairá à posição de figura de estilo. Assim, para negar a uma teoria filosófica um valor que não o literário, pretender-se-á ver nessa teoria apenas uma figura de retórica.

> Esse passado bergsoniano, escreve Sartre, que adere ao presente e até o penetra não é muito mais que uma figura de retórica. E é isso que bem mostram as dificuldades que Bergson encontrou em sua teoria da memória[78].

Se os autores que trataram das figuras tenderam a não lhes perceber senão o lado estilístico, isso se deve portanto, pensamos nós, ao fato de que, a partir do momento em que uma figura é alijada do contexto, posta num herbário, ela é quase necessariamente percebida sob seu aspecto menos argumentativo; para apreender-lhe o aspecto argumentativo, cumpre conceber a passagem do habitual ao não-habitual e a volta a um habitual de outra ordem, o produzido pelo argumento no mesmo momento em que termina. Ademais, e este talvez seja o ponto mais importante, cumpre dar-se conta de que a expressão normal é relativa não só a um meio, a um auditório, mas a um determinado momento do discurso. Admite-se, em contrapartida, que há uma maneira de exprimir-se que é a boa, a autêntica, a verdadeira, a normal, e só se pode conceber a figura como algo estático: uma expressão é ou não é uma figura; não se pode imaginar que o seja ou não conforme a reação do ouvinte. Uma concepção mais flexível, que considera o normal em toda a sua mobilidade, é a única que pode devolver inteiramente às figuras argumentativas o lugar que elas ocupam realmente no fenômeno de persuasão.

Encontramos, assim, pela relativização do normal, uma observação do pseudo-Longino:

> Não há Figura mais excelente do que a que está totalmente oculta, e quando não se reconhece que é uma Figura. Ora, não há socorro nem remédio mais maravilhoso para impedi-la de aparecer do que o Sublime e o Patético; porque a Arte assim encerrada no meio de algo grande e deslumbrante tem tudo o que lhe faltava e já não é suspeita de nenhum embuste[79].

As roupas de festa parecem adequadas em certo contexto e nele não se fazem notar.

§ 42. As figuras da escolha, da presença e da comunhão

Quando tratarmos de uma figura e examinarmos o que ela traz à argumentação, valer-nos-emos com maior freqüência, para designá-la, do nome pelo qual ela é tradicionalmente conhecida; isto possibilitará um entendimento mais fácil com o leitor e remeterá a uma estrutura que já chamou a atenção no passado. Os próprios exemplos serão tirados, de bom grado, da tradição. Em contrapartida, as classificações das figuras geralmente utilizadas em nada nos podem ajudar. Ao contrário, acreditamos que uma das maiores distinções, aquela entre figuras de pensamentos e figuras de palavras, desconhecida de Aristóteles, mas que parece obrigatória desde o século dois antes de nossa era, contribuiu para obscurecer toda a concepção das figuras de retórica.

De nosso ponto de vista, constataremos que uma mesma figura, reconhecível por sua estrutura, nem sempre produz necessariamente o mesmo efeito argumentativo. Ora, é este que nos interessa acima de tudo. Em vez de proceder a um exame exaustivo de todas as figuras tradicionais, perguntar-nos-emos, a propósito deste ou daquele procedimento ou esquema argumentativo, se certas figuras são aptas para cumprir a função que reconhecemos nesse procedimento, se podem ser consideradas uma das manifestações deste. Por esse meio, as figuras serão de certo modo desmembradas. Não só as figuras estarão repartidas entre diversos capítulos de nosso estudo, mas também veremos exemplos de uma mesma figura serem encaixados em capítulos diferentes. É o próprio desmembramento que, pensamos nós, poderá enfatizar melhor o significado argumentativo das figuras.

Para ilustrar nosso modo de proceder, passaremos rapidamente em revista algumas figuras da escolha, da presença e da comunhão. Esses termos não designam gêneros dos quais certas figuras tradicionais seriam as espécies. Significam somente que o efeito, ou um dos efeitos, de certas figuras é, na apresentação dos dados, impor ou sugerir uma escolha, aumentar a presença ou realizar a comunhão com o auditório.

Um dos modos essenciais da escolha, a interpretação, pode, ao que parece, dar azo a uma figura argumentativa. Ficaríamos inclinados a considerar tal o procedimento assinalado por Sêneca na controvérsia relativa ao filho que, apesar da proibição do pai, alimentou um tio. Um dos defensores do filho alega que este julgou que as ordens do pai não correspondiam ao seu verdadeiro desejo. Porém Céstio, mais ousado, faz o filho dizer ao pai:

> Tu o quiseste e o queres ainda hoje[80].

A interpretação, muito audaciosa, é apresentada como um fato e será percebida como uma figura argumentativa ou como figura de estilo, conforme o efeito produzido sobre o auditório.

A *definição oratória* é uma figura da escolha, pois utiliza a estrutura da definição, não para fornecer o sentido de uma palavra, mas para pôr em destaque certos aspectos de uma realidade que correriam o risco de ficar no último plano da consciência. Fléchier, querendo valorizar as capacidades de um general, formula sua definição do exército, diz-nos Baron,

> de maneira que cada oração seja uma das premissas de um silogismo que tenha por conclusão: logo, é difícil comandar um exército.

Eis o texto:

> Que é um exército? É um corpo animado por uma infinidade de paixões diferentes que um homem hábil faz movimentar-se para a defesa da pátria; é uma tropa de homens armados que seguem cegamente as ordens de um chefe cujas intenções não conhecem; é uma multidão de almas em sua maioria vis e mercenárias que, sem pensarem em suas respectivas reputações, trabalham para a dos reis e dos conquistadores; é um conjunto confuso de libertinos...[81]

O caso da definição oratória nos mostra claramente que o caráter anormal de uma estrutura pode ser considerado de um ponto de vista duplo. De um lado, a definição oratória, embora apresentando a estrutura de uma definição, não desempenha o papel habitual desta; de outro, o efeito produzido habitualmente pelo epíteto ou pela qualificação, ou seja, pela escolha, é produzido desta vez em virtude da definição oratória. Se enfatizássemos o primeiro ponto de vista, seríamos levados a tratar a definição oratória no que toca à definição. É por referirmo-nos ao segundo ponto de vista, ao aspecto funcional, à ação sobre o auditório, que a tratamos como figura de escolha.

A *perífrase* pode desempenhar o mesmo papel que a definição oratória. A expressão “as três deusas infernais que, segundo a fábula, tecem a trama de nossos dias”, para designar as Parcas, será percebida como uma perífrase, se essa expressão não servir para fornecer uma definição do termo “Parcas” mas sim para substituí-lo, o que supõe que se conheça a existência do nome que é substituído por essa expressão. O papel argumentativo do enunciado fica bem nítido nestes versos de *Athalie*, dos quais o primeiro pode, entretanto, ser percebido como uma perífrase para designar Deus:

> *Celui qui met un frein à la fureur des flots*
> *Sait aussi des méchants arrêter les complots*[82].
> [Aquele que um freio põe no furor das águas
> Sabe também dos maus os conluios deter.]

Muitas perífrases podem ser analisadas em termos de figuras, tais como a *sinédoque* ou a *metonímia*, cujas funções não são essencialmente a da escolha[83], ainda que possam servir-lhe: "os mortais", para "os homens", é uma maneira de chamar a atenção para uma característica particular dos homens. Mencionemos aqui sobretudo, enquanto figura da escolha, a *antonomásia*, que Littré define como "uma espécie de sinédoque que consiste em tomar um nome comum por um nome próprio ou um nome próprio por um nome comum". Em sua primeira forma, ela às vezes visa evitar que se pronuncie um nome próprio; mas às vezes, também, qualificar alguém de um modo útil para a argumentação: "os netos do Africano" para "os Gracos" pode tender a esse objetivo.

A *prolepse* ou *antecipação* (*praesumptio*) pode ser figura de escolha quando visa insinuar que há motivo de substituir uma qualificação que poderia ter levantado objeções por outra:

> E no entanto era menos um castigo do que um meio de prevenir o crime[84].

A hesitação marcada pela *retificação* (*reprehensio*) não tem, por certo, outro objetivo senão salientar a legitimidade de uma escolha:

> Cidadãos, disse eu, se é permitido chamá-los por esse nome[85].

Da mesma forma a *correção*, que substitui uma palavra por outra:

> Se o acusado houvesse pedido aos seus hospedeiros, ou melhor, se lhes houvesse feito apenas um sinal...[86]

As figuras da presença têm por efeito tornar presente na consciência o objeto do discurso.

A primeira dessas figuras é a *onomatopéia*. Que a onomatopéia espontânea tenha dado ou não origem a certos termos da linguagem não é muito relevante. A onomatopéia é percebida como figura quando há, para evocar um ruído real, quer criação de uma palavra, quer uso inusitado de palavras existentes, pouco importando, aliás, que o som reproduza exatamente ou não o ruído do que se quer tornar presente; apenas a intenção de imitação parece contar. É divertido constatar, a esse respeito, que Dumarsais cita como exemplo de onomatopéia "bilbit amphora" que traduz por "a garrafinha faz gluglu"[87].

Entre as figuras que têm por efeito aumentar o sentimento de presença, as mais simples se relacionam com a *repetição*, que é importante em argumentação, ao passo que, numa demonstração e no raciocínio científico em geral, ela nada proporciona. A repetição pode agir diretamente; pode também acentuar o fracionamento de um acontecimento complexo em episódios detalhados, apta, como o sabemos, para favorecer a presença. Assim, neste exemplo de *anáfora*, repetição das primeiras palavras em duas frases sucessivas:

Trois fois je lui jetai les bras au cou
Trois fois s'enfuit la vaine image[88].
[Três vezes ao pescoço lancei-lhe os braços
Três vezes fugiu a vã imagem.]

Mas a maioria das figuras que os retóricos classificam sob o nome de figuras de repetição[89] parece ter um efeito argumentativo muito mais complexo do que o de proporcionar a presença. É que elas visam sobretudo, sob a forma da repetição, sugerir distinções. É o que acontece com expressões do tipo:

"Córidon desde então é para mim Córidon!"

que são percebidas como figura em razão desse uso anormal da repetição[90].

Mais próximas, contudo, de figuras da presença são a *conduplicatio* da *Rhetorica ad Herennium* e o *adjectio* de Quintiliano:

Guerras, C. Graco, guerras domésticas e intestinas, eis o que provocas...[91]

Matei, sim, matei...[92]

Aqui também o resultado produzido pela repetição não é somente duplicar o efeito de presença; com a repetição, o segundo enunciado do termo parece repleto de valor; o primeiro, por reação, parece relacionar-se exclusivamente com um fato, enquanto, normalmente e sozinho, teria parecido conter fato e valor. O efeito de presença é, portanto, subordinado a outras intenções. Por isso não podemos subscrever a explicação de Chaignet, conquanto tenha ela o mérito de buscar um sentido para o emprego da repetição:

> Está claro que, se temos muito que dizer de uma pessoa ou de uma coisa, somos obrigados a designá-la várias vezes pelo nome; reciprocamente, se a nomeamos várias vezes, parece que dizemos muitas coisas sobre ela[93].

Obtém-se o efeito de presença, muito mais do que por uma repetição literal, por outro procedimento que é a *amplificação*; entendemos, com isso, o desenvolvimento oratório de um assunto, independentemente do exagero com o qual o associam geralmente.

Quando e por que a amplificação é percebida como uma figura? Sobretudo, ao que parece, quando ela utiliza formas que, normalmente, visam a um objetivo diferente da presença: é o que se dá, em especial, na amplificação mediante enumeração das partes, que lembra uma argumentação quase lógica[94]. Eis um exemplo de *congérie* dado por Vico:

> Teus olhos são formados para a impudência, o rosto para a audácia, a língua para os perjúrios, as mãos para as rapinas, o ventre para glutonaria... os pés para a fuga: logo, tu és toda malignidade[95].

Assim também, a *sinonímia* ou *metábole*, que é descrita como a repetição de uma mesma idéia mediante termos diferentes, utiliza, para proporcionar a presença, uma forma que sugere a correção progressiva. Em:

Va, cours, vole et nous venge[96].
[Vai, corre, voa e nos vinga.]

o autor usa termos que parecem convir cada vez melhor; a sinonímia seria como que uma correção abreviada, ou mesmo como uma prolepse abreviada: proporcionaria a presença mediante uma forma destinada essencialmente à escolha.

Muito próxima dessa figura é o procedimento (*interpretatio*) que consiste em explicitar um membro de frase por outro, mas isto menos com intuito de aclaramento do que para aumentar a presença:

Foi a república que tu derrubaste de alto a baixo, o Estado que abateste completamente[97].

No *pseudodiscurso direto* aumenta-se o sentimento de presença atribuindo ficticiamente palavras a uma pessoa ou a várias conversando entre si; a tradição distingue, a esse respeito, a *sermocinatio* do *dialogismo*[98]. Cumpre observar que os objetivos do pseudodiscurso direto podem ser múltiplos; mas sempre se prendem à hipótese. Ora, já vimos o papel dela para proporcionar a presença[99]. O pseudodiscurso direto dará a conhecer as intenções que se atribuem a alguém ou o que se crê ser a opinião de outrem sobre essas intenções. Poderá ser apresentado como meio pronunciado, meio pensado. Sob este último modo muito ambíguo, Browning utilizou-o amplamente em seu célebre poema *The Ring and the Book*.

Assinalemos por fim as figuras relativas ao tempo gramatical. É a brusca passagem do pretérito, tempo da narrativa, para o presente, tempo da descrição, que faz amiúde que esta pareça uma figura, a *hipotipose*[100], de que já falamos; o modelo geralmente citado é a narrativa da morte de Hipólito, cujos verbos estão todos no presente[101].

A substituição sintática de um tempo por outro, contrariamente às ligações normais, ou seja, a *enálage de tempo*, poderá ter um efeito de presença muito marcante: "Se falas, morres" sugere que a conseqüência ocorrerá instantaneamente, no momento em que se transgride a injunção.

As figuras de comunhão são aquelas em que, mediante procedimentos literários, o orador empenha-se em criar ou confirmar a comunhão com o auditório. Amiúde essa comunhão é obtida mercê de referências a uma cultura, a uma tradição, a um passado comuns.

A *alusão*, que muitos autores tratam como uma figura, desempenha certamente esse papel. Há alusão quando a interpretação de um texto, se se omitisse a referência voluntária do autor a algo que ele evoca sem designar, estaria incompleta; esse algo pode consistir num acontecimento do passado, num uso ou num fato cultural, cujo conhecimento é próprio dos membros do grupo com os quais o orador busca estabelecer essa comunhão. A esses fatos culturais atribui-se em geral uma afetividade particular: enternecimento ante as lembranças, orgulho da comunidade; a alusão aumenta o prestígio do orador que possui e sabe utilizar tais riquezas. Assim faz Mirabeau nesta passagem citada por Baron:

> Eu não necessitava dessa lição para saber que não há mais que um passo do Capitólio à rocha Tarpéia[102].

A *citação* só é uma figura de comunhão quando não serve ao que é sua função normal, a saber: apoiar o que se diz com o peso de uma autoridade[103].

Máximas e provérbios também podem ser considerados citações. Quando seu uso não parece resultar das necessidades da argumentação, passando o conteúdo deles para o segundo plano, serão percebidos como figura; tornam-se o sinal do arraigamento numa cultura em Sancho Pança ou em Teviê o Leiteiro[104]. Do mesmo modo que o clichê, a citação pode ser percebida como um formalismo. Mas a personagem de quem La Bruyère nos diz:

> Não é nem para dar mais autoridade ao que diz, nem talvez para vangloriar-se do que sabe. Ele quer citar[105].

sem dúvida ainda está, neste momento, em busca de comunhão com o auditório.

A comunhão cresce igualmente por meio de todas as figuras pelas quais o orador se empenha em fazer o auditório participar ativamente de sua exposição, atacando-o, solicitando-lhe ajuda, assimilando-se a ele.

A *apóstrofe*, a *interrogação oratória*, que não visa nem a informar-se, nem a assegurar um acordo, são em geral figuras de comunhão; na *comunicação oratória* o orador pede ao próprio adversário, ao juiz, que reflita sobre a situação em que se está, convida-o a participar da deliberação que ele parece prosseguir à frente dele[106], ou então o orador procura confundir-se com o seu auditório:

> Ora, pergunto-vos, exclama Massillon, e vo-lo pergunto pasmo de horror, não separando nesse ponto a minha sorte da vossa...[107]

O mesmo efeito é igualmente obtido pela *enálage da pessoa*, a permutação do "eu" ou do "ele" pelo "tu", que faz com que "o ouvinte julgue ver a si mesmo em meio ao perigo"[108] e que é figura de presença e de comunhão. E também pela *enálage do número de pessoas*, a permutação do "eu", do "tu" pelo "nós". É esta que a mãe utiliza ao dizer ao filho: "Vamos nos deitar".

Encontramos um excelente exemplo dela em Massillon, em quem o cuidado da assimilação com o auditório é constante:

> E aí tendes, meu caro ouvinte, com que vos instruir e vos confundir ao mesmo tempo. Queixai-vos do excesso de vossas desditas... Ora, o que mais consolador em nossas penas? Deus me vê, conta meus suspiros, pesa minhas aflições, olha minhas lágrimas correrem...[109]

"Vós", "nós", "eu" são etapas pelas quais o orador se assimila aos seus ouvintes, confundindo-se a última, aliás, com o pseudodiscurso direto que, por sua vez, pode ser portanto figura de comunhão.

Estas poucas indicações sobre o papel de certas figuras na apresentação dos dados bastam, pensamos, para mostrar como se pode vincular seus efeitos a fatores bastante gerais de persuasão. Nossa análise das figuras é subordinada, portanto, a uma análise prévia da argumentação. Poder-se-ia objetar que, por esse viés, jamais tocaremos no que alguns autores poderiam julgar essencial no estudo das figuras.

Acreditamos, porém, que há interesse em tratá-las assim. Retomaremos, pois, daqui em diante, esse mesmo ponto de vista cada vez que se apresentar a ocasião.

§ 43. O estatuto dos elementos de argumentação e sua apresentação

Um dos efeitos importantes da apresentação dos dados consiste na modificação do estatuto dos elementos do discurso.

Os diferentes tipos de objetos de acordo usufruem, como sabemos, privilégios diferentes. Presume-se que alguns deles se beneficiam do acordo do auditório universal: são os fatos, as verdades, as presunções. Outros se beneficiam apenas do acordo de auditórios particulares: são os valores, as hierarquias, os lugares. A precariedade desses diferentes objetos de acordo não é vinculada às mesmas condições. Daí o grande interesse que se prende à fixação do estatuto dos elementos utilizados, à transposição de certos elementos a outra categoria, à possibilidade de enfatizar mais um tipo de objetos de acordo do que outro.

Presume-se, normalmente, que o orador e seu auditório reconheçam o mesmo estatuto para os elementos do discurso, pelo menos até que uma divergência explícita obrigue a modificar essa hipótese. Mas acontece com muita freqüência que, no interesse de sua argumentação, o orador faça um esforço para situar o debate no plano que lhe parece mais favorável, modificando se preciso for o estatuto de certos dados. Nesse ponto a apresentação desempenha um papel essencial.

O mais das vezes o esforço do orador tende a atribuir aos elementos nos quais se apóia o estatuto mais elevado possível, o estatuto que usufrui o acordo mais amplo. Assim é que o estatuto de valor será atribuído aos sentimentos pessoais, o estatuto de fato será atribuído aos valores.

Os sentimentos e impressões pessoais são em geral expressos como juízos de valor largamente compartilhados. O seu modelo seria a afirmação do turista que, voltando de viagem, diz-nos: "Como é agradável viajar pela França!" ou a exclamação do jovem enamorado: "Como a lua está linda esta noite!" Tais expressões, como observa Britton[110], são mais eficazes na conversação, perante um auditório de íntimos, do que em escritos destinados a qualquer leitor. Trata-se menos de um juízo de valor, que se estaria disposto a defender, do que de uma impressão que se pede a um auditório benevolente que compartilhe.

Juízos de valor e, mesmo, sentimentos puramente subjetivos podem, mediante artifícios de apresentação, ser transformados em juízo de fato. A frase "estas maçãs não me apetecem" para "não gosto destas maçãs" permite operar uma espécie de transferência de responsabilidade. Reprova-se ao objeto não emitir apelo, considera-se que, se houve reação desfavorável, isso resulta de um comportamento do objeto. Claro que essa asserção se refere a um fato inverificável e o ouvinte poderia recusar seu acordo. Mas ninguém pensa nisso no momento em que gostaria de defender, como contraditor, a excelência dessas maçãs.

Substituindo a qualificação "mentiroso" por "pessoa com uma disposição para induzir cientemente em erro"[111], ter-se-á a impressão de haver transformado o juízo de valor, no qual aparece essa qualificação, em juízo de fato, porque o enunciado, em sua nova forma, parece mais preciso, pois se insiste em suas condições de verificação. A não-utilização do termo "mentiroso" salienta, aliás, a intenção de evitar uma apreciação desfavorável. O uso de termos que servem habitualmente para a descrição de fatos, para incitar a juízos de valor, sem os enunciar explicitamente, é oportuno perante auditórios que desconfiam de tudo o que não parece verificável. Aquele que, em vez de dizer "eu agi bem", declara "agi de tal forma" parece ater-se a uma afirmação de fato, inegável e objetiva. Ele obtém todavia, de modo indireto, aos olhos de quem está tentado a aprovar essa forma de agir, o mesmo resultado que pela afirmação de valor. E a vantagem da transposição é indubitável porque, não estando enunciado, o valor não fica exposto a ser questionado inutilmente. Assim também, em vez de gabar os méritos de uma pessoa, basta assinalar certos fatos abstendo-se de enunciar a valorização daí derivada, deixando esse cuidado ao auditório.

Os juízos de valor podem igualmente ser transformados em expressão de fatos, ao serem atribuídos a alguém: essa mudança de estatuto geralmente é sugerida para dar peso ao enunciado. Mas ela também pode ter o efeito de limitar o alcance deste: uma norma, estribada na autoridade de uma personagem célebre, corre o risco de transformar-se assim em simples fato cultural.

Outra técnica consiste em apresentar como um fato de experiência o que não é mais que a conclusão de uma argumentação. Na obra que consagra às fraudes em arqueologia pré-histórica, Vayson de Pradenne prende-se à argumentação das partes e assinala que Chierici, ao defender a autenticidade dos sílex de Breonio, afirma: "A mera inspeção desses sílex exclui qualquer suspeita de trabalho recente"[112]. Vayson de Pradenne vê aí uma forma do argumento de autoridade. Na realidade, o interesse do enunciado reside precisamente no fato de não ser apresentado como argumento de autoridade, mas como um testemunho concernente a um fato verificável.

Quem qualifica a solução, que considera a melhor, de única solução opera uma transposição análoga do juízo de valor em juízo de fato.

Às vezes o desacordo sobre os valores é apresentado como um desacordo sobre os fatos, porque é mais fácil retificar um erro material do que um juízo de valor que se desaprova. O modelo dessa técnica argumentativa seria o recurso do papa mal-informado ao papa mais bem-informado: supõe-se que o desacordo repousa numa informação insuficiente e que bastará completar para fazer a pessoa mal-informada mudar de opinião. Assim também, diante de uma lei contestada, aumentar-se-lhe-á o valor proclamando que, se ela foi transgredida, só pode ter sido por ignorância. Subentende-se que se a conhecessem não hesitariam em segui-la.

Um exemplo cômico desse modo de argumentar, justamente por se tratar de uma dissimulação, é assinalado por Quintiliano. É a resposta de um cavaleiro romano a Augusto, que lhe censurava por dilapidar o patrimônio pessoal: "Julguei que ele fosse meu"[113], responde o cavaleiro, como se a censura não tivesse outro fundamento que não um erro de fato.

Certas figuras, em especial a *metalepse*, podem facilitar a transposição de valores em fatos. "Ele esquece os favores" por "ele não é reconhecido"; "lembrem-se de nosso pacto" por "observem nosso pacto", são maneiras de atribuir uma conduta a um fenômeno de memória, que permite ao interlocutor modificar sua atitude parecendo ter somente melhorado seu conhecimento dos fatos. Assim também, "não conheço o senhor"[114] por "deprezo o senhor" transpõe o juízo de valor num juízo de existência.

Outras vezes, uma hipótese transforma em situação de fato um juízo de valor. O líder católico belga Schollaert brada:

> Senhores, gostaria de poder conduzir uma mulher cristã a uma montanha bem alta para que ela pudesse, de lá, abarcar com o olhar todas as mulheres e todos os povos da terra. Lá... eu lhe diria: "Olhe, senhora, e depois de ter olhado responda-me. ... Quem a fez pura, bela, magnífica e superior a todas as infelizes irmãs que se agitam a seus pés?"[115]

A situação de fato imaginada acarreta uma possibilidade de visão panorâmica que sugere a superioridade de valor.

Enfim, certas construções gramaticais, como a frase nominal, podem ser utilizadas para sugerir o estatuto de fato. R. Caillois, notando a freqüência delas em Saint-John Perse, vê nisso o tom do homem avaro de palavras, com afirmações incontestadas por causa da evidência delas ou de sua autoridade[116]. A frase nominal é mais um esforço para estabelecer o que se diz fora do tempo e, desse modo, fora da subjetividade, da parcialidade.

Pode acontecer, porém, que na apresentação das premissas haja interesse em diminuir o estatuto de certos objetos de acordo.

Para minimizar a gravidade de uma oposição a um fato, de uma deturpação da verdade, a negação de um fato será transformada em juízo de apreciação. Um belo exemplo dessa transposição pode ser encontrada em Browning, onde o bispo Blougram, em sua apologia, tenta diminuir o alcance de sua descrença:

Tudo o que ganhamos com nossa descrença
É uma vida de dúvida diversificada pela fé,
Por uma vida de fé diversificada pela dúvida:
Chamávamos o tabuleiro de xadrez de branco
[– chamamo-lo de negro[117].

Às vezes reduzem-se normas a serem apenas caprichos, apenas a expressão de um sentimento pessoal: tende-se a mostrar, com a formulação, que não se tenta impô-las aos outros. No romance de Jacques Rivière, *Aimée*, o namorado fica chocado com certos comportamentos de Aimée. Censura-lhos, depois se arrepende:

> O que me autorizava a fazer de meus gostos, de meus juízos, a regra que ela deveria seguir? Por que meus valores deveriam ser preferidos aos dela?[118]

Ao tratar suas normas de "meus gostos" o amante desculpa Aimée, proíbe-se de condená-la em nome de regras que ela não adotou.

O caso mais interessante de transposição é aquele em que a argumentação é voluntariamente reduzida a juízos de valor, em que se emprega o esquema inverso daquele do recurso do papa mal-informado ao papa bem-informado, e isso para deixar claro que as divergências de valor são as únicas que importam, que é nelas que o debate está centrado. Assim N. Bobbio, tratando da arte em regime totalitário[119], recusa-se a examinar se o artista é mais livre na América ou na U.R.S.S., se a qualidade estética das produções russas é satisfatória ou não, porque estas são, segundo ele, questões de fato, irrelevantes para a controvérsia, e Bobbio qualifica de fato tudo quanto não diz respeito ao valor que está em jogo – o da liberdade.

É bastante raro que a vontade de reduzir o debate a uma questão de valores seja tão clara. Isso implica, de fato, uma técnica e uma reflexão sobre os valores que correspondem a preocupações de hoje. Mas acontece com freqüência que, voluntariamente, os elementos postos no primeiro plano sejam apenas valores. Um exemplo célebre é o discurso de Bruto à multidão em *Júlio César* de Shakespeare, do qual é eliminado tudo quanto é alheio ao valor da liberdade:

> Preferiríeis que César vivesse e morrêsseis todos escravos, a que César morresse e vivêsseis todos livres?[120]

O discurso de Bruto foi amiúde considerado o de um frio lógico, em contraste com o de Antônio. No entanto, o que o caracteriza não é a eliminação dos valores, muito pelo contrário, mas a vontade enfatizada de transpor o debate unicamente a uma escolha particular.

Estas poucas observações sobre o estatuto dos objetos de acordo e sobre as modificações que a maneira de valer-se dos dados pode trazer a este coincidem com o que dissemos anteriormente a respeito da solidez e da precariedade, a um só tempo, dos pontos de apoio da argumentação. Nossa descrição dos objetos de acordo deixava prever que apenas num contexto completo eles podem ser reconhecidos. Acabamos de ver que a forma pela qual são expressos, o modo como um debate é situado, podem reagir sobre esse estatuto. Utilizamos voluntariamente o termo transposição, ele próprio ambíguo, para assinalar que se pode ver aí seja uma simples transferência de acordo, seja uma modificação profunda. Conforme os casos e conforme os pontos de vista, uma ou outra interpretação poderá parecer preferível. Cumpria, ao que parece, sublinhar a influência desses fenômenos infinitamente complexos de transposição sobre o desenvolvimento da argumentação e sobre sua possível eficácia.

TERCEIRA PARTE

As técnicas argumentativas

§ 44. Generalidades

O discurso persuasivo produz efeitos por sua inserção, como um todo, numa situação, ela própria o mais das vezes bastante complexa. Como os diferentes elementos do discurso estão em interação, a amplitude da argumentação e a ordem dos argumentos levantam problemas que trataremos no final de nosso estudo. Mas, antes de examinar nosso tema por esse aspecto sintético, convém analisar a estrutura dos argumentos isolados.

Esse modo de proceder, indispensável numa primeira aproximação, obrigar-nos-á a separar articulações que são, na verdade, parte integrante de um mesmo discurso e constituem uma única argumentação de conjunto. Ora, o sentido e o alcance de um argumento isolado não podem, senão raramente, ser compreendidos sem ambigüidade; a análise de um elo da argumentação, fora do contexto e independentemente da situação em que ele se insere, apresenta inegáveis perigos. Estes não se devem unicamente ao caráter equívoco da linguagem, mas também ao fato de os móbeis de uma argumentação não serem quase nunca completamente explicitados.

Para discernir um esquema argumentativo, somos obrigados a interpretar as palavras do orador, a suprir os elos faltantes, o que nunca deixa de apresentar riscos. Com efeito, afirmar que o pensamento real do orador e de seus ouvintes é conforme ao esquema que acabamos de discernir não passa de uma hipótese mais ou menos provável. O mais das vezes, aliás, percebemos simultaneamente mais de uma forma de conceber a estrutura de um argumento.

A essa objeção junta-se outra, cada vez que nossas análises se referem a argumentos extraídos, não de discursos efetivamente pronunciados, mas de textos literários. Qual garantia temos, na verdade, de que os discursos imaginados não se encontram tão distantes da realidade quanto os seres mitológicos? E, de fato, o caráter superficial de certos discursos solenes e dos exercícios escolares que os retores nos deixaram é inegável.

Essas duas objeções seriam certamente difíceis de afastar se, de um lado, se tratasse de análise de um discurso particular, análise essa que se desejaria conforme a uma realidade histórica, e se, de outro, se pretendesse propor como modelos de discurso persuasivo aqueles que se mostraram, efetivamente, eficazes no passado. Mas é diferente o nosso propósito. O que desejamos analisar nos capítulos que se seguem são esquemas de argumentos para os quais os casos particulares examinados servem apenas de exemplos, que poderiam ser substituídos por mil outros. Extraímo-los de textos que acreditamos conhecer o bastante para reduzir o risco de incompreensão. Entretanto, estamos convencidos de que esses mesmos enunciados argumentativos poderiam ser analisados de outra maneira, conforme outros planos de delimitação. É que nada impede de considerar um mesmo enunciado como suscetível de traduzir vários esquemas que atuariam simultaneamente sobre o espírito de diversas pessoas, até mesmo sobre um único ouvinte. É possível, ademais, que esses esquemas atuem sem ser claramente percebidos e que apenas um trabalho de explicitação, raramente efetuado, permita ao orador e, mormente, aos seus ouvintes ficarem conscientes dos esquemas intelectuais que utilizam ou a cuja ação estão sujeitos. A esse respeito, os textos literários – romance, teatro, discurso – têm em geral a vantagem de apresentar os argumentos de forma simplificada, estilizada ou exagerada. Situados fora de um contexto real onde todos os elementos da ação oratória se confundem, eles se mostram com mais nitidez. Além do mais, podemos ter certeza de que se o reconhecemos como argumentos é porque correspondem mesmo a estruturas familiares.

Recorreremos, para aclarar nossa análise, a exemplos cômicos. Não achamos que um estudo do cômico na arte oratória se relacione diretamente com nosso escopo – ainda que o cômico seja um elemento importantíssimo para conquistar o auditório ou, mais comumente, para firmar uma comunidade entre orador e auditório, para efetuar desvalorizações, notadamente para ridicularizar o adversário, para operar diversões oportunas. Mas nosso interesse não incidirá tanto sobre o cômico *na* retórica quanto sobre o cômico *da* retórica. Entendemos com isso a utilização cômica de certos tipos de argumentações. Se, como acreditamos, existe um cômico da retórica, os elementos cômicos podem ajudar-nos a descobrir certos expedientes argumentativos que, em sua forma usual e corriqueira, só se deixariam discernir com maior dificuldade. Qualquer expediente pode tornar-se facilmente fonte do cômico; os expedientes retóricos certamente não fogem a essa regra. O efeito cômico, em certos casos, não proviria, precisamente, do fato de evocarmos os procedimentos habituais de raciocínio, caricaturados para a circunstância, e de observarmos a utilização, fora de propósito, ou abusiva, ou canhestra, de tal esquema argumentativo?

Desde o início, também, cumpre-nos insistir em que o discurso é um ato que, como todo ato, pode ser objeto, da parte do ouvinte, de uma reflexão.

Enquanto o orador argumenta, o ouvinte, por sua vez, ficará inclinado a argumentar espontaneamente acerca desse discurso, a fim de tomar uma atitude a seu respeito, de determinar o crédito que lhe deve dar. O ouvinte que percebe os argumentos não só pode percebê-los à sua maneira como é o autor de novos argumentos espontâneos, o mais das vezes não expressos, mas que ainda assim intervirão para modificar o resultado final da argumentação.

Pode ocorrer, aliás, que essa reflexão seja orientada pelo orador, que este mesmo forneça aos ouvintes certos argumentos referentes às características de seu próprio enunciado, ou então que forneça certos elementos de informação que favorecerão esta ou aquela argumentação espontânea do ouvinte. Esses argumentos que tomam o discurso por objeto, esses elementos de informação aptos a suscitálos, também podem emanar de terceiros: do adversário do orador, notadamente no debate judiciário, ou, talvez, também de um simples espectador.

Em princípio, todos os esquemas argumentativos que encontraremos podem, portanto, aplicar-se ao próprio discurso. Seremos levados a mostrá-lo em certos casos de uma maneira assaz aprofundada, especialmente no que toca aos argumentos baseados na relação da pessoa do orador com seu discurso e no que toca à consideração do discurso como expediente oratório. Mas estes são apenas casos eminentes entre aqueles em que a argumentação, tendo o discurso por objeto, se sobrepõe à argumentação propriamente dita do orador. Poder-se-ia, certamente, para cada tipo de argumento, tentar um estudo semelhante. É indispensável que, de todo modo, essa reflexão sobre o discurso jamais seja perdida de vista.

Os planos em que essa reflexão se situa serão, aliás, muito diversos. Ela poderá analisar o discurso como ato, como indício, como meio; poderá referir-se unicamente ao seu conteúdo, ou não descuidar de nenhum dos fatores que o constituem. Poderá notadamente referir-se à linguagem utilizada: enquanto o orador descrever o que "viu", o ouvinte pensará talvez no significado psicológico ou fisiológico da visão; poderá também, com Ryle, notar que o verbo "ver" não é um verbo que indica um processo ou um estado, mas sim um resultado[1]. Normalmente, tais reflexões sobre a linguagem não terão repercussão sobre o efeito do discurso, porque este visará um plano em que elas são irrelevantes; mas nem sempre é esse o caso. Notemos, aliás, que essas considerações podem ser o fruto de idéias pessoais ou de idéias sugeridas por um teórico. Mas este último pretende apenas, o mais das vezes, pôr em evidência o que é a consciência verbal da maioria dos homens[2].

É levando em conta essa sobreposição de argumentos que se conseguirá explicar melhor o efeito prático, efetivo, da argumentação. Toda análise que a preterisse estaria, pensamos, condenada ao fracasso. Contrariamente ao que se passa numa demonstração na qual os procedimentos demonstrativos ocorrem no interior de um sistema isolado, a argumentação se caracteriza por uma interação constante entre todos os seus elementos. Sem dúvida, mesmo a demonstração lógica pode ser objeto de atenção da parte do ouvinte, que lhe admirará a elegância, lhe deplorará o desprimor, constatará sua adequação à meta perseguida. Mas essa argumentação que toma a demonstração por objeto não será ela própria demonstração. Não se sobreporá à demonstração para modificar-lhe a validade. Desenvolver-se-á num plano argumentativo em que encontraremos precisamente os argumentos retóricos que estamos analisando.

Os esquemas que procuraremos discernir – e que também podem ser considerados lugares da argumentação, porque apenas o acordo sobre o valor deles pode justificar-lhes a aplicação a casos particulares – se caracterizam por processos de *ligação* e de *dissociação*.

Entendemos por processos de ligação esquemas que aproximam elementos distintos e permitem estabelecer entre estes uma solidariedade que visa, seja estruturá-los, seja valorizá-los positiva ou negativamente um pelo outro. Entendemos por processos de dissociação técnicas de ruptura com o objetivo de dissociar, de separar, de desunir elementos considerados um todo, ou pelo menos um conjunto solidário dentro de um mesmo sistema de pensamento. A dissociação terá o efeito de modificar tal sistema ao modificar algumas das noções que constituem suas peças mestras. É por isso que esses processos de dissociação são característicos de todo pensamento filosófico original.

Psicológica e logicamente, toda ligação implica uma dissociação e inversamente: a mesma forma que une elementos diversos num todo estruturado os dissocia do fundo neutro do qual os destaca. As duas técnicas são complementares e sempre operam conjuntamente; mas a argumentação que promove a modificação do dado pode enfatizar a ligação ou a dissociação que está favorecendo, sem explicitar o aspecto complementar que resultará da transformação buscada. Às vezes os dois aspectos estão simultaneamente presentes na consciência do orador, que se perguntará para qual deles é melhor chamar a atenção.

Por outro lado, o que é dado antes da argumentação pode parecer mais solidamente estabelecido do que o que resulta unicamente desta última: convém ligar elementos separados ou convém já apresentá-los como formando um todo? Um texto característico de Bossuet fará que se compreenda melhor o nosso pensamento e os problemas que tais questões trazem ao orador:

> Dentro do intuito que tomei de fazer toda a preleção desta semana sobre a triste aventura daquele miserável, propusera-me a princípio apresentar como que dois quadros, um dos quais representaria sua má vida e o outro o seu fim infeliz; mas pensei que os pecadores, sempre favoráveis ao que afasta sua conversão, se eu fizesse essa divisão se persuadiriam com muita facilidade de que também poderiam separar essas coisas que, para nossa infelicidade, são por demais encadeadas...[3]

Rejeitando a idéia que lhe acudira ao espírito, de torná-las solidárias por meio de uma ligação, Bossuet apresentará a vida e a morte do pecador como formando uma unidade indissolúvel:

> A morte, dirá ele, não tem um ser distinto que a separa da vida; porém nada mais é senão uma vida que se acaba.

Portanto, embora seja sempre possível tratar um mesmo argumento como constituindo, de certo ponto de vista, uma ligação e, de outro ponto de vista, uma dissociação, é útil examinar esquemas argumentativos de ambas as espécies.

Analisaremos sucessivamente, enquanto esquemas de ligação, os argumentos quase-lógicos, que compreendemos melhor aproximando-os do pensamento formal; os argumentos baseados na estrutura do real, que são apresentados como conformes à própria estrutura das coisas. Observemos que a distinção entre esses dois grupos de raciocínios poderia ser aproximada da distinção husserliana entre a abstração formalizadora e a abstração generalizadora, da distinção de Piaget entre esquemas nascidos a partir das operações e esquemas nascidos a partir das coisas e da dupla tematização perceptiva de Gurwitsch[4]. Mas todas essas distinções têm um aspecto genético que permanece alheio às nossas preocupações.

Examinaremos em seguida os argumentos que visam fundar a estrutura do real: os argumentos que se estribam no caso particular, os argumentos de analogia que se esforçam em reestruturar certos elementos do pensamento em conformidade com esquemas aceitos em outros campos do real.

E, por fim, consagraremos um capítulo inteiro às técnicas de dissociação, que se caracterizam mormente pelos remanejamentos que introduzem nas noções, porque visam menos utilizar a linguagem aceita do que proceder a uma nova modelagem.

Não se deve crer que esses grupos de esquemas argumentativos constituam entidades isoladas. Em geral estamos autorizados, como já dissemos, a interpretar um raciocínio segundo um ou outro esquema. Entretanto, além disso, podemos considerar que certos argumentos pertencem tanto a um como a outro grupo de esquemas. Um enunciado como "se o mundo é regido por uma providência, o Estado requer um governo", que Quintiliano trata como um "argumento de vizinhança ou de comparação"[5], pode ser considerado como quase-lógico (o que vale para o todo vale para a parte), como analogia ou mesmo como baseado em ligações de coexistência.

Poderíamos mesmo, com alguma aparência de razão, reduzir todos os grupos de esquemas a um deles, que seria considerado fundamental, subjacente a todos os outros. Mas isso seria deformar os primeiros resultados de nossa análise em proveito de uma concepção preconcebida. Por isso examinaremos os diversos grupos de argumentos em suas formas mais caracterizadas.

Capítulo I

Os argumentos quase-lógicos

§ 45. Características da argumentação quase-lógica

Os argumentos que vamos examinar neste capítulo pretendem certa força de convicção, na medida em que se apresentam como comparáveis a raciocínios formais, lógicos ou matemáticos. No entanto, quem os submete à análise logo percebe as diferenças entre essas argumentações e as demonstrações formais, pois apenas um esforço de redução ou de precisão, de natureza não-formal, permite dar a tais argumentos uma aparência demonstrativa; é por essa razão que os qualificamos de quase-lógicos.

Em todo argumento quase-lógico convém pôr em evidência, primeiro, o esquema formal que serve de molde à construção do argumento, depois, as operações de redução que permitem inserir os dados nesse esquema e visam torná-los comparáveis, semelhantes, homogêneos.

Pode parecer que nossa técnica de análise dá uma primazia ao raciocínio formal sobre a argumentação, que não passaria de uma forma aproximada e imperfeita daquele. Tal não é, porém, o nosso pensamento. Muito pelo contrário, achamos que o raciocínio formal resulta de um processo de simplificação que só é possível em condições particulares, no interior de sistemas isolados e circunscritos. Mas, dada a existência admitida de demonstrações formais, de reconhecida validade, os argumentos quase-lógicos tiram atualmente sua força persuasiva de sua aproximação desses modos de raciocínio incontestados.

O que caracteriza a argumentação quase-lógica é, portanto, seu caráter não-formal e o esforço mental de que necessita sua redução ao formal. É sobre esse último aspecto que versará eventualmente a controvérsia. Quando se tratar de justificar determinada redução, que não tiver parecido convincente pela simples apresentação dos elementos do discurso, recorrer-se-á o mais das vezes a outras formas de argumentação que não os argumentos quase-lógicos.

A argumentação quase-lógica se apresentará de uma forma mais ou menos explícita. Ora o orador designará os raciocínios formais aos quais se refere prevalecendo-se do prestígio do pensamento lógico, ora estes constituirão apenas uma trama subjacente. Aliás, não há correlação necessária entre o grau de explicitação dos esquemas formais aos quais o orador se refere e a importância das reduções exigidas para lhes submeter a argumentação.

Quem critica um argumento tenderá a pretender que o que tem à sua frente depende da lógica; a acusação de cometer uma falta de lógica é, em geral, por sua vez, uma argumentação quase-lógica. A pessoa se prevalece, com essa acusação, do prestígio do raciocínio rigoroso. Essa acusação poderá ser precisa (acusação de contradição, por exemplo) e situar-se no próprio nível da argumentação. Poderá também ser genérica (acusação de fazer um discurso passional em vez de um discurso lógico). Nesse caso, o ouvinte contrapõe o discurso ouvido à imagem de um discurso que lhe parece superior e que seria composto de esquemas lógicos aos quais o dado seria reduzido.

As reduções exigidas para submeter a argumentação aos esquemas formais se referem ora aos termos do discurso, que são tratados como entidades homogêneas, ora às estruturas, que são assemelhadas a relações lógicas ou matemáticas, sendo ligados, aliás, esses dois aspectos da redução.

Analisaremos, entre os argumentos quase-lógicos, em primeiro lugar os que apelam para estruturas lógicas – contradição, identidade total ou parcial, transitividade; em segundo, os que apelam para relações matemáticas – relação da parte com o todo, do menor com o maior, relação de freqüência. Muitas outras relações poderiam, evidentemente, ser examinadas.

Há que repetir, a esse respeito, que um mesmo argumento pode ser compreendido e analisado diferentemente por diferentes ouvintes e que as estruturas lógicas podem ser consideradas matemáticas e inversamente. Ademais, a maioria das argumentações quase-lógicas também utiliza outros tipos de argumentos que podem parecer, a alguns, preponderantes. Os exemplos que daremos aqui são analisados como argumentação quase-lógica porque, neles, esse aspecto é facilmente discernível.

Muitos ficam surpresos, a esse respeito, de que a argumentação quase-lógica, explicitamente baseada nas estruturas matemáticas, tenha sido muito mais apreciada outrora, especialmente entre os antigos, do que o é hoje. Assim como o desenvolvimento da lógica formalizada permitiu separar a demonstração da argumentação, assim também o desenvolvimento das ciências decerto contribuiu para lhes reservar o uso do cálculo e da medição, mostrando melhor as condições requeridas para a sua aplicação. Acrescentemos que, nos períodos em que predominam os lugares da quantidade, o emprego das relações matemáticas é por certo favorecido e que o pensamento antigo classificatório é totalmente geométrico. Seja como for, os argumentos quase-lógicos eram outrora desenvolvidos com uma espécie de alegria, de virtuosismo, que põem muito bem em evidência suas modalidades.

§ 46. Contradição e incompatibilidade

A asserção, dentro de um mesmo sistema, de uma proposição e de sua negação, ao tornar manifesta uma contradição que ele contém, torna o sistema incoerente e, com isso, inutilizável. Trazer a lume a incoerência de um conjunto de proposições é expô-lo a uma condenação inapelável, é obrigar quem não quer ser qualificado de absurdo a renunciar pelo menos a certos elementos do sistema.

Quando os enunciados são perfeitamente unívocos, como nos sistemas formais, onde apenas os signos, por sua combinação, bastam para tornar a contradição indiscutível, não podemos deixar de nos inclinar ante a evidência. Mas não é esse o caso quando se trata de enunciados da linguagem natural, cujos termos podem ser interpretados de diferentes formas. Normalmente, quando alguém sustenta simultaneamente uma proposição e sua negação, pensamos que não deseja dizer algo absurdo e nos perguntamos como se deve interpretar o que diz para evitar a incoerência. Com efeito, é raro que a linguagem utilizada na argumentação possa ser considerada inteiramente unívoca, como a de um sistema formalizado. A contradição lógica, discernível de um modo puramente formal, é intimamente ligada ao sistema e independente de nossa vontade e das contingências, pois é inelutável no âmbito das convenções aceitas. Não é isso que se dá com a argumentação, onde as premissas apenas raramente são inteiramente explicitadas e, quando o são, raramente definidas de um modo inteiramente unívoco; nela, o campo e as condições de aplicação variam com as circunstâncias, das quais, aliás, fazem parte as próprias decisões dos participantes do debate.

Todas essas razões fazem com que, exceto nos casos totalmente excepcionais – quando acontece ao narrador extrair alguns elos de seu raciocínio de um sistema formal –, não seja permitido alegar uma contradição no sistema do adversário. De hábito, a argumentação se empenhará em mostrar que as teses combatidas levam a uma *incompatibilidade*, que nisso se parece com uma contradição, que ela consiste em duas asserções entre as quais cumpre escolher, a menos que se renuncie a ambas. As teses incompatíveis não o são por razões puramente formais, como algumas asserções contraditórias. Conquanto em geral haja empenho em apresentá-la como conforme à razão ou à lógica, ou seja, como necessária, a incompatibilidade depende, quer da natureza das coisas, quer de uma decisão humana. Destarte, um dos meios de defesa que será oposto à argumentação quaselógica alegando contradições será o de mostrar que se trata não de contradição, mas sim de incompatibilidade, o que quer dizer que se evidenciará a redução, que só ela permitiu a assimilação a um sistema formal do sistema atacado, o qual, de fato, está longe de apresentar a mesma rigidez.

O caso em que a incompatibilidade depende de uma decisão pessoal parece o mais distante daquela da contradição formal, porque, em vez de impor-se, essa incompatibilidade é posta e porque se pode esperar que uma decisão nova eventualmente a anulará. O chefe de governo que levanta a questão de confiança, a propósito de um problema particular, cria uma incompatibilidade entre sua manutenção no cargo e a rejeição da solução que preconiza. Um ultimato cria uma incompatibilidade entre a recusa de ceder e a manutenção da paz entre dois Estados. Os dirigentes de um grupo podem decidir ou constatar num dado momento que há incompatibilidade entre pertencer ao seu grupo e a outro grupo, enquanto os dirigentes deste último podem não atentar nisso ou afirmar o contrário.

De certos pontos de vista, é possível, portanto, decidir da existência de uma incompatibilidade, mas para os terceiros, que são incapazes de modificar essa decisão, a incompatibilidade posta pode ter um aspecto objetivo, que se deve levar em conta, como uma lei da natureza. Querer ignorar essa obrigação de escolher pode conduzir a graves enganos. Como diz formosamente La Bruyère:

> A neutralidade entre mulheres que são igualmente amigas nossas, conquanto tenham elas rompido por interesses em que não tínhamos participação alguma, é um ponto difícil: cumpre amiúde escolher entre elas ou perdê-las a ambas[1].

A neutralidade entre Estados, em tempo de guerra, ou de forte tensão, não é menos difícil de observar. Como notou E. Dupréel, em seu capítulo relativo à lógica dos conflitos: "Toda contenda tende a estender-se aos terceiros, que a desenvolvem tomando partido"[2].

Algumas incompatibilidades podem resultar da aplicação a determinadas situações de várias regras morais ou jurídicas, de textos legais ou sacros. Enquanto a contradição entre duas proposições pressupõe um formalismo, ou pelo menos um sistema de noções unívocas, a incompatibilidade é sempre relativa a circunstâncias contingentes, sejam estas constituídas por leis naturais, fatos particulares ou decisões humanas. Assim é que, segundo William Pitt, a adoção de uma certa moção tornaria incompatíveis dois aspectos da paz almejada:

> ... os qualificativos "imediata e honrosa" tornam-se então incompatíveis. Devemos nesse caso escolher um dos termos da alternativa; se adotamos a moção, não podemos ter uma paz "imediata e honrosa"[3].

§ 47. Procedimentos que permitem evitar uma incompatibilidade

As incompatibilidades obrigam a uma escolha que sempre é penosa. Cumprirá sacrificar uma das duas regras, um dos dois valores – a não ser que se renuncie aos dois, o que acarreta muitas vezes novas incompatibilidades – ou, então, cumpre recorrer a diversas técnicas que permitem remover as incompatibilidades e que poderemos qualificar de trato, no sentido mais amplo do termo, porém que o mais das vezes também acarretam um sacrifício. Assim, a vida nos oferece numerosos e importantes exemplos de comportamento que, essencialmente, não visam remover uma incompatibilidade entre duas regras, ou entre uma conduta e uma regra, mas sim evitar que tal incompatibilidade possa apresentar-se.

Como as incompatibilidades não são formais, mas só existem com relação a certas situações, compreende-se que possam ser adotadas três atitudes muito diferentes no modo de tratar os problemas que esse confronto entre regras e situações pode trazer ao teórico e ao homem de ação.

A primeira, a que se poderia chamar *lógica*, é aquela em que nos preocupamos, de antemão, com resolver todas as dificuldades e todos os problemas que podem surgir, nas mais variadas situações, e que nos esforçamos de imaginar, em conseqüência da aplicação de regras, de leis e de normas às quais concedemos nossa adesão. É normalmente a atitude do cientista: ele se esforça em formular leis que lhe parecem reger seu campo de estudo e que gostaria levassem em conta todos os fenômenos que nesse campo pudessem ocorrer. É também a atitude normal de quem elabora uma doutrina jurídica ou ética e se propõe resolver, se não todos os casos de aplicação, ao menos o maior número dos que, na prática, poderia ter de ocupar-se. Aquele que, na condução de sua vida, imitar os teóricos aos quais acabamos de aludir será tratado de homem lógico, no sentido em que se diz que os franceses são lógicos e os ingleses práticos e realistas. A atitude lógica pressupõe que se consiga aclarar suficientemente as noções empregadas, especificar suficientemente as regras admitidas, para que os problemas práticos possam ser resolvidos sem dificuldade mediante simples dedução. Isto implica, aliás, que o imprevisto foi eliminado, que o futuro foi dominado, que todos os problemas se tornaram solucionáveis tecnicamente.

A essa atitude opõe-se a do homem *prático*, que só resolve os problemas à medida que eles se vão apresentando, que repensa suas noções e suas regras consoante as situações reais e as decisões indispensáveis à sua ação. Será essa, contrariamente à dos teóricos, a atitude dos homens da prática, que não desejam envolver-se mais do que o preciso, que desejam conceder-se, o tempo que for possível, toda a liberdade de ação que as circunstâncias lhes permitem, que desejam poder adaptar-se ao imprevisto e à experiência futura. É normalmente a atitude do juiz que, sabendo que cada uma das suas decisões constitui um precedente, procura limitar-lhes o alcance o quanto puder, enunciá-las sem ultrapassar em seus considerandos o que é necessário dizer para fundamentar sua decisão, sem estender suas fórmulas interpretativas a situações cuja complexidade poderia escapar-lhe.

Enfim, a terceira das atitudes, que qualificaríamos de *diplomática*, pensando na expressão "doença diplomática", é aquela em que não se desejando, pelo menos num momento e em determinadas circunstâncias, pôr-se em oposição a uma regra ou resolver, de um modo ou de outro, o conflito nascido da incompatibilidade entre duas regras que podem ser aplicadas a uma situação particular, inventam-se procedimentos para evitar que a incompatibilidade apareça ou para remeter a um momento mais oportuno as decisões a tomar. Eis alguns exemplos.

Lembra-nos Proust, depois de Saint-Simon, de que subterfúgios os nobres se valiam para evitar resolver delicados problemas de precedência que nenhuma tradição estabelecida permitia dirimir de modo satisfatório:

> Em certos casos, ante a impossibilidade de chegar a um entendimento, preferem convir que o filho de Luís XIV, o Delfim, não receberá em seu castelo tal soberano estrangeiro senão fora, ao ar livre, para que não seja dito que, ao entrarem no castelo, um precedeu o outro; e o Eleitor Palatino, ao receber o duque de Chevreuse para jantar, finge, para não lhe dar a precedência, estar doente e janta com ele, porém deitado, o que dirime a dificuldade[4].

É de regra, no Japão, só receber os visitantes com roupas decentes. Se o agricultor é surpreendido em seu trabalho por um visitante inesperado, o recém-chegado fingirá não o ver, até o momento em que aquele tiver trocado de roupa, o que poderá ser feito no mesmo quarto onde o visitante está esperando[5].

Vê-se, nesse caso, bem como no anterior, qual papel a ficção desempenha como técnica que permite evitar uma incompatibilidade. A ficção é um procedimento consistente numa simulação, aceita pelas partes, pelos costumes, ou pelo sistema social, que possibilita portar-se e, em especial, raciocinar, como se certos fatos houvessem ou não ocorrido, contrariamente à realidade. Quando a simulação é apenas unilateral, lidamos com a mentira. Aqueles que evitam tomar decisões desagradáveis são com freqüência obrigados a mentir aos outros e a si próprios. Por vezes calar-se tem o único objetivo de evitar uma decisão relativa a uma incompatibilidade. Citemos ainda uma vez Proust:

> Sabe de uma coisa, Alteza [disse o duque de Guermantes à princesa de Parma], estou mesmo com vontade de nem sequer dizer a Oriane que a senhora me falou da Sra. de Souvré. Oriane gosta tanto de Vossa Alteza que logo irá convidar a Sra. de Souvré, será uma visita a mais, etc.[6]

O duque, simulando não dizer à sua mulher que a princesa de Parma falou da Sra. de Souvré, evita uma incompatibilidade; decerto falará, efetivamente, dessa solicitação, mas dispensa sua mulher de ter de escolher entre sua aversão pela Sra. de Souvré e sua deferência para com a princesa de Parma.

A ficção, a mentira, o silêncio servem para evitar uma incompatibilidade no plano da ação, para não ter de resolvê-la no plano teórico. O hipócrita finge adotar uma regra de conduta conforme à dos outros para evitar ter de justificar uma conduta por ele preferida ou adotada na realidade. Muitas vezes foi dito que a hipocrisia era uma homenagem que o vício presta à virtude: conviria precisar que a hipocrisia é uma homenagem a um determinado valor, aquele que se sacrifica, simulando ao mesmo tempo segui-lo, porque se recusa a confrontá-lo com outros valores. A incompatibilidade é, assim, removida na ação, mas é evidentemente à custa de novas incompatibilidades, aquela entre uma conduta hipócrita e uma conduta franca e sincera, aquela entre um pensamento mais ou menos sistematizado e um pensamento que se exime de buscar soluções defensáveis. Poder-se-ia lembrar aqui a aproximação, feita por V. Jankélévitch, entre a esmola e a mentira; "a esmola, como a mentira, adia o problema sem o resolver; protela a dificuldade tornando-a mais pesada"[7]. Esta última observação nos parece evidente; todavia, há que levar em conta que é de dificuldades novas que se trata: sabe-se o peso que representa para o mentiroso a manutenção da coerência em seu universo fictício. Quanto ao problema atual, este foi realmente resolvido. Por esse motivo, a mentira não se distingue muito de todas as soluções que encontraremos; também elas criam novos problemas, mas cuja solução pode não ser tão urgente quanto era a do problema resolvido.

Enquanto a hipocrisia consiste em fazer acreditar que adotamos uma conduta conforme àquela que se esperava de nós, isto é, em fazer acreditar que se tomou uma certa resolução, outras técnicas, ao contrário, consistem em fazer acreditar que não se tomou resolução. A doença diplomática pode servir para evitar tomar certas decisões, mas serve também para disfarçar o fato de que uma decisão foi tomada: decidido a não comparecer a determinada recepção, o interessado finge estar incapacitado – por causa de doença, de ausência – de escolher se vai ou não a ela.

Sartre desenvolveu uma teoria da má-fé, como sendo "certa arte de formar conceitos contraditórios"[8]. Esses conceitos "unem em si uma idéia e a negação desta idéia". Ressalta com bastante clareza dos exemplos dados por ele que não se está no campo do contraditório e que a má-fé de Sartre é a recusa de reconhecer incompatibilidades: atesta-o o exemplo da mulher a quem dizem palavras espiritualistas e de quem se pega a mão. Partindo dessa recusa, Sartre desenvolverá uma concepção da má-fé que se aplica à própria convicção[9] e sobre a qual não nos estenderemos. Mas a distinção que ele estabelece no início, entre a facticidade, o que as palavras e os gestos significam, e a transcendência, aquilo ao que eles tendem, e que a má-fé recusa coordenar, pode ser útil para descrever certas incompatibilidades e a recusa de reconhecê-las.

As incompatibilidades diferem das contradições por existirem em função das circunstâncias: para entrar num conflito que impõe uma escolha, é preciso que duas regras sejam aplicáveis simultaneamente a uma mesma realidade. A partir do momento que se pode diluir a incompatibilidade no tempo, que parece possível aplicar as duas regras sucessivamente, e não na mesma hora, o sacrifício de uma delas poderia ser evitado. É por essa razão que a atitude, que qualificamos de prática, não busca resolver, de antemão, todos os conflitos possíveis. A atitude diplomática esforça-se em retardar a solução deles, para não ter de fazer imediatamente um sacrifício considerado penoso, esperando que circunstâncias posteriores hão de permitir, seja evitar a escolha, seja tomar a decisão com melhor conhecimento de causa. Mas como já dissemos, e repetimos, é possível que a supressão de uma incompatibilidade atual crie outras novas, e mais graves, no futuro.

§ 48. Técnicas que visam apresentar teses como compatíveis ou incompatíveis

Uma vez que duas proposições não são incompatíveis mas se tornam tais, em conseqüência de uma certa determinação de noções em relação a circunstâncias particulares, as técnicas que permitem apresentar enunciados como incompatíveis e as técnicas que visam restabelecer a compatibilidade estão entre as mais importantes de qualquer argumentação.

Duas proposições são ditas contraditórias, num sistema formalizado, quando, sendo uma a negação da outra, supõe-se que, cada vez que uma delas pode aplicar-se a uma situação, a outra igualmente o pode. Apresentar proposições como contraditórias é tratá-las como se, sendo a negação uma da outra, elas fizessem parte de um sistema formalizado. Mostrar a incompatibilidade de dois enunciados é mostrar a existência de circunstâncias que tornam inevitável a escolha entre as duas teses em presença.

Toda formulação que, no enunciado de proposições, tender a apresentá-las como sendo a negação uma da outra poderá sugerir que as atitudes que lhe são vinculadas são incompatíveis. O mundo "onde há ser" e aquele sem ser são, para G. Marcel, os pressupostos ontológicos de dois modos de vida, o da personalidade e o da função, um "cheio", o outro "vazio", que, descritos como incompatíveis, parecem o ter sido com toda razão por causa desses mesmos pressupostos[10]. Por outro lado, afirmar que houve escolha ajudará a apresentar, retrospectivamente, por assim dizer, como incompatíveis as teses que podem ter influenciado essa escolha.

Portanto, apresentar-se-ão teses como incompatíveis enfatizando, no conjunto daquilo a que são vinculadas, o ponto em que elas podem traduzir-se mais facilmente por uma afirmação e uma negação. Mas a contraposição de teses jamais é independente das condições da aplicação delas.

Uma das técnicas para expor incompatibilidades consiste em afirmar que, de duas teses que se excluem, ao menos uma é sempre aplicável, o que tornaria inevitável o conflito com a outra tese, contanto que sejam aplicáveis, ambas, a um mesmo objeto. As duas teses se tornarão compatíveis se uma divisão no tempo ou uma divisão quanto ao objeto permitirem evitar o conflito. Duas afirmações de uma só pessoa, em momentos diferentes da sua vida, podem ser apresentadas como incompatíveis, se todos os enunciados dessa pessoa são tratados como formando um único sistema; se se tratam os diversos períodos de sua vida como não sendo solidários um do outro, a incompatibilidade desaparece. Enunciados de diversos membros de um grupo serão tratados como incompatíveis se o grupo for considerado um todo e as teses de todos os seus membros como formando um sistema único; se é possível mostrar que um dos enunciados não representa um ponto de vista autorizado, a incompatibilidade deixa de existir. Não há, em princípio, inconveniente em que regras diferentes rejam o comportamento dos membros de grupos distintos. Ocorrerá uma dificuldade se um membro comum a esses dois grupos estiver colocado numa situação em que as duas regras diferentes lhe prescreverem comportamentos incompatíveis.

É perfeitamente possível que um chefe de Estado, desejoso de salvaguardar a paz, possa consegui-lo sem permitir que seja atacada a honra nacional. Mas pode suceder que as duas normas que ele se impõe na direção dos negócios políticos se tornem incompatíveis numa determinada situação. Qual será essa situação atentatória contra a honra nacional? Alguns políticos poderão ter opinião diferente a esse respeito: sua liberdade de decisão é correlativa do caráter vago das noções utilizadas para descrever a situação.

Quem se veda de matar um ser vivo pode ser arrastado a uma incompatibilidade, se admite igualmente que é preciso cuidar dos doentes que sofrem de uma infecção. Irá ou não ele servir-se da penicilina que pode destruir um grande número de micróbios? Para evitar a incompatibilidade entre as duas regras que ele deseja observar, talvez seja obrigado a especificar certos termos, de modo que a situação particular perante a qual se encontra não caia mais sob a aplicação de uma delas. Assim como a extensão do campo de aplicação das regras aumenta os riscos de incompatibilidades, a restrição desse campo os diminui.

Bentham acusa de sofisma aqueles que se opõem a qualquer criação de repartição pública nova, alegando o perigo de aumentar a influência do governo. Com efeito, segundo ele, o sistema inteiro do governo seria destruído se houvessem pensado em aplicar de um modo constante esse argumento[11]. O sofisma resulta da incompatibilidade desse argumento, estendido não só a todas as proposições novas, mas também a todas as situações já existentes, com a manutenção de uma forma qualquer de governo. Mas, para trazer a lume essa incompatibilidade, Bentham é obrigado a estender o campo de aplicação do argumento a além do que seus adversários jamais haviam pretendido.

Freqüentemente, é com a extensão a casos que teriam escapado à atenção do adversário que se pretende pôr em evidência incompatibilidades. Objetar-se-á, a quem não quer admitir que uma verdade esteja na mente se a mente nunca pensou nela, que, por extensão, as verdades nas quais já não se pensa seriam, em conseqüência, igualmente estranhas à mente[12]; assimilar-se-á o nascimento dos deuses à sua morte, para acusar de impiedade tanto os que afirmam que os deuses nascem como os que afirmam que eles morrem[13].

Essas extensões não são mera generalização, mas põem em jogo, com muita nitidez, uma identificação de que teremos de voltar a falar[14]. É sobre ela que incidirá a ênfase quando Locke escreve:

> Será muito difícil fazer homens sensatos admitirem que aquele que, de olhos secos e espírito satisfeito, entrega seu irmão aos executores para ser queimado vivo está sinceramente e de todo o coração preocupado em salvar esse irmão das chamas do inferno no mundo do além[15].

Certas normas podem ser incompatíveis pelo fato de uma delas regulamentar uma situação que a outra exclui. Ruth Benedict assinala que os prisioneiros japoneses eram muito complacentes durante os interrogatórios, porque não haviam recebido instruções referentes ao que podiam ou não revelar quando fossem feito prisioneiros. Ela observa que isso se devia à educação militar japonesa, que obrigava os soldados a lutarem até a morte[16]. Essa concepção era incompatível com o ensino de regras de conduta que deveriam ser observadas pelos prisioneiros.

Certamente seria permitido estender-se sobre muitos outros casos de incompatibilidade. Gostaríamos de expor ainda algumas situações particularmente interessantes em que a incompatibilidade não opõe, reciprocamente, regras diferentes, mas uma regra a conseqüências resultantes do próprio fato de ter sido ela afirmada; daremos a esse tipo de incompatibilidades, que se apresenta sob modalidades diversas, o nome genérico de *autofagia*. A generalização de uma regra, sua aplicação sem exceção, conduziria ao impedimento de sua aplicação, à sua destruição. Para tomar um exemplo em Pascal:

> Nada fortalece mais o pirronismo que o fato de haver algumas pessoas que não são pirrônicas; se todos o fossem, estariam errados[17].

A retorsão, que chamavam na Idade Média de *redarguitio elenchica*, constitui o uso mais célebre da autofagia: é um argumento que tende a mostrar que o ato empregado para atacar uma regra é incompatível com o princípio que sustenta esse ataque. A retorsão costuma ser utilizada, desde Aristóteles, para defender a existência dos princípios primeiros[18]. É o que Ledger Wood chama com todo acerto de "method of affirmation by attempted denial"[19].

Assim, a quem objeta ao princípio de não-contradição, replica-se que sua própria objeção, pelo fato de ele pretender afirmar a verdade e de tirar daí a conseqüência de que seu interlocutor afirma algo falso, pressupõe o princípio de não-contradição: o ato implica o que as palavras negam. O argumento é quase-lógico porque, para evidenciar a incompatibilidade, é preciso uma interpretação do ato pelo qual o adversário se opõe a uma regra. E essa interpretação, condição da retorsão, poderia, por sua vez, ser objeto de controvérsias[20].

Um caso cômico da aplicação da retorsão, que sugere as possibilidades de escapar dela, é fornecido pela história do policial que, num teatro interiorano, no momento em que o público se preparava para cantar a *Marselhesa*, sobe ao palco para anunciar que é proibido tudo o que não figura no cartaz. "E o senhor", interrompe um dos espectadores, "está no cartaz?" Nesse exemplo, o policial, com sua afirmação, infringe um princípio que formula, ao passo que, nos casos de retorsão, pressupõe-se um princípio que se rejeita, mas a estrutura do argumento é a mesma.

Outra situação que pode levar à autofagia é aquela em que não se opõe um enunciado ao ato pelo qual é afirmado, mas em que se aplica a regra a ela mesma: a autofagia resulta da *auto-inclusão*. Aos positivistas que afirmam que toda proposição é analítica ou de natureza experimental, perguntar-se-á se o que acabaram de dizer é uma proposição analítica ou resultante da experiência. Ao filósofo que pretende que todo juízo é um juízo de realidade ou um juízo de valor, perguntar-se-á qual é o estatuto de sua afirmação. A quem argumenta para rejeitar a validade de todo raciocínio não-demonstrativo, perguntar-se-á qual é o valor de sua própria argumentação. Nem toda auto-inclusão conduz à autofagia, mas obriga seu autor a refletir sobre o valor do contexto classificatório que propõe estabelecer, redundando com isso num aumento de consciência; amiúde o autor tomará a dianteira tanto para mostrar que a auto-inclusão não cria a menor dificuldade, como para indicar as razões que impedem a auto-inclusão de produzir-se.

Outra forma ainda de autofagia é a que opõe uma regra às conseqüências que parecem dela decorrer. Em seus *Sofismas anárquicos*, Bentham critica a constituição francesa que justifica as insurreições:

> Mas justificá-las é incentivá-las... Justificar a destruição ilegal de um governo é solapar qualquer outro governo, sem excetuar sequer aquele mesmo que se quer pôr no lugar do primeiro. Os legisladores da França imitavam, sem perceber, o autor daquela lei bárbara que conferia ao assassino de um príncipe o direito de suceder-lhe no trono[21].

Estaria ameaçada da mesma objeção toda teoria professada por um inválido que preconizasse a supressão dos inválidos. Podemos colocar nessa mesma categoria de argumentos a réplica de Epicteto a Epicuro, que toma partido pelo abandono dos filhos:

> Quanto a mim, creio que, mesmo que tua mãe e teu pai houvessem adivinhado que dirias semelhantes coisas, não te teriam abandonado[22].

Todos esses casos de autofagia enfraquecem uma tese ao mostrar as incompatibilidades reveladas por uma reflexão sobre condições ou conseqüências de sua afirmação. Nem aqui, nem nos outros casos de incompatibilidade, é-se impelido ao absurdo, a uma contradição puramente formal. No entanto, não podemos descuidar de levar em conta esses argumentos, se não quisermos expor-nos ao ridículo. É o ridículo, e não o absurdo[23], a principal arma da argumentação; por isso é indispensável consagrar a essa noção uma explanação mais importante.

§ 49. O ridículo e seu papel na argumentação

O ridículo é aquilo que merece ser sancionado pelo riso, aquilo que E. Dupréel, em sua excelente análise, qualificou de "riso de exclusão"[24]. Este é a sanção da transgressão de uma regra aceita, uma forma de condenar um comportamento excêntrico, que não se julga bastante grave ou perigoso para reprimi-lo com meios mais violentos.

Uma afirmação é ridícula quando entra em conflito, sem justificação, com uma opinião aceita. Fica de imediato ridículo aquele que peca contra a lógica ou se engana no enunciado dos fatos, contanto que não o considerem um alienado ou um ser que nenhum ato pode desqualificar, por não gozar do menor crédito. Basta um erro de fato, constata La Bruyère, para lançar um homem sensato no ridículo[25]. O temor do ridículo e a desconsideração por ele acarretada foram amiúde utilizados como meio de educação; este meio é tão poderoso que alguns psiquiatras chegaram a enfatizar o perigo de seu uso para o equilíbrio da criança, espreitada pela ansiedade[26]. Normalmente, o ridículo está vinculado ao fato de uma regra ter sido transgredida ou combatida de um modo inconsciente[27], por ignorância seja da própria regra, seja das conseqüências desastrosas de uma tese ou de um comportamento. O ridículo se exerce em prol da conservação do que é admitido; uma simples mudança injustificada de opinião, ou seja, uma oposição ao que a própria pessoa havia enunciado, poderá expor a ele.

O ridículo é a arma poderosa de que o orador dispõe contra os que podem, provavelmente, abalar-lhe a argumentação, recusando-se, sem razão, a aderir a uma ou outra premissa de seu discurso. É ela, também, que se deve utilizar contra os que se atreverem a aderir, ou a continuar a adesão, a duas teses julgadas incompatíveis, sem se esforçarem em remover essa incompatibilidade. O ridículo só atinge quem se deixa prender nas malhas do sistema forjado pelo adversário. O ridículo é a sanção contra a obcecação e só se manifesta para aqueles a quem essa obcecação não dá margem a dúvidas.

Será ridículo não só quem se opõe à lógica ou à experiência, mas também quem enuncia princípios cujas conseqüências imprevistas o põem em oposição a concepções que são naturais numa dada sociedade e que ele próprio não se atreveria a contrariar. A oposição ao normal, ao razoável, pode ser considerada um caso particular de oposição a uma norma admitida. É risível, por exemplo, não proporcionar os esforços à importância do objeto deles[28].

Dizer de um autor que suas opiniões são inadmissíveis, porque suas conseqüências seriam ridículas, é uma das mais fortes objeções que se possam apresentar na argumentação. Assim, La Bruyère, em seus diálogos sobre o quietismo, ridiculariza essa doutrina mostrando que seus adeptos deveriam opor-se tanto ao dever de caridade quanto ao exercício de devoções, conseqüências que nenhum cristão poderia subscrever[29]. Quando, em 1877, na Bélgica, o ministro católico da Justiça decide não processar, apesar da lei penal que protege a liberdade do eleitor, os párocos que ameaçavam com penas do inferno suas ovelhas que votassem pelo partido liberal, o tribuno Paul Janson ridiculariza o ministro: este, duvidando da seriedade de semelhantes ameaças, cometia "uma verdadeira heresia religiosa"[30].

Muitas vezes essa ridiculização é obtida por engenhosas construções baseadas no que se esforça em criticar. Assim como, em geometria, o raciocínio pelo absurdo começa supondo-se verdadeira uma proposição A, para mostrar que suas conseqüências são contraditórias com o que se admitiu por outro lado e passar daí à verdade de não-A, assim também a mais caracterizada argumentação quase-lógica pelo ridículo consistirá em admitir momentaneamente uma tese oposta àquela que se quer defender, em desenvolver-lhe as conseqüências, em mostrar a incompatibilidade destas com o que se crê por outro lado e em pretender passar daí à verdade da tese que se sustenta. É o que tentava Whately quando, num panfleto anônimo, começava admitindo como fundamentado o tipo de objeções alegadas contra a veracidade das Escrituras, desenvolvia-lhes as conseqüências e concluía negando a existência de Napoleão. A argumentação que, ao ridicularizar os procedimentos da crítica bíblica, visava restituir confiança ao texto das Escrituras não teve o sucesso dela esperado, mas pareceu espiritual[31].

A assunção provisória pela qual começa esse gênero de raciocínio pode traduzir-se por uma figura, a *ironia*. Através da ironia "quer-se dar a entender o contrário do que se diz"[32]. Por que esse rodeio? É que, na realidade, estamos lidando com uma argumentação indireta. Eis um belo exemplo dela, extraído de Demóstenes:

> Realmente, o povo de Oreu teve muito do que se regozijar por se ter posto nas mãos dos amigos de Filipe e por ter afastado Eufreu! Tiveram do que se regozijar, os eretrienses, por terem mandado embora os vossos deputados e por se terem entregue a Clitarco! Ei-los escravos, açoitam-nos e degolam-nos![33]

A ironia é pedagógica[34] porque, se o povo de Oreu e os eretrienses não podem fazer mais nada, o povo de Atenas, este, ainda pode escolher. Lembremos a esse respeito a emoção causada na Bélgica, em 1950, por um discurso em que Paul Reynaud falara da "neutralidade que foi tão bem-sucedida por duas vezes na Bélgica"[35]. O orador declarou que não quisera criticar a Bélgica, mas mostrar que a neutralidade não era uma garantia, ou seja, que concordava com que, para a Bélgica, houvera, em favor da neutralidade, coação material ou psicológica, reservando o ridículo aos seus ouvintes franceses ainda livres para decidir.

A ironia sempre supõe conhecimentos complementares acerca de fatos, de normas. No exemplo citado por Dumarsais: "Declaro-o, portanto, Quinault é um Virgílio"[36], a afirmação seria incompatível com as normas admitidas e bem-conhecidas. Logo, a ironia não pode ser utilizada nos casos em que pairam dúvidas acerca das opiniões do orador. Isto dá à ironia um caráter paradoxal: se a empregam, é porque há utilidade em argumentar; mas, para a empregar, é preciso um mínimo de acordo. É isso decerto que leva Baroja a dizer que a ironia tem um caráter mais social do que o humor[37]. Esse aparente paradoxo é apenas um dos aspectos, levado ao extremo, de toda argumentação.

A ironia fica ainda mais eficaz quando é dirigida a um grupo bem-delimitado[38]. Apenas a concepção que se faz das convicções de certos meios pode fazer-nos adivinhar se determinados textos são ou não irônicos[39].

O uso da ironia é possível em todas as situações argumentativas. Não obstante, algumas parecem convir-lhe particularmente. Vayson de Pradenne constata que, nas controvérsias arqueológicas, os defensores da autenticidade se servem constantemente da ironia. Assim, Th. Reinach descreve uma sociedade de falsários, tomando suas decisões pela maioria, que seria a fabricante da tiara de Saitafernes[40]. Compreende-se que a ironia seja um procedimento mormente da defesa, pois, para ser compreendida, a ironia exige um conhecimento prévio das posições do orador; ora, estas foram postas em evidência pelo ataque.

Embora seja verdade que o ridículo desempenhe, na argumentação, um papel análogo ao do absurdo na demonstração, ainda assim – sendo esta mesma a prova de que a argumentação jamais é coerciva – o orador pode afrontar o ridículo, colocando-se em franca oposição a uma regra habitualmente admitida. Quem afronta o ridículo sacrifica essa regra e expõe-se à condenação por parte do grupo. Mas tal sacrifício pode ser apenas provisório, se o grupo consentir seja em admitir exceções, seja em modificar a regra.

É preciso audácia para afrontar o ridículo, uma certa capacidade de superar a ansiedade, mas não basta isso para ter sucesso: para não soçobrar no ridículo, é preciso um prestígio suficiente, e nunca se está certo de que ele o será. Com efeito, afrontando o ridículo que é suscitado pela oposição injustificada a uma norma admitida, o orador compromete toda a sua pessoa, solidária desse ato arriscado, lança um desafio, provoca um confronto de valores cujo desfecho é incerto.

Aqueles que adotam um nome injurioso e dele se vangloriam, aqueles que lançam uma moda nova ou que recusam, como Gandhi, dobrar-se aos costumes do Ocidente, quando nele se encontram, aqueles que aderem a opiniões ou adotam modos de comportar-se fora do comum deixarão de ser ridículos quando outros lhes seguirem os passos. O prestígio do chefe é medido por sua capacidade de impor regras que parecem ridículas e de fazer seus subordinados admiti-las[41]. Para que um enunciado contrário à opinião correntemente admitida se torne uma tese merecedora de discussão, ele precisaria usufruir o apoio de um filósofo notável[42]. Um prestígio sobre-humano seria necessário para opor-se aos fatos ou à razão: daí o alcance do *credo quia absurdum*. Normalmente a argumentação, obra humana, apenas se opõe ao que não é considerado objetivamente válido. As opiniões de que trata não são absolutamente indiscutíveis, as autoridades que as formulam ou as combatem não são totalmente inatacáveis e as soluções que serão aceitas, no final das contas, não são conhecidas de antemão.

O modo mais freqüente de combater uma regra ou uma norma admitida não consistirá simplesmente num conflito de forças, no fato de opor ao prestígio usufruído pela regra o dos adversários dela. Normalmente, justificar-se-á essa oposição, encontrar-se-ão razões pelas quais em certas circunstâncias, em determinadas situações, a regra deveria não ser aplicada: seu alcance e seu sentido serão restringidos, graças a uma argumentação apropriada, do que resultará uma ruptura das vinculações admitidas, um remanejamento de noções. Examinaremos longamente esses procedimentos argumentativos na parte de nosso tratado consagrada às dissociações.

§ 50. Identidade e definição na argumentação

Uma das técnicas essenciais da argumentação quase-lógica é a identificação de diversos elementos que são o objeto do discurso. Todo uso de conceitos, toda aplicação de uma classificação, todo recurso à indução implica uma redução de certos elementos ao que neles há de idêntico ou de intercambiável; mas só qualificaremos essa redução de *quase-lógica* quando essa identificação de seres, de acontecimentos ou de conceitos não for considerada nem totalmente arbitrária, nem evidente, isto é, quando ela dá ou pode dar azo a uma justificação argumentativa. Distinguiremos, entre os procedimentos de identificação, aqueles que visam a uma identidade completa e outros que não pretendem mais do que uma identidade parcial dos elementos confrontados.

O procedimento mais característico de identificação completa consiste no uso das *definições*. Estas, quando não fazem parte de um sistema formal e pretendem, não obstante, identificar o *definiens* com o *definiendum*, serão consideradas, por nós, argumentação quase-lógica. Não podemos admitir que essas definições possam ser fundamentadas na evidência de relações nocionais, pois isso suporia a clareza perfeita de todos os termos cotejados.

Para que uma definição não nos sugira essa identificação dos termos que apresenta como equivalentes, é mister que insista na distinção deles, tal como essas definições mediante aproximação ou exemplificação nas quais se exige expressamente do leitor fornecer um esforço de purificação ou de generalização que lhe permita transpor a distância que separa o que se define dos meios utilizados para defini-lo.

Entre as definições que levam à identificação do que é definido com o que o define, distinguiremos, com Arne Naess[43], as quatro seguintes espécies:

1) as definições normativas, que indicam a forma em que se quer que uma palavra seja utilizada. Tal norma pode resultar de um compromisso individual, de uma ordem destinada a outros, de uma regra que se crê que deveria ser seguida por todos;

2) as definições descritivas, que indicam qual o sentido conferido a uma palavra em certo meio, num certo momento;

3) as definições de condensação, que indicam elementos essenciais da definição descritiva;

4) as definições complexas, que combinam, de forma variável, elementos das três espécies precedentes.

Essas diversas definições seriam, quer prescrições, quer hipóteses empíricas referentes à sinonímia do *definiendum* e do *definiens*.

Entre as definições normativas, apenas as que se apresentam como uma regra obrigatória são suscetíveis de ser apoiadas ou combatidas através da argumentação; dá-se o mesmo com definições de condensação, acerca das quais é possível perguntar-se em que medida as indicações que fornecem são ou não essenciais. Quanto às definições descritivas, elas usufruirão, enquanto não forem contestadas, o estatuto de um fato.

Todas essas definições e as possibilidades argumentativas que fornecem ainda são ignoradas pela maioria dos lógicos, cujo pensamento continua a mover-se no âmbito da dicotomia clássica das definições reais e nominais, sendo as primeiras tratadas como proposições suscetíveis de serem verdadeiras ou falsas, as segundas como sendo puramente arbitrárias.

Eis um texto característico de J. Stuart Mill, que ainda seria endossado por grande número de lógicos contemporâneos:

> As asserções relativas à significação das palavras, dentre as quais as mais importantes são as definições, ocupam um lugar, e um lugar indispensável, na filosofia. Mas, como a significação das palavras é essencialmente arbitrária, as asserções

dessa classe não são suscetíveis nem de verdade, nem de falsidade e, em conseqüência, nem de prova, nem de refutação[44].

Mill opta pelo caráter nominal, portanto convencional e arbitrário, das definições que, por isso mesmo, escapariam a qualquer prova, bem como a qualquer tentativa de refutação. Mas será realmente assim? Se é exato que as definições são arbitrárias, no sentido de que não se impõem necessariamente, quererá isso dizer que se deva considerar sejam elas arbitrárias, num sentido, muito mais forte, que pretenderia não haver razão para escolher uma ou outra definição e não haver, portanto, nenhuma possibilidade de argumentar em favor delas? Ora, não só encontramos em Mill uma série de raciocínios tendentes a fazer prevalecer suas definições da causa, da inferência, da indução, mas encontramos mesmo, em sua obra sobre o utilitarismo, uma definição da prova bastante ampla para abranger raciocínios dessa espécie[45].

O que faz crer no caráter convencional das definições é a possibilidade de introduzir em todas as linguagens, mesmo usuais, símbolos novos. Mas, embora esses signos novos sejam chamados a cumprir inteira ou parcialmente a função de termos antigos, o caráter arbitrário de sua definição é ilusório – mesmo que se trate de símbolos criados *ad hoc*. O é mais ainda se *definiens* e *definiendum* são ambos extraídos da linguagem usual. Quando Keynes, em suas obras[46], propõe uma série de definições técnicas[47], estas podem afastar-se tanto da idéia que o senso comum faz das noções assim definidas que elas parecem convencionais. O autor até as modificará, de uma obra para outra[48]. Mas, quando ele define, de um lado, a poupança, de outro, o investimento, de modo que suas observações e análises terminem por mostrar que a igualdade de ambos é mais essencial do que as divergências passageiras, o interesse de seu raciocínio resulta do fato de aproximarmos os termos por ele definidos das noções usuais, ou já especificadas pelos economistas, que sua análise contribui para esclarecer.

Uma teoria pode pretender-se puramente convencional e querer fundamentar nessa pretensão o direito de definir seus signos como bem lhe parecer, mas, assim que visa a uma confrontação com o real, assim que seu criador se propõe aplicá-la a situações anteriormente conhecidas, o problema da identificação das noções que ela define com aquelas da linguagem natural não pode ser eludido. A dificuldade que se procurou evitar só pôde ser transposta para outro plano. Está aí todo o problema do formalismo: ou este fornecerá um sistema isolado, não só de suas aplicações, mas também de um pensamento vivo que deve compreendê-lo e manejá-lo, ou seja, integrá-lo a estruturas mentais preexistentes, ou então terá de ser interpretado e operará identificações que se reportarão à argumentação quase-lógica. Mesmo que tais identificações não sejam contestadas, durante certo período da evolução científica, seria perigoso, para um progresso ulterior do pensamento, considerá-las necessárias e conferir-lhes esse caráter de evidência que se atribui às afirmações que já não é permitido questionar. Esta é uma das razões de nossa adesão ao princípio de revisibilidade, defendido com tanto vigor por F. Gonseth[49].

O caráter argumentativo das definições fica patente quando estamos em presença de definições variadas de um mesmo termo de uma linguagem natural (ou mesmo de termos considerados equivalentes em diferentes línguas naturais). Com efeito, essas definições múltiplas constituem, quer elementos sucessivos de uma definição descritiva – mas, então, o usuário de um termo deve fazer sua escolha entre elas –, quer definições descritivas opostas e incompletas, definições normativas ou de condensação que são incompatíveis. Certos autores, para facilitar sua tarefa e, às vezes, para evitar discussões inoportunas, contentar-se-ão em fornecer não as condições suficientes e necessárias, mas unicamente as condições suficientes da aplicação de um termo[50]. No entanto, o enunciado dessas condições, juntado ao que se sabe, por outras vias, do termo em questão, constitui ainda assim a escolha de uma definição.

O caráter argumentativo das definições se apresenta sempre sob dois aspectos intimamente ligados, mas que, não obstante, é preciso distinguir, porque concernem a duas fases do raciocínio: as definições podem ser justificadas, valorizadas, com a ajuda de argumentos; elas próprias são argumentos. Sua justificação poderá fazer-se pelos mais diversos meios: um recorrerá à etimologia[51], o outro proporá substituir uma definição pelas conseqüências por uma definição pelas condições ou vice-versa[52]. Mas todos aqueles que argumentam a favor de uma definição quererão que esta influa, de um modo ou de outro, sobre o uso da noção que, sem a intervenção deles, estaríamos inclinados a adotar, sobretudo sobre as relações da noção com o conjunto do sistema de pensamento, isto, todavia, sem fazer esquecer completamente os usos e relações antigas. Ora, dá-se o mesmo quando a definição é apresentada como óbvia ou como imposta, tal como a definição legal, e quando as razões que militam a seu favor não são explicitadas. O uso da noção que se quer modificar é geralmente o que se chama de uso normal dela. De modo que a definição de uma noção extraída da linguagem natural provoca implicitamente as dificuldades inerentes à definição dupla.

Quando, no início de sua *Ética*, Spinoza define a causa de si como "aquilo cuja essência envolve a existência, ou (*sive*) aquilo cuja natureza só pode ser conhecida como existente"; quando define a substância como "o que está em si e é concebido por si, isto é, (*hoc est*) aquilo cujo conceito pode ser formado sem necessitar do conceito de outra coisa"[53], as palavras *sive* e *hoc est* afirmam o caráter intercambiável de duas definições diferentes de uma mesma noção. De fato, trata-se de uma identificação entre três noções, sendo a terceira fornecida pelo uso do termo tal como estava em vigor no tempo de Spinoza, especialmente entre os cartesianos. Normalmente, semelhante identificação exige, se não uma demonstração, pelo menos uma argumentação para fazer que seja admitida. Quando essa identificação é simplesmente enunciada, encontramo-nos diante do caso padrão de um procedimento quase-lógico. Mas o que Spinoza faz explicitamente e que pode assim ser notado e criticado até por um lógico que se prendesse apenas ao texto, sem confrontá-lo com o uso corrente das noções, poderia, de uma forma mais delicada de se constatar, ser encontrado em todos os que definem as palavras da linguagem de um modo que parece unívoco, enquanto o leitor não pode impedir-se de identificar também a palavra, assim definida, com a mesma palavra tal como a tradição lingüística a precisou.

Nossas observações tendem a mostrar que o uso argumentativo das definições pressupõe a possibilidade de definições múltiplas, extraídas do uso ou criadas pelo autor, entre as quais é indispensável fazer uma escolha. Mostram também que os termos correlacionados estão, por sua vez, em constante interação, não só com um conjunto de outros termos da mesma linguagem ou de outras linguagens que podem ser relacionados com o primeiro, mas também com o conjunto das outras definições possíveis do mesmo termo. Essas interações não podem ser eliminadas e, geralmente, são até essenciais para o alcance dos raciocínios. Entretanto, estando feita a escolha, seja ela apresentada como óbvia ou seja ela defendida por argumentos, a definição utilizada é considerada expressão de uma identidade, até mesmo a única satisfatória no caso, e os termos da equivalência, separados de certo modo de seus vínculos e de seu plano de fundo, são considerados logicamente substituíveis. Por isso o uso da definição, para fazer um raciocínio avançar, parece-nos o próprio padrão da argumentação quase-lógica.

§ 51. Analiticidade, análise e tautologia

Estando admitida uma definição, pode-se considerar analítica a igualdade estabelecida entre as expressões declaradas sinônimas; mas essa analiticidade terá, no conhecimento, o mesmo estatuto que a definição da qual depende. Vê-se imediatamente que se, admitindo-se a igualdade de duas expressões, quisermos conceber por juízo analítico um juízo que permita substituí-las, cada vez, uma pela outra, sem que o valor de verdade das proposições em que essas expressões aparecem seja modificado, a analiticidade de um juízo só pode ser afirmada com constância, sem risco de erro, numa língua em que novos usos lingüísticos já não ameaçam introduzir-se, ou seja, em definitivo, numa linguagem formalizada.

Apesar dessas restrições, assistimos, em especial na Grã-Bretanha, ao desenvolvimento de um movimento filosófico, inaugurado por G. Moore, para o qual a análise das proposições constitui a principal tarefa. J. Wisdom pôde distinguir três espécies de análises: a análise material, a análise formal e a análise filosófica[54]. As análises material (ex: "A é descendente de B" significa que "A é filho ou filha de B") e formal (ex: "O rei da França é calvo" equivale a "há um ser, e um só, que é rei da França e que é calvo") ficariam num mesmo nível do discurso, enquanto a análise filosófica – à qual, por essa razão, L. S. Stebbing chama direcional[55] (ex.: "A floresta é muito densa" equivale a "as árvores dessa região são muito próximas uma da outra") – estaria dirigida para um certo sentido; para Stebbing, ela conduziria a fatos fundamentais, para J. Wisdom, a dados sensoriais.

As distinções estabelecidas por Wisdom parecem-nos já pressupor uma atitude filosófica. Cumpre, ao contrário, do ponto de vista argumentativo, salientar que *toda* análise é direcional, no sentido de que se opera numa certa direção. A escolha desta é determinada pela busca da adesão do interlocutor. Isso porque, exceto nos tratados de lógica, não se pratica análise sem se propor um objetivo preciso[56]. Quando se tratar de análise técnica conforme às exigências de uma disciplina, ela se dirigirá aos elementos que essa disciplina considera fundamentais; uma análise não-técnica se adaptará ao auditório, podendo, pois, tomar as mais variadas direções, consoante os objetos de acordo admitido por este último. Querer impor ao auditório filosófico critérios do fato ou da verdade, que ele deveria admitir sem discussão, já é demonstrar uma filosofia particular, e raciocinar no âmbito por ela estabelecido[57].

Toda análise, na medida em que não se apresenta como puramente convencional, pode ser considerada uma argumentação quase-lógica, utilizando quer definições, quer um procedimento por enumeração, que limita a extensão de um conceito aos elementos relacionados.

É por isso que, fora de um sistema formal, a análise jamais pode ser definitiva nem exaustiva. Max Black censura a Moore, com razão, não indicar método para realizar as análises que preconiza, nem para reconhecer a exatidão delas[58]. Na realidade, essa exatidão não poderia sequer ser postulada, se o que pretende é reproduzir o sentido das noções de uma linguagem natural.

Se a análise parecia indiscutível, inteiramente assegurada, não se poderia criticá-la por não nos ensinar nada de novo? Toda argumentação quase-lógica, cujo caráter evidente e mesmo necessário se reconhece, se arrisca assim, em vez de ser criticada como fraca e não-concludente, a ser atacada como totalmente carente de interesse, porque não nos ensina nada de novo: uma afirmação assim será qualificada de *tautologia*, porque resultante do próprio sentido dos termos utilizados.

Eis um texto de Nogaro, ilustrativo desse procedimento:

> Por muito tempo os clássicos afirmaram que a depreciação, ou a baixa do valor da moeda, *provoca* a alta dos preços, sem atentarem que baixa de valor da moeda (com relação às mercadorias) e alta dos preços são duas expressões invertidas de um mesmo fenômeno e que há aí, por conseguinte, não uma relação de causa e feito, mas uma tautologia[59].

A acusação de tautologia equivale a apresentar uma afirmação como resultado de uma definição, de uma convenção puramente lingüística, que nada nos ensina no tocante às ligações empíricas que um fenômeno pode ter com outros e para o estudo das quais seria indispensável uma pesquisa experimental. Supõe ela que as definições são arbitrárias, desprovidas de interesse científico e independentes da experiência. Mas na medida em que não é isso que ocorre, em que as definições são ligadas a uma teoria que pode proporcionar visões originais, a acusação de tautologia perde peso. A ponto de Britton assimilar lei natural e tautologia. Ele dá o exemplo de um metal desconhecido, recém-definido por meio de certos testes que permitem detectar-lhe a presença; posteriormente, isolam-no e determinam-lhe o ponto de fusão; a nova propriedade é incorporada na definição e nela assume uma importância primordial: "A grande descoberta", escreve Britton, "tornou-se mera tautologia"[60]. Uma vez tornada tautológica, a afirmação se integra a um sistema dedutivo, pode ser considerada analítica e necessária, e já não parece ligada às eventualidades de uma generalização empírica.

Assim é que a qualificação de tautologia, aplicada a uma proposição, isola-a do contexto que permitiu a elaboração das noções que ela tem por objeto. Quando integramos estas últimas no pensamento vivo que lhes possibilitou a elaboração, constatamos que elas não se caracterizam nem pela necessidade própria de um sistema formalizado, nem pela trivialidade de que são acusadas numa discussão não-formal, mas que o estatuto delas é vinculado ao das definições que lhes servem de fundamento.

Quando, numa discussão não-formal, a tautologia parece evidente e voluntária, como nas expressões do tipo "um tostão é um tostão", "crianças são crianças", deverá ela ser considerada uma figura. Utiliza-se então uma identidade formal entre dois termos que não podem ser idênticos, se o enunciado deve ter algum interesse. A interpretação da figura, a que chamaremos *tautologia aparente*, requer portanto um mínimo de boa vontade da parte do ouvinte.

Faz tempo que esses enunciados chamam a atenção dos teóricos do estilo. Vendo que os dois termos deveriam ter um significado diferente, eles transformaram essas tautologias em casos particulares de outras figuras: segundo Vico, na figura chamada *ploce* ("Córidon desde aquele tempo me é Córidon"), o mesmo termo é tomado para significar a pessoa e para significar o comportamento (ou a coisa e suas propriedades)[61]; segundo Dumarsais, em "pai é sempre pai" o segundo termo é um substantivo tomado adjetivamente[62]; segundo Baron, é uma *silepse oratória*, estando uma das palavras no sentido próprio, a outra no figurado[63].

Menos ciosos das figuras, os modernos analisam esse gênero de expressões de acordo com suas preocupações. Entre as observações mais interessantes, citemos as de Morris, que enfatiza a distinção entre modo formal e função de avaliação[64], as de Hayakawa, para quem é um modo de impor diretrizes de classificação[65], e enfim as de J. Paulhan, que percebeu muito bem o valor argumentativo de semelhantes expressões, mas nelas veria, sem dificuldade, um paradoxo da razão[66].

Tais proposições, por serem tautológicas, incentivam a distinção entre os termos. Mas seria errado crer que o sentido exato destes esteja fixado de antemão ou, sobretudo, que a relação entre os termos seja sempre a mesma. A fórmula de identidade nos introduz na via de uma diferença, mas não especifica para o que deve canalizar-se nossa atenção. Ela não passa de uma maneira formal do procedimento que consiste em valorizar positiva ou negativamente alguma coisa com um pleonasmo, sendo-nos dado um bonito exemplo seu por *Les ana de madame Apremont*:

> Quando vejo tudo o que vejo, penso o que penso[67].

Aqui, como na repetição, o segundo enunciado do termo é que comporta o valor[68].

Notemos que a obrigação de diferenciar os termos, em vez de nascer do cuidado de dar sentido a uma tautologia que expressa uma identidade, pode nascer de outra figura quase-lógica, baseada na *negação de um termo por si próprio*, logo, numa contradição: "Um tostão não é um tostão" pode desempenhar o mesmo papel que "um tostão é um tostão". *A identidade dos contraditórios* deve ser posta no mesmo plano; por exemplo, a célebre máxima de Heráclito:

> Entramos e não entramos no mesmo rio[69].

As tautologias e as contradições têm um aspecto quase-lógico porque, logo de início, tratamos os termos como unívocos, como suscetíveis de identificarem-se, de excluírem-se. Mas, após a interpretação, surgem as diferenças. Estas podem ser conhecidas previamente à argumentação. Na *antanáclase* já não se trata senão de um emprego da homonímia:

> É-me caro ser amado, contanto que não me custe caro[70].

Aqui, o conhecimento dos usos lingüísticos fornece imediatamente a solução. Mas, nas tautologias de identidade, a diferença geralmente não está fixada. Decerto, seguindo modelos já conhecidos, podemos criar uma grande variedade de diferenciações e estabelecer entre os termos uma grande variedade de relações.

Embora algumas dessas identidades possam desempenhar o papel de máximas ("uma mulher é uma mulher" pode ser maneira de enunciar que todas as mulheres são iguais, mas também de enunciar que uma mulher deve portar-se como uma mulher), elas só adquirem significado argumentativo quando se aplicam a uma situação concreta, a única que dá a essas noções o significado particular que convém.

§ 52. A regra de justiça

Os argumentos que vamos examinar neste parágrafo e no seguinte concernem, não a uma redução completa à identidade dos elementos que cotejamos uns com os outros, mas a uma redução parcial que permite tratá-los como intercambiáveis num determinado ponto de vista.

A regra de justiça requer a aplicação de um tratamento idêntico a seres ou a situações que são integrados numa mesma categoria. A racionalidade dessa regra e a validade que lhe reconhecem se reportam ao princípio de inércia, do qual resulta, notadamente, a importância conferida ao precedente[71].

Para que a regra de justiça constitua o fundamento de uma demonstração rigorosa, os objetos aos quais ela se aplica deveriam ser idênticos, ou seja, completamente intercambiáveis. Mas, na verdade, isso nunca acontece. Os objetos sempre diferem em algum aspecto, e o grande problema, o que suscita a maioria das controvérsias, é decidir se as diferenças constatadas são ou não irrelevantes ou, em outros termos, se os objetos não diferem pelas características que se consideram essenciais, isto é, os únicos a serem levados em conta na administração da justiça. A regra de justiça reconhece o valor argumentativo daquilo a que um de nós chamou justiça formal, segundo a qual os "seres de uma mesma categoria essencial devem ser tratados do mesmo modo"[72]. A justiça formal não especifica nem quando dois objetos fazem parte de uma mesma categoria essencial, nem que tratamento é preciso dispensar-lhes. De fato, em toda situação concreta, uma classificação prévia dos objetos e a existência de precedentes quanto ao modo de tratá-los serão indispensáveis. A regra de justiça fornecerá o fundamento que permite passar de casos anteriores a casos futuros, ela é que permitirá apresentar sob a forma de argumentação quase-lógica o uso do precedente.

Eis um exemplo da utilização da regra de justiça na argumentação; extraímo-lo de Demóstenes:

> Pretenderiam eles porventura que uma convenção, se é contrária à nossa cidade, é válida, ao passo que, se lhe serve de garantia, recusam reconhecê-la? É isso que vos parece jus-

> to? Como? Se algo do que foi jurado é favorável aos nossos inimigos, mas nocivo para nós, eles afirmarão a sua validade; se, ao contrário, aí se encontra uma estipulação a um só tempo justa e vantajosa para nós, mas desfavorável para eles, acreditam-se obrigados a combatê-la sem descanso![73]

Se nem os atenienses, nem seus adversários, gozam de uma situação privilegiada, a regra de justiça requer que o comportamento de uns e de outros, como partes de uma convenção, não seja diferente. O apelo a essa regra apresenta um aspecto de inegável racionalidade. Quando se demonstra a coerência de uma conduta, quase sempre se fará alusão ao respeito da regra de justiça.

Esta supõe a identificação parcial dos seres, mediante sua inserção numa categoria, e a aplicação do tratamento previsto para os membros dessa categoria. Ora, é sobre cada um desses pontos que a crítica poderia incidir e impedir o caráter coercivo da conclusão.

O romance inteiro de Gheorghiu, *A vigésima quinta hora*, é um protesto contra a mecanização dos homens, contra a sua desindividualização operada por sua inserção em categorias administrativas. Eis uma passagem em que seu humor macabro se revolta contra tal redução:

> Essas frações de homens, que não têm mais do que pedaços de carne, recebem a mesma quantidade de alimentos que os prisioneiros em perfeita posse de seus corpos. É uma grande injustiça. Proponho que esses prisioneiros recebam rações alimentares proporcionais à quantidade de corpo que ainda possuem[74].

Para mostrar o caráter arbitrário de todas as classificações administrativas, o autor introduz uma sugestão bufa: propõe a intervenção de um elemento horrível, a mutilação. Tende assim a ridicularizar as classificações estabelecidas que não tratam os homens como indivíduos, consoante um espírito de caridade e de amor, mas como membros intercambiáveis de uma classe.

A outra crítica, a que se refere à maneira de utilizar a regra de justiça, pode ser ilustrada a partir do raciocínio pelo qual Locke espera convidar seus concidadãos a mais tolerância:

> Homem nenhum se queixa do mau governo dos negócios de seu vizinho. Homem nenhum se irrita contra outro por um erro cometido ao semear seu campo ou ao casar a filha. Ninguém corrige um pródigo que consome seu patrimônio nas tabernas... Mas, se algum homem não freqüenta a Igreja, se ali não adapta exatamente a sua conduta às cerimônias habituais, ou se não leva os filhos para serem iniciados nos mistérios sagrados desta ou daquela congregação, isto causa imediatamente um tumulto[75].

Locke queria que se aplicasse a mesma regra para as questões religiosas e para as questões civis, e vale-se da tolerância usual, em sua época, no tocante às últimas, para incitar à mesma tolerância nos assuntos religiosos. Mas, hoje, recuaríamos ante a assimilação dessas situações diferentes, temendo que ela conduzisse a uma intervenção do Estado nas questões de consciência, análoga ao dirigismo que caracteriza vários setores da vida econômica. A aplicação da regra de justiça, depois de uma assimilação prévia de duas espécies de situações, pode conduzir a resultados muito diferentes dos que se teriam esperado. A regra, puramente formal, supõe, para a sua aplicação, uma sustentação no concreto, vinculada a opiniões e acordos raramente indiscutíveis.

§ 53. Argumentos de reciprocidade

Os argumentos de reciprocidade visam aplicar o mesmo tratamento a duas situações correspondentes. A identificação das situações, necessária para que seja aplicável a regra de justiça, é aqui indireta, no sentido de que requer a intervenção da noção de simetria.

Uma relação é simétrica, em lógica formal, quando sua proposição conversa lhe é idêntica, ou seja, quando a mesma relação pode ser afirmada tanto entre *b* e *a* como entre *a* e *b*. A ordem do antecedente e do conseqüente pode, pois, ser invertida.

Os argumentos de reciprocidade realizam a assimilação de situações ao considerar que certas relações são simétricas. Essa intervenção da simetria introduz, evidentemente, dificuldades particulares na aplicação da regra de justiça. Mas, por outro lado, a simetria facilita a identificação entre os atos, entre os acontecimentos, entre os seres, porque enfatiza um determinado aspecto que parece impor-se em razão da própria simetria posta em evidência. Esse aspecto é, assim, apresentado como essencial.

Entre os exemplos de argumentos, que Aristóteles já considerava tirados das "relações recíprocas", encontramos o do publicano Diomedonte dizendo a propósito dos impostos:

> Se não é vergonhoso para vós vendê-los, também não o é para nós comprá-los[76].

Quintiliano fornece como exemplo do mesmo gênero de proposições "que se confirmam mutuamente":

> O que é honroso aprender, também é honroso ensinar[77].

Com um raciocínio da mesma natureza, La Bruyère condena os cristãos que assistem aos espetáculos, uma vez que os comediantes são condenados às penas do inferno por apresentarem os mesmos espetáculos[78].

Esses argumentos de reciprocidade, baseados nas relações entre o antecedente e o conseqüente de uma mesma relação, parecem, mais do que quaisquer outros argumentos quase-lógicos, ser ao mesmo tempo formais e fundamentados na natureza das coisas. A simetria é suposta o mais das vezes pela própria qualificação das situações.

Essa influência da qualificação fica manifesta em certos argumentos em que ela comanda sozinha a simetria invocada, tal como este argumento de Rousseau:

> Não há mãe, não há filho. Entre ambos, os deveres são recíprocos; e, se forem mal cumpridos de um lado, do outro serão negligenciados[79].

Os argumentos de reciprocidade também podem resultar da transposição dos pontos de vista, transposição essa que permite reconhecer, através de sua simetria, a identidade de certas situações.

A possibilidade de efetuar semelhantes transposições é considerada, por Piaget e, em sua esteira, por certos psiquiatras, uma das aptidões humanas primordiais[80]. Ela permite relativizar situações consideradas até então privilegiadas, quando não únicas. Já que achamos estranhos os costumes dos persas, estes não deveriam espantar-se com os nossos? Os costumes ridículos dos países de utopia, descritos com condescendência, levam-nos a refletir sobre alguns de nossos usos que lhes são correspondentes e a considerá-los igualmente ridículos.

Notemos que, com o pretexto de ser justo para com o ponto de vista alheio, esses argumentos adotam em geral o ponto de vista de um terceiro, com relação a quem se estabeleceria a simetria; a intervenção desse terceiro imparcial é que permite eliminar certos fatores, como o prestígio de um dos interessados, capazes de falsear a simetria.

Amiúde uma transposição, ressaltando a simetria (ponha-se no lugar dele!), serve de base para o que se considera uma aplicação fundamentada da regra de justiça: aquele que foi generoso na opulência, misericordioso no poderio, terá, parece, direito de apelar à generosidade e à misericórdia, quando a fortuna se lhe tornar desfavorável[81].

Certas regras morais se estabelecem em função da simetria. Isócrates elogia os atenienses porque:

> Exigiam de si mesmos, para com seus inferiores, os mesmos sentimentos que reclamavam de seus superiores[82].

Os preceitos de moral humanista, trate-se de enunciados judaico-cristãos ("Não faças a outrem o que não gostarias que te fizessem") ou do imperativo categórico de Kant ("Age de tal forma que a máxima de tua vontade sempre possa valer, ao mesmo tempo, como princípio de uma legislação universal"), supõem que o indivíduo e suas regras de ação não podem pretender uma situação privilegiada, que, ao contrário, ele é regido por um princípio de reciprocidade, que parece racional, porque quase-lógico.

Tal princípio de reciprocidade, fundamentado numa simetria de situações, pode servir de argumento, mesmo quando a situação à qual o orador se refere é apresentada apenas como uma hipótese. Assim é que Demóstenes, incitando os atenienses à ação contra Filipe, imagina que este último teria acometido contra eles se estivesse no lugar deles:

> ... o mal que ele vos faria, se pudesse, não seria vergonhoso para vós não lhe infligir quando tendes a oportunidade de fazê-lo, e isso por falta de ousadia?[83]

Aliás, ele pede aos atenienses que considerem a hipótese em que, sendo Ésquines o acusador e Filipe o juiz, ele, Demóstenes, se portaria como Ésquines, e que julguem Ésquines como ele próprio teria sido julgado por Filipe[84].

O retrato do diplomata, traçado por La Bruyère, cujo desígnio seria sempre o embuste, corresponde a uma visão bastante comum. Mas os fingimentos descritos prazerosamente não são mais que maneiras de valer-se das simetrias de situação; a tarefa do diplomata é chegar aos seus fins com boas razões: o argumento de reciprocidade, embora nem sempre esteja expresso, é uma das bases de uma diplomacia que se exerce de igual para igual; ora, é a esse caso ideal que corresponde a descrição clássica de La Bruyère[85].

Por vezes a identificação de situações resulta de que dois atos, mesmo sendo distintos, concorreram para um mesmo efeito:

> "Eu acusei; vós condenastes" é uma réplica célebre de Domício Afer[86].

Duas condutas complementares, no sentido de que constituem ambas uma condição necessária à realização de um determinado efeito, podem dar azo à utilização do argumento de simetria. Um exemplo desse modo de argumentar está na atitude do ministro dos Estados Unidos em Haia, de passagem por Bruxelas durante as primeiras semanas da Revolução de 1830, com o intuito de obter, do governo belga, a saída das mercadorias pertencentes aos neutros e armazenadas em Antuérpia. Para ser eficaz, essa autorização deveria ter sido concedida igualmente pelo rei da Holanda. Daí a argumentação do diplomata americano, dizendo aos belgas: "Se concederdes a autorização e o rei da Holanda a recusar, que prestígio moral resultará disso para vós! Se recusardes a autorização e o rei da Holanda a conceder, que prestígio decorrerá disso para ele!"[87] A argumentação quase-lógica torna-se possível com a condição de esquecer tudo quanto diferencia as situações e de reduzi-las ao que as deixa simétricas.

Algumas argumentações quase-lógicas podem utilizar outro tipo de simetria resultante do fato de duas ações, duas condutas, dois eventos serem apresentados como o inverso um do outro. Conclui-se daí que o que se aplica a um – meios necessários para realizá-lo, avaliação, natureza do evento – aplica-se ao outro.

Eis uma passagem do *Pro Oppio*, citada por Quintiliano:

> Aqueles que ele não conseguiu fazer que viessem a contragosto à província, como conseguiu retê-los ali a contragosto?[88]

O conhecido pensamento de Pascal:

> Pouca coisa nos consola, porque pouca coisa nos aflige[89].

tira sua força de persuasão dessa mesma simetria.

Assim também Calvino, partindo do dogma da redenção do gênero humano pela morte de Cristo, encontra aí um argumento que lhe permite precisar o alcance do dogma do pecado original, cujos efeitos o sacrifício de Cristo deveria combater:

> Que tagarelarão aqui os pelagianos, que o pecado foi espalhado no mundo pela imitação de Adão? Não temos então outro proveito da graça de Cristo, senão ela nos ser proposta como exemplo a seguir? E quem poderia suportar tal blasfêmia? Ora, não há dúvida alguma que a graça de Cristo é nossa por comunicação e que por ela temos vida; segue-se igualmente que uma e a outra foram perdidas em Adão, como as recobramos em Cristo, e que o pecado e a morte foram engendrados em nós por Adão, como são abolidos por Cristo[90].

Certo uso do argumento de reciprocidade, por conduzir a incompatibilidades, obriga a reconsiderar a situação em seu conjunto. Pascal nos instigará a isso a propósito dos jesuítas:

> Pensais fazer muito em seu favor ao mostrar que eles têm seus Padres tão conformes às máximas evangélicas quanto os outros são contrários a elas; e daí concluís que essas largas opiniões não pertencem a toda a Companhia. Bem sei; pois, se assim fosse, nela não admitiriam aqueles que lhes fossem tão contrários. Mas, uma vez que têm também uns que estão numa doutrina tão licenciosa, daí concluís, da mesma forma, que o espírito da Companhia não é o da severidade cristã; pois, se assim fosse, nela não admitiriam os que lhe fossem tão opostos[91].

A maior parte dos exemplos que os antigos nos dão de *argumentação pelos contrários* levam a uma generalização, partindo de uma situação particular e exigindo que se aplique o mesmo tratamento à situação simétrica:

> Se não é justo deixar-se levar pela cólera contra quem nos fez mal sem querer, aquele que nos fez bem porque a isso era forçado não tem direito a nenhum reconhecimento[92].

Encontramos um argumento análogo num tratado do século XVIII:

> Como sustentar que, com base numa prova suficiente, o Juiz deva condenar o inocente cuja inocência conheceria em particular; e que, por falta de provas suficientes, não deva absolver o Culpado, ainda que, em seu particular, tivesse conhecimento de seu crime?[93]

O uso do argumento de reciprocidade está na base de uma generalização freqüente em filosofia, como a que afirma que tudo que nasce morre, passando assim do nascimento de um ser à sua contingência[94]. Montaigne tira disso uma lição de moral:

> É igual loucura lastimar que não estaremos vivos daqui a cem anos e lastimar que não estávamos vivos cem anos atrás[95].

Será válida essa lição? Haverá aqui abuso do argumento de simetria? Quais serão os limites além dos quais a aplicação desse argumento torna-se inadmissível? Pode-se perceber nitidamente sua transgressão quando o uso desse argumento produz um efeito cômico. Eis uma das raras histórias que parecem ter provocado o riso de Kant:

> Em Surate, um inglês abre uma garrafa de cerveja, que espuma abundantemente. A um indiano que se espanta, pergunta o que vê de tão estranho naquilo. "O que me impressiona não é que tudo isso escape assim", responde o indígena, "mas que o senhor possa tê-lo feito entrar."[96]

Essa história cômica lembra a passagem do *Pro Oppio* citada acima; parece sua caricatura.

Laurence Sterne explora de um modo consciente esse mesmo filão, o cômico da argumentação, numa passagem de *Tristram Shandy*:

> – Eh! exclamou Kysarcius, quem teve a idéia de deitar-se com a avó?
>
> – Esse rapaz, replicou Yorick, de quem Selden fala, e que não somente teve essa idéia mas ainda a justificou perante o pai, baseando-se na lei de talião: "Vós vos deitais", disse ele, "com a minha mãe, por que não me deitaria eu com a vossa?" É um *argumentum commune*, acrescentou Yorick[97].

Os argumentos de reciprocidade, como se vê nesses exemplos cômicos, nem sempre podem, portanto, ser utilizados, pois a identificação das situações, válida do ponto de vista em que o orador se coloca, pode ainda assim descurar de diferenças essenciais. A rejeição dessa espécie de argumentos resultará da prova da assimetria de duas situações. Já Aristóteles salientava certos paralogismos de reciprocidade a propósito das ações sofridas e executadas[98]; outros mostrarão que há noções que não podem aplicar-se normalmente senão a certas situações, tal como, segundo Ryle, a noção de ato voluntário, que certos filósofos teriam indevidamente estendido dos atos repreensíveis aos atos meritórios[99]. Com freqüência, rejeitar-se-á a simetria porque se atribuirá a uma das situações um valor eminente: o que contribui para um bem é, em geral, menos apreciado do que o que evita um mal.

As condições de aplicação de semelhantes argumentações não são, portanto, puramente formais: resultam de uma apreciação sobre a importância dos elementos que distinguem situações, julgadas entretanto simétricas num determinado ponto de vista. Às vezes, a simetria de situação é evocada, condescendentemente, com o único intuito de poder negá-la. Como nessa fala recolhida por Jouhandeau:

> Lévy, se eu tivesse sabido que eras tão rico... Não te amo, mas serias tu, em vez de Raymond, que me terias desposado e eu te teria enganado com ele, até o dia que, de tanto te roubar, quando pudéssemos ficar muito felizes juntos sem ti, eu te teria largado. Mas tudo aconteceu de um modo diferente: sou mulher dele e, mesmo que fosses ainda mais rico, nem por ouro nem por prata eu enganaria o meu Raymond contigo[100].

§ 54. Argumentos de transitividade

A transitividade é uma propriedade formal de certas relações que permite passar da afirmação de que existe a mesma relação entre os termos *a* e *b* e entre os termos *b* e *c*, à conclusão de que ela existe entre os termos *a* e *c*: as relações de igualdade, de superioridade, de inclusão, de ascendência são relações transitivas.

A transitividade de uma relação permite demonstrações em forma, mas quando a transitividade é contestável, ou quando a sua afirmação exige adaptações, precisões, o argumento de transitividade fica com estrutura quase-lógica. Assim é que a máxima "os amigos de nossos amigos são nossos amigos" se apresenta como a afirmação de que a amizade é, para quem proclama essa máxima, uma relação transitiva. Se levantarem objeções – baseadas na observação ou numa análise da noção de amizade –, o defensor da máxima sempre poderá replicar que é assim que ele concebe a verdadeira amizade, que os amigos verdadeiros devem comportar-se conformemente a essa máxima.

Esta nos oferece, ademais, um bom exemplo da diversidade dos esquemas argumentativos que podem estar envolvidos: em vez de uma transferência do tipo a R b, b R c, pode-se ver aí uma transferência do tipo $a = b$, $b = c$, logo, $a = c$ (supondo-se que a amizade estabelece uma igualdade entre certos parceiros – e essa mesma igualdade pode ser concebida não como uma relação, mas como o pertencer a uma classe); pode-se ainda ver aí uma transferência do tipo a R b, c R b, logo, a R c (supondo-se que a amizade é uma relação transitiva e, além disso, simétrica). É sob este último aspecto que a amizade aparece, quando esta exclamação é posta na boca de um moço enxotado sucessivamente pelo pai e pelo tio, irmãos inimigos, por haver socorrido um e depois o outro:

> Amem-se um ao outro! Ambos me amaram[101].

Os argumentos que combinam transitividade e simetria parecem ter exercido muita atração sobre os retores latinos. Na mesma controvérsia, outro defensor do filho oferece como argumento:

> Bem mereci de vosso pai, do pai de ambos, conquanto sua idade tenha-me impedido de conhecê-lo; também ele me deve um favor: dei pão aos seus dois filhos[102].

Como o pai e o tio são antagonistas, prefere-se não se deter neles como intermediários das relações de benevolência: o argumento supõe duas relações transitivas e simétricas entre o filho e o pai, entre o filho e o tio, relações da mesma natureza entre o pai e o avô, entre o tio e o avô, para concluir numa relação da mesma natureza entre o avô e o neto.

A maioria desses argumentos pode não só ser interpretada com a ajuda de diferentes esquemas quase-lógicos mas pode também ser sustentada com argumentos baseados na estrutura do real (por exemplo, relações de meio com fim; como o bem de nossos amigos é o nosso objetivo, apreciamos tudo quanto pode ajudá-los). Parece, entretanto, que, em primeira instância, se assiste ao emprego do esquema quase-lógico. É apenas com a reflexão, se o raciocínio quase-lógico for contestado, que viriam, primeiro, uma justificação deste e, depois, decerto, argumentos baseados no real e capazes de apoiar as mesmas afirmações. A força de muitos argumentos resulta do fato de que uma validade relativa, precária, duvidosa, é sustentada por aquela – igualmente precária, claro – de argumentos de outro gênero. A partir do momento em que se explicita o esquema quase-lógico, os argumentos auxiliares são suprimidos: a formalização, ao mesmo tempo que fornece um aspecto coercivo, faz o raciocínio aparecer, assim, como mais pobre e mais fraco do que o é na realidade prática. Ficar-se-á tentado a crer que seu valor é ilusório, quando se denunciarem as reduções operadas, mas isso porque se separou o argumento, por sua formalização, dos outros argumentos que podiam substituí-lo e que talvez sejam para certos ouvintes, em certos momentos, dominantes.

No exemplo adiante vê-se que, à interpretação quaselógica, pode sobrepor-se uma interpretação pelas conseqüências:

> ... ao passo que tendes por vossos melhores aliados aqueles que juraram ter mesmo inimigo e mesmo amigo que vós, considereis que, entre os políticos, aqueles que sabeis realmente devotados aos inimigos da cidade são os mais dignos de confiança[103].

O caráter quase-lógico é acentuado aqui pela passagem, explícita, de uma relação a outra, da máxima "os inimigos de nossos inimigos são nossos amigos" à conclusão "os amigos de nossos inimigos são nossos inimigos".

Os argumentos baseados nas relações de aliança ou de antagonismo entre pessoas e entre grupos assumem facilmente uma aparência quase-lógica, pois os mecanismos sociais nos quais se apóiam são bem conhecidos e admitidos por todos. E. Dupréel tentou mesmo sistematizar o que chama de *lógica dos conflitos*, formulando, a esse respeito, cinco teoremas que se estribam, ele faz questão de sublinhar, apenas em probabilidades[104]. Tais teoremas concernem à propagação dos antagonismos e à formação de alianças; seu enunciado, embora apresentado na forma de equações algébricas, parece-nos reportar-se à argumentação quase-lógica.

Esses raciocínios são aplicados a todas as solidariedades e antagonismos e não só às relações entre pessoas e grupos. As relações entre valores são amiúde apresentadas como geradoras de novas relações entre valores, sem que se recorra a outra justificação que não a transitividade, combinada, se preciso for, com a simetria.

O uso de relações transitivas é inestimável nos casos em que se trata de ordenar seres, acontecimentos, cuja confrontação direta não pode ser efetuada. A partir do modelo de certas relações transitivas, como *maior do que*, *mais pe-*

sado do que, mais extenso do que, estabelecem-se entre certos seres, cujas características só podem ser conhecidas através de suas manifestações, relações que são consideradas transitivas. Assim, se o jogador A venceu o jogador B e se o jogador B venceu o jogador C, considera-se que o jogador A é superior ao jogador C. Poderia ser que, num embate efetivo, o jogador C vencesse o jogador A. Mas esse embate muitas vezes é impossível de se realizar; o sistema das provas eliminatórias em todo caso o exclui. A hipótese de transitividade é indispensável, se quisermos prescindir de um confronto direto de todos os jogadores. A classificação que resulta dessas relações transitivas só é, aliás, tornada possível porque raciocinamos sobre a pessoa baseando-nos em algumas de suas manifestações.

Uma relação transitiva *nutrir-se de* parece servir de base ao seguinte enunciado, que visa pôr em evidência uma incompatibilidade:

> Será possível que, sendo o regime vegetal reconhecidamente o melhor para a criança, fosse o regime animal o melhor para a ama-de-leite? Há contradição nisso[105].

Esse raciocínio é quase cômico, porque o termo "ama-de-leite" evoca uma transitividade, por certo alheia ao pensamento de Rousseau, que não pode esquecer que o leite da ama não é um alimento vegetal.

Enfim, uma das relações transitivas mais importantes é a relação de implicação. A prática argumentativa não utiliza todas as implicações que a lógica formal pode definir. Mas faz largo uso da relação de conseqüência lógica. O raciocínio silogístico é essencialmente fundamentado na transitividade. Não é de espantar que os autores antigos tenham tentado pôr na forma silogística os argumentos que encontravam: os termos *entimema* e *epiquirema* correspondem, *grosso modo*, aos argumentos quase-lógicos apresentados em forma de silogismo. Aristóteles qualifica de entimema[106] e Quintiliano de epiquirema[107] o silogismo da retórica. Não entraremos no pormenor da terminologia deles – conviria decerto mostrar a influência que a lógica estóica exerceu sobre as modificações desta[108] –, mas fazemos questão de insistir no fato de que a assimilação de certos argumentos ao raciocínio formal desempenhava, por alto, o papel dos argumentos quase-lógicos; aliás, é da mesma maneira que se devem entender as tentativas dos juristas de moldar seus raciocínios na forma silogística. Nosso estudo dos raciocínios quase-lógicos permitirá ver que estes são muito mais variados do que se poderia crer.

Observemos, a propósito disso, que o encadeamento silogístico, enquanto relação de conseqüência lógica, é um dos encadeamentos transitivos que maior atrativo parece apresentar para a argumentação quase-lógica; mas o silogismo pode lançar mão das relações de igualdade, de relação da parte com o todo. A relação transitiva de implicação é, por sua vez, apenas a resultante de outras relações transitivas. Encadeamentos transitivos podem, assim, construir-se sobre relações de conseqüência lógica, elas mesmas diversas: é o caso normal da maioria dos raciocínios.

Há porém um tipo de raciocínio, que, desse ponto de vista, é característico. Encontramo-lo fartamente nos escritos chineses e certos autores dão-lhe o nome de *sorites* (nome que outros reservam ao paradoxo do monte de trigo, σωρός: chamaremos um de sorites chinês, o outro de sorites grego, por comodidade, deixando a questão da relação que pode uni-los para o momento oportuno)[109]. Eis um exemplo de sorites, tirado do *Ta Hio*:

> Os antigos, que queriam cumprir com inteligência seu papel educador em todo o país, primeiro punham em ordem seu principado; querendo pôr em ordem seu principado, primeiro regravam sua vida familiar; querendo regrar sua vida familiar, primeiro cultivavam sua pessoa; desejando cultivar sua pessoa, primeiro reformavam seu coração; querendo reformar seu coração, buscavam a sinceridade em seus pensamentos; buscando a sinceridade em seus pensamentos, primeiro se aplicavam à ciência perfeita; essa ciência perfeita consiste em adquirir o senso das realidades[110].

Esse raciocínio é muito estrito em sua forma, no sentido de que o último termo de cada proposição é o primeiro termo da seguinte – em chinês, o ritmo acusa, ademais, as relações entre proposições. Mostra-se que há um encadeamento possível entre o valor que se prega (o conhecimento das coisas) e os outros valores apreciados. Mas a passagem de condição a conseqüência se baseia, em cada etapa, em relações diferentes. Por isso a transitividade é, pelo menos aos nossos olhos de ocidentais, apenas frouxa e pouco formal.

§ 55. A inclusão da parte no todo

A relação de inclusão ocasiona dois grupos de argumentos que há interesse em distinguir: os que se limitam a demonstrar essa inclusão das partes num todo e os que demonstram a divisão do todo em suas partes e as relações entre partes daí resultantes.

Os argumentos quase-lógicos do primeiro grupo, que se limitam a confrontar o todo com uma de suas partes, não atribuem nenhuma qualidade particular nem a certas partes, nem ao conjunto: tratam-no como igual a cada uma de suas partes; analisam-se apenas as relações que permitem uma comparação quase-matemática entre o todo e suas partes. Isto possibilita apresentar argumentações fundamentadas no esquema "o que vale para o todo vale para a parte", por exemplo, esta afirmação de Locke:

> Nada do que não é permitido pela lei a toda a Igreja, pode, por algum direito eclesiástico, tornar-se legal para algum de seus membros[111].

O mais das vezes a relação do todo com suas partes é tratada pelo ângulo quantitativo: o todo engloba a parte e, por conseguinte, é mais importante que ela; em geral o valor da parte será considerado proporcional à fração que ela constitui com relação ao todo. Assim, Isócrates utiliza o argumento da superioridade do todo sobre suas partes para enaltecer o papel dos educadores dos príncipes:

> Os mestres que fazem a educação dos particulares só prestam serviço aos seus alunos; mas todo aquele que inclinasse para a virtude os senhores da massa prestaria serviço tanto a uns como aos outros, aos que detêm o poder e aos que estão sob a sua autoridade[112].

Muitos raciocínios filosóficos, mormente os dos racionalistas, fundamentam-se numa argumentação assim. É isso, em definitivo, para H. Poincaré, o que determina a superioridade do objetivo sobre o subjetivo:

> Isso a que chamamos a realidade objetiva é, em última análise, o que é comum a vários entes pensantes e poderia ser comum a todos; ...[113]

Um tipo de raciocínio baseado na inclusão, freqüentemente utilizado, se refere à relação entre o que compreende e o que é compreendido, no duplo sentido da palavra. Em sua forma mais simples, consistirá ele em declarar o mentiroso superior àqueles que ele engana, porque "sabe que mente": os conhecimentos de seus interlocutores não são mais que uma parte dos seus. Em uma forma mais sutil, é esse o esquema utilizado por Platão para justificar a superioridade do amigo da sabedoria sobre o amigo das honrarias e o amigo do ganho[114]. Em filosofia, teremos a superioridade daquele que compreende o outro, daquele que conhece, explica o outro, sem que o contrário seja verdadeiro. Assim, para Merleau-Ponty, o empirismo é atacado de uma espécie de cegueira mental, é

> o sistema menos capaz de esmiuçar a experiência revelada, enquanto a reflexão [ou seja, o criticismo] compreende sua verdade subordinada, pondo-a em seu devido lugar[115].

O filósofo, em relação ao cientista, sobretudo o filósofo crítico, fica assim tentado a atribuir-se amiúde uma superioridade decorrente do fato de seu objeto abarcar a ciência, referir-se aos princípios que a governam, ao passo que esta última não constitui senão uma parte dos interesses do homem. Isto implica a redução da ciência ou dos conhecimentos do especialista a não ser mais do que uma parte daquilo que a própria pessoa compreende. Muitos pensamentos de Pascal sobre a superioridade do homem de bem expressam esse ponto de vista[116]. Mas isso supõe, entre a parte e o todo, uma espécie de homogeneidade, que basta recusar para pôr em dúvida essa superioridade do não-especialista. Essa recusa requer, porém, um esforço de argumentação assaz acentuado, enquanto o esquema quase-lógico acarreta sem dificuldade a valorização do todo, daquilo que compreende, daquilo que explica a parte.

Os argumentos derivados da inclusão da parte no todo permitem formular o problema de suas relações com os lugares da quantidade, por nós examinados entre as premissas da argumentação. Os argumentos quase-lógicos estão sempre à nossa disposição para justificar os lugares da quantidade, se estes fossem postos em discussão. Ademais, os lugares da quantidade podem servir de premissas a uma argumentação de aspecto quase-lógico. O que faz que, em presença de um raciocínio, pode-se, ora considerá-lo a aplicação de um lugar da quantidade, ora uma argumentação quase-lógica.

Consideremos esta passagem de V. Jankélévitch:

> A economia opera de acordo com a sucessão, como a diplomacia de acordo com a coexistência; e, como esta determinava o sacrifício da parte ao todo, do interesse local ao interesse total, assim, com suas organizações temporais, aquela determina o sacrifício do presente ao futuro e do instante fugidio à mais longa duração possível. Podes querer, sem absurdo, que o prazer de um segundo comprometa os interesses superiores de toda uma vida?[117]

Poderíamos perguntar-nos se aqui se trata de um lugar da quantidade ou então de um raciocínio quase-lógico; é unicamente a alusão ao absurdo de certa escolha que nos faz inclinar para a segunda hipótese. Com efeito, a um lugar da quantidade sempre seria possível opor um lugar da qualidade, que não permitiria considerar a parte e o todo homogêneos; é isso que o mesmo autor nota, algumas páginas adiante, quando escreve, para apontar a superioridade do "Hoje" sobre um "Amanhã qualquer":

> O acontecimento voluptuoso, por sua própria efetividade, contém um elemento irracional e quoditativo que todas as boas razões da razão não bastam para determinar[118].

Homogeneidade, heterogeneidade dos elementos comparados? Nada, a não ser uma argumentação, cotejando os lugares e as razões, e provando-os perante uma consciência assim esclarecida, nos permitirá decidir e justificar essa decisão aos nossos olhos e ao olhar alheio.

§ 56. A divisão do todo em suas partes

A concepção do todo como a soma de suas partes serve de fundamento para uma série de argumentos que podemos qualificar de argumentos de *divisão* ou de *partição*, tal como o entimema de Aristóteles:

> Todos os homens cometem a injustiça com três finalidades (esta, essa ou aquela); e por duas razões o delito era impossível; quanto à terceira, os próprios adversários não a mencionam[119].

Pode-se aproximar deste o seguinte entimema:

> Um outro se tira das partes, como, nos *Tópicos*, qual espécie de movimento é a alma: ou esta ou aqueloutra[120].

Por que Aristóteles diz que o segundo entimema é tirado das partes, enquanto o primeiro seria tirado, segundo ele, da divisão? À primeira vista eles parecem indiscerníveis. Entretanto, quando nos reportamos aos *Tópicos*, conforme as indicações de Aristóteles, constatamos que o último entimema visa sobretudo à divisão do gênero em espécies[121]:

> Cumpre examinar se, de acordo com uma das espécies do movimento, a alma pode mover-se: se pode, por exemplo, aumentar, ou corromper-se, ou evoluir, ou ter qualquer outra espécie de movimento[122].

Neste último exemplo, encontramo-nos diante de uma argumentação que, embora próxima do argumento de divisão, apesar disso difere dele, porque se apóia claramente na relação existente entre o gênero e as espécies. Para poder afirmar algo acerca do gênero, cumpre que esse algo se confirme numa das espécies: o que não faz parte de nenhuma espécie não faz parte do gênero. Encontramos um eco da distinção entre esses dois entimemas em Cícero, embora com um vocabulário bastante diferente do de Aristóteles, a propósito da definição por enumeração das partes (*partes*) ou por análise referente às espécies (*formae*)[123]. Quintiliano também a retoma, insistindo no fato de o número de partes ser indeterminado, mas o das formas, em contrapartida, ser determinado. Pode-se dizer de quantas partes se compõe um Estado, mas sabe-se que há três formas de Estado, conforme o Estado esteja submetido ao poder do povo, ao de alguns homens, ao de um só[124].

Vê-se um esforço constante para distinguir o que – a julgar por esse esforço – estava-se propenso a confundir. Consideraremos, quanto a nós, que, no argumento por *divisão*, as partes devem poder ser relacionadas de um modo exaustivo, mas que podem ser escolhidas como se quiser e de modo muito variado, contanto que sejam suscetíveis, mediante sua adição, de reconstituir um conjunto dado. Na argumentação pelas *espécies*, trata-se de divisões sobre as quais estamos de acordo, que preexistem à argumentação, parecem naturais e que não se devem necessariamente enumerar de maneira exaustiva para poder argumentar. O argumento por espécies, que supõe uma afinidade de natureza entre as partes e o conjunto, pode reportar-se aos argumentos de inclusão de que tratamos no parágrafo anterior. O mais das vezes, porém, ele se converte em argumento por divisão, pois encaramos as espécies como reconstruindo, com sua adição, o gênero. É por isso que tratamos dele aqui, pelo mesmo motivo que tratamos do argumento por divisão.

Para utilização eficaz do argumento por divisão, a enumeração das partes tem de ser exaustiva, pois, diz-nos Quintiliano:

> ... se, nos pontos enumerados, omitirmos uma única hipótese, todo o edifício desabará e daremos motivo ao riso[125].

Esse conselho de prudência chama a nossa atenção para o fato de o argumento por divisão não ser puramente formal, pois exige um conhecimento das relações que as partes mantêm efetivamente com o todo, no caso particular em questão. Essa técnica de argumentação pressupõe, aliás, que as classes formadas pela subdivisão de um conjunto sejam isentas de ambigüidade. Ora, nem sempre é esse o caso. Se procuramos os motivos de um crime e nos perguntamos se o assassino agiu por ciúme, por ódio ou por cupidez, não somente não estamos certos de ter esmiuçado todos os motivos de ação, mas também não estamos certos de ser capazes de responder sem ambigüidade a cada uma das questões particulares levantadas por esse raciocínio. Este último necessita de uma estrutura unívoca e, por assim dizer, espacializada do real, da qual seriam excluídos os acavalamentos, as interações, a fluidez, que, ao contrário, jamais estão ausentes dos argumentos que examinaremos mais adiante, no capítulo referente aos raciocínios fundamentados na estrutura do real.

O que poderá proporcionar-nos a argumentação por divisão? Em princípio, tudo quanto se tira de operações de adição, de subtração e de suas combinações.

O esforço pode tender a provar a existência do conjunto; é o que ocorre na indução aristotélica e numa série de argumentações por enumeração de partes. Notemos, a esse respeito, que essas formas de argumentação podem ensejar figuras: citamos um exemplo de amplificação *mediante congérie*, extraído de Vico, onde a enumeração das partes tem o efeito de aumentar a presença[126]. Conforme os casos, um mesmo enunciado pode ser argumento por divisão ou amplificação: provar que uma cidade está inteiramente destruída, a alguém que o nega, pode ser feito com a enumeração exaustiva dos bairros danificados. Mas, se o ouvinte não contesta o fato ou não conhece a cidade, a mesma enumeração será figura argumentativa da presença.

Nos argumentos por divisão mais característicos, o esforço tende a provar a existência ou a inexistência de uma das partes. Argumenta-se por exclusão. Eis um exemplo, tomado de Bergson, onde este se pergunta qual força pode desempenhar, na moral aspiração, o papel que a pressão do grupo desempenha na moral social:

> Não temos escolha. Fora do instinto e do hábito, não há ação direta sobre o querer senão a da sensibilidade[127].

O mesmo esquema pode sustentar o uso das tabelas de presença e de ausência, tal como é recomendado por Bacon e por Mill, ainda que o mais das vezes elas devam relacionar-se com as tabelas de variações concomitantes[128].

O argumento por divisão está na base do dilema, forma de argumento em que se examinam duas hipóteses para concluir que, seja qual for a escolhida, chega-se a uma opinião, a uma conduta, de mesmo alcance, e isto por uma das seguintes razões: ou elas conduzem cada qual a um mesmo resultado, ou conduzem a dois resultados de igual valor (geralmente dois fatos temidos), ou acarretam, em cada caso, uma incompatibilidade com uma regra à qual se estava vinculado.

Tomaremos emprestado a Pascal um exemplo da primeira espécie de dilema:

> Que podiam fazer os judeus, seus inimigos? Se eles o recebem, reconhecem-no com sua recepção, pois os depositários da espera do Messias o recebem; se o rejeitam, reconhecem-no com sua rejeição[129].

Para que os dois termos do dilema cheguem ao mesmo resultado, cumpre admitir a equivalência dos meios de prova apresentados, pois no primeiro caso fundamenta-se na autoridade dos judeus, no segundo, na autoridade das Escrituras: mas, se as duas autoridades são equivalentes, o raciocínio inverso que faria, por sua vez, as duas soluções se virarem contra o Messias não seria igualmente admissível? Os antigos haviam examinado semelhante refutação do dilema sob o nome de *conversão*[130].

O fato de duas possibilidades contraditórias levarem a uma mesma conclusão parece muito mais resultar de uma idéia preconcebida em favor desta última do que da argumentação que se apresenta. É por esta razão que tal dilema é em geral atribuído ao adversário para sugerir sua má-fé. Na controvérsia acerca da autenticidade da tiara de Saitafarnes, Héron de Villefosse, defensor da tiara, exclama:

> Quando o Sr. Furtwängler encontra ou crê encontrar num monumento antigo uma das figuras ou um dos motivos da tiara, ele declara, por essa razão, que a tiara é falsa; quando não encontra exemplo do mesmo motivo ou das mesmas figuras... declara igualmente que a tiara é falsa. É um método de discussão deveras extraordinário[131].

A segunda espécie de dilema tende a limitar o âmbito do debate a duas soluções, ambas desagradáveis, mas entre as quais a escolha parece inevitável; o resto da argumentação consistirá na prova de que a solução proposta constitui o mal menor:

> Enfim, atenienses, há uma coisa que não deveis perder de vista: tendes a escolha, hoje, entre isto e aquilo, atacar Filipe em sua terra ou serdes atacados por ele na vossa... Quanto a mostrar qual diferença há entre fazer a guerra na terra dele e fazê-la na vossa, será isso necessário?[132]

Encontramos um exemplo cômico da terceira espécie de dilema nas reflexões que Sterne atribui aos jurisconsultos de Estrasburgo ante o nariz de um estrangeiro:

> Verdadeiro, opinaram eles, um nariz tão monstruoso teria sido civilmente intolerável; falso, teria constituído uma violação mais grave e mais imperdoável ainda dos direitos da sociedade que ele procurava enganar com a sua aparência abusiva.
>
> A única objeção a esse dilema foi que, se ele provava alguma coisa, era que o nariz do estrangeiro não era nem verdadeiro nem falso[133].

Para reduzir uma situação a um dilema, é preciso que suas duas ramificações sejam apresentadas como incompatíveis, por se referirem a uma situação sobre a qual o tempo não tem influência e que, por isso mesmo, exclui a possibilidade de uma mudança. Esse caráter estático do dilema está bem acentuado nos exemplos que se seguem. O primeiro, que a *Rhetorica ad Herennium* atribui a um autor laborioso, é a argumentação de uma filha que o pai queria separar, à sua revelia, do marido:

> Tratas-me, meu pai, com um rigor que não mereço. Com efeito, se julgas Cresfonte um mau homem, por que tu mo destes como marido? Se é, ao contrário, um homem de bem, por que me forçar, à minha revelia, à revelia dele, a largar tal homem?[134]

O outro dilema é aquele com que Demóstenes quer abater Ésquines:

> Quanto a mim, de bom grado perguntaria a Ésquines se, no momento em que isso acontecia e a cidade estava cheia de emulação, de alegria e de elogios, ele se associava aos sacrifícios e à satisfação da maioria, ou se ficava em casa, pesaroso, gemente, irritado com a felicidade pública. Se estava presente e se fazia notar no meio dos outros, não age ele agora de modo escandaloso, ou melhor, sacrílego, quando, tendo ele próprio tomado os deuses por testemunhas da excelência daqueles atos, pretende fazer-vos votar que não eram excelentes, a vós que jurastes pelos deuses? Se não estava presente, não merece ele mil vezes a morte, pois que sofria com ver o que causava a alegria aos outros?[135]

A redução da situação a um esquema quase-lógico, que exclui a um só tempo as variações e a influência da mudança, permite circunscrever o adversário na alternativa do dilema, da qual só poderá sair alegando uma mudança ou variações, que a cada vez tem de justificar.

Uma vez que o argumento por divisão pressupõe que o conjunto das partes reconstitui o todo, que as situações examinadas esgotam o campo do possível, quando as partes ou as possibilidades se limitam a duas, o argumento se apresenta como uma aplicação do terceiro excluído. Emprega-se essa forma da divisão quando, num debate, limitam-se as soluções a duas: a do adversário e a que o próprio orador defende. Após ter ridicularizado a tese do adversário – que às vezes é inteiramente inventada para as necessidades da causa –, o orador se prevalece daquela que propõe como sendo a única possível. Uma técnica um pouco diferente consiste em apresentar uma tese como fornecedora da resposta ao problema, sendo todas as outras hipóteses, em bloco, rejeitadas ao indeterminado. Apenas a tese que o orador desenvolve usufrui a presença. Por vezes, após tê-la exposto, ele se dirige aos ouvintes, perguntando-lhes se têm uma solução melhor para apresentar. Este apelo, classicamente qualificado de argumento *ad ignorantiam*, extrai sua força essencialmente da urgência, pois exclui um prazo de reflexão: o debate se circunscreve à tese apresentada e àquela que poderiam opor-lhe eventualmente na mesma hora. Por isso, esse argumento, para ser utilizável, coloca os interlocutores num âmbito limitado que lembra o do dilema.

Todos os argumentos por divisão implicam evidentemente, entre as partes, certas relações que fazem que a soma delas seja capaz de reconstituir o conjunto. Essas relações podem estar vinculadas a uma estrutura do real (por exemplo, a relação entre os diferentes bairros de uma cidade); podem também ser de natureza sobretudo lógica. A negação desempenha a esse respeito um papel essencial; ela é que parece garantir que a divisão é exaustiva. Assim como neste argumento erístico (*Kunstgriff* 13), que Schopenhauer expõe nos seguintes termos:

> Para fazer uma proposição ser admitida pelo adversário, é preciso juntar-lhe o seu contrário e deixar a escolha ao adversário; esse contrário será formulado de um modo assaz cru para que, não querendo ser paradoxal, o interlocutor aceite a nossa proposição que, em relação à outra, parece mais plausível. Por exemplo, para que ele concorde com que se deve fazer tudo quanto o pai ordena, perguntar-se-á: "Deve-se em todas as coisas obedecer ou desobedecer aos pais?"[136]

A tese proposta como contraste é formada pela negação da outra – ou, pelo menos, a negação de alguns de seus elementos. O artifício é manifesto. Mas notemos que Pascal não hesita em recomendar a argumentação por divisão entre as duas possibilidades, constituídas por uma proposição e seu contrário:

> ... todas as vezes que uma proposição é inconcebível, cumpre suspender o juízo sobre ela e não a negar por esse aspecto, mas examinar o seu contrário; e se o acharem manifestamente falso podemos ousadamente afirmar a primeira, por mais incompreensível que ela seja[137].

Utilizada como o faz Pascal, para provar a infinita divisibilidade do espaço, essa argumentação quase-lógica é, por sua vez, baseada numa divisão exaustiva de um conjunto dado.

Semelhante argumentação é habitualmente considerada óbvia. La Bruyère escreve:

> A impossibilidade em que estou de provar que Deus não existe revela-me a sua existência[138].

É nesse tipo de raciocínio que se baseia geralmente, como mostrou E. Dupréel, a noção de necessidade em filosofia[139].

A disjunção afirmada entre dois termos que não são formalmente contraditórios indica com freqüência que o orador assume, com isso, que identifica uma das proposições da alternativa com a negação da outra. Quando Gide, no exemplo citado acima[140], diz a propósito da Bíblia e das *Mil e uma noites*: "Pode-se amar ou não compreender", ele identifica "não compreender" e "não amar", desqualificando aliás, assim, essa proposição negativa da alternativa.

E quando H. Lefebvre escreve:

> O pensamento lógico e científico é *objetivo*... ou não é nada. Da mesma forma, ele é *universal*... ou não é nada[141].

ele parece, pela identificação entre "nada" e "não-objetivo", "não-universal", dar valor absoluto à definição proposta.

Essa identificação da proposição negativa com algo desprezível pode ela mesma ser realizada por um dilema. Locke, opondo-se às guerras religiosas e à intolerância dos sacerdotes cristãos, escreve:

> Se alguém que se professa ministro da palavra de Deus, pregador do Evangelho da Paz, ensina o contrário, ou não compreende, ou negligencia os deveres de sua vocação, e um dia deverá prestar contas disso ao Príncipe da paz[142].

Igual dilema pode ser utilizado como figura. A *Rhetorica ad Herennium* dá o seguinte exemplo de *hesitação* (*dubitatio*):

> Naquela época a república sofreu um grande prejuízo, por causa dos cônsules; dever-se-á dizer, por sua tolice, por sua perversidade ou por ambas?[143]

Não se trata de uma mera hesitação acerca de uma qualificação; é figura de presença, muito mais que figura de escolha. Já sabemos que a amplificação é percebida como figura quando usa esquemas argumentativos caracterizados[144]. Aqui o dilema se resolve em disjunção não exclusiva.

A relação entre as duas partes que formam um todo também pode ser a da complementaridade.

Será complementar de uma noção o que é indispensável para explicar, justificar, possibilitar o emprego de uma noção: é isso que E. Dupréel denomina uma noção-muleta[145]. Mas será também complementar aquilo que, acrescentado à noção, sempre reconstitui um todo, sejam quais forem as variações na aplicação desta. Esses dois aspectos da complementaridade são, aliás, vinculados.

O bispo Blougram mostra que crença e descrença são complementares:

> Tudo o que ganhamos com nossa descrença
> É uma vida de dúvida diversificada pela fé,
> Por uma vida de fé diversificada pela dúvida:
> Chamávamos o tabuleiro de xadrez de branco
> [– chamamo-lo de negro[146].

Uma afirmação e sua negação são, num sentido, sempre complementares. Mas, ao acentuar a complementaridade, elimina-se a idéia de oposição e de escolha indispensável, para chegar, ao contrário, à idéia de que a escolha é indiferente. As negações utilizadas nos dilemas poderiam, por esse viés, reportar-se à complementaridade.

A importância da maneira pela qual é percebida a relação entre partes que formam um todo é particularmente marcante nos argumentos *a pari* e *a contrario*, muito conhecidos na tradição jurídica. Tratam eles da aplicação ou da não-aplicação, a uma outra espécie do mesmo gênero, daquilo que foi afirmado para uma espécie particular. Tomemos um exemplo. Uma lei edita certas disposições relativas aos filhos herdeiros; por intermédio do argumento *a pari* procura-se estender essas disposições às filhas; o argumento *a contrario*, ao inverso, permite pretender que elas não se aplicam às pessoas do sexo feminino. No primeiro caso, a lei é considerada um exemplo de uma regra que concerne ao gênero inteiro; no segundo, é concebida como uma exceção de uma regra subentendida referente ao gênero.

O argumento *a pari* é entendido como uma identificação; a argumentação *a contrario*, como divisão. Convém, entretanto, notar que, na medida em que a identificação *a pari* é afirmada como sendo a assimilação de duas espécies de um mesmo gênero, ela está exposta ao argumento *a contrario*: o argumento quase-lógico suscita o argumento quase-lógico do adversário; na medida em que a identificação é feita por outros meios, arrisca-se menos a suscitar a réplica pelo argumento *a contrario*.

Como se devem interpretar os textos legais ou as decisões da jurisprudência? *A priori*, não é possível sabê-lo. Apenas o contexto, a apreciação da situação, a determinação do objetivo visado pelas disposições legais ou pelas decisões jurisprudenciais permitirá, em cada caso, fazer prevalecer uma ou outra técnica argumentativa, preferir a identificação de duas espécies à oposição delas, ou inversamente. Essa conclusão evidencia bem a diferença entre a argumentação quase-lógica e a demonstração formal.

§ 57. Os argumentos de comparação

A argumentação não poderia ir muito longe sem recorrer a comparações, nas quais se cotejam vários objetos para avaliá-los um em relação ao outro. Nesse sentido, os argumentos de comparação deverão ser distinguidos tanto dos argumentos de identificação quanto do raciocínio por analogia.

Ao afirmar "Suas faces são vermelhas como maçãs", bem como ao afirmar "Paris tem três vezes mais habitantes do que Bruxelas", "Ele é mais belo do que Adônis", comparamos realidades entre si, e isto de uma forma que parece muito mais suscetível de prova do que um mero juízo de semelhança ou de analogia. Tal impressão deve-se ao fato de a idéia de medição estar subjacente nesses enunciados, mesmo que qualquer critério para realizar efetivamente a medição esteja ausente; por isso os argumentos de comparação são quase-lógicos. São em geral apresentados como constatações de fato, enquanto a relação de igualdade ou de desigualdade afirmada só constitui, em geral, uma pretensão do orador. Assim:

> É o mesmo crime roubar o Estado ou praticar larguezas contrárias ao interesse público[147].

é uma afirmação que assimila a um delito patente uma ação que não é qualificada legalmente e cuja igualdade com a precedente não é, pois, prévia à argumentação.

A idéia de medida, subjacente aos argumentos de comparação, traduz-se entretanto, com freqüência, pelo enunciado de certos critérios.

As comparações podem dar-se por oposição (o pesado e o leve), por ordenamento (o que é mais pesado que) e por ordenação quantitativa (no caso, a pesagem por meio de unidades de peso)[148]. Quando se trata de noções tomadas de empréstimo ao uso comum, os critérios são geralmente complexos: a decomposição de uma noção, tal como a operam os estatísticos (por exemplo, a medição do grau de instrução com base no número de pessoas alfabetizadas, no número de bibliotecas, de publicações, etc.) constitui um esforço para levar em conta os diversos elementos mensuráveis. A combinação dos critérios é realizada de diversas maneiras. Assim, em Santo Tomás, encontramos a seguinte combinação:

> Os seres inferiores são, com efeito, naturalmente incapazes de atingir completa perfeição, mas atingem um grau medíocre de excelência por meio de alguns movimentos. Os que lhes são superiores podem adquirir completa perfeição por meio de grande número de movimentos. Superiores ainda aos precedentes são os seres que atingem sua completa perfeição por um pequeno número de movimentos, pertencendo o grau mais elevado aos que a possuem sem executar movimentos para adquiri-la[149].

Essa graduação, que combina os graus de perfeição e os meios utilizados para adquiri-la, permite a Santo Tomás pôr no topo Deus, depois os anjos, os homens, os animais. Essa construção metafísica se apóia numa analogia na qual intervém também este critério duplo: trata-se dos graus da saúde, comparados levando-se em consideração o resultado obtido e os remédios necessários para obtê-lo.

Os critérios entram muitas vezes em conflito. O procedimento de Santo Tomás estabelece, para cada patamar de um dos critérios, uma hierarquia baseada no segundo critério[150], o que implica evidentemente uma predominância do primeiro sobre o segundo. No entanto, a própria necessidade de introduzir este último mostra que o primeiro era tido como insuficiente.

As combinações mais diversas podem ser consideradas; jamais refletirão a complexidade das noções não-formalizadas. Bem mais, em muitos casos, há uma proporcionalidade inversa entre os critérios requisitados para entrar em linha de conta. O mérito é, para o senso comum, um fato de disposição inata para o bem e de sacrifício; uma hierarquização dos méritos deve considerar esses fatores incompatíveis.

Tão logo há comparação entre elementos não-integrados num sistema, os termos da comparação, seja ela qual for, interagem um sobre o outro, e isto de duas maneiras.

De um lado, o nível absoluto do termo padrão poderá influir sobre o valor dos termos pertencentes à mesma série e que lhe são comparados. Esse efeito é observado na percepção; notemos que as repetições dos termos cotejados concorrem todas, ao que parece, para situar um nível neutro de adaptação[151]. Ocorre o mesmo, por certo, na argumentação em que os termos já enunciados constituem um pano de fundo que influencia as novas avaliações.

Por outro lado, o cotejo pode aproximar dois termos que era lícito considerar incomensuráveis. A comparação entre Deus e os homens intervirá a um só tempo em proveito do termo inferior e em detrimento do termo superior. Os partidários do amor divino, mesmo desprezando o amor terrestre, só podem valorizar este com a comparação que estabelecem entre os dois:

> [A alma], dirá Plotino, purificada das máculas deste mundo e preparada para voltar ao seu pai, é tomada pela alegria. Para aqueles que ignoram esse estado, que imaginam pelos amores daqui da terra o que deve ser o encontro do ser mais amado, os objetos que aqui amamos são mortais e caducos;

não amamos senão fantasmas instáveis; e não os amamos realmente; não são o bem que buscamos[152].

Essa valorização do inferior, oradores como Bossuet até a salientam, para dela tirar efeitos argumentativos:

> ... os soberanos piedosos hão por bem que toda a sua glória se apague perante a de Deus; e, muito longe de ofenderem-se com que seu poderio diminua nessa visão, sabem que nunca são mais profundamente venerados do que quando só os rebaixam para compará-los com Deus[153].

Assim também, é uma honra para um poeta medíocre ser declarado muito inferior a um mestre famoso: desde então ele entra, ainda que não seja para nela ocupar um lugar proeminente, na confraria dos poetas ilustres.

Em contrapartida, tudo quanto é cotejado com objetos muito inferiores só pode sofrer com essa aproximação; é por isso que Plotino, após ter assinalado a superioridade do Uno sobre qualquer outra realidade, mas receando a desvalorização daí resultante para ele, acrescenta:

> Afastemos dele, pois, todas as coisas; nem sequer digamos que as coisas dependem dele e que ele é livre; ... ele não deve ter absolutamente nenhuma relação com nada; ...[154]

Para desqualificar alguém, um procedimento eficaz é cotejá-lo com o que ele despreza, ainda que seja para conceder que é superior. A verdade é que os seres comparados fazem, a partir daí, parte de um mesmo grupo.

As interações entre termos de uma comparação podem ser devidas à percepção de vínculos reais entre o que se coteja. Mas pouco importa a sua origem. A conseqüência dela é que, nas comparações, quando o alvo é pôr em evidência uma distância, cumpre um esforço constante para restabelecer esta. Apenas convenções de medição precisas podem assegurar a persistência das relações evocadas.

Os argumentos de comparação não deixam, porém, de reputar essas relações estabelecidas e transponíveis. Eis um exemplo cômico disso. Uma menina bonita e uma pessoa idosa rabugenta esperam o ônibus. A segunda recusa com indignação um cigarro:

– Fumar na rua? Eu preferiria beijar o primeiro que passasse.

– Eu também, mas enquanto isso não acontece podemos dar umas baforadas[155].

O cômico provém de que a mesma hierarquia preferencial está situada numa região totalmente diferente da escala de valores.

A escolha dos termos de comparação adaptados ao auditório pode ser um elemento essencial da eficácia de um argumento, mesmo quando se trata de comparação numericamente especificável: haverá vantagem, em certos casos, em descrever um país como tendo nove vezes o tamanho da França em vez de descrevê-lo como tendo a metade do tamanho do Brasil.

São as características do termo de referência que conferem a uma série de argumentos o seu aspecto particular.

Uma forma típica de comparação é aquela que menciona a perda não sofrida, para apreciar as vantagens de uma solução adotada. Àqueles que lhe perguntavam o que ganhara com a guerra, Pitt respondia: tudo quanto teríamos perdido sem ela[156]. O termo de referência é hipotético mas, graças à tautologia, concede-se-lhe uma importância real, se bem que indeterminável. Muitas vezes, entretanto, é necessário avaliar esse termo de referência, o qual será apresentado de um modo favorável às conclusões da argumentação. O mesmo Pitt critica seus adversários que, para avaliar os inconvenientes da guerra, descrevem de uma forma entusiasta a prosperidade que ela fez desaparecer e que, em seu tempo, eles pareciam pouco apreciar[157]. Em geral, os quadros da idade de ouro, passada ou futura, do paraíso perdido ou esperado, trate-se dos bons velhos tempos ou da felicidade que se encontra alhures, servem para desqualificar a época e o país em que se vive. Em contrapartida, a descrição entusiasta da situação presente servirá para arredar todo esforço no sentido de melhorá-la e mesmo de modificá-la; o crescimento relativo de felicidade seria mínimo, a perda de felicidade, considerável. Toda persuasão através de ameaça será, portanto, tanto mais eficaz quanto mais valorizado for o estado usufruído.

O argumento de comparação pode manifestar-se igualmente pelo uso do superlativo. Este se expressa reputando algum objeto, seja superior a todos os seres de uma série, seja incomparável e, por isso, único em seu gênero. Não esqueçamos que esta última qualificação carece de uma tentativa prévia de comparação, cuja impossibilidade se reconhece. Assim é que a própria unicidade pode resultar do superlativo como, em Leibniz, a unicidade das verdades contingentes é fundamentada no princípio do melhor. Tal técnica permite individualizar os seres qualificando-os por meio do superlativo, procedimento que Giraudoux não hesitou em utilizar com freqüência[158].

Ademais, os juízos que lançam mão do superlativo são muito mais impressionantes, em parte por seu aspecto quase-lógico, do que os juízos mais moderados. Em geral dispensam mostrar que a comparação se baseia em algo que tem um valor: atesta isso a abundância de superlativos nos textos publicitários. Seu caráter peremptório dispensa também, com mais facilidade, uma prova. A acusação de haver cometido "o ato mais infame" será geralmente menos escorada em prova do que a de haver "procedido mal". Essa hierarquia pode ser expressa fora da forma comparativa, pelo simples uso de noções como "execrável", "miraculoso". La Bruyère notou o aspecto peremptório desses termos[159].

O superlativo também pode ser sugerido por certos procedimentos de amplificação, como o que Quintiliano nos dá como exemplo:

> Foi em tua mãe que bateste. O que mais dizer? Foi em tua mãe que bateste[160].

Quando nada mais há que, acrescentado, possa aumentar a gravidade de uma infração, possa enfatizar a importância de um ato, já não é necessário compará-lo com qualquer outro para lhe reconhecer a preeminência.

Por vezes o efeito do superlativo será reforçado por uma restrição particular, parecendo-se realmente haver procedido a uma comparação efetiva; o superlativo não deve ser considerado uma simples maneira de falar, uma figura de estilo. Virgílio diz, a propósito de Lauso:

> O mais belo de todos, excetuando-se o corpo de Turno o Laurente[161].

Aqui o superlativo não coincide com o único; em compensação, a impressão de unicidade é produzida quando, para falar de um ser, só se encontra ele próprio como termo de comparação; forma-se, por assim dizer, uma classe à parte, incomparável. Como diz La Bruyère,

> V... é pintor, C... músico, e o autor de *Pyrame* é poeta; mas Mignard é Mignard, Lulli é Lulli, e Corneille é Corneille[162].

Como vemos por esse exemplo, toda comparação é, por algum ângulo, desqualificadora, porque faz pouco caso dessa unicidade dos objetos incomparáveis. Tratar *sua* pátria, *sua* família, como *uma* pátria, *uma* família, já é privá-la de uma parte de seu prestígio; daí o caráter um tanto blasfematório do racionalismo, que se recusa a considerar os valores concretos em sua unicidade. É por esta razão que todo amor, na medida em que resultante de uma comparação que conduz à escolha do melhor objeto no qual ele possa concentrar-se, será suspeito e pouco apreciado. Há sentimentos que excluem qualquer escolha, por mais elogiosa que possa ela ser.

A própria idéia de escolha, de boa escolha, implica sempre comparação. Não obstante, as expressões relativas à escolha mostram bem o vaivém entre o domínio do comparativo e o do absoluto. "Fizemos uma boa escolha" significa em geral contentamento, vontade de não comparar. A idéia de que alguma coisa é boa, sobretudo se essa alguma coisa existe e se a inércia intervém, costuma expressar-se pela idéia de que é o melhor, de que não se poderia encontrar melhor, ou seja, um superlativo. Uma justificação implícita seria a de que o objeto parece suscetível de suportar muitas comparações. Podem-se aproximar dessas afirmações relativas à boa escolha muitas afirmações referentes a uma quantidade (por exemplo, tal faturamento obtido com tal propaganda). Sugere-se que essa quantidade é superior àquelas com as quais se poderia compará-las. Em contrapartida, se um acontecimento ganha grandes manchetes nos jornais, poder-se-ia minimizar-lhe a importância salientando que, todos os dias, um acontecimento é posto em evidência: o valor absoluto se reduz a um valor comparativo.

Essas interpretações parecem passar, em dois tempos, do valor absoluto ao valor comparativo, ou inversamente. Todavia, isso é fruto de uma análise. Em contrapartida, há argumentações em dois tempos que operam essa passagem de modo explícito. Blougram se baseia em que, estando escolhido um fim, o meio deve ser o melhor possível[163]. Mas essa comparação feita no plano dos meios reage sobre o conjunto da situação; no caso, valoriza ao mesmo tempo a religião mais eficaz para atuar sobre o mundo e o fim escolhido, isto é, atuar sobre o mundo. Tornaremos a encontrar essas interações por ocasião do estudo dos argumentos baseados nas estruturas do real.

Todas essas análises tendem a mostrar quanto os argumentos de comparação diferem de cotejos entre valores efetivamente mensuráveis, cujo lugar numa série ou num sistema teria sido fixado de uma vez por todas; não obstante, é a aproximação deles a estruturas matemáticas que fornece grande parte de sua força persuasiva.

§ 58. A argumentação pelo sacrifício

Um dos argumentos de comparação utilizados com mais freqüência é o que alega o sacrifício a que se está disposto a sujeitar-se para obter certo resultado.

Essa argumentação está na base de todo sistema de trocas, trate-se de escambo, de venda, de contrato de prestação de serviços – se bem que ela não seja certamente a única em causa nas relações de vendedor com comprador. Mas não é reservada ao campo econômico. O alpinista que se pergunta se está pronto para fazer o esforço necessário para escalar uma montanha recorre à mesma forma de avaliação.

Em toda pesagem, os dois termos se determinam um pelo outro. Por isso Sartre tem razão ao dizer que jamais podemos saber se o mundo, pelos obstáculos que nos apresenta, informa-nos sobre ele ou sobre nós. Somos nós que, livremente, fixamos os limites de nossos esforços[164]. Mas, para poder alegar esse esforço, é preciso que este possa ser descrito ou conhecido por outros meios, de uma maneira que, pelo menos provisoriamente, pareça suficiente. Cumpre, a esse respeito, precaver-se de certas ilusões. Assim, a distinção de Klages entre as faculdades quantitativas, que seriam mensuráveis comparando-se diversos indivíduos, e os móbeis que, por sua vez, se mediriam reciprocamente num mesmo indivíduo[165], distinção talvez fecunda, não deve fazer esquecer que essa avaliação recíproca só é utilizável com a condição de se saber se, em tal indivíduo, um dado móbil é reputado de intensidade normal, ou de se possuir uma estimativa qualquer dele.

Na argumentação pelo sacrifício, este deve medir o valor atribuído àquilo por que se faz o sacrifício. É esse o argumento de que se vale Calvino para garantir a importância que os protestantes – contrariamente aos católicos – atribuem à sua religião:

> Mas como eles zombam da incerteza desta, se tivessem de assinar a deles com o próprio sangue e à custa de sua vida, poderíamos ver quanto a prezam. Nosso compromisso é muito diferente, o qual não teme nem os terrores da morte, nem o julgamento de Deus[166].

Trata-se do bem conhecido argumento, dirigido contra os católicos, fundamentado na existência de mártires da fé; e a ausência de sacrifício serve para medir a pouca importância concedida a uma coisa que se pretende, por outro lado, venerar.

Se, no argumento do sacrifício, a pesagem compete ao indivíduo que aceita o sacrifício, o significado deste último aos olhos alheios depende do apreço por aquele que efetua a pesagem. Quando Pascal escreve:

> Só creio nas histórias cujas testemunhas se deixariam degolar[167].

é mister que essas testemunhas, que servem de referência, gozem de certo prestígio. Quanto maior este, mais o argumento impressiona. Pauline o assinala bem, dizendo:

> *Mon époux en mourant m'a laissé ses lumières;*
> *Son sang, dont tes bourreaux viennent de me couvrir*
> *M'a dessillé les yeux, et me les vient d'ouvrir*[168].

> [Meu esposo ao morrer deixou-me suas luzes;
> Seu sangue, com que teus carrascos acabam de me cobrir
> Descerraram-me os olhos, e acabam de mos abrir.]

No limite, será o sacrifício de um ser divino o que Bossuet evoca:

> E, com efeito, cristãos, Jesus Cristo, que é a verdade mesma, não ama menos a verdade do que o seu próprio corpo; ao contrário, é para selar com seu sangue a verdade de sua palavra que ele houve por bem sacrificar o próprio corpo[169].

Os mártires da fé podem ser humildes, mas não serão nem alienados, nem abjetos; seu grande número poderá suprir o fraco prestígio individual, como na lenda das 11.000 virgens que acompanham Santa Úrsula. A pesagem que leva ao sacrifício, feita com toda a sinceridade, é, aliás, um elemento suscetível de aumentar esse prestígio.

Todavia, se o objeto do sacrifício é conhecido e seu valor é fraco, o prestígio daqueles que se sacrificaram sairá daí diminuído, por uma espécie de ricochete. Isócrates, em seu elogio de Helena, glorifica-a pelos sacrifícios que os gregos aceitaram para reconquistá-la[170]. Fénelon critica tal procedimento:

> Nada aí está provado seriamente, não há em tudo isso nenhuma verdade de moral: ele julga do valor das coisas apenas pelas paixões dos homens[171].

É que o sacrifício dos gregos parece-lhe fútil, por causa da futilidade de seu objeto; mas a técnica da prova em nada difere daquela dos mártires da fé, daquela utilizada por Plotino para valorizar o estado místico:

> Ela [a alma] não trocaria nada por ele [o Primeiro], ainda que lhe prometessem o céu inteiro, porque ela bem sabe que não há nada melhor e preferível a ele... Tudo o que lhe causava prazer antes, dignidades, poder, riqueza, beleza, ciência, tudo isto ela despreza e o diz; será que diria se não houvesse encontrado bens melhores?[172]

Mas, convém assinalar, para que o valor do Uno seja provado pela grandeza do sacrifício, o ascetismo dele resultante tem de repousar numa prévia apreciação positiva dos bens deste mundo, sem o que a renúncia não seria muito probatória. Uma grave objeção sempre pode ser feita ao argumento pelo sacrifício. A ênfase dada pela psicologia contemporânea à ambivalência dos sentimentos permite formulá-la em termos extremos: quem sacrifica o próprio filho à honra não nutria por ele um ódio inconsciente? O valor da honra não ficaria então em nada realçado por essa imolação. A medição pelo sacrifício pressupõe constantes, e inseridos num âmbito quase formal, elementos que, de fato, estão sujeitos a variações. A prova é que a concepção que se faz de um mesmo sacrifício pode, na prática, ser muito diferente conforme as conclusões que dele se quer tirar. Quando se trata de confiar ou não um cargo a uma personalidade por quem todos os participantes do debate têm estima, aqueles que favorecem esse candidato poderão alegar a humilhação que este sentiria em caso de fracasso; os adversários, em contrapartida, procurarão minimizar o inconveniente que disso resultaria para ele. E o próprio fato de renunciar acaso não interfere, por uma espécie de ricochete, para modificar o valor daquilo a que se renuncia? Estamos em plena argumentação quase-lógica porque o termo de referência não constitui uma grandeza fixa, mas está em interação constante com outros elementos.

O valor do fim que se persegue através do sacrifício se transforma igualmente, no decorrer da ação, por causa dos próprios sacrifícios aceitos. Simone Weil escreve, com muito acerto, a esse respeito:

> ... sofrimentos grandes demais com relação aos impulsos do coração podem levar a uma ou outra atitude; ou repelimos violentamente aquilo a que demos em demasia, ou agarramo-nos a ele com uma espécie de desespero[173].

No primeiro caso, não queremos mais ser logrados, no futuro, e afastamos os outros desse valor enganador; no segundo, engrandecemos o fim, de maneira que sua grandeza ultrapasse o sacrifício. Estamos diante de um outro argumento, que analisaremos mais adiante sob o nome de argumento do desperdício[174].

O argumento do sacrifício, utilizado de uma forma hipotética, pode servir para evidenciar o valor que se concede a alguma coisa; mas com muita freqüência é acompanhado da afirmação de que semelhante sacrifício, que se estaria prestes a assumir, é, ou supérfluo, porque a situação não o exige, ou ineficaz, porque não permitiria chegar ao objetivo almejado[175].

O sacrifício inútil, que não é pura hipótese, mas trágica realidade, pode conduzir à desconsideração daqueles que o realizaram. A propósito dos soldados mortos durante uma ofensiva repelida, eis a reflexão de um colega de combate:

> ... para dizer a verdade, eles nos eram menos simpáticos; eram mortos ingratos, que não haviam obtido sucesso. Ferrer precisou isso, dizendo: "aqueles que é necessário recomeçar"[176].

O patético do sacrifício inútil inspira a Bossuet efeitos pungentes, em seu sermão sobre a compaixão da Virgem. A mãe de Deus se resignava ao sacrifício do filho, esperando salvar os homens, mas não pode suportar a dor que lhe causa a impenitência dos cristãos:

> ... quando vos vejo perder o sangue de meu Filho tornando sua graça inútil, ...[177]

À avaliação pelo sacrifício consentido se prendem as técnicas de avaliação pelo sacrifício acarretado, do erro pela sanção, pela réplica ou pelo remorso, do mérito pela glória ou pela recompensa, da perda pelo desgosto.

Em razão de seu aspecto seqüencial, os argumentos que o alegam se prendem aos argumentos baseados na estrutura do real. Mas constituem também uma pesagem; e, para torná-la mais fácil, é comum o esforço de dar a um dos elementos, que serão postos no prato da balança, uma estrutura homogênea, a fim de poder fornecer uma descrição quantitativa dele.

A gravidade da sanção mostra a gravidade do erro: a danação do gênero humano é mais conhecida do que o pecado original na teologia cristã; os infortúnios de Jó fazem, por si sós, medir sua culpabilidade.

A represália mostra a importância de um ato:

> É quase esse o intento da palavra de Deus, que jamais ela venha na frente, que Satã não se desperte e escaramuce[178].

A intensidade do desgosto mede o valor da coisa perdida. Encontrar-se-ia uma aplicação curiosa dessa argumentação nas fantasias do enterro que, segundo Odier, seriam um poderoso mecanismo para proporcionar segurança: o indivíduo dominado pelo medo de ser abandonado imagina o próprio enterro e mede seu valor pela intensidade dos pesares provocados por sua morte[179].

O argumento quase-lógico do sacrifício pode ser aplicado também a todo o campo das relações de meio com fim[180], sendo o meio um sacrifício, um esforço, um dispêndio, um sofrimento. O aspecto quase-lógico fica marcado mormente quando, para valorizar tal coisa, transforma-se outra coisa em meio apto para produzi-la e medi-la. Assim Isócrates, no *Panegírico de Atenas*:

> Em minha opinião, foi algum deus que fez nascer essa guerra, por admiração pela coragem deles, para impedir que tais naturezas ficassem desconhecidas e que eles acabassem a vida na obscuridade[181].

Ele também é muito nítido quando a importância do que está em jogo é medida pela demonstração de forças solicitadas. Paul Janson critica seus adversários católicos por terem utilizado esta técnica para convencer as populações de que sua fé seria posta em perigo pelo voto da lei escolar de 1879.

> Decerto estão cansados de rogar a Deus; decidem dirigir-se aos seus santos e ei-los todos requisitados com a finalidade de intervir para que a esquerda não vote *essa lei infeliz*[182].

O velhíssimo argumento, eternamente repetido, da dificuldade de expressão é igualmente medição quase-lógica:

> ... não é menos difícil elogiar as pessoas que superam em virtudes todas as outras do que aquelas que nada fizeram

de bom: de um lado, não se dispõe de nenhuma proeza, do outro, não há palavra que convenha[183].

Todos esses argumentos só dão resultado se o valor que se mede não está sujeito a outra pesagem, mais convincente. Senão, o argumento pelo sacrifício pode tornar-se cômico, como na anedota do empregador que, interrogando um candidato a um cargo, se espanta: "O senhor está pedindo um salário muito alto para um homem sem experiência!" "O trabalho fica muito mais difícil" responde o candidato, "quando não se sabe por onde o começar"[184].

Uma vez que a argumentação pelo sacrifício permite avaliar, como em qualquer argumento de comparação, um dos termos pelo outro, a maneira pela qual o cotejo se realiza pode, por sua vez, ensejar uma argumentação interessante.

De Jankélévitch:

> O diabo só se fortalecia com nossa fraqueza; que se enfraqueça, pois, com nossa força[185].

De Bossuet:

> Infelizes, se vossos laços são tão fortes que o amor de Deus não os possa romper; infelizes, se são tão fracos que não quereis rompê-los por amor a Deus[186].

No primeiro exemplo, limitam-se a mencionar uma inversão possível; presume-se que um dos termos, o diabo, continua a ser valor constante. Mas, em Bossuet, nenhum dos dois termos é constante; subsiste entre eles a diferença, de mesmo sentido, em duas medições diferentes. O emprego dos verbos "poder" e "querer" indica que, no primeiro caso, se mede a força das paixões, no segundo, a fraqueza do amor a Deus, pelo sacrifício que se se recusa a consumar.

Parece mesmo que a medição pelo sacrifício está em geral vinculada à idéia de um limite móvel entre dois elementos. Quando estes formam uma totalidade fixa, o argumento do sacrifício às vezes coincide com o argumento por divisão. É este o caso quando dois caracteres são tais que, para chegar a um resultado dado, a quantidade de um varia em sentido inverso à do outro. O sacrifício mede então a importância atribuída ao complementar.

Aristóteles serviu-se dessa medição de um bem, mediante o sacrifício do outro, nesta passagem dos *Tópicos*:

> E, se de duas coisas repudiamos uma a fim de parecer ter a outra, aquela que é preferível é a que queremos parecer ter; assim, negamos que somos laboriosos para que nos julguem bem dotados naturalmente[187].

A complementaridade se apresenta por vezes como compensação. Isto supõe também uma totalidade constante à qual nos referimos. Mas a idéia de compensação é mais complexa do que a de complementaridade. Pressupõe acima de tudo uma série de avaliações recíprocas. A fraqueza pode, assim, tornar-se medida da eleição:

> ... um sentido delicioso de sua própria fraqueza a reconfortara e consolara maravilhosamente, pois parecia que ele fosse nela como que o inefável sinal da presença de Deus...[188]

A fraqueza só é valor numa ética compensatória. Mas torna-se também, para o leitor, argumento a favor dessa ética compensatória. Isto pode tornar-se argumento aos olhos de toda uma civilização.

Esses argumentos de complementaridade, de compensação, vinculados a uma idéia de totalidade, são geralmente utilizados para promover uma certa estabilidade. Montesquieu argumenta a favor do sistema bicameral mostrando que é preciso compensar o fraco poder numérico das pessoas distinguidas pelo nascimento, pelas riquezas ou honras, aumentando-lhes o poder dos votos[189]. Seu raciocínio não se fundamenta nem numa hierarquia de classes, nem na experiência: fundamenta-se na manutenção de um equilíbrio.

O elemento compensatório pode tornar-se uma medida da imperfeição de quem ele deve completar. Assim, para Santo Tomás, Deus introduz sua semelhança nas coisas. Mas

> é evidente que uma única espécie de criaturas não conseguiria expressar a semelhança do criador... trata-se, ao contrário,

> de seres finitos e criados, uma multiplicidade de tais seres será necessária para expressar, no maior número de aspectos possíveis, a perfeição simples da qual decorrem[190].

Aqui ainda, há que observar, o argumento está baseado numa totalidade, perfeita desta vez, portanto invariável, que o elemento compensatório deve, da melhor maneira, tentar reconstituir.

Os elementos compensatórios às vezes podem ser, ambos, de mesma natureza. É através de um jogo de compensação que Bertrand Russell, desejando lutar contra qualquer violência e reconhecendo, todavia, a necessidade de certas coerções, tenta remover a incompatibilidade entre essas duas atitudes.

> Há provavelmente um fim e somente um, para o qual o uso da violência por um governo é benfazejo, e é o de diminuir o montante total de violência no mundo[191].

Raciocina-se como se a violência, no mundo, formasse um conjunto ao qual nenhuma adição é legítima, a não ser que seja compensada por uma diminuição ao menos igual. Na realidade, a força que se utiliza é subtraída da violência futura, ainda não conhecida.

Para terminar, insistamos ainda no fato de que a argumentação pelo sacrifício e as que lhe são vinculadas aproximam os termos cotejados e estabelecem uma interação entre eles. Numa de suas cartas, São Jerônimo dirige-se a Pamáquio que, à morte de sua mulher, distribuiu seus bens aos pobres:

> *Ceteri mariti super tumulos conjugum spargunt violas, rosas, lilia, floresque purpureos: et dolorem pectoris his officiis consolantur. Pammachius noster sanctam favillam ossaque veneranda, eleemosynae balsamis rigat*[192].

Auerbach, que cita essa passagem, observa com muito acerto que as flores, que não foram espalhadas, perfumam mesmo assim. O crítico quer assim atrair a nossa atenção para o estilo florido de São Jerônimo[193]. Mas a sua observação tem, em nossa opinião, um alcance muito mais geral. Aplica-se ela à maioria dos sacrifícios. Ainda que não tivessem sido arroladas com essa complacência, as flores às quais se renuncia já teriam perfumado. A expressão de Auerbach, "die Blumen duften mit", convém para nos lembrar que, na argumentação quase-lógica, a interação dos termos é constante.

§ 59. Probabilidades

A crescente utilização das estatísticas e do cálculo das probabilidades, em todas as áreas da pesquisa científica, não deve fazer-nos esquecer da existência de argumentações, não-quantificáveis, baseadas na redução do real a séries ou coleções de seres ou de fatos, semelhantes por certos aspectos e diferenciados por outros. Assim, Isócrates, no arrazoado contra Eutínoo:

> Mesmo que Níquias... pudesse e quisesse acusar falsamente, pode-se ver facilmente que não teria atacado Eutínoo. Isso porque aqueles que querem agir desse modo não começam por seus amigos... Trata-se de queixar-se? Pode-se escolher entre todos. Trata-se de roubar? Pode-se lesar somente quem confiou em vós[194].

Uma vez que o acaso não explica suficientemente a ação de Níquias, Isócrates sugere que deve haver outra razão, a saber, a legitimidade da acusação.

A técnica do cálculo das probabilidades permite, em nossa época, a Lecomte du Noüy mostrar, de modo análogo, que, dada a reduzida probabilidade para que se formem na terra moléculas tão complexas como as moléculas protéicas necessárias à vida, faz-se necessária outra hipótese para explicar o aparecimento delas[195].

Todos esses raciocínios, que parecem progredir do passado para o presente, partem de uma situação, de um fato atuais, cujo caráter notável salientam e cujo valor e interesse argumentativos também aumentam.

Outro grupo importante de argumentos se refere à noção de variabilidade e às vantagens apresentadas, a esse respeito, por um conjunto mais extenso. De Isócrates ainda, citaremos este argumento em prol do acesso dos jovens às deliberações:

> Uma vez que a qualidade de nossos juízos difere, não pelo número de nossos anos, mas em razão de nossos temperamentos e de nossa faculdade de aplicação, por que não recorrer à experiência das duas gerações a fim de que tenhais a possibilidade de escolher em todos os discursos proferidos os conselhos mais úteis?[196]

Da mesma forma, em *Fedro*, Lísias insere, entre outros, este argumento tendente a dar a preferência àquele que não ama sobre aquele que ama:

> ... trata-se para ti de eleger, entre aqueles que amam, aquele que melhor ama? Será então entre um pequeno número que deverás fazer a escolha. Será, entre todos os demais, o homem mais útil a ti? Tua escolha terá então por objeto um grande número. Daí concluo que tens muito mais esperança, no meio dessa multidão, de pôr a mão no homem que merece tua própria amizade[197].

Esse gênero de argumentação poderia ser reportado às relações entre o todo e as partes. Mas as partes, aqui, são realmente as freqüências de uma variável, o útil; e o argumento visa ao aumento de dispersão dessa variável.

Baseada também na variabilidade, mas para dela tirar conclusões um tanto diferentes, esta argumentação de Locke contra a tirania dos príncipes no campo religioso:

> Se há apenas uma verdade, um caminho para ir ao céu, que esperança haverá de que mais pessoas a ele serão conduzidas, se não têm outra regra além da religião do príncipe e é-lhes imposta a obrigação de abandonar a luz de suas próprias razões... o estreito caminho ficaria muito apertado; um único país teria a verdade...[198]

Há que observar que, nesse raciocínio, supõe-se que cada indivíduo tem igual competência para reconhecer o bom caminho. Logo, preconiza-se renunciar a um sistema seguramente ruim, em favor de um sistema que será possivelmente mais vantajoso, sem que haja confrontação explícita.

A argumentação quase-lógica pelo provável ganha todo o seu relevo quando há avaliações baseadas, a um só tempo, na importância dos acontecimentos e na probabilidade do aparecimento deles, ou seja, na grandeza das variáveis e na freqüência delas, na esperança matemática. O seu tipo seria a aposta de Pascal[199]. Esse raciocínio confronta as possibilidades de ganho e de perda combinadas com a grandeza do que está em jogo, reputando quantificáveis todos os elementos em questão. Observemos imediatamente, a esse respeito, que quando fazem intervir as probabilidades as comparações estão sujeitas a todas as interações apontadas nos parágrafos anteriores; a introdução das probabilidades lhes confere somente uma dimensão suplementar; o fato de o sacrifício se referir a algo que, de qualquer maneira, só se tem uma possibilidade em duas de conservar não invalida tudo quanto dissemos da argumentação pelo sacrifício.

A aplicação do cálculo das probabilidades a problemas de conduta é o mais das vezes – cumpre dizê-lo – enunciado como um voto. Leibniz, retomando a classificação de Locke relativa aos graus do assentimento, teria desejado recompor a arte de conferir e de disputar, tornando esses graus proporcionais aos graus de probabilidade da proposição analisada. A distinção estabelecida pelos juristas entre as diferentes espécies de prova – prova plena, prova plena absoluta, semiplena e outras – constituía, segundo ele, um esforço nesse sentido, que bastaria prosseguir[200]. Bentham enuncia ambições análogas, notadamente no que concerne à força probatória dos testemunhos[201]. Muitos escritores, na época atual, especialmente os que continuam de modo mais ou menos direto a tradição utilitarista, recorrem aos raciocínios de probabilidade para explicar o conjunto da nossa conduta[202]. Os teóricos das funções de decisão, por seu lado, tentam formular os problemas de escolha de maneira a poder submetê-los a esse cálculo. Nada se opõe a isso, apesar das dificuldades técnicas, já admiravelmente superadas – contanto que, sobre um problema preciso, sejam dados critérios precisos de escolha, notadamente daquilo que se considera um risco aceitável. Daí muitas exposições dessas técnicas matemáticas serem acompanhadas de um renascimento das ambições leibnizianas[203].

De fato, em cada discussão particular em que se argumenta pelo provável, poder-se-á ver surgirem – a menos que se trate de campos científicos convencionalmente delimitados – objeções tendentes a denunciar as reduções que tiveram de ser operadas para inserir a questão no esquema proposto. J. Stuart Mill já salientou que não é a partir de uma grosseira medição de freqüência que se fundamenta a confiança na credibilidade de uma testemunha. No campo da conjetura, a aplicação da regra de crítica histórica, segundo a qual um texto tem tanto maior probabilidade de não ser alterado quanto menor for o número de cópias que o separa do original[204], será moderada por tudo o que se supuser adivinhar por outro lado a respeito dessas cópias. A argumentação dará maior ensejo ainda às objeções quando se tratar de problemas de conduta. Tais objeções jamais serão, claro, por si sós coercivas, mas poderão desenvolver-se nos planos mais diversos.

Mostrar-se-á notadamente que o raciocínio pelas probabilidades não passa de um instrumento que requer, para ser aplicado, uma série de acordos prévios. Isto parece ter escapado a Leibniz quando propôs – foi ele o primeiro, segundo Keynes – que a esperança matemática fosse aplicada aos problemas de jurisprudência: se duas pessoas reclamam certa soma, esta será repartida segundo as probabilidades de seus direitos[205]. O raciocínio é fundamentado numa certa concepção do que é eqüitativo, a qual está longe de ser necessariamente admitida, pois, habitualmente, a soma inteira será concedida àquele cujas pretensões parecerem mais bem fundamentadas. É para a intervenção desse fator, independente do cálculo, que Van Dantzig chama a atenção, ao analisar dois problemas formulados a Pascal pelo Chevalier de Méré[206]. Enquanto o primeiro poderia ser inteiramente resolvido por meio do cálculo, o segundo (qual é a partilha eqüitativa da aposta entre dois jogadores que não acabam a partida e cuja situação é fornecida) supõe que haja um entendimento sobre o significado das palavras "partilha eqüitativa"; pode-se, notadamente, imaginar que esta será proporcional às chances dos jogadores ou, então, também, que quem tem as maiores chances receberá toda a aposta.

Por outro lado, mostrar-se-á que a argumentação pelo provável acarreta a redução dos dados – mesmo quando não se trata de quantificá-los – a elementos que parecem mais facilmente comparáveis. Somente com a condição de substituir as noções filosóficas e morais de *bem* e de *mal* por noções que parecem mais precisas e mais bem determináveis, tais como o *prazer* e a *dor*, é que os utilitaristas podiam esperar fundamentar a moral num cálculo. Outras espécies de redução são possíveis, mas sempre redundam num monismo de valores que permite, por algum viés, tornar homogêneos os elementos que se comparam. Assim é que os moralistas de Port-Royal, para lutar contra a casuística probabilista dos jesuítas – que tendia a desculpar certos atos quando alguma conseqüência favorável poderia eventualmente decorrer deles –, introduziram a idéia de que se devia considerar ao mesmo tempo o bem e o mal, e a probabilidade que ambos tinham de ocorrer[207]. Este é um argumento considerável contra o probabilismo dos jesuítas. Mas semelhante cotejo das conseqüências só é possível se elas se situam numa ordem igual, sem o que uma conseqüência favorável, mesmo de probabilidade ínfima, pode acarretar a decisão. Ora, a distinção das ordens não é uma distinção óbvia; resulta geralmente de uma argumentação. A introdução, por Pascal, em sua aposta, da noção de infinito pode ser assimilada à introdução de uma noção de ordem. Ela torna o ganho possível tão superior à parada que não pode subsistir nenhuma hesitação; mas impede igualmente qualquer cotejo efetivo e transfere todo o peso do argumento a essa noção de ordem.

Enfim, num plano mais técnico, mostrar-se-á que a complexidade dos elementos que devem ser levados em conta pode ser cada vez mais acentuada: grandeza de um bem, probabilidade de adquiri-lo, amplitude da informação na qual se baseia essa probabilidade, grau de certeza com que sabemos que algo é um bem. Tais elementos resultarão cada qual de um conjunto de raciocínios que a maior parte do tempo são de tipo quase-lógico. E, pelo próprio fato da discussão, alguns dos elementos importantes sobre os quais ela versa, tal como o de realidade, poderão ser objeto de remanejamentos.

Lembremos que, numa argumentação concreta, os próprios enunciados do discurso são objeto de raciocínios espontâneos que interferem nos raciocínios enunciados. Nessa circunstância, raciocínios pelo provável, estribados na veracidade do orador, serão freqüentes. Poderão, em certos ouvintes, ser complicados por reflexões sobre o fundamento das probabilidades que, por sua vez, interferirão nos argumentos enunciados.

Em geral, a aplicação de raciocínios baseados nas probabilidades terá o efeito, seja qual for o fundamento teórico que se atribui às probabilidades, de dar aos problemas um caráter empírico. Esses raciocínios quase-lógicos poderão modificar a idéia que se faz de certos domínios. Segundo Cournot, a filosofia do provável teria sido retardada pela própria descoberta do cálculo das probabilidades, porque este se mostrava inaplicável à filosofia[208]. De todo modo, o uso de certas formas de raciocínio não pode deixar de exercer uma profunda influência sobre a própria concepção dos dados que são seu objeto.

Capítulo II

Os argumentos baseados na estrutura do real

§ 60. Generalidades

Enquanto os argumentos quase-lógicos têm pretensão a certa validade em virtude de seu aspecto racional, derivado da relação mais ou menos estreita existente entre eles e certas fórmulas lógicas ou matemáticas, os argumentos fundamentados na estrutura do real valem-se dela para estabelecer uma solidariedade entre juízos admitidos e outros que se procura promover. Como se apresenta essa estrutura? Em que é fundamentada a crença em sua existência? Essas são questões que não deveriam colocar-se, enquanto os acordos que embasam a argumentação não levantarem discussão. O essencial é que eles pareçam suficientemente garantidos para permitir o desenvolvimento da argumentação. Eis uma passagem em que Bossuet se esforça para aumentar o respeito devido à palavra dos pregadores:

> O templo de Deus, cristãos, tem dois locais augustos e veneráveis, quero dizer, o altar e o púlpito... Há uma estreitíssima aliança entre esses dois locais sagrados, e as obras que neles se efetuam têm uma relação admirável... É por causa dessa relação admirável entre o altar e o púlpito que alguns doutores antigos não recearam pregar aos fiéis que eles devem aproximar-se de ambos com uma veneração semelhante... Não é menos culpado aquele que escuta negligentemente a santa palavra do que aquele que deixa cair, por sua culpa, o próprio corpo do Filho de Deus[1].

Ao estabelecer uma solidariedade entre a prédica e a comunhão, Bossuet não acredita um só instante que o prestígio desta possa ser prejudicado por isso; ele sabe, ao mesmo tempo, que seus ouvintes admitirão a solidariedade de fato que ele estabelece entre o altar e o púlpito, e qual é a intensidade da veneração deles pelo corpo de Cristo.

Uma forma de pôr em evidência a solidariedade entre elementos diversos consiste em apresentá-los como partes indissociáveis de um mesmo todo:

> Será, portanto, que o Evangelho de Jesus Cristo não passa de um ajuntamento monstruoso de verdade e de falsidade e que se deverá adotar uma parte dele e rejeitar a outra? *Totus veritas*: Ele é todo sabedoria, todo luz e todo verdade[2].

Por vezes essa solidariedade é o resultado de uma vontade humana, mas que parece inabalável; é pegar ou largar:

> "Se a moça te agrada", diz o velho Cármides, numa comédia de Plauto, "o dote que ela traz deve agradar-te também. De resto, não terás o que queres, se não pegares o que não queres."[3]

Nesse caso, o argumento é cômico, porque o dote não parece muito menos desejável do que a moça; é que, normalmente, a solidariedade serve para vencer uma resistência, para provocar a adesão ao que não se quer, para obter o que se quer.

No presente capítulo, analisaremos sucessivamente diferentes tipos de argumentos, classificados conforme as estruturas do real às quais se aplicam e que podem ser encontrados no uso comum. Isto quer dizer que nos vedamos qualquer tomada de posição ontológica. O que nos interessa aqui não é uma descrição objetiva do real, mas a maneira pela qual se apresentam as opiniões a ele concernentes; podendo estas, aliás, ser tratadas, quer como fatos, quer como verdades, quer como presunções[4].

Examinaremos, para começar, os argumentos que se aplicam a ligações de sucessão, que unem um fenômeno a suas conseqüências ou a suas causas, assim como os argumentos que se aplicam a ligações de coexistência, que unem uma pessoa a seus atos, um grupo aos indivíduos que dele fazem parte e, em geral, uma essência a suas manifestações. Veremos, em seguida, em que medida o vínculo simbólico, que relaciona o símbolo com o que ele simboliza, constitui uma ligação de coexistência. Terminaremos este capítulo com a análise de argumentos mais complexos, aos quais tais ligações podem servir de base, a saber, os argumentos de hierarquia dupla, assim como os relativos às diferenças de graus ou de ordem.

Estamos, cumpre frisar, convencidos de que os diferentes tipos de ligação enumerados não esgotam a riqueza do pensamento vivo e de que, de um tipo de ligação a outro, existem nuanças, contaminações. O orador pode conceber uma certa realidade segundo diversos tipos de ligação. Nada nos garante, aliás, que tais ligações sejam sempre percebidas da mesma maneira pelo orador e por seu auditório.

Enfim, no discurso encarado como realidade, o significado atribuído à ligação argumentativa, ao que justifica o "portanto", variará conforme o que dela diz o orador e também conforme as opiniões do ouvinte a esse respeito. Se o orador pretender que semelhante ligação seja coerciva, o efeito argumentativo poderá ser reforçado por isso; este poderá, não obstante, ser diminuído por essa mesma pretensão, a partir do momento em que o ouvinte a achar insuficientemente fundamentada e a rejeitar.

a) AS LIGAÇÕES DE SUCESSÃO

§ 61. O vínculo causal e a argumentação

Dentre as ligações de sucessão, o vínculo causal desempenha, incontestavelmente, um papel essencial, e seus efeitos argumentativos são tão numerosos quanto variados. Desde logo, vê-se que ele deve permitir argumentações de três tipos:

a) as que tendem a relacionar dois acontecimentos sucessivos dados entre eles, por meio de um vínculo causal;

b) as que, sendo dado um acontecimento, tendem a descobrir a existência de uma causa que pôde determiná-lo;

c) as que, sendo dado um acontecimento, tendem a evidenciar o efeito que dele deve resultar.

Se um exército, dotado de um excelente serviço de informações, alcança sucessos, pode-se querer descobrir a causa deles na eficácia do serviço em questão; pode-se, de seus sucessos atuais, inferir que ele possui um bom serviço de informações; pode-se também, a partir da eficácia deste último, consolidar a confiança em sucessos futuros.

Reservamos o exame do primeiro desses três tipos de argumentos aos parágrafos em que analisaremos a argumentação pelo exemplo e os problemas levantados pelo raciocínio indutivo; limitar-nos-emos, por ora, às argumentações que, em virtude da intervenção do vínculo causal, visam, a partir de um dado acontecimento, a aumentar ou a diminuir a crença na existência de uma causa que o explicaria ou de um efeito que dele resultaria. O termo acontecimento deve, aliás, ser tomado no sentido mais amplo. Isso porque a relação entre um princípio e suas conseqüências é muitas vezes tratada como uma ligação de sucessão que faz parte da estrutura do real.

O policial, que procura identificar o assassino, num homicídio cometido na ausência de testemunhas e de qualquer indício revelador, orientará as investigações para aqueles que tinham algum interesse na morte da vítima e que, por outro lado, poderiam ter cometido, materialmente, o crime. Supõe-se que o crime teve não somente uma causa, mas também um motivo: uma acusação, fundamentada em presunções, terá de mostrar, juntamente, o como e o porquê do ato delituoso. *Como* ou *por que* dominarão a argumentação conforme a interpretação que se dá a certos fatos difíceis de explicar. Em *The Ring and the Book*, uma metade de Roma pretende que Guido Franceschini estava dormindo no momento da partida da sua mulher, porque esta o havia drogado[5]; a outra metade de Roma sugere que Guido simulava o sono, para não ter de intervir[6].

A argumentação pela causa supõe, quando se trata de atos humanos, que estes são racionais. Admitir-se-á dificilmente que alguém tenha agido de uma certa forma, se o acusador não explicar as razões do comportamento alegado; cumpriria mesmo que ele explicasse por que teriam cometido tal ato, e não tal outro que parece preferível:

> Na *Medéia* de Cárcino, diz-nos Aristóteles, seus acusadores pretendem que ela matou os filhos, que não são vistos em parte alguma; ... ela responde, para sua defesa, que não foram os filhos, mas Jasão que ela teria matado; teria sido um erro de sua parte não o fazer, admitindo que teria feito a outra coisa. Esse lugar de entimema e esse lugar especial formam toda a matéria da antiga *Téchne* de Teodoro[7].

Essa argumentação, para ser eficaz, requer um acordo entre os interlocutores sobre os motivos de ação e sua hierarquização.

São semelhantes acordos que possibilitam o desenvolvimento de argumentações que visam afastar tudo quanto parece muito pouco provável para ter ocorrido. Quando um acontecimento se impõe mesmo assim como incontestável, tratar-se-á de situá-lo num contexto que lhe explique o aparecimento: aquele que, num jogo de azar, ganha um número de vezes anormalmente elevado ficará suspeito de trapacear, o que tornaria seu êxito menos inverossímil. Da mesma forma, testemunhos concordantes deverão encontrar uma explicação diferente do mero acaso: se o risco de colusão foi descartado, cumprirá reconhecer que eles remetem a um acontecimento realmente constatado.

O vínculo causal desempenha importante papel no raciocínio histórico que recorre à *probabilidade retrospectiva*:

> Todo historiador, escreve Aron acompanhando Weber, para explicar o que foi, pergunta-se o que poderia ter sido[8].

Trata-se de eliminar, numa construção puramente teórica, a causa, reputada condição necessária da produção do fenômeno, para considerar as modificações que resultariam dessa eliminação. Por vezes o acento é posto sobretudo nessa modificação do efeito: o defensor de um cientista acusado de espionagem dirá que, sem a guerra, seu cliente, em vez de estar no banco dos réus, teria feito figura de um candidato ao prêmio Nobel[9].

Uma caricatura da argumentação pelo vínculo causal, da prova de um fato mediante sua causa e reciprocamente, encontra-se num admirável episódio do segundo Dom Quixote. Falando dos feitiços aos quais o herói pretende ter assistido na caverna de Montesinos, Sancho Pança, incrédulo, exclama:

> Oh! Santo Deus!... Será possível que tais coisas se passem no mundo e que os feiticeiros e os feitiços tenham tanta força que possam ter mudado o bom senso de meu amo numa tão extravagante loucura?[10]

A comicidade nasce, aqui, da antinomia entre as reflexões sobre a causa a partir de certa interpretação do fato e as considerações sobre o fato a partir de certa interpretação da causa.

A busca da causa corresponde, em outras circunstâncias, à do efeito. A argumentação se desenvolve, nesse caso, de uma forma análoga: o acontecimento garante certas conseqüências; algumas conseqüências previstas, se elas se realizarem, contribuem para provar a existência de um fato que as condiciona.

Para terminar, chamemos a atenção para os raciocínios extraídos da validade universal do princípio de causalidade ou daquele, correspondente, de responsabilidade. Partindo do princípio de que todo acontecimento tem uma causa, argumenta-se em prol da eternidade do universo, que jamais teria começado. Assim também, do fato de todo ato ser considerado a recompensa ou a punição de um ato anterior, os hindus concluem a eternidade da alma, sem o que ela seria "dotada de um *carma* do qual não seria a autora responsável"[11].

§ 62. O argumento pragmático

Transferências de valor entre elementos da cadeia causal efetuam-se indo da causa ao efeito, do efeito à causa. No primeiro caso, entretanto, o da relação que chamaremos descendente, o vínculo entre termos – mormente quando se trata de pessoas – é fornecido normalmente não pela relação causal, mas por uma relação de coexistência[12]. Assim, a desvalorização de uma norma, ao mostrar que ela deriva de um costume primitivo do homem, porque ele descende dos animais, a valorização do filho, em razão da nobreza dos pais, operam-se mais por uma relação de coexistência, pela idéia de essência, do que por uma relação de sucessão.

Denominamos *argumento pragmático* aquele que permite apreciar um ato ou um acontecimento consoante suas conseqüências favoráveis ou desfavoráveis. Esse argumento desempenha um papel a tal ponto essencial na argumentação que certos autores quiseram ver nele o esquema único da lógica dos juízos de valor. Para apreciar um acontecimento, cumpre reportar-se a seus efeitos. É a estes que Locke, por exemplo, se refere para criticar o poder espiritual dos Príncipes:

> Jamais se poderá estabelecer ou salvaguardar nem a paz, nem a segurança, nem sequer a simples amizade entre homens, enquanto prevalecer a opinião de que o poder é fundamentado sobre a Graça e de que a religião deve ser propagada pela força das armas[13].

Para os utilitaristas, como Bentham, não há outra forma satisfatória de argumentar:

> Que é dar uma *boa razão* em matéria de lei? É alegar bens ou males que essa lei tende a produzir... Que é dar uma *falsa razão*? É alegar, pró ou contra uma lei, qualquer outra coisa que não seus efeitos, seja em bem, seja em mal[14].

O argumento pragmático parece desenvolver-se sem grande dificuldade, pois a transferência para a causa, do valor das conseqüências, ocorre mesmo sem ser pretendido. Entretanto, quem é acusado de ter cometido uma má ação pode esforçar-se por romper o vínculo causal e por lançar a culpabilidade em outra pessoa ou nas circunstâncias[15]. Se conseguir inocentar-se terá, por esse próprio fato, transferido o juízo desfavorável para o que parecerá, nesse momento, a causa da ação.

O argumento pragmático, que permite apreciar uma coisa consoante suas conseqüências, presentes ou futuras, tem uma importância direta para a ação[16]. Ele não requer, para ser aceito pelo senso comum, nenhuma justificação. O ponto de vista oposto, cada vez que é defendido, necessita, ao contrário, de uma argumentação; tal como a afirmação de que a verdade deve ser preconizada, sejam quais forem suas conseqüências, por possuir um valor absoluto, independente destas.

As conseqüências, fonte do valor do evento que as acarreta, podem ser observadas ou simplesmente previstas, podem ser cabais ou puramente hipotéticas; a influência delas se exercerá sobre a conduta ou unicamente sobre o juízo. A ligação entre uma causa e suas conseqüências pode ser percebida com tanta acuidade que uma transferência emotiva imediata, não explicitada, opera-se destas para aquelas, de tal modo que se acredita prezar alguma coisa por seu valor próprio, ao passo que são as conseqüências que, na realidade, importam[17].

A argumentação pelas conseqüências pode aplicar-se, quer a ligações comumente aceitas, verificáveis ou não, quer a ligações que só são conhecidas por uma única pessoa. No último caso, o argumento pragmático poderá ser utilizado para justificar o comportamento dessa pessoa. Assim é que, em seu livro sobre as neuroses de angústia e de abandono, Odier resume como se segue o raciocínio do supersticioso:

> Se estamos treze à mesa, se acendo três cigarros com um único fósforo, pois bem! fico inquieto e não valho mais nada... Se exijo, ao contrário, que sejamos doze ou se me recuso a acender o terceiro cigarro, então fico sossegado e recobro todas as minhas faculdades. Logo, essa exigência e essa recusa são legítimas e racionais. Numa palavra: são lógicas, e sou lógico comigo mesmo[18].

A partir do momento em que uma ligação *fato-conseqüência* é constatada, a argumentação se torna válida, seja qual for a legitimidade da própria ligação. Observemos que o supersticioso racionaliza sua conduta, consistindo a racionalização na invocação de argumentos que possam ser admitidos pelo interlocutor. O supersticioso ficará justificado se o interlocutor reconhecer a utilidade de uma conduta que evita ao seu autor um mal-estar ou uma deficiência física. Em geral, o argumento pragmático só pode desenvolver-se a partir do acordo sobre o valor das conseqüências. Uma argumentação, baseada o mais das vezes em outras técnicas, será chamada em socorro quando se tratar, em caso de contestação, de discutir a importância das conseqüências alegadas.

O argumento pragmático não se atém a transferir uma dada qualidade da conseqüência para a causa. Ele permite passar de uma ordem de valores a outra, passar de um valor inerente aos frutos a outro valor inerente à árvore, permite concluir pela superioridade de uma conduta partindo da utilidade de suas conseqüências. Pode também, sendo então que parece filosoficamente mais interessante, considerar as boas conseqüências de uma tese como prova de sua verdade. Eis, em Calvino, um exemplo dessa forma de raciocinar, a propósito das relações entre o livre-arbítrio e a Graça:

> Mas, a fim de que a verdade dessa questão nos seja mais facilmente esclarecida, teremos primeiramente de adotar um alvo, ao qual dirigimos toda a nossa discussão. Ora, o meio que nos defenderá de errar é o de considerar os perigos que estão em ambas as partes[19].

Um uso característico do argumento pragmático consiste em propor o sucesso como critério de objetividade, de validade; para muitas filosofias e religiões, a felicidade se apresenta como a última justificação de suas teorias, como o indício de uma conformidade com o real, de um acordo com a ordem universal. O estoicismo não hesita em servirse de semelhante argumento. Mesmo algumas filosofias existencialistas, que se pretendem anti-racionalistas, se resolvem a ver no fracasso de uma existência o indício evidente de seu caráter "não-autêntico". O teatro contemporâneo costuma insistir nessa idéia[20]. O mesmo argumento serve nas tradições mais variadas, desde aquela para a qual a melhor causa é reconhecida pelo triunfo de seu paladino, até o realismo hegeliano que santifica a história, conferindolhe o papel de juiz último. É através desse viés que a realidade é penhor do valor, que o que pôde nascer, desenvolver-se, sobreviver, apresenta-se como bem-sucedido, como promessa de sucesso futuro, como prova de racionalidade e de objetividade.

O argumento pragmático é apresentado amiúde como uma simples pesagem de alguma coisa por meio de suas conseqüências. Mas é muito difícil reunir num conjunto todas as conseqüências de um evento e, do outro lado, determinar a parte que cabe a um evento único na realização do efeito.

Para que a transferência de valor se opere claramente, tentar-se-á mostrar que certo evento é condição necessária e suficiente de outro. Eis um exemplo de semelhante argumentação. Ela visa depreciar os bens terrenos, logo, perecíveis:

> É-te duro ter perdido isto ou aquilo? Não procura, pois, perder; porque é procurar perder querer adquirir o que não se pode conservar[21].

Contudo, afora o caso em que causa e efeito podem ser considerados uma como a definição do outro – lidamos então com uma argumentação quase-lógica –, o evento que deve ser apreciado será apenas uma causa parcial, ou uma condição necessária. Para poder transportar para ele todo o peso do efeito, será preciso diminuir a importância e a influência das causas complementares, considerando-as ocasiões, pretextos, causas aparentes.

Ademais, quando se trata de transferir o valor de um efeito para a causa, até a que elo do encadeamento causal é possível remontar? Quintiliano constata que:

> Remontando assim de causa a causa e escolhendo-as, pode-se chegar aonde se quer[22].

Mas, quanto a mais longe se remonta, mais fácil será a recusa do adversário. Imputando as conseqüências a uma causa muito distante, corre-se o risco de destruir qualquer possibilidade de transferência.

Outra complicação do argumento pragmático resulta da obrigação em que se fica de levar em conta um grande número de conseqüências, boas ou más. A existência de conseqüências divergentes formava todo o objeto da *Téchne* de Calipo, diz-nos Aristóteles, que cita o seguinte exemplo:

> A educação expõe à inveja, o que é um mal, e torna sábio, o que é um bem[23].

Meio seguro de manter a controvérsia, essa consideração das conseqüências favoráveis e desfavoráveis parece encontrar uma solução no cálculo utilitarista. Mas a semelhante filosofia foram opostas objeções de princípio.

Os adversários do argumento pragmático reivindicarão o direito de escolher, entre as conseqüências, aquelas que reterão como dignas de serem levadas em consideração, dado o objeto do debate. Muito mais, o argumento pragmático é criticado pelos partidários de uma concepção absolutista ou formalista dos valores, em especial da moral. Estes reprovarão o argumento pragmático por reduzir a esfera da atividade moral ou religiosa a um denominador comum utilitário, fazendo assim desaparecer o que há precisamente de específico nas noções de dever, de falta ou de pecado. Montaigne observa a propósito disso:

> ... pois é acatada com razão a máxima que diz que não se devem julgar os intentos pelos acontecimentos. Os cartagineses puniam os maus alvitres de seus capitães, ainda que fossem eles corrigidos por um feliz desfecho. E o povo romano recusou muitas vezes o triunfo a grandes e úteis vitórias, porque o comportamento do chefe não correspondia à sua boa sorte[24].

Tais reflexões, opostas ao argumento pragmático, pressupõem que os valores morais ou religiosos não são discutidos, que as regras do verdadeiro e do falso, do bem e do mal, do oportuno e do inoportuno, são reconhecidas de outro ponto de vista, independentemente de suas conseqüências, ou pelo menos de suas conseqüências atuais e imediatas.

S. Weil indigna-se com que vários argumentos a favor do cristianismo sejam da espécie "publicidade para pílulas Pink" e do tipo "antes do uso-depois do uso". Consistem em dizer:

> Vejam como os homens eram medíocres antes de Cristo...[25]

Mas será mau o argumento porque faz sucesso no campo comercial? Nem Calvino nem Pascal o refugavam. E Leibniz, como precursor inesperado do pragmatismo, não hesita em julgar os próprios procedimentos de argumentação consoante suas conseqüências:

Ora, essa verdade da imaterialidade da Alma tem decerto conseqüência. Pois é infinitamente mais vantajoso para a religião e para a moral, sobretudo nos tempos em que estamos (em que muita gente não respeita muito a revelação por si só e os milagres), mostrar que as almas são imortais naturalmente e que seria um milagre não serem do que sustentar que nossas almas devem morrer naturalmente, mas que é em virtude de uma graça miraculosa fundamentada apenas na promessa de Deus que elas não morrem. Assim, sabe-se desde há muito tempo que aqueles que quiseram destruir a religião natural e reduzir tudo à revelada, como se a razão nada nos ensinasse a esse respeito, passaram por suspeitos, e isso nem sempre sem razão[26].

§ 63. O vínculo causal como relação de um fato com sua conseqüência ou de um meio com um fim

Um mesmo acontecimento será interpretado, e valorizado diferentemente, conforme a idéia que se forma da natureza, deliberada ou involuntária, de suas conseqüências. Os berros do recém-nascido atraem a atenção da mãe mas, num dado momento, tornam-se um meio para alcançar esse efeito; do significado que ela lhes atribuir dependerá muitas vezes a reação da mãe. De um modo geral, o fato de considerar ou não uma conduta como um meio de alcançar um fim pode acarretar as mais importantes conseqüências e pode, portanto, por essa razão, constituir o objeto essencial de uma argumentação. Conforme se conceba a sucessão causal, sob o aspecto da relação "fato-conseqüência" ou "meio-fim", a ênfase será dada ora ao primeiro, ora ao segundo dos dois termos: se se quer minimizar um efeito, basta apresentá-lo como uma conseqüência; se se quer aumentar-lhe a importância, cumpre apresentá-lo como um fim. A valorização deve-se a que, no primeiro caso, opõe-se a unicidade do fato à pluralidade de suas conseqüências, no segundo, a unicidade do fim à multiplicidade dos meios, tanto faz. De todo modo, essa consideração autoriza uma crítica dupla contra o argumento pragmático: ela revela que o valor das conseqüências não é uma grandeza fixa e, do outro lado, parece dar razão àqueles que insistem na desqualificação acarretada pelo uso desse argumento para tudo quanto parece, desde então, unicamente meio com vistas à obtenção de resultados.

A distinção dos fins e das conseqüências permite imputar a um autor apenas certos efeitos de seus atos. É assim que Santo Tomás justifica a existência do mal no universo:

> A forma principal que Deus se propõe manifestamente nas coisas criadas é o bem da ordem universal. Mas a ordem do universo requer, já o sabemos, que algumas dentre as coisas sejam deficientes. Logo, Deus é causa das corrupções e dos defeitos de todas as coisas, mas somente em conseqüência de ele querer causar o bem da ordem universal, e como que por acidente. Em resumo, o efeito da causa segunda deficiente pode ser imputado à causa primeira pura de qualquer defeito, quanto ao que tal efeito contém de ser e de perfeição, mas não quanto ao que ele contém de mau e de defeituoso[27].

A ironia consiste, às vezes, em inverter a interpretação de um mesmo acontecimento:

> Como os habitantes de Tarragona, relata Quintiliano, anunciavam a Augusto que uma palmeira havia brotado sobre o seu altar: "Bem se vê", respondeu ele, "que nele acendeis freqüentemente fogo"[28].

Augusto interpreta os fatos, não como um sinal milagroso, mas como a conseqüência de uma negligência.

Como um mesmo fato tem várias conseqüências, pode acontecer que essas se combatam e que as conseqüências não almejadas venham a prevalecer sobre os fins desejáveis de uma conduta, a qual pode, assim, parecer de um desajeitamento cômico. Eis uma história que fez Kant rir muito:

> Um rico herdeiro pagou largamente seus criados para fazer figura digna nos funerais de seu parente falecido. Mas eis que esses marotos, quanto mais lhes pagam para ficar tristes, mais alegres ficam![29]

Paulhan analisa como "previsão do passado"[30] expressões como "assassino por cem francos", que resultam da transformação do esquema "fato-conseqüência" em esquema "meio-fim". Constata-se o caráter desvalorizador, e chocante, dessa transformação. Mas a mesma transformação parece menos chocante quando se trata de integrar nos fins de um empreendimento muitas de suas conseqüências importantes, embora involuntárias. É o que ocorre, notadamente, quando uma guerra acarreta conseqüências que superam as previsões e que se afirma, posteriormente, que o país pegou em armas com os fins de defender sua existência.

Para sustentar uma interpretação *fato-conseqüência* contra uma interpretação *meio-fim*, serão utilizadas várias técnicas. Mostrar-se-á, por exemplo, que o acontecimento sobrevindo não poderia ser um fim, visto o pouco interesse que apresentava na ocasião, o pouco caso que dele se fez, as vantagens que dele se tiraram, ou então mostrar-se-á que o fato que o deveria acarretar não era um meio, pois que já era uma conseqüência de um fato determinado. Assim é que A. Smith, para provar que a divisão do trabalho não foi desejada pelos homens como meio para alcançar certos fins, apresenta-a como a conseqüência do gosto que estes têm pela troca dos bens[31].

A transformação de um fato em meio costuma destruir os efeitos felizes que ele poderia acarretar: desqualificam-no sob o nome de "expediente". Citamos noutra obra esta passagem de Proust que ilustra nosso propósito:

> Da mesma forma, se um homem lamentasse não ser bastante procurado pelas pessoas, não o aconselharia a fazer mais visitas e a ter uma carruagem mais bela; dir-lhe-ia que não aceitasse nenhum convite, que vivesse encerrado em seu quarto, que nele não deixasse entrar ninguém e que, então, fariam fila na frente de sua porta. Ou melhor, não lhe diria isso. Pois é um modo seguro de ser procurado que só obtém êxito como aquele de ser amado, ou seja, se não foi adotado em absoluto para tanto, se, por exemplo, está-se de cama porque se está gravemente doente, ou julga-se estar, ou se se mantém uma amante encerrada e que é preferida à sociedade...[32]

Para arredar a acusação de expediente, cumpre fornecer uma explicação melhor da conduta: dir-se-á que ela é conseqüência de um fato independente da vontade ou um meio para alcançar um fim diferente daquele que está em questão. Assim, o culto da espontaneidade na arte, ou a apresentação da arte como meio para fins sociais ou religiosos, são modos variados de mostrar que as técnicas do artista não constituem expedientes, acusação que desacreditou a retórica no século XIX[33].

Quando um ato, cujo fim está porém patente, produz conseqüências que não se podem menosprezar e que são o que importa sobretudo aos terceiros, estes podem não ver no ato em questão senão um meio com vistas a essas conseqüências. Lembramo-nos, em *César* de Pagnol, de como o médico afasta do leito de Panisse o padre que traz os Santos Óleos:

> ... E o funcionário da companhia de bondes, que tivera a perna cortada por seu reboque? Depois da transfusão de sangue, estava com uma cara passável. Mas tu vieste: foi tiro e queda! Quando ele te viu, julgou-se morto, e morreu de julgar-se morto... Então, permite-me dizer-te que teu papel não é o de matar meus doentes. Já matei o suficiente sozinho, e sem ser por querer[34].

Essa desvinculação entre um ato e seu fim normal, em proveito das conseqüências, pode tornar-se tão habitual que o vínculo antigo passa para o segundo plano. A caça, que tinha o objetivo de buscar alimentação, tornou-se acima de tudo meio com vistas a manter certas distinções sociais[35].

Se um fim acarreta por si só certas conseqüências posteriores, estas poderão ser tomadas à guisa de fim verdadeiro. Pode resultar daí uma ridiculização do agente, quando as duas fases dos acontecimentos se destroem mutuamente, como nesta passagem de Cícero:

> Não foi um exílio miserável que tua iniqüidade me infligiu, mas uma volta gloriosa que ela me preparou[36].

Muitas *antíteses* seriam desse tipo.

§ 64. Os fins e os meios

A lógica dos valores, em suas primeiras elaborações, supôs uma nítida distinção dos fins e dos meios, sendo os fins últimos correspondentes a valores absolutos. Mas, na prática, existe uma interação entre os objetivos perseguidos e os meios empregados para realizá-los. Os objetivos se constituem, se precisam e se transformam à medida que vai evoluindo a situação da qual fazem parte os meios disponíveis e aceitos; certos meios podem ser identificados a fins e podem mesmo tornar-se fins, deixando na sombra, no indeterminado, no possível, aquilo a que poderiam servir.

As técnicas modernas da publicidade e da propaganda exploraram a fundo a plasticidade da natureza humana que permite desenvolver novas necessidades, fazer desaparecer ou transformar necessidades antigas. Tais mudanças confirmam que apenas continuam invariáveis e universais os fins enunciados de um modo geral e impreciso, e que é pelo exame dos meios que se efetua em geral a elucidação do fim[37].

Alguns fins parecem desejáveis, porque são criados, ou tornados facilmente acessíveis, os meios de realizá-los. Para incentivar os pecadores à penitência, Bossuet insiste em que Deus lhes fornece o meio de salvar-se:

> ... ele [Deus] não recusa nada aos pecadores do que lhes é necessário. Necessitam eles de três coisas: da misericórdia divina, da potência divina, da paciência divina...[38]

Alguns fins parecem tanto mais desejáveis quanto mais fácil é sua realização. Assim, é útil mostrar que, se até agora não se obteve sucesso, é que se haviam ignorado os bons meios, ou que se havia descurado de servir-se deles. Notemos, a esse respeito, que o impossível e o difícil ou seus opostos, o possível e o fácil, nem sempre se referem à impossibilidade e à dificuldade técnicas, mas também às morais, ao que se opõe a exigências, ao que acarretaria sacrifícios que não se estaria disposto a assumir. Esses dois pontos de vista, que é útil distinguir, não são, como mostraram as análises de Sartre[39], independentes um do outro.

Em certos casos, o meio pode tornar-se um fim que será perseguido por si mesmo. Goblot dá um bom exemplo disso, tirado da vida sentimental:

> Já se está amando quando se adivinha no amado uma fonte de felicidades inesgotáveis, indeterminadas, desconheci-

> das... Então o amado é ainda um meio, um meio único e impossível de substituir por fins inumeráveis e indeterminados... Ama-se verdadeiramente, ama-se o amigo *por si próprio*, como o avarento ama seu ouro, quando, tendo o fim cessado de ser considerado, o meio é que se tornou o fim, quando o valor do amado, de relativo, tornou-se absoluto[40].

Na vida social, o mais das vezes, é o acordo sobre um meio, apto para realizar fins divergentes, que conduz a apartar esse meio dos fins que lhe conferiam o valor e a constituí-lo num fim independente[41]. Aliás, a melhor técnica para enaltecer esse acordo é ver nele um acordo sobre fins, ou seja, sobre o que parece essencial. Insistir em que o acordo só concerne a um meio que leva a fins divergentes é insistir no caráter provisório, precário, acima de tudo secundário, desse acordo.

Nesse mesmo espírito, para mostrar que, no futuro, o bem-estar e a alegria no trabalho do produtor deveriam ser de importância primordial, S. Weil gostaria que fossem eles reputados um fim em si, e não simples meio de aumentar a produção:

> Até agora os técnicos jamais tiveram outra coisa em vista senão as necessidades da fabricação. Se começassem a ter sempre presentes na mente as necessidades daqueles que fabricam, a técnica inteira da produção deveria ser aos poucos transformada[42].

O apelo a uma mudança de fim tem algo de generosamente revolucionário.

O processo inverso, que transformaria um fim em meio, tem algo de desvalorizador, de depreciativo. É contra a redução da moral a uma simples técnica com vistas a um fim, por mais importante que seja, que se insurge Jankélévitch, pois o essencial não é o objetivo, mas a maneira, "o intervalo é que é tudo":

> Dizeis: não é necessário sofrer, mas curar... Nessa identificação da atividade moral às técnicas, quem não reconhece a filosofia da aproximação farisaica, isto é, da trapaça? Por certo, se se pode curar sem cirurgia nem cautérios, que se faça sem preocupações. Mas, em moral, está dito que trabalhare-

mos na dor e que a anestesia será a mais grave das trapaças, já que ela ignora esse meio que é o próprio fim[43].

Para evitarem a desqualificação dos valores de que tratam, sem deixar porém escapar um argumento eficaz, a saber, sua utilidade como meio para um fim reconhecido por outro lado como bom, muitos oradores mencionarão essa utilidade, salientando ao mesmo tempo o caráter supérfluo do argumento, confessando servir-se dele apenas por causa do auditório ao qual se dirigem. Ressaltemos, a esse respeito, que a menção, perante certos auditórios e em certas circunstâncias, de valores por demais elevados corre o risco de rebaixá-los à categoria de meio.

Notemos também que o fato de escolher entre valores, de discriminar aqueles a que se dá preferência, leva muitas vezes a tratar os valores, ou a parecer tratá-los, como meios. Assim, Inácio de Loyola, suplicando ao papa não dar a um jesuíta o cargo episcopal:

> Não gostaria que a cupidez e a ambição nos tirem tudo o que medrou até agora pela caridade e pelo desprezo ao mundo[44].

Quando duas atividades são cotejadas uma com a outra, será apresentada como meio a que se quiser subordinar à outra e, com isso, desvalorizar, como na máxima: deve-se comer para viver e não viver para comer. Algumas argumentações mordazes resultam muitas vezes da inversão assim realizada. Esta é tornada possível toda vez que a cadeia causal apresenta uma sucessão contínua de dois elementos alternados. Daí a procura e a construção de semelhantes esquemas com vistas à própria argumentação. Amiúde a interação entre elementos se expressará por tais alternâncias, o que possibilitará tratar como fim o que encontra mais facilmente a adesão.

Ocorre, entretanto, que uma atividade seja valorizada como meio. Essa valorização não resulta da transformação de um fim em meio, mas da importância instrumental que se reconhece a algo cujo valor era completamente menosprezado ou mesmo negativo. Eis um texto em que Demóstenes hesita em falar de si mesmo e em fazer seu auto-elogio, mas decide-se a isso por se tratar de um meio eficaz:

> Sei muito bem, atenienses, que lembrar o que se disse e falar de si mesmo, quando se ousa fazê-lo, é um meio de sucesso junto de vós; não obstante, esse meio me parece de tão mau gosto e tão indiscreto que, me vendo forçado a usá-lo, hesito. Mas como? Parece-me que julgareis melhor aquilo que vou dizer, se vos lembrar brevemente algumas coisas que disse anteriormente[45].

Evitar-se-á ciosamente elogiar a si próprio,

> a menos que disso resulte uma grande vantagem para nós ou para aqueles que nos escutam[46].

Não esqueçamos que, conquanto seja verdade que o fim valoriza os meios, nem sempre ele os justifica, pois o uso destes pode ser condenável em si, ou ter conseqüências desastrosas, cuja importância pode ultrapassar a do fim buscado. Mesmo assim um fim nobre, atribuído a um crime, diminuirá a aversão que se sente, não só pelo criminoso, mas também por seu ato: o assassínio político, o crime do idealista, mesmo quando são punidos com mais severidade do que o crime crapuloso, não são objeto de uma condenação moral sem reticências.

A escolha de certo fim permite valorizar uma ação que, noutras situações, costuma-se condenar. Assim é que Claudel, em vez de apresentar a mulher como o instrumento do pecado original, nela vê uma condição da Redenção[47].

É entre fins diversamente situados no tempo que se efetua muitas vezes a escolha; mas existem muitas outras maneiras de substituir um fim por outro, de subordiná-los. A distinção estóica entre o objetivo da ação e o fim do agente situa esses dois fins no presente, mas faz do primeiro um meio para o segundo[48]. A substituição de um fim aparente por um fim real[49] terá um efeito argumentativo tanto mais seguro quanto mais vivamente a substituição surpreender o auditório. Conta-se que Harry Stack Sullivan demovia certos doentes mentais do suicídio mostrando-lhes que o desejo de suicídio não era neles senão um esforço para renascerem diferentes[50].

A substituição de fins, com vistas a valorizar o meio, pode reduzir-se à escolha do fim mais favorável à argumentação, sem que se pretenda a primazia de um deles. Argumentar-se-á, como diz Quintiliano:

> ... invocando alguma vantagem para o Estado, para muitos homens, até para o nosso adversário, algumas vezes para nós... É ainda uma defesa, que entra na questão de utilidade, sustentar que o ato em questão evitou um ato pior[51].

Tudo o que acabamos de dizer da valorização do meio, graças ao fim, pode ser repetido, com mudança de sinal, a propósito do que é considerado obstáculo para a realização desse fim.

Para que um meio seja valorizado pelo fim, cumpre, é claro, que ele seja eficaz; mas isto não quer dizer que será o melhor. A determinação do melhor meio é um problema técnico, que exige o emprego de diversos dados e o recurso a argumentações de todos os gêneros. O meio que prevalece – que requer menos sacrifício para o fim almejado – desfruta um valor inerente, desta vez, a essa superioridade.

O perigo que pode haver em tratar alguma coisa como meio fica assim aumentado pelo fato de que sempre se pode encontrar um meio mais eficaz para um objetivo dado.

A determinação do melhor meio depende, é claro, da definição precisa do objetivo perseguido. Por outro lado, quem argumenta em função do melhor meio ficará tentado a dividir os problemas de modo que se eliminem todas as considerações de valores que não os relativos ao fim em vista. É para essa via que se orientam certas disciplinas técnicas. Em contrapartida, o raciocínio cotidiano raramente pode prevalecer-se de semelhante esquematismo.

Como a discussão técnica acerca do melhor meio depende de um acordo sobre o objetivo, ora pedirão ao interlocutor um acordo preciso relativo a este, ora atribuirão ao interlocutor um objetivo que ele não ousaria desaprovar e em função do qual serão discutidos os meios. Por outro lado, se um meio é reconhecido como ineficaz para um objetivo proclamado, quem se empenha por ele, quem o utiliza, sempre poderá ficar suspeito e ser acusado de buscar um objetivo inconfessado. A afirmação da ineficácia de um meio interessa, pois, freqüentemente, muito mais à discussão sobre os fins do que o problema técnico do melhor meio.

Um caso eminente do problema técnico do melhor meio é o dos argumentos, considerados enquanto meio de persuasão. Nada permite afirmar que existe um argumento que seja o melhor para todos. Como diz Santa Teresa:

> Algumas pessoas fazem progressos considerando o inferno, outras, que se afligem pensando no inferno, considerando o céu; outras, a morte[52].

Daí a relação estreita entre o problema técnico da argumentação eficaz e o dos auditórios.

O próprio discurso pode tornar-se, como sabemos, objeto de reflexão. Pode ser tratado como fato gerador das conseqüências, como conseqüência, como meio, como fim. As reflexões do ouvinte a propósito disso não deixarão de modificar, às vezes fortemente, o efeito que o discurso produz. E, de uma maneira mais precisa, a hipótese de que qualquer ato intencional deve ter uma razão de ser, de que ele constitui um meio para alcançar um certo fim, justificará a rejeição de toda interpretação do discurso, que tornaria este ridículo ou inútil. Essa é a concepção que serve de fundamento aos argumentos *ab absurdo* e *ab inutili sensu*, utilizados na teoria da interpretação[53].

§ 65. O argumento do desperdício

Os argumentos a seguir se referem à sucessão dos acontecimentos, das situações, de uma maneira que, sem excluir necessariamente a idéia de causalidade, não a coloca no primeiro plano.

O argumento do desperdício consiste em dizer que, uma vez que já se começou uma obra, que já se aceitaram sacrifícios que se perderiam em caso de renúncia à empreitada, cumpre prosseguir na mesma direção. Essa é a justificação fornecida pelo banqueiro que continua a emprestar ao seu devedor insolvente, esperando, no final das contas, ajudá-lo a sair do aperto. É uma das razões que, segundo Santa Teresa, estimula a rezar, mesmo em período de "seca". Abandonaríamos tudo, escreve ela, se não fosse

> porque nos lembramos de que isso proporciona satisfação e prazer ao Senhor do jardim, porque atentamos em não perder todo o serviço realizado e também no benefício esperado do grande esforço de lançar seguidamente o balde no poço e retirá-lo sem água[54].

De certo ângulo, os argumentos do possível e do fácil podem relacionar-se com o argumento do desperdício; não é o interessado, mas a divindade, ou a natureza, ou a fortuna, que parece ter-se dado a um trabalho que não se deve desprezar. Daí também o conselho de seguir-lhe os passos para favorecer uma evolução já começada: convida-se a não entravar essas forças naturais, sociais, que já se manifestaram e constituem uma espécie de investimento de capital.

Bossuet se vale do argumento para acusar os pecadores impenitentes de malbaratar o sacrifício de Jesus não aproveitando as possibilidades de salvação por ele oferecidas[55].

Poderíamos aproximar deste todos os argumentos que alegam uma oportunidade que não se deve perder, um meio que existe e do qual é preciso servir-se.

Empregar-se-á o mesmo argumento para incentivar alguém, dotado de um talento, de uma competência, de um dom excepcional, a utilizá-lo na medida mais ampla possível. Por uma razão análoga, Volkelt recusa-se a identificar duas palavras existentes na língua: isso seria desperdiçar a riqueza dos meios de expressão[56].

Da mesma forma também, sente-se pesar em ver um esforço quase bem-sucedido, uma obra quase perfeita, não alcançar seu coroamento. É isso que exprime Polyeucte, a respeito de Pauline:

> *Elle a trop de vertus pour n'être pas chrétienne:*
> *Avec trop de mérite il vous plut la former,*
> *Pour ne vous pas connaître et ne vous pas aimer,*
> *Pour vivre des enfers esclave infortunée...*[57]
> [Virtudes demais ela tem para cristã não ser
> Com muito mérito houvestes por bem a formar,
> Para não vos conhecer e não vos amar
> Para dos infernos infortunada escrava viver...]

É particularmente apreciado aquilo cuja presença viria completar favoravelmente um conjunto, que então se pode encarar como estando na própria natureza das coisas. Numa concepção otimista do universo, a idéia de desperdício incentiva a completar estruturas, integrando nelas aquilo cuja ausência é sentida como algo que se deixou escapar[58].

O sentimento de algo que se deixou escapar pode desempenhar um papel, mesmo quando não se sabe exatamente em que consiste a oportunidade perdida. Esse aspecto interessante do argumento é bem expresso pelo herói de *Quand le navire...*:

> "Escapar", "O que você deixa escapar". Tornava a escutar essas palavras. Confessava-me que eram pungentes. Passar perto de alguma coisa. Estar a dois passos de alguma coisa. Deixá-la escapar. Mesmo sem saber o que nos deixamos escapar, conseguimos muito bem sentir o trágico essencial da situação em que estamos[59].

Uma vez que a convicção de deixar escapar alguma coisa fica estabelecida, ela vem reforçar o valor próprio daquilo que é assim malbaratado.

Um caso importante da oportunidade perdida é o da ignorância. Considera-se que, por culpa desta, perdem-se realizações da natureza, esforços, sofrimento. No soneto de Arvers ecoa o trágico ligado ao desperdício:

> *Et celle qui l'a fait n'en a jamais rien su.*
> [E aquela que o fez nunca soube nada do que fez.]

Assim, encontrar-se-á no argumento do desperdício um incentivo ao conhecimento, ao estudo, à curiosidade, à pesquisa.

O argumento do desperdício lembra o do sacrifício inútil. O sacrifício é medida do valor que o determina, mas, se este valor é mínimo, o sacrifício é, por seu turno, depreciado. Em *Le guerrier appliqué*,

> Sièvre, ferido, diz simplesmente, estoicamente: "O que é preciso é preciso". "Mesmo havendo bons motivos para lutar", comenta Jacques Maast, "isso seria mais do que suficiente (o ferimento) para fazer a coisa entrar na cabeça dele."[60]

O sacrifício, realizado e aceito, aumenta e valoriza as razões do combate, estimula a continuá-lo.

Foi com um processo análogo que certos torturadores nazistas tentaram explicar como chegaram à bestialidade no tratamento de seus prisioneiros: as primeiras dores infligidas a um homem fazem do agente um sádico, se não se continuar a torturar a vítima até o momento em que ela fala.

Ao argumento do desperdício pode ser reportada a preferência concedida ao que é *decisivo*. Ficar-se-á tentado a dar o voto a um candidato se se julgar que esse voto pode arrebatar o sucesso. O argumento não consiste em dizer que é preciso seguir o vencedor, mas em aconselhar a agir de maneira que se tenha, mercê do ato realizado, um vencedor. A ação que, vistas as circunstâncias, poderá ter pleno alcance, que não deverá ser reputada um desperdício, será por isso valorizada, o que milita em favor de sua realização.

Em sentido inverso, desvaloriza-se uma ação ao insistir em seu caráter *supérfluo*; tudo o que é supérfluo fica, como tal, desclassificado. Enquanto o argumento do desperdício incita a continuar a ação começada até o êxito final, o do supérfluo incita a abster-se, pois um acréscimo de ação teria efeito nulo. Assim é que, para Leibniz, se imaginamos um autor inteligente do universo, cumpre que essa inteligência não pareça supérflua:

> Quando se participa seriamente dessas opiniões que atribuem tudo à necessidade da matéria ou a um certo acaso... é difícil que se possa reconhecer um autor inteligente da natureza. Pois o efeito deve corresponder à sua causa, e até é mais bem conhecido pelo conhecimento da causa, sendo irracional introduzir uma inteligência soberana ordenadora das coisas e, depois, em vez de empregar sua sabedoria, servir-se apenas das propriedades da matéria para explicar os fenômenos[61].

Em axiomática, a busca da independência dos axiomas é justificada pelo mesmo motivo: um sistema é menos elegante se contém um axioma supérfluo.

Em economia política, a desvalorização dos bens destinados em parte a necessidades quase-supérfluas é denunciada pela teoria da utilidade marginal. Tal desvalorização às vezes serviu de fundamento a uma argumentação em favor do socialismo: tratava-se de promover um regime que, por sua divisão mais igual, valoriza as riquezas – e evita sua acumulação inútil em certas mãos.

§ 66. O argumento da direção

A ligação causal, a relação entre o fim e os meios, foram analisadas anteriormente de uma forma global e estática. Mas é possível decompor a busca de um fim em várias etapas e analisar a maneira pela qual a situação se transforma: o ponto de vista será a um só tempo parcial e dinâmico. Constata-se que, com muita freqüência, há interesse em não confrontar o interlocutor com todo o intervalo que separa a situação atual do fim último, mas em dividir esse intervalo em seções, estabelecendo pontos de referência intermediários, indicando fins parciais cuja realização não provoca uma oposição tão forte. Com efeito, se a passagem do ponto A ao C levanta dificuldades, é possível que se possa não ver inconvenientes em passar do ponto A ao B, de onde o ponto C aparecerá numa perspectiva totalmente diferente: chamamos a essa técnica *procedimento das etapas*. A estrutura do real condiciona a escolha destas, mas jamais a impõe.

O argumento de direção consiste, essencialmente, no alerta contra o uso do procedimento das etapas: se você ceder esta vez, deverá ceder um pouco mais da próxima, e sabe Deus aonde você vai parar. Esse argumento intervém, de modo regular, nas negociações entre Estados, entre representantes patronais e operários, quando não se quer parecer ceder ante a força, a ameaça ou a chantagem.

Cada vez que uma meta pode ser apresentada como um ponto de referência, uma etapa numa certa direção, o argumento da direção pode ser utilizado. Esse argumento responde à pergunta: aonde se quer chegar? Com efeito, é comum dividir-se o problema, para se fazer admitir uma certa solução, que parece, à primeira vista, desagradável. Se quisermos levar alguém, a quem isso repugna, a pronunciar um discurso numa certa ocasião, mostraremos primeiro que um discurso deve ser pronunciado, depois procuraremos o melhor orador ou, inversamente, mostraremos que, se um discurso deve ser pronunciado, isso só pode ser por ele, depois, que é indispensável ser pronunciado.

Pode ser, contudo, que a divisão seja não só inútil, mas até nociva. É esse o caso se o Sr. X gosta muito de tomar a palavra em público. Haverá interesse, então, em propor-lhe, de uma vez, pronunciar o discurso numa certa circunstância.

O modo como se operará a divisão depende da opinião que se forma da maior ou menor facilidade de transpor tais etapas determinadas. É raro que a ordem em que as analisemos seja totalmente indiferente. Isso porque, estando transposta uma primeira etapa, os interlocutores se acham diante de uma nova configuração da situação, que lhes modifica a atitude ante o resultado final. Em certos casos, uma das características dessa nova situação será permitir o emprego do argumento do desperdício, sendo a primeira etapa considerada um investimento.

Poderia ser assimilada a um processo por etapas qualquer argumentação em vários tempos. Todavia, esta não será denunciada como expediente, e só será combatida pelo argumento da direção quando, em cada fase da argumentação, for solicitada uma decisão e esta for suscetível de modificar a maneira de considerar uma decisão posterior.

Convém, ademais, distinguir entre o argumento de direção e o receio do precedente, o qual se lhe parece neste ponto: ele se opõe a uma ação por lhe temer a repercussão sobre outras ações futuras. Mas, enquanto o receio do precedente se refere a outras ações de mesma espécie, o argumento da direção evoca ações que, embora diferentes da ação em questão, acarretarão uma mudança no mesmo sentido. Há, não obstante, casos que se situam entre o receio do precedente e o argumento de direção: aqueles em que se alega uma recorrência, de uma mesma operação que se repete, mas que se efetua numa situação modificada. Semelhante recorrência é muitas vezes invocada para alertar contra certas construções. Assim, G. Ryle, para criticar a doutrina intelectualista segundo a qual um ato inteligente seria aquele que é precedido de uma atividade teórica inteligente, diz-nos que tal exigência será seguida de uma série de outras:

> Devemos dizer então que as reflexões do agente sobre a maneira inteligente de comportar-se exigem que ele reflita primeiro na melhor maneira de refletir sobre o modo de agir?[62]

O procedimento das etapas pode tornar-se um argumento positivo em prol de uma medida considerada capital numa direção que se deseja. Pode acontecer, entretanto, que essa argumentação seja apenas uma simulação, uma manobra dilatória, que se simule considerar uma reforma, uma medida, como um ponto de referência numa direção, ao passo que se está secretamente decidido a não continuar ou, pelo menos, a só o fazer com uma "sábia" lentidão. Bentham examina, entre os sofismas dilatórios, o do andamento gradual. Consiste, escreve ele, em

> querer separar o que deveria formar um todo, em tornar a medida nula ou ineficaz dividindo-a... O andamento gradual é acompanhado de todos os epítetos lisonjeiros, é comedido, é sossegado, é conciliador[63].

Em caso assim, o fato de apresentar como um ponto de referência o que, na mente de seus promotores, era, se possível, uma medida final não tinha outro objetivo senão valorizá-la aos olhos dos partidários de reformas mais drásticas.

O argumento da direção visa sempre tornar uma etapa solidária de desenvolvimentos posteriores. Quem se defende contra esse argumento pretende isolar a medida analisada, quer que a examinem em si mesma, supõe que ela não acarretará mudança na situação global e afirma que esta poderá ser considerada, uma vez tomada a medida, com o mesmo estado de espírito anterior. Cumpre, portanto, para que o argumento da direção possa ser combatido, que a ação analisada apresente interesse por si só, que possa ser apreciada independentemente da direção à qual se encaminha. Podemos perguntar-nos se a grande arte, em educação intelectual ou moral, não reside na escolha de etapas que apresentem cada qual um interesse próprio, independente do fato de facilitarem a passagem a uma etapa posterior. A ordem dos argumentos num discurso terá de levar em conta essa mesma consideração.

O argumento de direção, o da ladeira escorregadia, ou do envolvimento no encadeamento de situações, insinua que não haverá jeito de deter-se no caminho. O mais das vezes apenas a experiência do passado permite desempatar, nesse ponto de vista, os antagonistas.

Eis um bom exemplo de sua utilização, a propósito da experimentação nos animais:

> A medicina experimental nos animais admitia que, para a *utilidade* da medicina humana, podia-se sacrificar o animal. Logo surgiu a idéia de que, para a utilidade da humanidade em seu todo, podiam-se sacrificar alguns seres humanos. Claro, no início, essa idéia levantava fortes resistências internas, mas o hábito acaba vencendo. Começa-se por admitir a idéia da experimentação nos condenados à morte, depois foi emitida a idéia da experimentação nos prisioneiros de direito comum e, enfim, foi concebida a idéia da experimentação nos inimigos! A marcha das idéias é, como se vê, extremamente temível e ao mesmo tempo muito insidiosa[64].

Invocando o costume, o dr. Baruk fornece uma razão a favor da tese que forma o essencial do argumento de direção, a saber, que não somos donos de nosso comportamento posterior, que não saberemos deter-nos numa etapa dada da evolução em certa direção.

Portanto, o argumento da direção implica, de um lado, a existência de uma série de etapas direcionadas a certo objetivo, o mais das vezes temido, e, de outro, a dificuldade, se não a impossibilidade, de deter-se, uma vez que tomamos o caminho que leva a ele. As réplicas a esse argumento se basearão, pois, num ou noutro destes pontos.

Uma primeira réplica ao argumento de direção consiste na indicação de desenvolvimentos, a partir da primeira etapa, diferentes daqueles que pareciam dever ser temidos. Alega-se a ambigüidade de desenvolvimento e, por conseguinte, a arbitrariedade que há em só ver uma única direção possível.

Tal réplica pode, aliás, levantar outras objeções e, especialmente, o receio de não saber para onde se vai; receiam-se as conseqüências imprevisíveis de um primeiro movimento:

> Mas a novidade, Philonous, a novidade! Aí é que está o perigo. As novas opiniões devem sempre ser desacreditadas; elas põem em movimento as inteligências humanas e ninguém sabe aonde chegarão elas[65].

Pode-se também mostrar que, entre a etapa em discussão e as seguintes, que deveriam ser temidas, há uma diferença qualitativa. Assim é que B. S. Chlepner insiste na diferença que há entre a estatização de certas empresas e a economia socialista, à qual ela parece levar:

> Pode-se, por conseguinte, sustentar que a estatização de uma empresa, ou mesmo de um ramo industrial inteiro, não constitui uma medida socialista, contanto que o resto da economia permaneça baseado no princípio da iniciativa privada, da economia de mercado, e que o próprio ramo estatizado se submeta à disciplina do mercado, notadamente cobrindo suas despesas com suas vendas e não com os subsídios do Estado.
>
> ... O único ponto que queríamos frisar é que, entre uma economia socializada e uma economia que teve certos ramos estatizados, há mais do que uma diferença quantitativa; a atmosfera é diferente, ou pelo menos poderia ser diferente[66].

O segundo gênero de réplicas diz respeito à possibilidade da parada após uma certa etapa. Habitualmente, a parada será garantida pela criação de um contexto formal, jurídico, que impediria de ir além do que foi decidido. A questão é saber em que medida um formalismo é capaz de opor-se a uma evolução natural. Uma maneira também habitual de prever a parada é alegar um equilíbrio de forças que impediria de caminhar indefinidamente numa certa direção: supõe-se a existência de um pluralismo, que autoriza a esperança de uma resistência que cresceria à medida que se continua num certo sentido; esse é o argumento que convém aos adversários das soluções extremas.

Enfim, outro argumento consiste em mostrar que já se está na ladeira fatal que se teme e que é indispensável dar um primeiro passo, numa certa direção, para poder, depois dele, deter-se. É o argumento preferido de Demóstenes. Àqueles que não queriam socorrer Megalópolis, ameaçada por Esparta, por ser aliada de Tebas, Demóstenes replica:

> Se os lacedemônios tomarem Megalópolis, Messena ficará em perigo. Se tomarem ainda Messena, digo que faremos aliança com os tebanos. Então não é mais vantajoso e mais honroso acolher espontaneamente os aliados de Tebas e não nos prestarmos às cobiças dos lacedemônios do que hesitar em salvar um povo, porque é aliado dos tebanos, sacrificá-lo, correndo o risco de ter um dia de salvar os próprios tebanos, não sem nos colocarmos a nós mesmos em perigo?[67]

Cumpre pois, segundo Demóstenes, dar um passo, para não ser arrastado a dar outro, muito mais grave.

É possível perguntar-se se os dois gêneros de réplicas, aquelas que enfatizam a natureza do caminho e aquelas que se estribam na possibilidade de deter-se, podem combinar-se em função de um ouvinte único. Parece que sim. Este será utilmente tranqüilizado por uma argumentação de conjunto, mostrando-lhe que se trata de algo diferente do que ele temia e mostrando-lhe a possibilidade de deter-se.

O argumento da direção pode assumir diversas formas: uma destas é o argumento da *propagação*. Trata-se de alertar contra certos fenômenos que, por intermédio de mecanismos naturais ou sociais, tenderiam a se transmitir cada vez mais, a se multiplicar e a se tornar, dado esse mesmo crescimento, nocivos.

Se o fenômeno inicial já é, por si só, considerado um mal, recorrer-se-á o mais das vezes à noção de *contágio*. Assim é que Pitt aconselha esmagar no nascedouro os princípios revolucionários:

> Se porventura os princípios do jacobinismo devessem triunfar nas ilhas francesas das Índias Ocidentais, poderíamos ter esperança de salvaguardar as nossas do contágio?[68]

No argumento de contágio há, portanto, colusão entre dois pontos de vista desvalorizadores; o que se teme como ponto de referência é, ao mesmo tempo, estigmatizado como um mal.

A perspectiva é totalmente diferente no argumento da *vulgarização*. Alerta-se contra a propagação que desvalorizaria, tornando comum e vulgar, o que é distinguido porque raro, limitado, secreto. Ao inverso, mas numa perspectiva análoga, o argumento da *consolidação* alerta contra as repetições que conferem pleno significado e valor ao que não passava de esboço, balbucio, fantasia, e que se tornará mito, legenda, regra de conduta.

Enfim, há uma série de variantes do argumento de direção que enfatizam a *mudança de natureza* entre as primeiras etapas e a conclusão. Seu modelo pode ser apontado no sorites grego, no qual a passagem do monte de trigo ao monte menos um grão, sempre renovada, resulta no que não é mais um monte. A mudança poderá ser interpretada como uma verdadeira mudança de natureza ou como a revelação da verdadeira natureza dos primeiros passos. Pouco importa. Cumpre prestar atenção. Assim:

> Cada concessão feita ao inimigo e ao espírito de facilidade acarretava uma outra. Esta não era mais grave do que a primeira, mas as duas, lado a lado, formavam uma covardia. Duas covardias reunidas formavam a desonra[69].

O cômico dessas mudanças de natureza enseja gracejos, como o de P. Ópio, dizendo da família dos Lêntulo, na qual normalmente os filhos eram menores do que os pais, que ela morria por causa de tantos nascimentos[70].

Todos esses desenvolvimentos, sejam eles marcados pela idéia de contágio, de vulgarização, de consolidação, de mudança de natureza, mostram que um fenômeno, inserido numa série dinâmica, adquire um significado diferente daquele que teria, tomado isoladamente. Esse significado varia conforme o papel que o fazem desempenhar nessa série.

§ 67. A superação

Ao contrário do argumento de direção, que desperta o temor de que uma ação nos envolva num encadeamento de situações cujo desfecho se receia, os argumentos da superação insistem na possibilidade de ir sempre mais longe num certo sentido, sem que se entreveja um limite nessa direção, e isso com um crescimento contínuo de valor. Como diz uma camponesa, numa coletânea de Jouhandeau: "Quanto mais for bom, melhor é"[71]. Assim, Calvino afirma que jamais se exagera na direção que atribui toda glória, toda virtude a Deus:

> Mas não lemos que tenha havido alguém condenado por ter bebido demais da fonte de águas vivas[72].

Pode-se, apresentando-o sob essa luz, defender um comportamento que os ouvintes ficariam tentados a criticar, mas que será situado no prolongamento daquilo que eles aprovam e admiram: por exemplo, o fanatismo nacionalista ou religioso aos olhos dos patriotas ou dos crentes. Pode-se, aliás, valer-se da superação para desvalorizar um estado, uma situação, com o qual um se poderia contentar, mas ao qual, presume-se, um estado mais favorável pode suceder. Àqueles que avaliavam a situação militar boa o suficiente para entabular negociações de paz com a França, Pitt respondia:

> Que estejamos em maior segurança hoje, não só eu admito, mas até pretendo que as perspectivas melhoram dia a dia, e que essa segurança está cada vez mais garantida[73].

O que vale não é realizar certo objetivo, alcançar certa etapa, mas continuar, superar, transcender, no sentido indicado por dois ou vários pontos de referência. O importante não é um objetivo bem definido: cada situação serve, ao contrário, de ponto de referência e de trampolim que permitem prosseguir indefinidamente numa certa direção.

Essa forma de raciocínio não é somente utilizada para promover uma certa conduta, mas também, sobretudo em obras filosóficas, para definir certas noções "depuradas", partindo-se de concepções de senso comum que são apresentadas como ponto de partida. Assim é que Sartre, a partir de uma noção da má-fé, que se inspira, à primeira vista, no senso comum, chega, mercê da superação, a uma concepção que é bem distante dele, segundo a qual todo envolvimento no social e no racional seria relativamente marcado de má-fé[74].

Assim também, Claparède, numa divertida análise, à qual já aludimos noutra obra, mostra como o sentido da palavra "associacionismo" evolui sempre um pouco mais numa certa direção. Tal evolução lembraria a atitude daquele revolucionário por temperamento que se define, não por um programa determinado, mas pelo fato de estar sempre mais à esquerda[75].

Para fundamentar essa concepção de uma direção ilimitada, cujos termos são hierarquizados, apresentar-se-á no final um ideal inacessível, mas cujos termos realizáveis constituem encarnações cada vez mais perfeitas, cada vez mais puras, cada vez mais próximas do termo final[76]; elas seriam seu "espelho", sua "imagem", o que quer dizer que há, do ideal até elas, um movimento descendente que garante o caráter inacessível deste, quaisquer que tenham sido os progressos realizados.

Noutros casos, o ideal só é concebido em virtude dos termos inferiores, aos quais nos opomos e os quais superamos. Assim é que, para Lecomte du Noüy:

> O homem permanece, pois, biologicamente, um animal. Veremos, mais tarde, que esse estado de coisas era necessário, pois é lutando contra esses instintos que ele se humaniza[77].

Freqüentemente essa técnica é utilizada para transformar os argumentos contra em argumentos pró, para mostrar que o que até então era considerado um obstáculo é, na realidade, um meio para chegar a um estágio superior, como a doença que deixa o organismo mais resistente, imunizando-o.

A refutação da argumentação pela superação encontra-se na constatação de que é impossível ir indefinidamente na direção preconizada, seja porque se chega a um absoluto, seja porque se chega a uma incompatibilidade. Chegar a um termo absoluto, perfeito, é reconhecer que é preciso renunciar à progressão. Pascal, adotando o ponto de vista cartesiano em sua maneira de tratar as definições, afirma que

> aprofundando cada vez mais as investigações, chegamos necessariamente a palavras primitivas que já não podemos definir, e a princípios tão claros que já não encontramos outros que o sejam mais para servir à prova deles[78].

Já não se trata, nessas condições, de perseguir ainda um ideal, de aumentar um valor, pois a perfeição obtida opõe-se à perfectibilidade. Por outro lado, o que também pode opor-se à progressão contínua, à superação, é que sejamos conduzidos ao ridículo, resultante da incompatibilidade com valores aos quais repugna-nos renunciar; cumpre, pois, buscar um equilíbrio que permita harmonizar valores que, no limite, entrariam em conflito. Alertar contra os excessos aos quais pode levar a fidelidade ilimitada a uma máxima, a uma linha de conduta, é sempre fazer que intervenham outros valores cujo respeito se exige. Assim é que os estóicos alertam contra o excesso de desprezo pelo corpo, que levaria a um suicídio despropositado. Assim é que um teólogo, que pretende que as vias de Deus são impenetráveis, é obrigado a limitar essa afirmação de um modo ou de outro, senão torna a teologia impossível. Ele dirá, por exemplo, que as vias de Deus são impenetráveis à luz natural, ou que são impenetráveis sem a revelação.

Na argumentação que recorre à superação, o que interessa em geral aos ouvintes, bem mais do que o termo final numa dada direção, sempre fugidia, é o valor que essa argumentação confere a certos termos situados aquém e sobre os quais versa, na realidade, o debate.

É o que sobressai nitidamente do exame das figuras destinadas a realizar a superação. Pensamos mormente na *hipérbole* e na *lítotes*.

A hipérbole é uma maneira de exprimir exagerada. Como dizia Dumarsais:

> Servimo-nos de palavras que, tomadas ao pé da letra, vão além da verdade e representam o mais ou o menos, para dar a entender algum excesso a mais ou a menos. Aqueles que nos ouvem descontam de nossa expressão o que se deve descontar...[79]

A hipérbole difere da argumentação habitual pela superação por não ser justificada nem preparada, mas lançada brutalmente: sua função, entretanto, é dar uma direção ao pensamento, orientá-lo na apreciação dessa direção e, somente de modo indireto, dar uma indicação sobre o termo que importa. Daí a enorme margem de liberdade nos enunciados, em se tratando de meras afirmações de fato, como neste exemplo, tomado da *Eneida*:

> Dois picos gêmeos ameaçam o céu[80].

ou de comparação, como neste outro exemplo, extraído da oração fúnebre de Condé:

> ... semelhante, em seus saltos ousados e em seu andar ligeiro aos animais vigorosos e saltitantes, ele só avança por vivazes e impetuosas arremetidas, e não é detido nem por montanhas nem por precipícios[81].

As hipérboles que utilizam expressões concretas não tencionam, assim como Erdmann já notou, produzir imagem[82]. Sua função é fornecer uma referência que, numa dada direção, atrai o espírito, para depois obrigá-lo a retroceder um pouco, ao limite extremo do que lhe parece compatível com a sua idéia do humano, do possível, do verossímil, com tudo o que ele admite de outro ponto de vista.

Dumarsais, que não vê na hipérbole senão o elemento exagero, e não a superação, a qual nos parece essencial, refuga essa forma de expressar-se própria "dos orientais" e "dos jovens". Preconiza utilizá-la somente com precauções oratórias, tais como "por assim dizer", "se é que podemos falar assim", que a converteriam apenas numa simples figura de estilo. Ora, tais precauções oratórias, mesmo quem as utiliza não quer que as levem muito a sério. Pois uma superação é realmente o alvo da hipérbole, quando ela tem, o que ocorre quase sempre, um objetivo argumentativo. É o caso desta máxima de Audiberti, citada por Paulhan como exemplo de hipérbole:

> Nada será senão o que foi[83].

e que, pela superação, dá valor positivo ao passado.

Assinalemos que os antigos costumavam distinguir dois gêneros de hipérboles, considerados muito diferentes, a amplificação e a atenuação. Um exemplo deste último gênero seria:

Eles estão só pele e ossos[84].

Mas, por seu caráter abstrato, a máxima de Audiberti, que poderia ser interpretada de ambas as maneiras, mostra-nos bem que o adelgaçamento e o engrossamento são, na hipérbole, um único e mesmo processo de superação.

A lítotes, por sua vez, é em geral definida pelo contraste com a hipérbole, como sendo uma forma de exprimir que parece enfraquecer o pensamento[85]. O seu exemplo clássico é "vai, eu não te odeio" de Ximena[86]. Dumarsais cita ainda, notadamente, "ele não é tolo", "Pitágoras não é um autor desprezível", "não sou disforme".

Se a lítotes pode ser contraposta à hipérbole é porque, para estabelecer um valor, ela se apóia aquém deste, em vez de apoiar-se na superação.

O mais das vezes, a lítotes se exprime por uma negação. Decerto há lítotes com forma de asserção, tais como "é bastante bom", quando essa expressão designa um valor muito apreciado. Mas é na lítotes por negação que ficaríamos tentados a ver o mecanismo típico dessa figura. O termo mencionado, e repelido, deve servir de trampolim para que o pensamento tome a direção desejada. Sugere-se que esse termo poderia ter sido normalmente admitido como adequado, nessas circunstâncias e em vista das informações de que o ouvinte dispunha. Ximena afirma que deveria ter odiado, que seria normal odiar e que seu ouvinte poderia acreditar nisso. É a partir dessa negação do normal que o pensamento é dirigido para outros termos. Ora, o termo repelido é, por sua vez, muitas vezes uma hipérbole. Em "Pitágoras não é um autor desprezível", o efeito de surpresa é causado por essa hipérbole, evocada para ser imediatamente rejeitada.

Mais ainda que a hipérbole, a lítotes exige que o ouvinte conheça certo número de dados que o guiarão em sua interpretação. "Ele não é tolo" pode ser tomado num sentido estático ou como impulso para uma direção. Daí o interesse que há em usar lítotes baseadas na rejeição de uma hipérbole.

As relações entre essas duas figuras são muito mais complexas, pensamos, do que parece comumente. A hipérbole teria, em geral, a função de preparar a lítotes, cuja intenção, sem ela, poderia escapar-nos. Esta última nem sempre é, como se diz, uma confissão à meia-voz[87].

Cumpre observar, a esse respeito, que a lítotes pode transformar-se em ironia mediante supressão da negação. De um mesmo homem disforme, do qual por lítotes se dizia "não é nenhum Adônis", poder-se-ia dizer, por ironia, "é um Adônis". No primeiro caso, temos um movimento do pensamento, ao longo de uma escala de valores, no outro, um confronto entre uma qualificação e uma realidade percebida. No primeiro caso, é a direção que domina, no segundo, não se deseja que a mente retroceda imediatamente, mas que constate o ridículo nascido de uma incompatibilidade.

A hipérbole, amiúde involuntariamente cômica, pode produzir esse efeito de uma forma premeditada.

Citemos esta tirada relatada pelo pseudo-Longino:

> Ele possuía terras no campo, que não eram maiores do que uma epístola de lacedemônio[88].

Trata-se, aqui, do cômico da argumentação. Sem a existência de hipérboles sérias, teria o autor imaginado esse dito divertido?

b) AS LIGAÇÕES DE COEXISTÊNCIA

§ 68. A pessoa e seus atos

Enquanto, nas ligações de sucessão, os termos cotejados se encontram num mesmo plano fenomênico, as ligações de coexistência unem duas realidades de nível desigual, sendo uma mais fundamental, mais explicativa do que a outra. O caráter mais estruturado de um dos termos é que distingue essa espécie de ligação, sendo a ordem temporal dos elementos inteiramente secundária: falamos de ligações de coexistência não para insistir na simultaneidade dos termos, mas para contrapor essa espécie de ligações do real às ligações de sucessão nas quais a ordem temporal é primordial[89]. A ligação de coexistência fundamental, em filosofia, é a que relaciona uma essência com suas manifestações. Parece-nos, contudo, que o protótipo dessa construção teórica se encontra nas relações existentes entre uma pessoa e seus atos. É pelo exame dessa relação que começaremos a nossa análise[90].

A construção da pessoa humana, que se vincula aos atos, é ligada a uma distinção entre o que se considera importante, natural, próprio do ser de quem se fala, e o que se considera transitório, manifestação exterior do sujeito. Como essa ligação entre a pessoa e seus atos não constitui uma relação necessária, como não possui características de estabilidade da relação existente entre um objeto e suas qualidades, a simples repetição de um ato pode acarretar, seja uma reconstrução da pessoa, seja uma adesão fortalecida à construção anterior.

Nem é preciso dizer que a concepção da pessoa pode variar muito conforme as épocas e conforme a metafísica adotada. A argumentação dos primitivos se serviria de uma idéia da pessoa muito mais larga do que a nossa; dela fariam parte, sem dúvida, todos os *pertencimentos*, a sombra, o totem, o nome, os fragmentos separados do corpo, entre os quais e o conjunto da pessoa estabeleceríamos, se fosse o caso, apenas uma ligação simbólica. Um único exemplo, a beleza de uma mulher basta para mostrar como um mesmo fenômeno pode ser considerado, seja parte integrante da pessoa, de sua essência, seja uma de suas manifestações transitórias, isto é, um simples ato.

Relacionando um fenômeno com a estrutura da pessoa, concede-se-lhe um estatuto mais importante; isto quer dizer que a maneira de construir a pessoa poderá ser objeto de acordos limitados, precários, particulares a um dado grupo, acordos suscetíveis de revisão sob a influência de uma nova concepção religiosa, filosófica ou científica.

A idéia de "pessoa" introduz um elemento de estabilidade. Todo argumento sobre a pessoa explicita essa estabilidade: presumimo-la, ao interpretar o ato em função da pessoa, deploramos que essa estabilidade não tenha sido respeitada, quando dirigimos a alguém a censura de incoerência ou de mudança injustificada. Grande número de argumentações tende a provar que a pessoa não mudou, que a mudança é aparente, que as circunstâncias é que mudaram, etc.[91]

Todavia, a estabilidade da pessoa jamais está completamente assegurada; técnicas lingüísticas contribuirão para acentuar a impressão de permanência, sendo a mais importante o uso do nome próprio. A designação da pessoa por certos traços (o avarento do seu pai), a hipóstase de certos sentimentos (aquela cujo furor perseguiu sua infância), podem igualmente concorrer para isso. A qualificação, o epíteto (esse herói, Carlos Magno da barba florida) visam deixar imutáveis certas características cuja estabilidade fortalece a da personagem. Graças a essa estabilidade é que um mérito adquirido, ou que se vai adquirir, pode ser atribuído a alguém de um modo intemporal. Como o observa com acerto Kenneth Burke:

> Um herói é, acima de tudo, um homem que realiza coisas heróicas; e seu "heroísmo" reside em seus atos. Mas, em seguida, um herói pode ser um homem com potencialidades de ação heróica. Os soldados que vão à guerra são heróis nesse sentido... Ou um homem pode ser considerado herói porque realizou atos *heróicos*, enquanto, em seu *estado* atual, pode estar, em todo caso, velho demais ou fraco demais para realizá-los[92].

Mas essa estabilidade da pessoa, que a faz até certo ponto parecer-se com uma coisa, com suas propriedades determinadas de uma vez por todas, opõe-se à sua liberdade, à sua espontaneidade, à sua possibilidade de mudar. Por isso, é-se muito mais inclinado a estabilizar os outros do que a si mesmo:

> os outros podem ter, e têm com freqüência, qualidades muito superiores às minhas, mas suas qualidades aderem muito mais a eles do que meus defeitos aderem a mim. Se eles são generosos, inteligentes, trabalhadores, sedutores, eles o permanecerão, como permanecerão avarentos, tolos, preguiçosos, entediantes, se assim forem feitos. Eu não. Não sou poeta; mas dentro de um segundo talvez venha a ser. A obra que não pude fazer, nada se opõe a que eu a faça amanhã. Essa plasticidade, Sylvia também a possuía, mescla de fato e de dúvida[93].

É conceder a Sylvia, vista pela primeira vez, um verdadeiro privilégio, reconhecer-lhe essa plasticidade que cada qual se concede espontaneamente ao mesmo tempo que a nega com a mesma espontaneidade a outrem. Toda vez que essa faculdade de renovação está em perigo tem-se uma sensação desagradável. Daí, decerto, o mal-estar que experimentamos ao ouvirmos amigos falarem, mesmo se elogiosamente, da conduta que vamos ter[94].

O existencialismo, ao enfatizar a liberdade da pessoa, que a oporia claramente às coisas, pôde elaborar uma ontologia original. Algumas páginas, que parecem de uma metafísica complicada, afirmam unicamente a recusa a ver na relação da pessoa com seus atos uma mera réplica da relação entre um objeto e suas propriedades[95]. O objeto, definido a partir de suas propriedades, fornece o modelo de uma concepção da pessoa, estabilizada a partir de alguns de seus atos, transformados em qualidades, em virtudes, que são integrados numa essência invariável. Mas se a pessoa não possuísse o poder de transformar-se, de modificar-se, de converter-se, de dar de certa maneira as costas a seu passado, a formação educativa seria uma léria, a moral não teria sentido e as idéias de responsabilidade, de mérito e de culpabilidade, vinculadas à da liberdade da pessoa, deveriam ser abandonadas em proveito de uma simples apreciação pragmática dos comportamentos.

Na argumentação, a pessoa, considerada suporte de uma série de qualidades, autora de uma série de atos e de juízos, objeto de uma série de apreciações, é um ser duradouro a cuja volta se agrupa toda uma série de fenômenos aos quais ela dá coesão e significado. Mas, como sujeito livre, a pessoa possui essa espontaneidade, esse poder de mudar e de se transformar, essa possibilidade de ser persuadida e de resistir à persuasão, que fazem do homem um objeto de estudo *sui generis* das ciências humanas e das disciplinas que não podem contentar-se com copiar fielmente a metodologia das ciências naturais.

Assim é que, para tomar um exemplo, a moral e o direito necessitam das noções de *pessoa* e de *ato* em sua ligação e em sua independência relativa. A moral e o direito julgam simultaneamente o ato e o agente: não poderiam contentar-se com levar em consideração apenas um desses dois elementos. Pelo próprio fato de que o julgam, a ele, o indivíduo, e não os seus atos, admitem que ele é solidário dos atos que cometeu. No entanto, se se ocupam dele, é em razão de atos que podem ser qualificados independentemente de sua pessoa. Enquanto as noções de responsabilidade, de mérito e de culpabilidade são relativas à pessoa, as de norma, de regra, preocupam-se acima de tudo com o ato. Todavia, essa dissociação do ato e da pessoa sempre é apenas parcial e precária. Poder-se-ia conceber o mérito de uma pessoa independentemente de seus atos, mas isso só seria possível numa metafísica em que a referência aos atos estivesse fornecida no contexto. Por outro lado, se as regras prescrevem ou vedam certos atos, o alcance moral ou jurídico delas reside no fato de se dirigirem a pessoas. Os termos da relação *ato-pessoa* são assaz independentes para permitir, quando preciso, a utilização de cada um deles isoladamente, e são suficientemente ligados para que sua intervenção conjunta caracterize domínios inteiros da vida social.

§ 69. Interação entre o ato e a pessoa

Depois dessas considerações de ordem geral, examinaremos sucessivamente a influência dos atos sobre a concepção da pessoa, a da pessoa sobre os seus atos, e terminaremos assinalando situações em que a interação é tão marcante que mesmo a análise não poderia dar a primazia a um ou a outro elemento.

A reação do ato sobre o agente é capaz de modificar constantemente a nossa concepção da pessoa, em se tratando de atos novos que lhe atribuímos ou de atos antigos aos quais nos referimos. Uns e outros desempenham um papel análogo na argumentação, conquanto seja concedida preponderância aos atos mais recentes. Salvo em casos extremos, que examinaremos num parágrafo posterior, a construção da pessoa jamais está terminada, nem sequer à sua morte. Mas é óbvio que, quanto mais recuada uma personagem está na história, mais rígida se torna a imagem que dela formamos. Como bem observou R. Aron:

> O *outro*, presente, lembra-nos incessantemente sua capacidade de mudar; ausente, ele é prisioneiro da imagem que dele fizemos... Se ainda distinguimos em nossos amigos o

que eles são do que fazem, essa distinção se apaga à medida que os homens vão-se embrenhando no passado[96].

A pessoa coincidiria então com o conjunto estruturado de seus atos comuns; mais precisamente, diremos, a relação entre o que se deve considerar essência da pessoa e os atos que não passam de sua manifestação fica definida de uma vez por todas. No entanto essa rigidez é apenas relativa: não só novos documentos podem determinar uma revisão mas, afora todo fato novo, uma evolução da opinião pública ou outra concepção da história podem modificar a concepção da personagem, pela integração em sua estrutura de atos menosprezados anteriormente ou pela minimização de atos até então julgados importantes.

O ato não pode ser considerado um simples indício, revelador do caráter íntimo da pessoa, o qual seria invariável, mas inacessível sem o intermédio do ato. Ficamos um tanto chocados com esta passagem de Isócrates, que assimila os homens a cogumelos venenosos:

> Com efeito, se um sinal distinguisse os homens viciosos, o melhor seria castigá-los antes que causassem dano a um de seus concidadãos. Mas, já que não se pode reconhecê-los antes que tenham feito mal a alguém, convém, pelo menos quando são descobertos, que todos os detestem e os olhem como inimigos de todos[97].

Daí resulta que a punição deveria ser proporcional, não à gravidade da ofensa, mas à maldade da natureza que ela revela.

Em nossa concepção habitual, um ato é, mais do que um indício, um elemento que permite construir e reconstruir nossa imagem da pessoa, classificar esta em categorias às quais se aplicam certas qualificações, como na célebre passagem de Pascal:

> Não há senão três espécies de pessoas: umas que servem a Deus, tendo-o encontrado; outras que se empenham em procurá-lo, não o tendo encontrado; outras que vivem sem o procurar sem o ter encontrado. As primeiras são sensatas e felizes; as últimas são loucas e infelizes; as do meio são infelizes e sensatas[98].

O valor que atribuímos ao ato nos incita a atribuir um certo valor à pessoa, mas não se trata de um valor indeterminado. Se por acaso um ato acarreta uma transferência de valor, esta é correlativa a um remanejamento de nossa concepção da pessoa, à qual atribuiremos, de um modo explícito ou implícito, certas tendências, aptidões, instintos ou sentimentos novos.

Por ato, entendemos tudo quanto pode ser considerado emanação da pessoa, sejam eles ações, modos de expressão, reações emotivas, cacoetes involuntários ou juízos. Este último ponto é, para nosso propósito, essencial. Isso porque, concedendo certo valor a um juízo, formula-se, por isso mesmo, uma apreciação sobre o seu autor; por vezes, aliás, o juízo permite julgar o juiz:

> *Philanthe* tem mérito, espírito, atrativo, exatidão em seu dever, fidelidade e apego por seu mestre, e é mediocremente considerado por isso; não agrada, não é apreciado. "Explicai-vos: será Philanthe ou o grande a quem ele serve que condenais?"[99]

O juízo sobre o juiz pressupõe certo acordo quanto ao valor do objeto tratado pelo juiz; é questionando esse acordo que se pode conseguir modificar o juízo sobre o juiz. Em contrapartida, quando se pretende julgar uma pessoa pelas expressões por ela utilizadas, a transferência da discussão para o objeto é muito mais difícil. Théodore Reinach frisa em Furtwängler, na controvérsia acerca da tiara de Saitafernes, as expressões "fraude grosseira", "invenções desprezíveis", e conclui:

> Juízos tão excessivos julgam sobretudo aquele que os emite[100].

Aqui, a desqualificação do adversário parece ligada a uma falta de imparcialidade; noutros casos, ele será acusado de leviandade. Por certo só se pode acusar de parcialidade ou de leviandade na expressão se há acordo acerca do objeto. Todavia, o mais das vezes, a referência não é a este, mas a uma norma geralmente admitida de comedimento, de decoro, que permitiria desqualificar, em qualquer circunstância, o adversário que dela se afasta. Daí o perigo bem conhecido de defender uma boa causa com expressões demasiado violentas.

É raro que a reação do ato sobre a pessoa se limite a uma valorização ou a uma desvalorização desta última. O mais das vezes a pessoa serve, por assim dizer, de intermediário que permite passar dos atos conhecidos aos atos desconhecidos, do conhecimento de atos passados à previsão de atos futuros. Essa técnica é constantemente utilizada, notadamente nos debates judiciários. Às vezes esse procedimento concernirá a atos de mesma natureza (quem jamais foi sedicioso não maquinará para derrubar reinados)[101], às vezes permitirá passar de certos atos a outros semelhantes (quem prestou falso testemunho não hesitará em levar falsas testemunhas em seu favor)[102], às vezes se complicará com um argumento *a fortiori* (quem matou não hesitará em mentir)[103].

Os atos que servem de premissa podem ser habituais, podem ser raros: o importante é que sejam considerados característicos. Para que o ato único não reaja sobre a pessoa serão necessárias técnicas particulares de que falaremos mais adiante; os erros acumulados do adversário podem servir para desqualificá-lo; um único erro também pode ser propício a isso.

Essa garantia de um ato por um outro se aplica igualmente às opiniões de uma pessoa. S. Weil, para assinalar sua desconfiança acerca do tomismo, impregnado de pensamento aristotélico, ataca o que Aristóteles disse a respeito da escravidão:

> ... se bem que repelíssemos esse pensamento de Aristóteles, somos forçosamente levados, em nossa ignorância, a acolher outros que foram nele a raiz daquele. Um homem que se dá ao trabalho de elaborar uma apologia da escravidão não ama a justiça. O século em que ele vive nada tem a ver com isso[104].

O que é invocado aqui é, por certo, a coerência entre certas idéias; mas é por intermédio da pessoa que essa coerência é postulada, pois nossa "ignorância" faz que não a possamos apreender de outra maneira.

Os atos passados e o efeito por eles produzidos vêm a adquirir uma espécie de consistência, a formar um passivo extremamente nocivo ou um ativo muito apreciável. A boa reputação que se usufrui deve ser levada em consideração, e Isócrates não deixa de invocá-la para defender seus clientes:

> [Eu] seria o mais infeliz dos homens se, após ter gasto muito dinheiro meu para o Estado, passasse por cobiçar o dos outros e por não levar em nenhuma conta vossa má opinião, quando todos me vêem dar menos importância não só à minha fortuna, mas até à minha vida, do que à boa reputação que concedeis[105].

Ter sido, outrora, cioso da boa reputação se torna uma garantia de que não se faria nada que pudesse determinar-lhe a perda. Os atos anteriores e a boa reputação deles resultante tornam-se uma espécie de capital que se incorporou à pessoa, um ativo que se tem o direito de invocar para a defesa pessoal.

Muitas vezes a idéia que se faz da pessoa, em vez de constituir uma conclusão, é mais o ponto de partida da argumentação e serve, seja para prever certos atos desconhecidos, seja para interpretar de um certo modo os atos conhecidos, seja para transferir para os atos o juízo formulado sobre o agente. Uma caricatura deste último procedimento é traçada por La Bruyère:

> ... certas mulheres, que só juravam por vós e com base em vossa palavra, diziam: "Isto é delicioso; que disse ele?"[106]

Esse mecanismo de transferência não segue necessariamente uma ordem cronológica. A valorização pode incidir, da mesma forma, sobre atos anteriores ao momento em que a pessoa adquiriu um valor eminente. "Qual gênio não salva suas infâncias?" diz muito bem Malraux[107]. E, de fato, quem julga as obras de juventude de um grande artista não pode impedir-se de ver nessas obras os sinais precursores daquilo que fará sua grandeza futura. O autor de obras geniais, criadas em épocas diversas, é um gênio: essa qualificação vincula os atos a uma qualidade estável da pessoa, que se irradia tanto sobre os anos anteriores ao período de produção de obras-primas quanto sobre os anos que se seguem. Já não basta dizer que o passado garante o futuro, mas que a estrutura estável da pessoa permite prejulgar-lhe os atos; essa reação da pessoa sobre o ato se manifesta melhor quando uma qualificação, um epíteto, evidencia particularmente esse caráter de estabilidade.

Pascal utiliza essa transferência da pessoa ao ato para estabelecer o seguinte dilema:

> O Alcorão diz que São Mateus era homem de bem. Logo, ele era falso profeta, ou ao chamar pessoas de bem de malvados, ou ao não estar de acordo com o que elas disseram de Jesus Cristo?[108]

De uma forma paralela, certo neurótico, mencionado por Odier, é incapaz de sustentar um ponto de vista numa discussão:

> Como poderia ele valorizar suas idéias sem haver previamente valorizado a si mesmo?[109]

Muitas vezes, um ato ambíguo só adquire significado e alcance graças ao que se sabe de seu autor. Assim é que, em seu *Elogio de Helena*, Isócrates conta que Teseu raptou Helena quando ela ainda não estava na flor da idade, e acrescenta:

> Sem sombra de dúvida, se o autor dessas façanhas fosse um homem perdido na multidão e não uma natureza excepcional, meu discurso não mostraria ainda com evidência se era um elogio de Helena ou um ataque contra Teseu... Parece-me conveniente falar dele aqui mais longamente, pois penso que, para dar toda a autoridade necessária àqueles que empreendem o elogio de Helena, o melhor é mostrar que seus amigos e seus admiradores foram, eles próprios, mais dignos de admiração do que os outros homens[110].

Segue-se um longo elogio de Teseu.

Há mais. Em certos casos, o que sabemos da pessoa não somente nos permite apreciar o ato, mas constitui o único critério para qualificá-lo. Assim é que, para Pascal:

> Há muita diferença entre não ser a favor de Jesus Cristo e dizê-lo, ou não ser a favor de Jesus Cristo e fingir sê-lo. Uns podem fazer milagres, não os outros...[111]

Os milagres provenientes de inimigos de J. C. são possíveis, pois são claramente diabólicos; quanto aos outros, são impossíveis, pois Deus não permitiria que enganassem os fiéis.

A intervenção da pessoa, como contexto servindo para a interpretação do ato, realiza-se em geral por intermédio da noção de intenção, a qual tem por função expressar e justificar, a um só tempo, a reação do agente sobre o ato.

Quando se passa do conhecimento de seus atos anteriores a considerações sobre seus atos futuros, o papel da pessoa é importante, mas ela não intervém senão como um elo privilegiado no conjunto dos fatos que se invocam. Em contrapartida, assim que intervém o apelo à intenção, enfatiza-se essencialmente a pessoa e seu caráter permanente. A intenção é, de fato, vinculada ao agente, é a emanação dele, resulta de sua vontade, daquilo que o caracteriza intimamente. Não sendo a intenção alheia conhecida diretamente, só se pode presumi-la pelo que se sabe da pessoa no que ela tem de duradouro. Por vezes a intenção é revelada em virtude de atos repetidos e concordantes, mas há casos em que apenas a idéia que se tem do agente permite determiná-la. O mesmo ato, efetuado por qualquer outro, será considerado diferente e apreciado diferentemente, porque o julgarão efetuado com uma intenção diferente. O recurso à intenção constituirá então o núcleo da argumentação e subordinará o ato ao agente, cuja intenção permitirá compreender e apreciar o ato. Assim é que Calvino, lembrando as aflições de Jó, que podem ser atribuídas simultaneamente a Deus, a Satã e aos homens, achará que Deus agiu bem, Satã e os homens, em compensação, de um modo condenável, porque suas intenções não eram iguais[112]. Ora, a idéia que temos destas depende essencialmente daquilo que sabemos dos agentes.

Toda argumentação moral baseada na intenção é uma moral do agente, devendo ser oposta a uma moral do ato, muito mais formalista. O exemplo acima, por fazer intervir agentes tão caracterizados como Deus e Satã, mostra muito bem o mecanismo desses argumentos, mas não há controvérsia moral em que não sejam empregados. As intenções do agente, os motivos que lhe determinaram a ação, serão amiúde considerados como a realidade que se esconde atrás das manifestações puramente exteriores e que é preciso procurar conhecer através das aparências, pois são eles, afinal de contas, os únicos que teriam importância. O embaixador de um país asiático, convidado, num restaurante americano, a tomar lugar numa sala reservada, fica lisonjeado com esse sinal de distinção, mas protesta com indignação quando fica sabendo que, na realidade, naquela cidade onde reina a segregação racial, tomaram-no por um negro.

Essa técnica de interpretação pela intenção permitiria julgar o agente, e não somente esta ou aquela de suas obras. As duas formas de julgar, a que se reporta a um critério formal e a que o supera, podem ensejar juízos opostos. Como disse A. Lalande:

> fala-se, não sem razão, de erros inteligentes (Descartes está cheio deles); de crimes ou de delitos honrosos, como São Vicente de Paulo trapaceando pelos pobres... Um romance ou uma paisagem mal-acabados algumas vezes fazem dizer: "Isso não vale nada, mas é de um artista"[113].

Como provar a existência da intenção alegada? Estabelecendo, notadamente, correspondências entre atos diversos de uma mesma pessoa e sugerindo que uma mesma intenção os determinara:

> ... todos sabem, de fato, que os mesmos homens causaram a destruição da democracia e o banimento de meu pai[114].

Para além dos fatos, o enunciado insinua a existência de uma mesma intenção política.

A busca da verdadeira intenção é um dos problemas centrais do teatro contemporâneo. Às vezes o protagonista tateia e os coadjuvantes o esclarecem aos poucos sobre o significado de seus atos. Em *Chemin de crête* de G. Marcel, nem o protagonista, nem os coadjuvantes, nem os espectadores conseguem deslindar as intenções; apenas um conhecimento do agente, reservado a Deus, poderia dar aos atos seu significado indubitável.

É a ambigüidade dos comportamentos humanos, quando os interpretamos consoante a intenção, que assinala um dos pontos essenciais pelos quais toda ciência do homem difere profundamente das ciências naturais. Daí, aliás, o esforço dos behavioristas para eliminar esse fator de incerteza e de subjetivismo, mas à custa de qual deformação do próprio objeto que se estuda? A psicanálise preferiu correr o risco de erro a renunciar ao estudo do homem completo.

A reação da pessoa sobre seus atos é influenciada por um dos fatores aos quais a psicologia social concedeu a maior importância, o do prestígio.

O prestígio é uma qualidade da pessoa que se reconhece por seus efeitos. É isso que permite a E. Dupréel defini-lo como a qualidade daqueles que ocasionam nos outros a propensão a imitá-los; logo, ele está intimamente ligado à relação de superioridade entre um indivíduo e outro, entre um grupo e outro[115]. Ele designa, para Lippitt e seus colaboradores, aqueles que, em seu meio, são os mais aptos a se tornarem dirigentes, a obterem dos outros que estes façam o que eles desejam[116]. Psicólogos e sociólogos se empenham em reconhecer-lhe as formas[117], em detectarlhe as origens, em descrevê-lo como a resultante de um campo de forças, em estabelecer as relações entre o prestígio atribuído a outrem e a si próprio. O que nos interessa nesses trabalhos é que a maioria dos elementos de análise introduzidos são também fatores que, na argumentação, permitem defender o prestígio, explicá-lo, valorizá-lo. A descrição sociológica coincide o mais das vezes com a prática argumentativa. Se, em certos casos, postulam ou acreditam observar uma discordância entre razões alegadas e origem real do prestígio, é em função das primeiras que se faz, junto aos membros de um grupo concreto, toda investigação relativa aos critérios do prestígio, os quais diferem de um grupo a outro.

Contudo, salvo se o prestígio é posto em dúvida, não se costuma justificá-lo. Ele se exerce para o bem como para o mal:

> O exemplo dos Grandes, diz Gracián, é tão bom retórico, que persuade até às coisas mais infames[118].

Em contrapartida, uma pessoa pode ser mal-afamada a ponto de que tudo o que diz e tudo o que faz fica marcado por um sinal negativo, é desvalorizado por sua solidariedade com a pessoa.

Esse fenômeno, tão característico da psicologia social, explica o que, à primeira vista, poderia parecer estranho e que denominaremos a polarização das virtudes e dos vícios. Eis como Méré a descreve:

> Não vemos que o mérito nos parece de maior valor num belo corpo, do que num corpo malfeito? da mesma forma que quando seu mérito é bem reconhecido achamos a pessoa mais amável. A mesma coisa acontece com o que só depende dos sentidos; quando se fica satisfeito com o rosto, o som da voz parece mais agradável[119].

As personagens dos romances populares, totalmente brancas ou totalmente negras, apenas exageram uma tendência espontânea da mente, propícia a afastar certos escrúpulos na ação. Essa polarização das virtudes e dos vícios pode estender-se aos aspectos sociais da pessoa: o mérito se vincula à situação social privilegiada, tudo se divide em campos opostos. Como o escreve Walter White:

> Eu era um negro, fazia parte daquilo que, na história, se opõe ao bem, ao que é justo, à luz[120].

A técnica argumentativa vale-se dessas ligações. O panegírico unifica, num elogio comum, todos os aspectos da pessoa, que são valorizados uns pelos outros.

Mas essas técnicas, baseadas na solidariedade, ficam bastante pobres se não as encaramos como uma interação contínua entre o ato e a pessoa. É esta última que produz um verdadeiro efeito de bola de neve. Assim, a argumentação pelo sacrifício[121] ganhará em força graças ao prestígio maior daqueles que se sacrificaram: o sangue dos mártires atesta tanto melhor o valor da religião à qual foi ele sacrificado, quanto maior for o prestígio prévio de que gozam os confessores da fé, mas este aumenta inevitavelmente depois de sua imolação.

O efeito de bola de neve se assinala ao extremo quando toda a idéia que se faz da pessoa deriva de certos atos e, não obstante, reage sobre a opinião que se faz destes. Assim, na questão dos falsos autógrafos apresentados por M. Chasles à Academia, cada objeção dos adversários, uma vez superada, incita Chasles a aumentar sua confiança em quem lhe forneceu os documentos, enquanto essa confiança aumenta o valor destes. Por outro lado, o falsário, que parece a Chasles impossível de imaginar, adquire entretanto aos seus olhos capacidades tais que, quando algumas cifras copiadas da terceira edição dos Princípios de Newton aparecem numa suposta carta de Pascal, Chasles afirma que

> o pretenso falsário teria sido inteligente demais para cometer o erro de copiar da terceira edição dos Princípios[122].

Esse caso de interação extrema, ao abolir todo e qualquer senso crítico, só é possível porque as interpretações dos documentos, ora dados como verdadeiros, ora como falsos, reagem ambas para aumentar a confiança nestes, por intermédio de uma concepção da pessoa baseada unicamente nesses documentos.

§ 70. O argumento de autoridade

Muitos argumentos são influenciados pelo prestígio. É o caso, como vimos, do argumento pelo sacrifício. Mas existe uma série de argumentos cujo alcance é totalmente condicionado pelo prestígio. A palavra de honra, dada por alguém como única prova de uma asserção, dependerá da opinião que se tem dessa pessoa como homem de honra; o respeito inspirado pela integridade de Bruto é o principal fundamento de sua argumentação no *Júlio César* de Shakespeare[123].

A *Rhetorica ad Herennium* aponta, como exemplo de argumentação fraca, baseada no que se vai fazer e não no que convém fazer, estas frases postas por Plauto na boca do velho rabugento Megarônidas:

> É algo desagradável repreender um amigo por um erro, mas algumas vezes é útil e agradável; pois eu mesmo repreenderei hoje meu amigo pelo erro que cometeu[124].

Se a argumentação é fraca, e mesmo cômica, não é em razão do esquema que a embasa, mas porque é uma argumentação pelo modelo, empregada fora de suas condições de aplicação, quando o modelo carece totalmente de prestígio[125].

O argumento de prestígio mais nitidamente caracterizado é o argumento de autoridade, o qual utiliza atos ou juízos de uma pessoa ou de um grupo de pessoas como meio de prova a favor de uma tese.

O argumento de autoridade é o modo de raciocínio retórico que foi mais intensamente atacado por ter sido, nos meios hostis à livre pesquisa científica, o mais largamente utilizado, e isso de uma maneira abusiva, peremptória, ou seja, concedendo-lhe um valor coercivo, como se as autoridades invocadas houvessem sido infalíveis:

> Todo aquele, diz Locke, que sustenta suas pretensões por meio de tais autoridades, crê que deve, por isso, prevalecer, e está pronto para qualificar de imprudente qualquer pessoa que se atreva a opor-se a elas. Aí está, penso eu, o que se pode chamar de *argumentum ad verecundiam*[126].

Certos pensadores positivistas atacaram esse argumento – cuja enorme importância reconhecem na prática – tratando-o de fraudulento. É o caso de Pareto, para quem esse argumento deveria ser considerado "um meio de dar um verniz lógico às ações não-lógicas e aos sentimentos dos quais elas se originam"[127]. Seria, portanto, um pseudo-argumento destinado a camuflar a irracionalidade de nossas crenças, fazendo que sejam sustentadas pela autoridade de pessoas eminentes, pelo consentimento de todos ou do maior número.

Para nós, ao contrário, o argumento de autoridade é de extrema importância e, embora sempre seja permitido, numa argumentação particular, contestar-lhe o valor, não se pode, sem mais, descartá-lo como irrelevante, salvo em casos especiais que teremos a ocasião de examinar no parágrafo seguinte. Atacaram o argumento de autoridade em nome da verdade. E isso porque, na medida em que toda proposição é considerada verdadeira ou falsa, o argumento de autoridade já não encontra lugar legítimo em nosso arsenal intelectual. Mas será sempre esse o caso? Poderíamos reduzir todos os problemas de direito, por exemplo, a problemas científicos, nos quais se trata apenas de verdade? É em nome de semelhante concepção que certo autor, ao tratar de lógica jurídica, vê um sofisma no argumento de autoridade, ao qual assimila o precedente:

> Um precedente judiciário exerce uma influência inevitável, conquanto deplorável, sobre o juiz de uma causa... os autores devem manter sua independência e buscar a verdade através da lógica[128].

Mas não é uma ilusão deplorável crer que os juristas se ocupam unicamente com a verdade, e não com justiça nem com paz social? Ora, a busca da justiça, a manutenção de uma ordem eqüitativa, da confiança social, não podem deixar de lado as considerações fundamentadas na existência de uma tradição jurídica, a qual se manifesta tanto na doutrina quanto na jurisprudência. Para atestar a existência de semelhante tradição, o recurso ao argumento de autoridade é inevitável.

Em contrapartida, quando esse recurso parece supérfluo é que costuma nascer o cômico do argumento de autoridade. Tal como esta réplica de uma criança à sua irmã mais velha, que se indagava de que maneira a princesa Elisabeth sabia que ia ter um bebê:

> Mas ela sabe ler, não é? A notícia estava em todos os jornais[129].

Muitas vezes parece-se atacar o argumento de autoridade, ao passo que é a autoridade invocada que é questionada. O mesmo Pascal que zomba do argumento de autoridade, quando se trata da autoridade das "pessoas de condição"[130], não hesita em invocar a de Santo Agostinho[131]; Calvino recusa a da Igreja, mas admite a dos profetas.

Como as autoridades se contradizem, pode-se, evidentemente, como Descartes, querer afastar todas em benefício de outros meios de prova. O mais das vezes, quem arrazoa contenta-se em enumerar as autoridades nas quais se pode confiar ou indicar aquelas às quais se concederá a preferência em caso de conflito (cf. a lei das citações de Teodósio). De todo modo, quem invoca uma autoridade se compromete: não há argumento de autoridade que não repercuta em quem o emprega.

As autoridades invocadas são muito variáveis: ora será "o parecer unânime" ou "a opinião comum", ora certas categorias de homens, "os cientistas", "os filósofos", "os Padres da Igreja", "os profetas"; por vezes a autoridade será impessoal: "a física", "a doutrina", "a religião", "a Bíblia"; por vezes se tratará de autoridades designadas pelo nome.

O mais das vezes o argumento de autoridade, em vez de constituir a única prova, vem completar uma rica argumentação. Constata-se então que uma mesma autoridade é valorizada ou desvalorizada conforme coincida ou não com a opinião dos oradores. Ao adversário conservador que lança com desprezo "é coisa de Condorcet", o orador liberal oporá as declarações do "ilustre Condorcet"[132]. Segundo Pascal, exprimir pensamentos desprezíveis é seguir as divagações de pessoas malnascidas[133]. O argumento de autoridade é aqui invocado não só de modo negativo mas, por assim dizer, às avessas, e serve tanto para qualificar a origem do dito quanto para referir-se a ela.

O espaço do argumento de autoridade na argumentação é considerável. Mas não se deve perder de vista que, como todo argumento, ele se insere entre outros acordos. De um lado, recorre-se a ele quando o acordo sobre o que se expressa está sujeito a ser questionado; de outro, o próprio argumento de autoridade pode ser contestado. Sobre o primeiro ponto, há que notar a tendência a transformar, para sustentá-las, as normas axiológicas em normas téticas. Sobre o segundo, há que notar que, com muita freqüência, o argumento de autoridade não se nos mostra claramente como tal, porque pensamos imediatamente em certas justificações possíveis.

Quando a autoridade é a do grande número, ao argumento de autoridade, propriamente dito, está amiúde subjacente o argumento do normal; assim é que, para defender o ponto de vista materialista, Lefebvre escreverá que:

> O materialismo põe expressamente na base de sua teoria do conhecimento a convicção ingênua, prática, de todos os seres humanos [de que as coisas existem independentemente de nossa sensação].

Ele falará noutra passagem do "homem normal, que não passou por um asilo de alienados ou por um círculo de filósofos idealistas"[134].

A autoridade do grande número pode manifestar-se pela qualificação, como quando Plotino nos diz:

> De fato, os que as possuem [as virtudes civis] são reputados divinos[135].

Dessa forma, toda denominação de "sábio", "douto", apresentada como notória, serve de certo modo de garantia, dada pelo grande número, a uma autoridade particular.

Muitas vezes, antes de invocar uma autoridade, costuma-se confirmá-la, consolidá-la, dar-lhe a seriedade de um testemunho válido. Com efeito, quanto mais importante é a autoridade, mais indiscutíveis parecem suas palavras. No limite, a autoridade divina sobrepuja todos os obstáculos que a razão poderia opor-lhe:

> ... Um mestre [Jesus] em quem aparece tanta autoridade, conquanto sua doutrina seja obscura, bem merece que se creia em sua palavra: *ipsum audite*. ... Podeis reconhecer sua autoridade ao considerar o respeito que lhe prestam Moisés e Elias; ou seja, a lei e os profetas, como expliquei. ... Não busquemos as razões das verdades que ele nos ensina: toda a razão é que ele falou[136].

A conclusão fornece o argumento de autoridade sob seu aspecto peremptório e absoluto. Observemos, não obstante, que essa autoridade é ainda atestada pelos respeitos que lhe testemunharam outras autoridades, Moisés e Elias. Sua força é revelada pelos obstáculos erguidos no caminho da crença e que ela permite, não obstante, superar: trata-se, sob outra forma, do *credo quia absurdum*.

As autoridades invocadas são, o mais das vezes, salvo quando se trata de um ser cabalmente perfeito, autoridades específicas; a autoridade delas é reconhecida pelo auditório numa área específica, sendo unicamente nessa área que se pode valer-se delas. Mas qual autoridade usufruem elas fora dessa área? Qual a influência da opinião dos peritos quando é oposta àquela do grande número? Em quais áreas uma ou outra poderão prevalecer? Essas questões foram objeto, mormente na América, de numerosas pesquisas[137].

Tão logo há conflito entre autoridades, surge o problema dos fundamentos: estes deveriam permitir determinar o crédito que merecem as respectivas autoridades. Atualmente, o fundamento alegado com maior freqüência em favor da autoridade é a competência, mas não é o que ocorre em todos os meios e em todas as épocas. A luta contra o argumento de autoridade, que às vezes não passa de uma luta contra certas autoridades, mas a favor de outras, pode, por outro lado, resultar do fato de se desejar substituir o fundamento tradicional da autoridade por um fundamento diferente, o que o mais das vezes acarretará, por conseqüência, uma mudança de autoridade.

Caso curioso é aquele em que o argumento de autoridade concede um valor argumentativo inegável a afirmações que demonstram uma ignorância ou uma incompreensão. Quando o professor diz ao aluno: "Não compreendo o que você está dizendo", isto significa habitualmente "você se expressou mal", ou "suas idéias não estão muito claras nesse ponto". A incompetência simulada, a ignorância fingida foram denunciadas por Schopenhauer[138] e por Bentham[139]. Encontramos bonitos exemplos delas em Marcel Proust[140].

A incompetência do competente pode servir de critério para desqualificar todos aqueles que não temos razão alguma de acreditar mais competentes do que aquele que se confessou incompetente. Essa forma de argumentação pode ter alcance filosófico eminente, pois pode visar destruir não só a competência, em tal matéria, de um indivíduo ou de um grupo, mas da humanidade inteira. Quando pensadores eminentes denunciam as deficiências da razão, é amiúde para assegurar bem as deficiências da razão em geral, e apenas a autoridade que eles usufruem permite semelhante extrapolação.

Entretanto, não está excluído que realmente certas deficiências, particulares à pessoa, é que lhe aumentam a autoridade. Pode-se pôr em paralelo o argumento baseado na competência (o parecer de um perito) e aquele baseado na inocência (o testemunho de uma criança, de um homem bêbado)[141]. Quando de um acidente, o parecer de um perito e o de uma criança podem ser invocados conjuntamente; em ambos os casos, a opinião é valorizada pelas características da pessoa, que são cabalmente diferentes daquelas de uma testemunha qualquer.

Quanto aos fundamentos da competência – pois ela também poderá ter de ser justificada –, serão muito diversos; serão buscados nas regras de condicionamento, de aquisição das aptidões, nas regras de verificação das aptidões, nas regras de confirmação da competência.

Quem é competente para julgar, para tomar uma decisão? Como o desacordo sobre as competências leva muitas vezes a deixar a questão em suspenso, uma ordem jurídica que se preocupa em evitar as negativas de prestação judiciária deverá decidir quais são, em caso de conflito, os magistrados competentes que terão a autoridade para julgar e dirimir o debate.

§ 71. As técnicas de ruptura e de refreamento opostas à interação ato-pessoa

As técnicas que rompem, ou que refreiam, a interação entre o ato e a pessoa devem ser postas em ação quando existe uma incompatibilidade entre o que julgamos da pessoa e o que pensamos do ato, e recusamo-nos a operar as modificações que se imporiam, porque queremos manter, quer a pessoa ao abrigo da influência do ato, quer este ao abrigo da influência da pessoa. Isto quer dizer que as técnicas que vamos expor têm o efeito de transformar a interação em ação num sentido e não em outro.

A técnica mais eficaz para impedir a reação do ato sobre o agente é considerar este um ser perfeito, no bem ou no mal, considerá-lo um deus ou um demônio. A técnica mais eficaz para impedir a reação do agente sobre o ato é considerar este último uma verdade ou a expressão de um fato. Qualificaremos esses dois procedimentos de *técnicas de ruptura*.

Quando uma pessoa, um agente, é considerado um ser perfeito, divino, a idéia que se faz de seus atos vai evidentemente beneficiar-se da opinião que se tem do agente; o inverso porém já não será verdade. Leibniz nos fornece uma explicação desse processo, por ele considerado conforme a uma "boa lógica das verossimilhanças"[142], imaginando

> ... que haja algo semelhante, entre os homens, a esse caso que ocorre em Deus. Um homem poderia dar tão grandes e tão fortes provas de sua virtude e de sua santidade, que todas as razões mais aparentes que se poderiam alegar contra ele para acusá-lo de um pretenso crime, por exemplo, de um furto, de um assassinato, mereceriam ser rejeitadas como calúnias de algumas falsas testemunhas ou como um jogo extraordinário do acaso, que algumas vezes faz suspeitar dos mais inocentes. De sorte que, num caso em que qualquer outro estaria em perigo de ser condenado ou de ser torturado (conforme os direitos locais), esse homem seria absolvido por seus juízes, de comum acordo[143].

Essa justificação, por ele considerada racional, da técnica consistente em recusar qualquer efeito desfavorável do ato sobre o agente, Leibniz a expôs amparado num exemplo humano, mas é evidente que quando é aplicado a Deus é que tal procedimento se torna inatacável:

> Já atentei que o que podemos opor à bondade e à justiça de Deus não são mais que aparências, que seriam fortes contra um homem, mas se tornam nulas quando as aplicamos a Deus e quando as pomos na balança com as demonstrações que nos asseguram da perfeição infinita de seus atributos[144].

O que poderíamos opor a Deus não é nem verdadeiro nem real; o que pode ser considerado incompatível com a perfeição divina é, por isso mesmo, desqualificado e tratado de aparência.

Essa independência da pessoa em relação ao ato, nós a encontramos igualmente quando se trata de demônios:

> Entretanto, reconheçamos, cristãos, que nem as ciências, nem o grande espírito, nem os outros dons da natureza, são vantagens muito consideráveis, porquanto Deus os deixa inteiros aos diabos, seus inimigos capitais...[145]

Em vez de valorizar a pessoa, essas qualidades reconhecidas são desvalorizadas e minimizadas pelo fato de constituírem atributos diabólicos: a interação ato-pessoa cessa, apenas a natureza da pessoa influencia nossa opinião sobre o valor do ato.

Quando a qualidade da pessoa não parece suficiente para deixá-la ao abrigo da interação, o recurso a esse mesmo tipo de argumento pode parecer cômico ou blasfematório, como esta reflexão, a propósito de Santa Maria Egipcíaca:

> É preciso ser tão santa como ela para fazer o mesmo sem pecar[146].

A técnica de ruptura oposta dá a primazia ao ato, que já não depende da opinião que se tem da pessoa: essa independência resulta de o ato expressar um fato ou enunciar uma verdade. O prestígio de nenhuma pessoa (exceto o Ser perfeito) poderia fazer-nos admitir que 2 + 2 = 5, nem obter nossa adesão a um testemunho contrário à experiência. Em contrapartida, "um erro factual lança um homem sábio no ridículo"[147] e corre-se o risco de perder todo o prestígio pessoal sustentando o que é considerado contrário às leis da natureza. Como prova o desagradável incidente acontecido ao embaixador holandês que

> ... entretendo o rei de Sião com curiosidades da Holanda, disse-lhe, entre outras coisas "que a água, em seu país, ficava às vezes tão dura, no tempo frio, que os homens podiam passear em sua superfície e que ela suportaria o peso de um elefante se lá os houvesse". A isso o rei respondeu: "Até há pouco acreditei nas coisas estranhas que me contastes, porque vos tomo por um homem sério e honesto, mas agora estou certo de que mentis[148].

Nesse relato, a experiência e as generalizações que ela parece autorizar são consideradas um fato, que prima sobre qualquer influência da pessoa. O ato desta, porque julgado incompatível com as convicções oriundas da experiência, é tratado como mentira, desconsidera seu autor e causa dano ao crédito concedido a todos os seus testemunhos anteriores.

Um fato é aquilo que se impõe a todos; nenhuma autoridade pode nada contra ele. Portanto, tornar algo, que deveria ser independente da pessoa, dependente da qualidade de quem o afirma, é abalar esse estatuto de fato. Lembremos, mais uma vez, a célebre anedota do mágico, favorito de um rei, a quem presenteou vestimentas que, dizia ele, só eram vistas por homens moralmente irrepreensíveis. Nem o rei nem os cortesãos ousam confessar que nada vêem, até o momento em que um menino, em sua inocência, exclama: "Por que o rei está correndo inteiramente nu?" Estava quebrado o encanto. O prestígio do mágico era suficiente para atribuir à percepção o valor de um critério de moralidade, até o momento em que a inocência incontestável do menino destruiu o crédito do mágico.

Se é inegável que os fatos e as verdades escapam, enquanto são reconhecidos como tais, ao domínio da argumentação – e é isso o que há de fundamentado na oposição estabelecida por Pareto entre o campo lógico-experimental e o da autoridade[149] –, quando se poderá dizer que se está diante de um fato ou de uma verdade? É isso que acontece, como vimos, enquanto o enunciado é considerado válido para um auditório universal. Para evitar qualquer discussão a esse respeito, será enquadrado numa disciplina cujos fundamentos se supõem admitidos e cujos critérios podem ser objeto de um acordo, explícito ou implícito, de alcance universal. Nesse caso, e somente nesse caso, a validade do fato escapa a qualquer argumento de autoridade:

> Do ponto de vista lógico-experimental, a verdade da proposição "A é B" é independente das qualidades morais do homem que a enuncia. Suponhamos que amanhã se descubra que Euclides foi um assassino, um ladrão, em suma, o pior homem que jamais tenha existido; isso causaria o menor prejuízo ao valor das demonstrações de sua geometria?[150]

Mas será permitido estender o exemplo da geometria a todos os campos, como insinua Pareto?

> "Uma certa proposição A só pode ser correta se for feita por um homem honesto; demonstro que quem faz essa proposição não é honesto, ou que é pago para fazê-la; logo, de-

> monstrei que a proposição é nociva ao país." Isso é absurdo; e quem usa esse raciocínio sai inteiramente do campo das coisas racionais[151].

Embora Pareto tenha razão ao criticar esse modo peremptório de rejeitar uma proposição por causa da personalidade de quem a formula, está errado ao querer menosprezar a ação da pessoa sobre o ato. Não podemos deixar de acatar o parecer de Whately, a propósito de uma observação análoga de Bentham:

> Se a medida proposta for boa, diz Bentham, tornar-se-á má porque sustentada por um homem mau? Se for má, tornar-se-á boa porque sustentada por um homem de bem?

Ao que Whately replica:

> Apenas quando se trata de ciência pura e, ainda assim, discutindo com homens de ciência, é que o caráter dos conselheiros (assim como todos os outros argumentos prováveis) deve ser inteiramente deixado de lado[152].

Embora seja verdade que os fatos e as verdades escapam a qualquer influência da pessoa, não se deve abusar dessa técnica de ruptura, conferindo essa qualidade eminente a enunciados sobre os quais não só não há acordo, mas que, ademais, escapam a qualquer critério reconhecido que permitiria estabelecer, a respeito deles, a unanimidade que seria a única garantia de seu estatuto de fato ou de verdade.

Algumas técnicas científicas ou práticas visam à objetividade isolando o ato, quer para descrevê-lo, quer para julgá-lo, do agente que o praticou. O behaviorismo é um exemplo disso. Outro é fornecido por todos os concursos em que se julgam os concorrentes a partir de desempenhos mensuráveis ou, pelo menos, em que a obra é julgada sem que seja revelado o nome de seu autor. Em direito, grande número de disposições visam qualificar atos, sem levar em conta a pessoa que os comete e sem se preocupar com sua intenção. Tal formalismo é mais raro em ética, mas a moral japonesa parece, não obstante, fornecer certos exemplos desse procedimento[153].

Esses modos de proceder apresentam, muitas vezes, incontestáveis vantagens, sendo a principal a de facilitar o acordo sobre critérios; mas nunca se deve esquecer que nesse caso trata-se de técnicas que, às vezes, se revelam repletas de inconvenientes, os quais em seguida é preciso sanar. A melhor prova disso são as recentes tentativas, em direito penal, visando à individualização da pena.

Os casos em que a ação do ato sobre a pessoa ou da pessoa sobre o ato é completamente rompida são relativamente raros na prática argumentativa, pois são casos extremos. A maior parte das técnicas neles utilizadas não objetivam suprimir, mas restringir essa ação; é por isso que as chamaremos *técnicas de refreamento.*

Uma dessas técnicas é o preconceito ou, melhor talvez, a prevenção. Interpreta-se e julga-se o ato em função do agente, fornecendo este o contexto que permite compreender melhor aquele. Graças a isso, mantém-se uma adequação entre o ato e a concepção que tínhamos da pessoa. Observemos aliás que, embora o preconceito baste para arredar a ameaça de uma incompatibilidade, ele não é capaz de remover esta última quando é por demais manifesta.

Como a prevenção, o preconceito, favorável ou desfavorável, tem, muito amiúde, o efeito de cegar-nos sobre o valor do ato, de transferir para este outros valores provenientes do agente, abster-se do preconceito seria operar uma ruptura salutar entre o ato e a pessoa. Mas, se nos colocamos do ponto de vista que nos parece primordial, o da permanência da pessoa, o preconceito se apresenta como uma técnica de refreamento, uma técnica que se opõe às incessantes renovações da concepção que temos de uma pessoa e que contribui eminentemente para a sua estabilidade. Enquanto o prestígio pode ser considerado o fator que assegura a ação da pessoa sobre o ato, que tem uma função ativa, positiva, a prevenção corrige uma incompatibilidade, intervém quando a pessoa necessita ser preservada. Prestígio e prevenção podem agir no mesmo sentido, mas atuam em momentos diferentes da argumentação.

Para evitar dar a impressão de que se julgam certos atos em função da pessoa, que se está cedendo ao preconceito, cumprirá, muitas vezes, lançar mão de precauções.

Uma delas consiste em preceder um parecer desfavorável sobre o ato de certos elogios da pessoa, e inversamente. Esses elogios às vezes terão por objeto outros atos da mesmo pessoa, mas visam elogiá-la e devem dar provas de nossa imparcialidade. O elogio do adversário é, portanto, o mais das vezes, algo diferente de uma fórmula de polidez: exerce um efeito argumentativo.

Quando há, entre o ato e a imagem que se fez da pessoa, uma discordância tão flagrante que o preconceito, através de uma interpretação satisfatória, não é capaz de aboli-la, podem ser utilizados diversos procedimentos para, mesmo assim, impedir que o ato exerça seus efeitos sobre a pessoa.

Poder-se-á estabelecer entre áreas de atividade uma separação tal que o ato, dependente de algumas dentre elas, seja considerado irrelevante para a idéia que se faz da pessoa. Em diferentes sociedades e em diferentes meios, a determinação das áreas que contam não será feita da mesma forma: a constância no trabalho, a fidelidade conjugal, a piedade ou a irreligião, por exemplo, podem, em certos casos, ser determinantes para a imagem da pessoa e, noutros, ser relegadas a áreas preteridas. A extensão dessas áreas inativas é objeto de um acordo, o mais das vezes tácito, e permite mesmo caracterizar um grupo social. É óbvio que a área dos atos irrelevantes pode variar conforme as pessoas. Tais atos, sem importância na pessoa do Príncipe, serão julgados essenciais para a idéia que se faz de pessoas de uma categoria inferior, e inversamente; dar-se-á o mesmo com atos que abrangem um certo período da vida, a infância por exemplo. Para Schopenhauer, são os atos menores que devem determinar nossa imagem da pessoa. Isso porque os outros, os atos vigiados pelo próprio motivo de sua possível repercussão, teriam, segundo ele, um valor representativo muito menor[154]. Poder-se-á também só reter da diversidade dos atos um aspecto particular; às vezes fracionamos a pessoa em fragmentos, sem interação uns sobre os outros; às vezes obstruímos a influência do ato sobre a pessoa, fixando esta numa fase determinada de sua existência, como a personagem de Jouhandeau que diz ao cliente:

> Estou no passado... é apenas minha múmia, senhor, que remenda seus sapatos[155].

Ao lado dessas técnicas de alcance geral, cuja inumerável riqueza estamos muito longe de haver esgotado, existem técnicas de alcance mais restrito, que só se aplicam a certos atos determinados. Uma delas é o recurso à noção de exceção. Alegar-se-á o caráter excepcional do ato para diminuir sua repercussão sobre a imagem da pessoa.

Por vezes um ato será descrito como desajeitado, ineficaz, para sugerir que a pessoa não se pôs inteira nele, com todas as suas forças, dando o melhor de si mesma, e que, portanto, ele não é uma verdadeira manifestação dela.

Em sentido inverso, para que o ato não sofra com a imagem que se faz da pessoa, pretender-se-á que o ato não emana dela, que ela é apenas um porta-voz, uma testemunha:

> Pregadores corrompidos, pergunta-se Bossuet[156], podem falar em nome da vida eterna?

E responde, repetindo uma comparação de Santo Agostinho:

> O silvado carrega um fruto que não lhe pertence, mas que ainda assim é o fruto da videira, conquanto esteja apoiado no silvado... Não desdenhais essa uva, a pretexto de que a vedes entre espinhos; não rejeitai essa doutrina, porque está cercada de maus costumes: ela não deixa de vir de Deus...

O fato de atribuir o ato não ao seu autor, mas ao feliz acaso, de atribuir um juízo a terceiros, a um "a gente" (*on*) impessoal, e muitos outros procedimentos conhecidos, visam, pelas mais diversas razões, diminuir a solidariedade entre o ato e a pessoa.

Todas essas técnicas são aplicadas, em profusão, nos debates judiciários, especialmente no penal. Os tratados de retórica dos antigos quase nunca deixam de assinalar que o culpado pode, na deprecação, confessar o crime, mas implorar a piedade em nome de seu passado[157]. Busca-se aumentar a solidariedade da pessoa com seus atos louváveis e diminuí-la com os atos pelos quais é julgada. O papel do orador será o de fazer que se aceite uma imagem apropriada da pessoa para despertar a piedade dos juízes.

§ 72. O discurso como ato do orador

Nas relações entre o ato e a pessoa, o discurso, como ato do orador, merece atenção particular, tanto porque o discurso, para muitos, é a manifestação por excelência da pessoa, quanto porque a interação entre orador e discurso desempenha um papel muito importante na argumentação. Querendo ou não, utilizando ou não pessoalmente ligações do tipo ato-pessoa, o orador se arrisca a ser considerado, pelo ouvinte, vinculado ao seu discurso. Essa interação entre orador e discurso seria inclusive a característica da argumentação, opostamente à demonstração. No caso da dedução formal, o papel do orador é reduzido ao mínimo; ele aumenta à medida que a linguagem utilizada se afasta da univocidade, à medida que o contexto, as intenções e os fins adquirem importância.

É verdade que, como apontou Pareto, a moralidade de Euclides em nada influencia a validade de suas demonstrações geométricas, mas se quem nos recomenda um candidato espera tirar da nomeação ou da eleição deste último uma vantagem pessoal apreciável, o peso de sua recomendação se ressentirá inevitavelmente disso[158]. Não esqueçamos que, de fato, a pessoa é o contexto mais precioso para a apreciação do sentido e do alcance de uma afirmação, mormente quando não se trata de enunciados integrados num sistema relativamente rígido, para os quais o lugar ocupado e o papel desempenhado no sistema fornecem critérios suficientes de interpretação.

Mesmo as palavras alheias, reproduzidas pelo orador, mudam de significação, pois quem as repete sempre toma para com elas uma posição, de certa maneira nova, ainda que seja pelo grau de importância que lhes concede. Isso é verdade quanto a enunciados que figuram nos argumentos de autoridade. É verdade também sobre os ditos de criança. Lewis Carroll tem razão de assinalar a um de seus amigos que observações blasfematórias, que são inocentes quando feitas por crianças, perdem esse caráter, repetidas por adultos[159]. Num sentido oposto, uma observação injuriosa, que teria merecido uma chamada à ordem do deputado culpado, perde em gravidade aos olhos de quem supõe que se trata de uma citação[160].

Assinalemos, a esse respeito, um interessante estudo americano[161], que critica os procedimentos utilizados habitualmente em psicologia social para determinar a influência do prestígio. Pergunta-se primeiro aos sujeitos em que medida estão de acordo com uma série de juízos; apresentam-se-lhes, mais tarde, os mesmos juízos fornecendo referências quanto aos seus autores. Os resultados obtidos não provam, como geralmente se crê, que os sujeitos modificam sua apreciação unicamente em função do prestígio concedido ao autor, ficando invariáveis todos os outros elementos. De fato, o enunciado não é o mesmo, quando emana deste ou daquele outro autor, ele muda de significado; não há simples transferência de valores, mas reinterpretação num contexto novo, fornecido pelo que se sabe do autor presumido. Daí resulta que a influência reconhecida ao prestígio e ao poder de sugestão por ele exercido se manifesta de um modo menos irracional e menos simplista do que se acreditou.

Levando em conta as relações que existem entre a opinião que se tem do orador e a maneira pela qual se julga seu discurso, os antigos mestres de retórica tiraram daí conselhos práticos, recomendando aos oradores darem uma impressão favorável de suas pessoas, atraírem a estima, a benevolência, a simpatia de seu auditório[162]; seus adversários deviam, em contrapartida, empenhar-se em desvalorizá-los, atacando-lhes a pessoa e as intenções.

Com efeito, o orador deve inspirar confiança; sem ela, seu discurso não merece crédito. Para refutar uma acusação, Aristóteles aconselha

> ... acusar, por nossa vez, qualquer um que nos acusa, pois seria mesmo um absurdo que o acusador fosse julgado indigno de confiança e que suas palavras merecessem confiança[163].

Aqueles que são presumidos indignos de confiança nem sequer são admitidos como testemunhas em juízo, e algumas regras do procedimento judiciário, muito explícitas, visam assegurar-lhes a exclusão.

Hoje, o conselho de refutar o adversário com ataques *ad personam*, embora possa ser seguido em certos casos bem específicos – quando se trata de desqualificar uma testemunha sem escrúpulos – poderia, na maior parte do tempo, vir a desconsiderar quem o aplicasse. O prestígio da ciência e de seus métodos de verificação diminuiu o crédito de qualquer argumentação que se afasta do assunto, que ataca o adversário em vez de seu ponto de vista; mas tal distinção só ocorre em matérias nas quais critérios reconhecidos permitem separar o discurso do orador, por meio de técnicas de ruptura. Em muitas matérias, em especial quando se trata de prédicas edificantes, a pessoa do orador desempenha um papel eminente:

> Um clérigo mundano ou irreligioso, se sobe ao púlpito, é declamador. Há, pelo contrário, santos homens cujo caráter, sozinho, é eficaz para a persuasão; eles aparecem, e um povo inteiro que deve escutá-los já fica emocionado e como que persuadido por sua presença; o discurso que vão pronunciar fará o resto[164].

As mesmas palavras produzem um efeito completamente diferente, conforme quem as pronuncia:

> A mesma linguagem, diz com muito acerto Quintiliano, é amiúde livre em tal orador, insensata noutro, arrogante num terceiro[165].

As funções exercidas, bem como a pessoa do orador, constituem um contexto cuja influência é inegável: os membros do júri apreciarão de modo muito diferente as mesmas observações pronunciadas pelo juiz, pelo advogado ou pelo promotor.

Se a pessoa do orador fornece um contexto ao discurso, este último, por outro lado, determina a opinião que dela se terá. O que os antigos chamavam de *etos oratório* se resume à impressão que o orador, por suas palavras, dá de si mesmo[166]:

> Não dês teu apoio a maus negócios, diz Isócrates, e não te faças advogado destes; darias a impressão de cometer, tu também, os atos da pessoa cuja defesa tomarias[167].

Conquanto seja desejável que o discurso contribua para a boa opinião que o auditório pode formar do orador, é bastante raro que seja permitido a este, para consegui-lo, fazer auto-elogio. Os casos em que tal procedimento é admissível foram minuciosamente examinados por Plutarco[168]; resumem-se eles às situações em que tal elogio constitui apenas um meio indispensável para atingir um objetivo legítimo[169]; em todos os casos em que a vaidade parece determiná-lo, o auto-elogio produz um efeito deplorável sobre os ouvintes. Platão apresentava todos os sofistas como gabolas porque, mais preocupado com a verdade do que com a adesão, ele não via em que o prestígio do orador podia importar num caso; mas, assim que analisamos esses procedimentos pelo ângulo da argumentação, podemos encontrar uma justificação que os deixa menos desagradáveis.

Hoje, o elogio que o orador fizesse de sua própria pessoa nos pareceria o mais das vezes deslocado e ridículo. Comumente, o presidente da sessão assume esse papel, mas na maioria dos casos o orador é conhecido, seja porque fala perante um auditório familiar, seja porque se sabe quem é ele, por meio da imprensa e de todas as formas modernas de publicidade. A vida do orador, na medida em que é pública, constitui um longo preâmbulo a seu discurso[170].

Por causa da interação constante entre o juízo que se faz do orador e aquele que se faz de seu discurso, quem argumenta expõe constantemente, até certo ponto, o seu prestígio, que cresce ou decresce consoante os efeitos da argumentação. Uma argumentação vergonhosa, fraca ou incoerente, só pode prejudicar o orador; o vigor do raciocínio, a clareza e a nobreza do estilo predisporão, em contrapartida, a seu favor. Por causa da solidariedade entre o discurso e orador, a maioria das discussões, especialmente perante testemunhas, se assemelha um tanto a um duelo, no qual se busca menos o acordo do que a vitória: conhecem-se os abusos aos quais conduziu a erística. Mas buscar vitórias não é somente aspiração pueril ou manifestação de orgulho, é também um meio, para o orador, de assegurar-se melhores condições para persuadir.

O orador se esmerará para conquistar o auditório, seja mostrando sua solidariedade com ele, seja testemunhando-lhe sua estima, seja entregando-se à sua integridade. Uma figura, a *permissio*, termo em geral traduzido por *concessão*, é ilustrada por esta passagem da *Rhetorica ad Herennium*:

> Já que tudo me foi arrebatado e restam-me somente minha alma e meu corpo, estes bens mesmos... eu vo-los entrego...[171]

Fala-se de figura, porque o orador ora não pode furtar-se à sentença, ora não tem a intenção de submeter-se realmente a ela.

O orador, tendo muitas vezes de assumir o papel de mentor, daquele que aconselha, repreende, dirige, deve zelar por não provocar em seu público um sentimento de inferioridade e de hostilidade para consigo: é preciso que o auditório tenha a impressão de decidir com plena liberdade. Jouhandeau, em belíssimas páginas, explica o discernimento divino pelo respeito de Deus ao eu humano; apesar de sua potência, Deus renunciaria a tudo quanto pode parecer um golpe à nossa independência de juízo, a ponto de querer parecer ausente[172].

Todas as técnicas que favorecem a comunhão do orador com o auditório atenuarão a oposição entre eles, a qual é nefasta quando o papel do orador é persuadir. O cerimonial, técnica de distinção, que realça o brilho do orador, poderá por sua vez ser favorável à persuasão, se os ouvintes o considerarem um ritual do qual também participam.

Quando se trata de comunicar fatos, a pessoa do orador parece muito menos envolvida do que quando se trata de emitir apreciações. Mas, mesmo nesse caso, a atitude do orador pode manifestar sua estima pelo público: prudência, restrições, recusa de pronunciar-se sobre um ponto em que se é, contudo, competente, resumos na exposição[173], podem ser outras tantas homenagens ao auditório.

Quando se trata de iniciação a uma disciplina, o sentimento de inferioridade do auditório não importa, porque este tem, previamente, o desejo de assimilar essa disciplina. O papel do mestre o aproxima, pense o que se pensar, muito mais do padre que do propagandista[174].

Observemos, para terminar, que a solidariedade entre ato e pessoa existe também na cabeça do auditório. Já sabemos que o valor dos argumentos será avaliado consoante o valor dos auditórios que lhes dão crédito[175]. Inversamente, um auditório pode ser elogiado ou criticado conforme o gênero de discursos que tem sua audiência, o gênero de oradores que ouve de bom grado, o gênero de raciocínios que encontram sua aprovação. Essa solidariedade ato-pessoa, na cabeça do auditório, não deixa de repercutir nos efeitos da argumentação. A referência a essa solidariedade pode sobrepor-se aos argumentos ouvidos, assim como à ligação entre orador e discurso, e interferir nestes últimos elementos.

§ 73. O grupo e seus membros

É lícito considerar que a ligação entre a pessoa e seus atos, com todas as argumentações que pode suscitar, é o protótipo de uma série de vínculos que ensejam as mesmas interações e se prestam às mesmas argumentações. O mais corriqueiro, talvez, destes é a relação estabelecida entre um grupo e seus membros, sendo estes a manifestação do grupo, assim como o ato é a expressão da pessoa.

Observemos, de imediato, que não estamos falando aqui de uma sociologia organicista ou à Durkheim, que resultaria numa personificação do grupo e atribuiria a este último todas as propriedades da pessoa. Essas teorias não passam de concepções particulares da relação à qual aludíamos, ao passo que esta é implícita em toda afirmação referente a um grupo, designado de outro modo que não pela enumeração de seus membros.

Assim é que podemos repetir aqui o que dissemos da relação entre a pessoa e seus atos: os indivíduos influem sobre a imagem que temos dos grupos aos quais pertencem e, inversamente, o que achamos do grupo nos predispõe a certa imagem daqueles que dele fazem parte; se uma academia dá lustre aos seus membros, cada um deles contribui para representar e para ilustrar a academia.

O valor de um indivíduo reflete sobre o grupo; uma deficiência individual pode, em certos casos, comprometer a reputação do grupo inteiro, com mais facilidade ainda quando se recusa a utilizar técnicas de ruptura.

Jouhandeau relata esta anedota:

> Elise convocou um marroquino para descarregar seus feixes de lenha e este observa um francês que deve ajudá-lo, mas o ajuda tão mal que no fim ele exclama, aplaudido por Elise: "E dizer que sou colonizado por 'isso aí' "[176].

Inversamente, o prestígio do grupo pode favorecer a propagação de suas idéias, costumes e modas, de seus produtos e processos; sabe-se quanto a hostilidade que se demonstra ao grupo pode, pelo contrário, constituir uma séria desvantagem para essa difusão.

A argumentação concernente ao grupo e aos seus membros é muito mais complexa do que a concernente à pessoa e aos seus atos, principalmente porque uma mesma pessoa sempre pertence a grupos múltiplos, mas sobretudo porque a noção de grupo é mais indeterminada que a de pessoa. A hesitação pode incidir sobre as fronteiras do grupo e também sobre sua própria existência.

Certos grupos – nacionais, familiares, religiosos, profissionais – serão reconhecidos por todos, até mesmo garantidos por instituições, mas outros nascem ao sabor do comportamento de seus membros. Assim, na escola, no interior de certas classes de crianças, podem formar-se subdivisões fundamentadas na idade, no sexo, na raça, na religião, subdivisões mais ou menos calcadas nas categorias sociais existentes; pode também ocorrer uma oposição entre os pequenos e os grandes, que formarão dois grupos caracterizados, cujos membros se sentem solidários.

Se a realidade do grupo depende da atitude de seus membros, ela depende o mesmo tanto, e às vezes mais, da atitude dos estranhos. Estes tendem a considerar que há um grupo social cada vez que eles têm um comportamento diferenciado para com seus membros, servindo a noção de grupo para descrever, para explicar ou para justificar esse comportamento diferenciado, e servindo também para estribar os argumentos com que nos ocupamos aqui. Notemos que esse cuidado da argumentação explica a tendência a constituir em grupo, a fim de torná-los solidários, todos aqueles em quem se observa uma mesma atitude, os adversários ou os partidários de certo ponto de vista, de certa pessoa ou de certa maneira de agir. Tal pretensão nem sempre será aceita. Em suma, a noção de grupo é um elemento argumentativo eminentemente sujeito a controvérsia, instável, mas de importância capital.

A interação entre o indivíduo e o grupo pode ser utilizada para valorizar ou desvalorizar seja um, seja o outro. Insistir-se-á nos erros de certos arqueólogos para desqualificar os especialistas nessa matéria[177]. Inversamente, se não podemos fazer nosso elogio, podemos apresentar-nos como adeptos de tal política ou como membros de tal Igreja, o que é suscetível de constituir uma vigorosa recomendação[178]. Cumpre observar que esta é uma aplicação da técnica eficacíssima que consiste em introduzir juízos de apreciação não expressos sob a aparência de juízos de fato indiscutíveis[179]. O orador não insiste na valorização implícita, pelos ouvintes, de todos os que pertencem ao grupo em questão: é na medida em que ela parece ser natural que atua melhor.

O fato de pertencer a um dado grupo pode, com efeito, fazer prejulgar da existência de certas qualidades no chefe de seus membros, e essa presunção é tanto mais forte quanto mais pronunciado é o sentimento de classe ou de casta. Assim é que Racine toma cuidado em tornar Fedra um pouco menos odiosa do que na tragédia grega, por causa da posição que ela ocupa:

> Julguei, escreve ele em seu prefácio a Fedra, que a calúnia tinha algo de demasiado baixo e de demasiado negro para colocá-la na boca de uma princesa, que tem, aliás, sentimentos tão nobres e tão virtuosos. Essa baixeza pareceu-me mais conveniente a uma ama-de-leite, que podia ter inclinações mais servis...[180]

Certos modos de comportar-se são conformes à idéia que se faz dos membros de um grupo: o comportamento dos nobres é nobre, o dos vilões é vilão, o dos cristãos, cristão, o dos homens, humano; o comportamento é amiúde descrito pela própria denominação do grupo; ademais, ele reage sobre a imagem que se faz deste.

O valor do ato depende, como sabemos, do prestígio do indivíduo; o valor do indivíduo depende do valor que se atribui ao grupo; pessoa e grupo desempenham, com relação aos atos e aos indivíduos, um papel análogo, que pode conjugar-se. O grupo se orgulhará da conduta daqueles que considera seus membros, em geral se desinteressará de ocupar-se de estranhos:

> Os exemplos das mortes generosas dos lacedemônios e outros não nos tocam muito. Pois o que é que isso nos proporciona? Mas o exemplo da morte dos mártires nos toca; pois são "nossos membros" [Rom., XII, 5][181].

Para a ligação indivíduo-grupo, as técnicas de ruptura parecem menos elaboradas do que para a ligação ato-pessoa, no sentido de que não encontramos caso extremo em que toda reação fica suspensa, tais como o caso do Ser perfeito ou do juízo considerado como um fato. Não é grupo perfeito, no sentido requerido aqui, nem a sociedade dos deuses antigos, nem a sociedade cristã, nem a família principesca. O que se aproxima mais da noção de grupo perfeito é a noção de uma humanidade que só teria como caráter o que é comum a todos os homens e não seria influenciada pelo comportamento de qualquer quantidade de homens.

Por outro lado, o indivíduo racional, o que obedece somente à ordem universal, não estaria separado de todo grupo[182], seu comportamento não teria uma objetividade que corresponde à do fato? Mas o acordo sobre a ordem universal nem de longe está, em momento algum, assegurado.

Por isso a única técnica que permite realizar uma ruptura de interação entre grupo e indivíduo é a da exclusão deste: poderá ser aplicada quer pelo próprio indivíduo, quer pelos outros membros do grupo, quer por terceiros. Se alguém expressa uma opinião violentamente oposta à dos outros membros do grupo, e se há recusa em admitir que essa opinião possa ser emitida por conta do grupo, impor-se-á uma ruptura, pois ver-se-á uma incompatibilidade entre a adesão a certa tese e a participação em certo grupo. Quem já não compartilha as opiniões do grupo, mas manifesta claramente que não quer separar-se dele, deverá usar de dissociações que oponham, por exemplo, a verdadeira doutrina à doutrina da maioria[183]. Mas é óbvio que a maioria pode não ser da mesma opinião e proceder à exclusão do membro não-conformista. Tal procedimento pode ser aplicado a qualquer espécie de ação julgada incompatível com os interesses ou com a honra do grupo. Quase sempre a exclusão redunda na vinculação do indivíduo a outro grupo, vinculação essa que torna, em certos casos, manifesta a ruptura com o grupo precedente.

Pode acontecer que a exclusão seja buscada pelo próprio indivíduo. Nesse caso, aquele que possui certas características exteriores, que servem comumente de critério para reconhecer o pertencimento a um grupo, suscitará sua exclusão – aos olhos dos terceiros, em particular – opondo-se às crenças do grupo ou adotando as crenças de um outro. Daí resulta que uma mesma crítica a um grupo terá um alcance muito diferente conforme emane de alguém que permanece solidário do grupo, de alguém que quer separar-se dele ou de pessoas que lhe são, de um modo ou de outro, exteriores.

Notemos que o problema do vínculo indivíduo-grupo se complica na argumentação, em relação ao problema ato-pessoa, pelo fato da possível inclusão de um indivíduo num grupo do qual ele não fazia parte até então. Se o indivíduo *a* defende as opiniões do grupo B, ele poderá ser integrado, por terceiros, nesse grupo. Desde então seus argumentos, seus juízos, serão interpretados como sendo os de um membro do grupo B, e não de um observador estranho. Daí, às vezes, o interesse, para a argumentação, de manter a distância entre o indivíduo e certos grupos por ele favorecidos.

Um grupo que rejeita imediata e quase automaticamente todo membro cujo comportamento é aberrante, que jamais consente em servir de aval aos seus membros, aproxima-se mais da situação da pessoa perfeita. Mas isso exige uma crítica constante, tão severa, pelo menos, quanto a de terceiros; e isso acarreta, apesar de tudo, uma modificação do grupo, ainda que seja em sua composição. Tal modificação pode ser percebida como uma simples operação matemática, mas o será, com muito mais freqüência, como um remanejamento.

Mais freqüentes do que as técnicas de ruptura são as técnicas de refreamento. Um dos progressos do direito consistiu em substituir a responsabilidade coletiva pela responsabilidade individual, o que permitiu não lançar no passivo do grupo os atos que a legislação condena e autua; mas é apenas uma técnica jurídica, que um moralista ou um sociólogo podem repudiar.

As técnicas de refreamento, de uso mais extenso, serão o recurso ao preconceito e à exceção. Esta última técnica será utilizada com maior sucesso ainda quando os indivíduos passarem por menos representativos do grupo. Se os chefes, os delegados ou os porta-vozes oficiais são amiúde considerados encarnações do grupo, é porque é mais difícil descartar seus pareceres ou suas opiniões como excepcionais. Salientou-se que Bismarck, em seus discursos parlamentares, combatia os partidos na pessoa de seus chefes[184].

Às vezes pretenderão que as afirmações ridículas ou tolas de um indivíduo não podem ser, sem sofisma, atribuídas ao grupo[185], o que equivale a exigir do ouvinte que proceda a uma triagem e não considere representativo o indivíduo cujas afirmações são errôneas ou insustentáveis.

Outra técnica de refreamento destinada a mostrar que o indivíduo não representa o grupo, não se identifica com nenhum grupo determinado, é a de solidarizá-lo, por uma parte dele próprio, com alguns deles, por outra parte, com outros. Segundo Bernanos:

> O homem do Antigo Regime tinha a consciência católica, o coração e o cérebro monarquistas e o temperamento republicano[186].

Todas essas técnicas de refreamento não deixam de repercutir nos dois componentes da ligação indivíduo-grupo. O recurso à exceção não tende somente a refrear a ação exercida pelo comportamento do indivíduo sobre a imagem que se faz do grupo. Ele também pode ter o efeito de valorizar ou de desvalorizar o indivíduo, apresentando-o como único, de provocar, de propósito, um efeito de surpresa.

> Essa isenção do defeito comum é tanto mais apreciada quando ninguém a espera[187].

Quanto mais desfavorável é o preconceito contra o grupo, mais a exceção parece difícil de conceber, mais os membros do grupo, que não desejam ser atingidos pela condenação geral deverão labutar para que se lhes reconheça esse estatuto excepcional. Daí estas observações desiludidas de um negro:

> Ouvi freqüentemente esse raciocínio. Minha mãe não me repetiu muitas vezes que o mal de eu ser negro já era o bastante para que evitasse cometer a menor falta? É, sei que todo o mundo, branco e negro, está de acordo sobre o fato de que um negro, atraindo tão pouca indulgência por causa de sua cor, só é tolerável na medida em que se comporta como um santo[188].

§ 74. Outras ligações de coexistência, o ato e a essência

As mesmas interações que constatamos nas relações entre o ato e a pessoa, entre o indivíduo e o grupo, são encontradas toda vez que acontecimentos, objetos, seres, instituições são agrupados de uma forma abrangente, que são considerados característicos de uma época, de um estilo, de um regime, de uma estrutura. Essas construções intelectuais se empenham em associar e em explicar fenômenos particulares, concretos, individuais, tratando-os como manifestações de uma essência que se expressa igualmente em outros acontecimentos, objetos, seres ou instituições. A história, a sociologia, a estética constituem o campo predileto para explicações desse tipo. Os acontecimentos caracterizam uma época, as obras, um estilo, as instituições, um regime; mesmo os comportamentos e a maneira de ser dos homens podem ser explicados não só pelo fato de pertencerem a um grupo, mas também pela época ou pelo regime com que se relacionam: falar do homem da Idade Média ou de um comportamento capitalista é tentar mostrar como esse homem e esse comportamento participam de uma essência e a expressam, e como, por seu turno, permitem caracterizá-la.

A noção de essência, elaborada em filosofia, é não obstante familiar ao pensamento do senso comum, e suas relações com tudo quanto o expressa são concebidas com base no modelo da relação da pessoa com seus atos. Vimos de que forma, a partir de certos atos característicos, chega-se a qualificar alguém de herói, a estabilizar os aspectos de uma pessoa[189]. Por um procedimento análogo chega-se, a partir de um verbo, de um adjetivo ou de uma expressão que designa uma relação, a formar essências ("o jogador", "o patriota", "a mãe"), características de certas classes de seres cujo comportamento elas explicam.

Todas as vezes que, em vez de poderem ser interpretados um pelo outro, o ato e a essência parecerem opor-se, serão aplicados procedimentos que permitirão justificar a incompatibilidade: o homem que não é de sua época será um precursor ou um retardatário, a obra que apresenta características diferentes do estilo do autor terá sido elaborada sob influência alheia ou já manifestará sinais de degenerescência, já não será uma expressão tão pura do estilo em questão; o que não corresponde à imagem da essência será excepcional, e essa exceção será justificada por alguma das inumeráveis explicações concebíveis.

O recurso à noção de essência permitirá reportar acontecimentos variáveis a uma estrutura estável, que seria a única a ter importância. A *philosophia perennis* é um exemplo clássico disso. O recurso à noção de essência também pode estar implícito e servir para explicar certas mudanças: por exemplo, as modificações de tarifas alfandegárias de um país serão consideradas o resultado da vontade de manter uma certa estrutura econômica[190]. A política se torna a estrutura econômica em ato: as variações dessa política, explicadas por causas ocasionais, não passam de acidentes.

Observemos, a esse respeito, que o que corresponde à essência, afora os fenômenos biológicos, pode ser determinado, na maioria dos casos, com uma liberdade que supera a da ligação ato-pessoa. Mas é evidente que é em relação a essa essência, seja qual for a maneira de especificá-la, que intervirão todos os fenômenos de ruptura e de refreamento que visam restabelecer uma compatibilidade entre a essência e suas manifestações.

Duas noções interessantes, as de *abuso* e de *falta* são correlativas à noção de essência, que exprime o modo normal como as coisas se apresentam. Bastará mencionar o abuso ou a falta para que o ouvinte se refira a uma essência implicitamente suposta.

Assim, a máxima "não se deve argumentar do abuso contra o uso" é muitas vezes, segundo Bentham[191], um meio sofístico para não levar em conta efeitos nefastos de uma instituição. Considera-se *abuso* os efeitos nefastos que dela derivam e uso o que ela é idealmente na mente de seus promotores e que corresponderia, portanto, à sua essência.

O que era intencional, admite-se com freqüência, é que determina a essência. O resto, o que desobedece a esse escopo, é considerado abuso, acidente. Esse vínculo entre intenção e essência fica manifesto nesta passagem de Bossuet:

> Achareis estranho, talvez, que eu faça tão grandes elogios aos anjos rebeldes e desertores; mas lembrai-vos, por favor, de que falo de sua natureza, e não de sua malícia; de como Deus os fez e não do que eles próprios se fizeram[192].

O uso normal é conforme à essência; o abuso deve ser apartado desta, sob pena de modificá-la profundamente. Todavia, enquanto se utilizar o termo "abuso", é sinal que se quer preservar a essência, que o debate não versa sobre ela. Se alguns liberais, partidários do capitalismo, são ainda assim a favor do controle dos lucros, dirão que é para corrigir um dos abusos do capitalismo, para manter uma estrutura econômica essencialmente sadia. Os socialistas sustentarão essa mesma medida para criar dificuldades ao capitalismo que produz, por seu simples funcionamento, revoltantes desigualdades. Em contrapartida, o liberal adversário da medida dirá que há o risco de ela modificar profundamente a estrutura do regime; o comunista, adversário da mesma medida, dirá que se trata apenas de uma medida ilusória, que não passa de um paliativo que nada modifica o essencial do regime. Quem tem razão, nessa circunstância? É difícil dizer sem se ter uma idéia precisa do que é a essência do capitalismo, pois cada qual concebe essa noção de forma a justificar seu ponto de vista pessoal. O que se considera, tradicionalmente, juízos de valor, determina estruturas conceituais que possibilitam precisar o sentido e o alcance daquilo a que se chama juízos de fato. Quando revolução e reforma são caracterizadas, não pelos meios empregados, mas pela amplitude das mudanças de um sistema, a mesma discussão pode reproduzir-se: ela versará sobre a essência do sistema modificado.

Acrescentemos que, no plano do conhecimento, à noção de abuso corresponde a de "deformação". Assim, segundo Chester Bowles, os indianos têm uma visão deformada do capitalismo[193]. Tal idéia se prende, aliás, não só à de abuso mas também à de falta.

Assim como o abuso, a falta só pode ser invocada quando se tem uma noção, vaga ou precisa, da essência em relação à qual ela se determina. O critério que permite provar essa falta é inteiramente subordinado à concepção que se tem da forma da essência. Encontrar-se-ia, por exemplo, uma aplicação curiosa da idéia de falta nas descrições que a psicanálise faz da mulher: os caracteres desta são interpretados como uma reação à falta de órgãos genitais externos, o que implica que o homem é considerado o representante da essência[194].

A falta, mais do que a negação da qual ela pode ser aproximada, é característica da argumentação sobre os valores, sobre o que deve ser feito. A noção de *falta* não pode reduzir-se, como a negação, a caracteres formais, reversíveis e estáticos, pois se define em relação a uma norma, em se tratando do normal ou do ideal. Ela corresponde ao que J.-P. Sartre chama de negação interna, em oposição à negação externa.

> Por negação interna, escreve ele, entendemos uma relação entre dois seres tal que aquele que é negado pelo outro qualifica o outro por sua própria ausência, no âmago de sua essência[195].

Quando se considera que a essência não pode, em nenhum caso, ser remanejada, a falta, percebida como uma decepção, pode sugerir que esse vazio será preenchido; daí se tirará argumento para pretender que se tem algo a esperar:

> ... ele bem vê que não é possível que nossa natureza, que é a única que Deus fez à sua semelhança, seja a única que ele abandona ao acaso; assim, convencido por razão de que deve haver ordem entre os homens, e vendo por experiência que ela ainda não está estabelecida, ele concluiu necessariamente que o homem tem algo a esperar[196].

O que é *demais* se define igualmente em relação à essência, seja em relação a uma essência determinada, seja em relação a uma essência qualquer; o que é demais, neste último sentido, não podendo ser explicado por nenhuma estrutura, por nenhuma ordem, não terá nem peso nem significado:

> A consciência existe como uma árvore, como um talo de erva. Ela dormita, se entedia... E eis o sentido de sua existência: é que ela é consciência de ser demais...[197]

As técnicas para sugerir que há falta ou que há alguma coisa demais serão muito diversas. Uma delas será o voto feito por alguém: este poderá desvalorizar a pessoa a quem é dirigido, evocando uma essência à qual ela não se amoldaria. A réplica mais segura, diz Sterne, é a seguinte:

> ... quem recebeu os votos deve levantar-se bruscamente e fazer votos a quem lhos fez por alguma coisa em troca, de valor equivalente...[198]

Por vezes a simples qualificação, ao evocar a essência, pode fazer compreender quanto a realidade se afasta dela: tornar-se-á, com isso, manifesta uma imperfeição que, sem esse elemento de referência, talvez passasse despercebida. Antônio apresentará Bruto como um amigo de César, a fim de mostrar como ele falhou ao que é a essência da amizade[199]. Por vezes os modos de expressão serão utilizados para sugerir a falta: um estilo apaixonado poderá fazer compreender que a cena descrita o é pouquíssimo.

Encontram-se essas técnicas na *alusão* e na *ironia*, referindo-se a primeira implicitamente, a segunda explicitamente, à essência que serve de critério de desvalorização.

Para terminar este parágrafo com uma nota que reforçará nossa concepção, segundo a qual as diversas ligações de coexistência resultam da generalização, ou melhor, da transposição da relação ato-pessoa, observaremos que as categorias de essência e de pessoa podem servir para a interpretação dos mesmos fenômenos. Cada vez que se utilizam, notadamente, os argumentos pela falta, é a noção de essência que é aplicada, até mesmo à pessoa. Em contrapartida, cada vez que desejamos tornar estáveis, concretos e presentes um grupo, uma essência, servir-nos-emos da *personificação*. Essa figura argumentativa permite estabilizar os contornos do grupo, lembrar sua coesão. Ela também pode ser aplicada a certos traços do indivíduo, como nesta frase de Demóstenes:

> Na realidade, foi vossa moleza e vossa negligência que Filipe venceu, mas ele não venceu a república...[200]

Temos aqui duas espécies de personificação, de um lado, a da moleza e da negligência, de outro, a da República. A primeira é uma técnica de ruptura; tem o efeito de isolar, tornando-os seres distintos, os defeitos mostrados pelos cidadãos de Atenas, de pôr assim estes ao abrigo do efeito por demais desvalorizador de seus atos e de permitir que eles se considerem, apesar dessas taras momentâneas, membros da república insubmissa. A personificação desta, por outro lado, reforça-lhe a importância enquanto grupo, mais estável do que os indivíduos que não passam de sua manifestação e nitidamente oposta aos acidentes e vicissitudes, causados pelos acontecimentos.

A personificação será freqüentemente enfatizada pelo emprego de outras figuras. Pela *apóstrofe* nós nos dirigiremos ao que é personificado e, assim, tornado capaz de ser tomado como ouvinte; pela *prosopopéia*, faremos dele um sujeito discursante e atuante.

§ 75. A ligação simbólica

Julgamos útil aproximar a ligação simbólica das ligações de coexistência. Com efeito, o símbolo, para nós, se distingue do signo, porque não é puramente convencional; se ele possui um significado e um valor representativo, esse significado e esse valor são tirados do fato de que parece existir, entre o símbolo e o que ele evoca, uma relação que, na falta de melhor termo, qualificaremos de relação de *participação*. É a natureza quase mágica, de qualquer modo irracional, dessa relação que distingue a ligação simbólica das outras ligações, tanto de sucessão como de coexistência. Assim como estas, o vínculo simbólico é encarado como fazendo parte do real, mas ele não se refere a uma estrutura definida deste último. Pelo fato de, muito amiúde, símbolo e simbolizado não fazerem parte daquilo que, doutro ponto de vista, é considerado uma mesma camada de realidade, uma mesma área, a relação entre eles poderia ser considerada analógica; mas com isso se destruiria o que há de impressionante na ligação simbólica, pois, para que ela desempenhe seu papel, é preciso que símbolo e simbolizado estejam integrados numa realidade mítica ou especulativa, na qual participam um do outro[201]. Nessa nova realidade, existe uma ligação de coexistência entre os elementos da relação simbólica, mesmo quando, na verdade, o símbolo está separado do simbolizado por um intervalo temporal.

Acontece isso quando se tratam certas pessoas e certos acontecimentos como "figura" de outras pessoas e de outros acontecimentos. Entre Adão, ou Isaac, ou José, e Cristo, de quem são considerados a prefiguração, não há vínculo de sucessão no modo causal, mas uma relação indefinível de coexistência, uma participação que se situaria na visão divina do real.

A ligação simbólica acarreta transferências entre símbolo e simbolizado. Quando a cruz, a bandeira, a pessoa do rei são encaradas como símbolos do cristianismo, da pátria, do Estado, essas realidades despertam um amor ou um ódio, uma veneração ou um desprezo, que seriam incompreensíveis e ridículos se, com o seu caráter representativo, não estivesse relacionado um vínculo de participação. Este é indispensável para despertar o fervor patriótico ou religioso[202]. As cerimônias de comunhão exigem, com efeito, um suporte material no qual possa concentrar-se a emoção, que a idéia abstrata, por si só, poderia despertar e alimentar com mais dificuldade. Esse vínculo entre o suporte e a coisa que ele figura não é fornecido por uma ligação aceita por todos, isto é, objetiva, mas por uma ligação reconhecida unicamente pelos membros do grupo: a crença nessas estruturas de participação é, por sua vez, um aspecto da comunhão entre eles.

A constatação desses vínculos imateriais, dessas harmonias e solidariedades invisíveis, caracteriza uma concepção poética ou religiosa, numa palavra, romântica, do universo.

Os autores românticos tinham, como se sabe, certa predileção por descrever os acontecimentos de um modo tal que emoções humanas e meio físico pareciam participar um do outro. Mesmo um autor tão realista como Balzac não escapou a essa visão romântica das coisas, como prova este retrato de Madame Vauquer, em *Le père Goriot*:

> Seu rosto velhusco, gorducho, de cujo meio sai um nariz de papagaio; suas mãozinhas rechonchudas, sua pessoa roliça como um rato de igreja, seu corpete cheio demais e flutuante estão em harmonia com a sala de onde ressuma a infelicidade, onde se aninha a especulação e cujo ar vivamente fétido Madame Vauquer respira sem ficar nauseada. Sua cara fria como uma primeira geada de outono, seus olhos enrugados, cuja expressão passa do sorriso prescrito às dançarinas à amarga carranca do cambista, enfim, toda a sua pessoa explica a pensão, como a pensão implica sua pessoa. O cárcere não funciona sem o carcereiro, não imaginaríeis um sem o outro[203].

Notemos que sói existir, para o orador, uma grande liberdade de escolha nas ligações utilizadas. Assim, enquanto tudo parece indicar que na *Divina comédia* as almas deste mundo são consideradas figuras do que serão no além[204], esta é uma maneira de conceber a relação entre vida presente e vida futura que está longe de se impor. No caso de Balzac, para interpretar as relações entre indivíduo e meio, poderiam ter sido invocadas ligações precisas: ligações causais, ligações ato-essência. Mas é apenas num contexto apresentado, por simples descrição e sem justificação, como unitário, quando uma ligação de participação é postulada entre as pessoas e o meio, que o menor acontecimento pode assumir um valor simbólico.

Os atos simbólicos desempenharão um papel muito diferente e terão um significado muito diferente daqueles que não o são: eles reagem de uma maneira mais violenta sobre os seres que lhes são solidários, que são responsáveis por eles. As técnicas de ruptura ou de refreamento entre ato e pessoa não poderão ser utilizadas quando o ato é considerado simbólico, porque tais técnicas implicam certa racionalidade.

Importa pois, na argumentação, saber em que medida uma coisa, e tudo o que lhe toca, é provida dessa natureza simbólica. Ora, é possível, dado o caráter objetivamente indeterminado e indefinido da ligação simbólica, conferir a qualquer coisa, a qualquer ato, a qualquer acontecimento, um valor simbólico, modificando-lhe, assim, o significado e a importância. O aspecto simbólico de um ato será tanto mais facilmente aceito quanto menos plausível for qualquer outra interpretação.

Certos indícios podem tornar-se simbólicos de uma situação, de uma maneira de viver, de uma classe social, como o fato de possuir um automóvel de certa marca ou usar uma cartola. Assim também, se um indivíduo, membro de um grupo, tornou-se símbolo deste, seu comportamento será considerado mais importante, porque mais representativo, do que o de outros membros do mesmo grupo. Esse indivíduo simbólico, que representa o grupo, às vezes será escolhido para desempenhar esse papel, ora porque é o melhor numa determinada área, como o campeão de boxe, por exemplo, ora porque é um indivíduo mediano, que em nada se distingue, nem sequer o nome, como o soldado desconhecido.

Aquele que é o porta-voz do grupo é, por isso mesmo, aceito como representativo. Considerar-se, ou ser considerado, símbolo do grupo é um fato que pode exercer uma influência determinante na conduta. Todo recurso, na argumentação, à noção de honra está ligado à idéia de que o indivíduo é símbolo de um grupo. A honra varia com o grupo e supõe, aliás, uma certa superioridade deste. Se falamos da honra da pessoa, é como representante simbólico do grupo dos humanos. O juramento pela honra não é uma referência ao valor do indivíduo, mas à sua relação simbólica com o grupo.

A conduta de um indivíduo pode desonrar o grupo; se ela desonra também o indivíduo é porque acarreta sua exclusão do grupo e, no limite, do próprio grupo dos humanos. Consideram-no um pestífero, cuja contaminação simbólica temem. Isso se traduzirá juridicamente pela morte civil; em certos casos, a pressão moral levará ao suicídio.

O recurso ao símbolo pode desempenhar um papel eminente tanto na apresentação das premissas quanto no conjunto da argumentação. Presume-se que tudo o que diz respeito ao símbolo diz respeito ao simbolizado. E ainda que a relação entre eles não seja estritamente reversível[205] – mas este é um caráter que observamos em todas as ligações, exceto certas ligações formais da argumentação quase-lógica –, o símbolo se modifica com seu uso enquanto símbolo. Seja qual for a gênese do vínculo simbólico, geralmente aceito, entre o leão e a coragem, cada novo uso desse vínculo, na argumentação, confere ao leão certas características e certo valor ligados à coragem.

O símbolo é geralmente mais concreto, mais manipulável, que o simbolizado, o que possibilitará concentrar em atitude concernente ao símbolo – como o fato de saudar a bandeira – uma atitude concernente ao simbolizado que exigiria, para ser compreendida, longas explanações. A técnica do bode expiatório simplifica os comportamentos, pela utilização da relação simbólica de participação entre indivíduo e grupo.

O símbolo é não só mais manipulável, mas também pode impor-se com uma presença que o simbolizado não teria: a bandeira que se vê, ou que se descreve, pode tremular, estalar ao vento, desfraldar-se. O símbolo, apesar de seus vínculos de participação, guarda certa individualidade que permite as mais variadas manipulações. “Não há mais Pireneus” não evoca somente uma idéia política, mas também os cansaços, os perigos de uma fronteira, a massa de esforços necessária para aniquilá-la.

Todo símbolo pode ser utilizado como signo e servir de meio de comunicação, desde que se integre numa linguagem compreendida pelos ouvintes. Mas não sendo a ligação simbólica nem convencional, nem baseada numa estrutura do real universalmente conhecida e aceita, o significado de um simbolismo pode ficar reservado apenas aos iniciados, permanecer para outros inteiramente incompreensível; o que era símbolo perderá completamente esse caráter se não houver essa iniciação.

Entretanto é possível que, após ter perdido seu aspecto simbólico, certas realidades continuem a ser utilizadas como signos, como meios de comunicação puramente convencionais. Elas serão, por assim dizer, dessacralizadas e desempenharão então um papel muito diferente na vida espiritual. O símbolo tornado signo designa mais adequadamente o objeto significado do que antes, é mais adaptado às necessidades da comunicação, porque perdeu certos aspectos que lhe eram próprios, que lhe conferiam uma realidade independente da do simbolizado; mas essa vantagem do símbolo tornado signo é compensada pelo fato de a ação sobre o signo já não acarretar a ação sobre o significado.

Não esqueçamos todavia que a ligação simbólica, como toda ligação, pode ser aplicada ao próprio discurso. Tenha ele ou não uma origem simbólica, pode-se considerar que o signo verbal tem um vínculo mágico com o significado: o discurso atua sobre o que enuncia. Além disso, a ação sobre o signo poderá simbolizar a ação sobre o significado: determinada negligência no enunciado de um nome próprio, a supressão de certas terminações, a substituição de certas consoantes por outras, todas essas são ações que podem atuar de uma maneira indireta, voluntariamente ou não, sobre a concepção que o ouvinte tem do significado.

A precariedade da ligação simbólica, juntada ao seu poder evocador e à sua força emotiva, deve-se decerto ao fato de não estar muito sujeita à justificação. Os símbolos exercem uma ação inegável sobre aqueles que reconhecem a ligação simbólica, mas não exercem nenhuma sobre os outros; eles são característicos de uma cultura particular, mas não podem ter serventia para o auditório universal, o que lhes confirma o aspecto irracional.

No entanto, se as ligações simbólicas são extremamente variadas, se são precárias e particulares, a própria existência dos símbolos e a importância que se lhes concede não o são. Logo, o valor simbólico *in abstracto* pode, ao contrário dos símbolos particulares, constituir o objeto de uma argumentação racional, de uma argumentação que visa ao universal. Dá-se o mesmo com o que diz respeito a qualquer argumentação que requer que não se menosprezem, que não se subestimem ligações simbólicas próprias de certos meios, quando ela é dirigida a eles: o que se exige, nesse caso, é pura e simplesmente o respeito a um fato, que é o papel desempenhado por determinados símbolos numa certa sociedade.

As figuras de substituição, *metonímia e sinédoque*, foram, conforme os autores, diversamente descritas e definidas[206].

O que nos parece merecer atenção, tanto quanto a relação estrutural entre os termos substituídos um pelo outro, é ver se existe entre eles um vínculo real e ver qual é ele. Nesse plano, aparecerá uma distinção importante entre figuras de substituição.

Ligação simbólica, ao que parece, nesta metonímia extraída de Fléchier por Dumarsais:

> Esse homem [Macabeu] ... que deleitava Jacó com suas virtudes e com suas façanhas[207].

"Jacó" para designar o povo judeu, "John Bull" para designar a Inglaterra, "camisas negras" para designar os fascistas, tudo isso são símbolos. Da mesma forma "o cetro" para a autoridade real, "o chapéu vermelho" para o cardinalato, "Marte" para a guerra, talvez até "a garrafa" para o vinho, "um persa" para um tapete vindo da Pérsia e "um Filipe" para uma moeda com a efígie de Filipe.

Nas sinédoques, em contrapartida, tais como "a vela" para o navio, "os mortais" para os homens, veríamos que o termo substituído já não está unido àquele que substitui por um vínculo simbólico, mas marca um aspecto característico do objeto designado: ora porque é uma parte dele, suficiente para reconhecê-lo (a vela); ora porque é o gênero dele, mas um gênero que permite caracterizá-lo da forma mais pertinente (os mortais em oposição aos deuses).

É evidente que, se prestarmos atenção sobretudo na ligação entre termos, poderemos muitas vezes hesitar entre a interpretação como metonímia ou como sinédoque. Notemos somente que, embora todas as figuras sejam submetidas a certos costumes culturais (seríamos ridículos, pretende Dumarsais, se disséssemos que uma armada era composta de cem mastros)[208], as figuras baseadas na ligação simbólica são as mais precárias – a não ser que se tornem signo e percam seu caráter de figura.

§ 76. O argumento de hierarquia dupla aplicado às ligações de sucessão e de coexistência

As hierarquias, assim como os valores, fazem parte dos acordos que servem de premissas ao discurso; mas pode-se também argumentar a propósito delas, perguntar-se se uma hierarquia é fundamentada, onde situar um de seus termos, mostrar que tal termo deveria ocupar tal lugar de preferência a outro.

Diversos argumentos poderão ser utilizados para tanto. Todavia, o mais das vezes o orador se baseará numa correlação entre os termos da hierarquia discutida e os de uma hierarquia aceita; recorrerá ao que qualificamos de argumento de hierarquia dupla. Por vezes apresentam-se as hierarquias como vinculadas de tal maneira, que uma delas serve de critério ou de definição à outra. Quando se ouve afirmar que este homem é mais forte do que aquele, porque levanta pesos mais pesados, nem sempre se sabe se esta última hierarquia serve de fundamento ou de critério à primeira.

O argumento de hierarquia dupla muitas vezes está implícito. Com efeito, atrás de toda hierarquia vemos delinear-se outra hierarquia; esse recurso é natural e ocorre espontaneamente porque nos damos conta de que é assim que o interlocutor decerto tentaria sustentar sua afirmação. A ponto de que a meditação sobre as hierarquias costuma levar à negação de que possam existir hierarquias simples. Cumpre, porém, precaver-se de acreditar que a hierarquia que o interlocutor utilizaria como justificação é necessariamente aquela em que pensamos. Quando nos perguntamos por que esta informação é publicada com um título maior do que aquela, poderíamos dizer que ela é mais importante, mais interessante, mais inesperada, entretanto vemos que a hierarquia que deveria fundamentar a dos títulos permanece implícita e vaga.

A hierarquia dupla exprime normalmente uma idéia de proporcionalidade, direta ou inversa, ou pelo menos um vínculo entre termo e termo. Contudo, em muitos casos, a ligação se reduz, quando examinada de perto, à idéia de uma correlação estatística, na qual os termos hierarquizados de uma das seqüências são ligados a uma média de termos pertencentes à outra. É isso que ocorre, por exemplo, quando deduzimos da altura respectiva de dois homens o provável comprimento respectivo de seus membros.

Mas é óbvio que muitas hierarquias não podem ser descritas nem fundamentadas por meio de elementos homogêneos, quantificáveis ou mensuráveis. Ora, quando nos encontramos diante de hierarquias qualitativas é que a argumentação, não podendo ser substituída pela medição ou pelo cálculo, adquire maior importância e que, para sustentar essas hierarquias, recorreremos a outras, em geral extraídas do mundo físico. Servir-nos-emos, por exemplo, das noções de profundidade, altura, tamanho, consistência.

A própria hierarquia quantitativa que parece embasar a outra talvez seja regulada por uma hierarquia de valores; assim, quando Santo Anselmo conclui que a liberdade de não poder pecar é maior que a liberdade de poder ou não poder pecar, a hierarquia de intensidade deriva do fato de atribuirmos mais valor à primeira liberdade[209]. Certas máximas, tais como "quem pode o mais pode o menos", que desenvolvem uma argumentação quase-lógica – a inclusão da parte no todo – só podem ser justificadas ou aplicadas pelo recurso às hierarquias duplas, a maioria das quais é, em que pesem as aparências, qualitativa.

Para dizer a verdade, para o seu uso, pouco importa a gênese de muitas dessas hierarquias duplas. Faremos porém, a fim de justificar-lhes o emprego, um esforço para descobrir, entre as duas hierarquias, uma relação baseada no real, notadamente recorrendo à noção de símbolo. Ou então esforçar-nos-emos em ver entre as duas séries uma ligação mais estreita ainda, pois as duas formam apenas uma única realidade. Assim, para Cassirer, as referências espaciais são uma forma indispensável para a constituição dos objetos de pensamento[210]; para muitos contemporâneos, como Sartre, Merleau-Ponty, Minkowsky, as qualidades morais e as qualidades físicas têm uma única e mesma raiz de significação[211], e quando Gabriel Marcel afirma que a vida do crente é superior à do incréu, porque mais plena, salienta explicitamente que essa expressão deve ser tomada no sentido de plenitude "metafísica"[212], excluindo assim, por princípio, qualquer referência a um recipiente mais ou menos cheio ou a uma matéria mais ou menos densa.

Todas as ligações fundadas na estrutura do real, sejam elas de sucessão ou de coexistência, poderão servir para ligar duas hierarquias, uma à outra, e para fundar o argumento de hierarquia dupla.

A relação de causa a efeito é que permitirá hierarquizar as variações de volume de um corpo conforme a variação da temperatura. Inversamente, uma hierarquia dos fins pode ajudar-nos a estabelecer uma hierarquia dos meios, de acordo com a observação de Aristóteles:

> De dois agentes de produção, é preferível aquele cuja finalidade é melhor[213].

Um ser racional tem de conformar-se a essa hierarquia dupla. Daí a força do argumento de Leibniz, extraído dos Evangelhos:

> ... zelando pelos passarinhos, ele [Deus] não descuidará das criaturas racionais que lhe são infinitamente mais caras...[214]

Bossuet se serve do mesmo argumento em seus sermões:

> Vós superastes a vós mesmos tantas vezes para servir à ambição e à fortuna, superai-vos algumas vezes para servir a Deus e à razão[215].

Utiliza-o, aliás, noutro sermão citando uma hierarquia dos fins, ela mesma baseada não no valor próprio deles, mas na facilidade para atingi-los:

> Se ele [o demônio] resiste com tanta firmeza contra Deus, conquanto saiba que todos os seus esforços serão inúteis, que não empreenderá ele contra nós, cuja fraqueza tantas vezes experimentou?[216]

Esse argumento é da mesma ordem que o lugar de Aristóteles:

> De dois meios, o mais desejável é o que está mais próximo do fim[217].

Com mais freqüência que sobre as ligações de sucessão, a hierarquia dupla é fundada sobre ligações de coexistência. Assim é que a hierarquia das pessoas acarreta uma hierarquização de seus sentimentos, de suas ações, de tudo quanto delas emana. É o que exprime este lugar de Aristóteles:

> O atributo que pertence a um sujeito melhor e mais digno também é preferível. Por exemplo, o que pertence a Deus é preferível ao que pertence ao homem, e o que pertence à alma, ao que pertence ao corpo[218].

A célebre réplica de Antígona constitui apenas uma aplicação sua:

> E não acreditei que teus editos pudessem prevalecer sobre as leis não escritas e imutáveis dos Deuses, pois que não passas de um mortal[219].

A atitude de Antígona é legítima, a atitude oposta é ridícula:

> É uma coisa divertida de considerar o fato de que há pessoas no mundo que, tendo renunciado a todas as leis de Deus e da natureza, fizeram algumas para si às quais obedecem com exatidão, como, por exemplo, os soldados de Maomé, os ladrões, os hereges, etc.[220]

Toda essa argumentação, para ser eficaz, supõe evidentemente um acordo prévio sobre a hierarquia das pessoas. Quando Ifícrates, tendo perguntado a Aristofonte se ele entregaria naus em troca de prata, e ante sua resposta negativa, exclama:

> Tu, um Aristofonte, tu não as entregarias, e eu, um Ifícrates, eu o faria![221]

tal argumento só tem valor para quem não duvida da superioridade moral de Ifícrates.

A argumentação por hierarquia dupla recebe em Aristóteles algumas aplicações curiosas, baseadas nas relações existentes, em sua metafísica, entre uma essência e suas encarnações. Ele não hesitará em dizer que

> Se A é, absolutamente, melhor que B, a melhor das coisas contidas em A é melhor que a melhor daquelas contidas em B: por exemplo, se o homem é melhor que o cavalo, o melhor homem também será melhor que o melhor cavalo,

e inversamente:

> ... se o melhor homem é melhor que o melhor cavalo, então, absolutamente, o homem é melhor que o cavalo[222].

Raciocinará da mesma forma sobre a altura dos homens e das mulheres[223], admitindo implicitamente que a dispersão, no sentido estatístico, continua sempre a mesma nos diversos grupos.

Por outro lado, também na biologia contemporânea, a relação de coexistência, bem mais do que a relação causal, embasa as relações entre hierarquias de diversas características num mesmo indivíduo – por exemplo, altura e peso – ou ainda entre hierarquia das espécies e hierarquia de uma característica dada – por exemplo, lugar na linha evolutiva e peso do cérebro.

As hierarquias duplas são utilizadas com freqüência para extrapolar uma das hierarquias:

> Enquanto apraz aos bárbaros viver sem se preocupar com o amanhã, os nossos desígnios devem considerar a eternidade dos séculos[224].

Contudo, não é fácil dizer se a extrapolação se refere estritamente apenas a uma das hierarquias. A duração a ser prevista é extrapolada até abranger a eternidade, mas o homem aqui não é, também ele, levado a além de sua condição? Que a extrapolação possa referir-se às duas hierarquias, é o que fica claro no seguinte exemplo:

> A consciência está em geral aprisionada no corpo; está concentrada nos centros do cérebro, do coração e do umbigo (mental, emotivo e sensorial). Quando você sente que ela ou alguma coisa dela se eleva e se fixa acima da cabeça, ... é o mental em você que sobe a esse lugar, toma ali contato com algo superior ao mental comum...[225]

A extrapolação pode consistir igualmente em passar dos graus positivos para os graus negativos de uma qualidade ou de uma situação, ou inversamente. Parece mesmo que é o argumento de hierarquia dupla que forma a base daquilo a que os antigos chamavam "argumento dos contrários", do qual damos dois exemplos:

> Ser moderado é bom, visto que ser imoderado é pernicioso;
>
> Se a guerra é causa dos males presentes, é com a paz que devemos repará-los[226].

Esses argumentos, cuja análise a partir dos sujeitos e predicados parece artificial e duvidosa, se justificam se admitimos uma hierarquia dupla que se estende tanto pelos graus negativos como pelos positivos de uma qualidade ou de uma situação, sendo a menção dos termos opostos apenas uma facilidade lingüística, destinada a indicar, de modo aproximado, a respectiva posição dos termos.

O argumento de hierarquia dupla permite assentar uma hierarquia contestada numa hierarquia admitida; por isso presta enormes serviços quando se trata de justificar regras de conduta. Como o que é preferível deve ser preferido, a determinação dele dita-nos nosso comportamento. Se certas leis são preferíveis a outras, é a elas que cumpre obedecer, não às outras; se certas virtudes são objetivamente superiores, cumpre esforçar-se para adquiri-las na vida. É por intermédio de hierarquias duplas que algumas considerações metafísicas fornecem um fundamente à ética, como neste exemplo característico de Plotino:

> Uma vez que o Uno é o objeto de nossa investigação e que examinamos o princípio de todas as coisas, o Bem e o Primeiro, não devemos afastar-nos dos objetos que estão próximos dos primeiros e ir parar nos últimos de todos; nós mesmos devemos trazer-nos de volta dos objetos sensíveis que são os últimos de todos até aos primeiros objetos...[227]

A uma hierarquia ontológica corresponderá uma hierarquia ética das condutas.

Por uma reação bastante compreensível, se não se está disposto a admitir regras de conduta que resultam da admissão de uma hierarquia dupla, esta será por sua vez atacada. É esse o sentido da observação de Ifícrates que diz aos que queriam coagir seu filho, muito jovem mas grande para a sua idade, às liturgias:

> Se as crianças grandes fossem consideradas homens, os homens pequenos seriam decretados crianças[228].

Vê-se, por esse exemplo, que a argumentação pela hierarquia dupla é às vezes utilizada para levar ao ridículo; mostra-se que os enunciados do adversário implicam uma hierarquia dupla inadmissível.

Faz-se a refutação de uma hierarquia dupla, seja contestando uma das hierarquias, seja contestando a ligação estabelecida entre elas – o que supõe uma mudança na visão do real que foi proposta –, seja mostrando que outra hierarquia dupla vem combater os efeitos da primeira. Em contrapartida, a aceitação de uma hierarquia dupla geralmente confirma a estrutura do real que foi invocada para unir as duas séries.

A esse respeito, as tabelas de presença e de ausência, que poderiam ser consideradas um caso particular de hierarquias duplas limitadas aos graus 0 e 1, podem, de outro ponto de vista, ser consideradas um caso muito geral, referente a ligações cuja estrutura não é especificada e que a observação deve permitir elaborar.

O argumento por hierarquia dupla está na base, parece-nos, de certas técnicas de *amplificação* bem conhecidas. A prova é este exemplo dado por Quintiliano:

> É por suas armas que nos é possível avaliar a altura dos antigos heróis; atestam-no o escudo de Ajax e a lança Pélias de Aquiles[229].

Outra hierarquia, estribada na correlação entre uma hierarquia de atos e a de suas qualificações, consiste em operar um deslocamento da segunda hierarquia inteira; é assim, pensamos nós, que se podem interpretar melhor, em toda a sua generalidade, certos meios descritos pelos antigos:

> Após ter apresentado atos particularmente atrozes sob a luz mais odiosa, atenuamo-los de propósito, para que aqueles que se lhes seguiram pareçam mais negros. É o que fez Cícero, dizendo numa passagem muito conhecida: "Mas, para o réu que processo, são pecadilhos"[230].

Se o deslocamento das qualificações se efetua no sentido da ampliação, é normal que já não se consigam encontrar palavras para designar os crimes mais atrozes:

> É uma indignidade lançar nos ferros um cidadão romano, um crime açoitá-lo com varas, quase um parricídio condená-lo à morte; como chamaria eu a ação de colocá-lo na cruz?[231]

Uma das duas hierarquias parece, pois, incapaz de seguir a outra. Pode-se pretender que essa carência é definitiva e designar como o inexprimível, o incomparável, os termos que ultrapassam certo grau da hierarquia dada e apresentam, por assim dizer, valores de outra ordem.

Quase todos os argumentos por hierarquia dupla podem ser tratados como argumentos *a fortiori*: o intento então não é encontrar, por meio de outra hierarquia, o lugar exato de um elemento numa hierarquia, mas determinar um limite *a quo*. Assim, no argumento de Leibniz citado acima, afirma-se que os cuidados que Deus concederá aos homens serão ao menos tão adequados quanto os concedidos aos passarinhos. Se os deuses não são oniscientes, com mais forte razão tampouco os homens[232]; os sacrifícios que um parente afastado se impõe deveriam ser *a fortiori* assumidos por um parente mais próximo[233].

Reservaremos, porém, o nome de argumento *a fortiori*, no sentido estrito, a certos argumentos em que o limite é reforçado por outra hierarquia dupla da qual ele faz parte. Como neste texto de Isócrates:

> Não é vergonhoso que um só dentre nós tenha bastado outrora para salvar as cidades dos outros e que hoje a totalidade do nosso povo seja incapaz de salvar nossa própria pátria e nem sequer tente fazê-lo?[234]

Hoje, os argumentos *a fortiori* são em geral enunciados com mais discrição:

> Creio que uma grande potência deve ser magnânima. E como, em certa medida, este governo está agindo errado, deveria mostrar mais magnanimidade[235].

A terceira hierarquia que entra em jogo, que chamaremos *confirmativa*, não é derivada termo a termo da primeira, como poderia ocorrer em encadeamentos de hierarquias como: Deuses, homens – leis divinas, leis humanas – obediência às leis divinas, obediência às leis humanas. Portanto, ela não lhe é totalmente paralela, mas usufrui uma independência relativa. Se se trata de determinar uma conduta, ela será reportada a elementos diversos, tais como causa, efeitos, condições, que permitem constituir várias hierarquias duplas agindo no mesmo sentido. No exemplo de Isócrates, a maior importância do objetivo perseguido e a superioridade dos meios de que se dispunha visarão aumentar a vergonha resultante do cotejo das duas situações.

Certas antíteses, notadamente a figura chamada *contrária* na *Rhetorica ad Herennium* que, "sendo dadas duas coisas opostas, emprega uma para provar a outra de modo resumido e fácil"[236], nada mais são que o argumento *a fortiori*. Eis um dos exemplos citados:

> Aquele que conheceste amigo pérfido, como pensar que poderá ser inimigo leal?

O que, parece, estimula a ver nele uma figura é o equilíbrio da frase; mas trata-se de figura argumentativa por excelência.

Aplicados ao próprio discurso, os argumentos de hierarquia dupla poderão servir para situá-lo, quer mediante ligações de sucessão, quer mediante ligações de coexistência; elas terão como objeto os objetivos dele, os meios por ele utilizados, o orador do qual emana, o auditório ao qual é dirigido, elementos esses que podem todos fazer parte de hierarquias. Uma das principais será a classificação dos auditórios conforme sua extensão. Não é impossível que semelhante hierarquia se apresente espontaneamente à mente dos ouvintes, que lhes influencie o juízo sobre o discurso e modifique os efeitos dele.

§ 77. Argumentos concernentes às diferenças de grau e de ordem

Ao examinar o argumento de hierarquia dupla, insistimos no fato de que as hierarquias que lhe servem de fundamento podem ser *quantitativas* ou *qualitativas*; pode até acontecer que uma delas seja qualitativa mas que a outra seja quantitativa, como nas correlações estabelecidas em física, entre as cores e os comprimentos de onda, por exemplo.

As hierarquias quantitativas só apresentam entre seus termos diferenças numéricas, diferenças de grau ou de intensidade, sem que haja entre um termo e o seguinte um corte devido ao fato de se passar a outra ordem.

A importância dessa distinção entre grau e ordem fica bem assinalada por esta frase de Ninon de Lenclos a quem contavam que São Dionísio, decapitado, teria percorrido três quilômetros carregando sua cabeça: "É só o primeiro passo que custa." A resposta é espirituosa porque salienta o valor eminente de uma diferença de ordem em relação a uma diferença de grau.

A introdução de considerações relativas à ordem, resultem elas da oposição entre uma diferença de grau e uma diferença de natureza, ou entre uma diferença de modalidade e uma diferença de princípio, tem o efeito de minimizar as diferenças de grau, de igualar mais ou menos os termos que só diferem entre si pela intensidade e de acentuar o que os separa de termos de outra ordem. Em contrapartida, a transformação de diferenças de ordem em diferenças de grau produz o efeito inverso; ela aproxima, uns dos outros, termos que pareciam separados por uma barreira intransponível e ressalta as distâncias entre os graus.

Eis um texto onde Cícero retoma certas idéias estóicas:

> Não se devem julgar as más ações por seu resultado, mas pelo vício que supõem. A matéria da falta pode ser mais

> ou menos considerável, mas a falta em si mesma... não comporta nem o mais nem o menos. Se um piloto perder um navio carregado de ouro ou uma barca carregada de palha, haverá alguma diferença no valor perdido, nenhuma na imperícia do piloto... fazer o mal é o mesmo que sair dos limites: uma vez fora, a falta está cometida; por mais longe que fordes além da barreira, nada acrescentareis ao erro de a haver transposto[237].

A recusa de hierarquizar as faltas consoante suas conseqüências, a decisão de só levar em conta os vícios do sujeito, tende a estabelecer entre as ações uma hierarquia axiológica caracterizada por um corte brusco entre o que é permitido e o que é proibido. A maior ou menor gravidade da falta é uma conseqüência sem importância: todas pertencem a uma mesma ordem; o que conta acima de tudo é a qualidade da natureza humana revelada pelo ato em questão.

A seguinte passagem da *Terceira pilípica* lembra a de Cícero:

> Filipe, por sua vez, apoderava-se de Sérrio e de Dorisco, expulsava vossas tropas do forte de Sérrio e do Monte Sagrado, onde vosso estratego as havia colocado. Que fazia ele agindo assim? Pois ele já havia jurado a paz. Não me digam: "Mas o que são essas fortalezas ?" ou " que importância têm elas para nós?" Se essas fortalezas são pequenas, se não têm importância para vós, trata-se de outra questão; mas o respeito ao juramento, mas o direito, seja pequena ou grande a infração cometida, sempre têm o mesmo valor[238].

Vê-se que essa técnica de igualização é em geral utilizada quando se teme que certa coisa, em seus graus inferiores, pareça pouco digna de atenção; para prevenir isso, faz-se que estes participem do valor que se concederia normalmente aos graus mais elevados. Situada assim no terreno dos princípios, a questão já não é apreciada unicamente de um ponto de vista utilitário. A afirmação de uma distinção fundamental se opõe à estrita aplicação do argumento pragmático.

Talvez se deva ver um emprego dessa técnica de igualização em certos procedimentos de defesa: reconhecer-se-á, desvelar-se-á uma parte mínima dos fatos, esperando que uma diferença de grau será considerada, em tal circunstância, menos grave do que uma diferença de natureza e ficar-se-á à vontade ante a acusação de haver mentido, de haver-se silenciado.

Transformando uma diferença de natureza em diferença de grau, aproxima-se o que podia parecer depender de ordens incomensuráveis.

Eis uma passagem significativa de Bergson:

> A diferença é profunda [entre a ciência antiga e a ciência moderna]. É mesmo radical sob certo aspecto. Mas, do ponto vista em que a analisamos, é mais uma diferença de grau que de natureza. O espírito humano passou do primeiro gênero de conhecimento ao segundo por aperfeiçoamento gradual, simplesmente buscando uma precisão mais elevada. Há entre essas duas ciências a mesma relação que entre a notação das fases de um movimento pelos olhos e o registro muito mais completo dessas fases pela fotografia instantânea[239].

Pomponazzi rejeita qualquer distinção de ordem entre o espiritual e o material e, com isso, um dos fundamentos da imortalidade da alma, ao pretender que a natureza procede de um modo gradual, que já as formas inferiores, mesmo vegetais, têm uma alma mais ou menos elaborada:

> Há animais intermediários entre as plantas e os animais, como as esponjas marinhas, fixas como as plantas porém sensíveis, à maneira dos animais. Há o macaco, que não se sabe se é bicho ou homem; há a alma intelectiva intermediária entre o temporal e o eterno[240].

Obtém-se o mesmo efeito por meio de uma hipótese evolucionista, que não pode tratar a espécie humana como de uma ordem diferente da do resto do reino animal.

Quando nos encontramos diante de duas áreas de ordem diferente, o estabelecimento de graus no interior de uma delas tem, em geral, o objetivo de atenuar o corte. Prepara-se assim a redução de uma diferença de ordem a uma diferença de grau. A hierarquização no interior de uma das áreas se efetua, de fato, de maneira que seu grau extremo forme transição entre as duas áreas. Assim, o certo e o incerto se juntam mais facilmente a partir do momento em que há graus no interior do incerto; assim também, prepara-se a aproximação entre juízos de valor e juízos de realidade, ao se estabelecer uma graduação no interior dos juízos de valor[241]. Essa técnica pode, aliás, ser utilizada ora em proveito de uma, ora em proveito da outra ordem:

> As ciências da natureza cresceram um bom tanto em direção às ciências do espírito. Em conseqüência disso, as diferenças talvez sejam mais de grau do que de princípio[242].

Conforme se pretenda estar em face de uma diferença de ordem ou de uma diferença de grau, dirigir-se-á ou não a atenção ao que poderia ter provocado, explicado, garantido, ou pelo menos confirmado, o salto de uma ordem a outra. Portanto, muitas vezes os argumentos relativos às diferenças de ordem preparam ou supõem considerações sobre o fenômeno que marca o corte: a mutação, a emergência, explicarão o pulo de uma ordem para outra na cadeia evolutiva; a conversão religiosa fará o indivíduo passar da ordem da natureza para a da graça. Em geral, esse acontecimento-chave é obscuro, imprevisível, irracional; a redução das diferenças de natureza a diferenças de grau tende a suprimir tais elementos, a limitar o espírito ao que é conhecido, familiar, racional.

Dentre as seqüências, a do tempo que transcorre desempenha um papel muito importante. Os fenômenos aos quais essa seqüência serve de guia assumem um aspecto contínuo, homogêneo e, amiúde, também quantificável: duração, crescimento, envelhecimento, esquecimento, aperfeiçoamento podem ser quantificados em função do tempo transcorrido. Mas, em geral, recortam-se os fenômenos sucessivos de modo que fiquem heterogêneos. Já aludimos ao fato de certos períodos históricos serem considerados essências, das quais os fenômenos particulares seriam apenas a manifestação[243]. Tais essências desempenham, do ponto de vista que aqui nos ocupa, o papel de naturezas, de princípios. Isto quer dizer que, cada vez que as utilizarmos, ficaremos inclinados a acentuar o papel dos acontecimentos que originaram ou atestaram a descontinuidade: revolução, guerras, medida governamental autoritária, pensador de prestígio, em suma, todo fenômeno capaz de justificar a cisão entre duas fases da história. Inversamente, cada vez que se renunciar a certas essências, reduzir-se-á o papel desses acontecimentos.

Para minimizar a idéia que se faz de um fenômeno ligado a um corte, seremos levados não só a trocar a diferença de ordem por uma diferença de grau, mas também a introduzir novas diferenças de ordem, que julgaremos mais importantes. Lutando contra o temor da morte, Montaigne nos mostra toda a nossa vida como uma sucessão de "saltos" que nos leva a ela e cujos momentos derradeiros nem sequer são os mais penosos:

> ... não sentimos abalo algum, quando morre em nós a juventude, o que é, em essência e em verdade, uma morte mais dura do que a morte cabal de uma vida moribunda, que é a morte da velhice. Porque não é tão penoso o salto do viver mal ao não viver, como o é o de um viver doce e florescente a um viver penoso e doloroso[244].

Dividindo a vida em várias épocas, que morrem uma após a outra, ele sobrepõe à imagem da morte, gradual e insensível, uma divisão em ordens, diferente da oposição "vida-morte", diminuindo, assim, o corte que esta última parece introduzir. Em contrapartida, aqueles que insistem na importância da morte e que gostariam de torná-la o centro de nossas preocupações terão de descartar todas as outras distinções e hierarquias como sendo apenas vaidade:

> Assim o homem, dirá Bossuet, pequeno em si e envergonhado de sua pequenez, trabalha para crescer e multiplicar-se em seus títulos, em suas posses, em suas vaidades; tantas vezes conde, tantas vezes senhor, detentor de tantas riquezas, amo de tantas pessoas, ministro de tantos conselhos, e assim por diante. Todavia, multiplique-se ele quanto lhe aprouver, sempre continuará sendo necessária para abatê-lo uma única morte... ele jamais se lembra de medir-se por seu caixão, o único, entretanto, que o mede com exatidão[245].

Parece resultar do que precede que existe uma oposição muito clara entre séries quantitativas e hierarquias entre termos que dependem de duas ordens diferentes. Mas, na verdade, é possível que, em dado momento, uma diferença puramente quantitativa acarrete a passagem para fenômenos de outra ordem. Assim é que, para retomar um exemplo que citamos noutra obra[246], por ocasião da discussão, durante os anos que se seguiram à guerra, do plano americano de ajuda à Europa (plano Marshall), as construtoras pretenderam que uma redução de 25% dos créditos transformaria o que fora concebido como um programa de reconstrução num programa de assistência: uma mudança quantitativa acarretaria uma mudança da própria natureza do plano. É evidente que essa afirmação tendia a obter um mínimo de créditos, abaixo do qual os objetivos visados deixariam de ser atingidos.

Que uma mudança quantitativa possa acarretar uma mudança de natureza, os raciocínios que os gregos qualificavam de *sorites* puseram de há muito em evidência[247]. A partir de certo momento, os grãos adicionados aos grãos formam um monte, cabelos arrancados um após o outro transformam um homem cabeludo em calvo. Mas em que momento fixar o limite, difícil de estabelecer e indispensável? Não há critério objetivo a esse respeito, cumpre uma decisão; quando ela for tomada, o corte adquirirá uma importância que apenas a determinação quantitativa poderia justificar.

A existência de certos conceitos facilitará o corte. Assim, os aspectos negativos e positivos de uma hierarquia, quando são indicados por um termo e por sua negação – tais como temperança-intemperança, tolerância-intolerância – serão amiúde interpretados como uma diferença de ordem[248].

Toda elaboração conceitual original modifica de um modo ou de outro as hierarquias admitidas, reduzindo uma distinção de ordem a uma diferença de grau ou, inversamente, substituindo uma hierarquização por outra, julgada mais fundamental. Esses modos diversos de estruturar e de reestruturar o real exercem inegáveis efeitos sobre as avaliações e sobre a maneira de fundamentá-las.

Capítulo III

As ligações que fundamentam a estrutura do real

a) O FUNDAMENTO PELO CASO PARTICULAR

§ 78. A argumentação pelo exemplo

Nos parágrafos a seguir, analisaremos as ligações que fundamentam o real pelo recurso ao caso particular. Este pode desempenhar papéis muito variados: como exemplo, permitirá uma generalização; como ilustração, esteará uma regularidade já estabelecida; como modelo, incentivará a imitação. Examinaremos sucessivamente esses três tipos de argumentos.

A argumentação pelo exemplo implica – uma vez que a ela se recorre – certo desacordo acerca da regra particular que o exemplo é chamado a fundamentar, mas essa argumentação supõe um acordo prévio sobre a própria possibilidade de uma generalização a partir de casos particulares ou, pelo menos, sobre os efeitos da inércia[1]. Este último acordo poderá ser posto em dúvida em dado momento, mas não é amparado numa argumentação pelo exemplo que, nesse nível da discussão, militaremos. Por isso o problema filosófico da indução não se prende ao nosso atual propósito.

Quando um fenômeno é introduzido no discurso a título de exemplo, ou seja, como detonador de uma generalização? A favor de qual regra o exemplo citado constitui um argumento? Eis as duas questões que se apresentam com toda a naturalidade.

Nem toda descrição de um fenômeno deve ser considerada como um possível exemplo. Para certos teóricos da história, esta teria justamente o caráter de prender-se ao que, nos eventos estudados, é único, em razão do lugar particular que eles ocupam numa série cujo conjunto forma um processo contínuo, caracterizado por esses próprios eventos.

Em ciências, os casos particulares são tratados, quer como exemplos que devem levar à formulação de uma lei ou à determinação de uma estrutura, quer como amostras, ou seja, ilustração de uma lei ou de uma estrutura reconhecidas. Em direito, invocar o precedente significa tratá-lo como um exemplo que fundamenta uma regra, nova pelo menos sob alguns de seus aspectos[2]. Por outro lado, uma disposição jurídica é com freqüência encarada como um exemplo de princípios gerais, reconhecíveis a partir dessa disposição.

Em muitas circunstâncias, o orador manifesta claramente sua intenção de apresentar os fatos como exemplos; mas nem sempre é isso que acontece. Certas revistas americanas se aprazem em contar a carreira de tal grande industrial, de tal político ou de uma estrela de cinema, sem dela tirar lição explícita. Esses fatos serão simplesmente uma contribuição para a história ou para a história comezinha, servirão de exemplos para uma generalização espontânea, serão ilustrações de algumas receitas bem conhecidas para progredir socialmente, estarão querendo propor os heróis desses relatos como modelos prestigiosos, contribuindo, assim, para a educação do público? Nada permite dizê-lo com certeza; provavelmente o relato deve cumprir, e cumpre efetivamente, para diferentes categorias de leitores, todas essas funções simultaneamente.

Não obstante, quando são evocados fenômenos particulares uns em seguida dos outros, mormente se oferecem alguma similitude, ficaremos inclinados a ver neles exemplos, ao passo que a descrição de um fenômeno isolado seria tomada mais por uma simples informação. Um procurador, como personagem de teatro, pode passar por um homem particular, não representativo; se, na mesma peça, são postos em cena dois procuradores, o comportamento deles parecerá um exemplo do de toda uma profissão[3]. O simples fato de pôr um acontecimento no plural é significativo a esse respeito:

> É graças a ele [ao plural], diz Caillois num interessante comentário, que se efetua a promoção poética, a generalização que, dando ao acontecimento inimaginável um valor de arquétipo, permite-lhe inserir-se nos anais humanos. O autor não age diferentemente quando fala dos Coliseus, das Castelas ou das Flóridas, quando escreve que "a terra contava seus reis Renatos" (Vents, IV, 5) ou quando multiplica, sem a nomear, a infinitamente única Ilha da Páscoa (*Vents*, IV, 2)[4].

Para assegurar-nos de que estamos diante de uma argumentação pelo exemplo, nada igual, porém, às exposições em que ela se apresenta formalizada. O caso extremo seria a frase com cinco membros dos antigos lógicos indianos:

O monte é flamejante
Porque fumegante
Tudo o que é fumegante é flamejante, assim como a fornalha;
Assim como este,
Logo, assim[5].

Quando, em contrapartida, ele próprio não tira nenhuma conclusão dos fatos que alega, nunca ficamos seguros de que o orador deseja que seus enunciados sejam considerados exemplos. Schopenhauer menciona um estratagema consistente em tirar do que diz o orador certas conclusões que vão de encontro ao seu pensamento[6]: tratar como exemplo o que o orador assim não entendia, pode ser uma maneira de embaraçá-lo bastante.

O emprego da argumentação pelo exemplo, conquanto abertamente proclamado, tende muitas vezes a fazer-nos passar deste para uma conclusão igualmente particular, sem que seja enunciada nenhuma regra. É o que se chama a *argumentação do particular ao particular*:

> Urge fazer preparativos militares contra o Grande Rei e não o deixar sujeitar o Egito; com efeito, Dario não invadiu a Europa antes de haver tomado o Egito e, quando o tomou,

> invadiu-a; e, mais tarde, Xerxes nada empreendeu antes de o haver conquistado e, quando se apoderou dele, invadiu a Europa, de sorte que, se o príncipe em questão o tomar, invadirá a Europa; por isso não se deve deixá-lo fazer[7].

Assim como a passagem do exemplo à regra, essa forma de raciocínio apela para a inércia. As noções utilizadas para descrever o caso particular que serve de exemplo desempenham, aliás, implicitamente, o papel de regra que permite a passagem de um caso a outro. Esse curioso raciocínio de S. Weil poderá nos esclarecer:

> Assim como a única maneira de demonstrar respeito por aquele que sofre de fome é dar-lhe de comer, assim também o único meio de demonstrar respeito por aquele que se pôs fora da lei é reintegrá-lo à lei submetendo-o ao castigo que ela lhe prescreve[8].

A regra, implícita nessa argumentação, é que o único meio de demonstrar respeito a um ser é dar-lhe o que lhe falta; mas, enquanto o exemplo do esfaimado não se presta à contestação, porque pontos de vista objetivo e subjetivo coincidem, visto que o esfaimado "sofre da fome", a aplicação da regra no caso do criminoso faz prevalecer o ponto de vista objetivo, sem se preocupar exageradamente com os desejos daquele a quem é dirigida a nossa solicitude.

A crítica dessa argumentação do particular ao particular, que é característica dos diálogos socráticos, será centrada no material conceitual que torna possível a passagem de uma das situações analisadas à outra.

Seja qual for a maneira pela qual o exemplo é apresentado, em qualquer área que se desenvolva a argumentação, o exemplo invocado deverá, para ser tomado como tal, usufruir estatuto de fato, pelo menos provisoriamente; a grande vantagem de sua utilização é dirigir a atenção a esse estatuto. Assim, a maior parte das considerações de Alain partem de um relato concreto que o ouvinte não tem nenhum motivo para pôr em dúvida. A rejeição do exemplo, seja porque é contrário à verdade histórica, seja porque é possível opor razões convincentes à generalização proposta, enfraquecerá consideravelmente a adesão à tese que se queria promover. Isso porque a escolha de um exemplo, enquanto elemento de prova, compromete o orador, como uma espécie de confissão. É legítimo supor que a solidez da tese é solidária da argumentação que a pretende estabelecer.

Qual é a generalização que pode ser tirada do exemplo? A essa questão se vincula estreitamente a de saber quais são os casos que podem ser considerados exemplos da mesma regra. Isso porque é em relação a uma certa regra que alguns fenômenos são intercambiáveis e, por outro lado, a enumeração destes permite discernir o ponto de vista no qual foram assimilados um ao outro. É por essa razão que, quando se trata de aclarar uma regra com casos de aplicação variáveis, é útil fornecer alguns exemplos dela, tão diferentes quanto possível, pois dessa forma indica-se que, nesse caso, tais diferenças não importam. Assim, nesta passagem de Berkeley:

> Observo, ademais, que o pecado ou a torpeza moral não consiste na ação física exterior ou no movimento, mas está no afastamento interior da vontade com relação às leis da razão e da religião. Isso é claro, pois matar um inimigo na batalha e condenar legalmente à morte um criminoso não é considerado pecado; contudo, o ato exterior é exatamente o mesmo que no caso do assassínio[9].

Multiplicando os exemplos, Berkeley precisa seu pensamento como por um comentário. A sistematização desse procedimento leva às regras clássicas referentes à variação das condições na indução, cuja aplicação pode levar a definir um princípio de alcance totalmente geral. Assim, o princípio da alavanca pode ser empregado sob tal variedade de formas que mal haveria uma característica física comum a cada uma delas[10].

Em vez de multiplicar somente exemplos diferentes, reforça-se às vezes a argumentação pelo exemplo por meio de argumentos de hierarquia dupla, o que possibilita raciocinar *a fortiori*. É o que chamaremos de recurso ao exemplo hierarquizado:

> [Todos os povos veneram os sábios]. Por exemplo, os pários veneraram Arquíloco apesar de suas difamações; e os quios, Homero, que entretanto não era seu concidadão; e os mitilenses, Safo, conquanto fosse uma mulher; e os lacedemônios, Quilão... conquanto tivessem pouquíssimo gosto pelas letras...[11]

Parece que Whately, no argumento da "aproximação progressiva" não recomenda outra coisa senão o recurso ao exemplo hierarquizado[12].

A escolha do exemplo mais probatório, por sua realização ser a mais difícil, pode ensejar a caricatura. Se, para provar que os desgostos podem embranquecer numa noite os cabelos de certas vítimas, conta-se que esse acidente pouco comum aconteceu a um negociante que se desesperava com a perda de suas mercadorias no mar e que foi a sua peruca que ficou subitamente grisalha[13], obtém-se um efeito que se prende ao cômico da argumentação. Muitas patranhas não passam de exemplos hierarquizados, que se pretendem por demais convincentes.

Observemos a propósito disso que os exemplos interagem, no sentido de que a menção de um novo exemplo modifica o significado dos exemplos já conhecidos; ela permite especificar o ponto de vista sob o qual os fatos anteriores deveriam ser considerados. Em direito, notadamente, enquanto se reserva às vezes o nome de precedente à primeira decisão tomada segundo certa interpretação da lei, o alcance desse julgamento pode só ser depreendido aos poucos, depois de decisões posteriores. Assim, o fato de contentar-se com um único exemplo na argumentação parece indicar que não se percebe nenhuma dúvida quanto ao modo de generalizar. A situação é quase igual, desse ponto de vista, quando se menciona em bloco, por meio de uma fórmula única, tal como "vê-se muitas vezes que...", numerosos casos. Decerto pode-se presumi-los um tanto diferentes um do outro mas, com vistas à generalização, são tratados como um exemplo único. A multiplicação dos casos não diferenciados é, em contrapartida, importante quando, em vez de visar à generalização, procura-se determinar a freqüência de um acontecimento e chegar à conclusão da probabilidade que se terá de observá-lo posteriormente.

Aliás, aqui também o caráter não diferenciado dos acontecimentos supõe, porém, uma variabilidade das condições; por isso, a escolha dos casos em observação deverá ser feita de tal forma que se fique seguro do caráter representativo das amostras extraídas do real.

Em muitos enunciados, notadamente na passagem de Berkeley citada acima, um papel essencial é desempenhado igualmente pelo caso invalidante, o *exemplum in contrarium*, que impede uma generalização indevida, ao mostrar que ela é incompatível com ele, e indica, portanto, em qual direção somente a generalização é permitida.

A infirmação da regra, pelo caso invalidante, e a rejeição ou a modificação subseqüentes desta é que, segundo Karl Popper, fornecerá o único critério que torna possível o controle empírico de uma lei natural[14].

Mas o caso invalidante, mesmo inconteste, redunda sempre na rejeição da lei? Sim, sem dúvida, se entendermos por isso um enunciado aplicável a um conjunto de casos, que englobe igualmente o caso invalidante. Isto supõe, no limite, que este era previsível antes da formulação da regra, o que não teria o menor sentido. Na realidade, um caso particular, observado, jamais pode estar em contradição absoluta com um juízo cuja universalidade é empírica. Ele só pode reforçá-lo ou enfraquecê-lo[15]. A lei poderá ser sempre mantida, atribuindo-lhe um alcance ligeiramente diferente, que levaria em conta o novo caso.

Poder-se-á igualmente mantê-la restringindo-lhe o campo de aplicação, recorrendo, por exemplo, à noção de *exceção*: a relação entre os eventos ligados pela lei deixa, como em gramática ou em lingüística, de ser absoluta. Por vezes buscar-se-á substituir uma lei determinista por uma correlação mais ou menos forte.

Essas duas soluções pressupõem admitidos e, até, teoricamente enumeráveis, os eventos que exigem ajustes ou atenuações da lei. Cumprirá encontrar outras soluções quando essa enumeração não puder ser imaginada. Nesses casos, deixar-se-á freqüentemente a regra subsistir, mas especificar-se-ão as categorias de eventos aos quais ela não é aplicável. Mencionemos, como procedimento dessa espécie, o recurso à noção de milagre. A existência do fato milagroso não acarreta a modificação da lei natural; muito pelo contrário, para que haja milagre é preciso que o fato e a lei coexistam, cada qual em seu domínio. Outra técnica consistirá em transformar a regra que poderia estar ameaçada em regra convencional. É isso que se tenta fazer quando se considera o determinismo como uma regra de método e não como uma lei científica[16], ou quando se estabelecem presunções legais.

Boa parte da argumentação consiste em levar os auditórios a pensar o fato invalidante, ou seja, a reconhecer que os fatos que admitem contrariam regras que eles também admitem. Certas experiências de Eliasberg nos ensinam que há interação entre a percepção de fatos invalidantes e a consciência da regra. Uma criança deve encontrar cigarros colocados sob certas cartas (azuis); quando se delineia uma tendência a escolher cartas azuis, introduz-se uma prova na qual não há cigarros sob *uma* dessas cartas. A regra é levada desde então ao nível da consciência clara e a criança não tarda a formulá-la[17]. Não é de espantar, pois, que seja possível, na argumentação, valer-se de casos invalidantes não só para provocar a rejeição da regra, mas também para pô-la em evidência. É o que se dará notadamente em direito, onde as leis concernentes à exceção são as únicas que dão a conhecer uma regra que nunca foi enunciada em outra instância.

Na argumentação pelo exemplo, o papel da linguagem é essencial. Quando dois fenômenos são subsumidos sob um mesmo conceito, a assimilação deles parece resultar da própria natureza das coisas, ao passo que a diferenciação deles parece necessitar de uma justificação. É por isso que, salvo nas disciplinas em que o uso de conceitos é concomitante a uma técnica que lhes especifica o campo de aplicação, aqueles que argumentam adaptarão amiúde as noções utilizadas às necessidades da sua exposição. A argumentação pelo exemplo fornece um caso eminente em que o sentido e a extensão das noções são influenciados pelos aspectos dinâmicos de seu emprego. Aliás, essa adaptação, essa modificação das noções parece o mais das vezes tão natural, tão conforme às necessidades da situação, que passa quase completamente despercebida.

A utilização da linguagem para a assimilação de casos diversos desempenha um papel tanto mais importante quanto maior é o cuidado de subsumir os exemplos sob uma mesma regra, sem a modificar. Será isso certamente o que se dará em direito. A assimilação de novos casos por ocasião de uma decisão judiciária não é simplesmente uma passagem do geral ao particular, ela também contribui para o fundamento da realidade jurídica, ou seja, das normas, e já sabemos que novos exemplos reagem sobre os antigos, modificando-lhes o significado. Salientou-se com razão que, graças ao que chamamos de *projeção*, essa assimilação de casos novos, não previsíveis no momento em que a lei foi elaborada ou não levados em consideração, podia ocorrer com relativa facilidade, sem a utilização de nenhuma técnica de justificação[18]. A linguagem precede muitas vezes o jurista; a decisão do jurista, por sua vez – pois a linguagem lhe facilita a tarefa mas não lhe impõe decisão –, poderá reagir sobre a linguagem, fazer notadamente que duas palavras, que poderiam ter sido, em dado momento, consideradas homônimas, sejam interpretadas como dependentes de um único conceito.

§ 79. A ilustração

A ilustração difere do exemplo em razão do estatuto da regra que uma e outro servem para apoiar.

Enquanto o exemplo era incumbido de fundamentar a regra, a ilustração tem a função de reforçar a adesão a uma regra conhecida e aceita, fornecendo casos particulares que esclarecem o enunciado geral, mostram o interesse deste através da variedade das aplicações possíveis, aumentam-lhe a presença na consciência. Embora haja situações em que se pode hesitar quanto à função cumprida por tal caso particular introduzido numa argumentação, ainda assim a distinção proposta nos parece importante e significativa, pois, sendo o papel da ilustração diferente daquele do exemplo, sua escolha estará sujeita a outros critérios. Enquanto o exemplo deve ser incontestável, a ilustração, da qual não depende a adesão à regra, pode ser duvidosa, mas deve impressionar vivamente a imaginação para impor-se à atenção.

Aristóteles já distinguira dois empregos do exemplo, conforme se disponha ou não de princípio de ordem geral.

(Uso como elemento de indução, uso como testemunho.) Mas, segundo ele, o papel dos casos particulares seria diferente conforme precedam ou sigam a regra à qual se relacionam. O que faria com que:

> se os colocamos como epígrafe, cumpre necessariamente apresentar vários deles; como epílogo, mesmo um só basta; pois uma prova honesta, ainda que única, é eficaz[19].

A ordem do discurso não é, contudo, um fator essencial. Os exemplos podem vir depois da regra que devem provar, as ilustrações de uma regra cabalmente aceita podem preceder seu enunciado; quando muito, a ordem incitará a considerar um fato como exemplo ou como ilustração – e Aristóteles tem razão de alertar que a exigência do ouvinte será maior na primeira interpretação.

Bacon, enfatizando com firmeza que não se trata de uma questão referente à ordem do discurso mas, realmente, ao seu conteúdo, assevera, por sua vez, que os exemplos devem ser detalhados em seu uso indutivo, porque as circunstâncias podem ter um papel capital no raciocínio, ao passo que, em seu uso "servil", podem ser relatados sucintamente[20]. Nesse ponto, não seguiremos Bacon, pois a ilustração, cujo objetivo é conferir presença, deverá às vezes ser desenvolvida e conter detalhes contundentes e concretos, dos quais, ao contrário, o exemplo será prudentemente despojado, para evitar que o pensamento seja distraído ou se desvie da meta que o orador se propõe. A ilustração corre muito menos que o exemplo o risco de ser mal interpretada, uma vez que somos guiados pela regra, conhecida e às vezes muito familiar.

Whately diz com nitidez que certos exemplos não são introduzidos para provar, mas para deixar claro, "for illustration"[21]. Ele discute, a esse respeito, uma passagem do *De officiis*, na qual Cícero sustenta que nada que seja desonroso pode ser oportuno e dá como exemplo disso o intento atribuído a Temístocles de queimar a frota aliada, intento que, segundo Cícero e contrariamente ao parecer de Aristides, não teria sido oportuno, por ser injusto[22]. Whately observa que esta última afirmação constituiria uma petição de princípio, se nela víssemos um exemplo que devesse fundamentar a regra, já que a pressupõe, mas que isso não é verdade quando se trata de uma explicação destinada a ilustrar-lhe o alcance.

Se bem que sutil, a pequena diferença entre exemplo e ilustração não é irrelevante, pois permite compreender que, não só o caso particular nem sempre serve para fundamentar a regra, mas também que às vezes a regra é enunciada para vir apoiar casos particulares que pareciam dever corroborá-la. Em seus contos fantásticos, Poe e Villiers de l'Isle-Adam começam em geral suas narrativas com o enunciado de uma regra, da qual estas seriam depois apenas uma ilustração: esse procedimento visa reforçar a credibilidade dos acontecimentos.

Quando, no início da segunda parte do *Discurso do método*, Descartes considera que

> freqüentemente não há tanta perfeição nas obras compostas de várias peças e feitas pelas mãos de vários mestres, quanto naquelas em que apenas um trabalhou,

ele faz esse enunciado ser seguido por uma enumeração de casos particulares. O edifício construído por apenas um arquiteto é mais belo, uma cidade, mais ordenada; uma constituição, obra de um legislador só, bem como a verdadeira religião, "cujos mandamentos Deus fez sozinho", é incomparavelmente mais bem regulamentada; os raciocínios de um homem de bom senso, concernentes às coisas que são apenas prováveis, estão mais próximos da verdade do que a ciência dos livros; os juízos daqueles que teriam sido conduzidos apenas pela razão, desde o nascimento, seriam mais puros e mais sólidos do que os dos homens governados por vários mestres. Segundo E. Gilson[23], Descartes dá esses exemplos para sustentar sua proposição da superioridade daquilo que foi feito por um homem sozinho e justificar o desígnio, por ele concebido, de reconstruir, a partir dos fundamentos que propõe, todo o corpo das ciências. Mas os diferentes casos citados constituirão, todos eles, exemplos? Olhando-os de perto, mais parece que os dois últimos são ilustrações de uma regra já estabelecida por meio dos exemplos que os precedem; com efeito, se a idéia que tinham do belo, do ordenado, do sistemático, permitia aos contemporâneos de Descartes admitir o valor de suas reflexões acerca do edifício, da cidade, da constituição ou da religião, suas duas últimas afirmações eram nitidamente paradoxais e só podiam ser consideradas com certo favor se nelas fossem vistas ilustrações de uma regra aceita, pois elas supõem uma concepção e um critério da verdade e do método que constituem a originalidade do pensamento cartesiano. Numa enumeração, nem todos os casos particulares que visam estear uma regra desempenham o mesmo papel, pois, se os primeiros devem ser indiscutíveis, para ter todo o peso possível na controvérsia, os seguintes já usufruem do crédito concedido aos precedentes, e os derradeiros podem servir apenas de ilustrações. Isto explica não só que todos os casos não estão no mesmo plano e que a ordem de sua apresentação não é reversível, mas também que a passagem do exemplo à ilustração se efetua muitas vezes de um modo insensível e que são possíveis controvérsias acerca da forma de compreender e de qualificar o uso de cada caso particular e suas relações com a regra.

Como a ilustração visa aumentar a presença, concretizando uma regra abstrata por meio de um caso particular, é comum a tendência de nela ver uma imagem, "a vivid picture of an abstract matter"[24]. Ora, a ilustração não tende a substituir o abstrato pelo concreto, nem a transpor as estruturas para outra área, como faria a analogia[25]. Ela é verdadeiramente um caso particular, corrobora a regra, que até pode, como no provérbio, servir para enunciar[26]. A verdade é que a ilustração é muitas vezes escolhida pela repercussão afetiva que pode ter. A ilustração utilizada por Aristóteles na passagem adiante oferecia decerto esse caráter; trata-se, para ele, de opor o estilo periódico ao estilo coordenado, cujo inconveniente é não ter um fim em si mesmo:

> ... ora, não há ninguém que não deseje ver claramente o fim em tudo. É isso que explica que, tendo chegado às balizas do estádio onde se faz a curva, os corredores ficam ofegantes e sucumbem, ao passo que, antes, enquanto tinham a meta diante dos olhos, não sentiam o cansaço[27].

Com muita freqüência a ilustração terá o objetivo de facilitar a compreensão da regra, por meio de um caso de aplicação indiscutível. É essa a função que ela exerce freqüentemente em Leibniz, como na passagem a seguir:

> ... cumpre que ele [o mal moral] só seja admitido ou *permitido* na medida em que é visto como uma conseqüência certa de um dever indispensável, de sorte que aquele que não quisesse permitir o pecado alheio, faltaria ele próprio ao seu dever; como se um oficial, que deve guardar um posto importante, o largasse, sobretudo em tempo de perigo, para impedir uma briga na cidade entre dois soldados da guarnição prestes a se matarem mutuamente[28].

Da mesma maneira que o exemplo hierarquizado, encontraremos a ilustração surpreendente, inesperada, prestigiosa, que, por isso mesmo, deve servir para fazer apreciar o alcance da regra. Méré ilustra assim a afirmação de que apenas é amado quem é amável:

> Quando penso que o Senhor ama este e odeia aquele sem que se saiba por quê, não encontro outra razão senão um fundo de Atrativo que ele vê num e não encontra no outro, e fico persuadido de que o melhor meio, talvez o único, para salvar-se, seja agradar-lhe[29].

A ilustração inadequada não desempenha o mesmo papel que o caso invalidante, porque, não estando a regra questionada, o enunciado da ilustração inadequada repercute mais naquele que a formula e dá provas de sua incompreensão, de seu desconhecimento do sentido da regra.

Ainda assim, a ilustração voluntariamente inadequada pode constituir uma forma de *ironia*. Dizendo, sem tomar fôlego: "Você tem de respeitar seus pais; quando um deles o repreender, replique-lhe vivamente", põe-se em dúvida a seriedade da regra.

Esse emprego irônico da ilustração inadequada é surpreendente sobretudo no tocante a qualificações. Notar-se-á a esse respeito que a "regra", no sentido em que dela tratamos, é todo enunciado genérico em relação ao que é uma aplicação dela. A qualificação dada a uma pessoa pode ser considerada uma regra cujas ilustrações seriam fornecidas por seus comportamentos[30]. Antônio usa a ilustração voluntariamente inadequada quando, embora não cessando de repetir que Bruto é um homem honrado, enumera seus atos de ingratidão e de traição[31]; Montherlant a usa, em *Les jeunes filles*, quando, fazendo Costals assegurar que Andrée Hacquebaut é inteligente, convence-nos a cada página de sua estupidez[32]. Certas figuras clássicas, como a *antífrase*, seriam amiúde apenas uma aplicação desse mesmo procedimento.

Assim como o exemplo permite não só fundamentar uma regra, mas também passar de um caso particular a outro, a comparação, quando não é uma avaliação[33], costuma ser uma ilustração de um caso por meio de outro, sendo ambos considerados aplicações de uma mesma regra. Eis um exemplo típico de seu uso:

> As dificuldades é que revelam os homens. Assim, quando sobrevém uma dificuldade, lembra-te de que Deus, como um professor de ginásio, fez-te enfrentar um jovem e rude parceiro[34].

A referência a uma regra, se bem que totalmente implícita, é certa também, tratando-se, pois, realmente de uma ilustração, numa frase como esta:

> Não há morto, não moribundos, é a parte do campo de batalha, próxima da ambulância, que se limpa por asseio. As primeiras medas, as primeiras sebes estão vazias de feridos, como de seus frutos num pomar os galhos baixos[35].

Certas comparações ilustram uma qualificação genérica por meio de um caso concreto, bem conhecido dos ouvintes: trata-se de expressões do tipo "altivo como Artaban", "rico como Creso"... Tais expressões deveriam transferir para a pessoa a quem são aplicadas algo do caráter eminente da ilustração escolhida, mas tendem rapidamente ao "clichê", tendo quanto muito o alcance de um superlativo.

Que papel o caso particular fictício, a experimentação mental desempenham na argumentação? Mach, Rignano, Goblot, Ruyer e Schuhl, entre outros, analisaram esse problema, que se coloca sobretudo no que tange à ilustração[36]. De fato, quando a regra é suficientemente conhecida é que uma situação que a deve ilustrar pode ser construída com a maior facilidade, como, para ilustrar a regra que prescreve designar por sorteio os chefes responsáveis, a história dos marinheiros que escolhem por sorteio o capitão ao qual será confiada a direção do navio[37]. Não confundamos, a esse respeito, casos fictícios e casos forjados pelo autor, para as necessidades da causa, mas que poderiam perfeitamente acontecer.

O autor da *Rhetorica ad Herennium* explica por que julga preferível compor ele mesmo os textos que devem ilustrar suas regras de retórica, em vez de tomá-los de empréstimo, como faziam os gregos, aos grandes escritores[38]. O caso forjado fica mais estreitamente vinculado à regra do que o caso observado; indica melhor que este que o êxito é possível para quem se amolda à regra e em que consiste esta. Entretanto, essa garantia é em parte ilusória. O caso forjado é igual a uma experiência montada num laboratório escolar. Mas é possível que ele tenha sido inventado muito mais com base num modelo prestigioso do que como aplicação da regra que deve ilustrar.

§ 80. O modelo e o antimodelo

Quando se trata de conduta, um comportamento particular pode não só servir para fundamentar ou ilustrar uma regra geral, como para estimular a uma ação nele inspirada.

Existem condutas espontâneas de imitação. Por isso a tendência à imitação foi considerada amiúde um instinto, e da maior conseqüência, aos olhos do sociólogo[39]. Ademais, conhece-se a importância atribuída pela psicologia contemporânea aos processos de identificação[40]. Nós mesmos insistimos no papel da inércia, no fato de que a repetição de uma mesma conduta não tem de ser justificada, ao contrário da alteração e da mudança, e na importância que, por isso, se confere ao precedente[41].

Mas a imitação de uma conduta nem sempre é espontânea. Às vezes pode-se ser levado a ela. A argumentação se fundamentará, quer na regra de justiça[42], quer num modelo ao qual se pedirá que se amoldem, como no exemplo de Aristóteles:

> Se foi belo para as Augustas Deusas submeterem-se à sentença do Areópago, não seria o mesmo para Mixidêmides![43]

Podem servir de modelo pessoas ou grupos cujo prestígio valoriza os atos. O valor da pessoa, reconhecido previamente, constitui a premissa da qual se tirará uma conclusão preconizando um comportamento particular. Não se imita qualquer um; para servir de modelo, é preciso um mínimo de prestígio[44]. Segundo Rousseau:

> O macaco imita o homem, que ele teme, não imita os animais, que despreza; julga bom o que é feito por um ser melhor que ele[45].

Se alguém serviu de modelo é porque possui, portanto, certo prestígio, cuja prova pode ser fornecida por esse próprio fato[46]:

> Dá tua própria ponderação como exemplo aos outros, escreve Isócrates a Nícocles, lembrando-te de que os costumes de um povo se assemelham com aqueles de quem o governa. Terás uma prova do valor de tua autoridade real quando constatares que teus súditos adquiriram maior desembaraço e costumes mais bem policiados graças à tua atividade[47].

Habitualmente, o modelo glorificado é proposto para a imitação de todos; por vezes trata-se de um modelo reservado a um pequeno número ou somente à própria pessoa; por vezes é um padrão (*pattern*) a ser seguido em certas circunstâncias: comporte-se, nessa situação, como bom pai de família, ame a seu próximo como a você mesmo, considere verdadeiras unicamente proposições concebidas tão clara e distintamente quanto a proposição "penso, logo existo"[48].

Um homem, um meio, uma época serão caracterizados pelos modelos que se propõem e pela maneira pela qual os concebem. É significativo constatar que, para assinalar a revolução intelectual ocorrida na França na virada do século XVII, Pierre de La Ramée, na elaboração de sua dialética, procurará modelos nos poetas, nos oradores, nos filósofos e nos juristas[49] ao passo que Descartes propõe a si mesmo como modelo aos leitores[50].

O modelo indica a conduta a seguir; serve também de caução a uma conduta adotada. Para justificar seus sarcasmos para com os jesuítas, Pascal invocará uma série de Padres da Igreja e o próprio Deus, que não hesitaram em fustigar o erro[51].

O fato de seguir um modelo reconhecido, de restringir-se a ele, garante o valor da conduta; portanto, o agente que essa atitude valoriza pode, por seu turno, servir de modelo: o filósofo será proposto como modelo à cidade porque ele próprio tem como modelo os deuses[52]; Santa Teresa será inspiradora da conduta dos cristãos, porque ela própria tinha Jesus como modelo[53].

Há que acrescentar, porém, que a indiferença ao modelo pode, por sua vez, ser dada como modelo; propõe-se como modelo aquele que é capaz de furtar-se às tentações da imitação. O fato de poder haver uma argumentação pelo modelo nesse plano da originalidade mostra claramente que os modos de argumentação se aplicam às mais diversas circunstâncias, o que significa que a técnica argumentativa não é ligada a tal situação social definida nem ao respeito a estes ou àqueles valores.

Por outro lado, sobre quem é modelo e inspirador dos outros, pesa uma obrigação que será, o mais das vezes, determinante em sua conduta. É desse argumento, como vimos, que se vale Isócrates para educar Nícocles. Esse tema forma o essencial de uma peça contemporânea, em que o primogênito de dois irmãos, por constituir o modelo do outro, vê sua conduta inspirada por ele:

> É nele que confronto a imagem que conheço de mim com aquela que ele formou, e que modelo uma pela outra. Sem ele, eu nada seria, pois é por ele que me provo[54].

O modelo deve vigiar sua conduta, pois o menor de seus deslizes justificará milhares de outros, com muita freqüência até por meio de um argumento *a fortiori*. Pascal teve razão de constatar que:

> O exemplo da castidade de Alexandre não fez tantos castos quanto o de sua embriaguez fez intemperantes. Não é vergonhoso não ser tão virtuoso quanto ele e parece desculpável não ser mais vicioso do que ele[55].

O ser prestigioso será descrito em função de seu papel de modelo, enfatizarão esta ou aquela de suas características ou de seus atos, até adaptarão sua imagem ou sua situação para que seja possível inspirar-se mais facilmente em sua conduta:

> Um homem de bem, escreverá o cavalheiro de Méré, deve viver quase como um grande Príncipe que se encontra num país estrangeiro sem súditos e sem séquito e que a fortuna reduziu a conduzir-se como um honesto particular[56].

Atribuir certa qualidade a seres superiores permite, se o fato for aceito, argumentar pelo modelo e, se ele for contestado, valorizar essa qualidade como sendo de todo modo digna de ser atribuída ao modelo. Assim, segundo Isócrates:

> ... contam que os deuses, eles também, são governados por Zeus, seu rei. Se o relato desses fatos é exato, é evidente que os próprios deuses julgam essa instituição preferível às outras. Se ninguém conhece a verdade absoluta e se cada qual recorre às suas próprias conjeturas para conceber assim a vida dos deuses, essa é a prova de que todos nós pomos no primeiro lugar a monarquia...[57]

Da mesma forma, Montesquieu faz Usbek dizer:

> Assim, mesmo que não houvesse Deus, deveríamos sempre amar a justiça; ou seja, empenharmo-nos para nos parecer com esse ser de quem temos uma idéia tão bela e que, se existisse, seria necessariamente justo[58].

Conquanto servir de modelo seja um sinal de prestígio, o cotejo, provocado pela imitação, entre o modelo e aqueles que nele se inspiram e que, quase sempre, lhe são inferiores, pode desvalorizar um pouco o modelo. Já vimos que toda comparação acarreta uma interação entre os termos[59]. Além do mais, ao vulgarizá-lo, tira-se do modelo o valor proveniente de sua distinção: o fenômeno da moda, com todas as suas transformações, é explicado, sabe-se, pelo desejo, próprio da massa, de aproximar-se daqueles que dão o tom e pelo desejo de diferenciação e de fuga próprio daqueles a quem se copia. O mesmo Isócrates, que aconselha a Nícocles servir de modelo à multidão, perdir-lhe-á que dela se distinga:

> ... tu não podes [chefe supremo de uma multidão] ter os mesmos sentimentos que todos, convencido de que não aprecias a gravidade dos negócios e a sabedoria dos homens com base nos prazeres que eles te proporcionam, mas que tu os pões à prova com base em seu valor prático[60].

A multidão tornou-se aqui antimodelo.

Se a referência a um modelo possibilita promover certas condutas, a referência a um contraste, a um *antimodelo* permite afastar-se delas. Para certos pensadores, como Montaigne, a ação do antimodelo é a mais eficaz:

> Pode haver alguns iguais a mim, que me educo mais contrariando os exemplos do que os imitando e mais deles fugindo do que os seguindo. Nessa espécie de disciplina pensava o velho Catão, quando disse que os sensatos têm mais que aprender com os loucos do que os loucos com os sensatos; e Pausânias conta que um velho tocador de lira costumava obrigar seus discípulos a irem ouvir um mau músico que morava em frente, para aprenderem a odiar suas desafinações e compassos errados...[61]

O efeito de contraste é obtido graças ao argumento do antimodelo ou porque se avalia o ato por suas conseqüências, que são deploráveis? Há, aí, duas argumentações diferentes, embora uma interação entre elas seja inevitável: julga-se o agente por seus atos ou inversamente? Apenas no segundo caso é que veremos o efeito do antimodelo, tal como o descreve o cavalheiro de Méré:

> Noto também que não se foge somente daqueles que desagradam, mas que se odeia tudo quanto lhes pertence e só se quer parecer com eles o mínimo possível. Se elogiam a paz, fazem desejar a guerra; se são devotos e moderados, deseja-se ser libertino e desregrado[62].

À primeira vista, tudo o que dissemos do modelo pode ser aplicado, *mutatis mutandis*, ao antimodelo. Por vezes ficaremos, no momento de uma deliberação, estimulados a escolher um comportamento porque é oposto ao do antimodelo; a repulsa chegará às vezes a provocar a mudança de uma atitude anteriormente adotada, pela única razão de que é igualmente a do antimodelo[63]. Entretanto, um traço importante distingue essa forma de argumentação daquela pelo modelo. Ao passo que, nesta última, propõe-se amoldar-se a alguém, ainda que de forma canhestra, e, assim, a conduta a ser adotada é relativamente conhecida, no argumento do antimodelo incentiva-se a distinguir-se de alguém, sem que nem sempre se possa inferir daí uma conduta precisa. Muitas vezes é por referência implícita a um modelo que será possível certa determinação dessa conduta: afastar-se de Sancho Pança só é concebível para quem conhece a figura de Dom Quixote; a visão do hilota só pode determinar uma conduta para quem conhece o comportamento de um espartano aguerrido.

Por demover do que ele faz, o antimodelo, ao adotar uma conduta, a transforma, voluntária ou involuntariamente, em paródia e às vezes em provocação. É esse o caso dos demônios de que fala Bossuet:

> Aprendo também com Tertuliano que os demônios não só mandavam apresentar perante seus ídolos votos e sacrifícios, o próprio tributo a Deus, mas que os mandavam adornar com togas e ornamentos com que se vestiam os magistrados e mandavam levar diante deles os fasces e os bastões de comando, e os outros símbolos de autoridade pública; porque, com efeito, diz esse grande personagem, "os demônios são os magistrados do século"... E à qual insolência, meus irmãos, não se deixou levar esse rival de Deus? Ele sempre simulou fazer o que Deus fazia, não para se aproximar de certo modo da santidade, que é sua inimiga capital, mas como um súdito rebelde que, por desprezo, ou por insolência, simula a mesma pompa que seu soberano[64].

Bossuet estará pensando, nessa passagem, na Fronda? Pouco importa. O essencial é que ele revela claramente o mecanismo da argumentação pelo antimodelo.

Este último é geralmente representado de um modo convencional e deliberadamente falso por causa do efeito repulsivo que deve provocar. Não é à falta de conhecimento da sociedade muçulmana que se deve atribuir os traços convencionais do sarraceno na canção de gesta francesa[65].

Contudo, a introdução do antimodelo, em vez de visar simplesmente a um efeito repulsivo, pode servir de início para uma argumentação *a fortiori*, representando o antimodelo um mínimo abaixo do qual é indecente descer. Aliás, como o antimodelo é amiúde, ao mesmo tempo, um adversário que se deve combater e eventualmente abater, o papel na argumentação, de um mesmo ser abominado, será complexo. Sabe-se que a competição desenvolve as semelhanças entre antagonistas[66], que, com o tempo, copiam reciprocamente todos os procedimentos eficazes: é por serem empregadas pelo adversário que certas técnicas poderão ser preconizadas. No entanto, quando este é também o antimodelo, quase sempre se tomará cuidado de separar meios e fins, ou ainda de distinguir temporário e permanente, indispensável e supérfluo, lícito e ilícito[67].

Ao propor a outrem um modelo ou um antimodelo, o orador subentende, a não ser que restrinja o papel deles a circunstâncias particulares, que ele próprio também se esforça para aproximar-se ou distinguir-se deles. Isso possibilita réplicas cômicas, do gênero desta: ao pai que diz ao filho, que estuda pouco, "Na tua idade, Napoleão era o primeiro da classe", o menino retruca "E na tua idade, ele era imperador".

O argumento pelo modelo ou pelo antimodelo pode ser aplicado espontaneamente ao próprio discurso: o orador que afirma sua crença em certas coisas não as apóia somente com sua autoridade. O seu comportamento para com elas, se ele tem prestígio, também pode servir de modelo, incentivar a que se comportem como ele; e, inversamente, se ele é o antimodelo, afastar-se-ão dele.

§ 81. O Ser perfeito como modelo

Os inconvenientes da argumentação pelo modelo ou pelo antimodelo se manifestam quando o modelo comporta características repreensíveis ou o antimodelo, qualidades dignas de imitação. Isso porque qualquer discriminação entre os atos do modelo ou do antimodelo supõe outro critério que não a pessoa ou o grupo que se exalta ou se despreza, critério esse que deixa a argumentação pelo modelo inutilizável, uma vez que supérflua ou mesmo perigosa.

Para prevenir tais inconvenientes, os autores são levados a embelezar ou a enegrecer a realidade, a criar heróis e monstros, totalmente bons ou totalmente maus, a transformar a história em mito, em lenda, em figura exageradamente esquemática. Mas, mesmo então, a multiplicidade de modelos ou de antimodelos não possibilita tirar deles uma regra de conduta única e clara. Por essa razão, segundo Kant, os objetos tomados da experiência não podem ser considerados modelos (ou arquétipos):

> Quem (como muitos o fizeram realmente) quisesse apresentar como padrão à fonte dos conhecimentos o que nunca pode servir senão de exemplo, este faria da virtude um fantasma equívoco, variável conforme os tempos e as circunstâncias, e incapaz de servir um dia de regra[68].

Ao contrário, todo ser encarnado deve ser confrontado, segundo Kant, não simplesmente com a idéia da virtude, mas com um ideal, tal como o do sábio estóico,

> ... um homem que só existe no pensamento, mas que corresponde plenamente à idéia da sabedoria. Assim como a idéia fornece a *regra*, o ideal serve, nesse caso, de *protótipo* para a determinação completa da cópia e não temos, para julgar as nossas ações, outra regra senão a conduta desse homem divino que trazemos em nós e ao qual nos comparamos para julgar-nos e para assim nos corrigir, mas sem jamais podermos atingir a sua perfeição. Esses ideais, conquanto não se lhes possa atribuir *realidade* objetiva (de existência), não devem, contudo, ser olhados como quimeras; ao contrário, eles fornecem à razão uma medida que lhe é indispensável, porquanto ela necessita do conceito do que é absolutamente perfeito em sua espécie para avaliar e para medir, usando-o como referência, até que ponto o imperfeito se aproxima e fica afastado da perfeição[69].

Kant se apercebe da importância do modelo para a conduta, mas crê que esse modelo não passa de um ideal que cada homem traz em si, sem que os limites naturais permitam uma realização dele num exemplo fenomênico.

Tal arquétipo, que Kant encontra no "homem divino que trazemos em nós", as religiões fornecem aos homens graças à idéia ou à imagem que elas apresentam de Deus, do Ser perfeitamente bom ou, pelo menos, de seu representante e porta-voz na terra. Tarde já teve a oportunidade de mostrar a importância de Jesus, de Maomé, de Buda, como modelos para a humanidade[70]. Tal papel é cumprido com ainda maior facilidade pois esses seres, seja qual for sua qualidade sobrenatural, se conduzem como homens convivendo com outros homens. De certo ponto de vista, a encarnação da divindade já seria uma correção do modelo para aproximá-lo daqueles que é preciso edificar. Não obstante, constatamos que aqueles que utilizam essa forma de argumentação adaptam, de modo muito mais direto ainda, seu modelo às conclusões que querem promover. Citemos, a propósito disso, alguns exemplos significativos em que Jesus Cristo é proposto como modelo.

Eis duas passagens onde Bossuet apresenta Jesus como um modelo de rei absoluto:

> Jesus Cristo, Senhor dos senhores e Príncipe dos reis da terra, conquanto elevado a um trono soberanamente independente, quis ainda assim, para dar a todos os monarcas, que dependem de sua potência, o exemplo de moderação e de justiça, sujeitar-se ele próprio aos regulamentos que fez e às leis que estabeleceu[71].

E noutro sermão:

> Esse grande Deus não necessita de ninguém e, não obstante, quer ganhar a todos... Esse grande Deus sabe tudo, vê tudo e, não obstante, quer que todos lhe falem; ele escuta tudo e tem sempre o ouvido atento às queixas que se lhe apresentam, sempre pronto a fazer justiça. Eis o modelo dos reis...[72]

Para Locke, Jesus é o modelo da tolerância, que deve inspirar as ações de seus sacerdotes e fiéis:

> Se, como o Capitão da nossa salvação, eles houvessem desejado sinceramente o bem das almas, teriam seguido as pegadas e o perfeito exemplo desse Príncipe da paz... No entanto, sabemos muito bem que se infiéis devessem ter sido convertidos pela força, se soldados armados devessem ter arrancado de seus erros aqueles que eram cegos e obstinados, seria muito mais fácil para ele conseguir isso com exércitos de legiões celestes do que para qualquer outro filho da Igreja, por poderoso que fosse, com todos os seus dragões[73].

E termina com este apelo supremo:

> Nem mesmo Deus salvará os homens à revelia destes[74].

O cavalheiro de Méré, que, como vimos[75], não hesitava em valer-se da graça divina para ilustrar a importância de ser amável, sustenta que o amor às coisas agradáveis nos foi indicado por Jesus:

> Parece-me também que o modelo mais perfeito, e aquele que mais devemos imitar, amava tudo o que se fazia de bom grado, como aqueles excelentes perfumes que foram espargidos nele; e poderemos imaginar algo mais agradável do que seus menores discursos e suas menores ações?[76]

Pode mesmo acontecer que certas narrativas evangélicas sejam interpretadas unicamente em função do papel de modelo assumido por Jesus, sem o qual elas se tornariam incompreensíveis, porque incompatíveis com a perfeição divina:

> Jesus Cristo vê em sua presciência a quantos perigos extremos nos conduz o amor às grandezas; é por isso que ele foge delas, para obrigar-nos a temê-las; ... ele nos ensina ao mesmo tempo que o dever essencial do cristão é o de reprimir sua ambição[77].

Ele próprio, o Deus, não tem razão nenhuma de fugir. O modelo apenas é que tem.

Até mesmo o meio em que vive o modelo pode ser invocado para favorecer a ação deste último, aproximando-o daqueles aos quais ele é proposto e que são, assim, valorizados a seus próprios olhos:

> Do mesmo modo que os participantes da Juventude Operária Cristã se exaltam ante o pensamento do Cristo operário, os camponeses deveriam extrair o mesmo orgulho da importância que as parábolas do Evangelho conferem à vida dos campos e da função sagrada do pão e do vinho, e tirar disso o sentimento de que o cristianismo é uma coisa que lhes pertence[78].

Esses diversos exemplos mostram quanto a argumentação pelo modelo, mesmo limitada à exaltação da vida de um único ser, é suscetível de utilização e adaptação variadas, conforme este ou aquele aspecto do Ser perfeito é posto em relevo e proposto à imitação dos homens.

O Ser perfeito se presta mais do que qualquer outro modelo a essa adaptação porque, por sua própria qualidade e por essência, ele tem algo de inapreensível, de desconhecido e porque, de outro lado, ele não vale somente para um tempo e um lugar. Ora, na medida em que se crê poder utilizar o modelo independentemente das circunstâncias, quando o modelo é mais do que um padrão (*pattern*) limitado em seu alcance, a acusação de anacronismo fica sem fundamento. O papel do intérprete é então essencial: é ele que permite ao modelo indiscutido servir de guia em todas as circunstâncias da vida.

b) O RACIOCÍNIO POR ANALOGIA

§ 82. O que é a analogia

Ninguém negou a importância da analogia na conduta da inteligência. Todavia, reconhecida por todos como um fator essencial de invenção, foi olhada com desconfiança assim que se queria transformá-la num meio de prova. É verdade que certas filosofias – as de Platão, de Plotino ou de Santo Tomás – justificaram o uso argumentativo da analogia em virtude da concepção que elas forneciam do real; mas esse uso parecia assim ligado a uma metafísica e solidário de sua sorte. Os pensadores empíricos, em contrapartida, quase sempre vêem, na analogia, apenas uma semelhança de qualidade menor, imperfeita, fraca, incerta[79]. Admite-se, mais ou menos explicitamente, que a analogia faz parte de uma série, identidade-semelhança-analogia, da qual constitui o elemento menos significativo. Seu único valor seria possibilitar a formulação de uma hipótese que seria verificada por indução[80].

Longe de nós a idéia de que uma analogia não possa servir de ponto de partida para verificações posteriores; mas nisso ela não se distingue de nenhum outro raciocínio, pois as conclusões de todos eles sempre podem ser submetidas a uma nova prova. E estaremos autorizados a negar à analogia toda força probatória, quando o simples fato de ser capaz de nos fazer preferir uma hipótese a outra indica que ela possui valor de argumento? Todo estudo global da argumentação deve, pois, incluí-la enquanto elemento de prova.

Parece-nos que seu valor argumentativo será posto em evidência com maior clareza se encararmos a analogia como uma similitude de estruturas, cuja fórmula mais genérica seria: A esta para B assim como C esta para D. Essa concepção da analogia prende-se a uma tradição muito antiga, ainda usada por Kant[81], por Whately[82], por Cournot[83]. Não está inteiramente esquecida, como prova esta opinião de M. Cazals citada por Paul Grenet numa obra recente:

> O que faz a originalidade da analogia e o que a distingue de uma identidade parcial, ou seja, da noção um tanto corriqueira de semelhança, é que em vez de ser uma *relação de semelhança*, ela é uma *semelhança de relação*. E isso não é um mero trocadilho, pois o tipo mais puro da analogia se encontra numa *proporção matemática*[84].

Endossamos essas linhas, exceto quanto ao último ponto. Se a etimologia incita a encontrar o protótipo da analogia na proporção matemática[85], esta não é, a nosso ver, senão um caso particular de similitude de relações e de modo algum o mais significativo. Com efeito, aí não se vê o que caracteriza precisamente, em nossa opinião, a analogia, e se relaciona com a diferença entre as relações que cotejamos.

Para precisar isso, partamos de uma analogia bastante simples e típica, tirada de Aristóteles:

> Assim como os olhos dos morcegos são ofuscados pela luz do dia, a inteligência de nossa alma é ofuscada pelas coisas mais naturalmente evidentes[86].

Propomos chamar de *tema* o conjunto dos termos A e B, sobre os quais repousa a conclusão (inteligência da alma, evidência) e chamar de *foro* o conjunto dos termos C e D, que servem para estribar o raciocínio (olhos do morcego, luz do dia). Normalmente, o foro é mais bem conhecido que o tema cuja estrutura ele deve esclarecer, ou estabelecer o valor, seja valor de conjunto, seja valor respectivo dos termos. No entanto, nem sempre é isso que ocorre: Catarina de Gênova, no final de seu *Tratado do Purgatório*, tentará elucidar seu próprio estado de alma, por analogia com o das almas do Purgatório, do qual é difícil dizer que seja mais bem conhecido, mas a cuja descrição ela consagrara longas explanações:

> Essa forma purgativa que vejo nas almas do purgatório, sinto-a em minha alma, sobretudo de dois anos para cá, e cada dia a sinto e a vejo mais claramente. Minha alma permanece neste corpo como num purgatório...[87]

Há, de todo modo, entre tema e foro, uma relação assimétrica que nasce do lugar por eles ocupado no raciocínio.

Ademais, para haver analogia, tema e foro devem pertencer a áreas diferentes: quando as duas relações que confrontamos pertencem a uma mesma área e podem ser subsumidas sob uma estrutura comum, a analogia é trocada por um raciocínio pelo exemplo ou pela ilustração, pois tema e foro fornecem dois casos particulares de uma mesma regra. Por isso, enquanto certos raciocínios se apresentam indiscutivelmente como analogias (é o que acontece com muita freqüência quando o foro é tirado do domínio sensível, o tema do domínio espiritual), outros provocam certas dúvidas a esse respeito, como esta passagem de Colette relativa a seu relacionamento com um bando de passarinhos:

> ... não estava longe o tempo em que, numa pequena multidão indistinta, eu ia descobrir o indivíduo, o singular, o preferido que me preferia. Todas as vezes o perigo, com o animal, é o mesmo para nós. Escolher, ser escolhido, amar; logo em seguida vêm os cuidados, o perigo de perder, a receio de semear a saudade. Palavras tão imponentes assim a respeito de um passarinho? É, de um passarinho. Não há, no amor, objeto pequeno[88].

Trata-se de uma analogia com o amor humano? Trata-se de um exemplo conduzindo à generalização? As últimas palavras tenderiam a dar preferência a essa interpretação. Sem elas, seríamos motivados a ver em toda essa passagem um desenvolvimento analógico cujo tema era o amor humano. Aliás, essa oscilação entre as duas formas de raciocínio pode, em certos casos, ser eficaz.

A impressão de que lidamos com duas áreas diferentes pode depender das disposições do ouvinte. Mas a assimilação ou a separação das áreas costuma ser preparada pelo discurso: a escolha dos termos utilizados é essencial, e poderíamos repetir, a propósito disso, nossas observações anteriores concernentes às diferenças de natureza ou de grau. Tudo quanto apresenta uma diferença de natureza, de ordem, tende a instituir áreas separadas nas quais se poderão situar respectivamente foro e tema; a oposição entre o finito e o infinito é uma diferença de ordem que será propícia ao raciocínio analógico.

Podemos perguntar-nos se, no interior de uma mesma disciplina, encontram-se analogias propriamente ditas. A questão deve, pensamos nós, ser respondida afirmativamente, mas é muito delicada. Os biólogos utilizam duas noções capazes de esclarecer esse problema: a homologia (ex.: braço e asa), a analogia (ex.: similitudes provocadas pela vida aquática em indivíduos de gêneros diferentes). No primeiro caso, temos um tema estrutural que constitui um sistema natural, que engloba e subsume os casos individuais aparentados, sistema determinado ao mesmo tempo pela anatomia, embriologia, paleontologia, que une os indivíduos num mesmo domínio. No segundo caso, o pensamento vai de um gênero animal a outro, considerados em seu isolamento relativo.

Em direito, o raciocínio por analogia propriamente dita se limita, ao que parece, ao confronto, acerca de pontos particulares, entre direitos positivos distintos pelo tempo, pelo espaço geográfico ou pela matéria tratada. Em contrapartida, todas as vezes que se buscam similitudes entre sistemas, estes são considerados exemplos de um direito universal; assim também, todas as vezes que se argumenta em favor da aplicação de uma determinada regra a novos casos, afirma-se, por isso mesmo, que se está no interior de uma única área. Assim, a reabilitação da analogia, enquanto procedimento de interpretação extensiva que atende ao desejo de certos juristas de ver nela algo diferente do termo pelo qual se desqualifica o que o adversário apresenta como exemplo, se realizará dando-se à analogia um significado diverso daquele que propusemos[89].

§ 83. Relações entre os termos de uma analogia

Dizendo que em toda analogia há uma relação entre quatro termos, apresentamos, claro, uma visão esquematizada das coisas. Cada um deles pode, de fato, corresponder a uma situação complexa, sendo isso mesmo que caracteriza uma *analogia rica*.

O fato de se tratar de similitude de relações autoriza, entre os termos do tema e os do foro, diferenças tão importantes quanto se quiser. A natureza dos termos é, à primeira vista pelo menos, secundária. Aliás, com muita freqüência, é apenas a função que eles desempenham na analogia que lhes especifica o significado. Quando Ezequiel exclama:

> Introduzirei em suas entranhas um novo espírito, tirarei do seu corpo o coração de pedra e dar-lhes-ei um coração de carne[90].

a carne está para a pedra assim como a piedade está para a insubmissão; ao passo que, em muitas analogias, a carne está para o espírito assim como o estado de pecado está para o estado de graça. Logo, um mesmo termo é concebido de maneiras muito diferentes, para poder inserir-se em analogias de sentidos também opostos.

Se bem que a analogia-padrão comporte quatro termos, acontece com bastante freqüência que seu número se reduza a três; um deles figura duas vezes no esquema, que fica: B está para A assim como C está para B.

Eis um exemplo tirado de Leibniz:

> ... todas as outras substâncias dependem de Deus como os pensamentos emanam de nossa substância...[91]

e este outro, atribuído a Heráclito:

> O homem, comparado à divindade, é tão pueril quanto a criança comparada ao homem[92].

O termo comum "substância", "homem", convida a situar o tema no prolongamento do foro e a hierarquizá-los. Mas a distinção dos domínios, indispensável para a existência da analogia, é todavia mantida, pois o termo comum, embora sendo formalmente o mesmo no tema e no foro, se dissocia por seu uso diferenciado, que o deixa equívoco. Com efeito, era de se prever que o termo comum, uma vez que seu lugar no foro e no tema o relaciona a termos pertencentes a duas áreas diferentes, assumisse por isso mesmo significados mais ou menos divergentes.

Poder-se-ia concluir daí que toda analogia de três termos pode ser analisada como analogia de quatro termos. É bom, contudo, distinguir as analogias em que foro e tema se colocam de certo modo um no prolongamento do outro daquelas em que o acento incide mais sobre o paralelismo entre eles. Isso porque a interpretação argumentativa delas poderá ser muito diferente.

Duas analogias, extraídas da obra de Gilson sobre o tomismo, o mostrarão. Eis a primeira:

> Quando um mestre instrui o discípulo, é preciso que a ciência do mestre contenha o que ele introduz na alma do discípulo. Ora, o conhecimento natural que temos dos princípios nos vem de Deus, pois que Deus é o autor de nossa natureza. Logo, esses princípios estão, também eles, contidos na sabedoria de Deus. Donde se segue que tudo o que é contrário a esses princípios é contrário à sabedoria divina e, por conseguinte, não poderia vir de Deus[93].

E eis a segunda:

> Como uma criança que compreende o que não poderia ter descoberto, mas que um mestre lhe ensina, o intelecto humano se apossa sem dificuldade de uma doutrina cuja verdade lhe é garantida por uma autoridade mais do que humana[94].

Em ambos os casos, temos um foro tirado do campo da vida cotidiana, o do ensino; em ambos os casos, existe uma diferença de valor considerável tanto entre os termos de cada campo como entre os dois campos em questão. Mas, no primeiro caso, não é essa diferença o que mais importa. Assim, percebemos mais o paralelismo entre as duas relações (a sabedoria de Deus está para o conhecimento natural assim como a ciência do mestre está para a do discípulo). No segundo caso, em compensação, as diferenças de valor são o que mais importa. E percebemos, antes, uma analogia de três termos hierarquizados (a autoridade divina está para o intelecto humano assim como o mestre está para a criança) e isso embora o termo comum não seja formalmente idêntico ("mestre", "intelecto humano")[95].

Acrescentemos que, ao lado das analogias de três termos hierarquizados, encontram-se analogias que correspondem ao esquema: A está para B assim como A está para C. Eis um bonito exemplo tirado de Demóstenes:

> Pois o dinheiro, quando o põem, como numa balança, ao lado de uma decisão, o faz pender bruscamente e puxa para si o raciocínio, de modo que quem o toma fica incapaz de calcular algo judiciosamente[96].

O dinheiro, embora tomado unicamente no sentido material, cumpre aqui duas funções diferentes. O orador utiliza de certo modo uma coincidência feliz; é ela que possibilita a fusão entre um dos termos do foro e um dos termos do tema. Veremos posteriormente no que semelhante analogia se aproxima de certas metáforas.

O essencial, numa analogia, é a confrontação do tema com o foro; ela não implica, em absoluto, que haja uma relação prévia entre os termos de um e do outro. Mas quando existe uma relação entre A e C, entre B e D, a analogia se presta a desenvolvimentos em todos os sentidos e que são um dos aspectos de uma analogia rica. Tarde se comprazia em desenvolver analogias de surpreendente amplitude em que as relações entre termos homólogos eram quase iguais às relações no interior de tema e foro[97]. Essas relações entre termos homólogos às vezes estão mesmo no primeiro plano: a analogia é pensada acima de tudo como afinidade entre termos do tema e do foro. Daí é inferida a similitude de estrutura entre domínios. É usando esse expediente que Girolamo Fracastoro afirma, em pleno século XVI, a multiplicidade e a especificidade dos agentes de nossas moléstias infecciosas[98].

As hierarquias duplas, com as complexas relações que as caracterizam, relações horizontais baseadas na estrutura do real, relações verticais de hierarquização, se prestam de modo especial ao estabelecimento de analogias ricas. A distinção entre hierarquia dupla e analogia é profunda em nossa opinião; a primeira é baseada numa ligação do real; a segunda sugere o confronto de relações situadas em áreas diferentes. Mas, muito amiúde, pode-se argumentar por analogia distribuindo os termos sucessivos de uma hierarquia dupla entre tema e foro. Assim é que a hierarquia dupla, que deduz da superioridade de Deus sobre os homens a superioridade da justiça divina sobre a justiça humana, pode ser substituída pela analogia segundo a qual a justiça divina é, com relação a Deus, o que a justiça humana é com relação aos homens. Inversamente, quando a analogia desenvolve duas longas hierarquias pertencentes, uma ao foro, a outra ao tema, e os dois domínios têm valor desigual, a analogia poderia facilmente ser substituída por uma série de hierarquias duplas. É isso que ocorre, notadamente quando Plotino tira, da ordem hierárquica existente num cortejo real, conclusões a respeito das realidades dependentes do Uno e que lhe são mais ou menos próximas[99].

Conquanto a analogia seja um raciocínio referente às relações, as existentes no interior do foro e no interior do tema, o que faz que ela difira profundamente da simples proporção matemática é que a natureza dos termos, na analogia, nunca é indiferente. Estabelece-se, de fato, entre A e C, entre B e D, em virtude da própria analogia, uma aproximação que conduz a uma interação, notadamente à valorização ou à desvalorização dos termos do tema.

Eis um exemplo que esclarece o mecanismo dessa interação:

> ... e essa eleição de Aymé [duque de Savóia], solenemente perfeita pela autoridade do sagrado e geral concílio, esvaiu-se em fumaça: seu único resultado foi o referido Aymé ter sido acalmado com um chapéu de Cardeal, como um cão que late, com um pedaço de pão[100].

A desvalorização dos termos do tema é acarretada pela natureza dos termos do foro; mas o próprio valor destes deriva, pelo menos em parte, de seu emprego na analogia: a atitude do cão latindo não é necessariamente objeto de um juízo depreciativo.

Perdida de vista, a interação enseja um dos efeitos cômicos de que Sterne tanto gostava:

> É um valente [o rei Guilherme], por Deus! exclamou meu tio Toby, e merece a coroa! – Tão dignamente quanto um ladrão a corda, berrou Trim [o cabo leal][101].

A interação entre termos da analogia leva muitas vezes a integrar na construção do foro elementos que não teriam significado algum se não se devesse pensar no tema, onde eles têm um significado. Assim é que Locke, para descrever o caminho que leva à salvação, serve-se de um foro que apresenta uma estrada que conduz diretamente a Jerusalém e se pergunta por que o peregrino deve ser maltratado, porque não usa botinas, ou porque seus cabelos não estão cortados de um modo determinado, ou porque segue ou não segue um guia vestido de branco ou coroado com uma mitra[102], sendo importantes esses detalhes apenas por fazerem pensar nos conflitos entre os adeptos de diversas Igrejas.

Por vezes, graças à ação do tema sobre o foro, certos elementos deste são modificados. Assim é que detalhes referentes a algumas personagens do Antigo Testamento, Adão ou Moisés, são transformados para possibilitar que essas personagens prefigurem melhor Cristo. Essa técnica é atestada por Réau:

> Contrariamente ao texto do Êxodo, onde está dito que Moisés na volta do Egito trouxe a mulher e o filho montados no jumento, vemos num dos painéis de esmalte do retábulo de Klosterneuburg (século XII) o Profeta cavalgando o jumento, enquanto sua mulher, Séfora, segue a pé... Essa variante se explica pura e simplesmente por uma razão tipológica, porque se tratava de pôr essa cena em paralelo com a *Entrada de Cristo em Jerusalém*. Portanto, cumpria que Moisés estivesse montado no jumento para fazer par com Jesus, de quem é a prefiguração[103].

Muitas vezes dotam-se os termos do foro de propriedades que se prendem à fantasia mas que os aproximam do tema, tal como a linguagem humana atribuída aos animais das fábulas.

Vê-se muito bem a modificação causada no foro pelas necessidades do tema nesta analogia de Bossuet:

> Restava aquela temível infantaria do exército da Espanha, cujos grandes batalhões cerrados, semelhantes a torres, mas a torres que saberiam reparar suas brechas, que permaneceriam inabaláveis em meio a todos os demais em debandada...[104]

Esta descrição, mostrando-os como torres numa fortaleza sitiada, busca caracterizar o papel dos batalhões no combate, mas sem esquecer o que causa a superioridade deles.

Existe uma técnica, freqüentemente utilizada por Plotino, para aproximar o foro do tema, para a qual É. Bréhier chamara a atenção, qualificando-a de "correção de imagens"[105]: não se trata de uma modificação qualquer do foro, mas de sua purificação, de sua modificação depois de um enunciado prévio, no sentido de uma maior perfeição.

Eis um exemplo, entre muitos outros, desse procedimento particular:

> Assim, um homem entra numa casa ricamente ornada, olha e admira todas aquelas riquezas, antes de ter visto o dono da casa; mas, assim que vê, assim que ama aquele dono da casa, que não é uma fria estátua, mas que merece realmente ser contemplado, ele deixa todo o resto a fim de olhar unicamente para ele... Talvez se conservasse melhor a analogia, se se dissesse que, ao visitante da casa, apresenta-se não mais um homem, mas um deus, que não aparece aos olhos do corpo e enche a alma com sua presença[106].

O foro, assim modificado, continua todavia a exercer a ação desejada, e a plausibilidade conferida ao tema não é diminuída por isso. Muitas vezes essa retificação é introduzida a título de hipótese, e Plotino a precede, como no exemplo acima, do condicional "se se dissesse que".

É também de uma hipótese que Kant se vale na sua célebre analogia da pomba:

A pomba ligeira, quando, em seu vôo livre, rasga o ar cuja resistência sente, poderia imaginar que lograria maior êxito ainda no vácuo. Foi justamente assim que Platão abandonou o mundo sensível, porque esse mundo opõe ao entendimento obstáculos variados, e arriscou-se além desse mundo, nas asas das idéias, no vácuo do entendimento puro. Não atentou que seus esforços não lhe faziam ganhar caminho, pois não houve, por assim dizer, local onde pousar e suporte sobre o qual ele pudesse fixar-se e aplicar suas forças para mudar seu entendimento de lugar[107].

Os esforços de Platão são assimilados aos da pomba e descritos com termos que a lembram. Mas a interação é pega, por assim dizer, no ar, porque a própria atitude da pomba não é mais do que uma hipótese condicionada pelo tema.

Pode acontecer, todavia, que a retificação do foro o torne ridículo, porque totalmente incompatível com o real. Quintiliano cita expressões que ouvia repetir em toda parte quando era jovem:

"Mesmo as nascentes dos grandes rios são navegáveis", e "Uma árvore realmente fecunda produz assim que é plantada"[108].

Que são elas, senão analogias em que o tema reagiu sobre o foro de modo abusivo? O desejo de aproximar o foro do tema, em vez de tornar a analogia convincente, volta-se então contra o orador. A prudência parece impor-se quando se modifica o foro: pode-se torná-lo fantástico, mas não se pode afirmar, mesmo como hipótese, o que não passa de uma contraverdade. É melhor em casos assim, embora utilizando os termos do foro, deixar bem claro que a modificação concerne ao tema, como nesta passagem de Bossuet, onde a penitência é descrita por analogia com um parto:

Em meio a esses trabalhos de penitência, pensai, meus irmãos, que estais parindo; e o que paris sois vós mesmos. Se fazer outro ver a luz e dar-lhe vida é uma consolação tão sensível que apaga num instante todos os males passados, que deslumbramento deve-se sentir com dar à luz e engendrar a si mesmo para uma vida imortal![109]

§ 84. Efeitos da analogia

A interação entre tema e foro, resultante da analogia – sendo a ação do tema a mais acentuada, mas não sendo a ação inversa, como acabamos de ver, de modo algum desprezível –, manifesta-se de duas formas: pela estruturação e pelas transferências de valor que dela derivam; transferências do valor do foro para o tema e, reciprocamente, transferência do valor relativo dos dois termos do foro para o valor relativo dos dois termos do tema.

Eis uma célebre analogia de Epicteto:

> Se uma criança enfiar o braço num vasilhame de boca estreita, para dele tirar figos e nozes, e se encher a mão com eles, o que lhe acontecerá? Não poderá retirá-la e chorará. "Larga alguns (dizem-lhe) e retirarás a mão." Tu, faze o mesmo com teus desejos. Não deseje senão um pequeno número de coisas, tu as obterás[110].

A conclusão normativa sobre a conduta daquele que deseja mais do que pode realizar não passa da transferência para o seu caso do juízo sobre o comportamento pueril da criança que não consegue retirar do vasilhame a mão cheia demais. Mas tal transferência resulta do fato de o comportamento do adulto ser reconstruído a partir do foro. Nesse exemplo, como em todos em que o foro é tomado de empréstimo ao domínio sensível e o tema ao domínio espiritual, a analogia possibilita reconstruir o tema consoante uma estrutura plausível, reconstrução ainda mais útil porquanto essa estrutura não pode ser conhecida diretamente. Assim é que as persistentes discussões referentes às relações entre o livre-arbítrio humano e a graça divina tomavam por objeto o foro da visão, que requer órgãos visuais e também um fonte de luz:

> Com efeito, como o homem rodeado de trevas espessas, embora tendo o sentido da visão, nada vê, pois nada pode ver antes que venha do exterior a luz, que ele sente mesmo quando mantém os olhos fechados e que percebe, assim como tudo o que o rodeia, quando os abre; assim também a vontade do homem, por todo o tempo em que se encontra na sombra do pecado original e dos seus próprios, é entrava-

> da por suas próprias trevas. Mas quando surge a luz da misericórdia divina, não só ela destrói a noite dos pecados e sua culpabilidade, mas também, curando a vontade doente, abre-lhe a vista e a torna apta para contemplar essa luz, purificando-a pelas boas obras[111].

A analogia permite compreender melhor as relações entre a graça e o livre-arbítrio e a respectiva importância do homem e de Deus no pecado e na salvação.

O valor dos termos é muito amiúde determinado pela estrutura da analogia. Assim é que as analogias de três termos, o drama, a vida terrestre e a vida supraterrestre, visam tirar toda a seriedade da vida terrestre em comparação ao além, fazendo dela uma espécie de jogo, de espetáculo, em que cada qual desempenha seu papel à espera do começo da verdadeira vida[112].

Certos termos, tais como *luz*, *altura*, *profundidade*, *cheio*, *vazio*, *oco*, embora tirados do mundo físico, parecem carregados de valor no início. É possível que seja assim. Mas talvez eles já tenham servido tantas vezes como elementos do foro, em analogias cujo tema pertencia ao mundo espiritual, que já não se lhes pode apartar o valor resultante desse papel, por causa da interação com certos termos do tema. Por vezes acredita-se pegar no ar a maneira pela qual se opera a transferência de valor, mas nunca se tem muita certeza, como prova esta analogia de Plotino, cujo foro é constituído pela relação do centro com a circunferência:

> Fora dele [o Primeiro], encontram-se a razão e a inteligência, que o rodeiam tocando-o e se penduram nele; ou melhor, ela é inteligência apenas porque o toca... Reconhece-se que um círculo tira suas propriedades de seu centro, porque toca esse centro; dele recebe de certo modo a forma, enquanto seus raios, convergindo para o centro, são, pela extremidade deles que fica do lado do centro, como que o próprio centro no qual terminam e do qual saem; ...[113]

Se o círculo confere ao mundo plotiniano a sua estrutura, o Uno, que é seu princípio, acaba, graças à interação e sejam quais forem as razões geométricas que lhe sejam fornecidas, por valorizar a idéia de centro, que fica repleta de valor em nossa civilização.

As parábolas, os paradigmas, que encontramos em profusão na Bíblia, nos escritos platônicos, não são necessariamente extraídos do campo material. Podem ser extraídos da vida cotidiana, para esclarecer aspectos da vida social, política ou moral, dar-lhes certa estrutura e certo valor. Eis uma analogia dessa espécie, tirada de um discurso de Demóstenes:

> E sabeis muito bem também que tudo o que os gregos sofrem da parte dos lacedemônios ou de nós mesmos era, ao menos, filhos legítimos da Grécia que lhos infligiam. Passava-se então o que acontece numa casa nobre, onde um filho legítimo faz mau uso de sua fortuna. Julga-se, por certo, que nisso ele merece ser censurado e acusado; mas que não tenha direitos sobre esses bens ou não seja o seu herdeiro legítimo, é algo que não se pode sustentar. Ao contrário, se um escravo ou um suposto filho dissipasse e esbanjasse um bem ao qual não tem direito, quanto, por Hércules, isso seria julgado por todos mais escandaloso, mais intolerável! Mas, a respeito de Filipe e do que ele faz atualmente, oh! temos outros sentimentos; sim, por esse homem, que não só não é um grego e nada tem em comum com os gregos, mas nem sequer é um bárbaro de origem honrada...[114]

Sendo o lugar de Filipe no mundo grego fixado pela analogia, os sentimentos de desprezo e de indignação a propósito de sua conduta não podem deixar de ser reforçados por isso, mas contanto, é evidente, que já se esteja previamente convencido de que Filipe não é exatamente um grego. Desse ponto de vista, poderíamos estabelecer diferenças entre analogias, conforme o grau de adesão prévia ao tema. Certas analogias desempenhariam, como no caso da ilustração, um papel de reforço; outras, que deveriam usufruir, por si sós, maior força de persuasão, cumpririam uma função mais próxima da do exemplo. Mas não esqueçamos que essa aproximação com ilustração e exemplo não passa, por sua vez, de uma analogia.

Um dos efeitos da analogia é contribuir para determinar um ou os dois termos do tema. Esse uso é mais freqüente nas analogias de três termos, cuja estrutura seria: B está para X assim como C está para B. Para tornar compreensível a natureza do verbo divino, Plotino se serve da seguinte analogia:

> Como a linguagem falada, comparada à linguagem interior da alma, se fragmenta em palavras, a linguagem da alma, que traduz o Verbo divino, é fragmentária se a comparamos ao Verbo[115].

Pode acontecer, entretanto, que os dois termos do tema sejam desconhecidos e que apenas as supostas relações entre a área do tema e a do foro permitam precisar-lhes a estrutura. Raciocina-se sobre Deus e sobre as suas propriedades com base em relações conhecidas entre o homem e suas propriedades, assim como sobre a idéia que formamos da distância que separa Deus do homem; quando se admitir que a bondade divina e a bondade humana não fazem parte de uma mesma área do real é que se dirá que não há relação de semelhança entre essas duas propriedades, apesar de elas serem designadas por um mesmo conceito, mas unicamente uma relação analógica.

A idéia de que existem duas áreas é em geral garantida por noções como imagem, sombra, projeção, que também são, aliás, por sua vez, analógicas. A relação entre as duas áreas pode ser tal que acarreta uma inversão de certas estruturas. Maritain descreve o destino de Israel por analogia com o da Igreja; ele especifica, em resposta a um adversário que fica chocado com essa espécie de analogia invertida:

> Dissemos que é uma Igreja precipitada e que sua vocação, tornada, por sua culpa, ambivalente, continua a noite do mundo; e advertimos que essas coisas devem ser entendidas de uma maneira analógica... Israel não é sobrenaturalmente alheio ao mundo da *mesma forma* que a Igreja...[116]

Pode acontecer, aliás, que se seja obrigado a inventar o tema, porque, não podendo compreender os termos do discurso no sentido próprio, é-se levado a dar-lhes um sentido figurado, a procurar, pois, o tema, a reinventar a analogia que daria ao discurso seu sentido verdadeiro:

> Quando a palavra de Deus, que é veraz, é falsa literalmente, é verdadeira espiritualmente. *Sede a dextris meis* (Sl. CIX), isso é falso literalmente: logo, é verdadeiro espiritualmente[117].

Já que o discurso tem de ser verídico, em razão da qualidade daquele de quem ele emana, cumpre que o leitor reencontre o tema, o *espírito* do foro que corresponderia às intenções do autor. Essa busca pode ensejar novas criações, em matéria ética, estética ou religiosa.

Notemos que a realidade física, ou histórica, do foro não é necessariamente negada quando a interpretação literal é julgada insuficiente. Dizer que o descanso de Deus no sétimo dia pode ser interpretado como uma analogia indicadora da distância que separa o criador do universo, do recuo que ele toma em relação à sua obra[118], não prejulga a realidade da narrativa bíblica. Sabemos, de fato, que o foro de uma analogia é muitas vezes tirado do domínio do real e que, por outro lado, a obra de ficção pode ter ou não ter alcance analógico. Certo poema de amor de Chaucer será, para alguns, a confissão velada de um amor real, para outros, uma criação analógica cujo tema seria a morte de uma princesa[119].

A busca do sentido analógico, que seria o sentido profundo, resulta às vezes não do fato de o sentido literal ser falso, pouco interessante, mas de razões de outra natureza, como as convenções do gênero, da época, ou o que se sabe por outras vias da intenção do autor.

Certas técnicas podem, por outro lado, incentivar a considerar um enunciado como analógico: o emprego de foros múltiplos[120], o emprego de foros grosseiros ou ingênuos[121].

§ 85. Como se utiliza a analogia

As analogias desempenham importante papel na invenção e na argumentação, por causa, essencialmente, dos desenvolvimentos e dos prolongamentos que favorecem; a partir do foro, elas permitem estruturar o tema, que situam num âmbito conceitual. Assim, diz-nos T. Swann Harding, que pensava aliás acima de tudo no papel da linguagem:

> os primeiros cientistas que descreveram a eletricidade como uma "corrente" deram para sempre, nessa área, uma forma à ciência[122].

Essa forma resulta do fato de a aproximação entre fenômenos elétricos e hidráulicos ter ensejado desenvolvimentos que precisam, completam, prolongam a analogia primitiva. Mas até onde uma analogia pode ser prolongada?

Em todas as áreas o desenvolvimento de uma analogia é normal, e isso na medida em que se necessita dele e em que nada se lhe opõe. Como diz com muito acerto Richards, não há totalidade numa analogia, podemos usá-la tanto quanto o necessário, com o risco de vê-la desfazer-se[123].

É nos desenvolvimentos da analogia que seu papel de invenção e seu papel de prova se separam. Ao passo que, colocando-nos no primeiro ponto de vista, nada impede de prolongar uma analogia tão longe quanto possível para ver no que isso dará, do ponto de vista de seu valor probatório ela deve ser mantida nos limites que não poderemos ultrapassar sem danos, se desejarmos reforçar uma convicção. Desenvolver uma analogia significa às vezes confirmar-lhe a validade; significa também expor-se aos golpes do interlocutor.

Em certos casos, a analogia é desenvolvida sem que se assinale a menor ruptura entre ela e seus prolongamentos, tal como esta analogia, em que Kant compara sua filosofia com a de Hume:

> ... este mesmo [Hume] não pressentia em nada a possibilidade dessa ciência formal, tendo levado, para deixá-la em segurança, seu barco à margem (o cepticismo) onde ele pode permanecer e apodrecer; ao passo que me importa fornecer a esse barco um piloto que, seguindo os princípios certos de sua arte, tirados da ciência do globo, provido de uma carta marítima completa e de uma bússola, possa conduzi-lo com segurança aonde lhe aprouver[124].

Foro e tema se desenvolvem aqui conjuntamente, sem que nada separe as relações sucessivamente evocadas. Os momentos posteriores reforçam, porém, a analogia inicial; dá-se o mesmo com toda analogia que se prolonga e com cujo desenvolvimento o autor parecia contar.

Outros argumentos por analogia se apresentam em duas fases, sendo a segunda a que fornece a conclusão principal, como nesta passagem de La Bruyère:

> As rodas, as molas, os movimentos ficam ocultos; nada aparece de um relógio senão seu ponteiro, que insensivelmente avança e acaba sua volta: imagem do cortesão, tanto mais perfeita porque, após ter feito boa parte do caminho, retorna em geral ao mesmo ponto de onde partiu[125].

Deve-se reter a expressão "tanto mais perfeita": ela indica que a analogia é melhor do que se supusera. E esse desenvolvimento muitas vezes é acompanhado – como neste caso – de um efeito inesperado e mesmo cômico.

Por vezes, assinalam-se algumas fases na argumentação, para se aproveitar do fato de que uma analogia parece aceita e pedir que se aceite também o seu desenvolvimento. Em seu tratado de epistemologia genética, Piaget, depois de ter mostrado que existe uma analogia entre as idéias professadas acerca da evolução e aquelas concernentes à teoria do conhecimento, acrescenta:

> Se a correspondência termo a termo entre as teses lamarckianas e as teses associacionistas ou empiristas for exata, deve-se esperar encontrá-la também entre as próprias objeções, dirigidas a esses dois tipos de interpretações[126].

e espanta-se de que biologistas antilamarckianos possam sustentar um empirismo radical,

> como se a inteligência então pudesse, contrariamente ao resto do organismo, não possuir nenhum poder de atividade interna...[127]

É o prolongamento da analogia que tem aqui valor argumentativo e possibilita formular uma objeção às opiniões empiristas.

Pode acontecer que a analogia, em vez de ser prolongada pelo autor, o seja por seu crítico, que dela tira um meio de refutação, tanto mais eficaz por ser o material conceitual tomado de empréstimo ao adversário. Assim é que Berriat Saint-Prix, perante um jurista que, desprezando qualquer referência ao direito romano e à antiga jurisprudência, pretendia descrever numa obra sobre o Código Civil "as veias, os músculos, os traços da alma da lei" lamenta que o autor não tenha "seguido até o fim sua metáfora":

> ... ele logo teria percebido que todo ser vivo recebe sua organização de um ser anterior que o engendrou[128].

Esse modo de refutação pressupõe que sempre se tem o direito de prolongar uma analogia para além da primeira afirmação e que se, por causa desse prolongamento, ela se volta contra o autor, ou se torna inadequada, é porque já o era desde o início[129]. De fato, quase sempre semelhante refutação seria possível, mas qual seria o seu valor? A refutação jamais é coerciva, pois se poderia recusar admitir esse prolongamento; entretanto, ela põe em evidência a fragilidade e a arbitrariedade da analogia primitiva. Aí está seu principal interesse.

Pode ocorrer, aliás, que o autor tome a dianteira, mostre o que há de inadequado numa analogia e desenvolva sua tese como o inverso de uma analogia possível. Tal exposição utiliza o que os antigos chamavam de *similitude pelos contrários*, a qual não é, como afirma a *Rhetorica ad Herennium*, um mero ornamento que se poderia facilmente dispensar. Poder-se-á julgá-la pelo exemplo extraído dessa mesma obra:

> Não, para dizer a verdade, não é como na corrida, na qual aquele que recebe a tocha ardente está mais ágil na corrida de revezamento do que aquele de quem a recebe; o novo general, que recebe um exército, não é superior ao que se retira; pois é o corredor cansado que entrega a tocha a um corredor descansado; aqui é um general experiente que entrega seu exército a um general inexperiente[130].

Ocupa-se imediatamente, no sentido militar do termo, a mente do ouvinte, mostrando o que haveria de falso numa idéia que poderia surgir espontaneamente. Resta saber se era oportuno enfatizar esse argumento ainda não formulado pelo interlocutor. Sim, por certo, na medida em que se conseguir sugerir que a tese combatida só é fundamentada nesse raciocínio por analogia, que se toma o cuidado de refutar.

Às vezes, para refutar uma analogia, somos levados a emendá-la, invertendo-a por assim dizer, descrevendo como seria o foro se o tema estivesse convenientemente concebido. Não se trata somente de uma correção do foro a fim de torná-lo mais adequado ao tema, a risco de afastá-lo da realidade[131]; é o conjunto da analogia que é emendado. O papel dos termos do foro torna-se, porém, muito importante, porque a escolha deles deixa de ser livre e porque eles é que determinam as relações que poderão ser postas em evidência para emendar a analogia. Vemos a utilização dessa técnica em Mill, a propósito de uma passagem de Macaulay que negava a ação dos grandes homens, servindo-se da seguinte analogia:

> O sol ilumina as colinas quando ainda está abaixo do horizonte, e os espíritos elevados descobrem a verdade um pouco antes dela se manifestar à multidão. Tal é a medida de sua superioridade. Eles são os primeiros a captar e a refletir uma luz que, sem seu auxílio, logo deve ficar visível aos que estão colocados bem abaixo deles (Ensaio sobre Dryden, em *Miscelânea* I, 186)[132].

Mill seguirá o sentido oposto ao de Macaulay, e emendará a analogia para deixar mais compreensível seu pensamento:

> Levando mais longe a metáfora, escreve ele, seguir-se-ia que se não houvesse existido Newton, o mundo não só teria tido o sistema newtoniano, mas o teria tido tão depressa quanto com ele; exatamente como o sol se teria levantado para espectadores colocados na planície, se não houvesse diante deles a montanha para receber mais cedo seus primeiros raios... Os homens eminentes não se contentam em ver a luz brilhar no topo da colina; sobem ao topo e chamam o dia; e se ninguém tivesse subido até lá, a luz, em muitos casos, poderia jamais ter brilhado na planície[133].

A analogia emendada tira seu interesse do processo argumentativo completo no qual se insere; considerada em si própria, a analogia de Mill parecerá bastante canhestra. O seu aspecto positivo (os homens que subiram na colina e chamam o dia) é, aliás, menos importante do que o aspecto negativo (os raios que batem na planície sem anteparo). A vantagem dessa técnica é que nos beneficiamos da adesão que pode ter sido parcialmente concedida à analogia primitiva.

Em filosofia, é muito comum que uma analogia goze, por assim dizer, de direito adquirido e que o progresso do pensamento seja assinalado pelas sucessivas emendas que a fizeram sofrer. Assim é que, para opor seu pensamento a Locke, que comparou o espírito a um bloco de mármore, Leibniz modifica essa analogia, retomando-a, emendada assim, e endossando-a:

> Vali-me também da comparação de uma pedra de mármore que tem veios, em vez de uma pedra de mármore toda lisa, ou das Tábulas vazias, ou seja, daquilo que se chama *tábula rasa* entre os filósofos. Pois, se a alma se parecesse com essas Tábulas vazias, as verdades estariam em nós como a figura de Hércules está nesse mármore, quando esse mármore é totalmente indiferente a receber ou não essa figura ou qualquer outra. Mas, se houvesse na pedra veios que marcassem a figura de Hércules de preferência a outras figuras, essa pedra seria mais determinada nesse sentido, e nela Hércules estaria como que de certa forma inato, conquanto fosse preciso trabalho para descobrir esses veios e para limpá-los por polimento, retirando o que os impede de aparecer. E é assim que as idéias e as verdades nos são inatas, como inclinações, disposições, hábitos ou virtualidades naturais, e não como ações, conquanto essas virtualidades sejam sempre acompanhadas de algumas ações em geral insensíveis que lhes correspondem[134].

A adaptação, a suas próprias teses, de uma analogia do adversário era um procedimento de argumentação apreciado por Leibniz[135]. Pode acontecer, porém, que essa técnica se mostre insuficiente, que se dê importância a um aspecto do tema que o foro é incapaz de ilustrar, a não ser que se queira transformá-lo em algo fantástico. A argumentação analógica preconizará, nesse caso, a substituição desse foro por outro, julgado mais adequado. Assim, porque a ciência, em cada etapa de seu progresso, dá a impressão de um conjunto, Polanyi não pode admitir a analogia de Milton que, em *Areopagitica*, compara a atividade dos cientistas com a dos pesquisadores ocupados, cada qual por conta própria, em descobrir fragmentos esparsos e ocultos de uma estátua, para tentar em seguida juntá-los. É mais com um organismo em crescimento, diz-nos Polanyi, que se deveria comparar a ciência[136].

Com efeito, uma analogia parece mais adequada quando o foro evidencia características do tema julgados primordiais; sua substituição por uma nova analogia consiste, o mais das vezes, em substituir uma estrutura por outra que enfatiza características julgadas mais essenciais. Portanto, admitir uma analogia corresponde freqüentemente a um juízo sobre a importância das características que ela põe em evidência. Isso é que explica afirmações à primeira vista estranhas. Criticando as concepções de Wittgenstein, W. Moore ataca a analogia segundo a qual os enunciados estão para os fatos assim como os sulcos de um disco para os sons, e declara:

> Se um enunciado representasse o fato como uma linha num disco representa o som, então provavelmente deveríamos estar de acordo com a tese de Wittgenstein[137].

Vê-se que a aceitação ou a rejeição da analogia parece decisiva, como se um conjunto de conclusões lhe estivesse necessariamente vinculado, como se, resumindo o que há de essencial no tema, ela impusesse de modo coercivo uma maneira de pensá-lo[138].

Certas épocas, certas tendências filosóficas manifestam preferências na escolha do foro. Enquanto as analogias espaciais eram as prediletas do pensamento clássico, o nosso prefere foros mais dinâmicos. O bergsonismo se caracteriza pela escolha de foros tomados de empréstimo ao que é líquido, fluido, movente, ao passo que o pensamento dos adversários é descrito por foros sólidos e estáticos. Richards constatou, com muito acerto, que as metáforas às quais uma filosofia renuncia dirigem o pensamento da mesma forma que as metáforas adotadas[139]; com efeito, o pensamento pode organizar-se em função dessa rejeição.

Sabe-se que o curso do tempo foi representado por meio de analogias espaciais, mas sua escolha é muito variada e plena de ensinamentos. Por vezes o foro utilizado é o traçado de uma linha indefinidamente prolongada, por vezes é um rio que corre, por vezes os acontecimentos passam como um cortejo na frente de um espectador, por vezes emergem da escuridão, como uma fileira de casas iluminadas sucessivamente pela lanterna de um policial; por vezes o curso do tempo é o de uma agulha sobre um disco de vitrola, por vezes é uma estrada da qual se podem perceber simultaneamente fragmentos que se tornam mais extensos à medida que se usufrui um ponto de vista mais desimpedido: cada foro insiste em outros aspectos do tema e se presta a outros desenvolvimentos[140]. É por isso que a compreensão de uma analogia fica o mais das vezes incompleta se não se levarem em conta analogias antigas que a nova emenda ou substitui. Aliás, a compreensão do foro, sobretudo quando este é extraído de uma área social ou espiritual, supõe um conhecimento suficiente do lugar que ele ocupa numa determinada cultura, das analogias anteriores e subjacentes nas quais esse foro foi utilizado, quer como foro para outro tema, quer como tema de outro foro[141]. A ligação que existe tradicionalmente entre a luz e o bem torna mais plausível a analogia de Scotus Erigena[142] bem como as de Macaulay e Mill mencionadas acima. Conhecemos o papel desempenhado, desde Platão, pela analogia que trata a vida como um espetáculo[143]. A utilização, por Mauriac, do foro da caça para descrever o homem como a presa de Deus será interpretada de modo mais exato por quem sabe que esse mesmo foro também serve ao autor para descrever a mulher como caça do homem na perseguição amorosa[144]. Conhece-se, de resto, o espaço que Jung concede, no estudo dos arquétipos, a esse material analógico tradicional[145].

Uma técnica especial consiste em utilizar vários foros para tornar compreensível um único tema; desse modo, insiste-se na insuficiência de cada foro particular, imprimindo, ao mesmo tempo, uma direção geral ao pensamento; assim são as analogias, de uma variedade desconcertante, graças às quais Lecomte du Noüy expõe as relações que ele vê entre os mecanismos da evolução e a própria evolução[146]. O uso de foros múltiplos é, porém, bastante delicado; em virtude da interação entre foro e tema, se o foro for diferente, diferente será o tema. Na medida em que são tornados um tema único, este corre o risco de ficar bastante confuso. Para evitar as interferências entre os diferentes foros, em geral será prudente – como faz, aliás, Lecomte de Noüy – evitar que estes se sucedam de muito perto. Como cada foro proporciona ao tema a sua estrutura, mesmo que cada uma delas seja plausível e mesmo que, do ponto de vista do valor dos termos do tema, elas cheguem a uma mesma conclusão, a justaposição delas produz um efeito cômico, do qual encontramos excelentes exemplos em Dom Quixote:

> ... pois o cavaleiro andante sem Dama é como a árvore sem folhas, o edifício sem alicerces, a sombra sem corpo que a cause[147].

As analogias múltiplas, em vez de serem independentes, podem sustentar-se mutuamente. Assim Locke, para pregar a tolerância, passa da analogia bem conhecida, entre as condições da salvação e os caminhos que levam ao céu, a uma analogia dos remédios, de tal maneira que mal se sabe se é o tema ou o foro da primeira analogia que constitui o tema da segunda. Eis o texto:

> Não há senão uma via verdadeira para a felicidade eterna; mas também, em meio a esse grande número de vias que os homens seguem, podemos perguntar-nos qual é a certa. Ora, nem o cuidado do Estado, nem suas qualidades de legislador fazem com que o magistrado descubra melhor esse caminho do que o homem que busca e estuda por si mesmo. Tenho um corpo fraco, esgotado por uma moléstia de debilitamento para a qual (suponho) só há um remédio, que é desconhecido. Competirá então, por isso, ao magistrado prescrever-me um remédio, porque há apenas um e porque é desconhecido?[148]

As analogias também podem ser enxertadas uma na outra, e uma parte do foro tornar-se o ponto de partida de uma nova analogia. Vico recorreu a esse procedimento para descrever-nos o efeito causado pela morte de Angela Cimmino sobre a princesa de la Roccella que acabava de perder o marido e

> cujo amargo e recente luto fazia com que, por mais elevado e grande que fosse seu coração, igual a um vaso vivo do mais puro ouro, ele estava repleto de tanta dor que nada mais, por nenhuma outra razão, de nenhuma maneira, nele podia penetrar; entretanto, tão fortemente o atingiu o luto da morte de nossa marquesa que, assim como um corpo duro que nele tivesse sido lançado, ele o fez ressoar com dois sublimes sonetos[149].

Nada no mecanismo da analogia, tal como o descrevemos, se opõe a essas analogias sucessivas. Muitos tratados de estilo falam com desprezo das "imagens que se encavalam". Se estas fossem proscritas, ficaríamos espantados de ver quantos de nossos enunciados teriam de ser suprimidos. Voltaremos a essas questões a respeito da metáfora[150].

§ 86. O estatuto da analogia

A analogia é um instrumento de argumentação instável. Isso porque quem lhe rejeita as conclusões tenderá a afirmar que não há "sequer analogia" e minimizará o valor do enunciado reduzindo-o a uma vaga comparação ou a uma aproximação puramente verbal. Mas quem invoca uma analogia tenderá, quase invariavelmente, a afirmar que há mais do que uma simples analogia. Esta fica assim entalada entre duas rejeições, a de seus adversários e a de seus partidários.

A analogia às vezes é superada antes mesmo de ter sido compreendida como tal. É que a especificidade da analogia reside no confronto de estruturas semelhantes, embora pertencentes a áreas diferentes. Quando essas estruturas não são percebidas, como acontece em certos distúrbios mentais, qualquer aproximação entre foro e tema tenderá a ser explicada por características comuns, notadamente semelhanças entre termos[151].

Por outro lado, a distinção das áreas nem sempre é fácil de constatar; ela depende dos critérios empregados para estabelecê-la. Apenas em certas analogias de um tipo reconhecido, tais como as alegorias e as fábulas, é que a distinção das áreas parece fora de discussão; também é isso que ocorre no seio de certas filosofias em que o uso analógico dos termos e das estruturas resulta de uma prévia criteriologia do ser.

A superação da analogia às vezes será simplesmente sugerida. Mas não raro será explícita, até mesmo motivada, justificada.

O primeiro esforço para superar a analogia, para aproximar o tema do foro, visa estabelecer entre eles uma relação de participação: o foro é apresentado como símbolo, como figura, como mito, realidades cuja própria existência deriva da participação deles no tema que eles devem permitir apreender melhor. Tendo descoberto uma analogia entre certas hierarquias sobrenaturais e certos aspectos da energia, S. Weil dirá:

> Assim, não é somente a matemática, é a ciência inteira que, sem que pensássemos em atentar para isso, é um espelho simbólico das verdades sobrenaturais[152].

Da mesma forma, Buber escreve:

> O relacionamento com o ser humano é o verdadeiro símbolo do relacionamento com Deus, no qual a invocação verdadeira recebe a resposta verdadeira[153].

E Pascal, utilizando largamente a noção de "figura" tal como a havia elaborado a tradição cristã, precisara o papel fundamental e revelador que lhe cumpria atribuir:

> A figura, escreve ele, foi feita a partir da verdade, e a verdade foi reconhecida a partir da figura[154].

Semelhantes técnicas de aproximação entre tema e foro, embora conservando-lhes a individualidade, tendem porém à unificação das áreas: a idéia de figura supõe a realidade do foro da mesma forma que a do tema.

Por vezes a superação da analogia será feita ao se mostrar que tema e foro dependem de um princípio comum. Depois de ter ressaltado certas analogias entre a inércia física e a força do hábito, Schopenhauer prossegue:

> Tudo isso é mais do que uma simples analogia: já é a identidade da coisa, ou seja, do Querer, com graus muito diversos de sua objetivação, conformemente aos quais a própria lei de movimento se apresenta de modo diferente[155].

Esse princípio comum poderá ser concebido como uma essência, da qual tema e foro seriam manifestações. Quando Eugenio d'Ors desenvolve de uma maneira brilhante certas analogias entre formas arquitetônicas e o regime político no qual elas se desenvolvem, ele pretende mais do que um cotejo que possibilite compreender um pelo outro, evitando ao mesmo tempo fazer de um a causa do outro[156].

Inúmeras vezes, estabelecer-se-á um vínculo indireto entre tema e foro. Se um discurso repleto de antíteses e de ornamentos é feito como uma igreja gótica, é porque ambos derivam, dirá Fénelon, do mau gosto dos árabes[157].

Poderá mesmo ocorrer, como em certas aproximações entre o que se sente e o meio em que se está, que a analogia sugira uma ação do foro sobre o tema. Em versos como:

> *Il pleure dans mon coeur*
> *Comme il pleut sur la ville*[158]
> [Chora em meu coração
> como chove na cidade]

o foro pode ser tomado por uma causa parcial do tema e, por isso, a analogia é superada.

Essa superação às vezes será expressa pela transmissão de um elemento substancial do foro ao tema. Assim, segundo Leibniz,

> O falecido Van Helmont filho... acreditava, com alguns rabinos, na passagem da Alma de Adão ao Messias como ao novo Adão[159].

Em suma, para superar a analogia, tentar-se-á, de todas as maneiras, aproximar a área do tema daquela do foro. Trata-se de um processo deveras natural, como deixa claro a própria insistência com que se costuma tentar prevenir-se contra a superação. Quando Tarde evidenciou as analogias entre a lógica individual e a lógica social[160], quando Odier evidenciou as analogias entre a reflexologia de Pavlov e a psicologia do eu[161], tanto um como o outro prevêem a superação que poderia ser operada e alertam contra ela. Os termos em que Odier expressa sua apreensão são significativos:

> Não há sintoma neurótico que não se possa, afinal de contas, descrever em termos de fisiologia, ou reduzir a um choque de energias contrárias. Mas jamais devemos esquecer que aí se trata apenas de uma *redução*, não de uma *explicação*... Apenas a psicologia do eu nos fornece os elementos de uma explicação verdadeira sobre o adulto neurótico[162].

Ora, se esses autores insistiram na analogia, é porque esta lhes parecia digna de interesse, capaz de esclarecer-nos sobre certos fenômenos. A superação só poderia reforçar a prova dessa estrutura. Mas receiam eles que essa superação se realize em proveito exclusivo do foro. Tarde, usando aliás uma nova analogia, dirá realmente:

> Portanto, impossível aniquilar a lógica social na lógica individual. A dualidade delas é irredutível, mas como a da curva e da assíntota que se vão aproximando infinitamente[163].

De fato, tanto Odier como Tarde também tentarão a superação; o primeiro insistirá no fato de a identidade estar "nas conseqüências"[164], o segundo, nas "transações recíprocas", que serão necessárias entre os dois domínios[165].

Nas ciências naturais, a analogia, como a concebemos, fornece unicamente um ponto de apoio para o pensamento criador. Trata-se de superar a analogia para poder chegar à conclusão de uma semelhança, da possibilidade de aplicar tanto ao tema como ao foro os mesmos conceitos. Procurar-se-á reunir tema e foro num único campo de investigação, tornando-os passíveis dos mesmos métodos.

Assim, em química, a observação de reações analógicas conduzirá a mente a agrupar os corpos estudados numa mesma família. Cournot conta como, impressionados com certas analogias, Gay-Lussac e Thénard elaboraram a hipótese de que a substância chamada ácido muriático oxigenado era um corpo simples, que denominaram cloro, como este foi agrupado numa família natural, junto com o bromo e o iodo, e acrescenta que, por causa dessas mesmas analogias, concordou-se em incluir nela o flúor, ainda não descoberto[166].

A analogia, enquanto elo no raciocínio indutivo, constitui uma etapa em ciência, na qual serve mais como meio de invenção do que como meio de prova; se a analogia é fecunda, tema e foro são transformados em exemplos ou ilustrações de uma lei mais geral, com relação à qual as áreas do tema e do foro são unificadas. Essa unificação das áreas leva a integrar numa mesma classe a relação que une os termos do foro e aquela que une os termos do tema, os quais se tornam, em relação a essa classe, intercambiáveis: qualquer assimetria entre tema e foro desapareceu.

A precariedade do estatuto da analogia deve-se, pois, em grande parte, ao fato de ela poder desaparecer por causa de seu próprio sucesso.

A analogia pode também ser excluída em virtude das condições do raciocínio. Vimos que, em direito, o raciocínio por analogia ocupa um lugar muito mais limitado do que parece, e isso porque, quando se trata da aplicação de uma regra a novos casos, encontramo-nos de imediato no interior de um único domínio, em virtude das próprias exigências do direito, uma vez que não podemos sair do domínio que a regra nos atribui.

De um modo geral, a superação da analogia tende a apresentá-la mais como o resultado de uma descoberta, observação do que existe, do que como o produto de uma criação original de estruturação. Em certos casos, o problema é invertido. Filosofias há que vêem na analogia o resultado de uma diferenciação no seio de um conjunto unitário: é o caso das filosofias monísticas que recusam qualquer distinção dos domínios. Tal recusa pode ser considerada uma maneira extrema de consagrar a superação, tornando-a de certo modo prévia à analogia. Esta não é mais do que a explicitação daquilo que está incluído no conjunto não diferenciado que a precede. Mas essas considerações filosóficas relativas ao estatuto da analogia deixam intactas, na prática, as possibilidades normais de emprego da analogia e sua tendência à superação.

Acrescentemos que o estatuto da analogia é precário ainda de outra maneira: cotejo de estruturas, a analogia pode, por causa da interação entre termos[167], ocasionar aproximações concernentes a estes. Essa semelhança dos termos quase sempre fornece efeitos cômicos, o que indica que é um uso abusivo do argumento por analogia. Aquele que, na analogia clássica entre o bispo e seus fiéis, o pastor e suas ovelhas, vir acima de tudo uma semelhança entre ovelhas e fiéis, e qualificar o fiel que reza de ovelha que bale, obterá um efeito fácil, mas desviando indevidamente a analogia de sua função. Todavia, a distinção entre analogia e semelhança não poderia ser absoluta. Um elemento de semelhança entre termos parece estar amiúde na origem de uma analogia, mesmo que não desempenhe nenhum papel essencial em sua estrutura.

Assim, quando Francis Ponge[168], em seu poema sobre o lagarto, sugere – por meio, aliás, de um novo foro – uma analogia entre as evoluções do lagarto numa parede, seu desaparecimento num buraco e as fases da criação poética, "pequeno trem de pensamentos cinza o qual roda a toda brida" e que "volta de bom grado aos túneis do espírito", os elementos de semelhança entre a parede e a página na qual se escreve (forma, cor), estão provavelmente na origem da escolha dos termos.

De outro lado, quando tem sucesso, a analogia pode redundar numa extensão do campo de aplicação de certas noções. Assim, N. Rotenstreich, tendo mostrado uma analogia entre a relação do sujeito concreto com a experiência, e a do homem com a linguagem, concluirá dizendo:

> A linguagem deve ser considerada a experiência mais extensa[169].

Esse modo de superação da analogia por seus termos será tanto mais fácil, ao que parece, quanto mais estes forem abstratos e puderem ser percebidos como expressão das estruturas. Ele desempenha por certo importante papel na evolução das noções.

Em certos casos, como o que acabamos de ressaltar, a analogia influenciará acima de tudo a extensão das noções. Mas, por isso mesmo, ela contribui para a sua confusão. Esta poderá ser aumentada de muitas maneiras pela argumentação analógica. Quando Pitt estabelece uma longa analogia entre o feliz estado político da Inglaterra e as condições da zona temperada na superfície do globo[170], vemos com bastante clareza as estruturas do tema e as do foro, mas as idéias de eqüidistância, de equilíbrio, só poderão ter ficado mais confusas por causa da interação entre foro e tema.

Vimos, ademais, que algumas noções que designam propriedades do mundo físico ficam, em virtude de seu uso analógico num meio cultural, carregadas de um valor que a partir daí integra o seu significado.

Que a analogia possa modificar as noções e aumentar-lhes a confusão parece-nos incontestável. Se a tantos autores contemporâneos repugna admitir o papel da analogia na gênese de certas noções[171], é decerto por antiassociacionismo exasperado. Uma concepção da analogia que desse maior espaço à interação entre tema e foro decerto diminuiria essas repugnâncias. Decerto ela diminuiria ao mesmo tempo a repugnância em considerar a metáfora como derivada da analogia[172].

§ 87. A metáfora

Na tradição dos mestres de retórica, a *metáfora* é um tropo, ou seja, "uma mudança bem-sucedida de significação de uma palavra ou de uma locução"[173]; seria mesmo o tropo por excelência[174]. Pela metáfora, diz-nos Dumarsais, "transporta-se, por assim dizer, a significação própria de um nome para outra significação, que só lhe convém em virtude de uma comparação que existe na mente"[175].

Richards rejeita com razão a idéia de comparação, insistindo com agudeza e vigor no caráter vivo, matizado, variado, das relações entre conceitos expressos de uma só vez pela metáfora, a qual seria muito mais interação do que substituição[176], e técnica de invenção tanto quanto ornamento[177].

Mas toda concepção que não lança luz sobre a importância da metáfora na argumentação não pode satisfazernos. Ora, acreditamos que é em função da teoria argumentativa da analogia que o papel da metáfora ficará mais claro. Afirmar o vínculo entre metáfora e analogia significa, aliás, retomar uma tradição antiga, a dos filósofos e, em especial, dos lógicos, de Aristóteles a John Stuart Mill[178]. Esse vínculo voltará a ser, a nosso ver, aceitável, na medida em que se elaborar mais profundamente a teoria da analogia.

Não poderíamos, neste momento, descrever melhor a metáfora do que a concebendo, pelo menos no que tange à argumentação, como uma analogia condensada, resultante da fusão de um elemento do foro com um elemento do tema.

Aristóteles nos apresenta certos exemplos de metáforas em que a relação analógica é completamente explicitada:

> O que a velhice é para a vida, a noite é para o dia. Logo, diremos a noite velhice do dia e a velhice noite da vida...[179]

Em tais exemplos, foro e tema são tratados de modo simétrico, por assim dizer escolar, fora do contexto que seria a única indicação de qual é o tema e qual é o foro. É por isso que aí se vê nitidamente como a metáfora pode construir uma expressão a partir de uma analogia. Neste caso, trata-se, a partir da analogia "A está para B assim como C está para D", de uma expressão "C de B" para designar A. Veremos que essa está longe de ser a única forma de realizar a fusão entre tema e foro.

A analogia, graças a essa fusão, é apresentada não como uma sugestão, mas como um dado. Isso quer dizer que a metáfora pode intervir para tornar plausível a analogia.

Portanto, não é surpreendente constatar, quando se examinam as argumentações por analogia, que, com freqüência, o autor não hesita, no curso de sua exposição, em servir-se de metáforas derivadas da analogia proposta, habituando assim o leitor a ver as coisas tais como ele as mostra. É mesmo bastante raro que tema e foro sejam expressos independentemente um do outro. Plotino, depois de haver falado da vida como de um espetáculo, continua, falando da alma:

> Em seguida ela canta sua parte, ou seja, age e produz conforme seu caráter próprio[180].

Os poucos termos extraídos da área do foro, inseridos na do tema, são aqui imediatamente explicitados em termos pertencentes a este último.

Os graus de contaminação entre tema e foro podem, contudo, ser muito variados. A fusão de termos do tema e do foro, que aproxima suas duas áreas, facilita a realização de efeitos argumentativos. Quando houver empenho, através do desenvolvimento de uma analogia, em tirar, a partir do foro, conclusões que interessem ao tema, a força do argumento será tanto maior quando, graças à fusão do tema e do foro, se houver longamente descrito de antemão o foro em termos de tema. Conhecemos poucos textos que permitem ilustrar tão bem esse procedimento como a célebre *Ode à Cassandre* de Ronsard:

> *Mignonne, allons voir si la rose*
> *Qui ce matin avait desclose*
> *Sa robe de pourpre au Soleil,*

A point perdu ceste vesprée
Les plis de sa robe pourprée,
Et son teint au vostre pareil[187]...
[Meu bem, vamos ver se a rosa
Que esta manhã abrira
Seu vestido de púrpura ao Sol
Não perdeu esta tarde
As pregas de seu purpúreo vestido
E sua tez igual à vossa...]

Antes de falar de Cassandre com termos extraídos da área do foro (Enquanto vossa idade floresce / Em sua mais verde novidade), o poeta não hesita em falar da rosa como de uma moça, descreve as pregas de seu vestido, sua tez, e se indignará com a crueldade que a "madrasta Natureza" manifesta para com ela.

As metáforas mais ricas e mais significativas são, porém, as que não surgem, como em Plotino ou em Ronsard, durante a expressão de uma analogia, mas que são apresentadas desde o início, tais quais, o mais das vezes pela união de termos superiores do tema e do foro (A e C), deixando não-expressos os termos inferiores (B e D). Esses termos não devem ser considerados subentendidos, pois cumpre admitir que a fusão, uma vez realizada, criou uma expressão que basta a si mesma; mas eles poderiam ser, em caso de análise, supridos de modos muito diversos. Assim é que a metáfora "um oceano de falsa ciência"[182] sugere pontos de vista e atitudes diferentes conforme os termos B e D sejam compreendidos respectivamente como "um nadador" e "um cientista"; ou "um riacho" e "a verdade"; ou "a terra firme" e "a verdade". Todas essas analogias, presentes simultaneamente no espírito, se fecundam e se influenciam mutuamente, sugerem desenvolvimentos variados, entre os quais apenas o contexto permitiria uma escolha, raramente desprovida de toda ambigüidade e de toda indeterminação. A metáfora também pode operar a aproximação do termo B e C de uma analogia de três termos[183], como na expressão "a vida é um sonho". Nesse caso é o termo A do tema (por exemplo, "a vida eterna") que será inferido em virtude da metáfora, sendo "a vida" o termo comum às duas áreas.

A fusão metafórica é um processo de aproximação muito diferente do provocado pela hierarquia dupla[184] ou daquele que a superação da analogia opera mediante o estabelecimento de uma ligação simbólica entre tema e foro[185]. Ela não implica relações mais estreitas entre foro e tema do que a analogia pura e simples, mas consagra estes. A aquiescência a uma metáfora é habitual, desde que se admita a analogia. Costumou-se aconselhar, para que aceitem a metáfora, prepará-la[186] ou atenuá-la com precauções[187]. Cícero e, depois dele, Quintiliano aconselham introduzir as metáforas demasiado ousadas por meio de expressões como "por assim dizer", "se assim me atrevo a expressar". Mas, quando se examinam os exemplos citados, nos quais esse procedimento parece útil, vê-se que não se trata de metáforas demasiado ousadas, mas, ao contrário, que pecam por timidez, confrontando domínios próximos demais e, por isso, correndo o risco de serem ignoradas, no sentido de que a expressão corre o risco de ser tomada ao pé da letra e ficar ridícula:

> ... se houvessem dito outrora que a morte de Catão deixava o Senado "órfão", a metáfora teria ficado um tanto forçada; "por assim dizer órfão", ao contrário, a deixava um pouco menos dura[188].

A fusão entre os termos do tema e do foro pode ser assinalada de diversas formas, por uma simples determinação (a noite da vida, oceano de falsa ciência), por meio de um adjetivo (uma exposição vazia, luminosa), de um verbo (ela se pôs a piar), de um possessivo (nossa Waterloo). Por vezes teremos até uma identificação (a vida é um sonho, o homem é um camaleão). A cópula aqui não tem outras funções senão a de assinalar o lugar homólogo numa relação analógica. A metáfora pode ser reforçada pelo artifício consistente em falar dessa identificação no futuro. Assim, a metáfora reconhecida, tradicional, serve de ponto de partida, da mesma forma que um fato indiscutível, para precisões, para argumentações. É o que mostra esta passagem de La Bruyère:

> Dentro de cem anos, o mundo ainda subsistirá por inteiro; serão o mesmo teatro e os mesmos cenários, já não serão os mesmos atores.

E a conclusão, embora nos levando de volta ao campo do tema, expressa-se ainda pela metáfora:

Que pano de fundo para uma personagem de comédia![189]

Às vezes, a fusão das áreas, quando se manifesta pela criação de palavras compostas, como "bateau-mouche" (qualificada por Estève de "metáfora vergonhosa")[190], enriquece a linguagem com sínteses expressivas; podemos até perguntar-nos se certas formas verbais como "genpillehommes"[191] ou "banksters" não derivam da fusão metafórica.

Cumpre acrescentar que a fusão metafórica, mesmo quando se trata de analogias de aspecto pitoresco, não nos põe diante de uma imagem. "Flor de pena", "buquê de asas", "navio de escamas"[192] não são a evocação de um objeto concreto, real ou fantástico, que, em toda a sua complexa nitidez, representaria o pássaro ou o peixe. Conceber a metáfora como derivada da analogia, e a analogia como cotejo de relações, é a maneira que nos parece mais eficaz de lutar, no plano teórico, contra o erro, denunciado com razão por Richards, de considerar a metáfora uma imagem[193]. E, no plano prático, de um lado, de nos precavermos contra o perigo das metáforas suscetíveis de serem confundidas com uma semelhança de termos, notadamente quando se trata da fusão dos termos A e C de uma analogia, e, de outro, de nos libertarmos dos entraves que certos autores desejariam impor à sucessão de metáforas aparentemente inconciliáveis[194].

Toda analogia – afora aquelas que se apresentam em formas rígidas, como a alegoria, a parábola – torna-se espontaneamente metáfora. É inclusive a ausência de fusão que nos obrigaria a ver na alegoria, na parábola, formas convencionais em que a fusão é, por tradição, sistematicamente rejeitada. Longe de a alegoria ser uma metáfora[195], teríamos nela uma corrente dupla que se desenrola com um mínimo de contatos. Há na analogia, pelo seu próprio prolongamento, uma ação que tende à fusão. Essa ação supõe um desenrolar no tempo, que uma representação não-discursiva é em geral incapaz de transmitir. É por isso que a pintura, por seu caráter não-temporal, deve, quer exprimir unicamente o foro de uma alegoria, que permanecerá sempre independente do tema, quer passar imediatamente para a metáfora por meio da fusão metafórica. O resultado será a criação de seres esquisitos: para falar do universo em termos humanos, representar-se-á um homem dotado grotescamente de uma cabeça em forma de globo. Os desenhistas satíricos costumam utilizar essa fusão metafórica.

Aliás, ela se presta admiravelmente a efeitos cômicos de todo tipo: a zombaria em "César de Carnaval", em "Mudville Milton" (para designar um poeta de aldeia), expressa-se pela oposição de valores entre os termos juntados.

Ela se presta também a um uso bastante particular, que se confunde com aquele que examinamos na hipérbole[196]. Dizer que um corredor a pé faz 120 por hora será metáfora ou hipérbole? Será que a expressão atua através da soma dos dois procedimentos? Graças à metáfora, a intrusão de um novo domínio concorreria para a superação hiperbólica.

Não é de espantar que a metáfora, fundindo as áreas, transcendendo as classificações tradicionais, seja o instrumento por excelência da criação poética e filosófica. O célebre pensamento de Pascal "o homem não passa de um caniço, o caniço mais fraco da natureza; mas é um caniço pensante"[197], realiza a fusão entre o tema e o foro, numa fórmula inesquecível.

Se perdemos de vista seu aspecto metafórico, essas frases podem dar origem ao maravilhoso. O conto que descrevesse as tribulações de um caniço pensante provocaria o assombro, tomando-se ao pé da letra uma expressão que realizava uma fusão de domínios apenas no universo conceitual.

As metáforas podem também dar origem ao cômico involuntário. É conhecida a anedota da compradora que pede ao balconista que lhe venda "uma dessas cortinas de ferro de que todo o mundo está falando atualmente".

Ainda que seja vão procurar, na natureza, seres correspondentes às criações metafóricas, nem por isso estas deixam de agir sobre a vida das noções. A metáfora não exerce sua influência somente sobre a argumentação para a qual é criada. Ela pode contribuir, notadamente, para a confusão das noções. Tendo utilizado a noção de escravo em metáforas como "escravo do patrão", "escravo das paixões", ficar-se-á estimulado a investigar quais são os elementos comuns ao termo "escravo" em todos os usos, que vão interagir uns sobre os outros.

Os mestres de retórica viram, na metáfora, um meio de enfrentar a indigência da linguagem[198]. É certo que ela pode ter esse papel, ainda que seja provavelmente apenas muito secundário e a noção de indigência seja, desse ponto de vista, difícil de elucidar.

Seja como for, o uso freqüente de uma metáfora só pode contribuir para uma assimilação entre foro e tema, o que bastaria para explicar que grande número de relações, em dado meio cultural, parecem aplicar-se com a mesma naturalidade à área do tema e à do foro. Dever-se-á supor, nesse caso, que se trata de uso metafórico de noções provenientes de uma das áreas, ou se trata, pelo contrário, de noções aplicáveis, em seu uso próprio, a várias áreas? A resposta a essa pergunta será, o mais das vezes, determinada por considerações de ordem filosófica, às quais já aludimos várias vezes[199]. Alguns exemplos, como o das palavras "opaco", "transparente", aplicados ao campo espiritual fariam, entretanto, pender para a primeira hipótese. Com efeito, parece que, a despeito de certos autores[200], seu uso ainda é percebido como metafórico.

§ 88. As expressões com sentido metafórico ou metáforas adormecidas

Um perigo das metáforas é seu desgaste. A metáfora já não é percebida como fusão, como união de termos extraídos de áreas diferentes, mas como a aplicação de um vocábulo ao que este designa normalmente; a metáfora, de atuante, tornou-se "adormecida", característica que aponta melhor do que outros adjetivos (ignorada, esquecida, surrada) que esse estado pode ser apenas transitório, que essas metáforas podem ser despertadas e tornar a ser atuantes.

A metáfora adormecida, ou expressão com sentido metafórico, pareceu a Whately, na esteira de Stewart e de Copleston, um instrumento muito superior à metáfora atuante, por ter perdido o contato com a idéia primitiva por ela denotada[201]; da mesma forma, Stevenson admite que, por sua interpretação ser unívoca, ela pode fornecer uma *razão*, ao contrário da metáfora atuante, que seria apenas sugestiva[202].

Parece-nos, quanto a nós, que seu valor na argumentação é eminente sobretudo por causa da grande força persuasiva que possuem essas metáforas adormecidas quando, com o apoio de uma técnica ou de outra, elas são novamente postas em ação. Essa força resulta do fato de elas tirarem seus efeitos de um material analógico, facilmente aceito, pois é não só conhecido mas também integrado, pela linguagem, na tradição cultural.

A maneira mais usual de despertar uma metáfora é desenvolver de novo, a partir dela, uma analogia. Assim é que, para despertar a metáfora adormecida na expressão "levado por suas paixões", Bossuet desenvolve o foro que pode ser considerado subjacente à analogia esquecida:

> Vede aquele insensato na beira de um rio que, querendo passar para a outra margem, espera que o rio tenha escoado; e não percebe que ele corre sem cessar. É preciso passar por cima do rio; é preciso caminhar contra a torrente, resistir ao curso de nossas paixões, e não esperar ver escoado o que jamais escoa totalmente[203].

Assim também Kant não hesita em, desenvolvendo-a, tornar atuante a expressão metafórica "lançar luz sobre um assunto":

> Ele [Hume] não lançou luz alguma sobre essa espécie de conhecimento [metafísico], mas fez, não obstante, brotar uma centelha com a qual bem se poderia ter tido luz, se ela houvesse atingido uma mecha inflamável cujo clarão houvesse sido mantido e aumentado com cuidado[204].

Tão logo o foro de uma expressão metafórica é evocado por um detalhe qualquer, de preferência pelo prolongamento da analogia, o mais banal clichê pode readquirir vida:

> Os grandes e os pequenos têm os mesmos acidentes, os mesmos aborrecimentos e as mesmas paixões; mas um está no alto da roda, o outro perto do centro, e assim menos agitado pelos mesmos movimentos[205].

A expressão metafórica que se faz reviver nem sequer precisa, como vemos, ser explicitamente enunciada. "A roda da fortuna" é aqui apenas um clichê subjacente ao texto.

O despertar às vezes é obtido com a simples união de algumas expressões metafóricas uma à outra. Quando elas podem convir como elementos de uma mesma analogia, atuam uma sobre a outra, o que provoca o despertar das metáforas. Como nesta passagem de Demóstenes:

> ... sois-lhes gratos por dar-vos o que é vosso. Quanto a eles, depois de vos ter encurralado na cidade, levam-vos ao encarne e vos amansam para vos domesticar[206].

As palavras "encurralar", "encarne", "amansar" e "domesticar" que, isoladamente, poderiam ter passado por expressões com sentido metafórico, são percebidas como metáforas atuantes.

A repetição de uma mesma expressão, uma vez no sentido metafórico, a outra no sentido próprio, também pode fazer uma metáfora reviver, como na expressão inglesa:

> *We have to hang together, not to hang separately.*

Basta opor a expressão metafórica a uma outra, extraída da área do foro, para obter-se o mesmo efeito:

> Em vez de ser um beco sem saída como professa a antiga psicologia, a abstração é um cruzamento de avenidas[207].

Por vezes o despertar é causado pelo enxerto na expressão com sentido metafórico de uma nova metáfora que completa a primeira:

> Quando os rochedos cerram os dentes sobre a língua de areia[208].

A distinção entre o desenvolvimento de um mesmo foro e de seu complemento pode parecer delicada. Acreditamos, porém, que ela é útil para assinalar o que há de inesperado na maneira de enxertar essas expressões metafóricas uma na outra. Bergson gosta de utilizar esse jogo dos complementos para fazer reviver as expressões mais corriqueiras:

> A ciência moderna é filha da astronomia; desceu do céu para a terra ao longo do plano inclinado de Galileu, pois é por Galileu que Newton e seus sucessores se juntam a Kepler[209].

Entretanto, cumpre tomar cuidado para não aproximar duas expressões metafóricas sem atentar ao efeito produzido por sua vizinhança. Ele pode ser de uma comicidade involuntária e desastrosa, como nesta fórmula:

> Aquele pão, que é a nata da sociedade*.

O despertar da metáfora também pode ser provocado por uma mudança do contexto habitual, pelo emprego da expressão metafórica em condições que, ao lhe dar um caráter inusitado, chamam a atenção para a metáfora que ela contém. Uma leve distorção pode bastar para devolver à expressão seu poder analógico. A expressão metafórica "extinguir-se", que passa despercebida em "extinguir-se lentamente", readquire vida em "extinguir-se de repente". Esse novo contexto pode não ser outra coisa senão a personalidade de quem utiliza a expressão. A expressão metafórica estereotipada pode recobrar vida na boca de certos oradores[210], porque se presume que, neles, ela não pode ter seu sentido corriqueiro e usual. O poeta e o filósofo talvez sejam privilegiados a esse respeito.

Como as expressões com sentido metafórico não são as mesmas nas diversas línguas e o grau de entorpecimento de uma mesma metáfora pode ser muito diferente, a tradução sempre modificará algo a esse respeito. O mais das vezes ela terá como conseqüência fazer as metáforas reviverem. Há mais. Um texto estrangeiro, lido em seu idioma original, costuma proporcionar, se este não for plenamente familiar ao leitor, uma impressão de vida e de movimento, um prazer particular, proveniente do fato de se apreender como metáfora viva o que talvez só fosse metáfora adormecida.

A identidade de meio cultural permite, por si só, o entorpecimento das metáforas. As expressões da linguagem das profissões, da gíria, parecem-nos metafóricas, ao passo que, para o usuário, é o modo normal de expressar-se[211]. E

---

* En francês: *Cette grosse légume* (pessoa importante), *qui est la crème de la société.* (N. do T.)

se tantas vezes mencionou-se a abundância das metáforas entre os primitivos, nas classes inferiores, caipiras[212], isso talvez se deva, em parte, a tudo o que as separa, culturalmente, do observador.

O despertar de uma metáfora pode, claro, produzir temas diversos. A conivência entre orador e ouvinte sempre é apenas parcial; nenhum dos dois tem, o mais das vezes, uma idéia precisa da gênese de uma expressão metafórica. A força desta provém ao mesmo tempo da familiaridade com ela e do conhecimento bastante impreciso da analogia que está em sua origem.

Aliás, importa bem pouco que a expressão tenha realmente uma origem metafórica. Isso porque o "despertar" é um fenômeno que ocorre no presente; basta, para que se efetue, que a expressão possa ser percebida metaforicamente, talvez por analogia com outras. A *catacrese* é, segundo os antigos, uma figura que "por uma espécie de abuso substitui a palavra própria e precisa por uma palavra de sentido vizinho e aproximativo"[213]; alguns, como Vico[214], Dumarsais[215], Baron[216], insistem em sua relação com a metáfora; outros distinguem-na dela ciosamente[217]. Um exemplo seu seria "folha de papel". Mesmo que tal expressão nada tenha de uma metáfora, que sua gênese seja diferente e seja antes uma extensão, uma "projeção", do que uma fusão, isso não impede que ela se possa tornar uma metáfora atuante pelo uso das técnicas de despertar que acabamos de apontar.

Essas técnicas podem até ser aplicadas a expressões de todo normais, notadamente a certos adjetivos. Apenas o contexto indica que o autor pretende tomá-las num sentido analógico. Assim, quando Kelsen escreve:

> O direito dos povos é ainda uma ordem jurídica primitiva. Está somente no início de um desenvolvimento que o direito de cada estado já realizou[218].

o contexto nos indica que o autor toma o adjetivo "primitivo" como foro que indica as possibilidades de desenvolvimento que os povos primitivos possuem. Assim também, quando Bacon escreve:

> Aqueles tempos são os tempos antigos, quando o mundo é antigo, e não esses a que chamamos antigos *ordine retrogrado*, contando regressivamente a partir de nós mesmos[219].

"tempos antigos", pela contestação que se levanta, torna-se uma metáfora cujo foro seria a vida humana, com o que ela traz de experiência e de sabedoria. A força persuasiva de argumentos assim reside na analogia que se evoca.

Insistimos, no parágrafo anterior, sobre a tendência à superação própria da analogia. A metáfora adormecida é uma forma de superação, que não se percebe, que é aceita; o têrmo próprio e o termo metafórico podem até chegar a ser subsumidos sob uma mesma classe.

Todavia, pode acontecer que se faça a metáfora reviver para mostrar que se está perante uma semelhança de relações e para operar uma superação da analogia que se refere diretamente a ela e não aos seus termos. Assim, Köhler escreverá:

> Às vezes comparou-se a vida a uma chama. Isto é mais do que uma metáfora poética, pois, do ponto de vista funcional e energético, a vida e a chama têm realmente muito em comum[220].

Em seguida, ele desenvolve longamente as semelhanças de estrutura, indicando assim que a analogia é melhor do que se poderia ter acreditado e não concerne somente a certos aspectos dos termos visíveis a todos. O mesmo autor dirá ainda:

> De uma forma metafórica, os móbeis da ação humana foram amiúde chamados de "forças". Resulta que, se esses móbeis devem ter uma contrapartida, esta só pode *consistir* em forças; no sentido estrito da palavra. Por outro lado, se são realmente forças, seu comportamento num contexto de fenômenos neurais se assemelhará à motivação humana numa medida tal que me pergunto se, estrutural e funcionalmente, restará alguma diferença[221].

Fazer a metáfora reviver tem, aqui, o objetivo de permitir, mais uma vez, a superação da analogia, aproveitando ao mesmo tempo a adesão à superação primitiva, que se supõe baseada numa intuição. Fundamentamo-nos na linguagem, salientamos suas ciladas e utilizamos, ainda assim, a parte de aquiescência às teses por nós defendidas que nela se exprimia.

A metáfora, fusão analógica, desempenha todos os papéis representados pela analogia. Desempenha-os melhor ainda em certos pontos, porque reforça a analogia; a metáfora condensada se integra na linguagem. Mas apenas o despertar da metáfora possibilitará distinguir-lhe a estrutura e, vencida essa etapa, superar a analogia. A crítica, por sua vez, poderá valer-se de todos os procedimentos utilizados para rejeitar a analogia. Com freqüência protestará, ademais, contra a obscuridade da metáfora.

As diferenças de atitude possível diante de uma metáfora mostram que esta pode ser examinada em função da argumentação. Seu estudo é, desse ponto de vista, sob certos aspectos mais fácil do que o é do ponto de vista da psicologia individual. Foram suficientemente mostradas as dificuldades acarretadas por este último[222]. Pois ele se interessa pelo criador da metáfora, enquanto é no decorrer da discussão que em geral se decidirá se se trata ou não de metáfora, se se está em presença de ordens diferentes. A própria noção de "sentido literal" e de sentido metafórico" pode ser uma dissociação que nasce da discussão, e não um dado "primitivo"[228].

Capítulo IV

A dissociação das noções

§ 89. Ruptura de ligação e dissociação

Os três primeiros capítulos deste livro foram consagrados ao estudo das ligações argumentativas que tornam respectivamente solidários elementos que podiam de início ser considerados independentes. A oposição ao estabelecimento de tal solidariedade se assinalará pela recusa de reconhecer a existência de uma ligação. Mostrar-se-á, notadamente, que uma ligação que fora considerada aceita, que fora presumida ou desejada, não existe, porque nada permite constatar ou justificar a influência que certos fenômenos examinados teriam sobre aqueles que estão em causa e porque, em conseqüência, é irrelevante levar-se em consideração os primeiros:

> Oh! por certo, se ao suprimir o que é penoso dizer, com receio de vos desgostar, suprimíssemos ao mesmo tempo os acontecimentos, cumpriria fazer apenas discursos próprios para agradar[1].

A experiência, real ou mental, a modificação das condições de uma situação e, mais especialmente, em ciências, o exame isolado de certas variáveis, poderão servir para provar a falta de ligação. Procurar-se-á, também, apresentar todos os inconvenientes desta.

A técnica de ruptura de ligação consiste, pois, em afirmar que são indevidamente associados elementos que deveriam ficar separados e independentes. Em contrapartida, a dissociação pressupõe a unidade primitiva dos elementos confundidos no seio de uma mesma concepção, designados por uma mesma noção. A dissociação das noções determina um remanejamento mais ou menos profundo dos dados conceituais que servem de fundamento para a argumentação. Já não se trata, nesse caso, de cortar os fios que amarram elementos isolados, mas de modificar a própria estrutura destes.

À primeira vista, a diferença entre ruptura de ligação e dissociação das noções é profunda e imediatamente discernível, mas, na realidade, também essa distinção, como as outras oposições ditas de natureza, pode ser muito controvertida. Conforme as ligações entre elementos forem consideradas "naturais" ou "artificiais", "essenciais" ou "acidentais", um verá uma dissociação das noções naquilo que, para outro, não passa de uma ruptura de ligação.

Em textos célebres, Locke, para quem toda Igreja é apenas uma associação voluntária cuja meta é a salvação de seus membros, recusa o vínculo estabelecido, em sua época, entre o Estado e a religião:

> Nem o direito nem a arte de governar, escreve ele, acarretam necessariamente um conhecimento certo de outras matérias, menos ainda o da verdadeira religião. Pois, se assim fosse, como seria possível que os senhores da terra divirjam tão profundamente, como é o caso, em matérias religiosas?[2]

Para Locke, o temporal está, desde o início, separado do espiritual, e o autor se opõe a uma ligação cujos efeitos ridículos mostra. Para um adversário de Locke, o temporal implica o espiritual, e o esforço feito para separá-los será considerado uma dissociação de elementos naturalmente unidos. Mas Locke reconhece essa união, unicamente num regime teocrático, que não é mais o dos Estados modernos; mantendo-a, estes tratariam como regra o que é apenas uma exceção, sem relação com a situação atual[3]. O que é somente acidental, próprio de um regime político particular, não pode ser parte integrante da idéia de governo civil assim, a ligação entre o Estado e a religião deve ser recusada.

Portanto, no final das contas, a situação argumentativa em seu conjunto, e sobretudo as noções nas quais a argumentação se apóia, os remanejamentos aos quais ela conduz, as técnicas que permitem operá-los, é que nos indicarão a presença de uma dissociação das noções e não de uma mera recusa de ligação.

O que Rémy de Gourmont qualificava de fenômenos de associação e de dissociação[4], o que Kenneth Burke chama de identificações[5], não constituem, a nosso ver, senão ligações e recusas de ligações, pois as noções, associadas e dissociadas, parecem permanecer, após a operação, tais como eram em seu estado primitivo, como tijolos recuperados intactos de um edifício em demolição. A dissociação das noções, como a concebemos, consiste num remanejamento mais profundo, sempre provocado pelo desejo de remover uma incompatibilidade, nascida do cotejo de uma tese com outras, trate-se de normas, de fatos ou de verdades. Algumas soluções práticas possibilitam resolver a dificuldade no plano exclusivo da ação, evitar que a incompatibilidade se apresente, diluí-la no tempo, sacrificar um dos valores que entram em conflito, ou os dois. A dissociação das noções corresponde, nesse plano prático, a um compromisso, mas conduz, no plano teórico, a uma solução que valerá igualmente no futuro porque, ao reestruturar a nossa concepção do real, ela impede o reaparecimento da mesma incompatibilidade. Ela salvaguarda, ao menos parcialmente, os elementos incompatíveis. Ainda que o objeto tenha desaparecido na operação, foi porém com menor prejuízo que esta se realizou, pois damos, ao que nos é importante, seu lugar certo no pensamento, propiciando a ele, ao mesmo tempo, uma coerência ao abrigo das dificuldades de mesma ordem. Um exemplo típico seu seria a solução kantiana da antinomia entre o determinismo universal e a liberdade do homem, que dissocia o conceito de causalidade em causalidade inteligível e sensível[6], dissociação tornada possível pela dissociação da noção de realidade em realidade fenomênica e numênica.

As noções novas, resultantes da dissociação, podem adquirir tamanha consistência, ser tão bem elaboradas e parecer tão indissoluvelmente vinculadas à incompatibilidade que elas permitem resolver, que apresentar esta em toda a sua força parece uma outra forma de colocar a dissociação. A idéia do pecado original – que resolve, pela dissociação da noção de homem em "homem no estado da criação" e "homem decaído", certas incompatibilidades entre a bondade de Deus e a existência do mal, a livre vontade do homem e a livre vontade de Deus – será para Pascal uma razão para insistir na incompatibilidade entre a grandeza e a miséria do homem. Falando do mistério do pecado original, poderá afirmar:

> O nó de nossa condição adquire suas dobras e suas voltas nesse abismo; de sorte que o homem é mais inconcebível sem esse mistério do que esse mistério é inconcebível ao homem[7].

A solução aceita parece, às vezes, tão garantida que se tratará como falta de lógica, como sofisma, o fato de não a levar em conta. Assim é que a afirmação de uma incompatibilidade entre a regra hindu de não-violência e o costume védico dos sacrifícios sanguinolentos é, para Candrasimha, autor de eruditos comentários de lógica, um bom exemplo de sofisma. Pois não há, segundo ele, crueldade senão na transgressão de uma regra, quando se comete um ato ilícito[8]. Essa definição da crueldade, que se afasta do sentido habitual desse termo e resulta de uma dissociação, parece contudo tão incontestável ao nosso autor que ele considera uma falta de lógica a volta ao sentido primitivo.

Mostraremos, mais adiante, que toda filosofia nova supõe a elaboração de um aparelho conceitual, do qual pelo menos uma parte, a que é fundamentalmente original, resulta de uma dissociação das noções que permite resolver os problemas que o filósofo se colocou. Isso explicará, entre outras coisas, o grande interesse que, em nossa opinião, se deve dar ao estudo da técnica das dissociações.

Antes de nós, entretanto, alguns eminentes juristas haviam notado que o direito era o campo de predileção do trato, técnica de solução de incompatibilidades. A meta do empenho jurídico, escreve Demogue, não é a síntese lógica, mas o compromisso. O progresso do direito consiste na elaboração de técnicas, sempre imperfeitas, que possibilitam conciliar exigências opostas[9]. Retomando essas idéias, o grande jurista americano Cardozo escreverá:

> A conciliação do irreconciliável, a mescla das antíteses, a síntese das oposições, eis os grandes problemas do direito[10].

Esse empenho em resolver incompatibilidades prossegue em todos os níveis da atividade jurídica. É característico do legislador, do teórico do direito, do juiz. Quando o juiz se encontra, num caso determinado, perante uma antinomia jurídica, não pode descurar inteiramente de uma das duas leis em proveito da outra; deve justificar seu modo de agir através de uma delimitação do campo de aplicação de cada lei, mediante interpretações que restabelecem a coerência do sistema jurídico. Introduzirá distinções, destinadas a conciliar o que, sem elas, seria inconciliável[11]. As "distinções" da teologia escolástica preenchem a mesma função.

Quando as leis não devem ser aplicadas, quando perderam seu caráter obrigatório, pode-se, tornando fixas as categorias jurídicas, mostrar seu caráter antinômico em casos determinados. Mas o empenho do jurista vai em direção oposta a essa rigidez. Sua função é elaborar um sistema que permita resolver os conflitos. Quando Napoleão, já cônsul vitalício, exclama numa sessão do Conselho de Estado: "Como conciliar a hereditariedade da coroa com o princípio da soberania do povo?", ele não pede aos juristas que o escutam que constatem uma contradição, pede-lhes sobretudo a solução de uma incompatibilidade.

Não convém esquecer, aliás, que uma mesma incompatibilidade pode ocasionar, para resolvê-la, vários arranjos de conceitos. Essas soluções rivais poderão, por si sós, ser apresentadas como incompatíveis. Essa luta de soluções é particularmente apreensível em direito, mas também em teologia. A discussão das Igrejas, notadamente no início da era cristã, constitui amiúde um confronto de soluções com certas dificuldades teológicas, soluções que, também elas, podem ocasionar um arranjo para conciliá-las.

No plano teórico, o compromisso, em face das incompatibilidades, por exigir uma nova estruturação do real, é o que requer maior esforço e necessita das mais difíceis justificações. Em contrapartida, uma vez estabelecido, uma vez as noções dissociadas e reestruturadas, ele tende a apresentar-se como sendo a solução inelutável e a reagir sobre o conjunto de noções no qual se inseriu.

§ 90. O par "aparência-realidade"

Para compreender bem a técnica da dissociação das noções e apreciar melhor seus resultados, parece-nos útil examinar com maior atenção um caso privilegiado, aquele que consideramos o protótipo de toda dissociação nocional, por causa de seu uso generalizado e de sua primordial importância filosófica: trata-se da dissociação que dá origem ao par "aparência-realidade".

Não há dúvida de que a necessidade de distinguir a aparência da realidade nasceu de certas dificuldades, de certas incompatibilidades entre aparências; estas não mais poderiam, todas, ser consideradas a expressão da realidade, se partíssemos da hipótese de que todos os aspectos do real são compatíveis entre si. O bastão, parcialmente mergulhado na água, parece curvo, quando o olhamos, e reto, quando o tocamos, mas, na *realidade*, ele não pode ser simultaneamente curvo e reto. Enquanto as aparências podem opor-se, o real é coerente: sua elaboração terá como efeito dissociar, entre as aparências, as que são enganosas das que correspondem ao real.

Essa primeira constatação ressalta imediatamente o caráter equívoco, o significado e o valor indecisos da aparência. É possível que a aparência seja conforme ao objeto, confunda-se com ele, mas é possível também que ela nos induza ao erro a seu respeito. Enquanto não tivermos razão alguma de duvidar dela, a aparência é apenas o aspecto sob o qual o objeto se apresenta, entende-se, por aparência, a manifestação do real. Apenas quando as aparências, por serem incompatíveis, não podem ser aceitas todas ao mesmo tempo, é que se opera, graças à distinção entre as aparências que são enganosas e as que não o são, uma dissociação que dá origem ao par "aparência-realidade", do qual cada termo remete ao outro de uma maneira que devemos examinar com maior atenção.

Para a comodidade de nossa análise e para que possamos generalizar-lhe o alcance, diremos que, no par "aparência-realidade", "aparência" constitui o termo I e "realidade" o termo II. Doravante, para deixar bem claro que esses termos são correlativos, designaremos um par oriundo de uma dissociação da seguinte maneira:

$$\frac{\text{aparência}}{\text{realidade}}$$

ou, em geral

$$\frac{\text{termo I}}{\text{termo II}}$$

O termo I corresponde ao aparente, ao que se apresenta em primeiro lugar, ao atual, ao imediato, ao que é conhecido diretamente. O termo II, na medida em que se distingue dele, só é compreendido em relação ao termo I; é o resultado de uma dissociação, operada no seio do termo I, visando eliminar as incompatibilidades que podem surgir entre aspectos deste último. O termo II fornece um critério, uma norma que permite distinguir o que é válido do que não é, entre os aspectos do termo I; não é simplesmente um dado, mas uma *construção* que determina, quando da dissociação do termo I, uma regra que possibilita hierarquizar-lhe os múltiplos aspectos, qualificando de ilusórios, de errôneos, de aparentes, no sentido desqualificador do termo, aqueles que não são conformes a essa regra fornecida pelo *real*. Com relação ao termo I, o termo II será, a um só tempo, normativo e explicativo. Por ocasião da dissociação, ele permitirá valorizar ou desqualificar determinados aspectos sob os quais se apresenta o termo I; permitirá distinguir, entre as aparências cujo estatuto é equívoco, as que não passam de aparência das que representam o real[12].

Esse ponto nos parece essencial, por causa de sua importância na argumentação. Enquanto o estatuto primitivo do que se oferece como objeto de partida da dissociação é indeciso e indeterminado, a dissociação em termos I e II valorizará os aspectos conformes ao termo II e desvalorizará os aspectos que se lhe opõem: o termo I, a aparência, no sentido estrito da palavra, não passa de ilusão e erro.

De fato, o termo II nem sempre é acompanhado de um critério preciso que permita separar os aspectos do termo I; a norma por ele fornecida só pode ser potencial, e seu principal efeito será hierarquizar os termos que resultarão da dissociação. Quando, para resolver as antinomias cosmológicas, Kant dissocia a realidade, distinguindo os fenômenos e as coisas em si, o termo II, que ele constrói dessa forma, não é conhecido, mas ainda assim o mundo fenomênico, condicionado pelo nosso poder de conhecer, fica desvalorizado em comparação com a realidade das coisas em si. O termo II se beneficia de sua unicidade, de sua coerência, opostas à multiplicidade e à incompatibilidade dos aspectos do termo II, dos quais alguns serão desqualificados e destinados a desaparecer no final das contas.

Assim é que, no termo II, realidade e valor estão estreitamente ligados, o que fica particularmente nítido em todas as construções dos metafísicos. Isso permite ao filósofo americano Ducasse escrever:

> Os adjetivos *real* e *irreal*, quando utilizados no enunciado de uma posição metafísica, não designam nenhuma característica que certas coisas possuiriam, independentemente do interesse que os homens têm por elas, mas são, pelo contrário, adjetivos de apreciação humana[13].

Essa preferência dada ao que é real não se manifesta somente no decorrer de discussões filosóficas, mas se exprime no pensamento cotidiano, nas mais variadas circunstâncias. Que realidade e valor se condicionam reciprocamente, o uso habitual de nossa linguagem o atesta. E, quando Pitt diz,

> Tentarei, senhor, limitar o que tenho a dizer ao ponto real que está em exame...[14]

isso significa, acima de tudo, que ele se limitará ao que lhe parece importante. A busca do que é real, pelos metafísicos, não constitui senão a expressão sistematizada dessa ligação entre realidade e valor, característica do termo II. Por essa razão, aliás, qualificaremos de "pares filosóficos" os que, a exemplo do par

$$\frac{\text{aparência}}{\text{realidade}}$$

resultam de uma dissociação das noções.

A oposição entre a aparência e a realidade, embora forneça o protótipo de um par filosófico, não permite porém reservar todas as vantagens para a realidade, em detrimento da aparência. Isso porque, ao passo que esta é dada, a realidade é construída, seu conhecimento é indireto, às vezes impossível, raramente comunicável de modo exaustivo e indiscutível. Essa realidade tem, para alguns, o grande defeito de ser inapreensível. E, diz-nos Gracián:

> O que não se vê é como se não fosse[15].

Poder-se-ia repetir, a propósito dela, o que Pascal diz da verdadeira justiça:

> Certamente, se ele a conhecesse, não teria estabelecido esta máxima, a mais genérica de todas as que existem entre os homens: que cada qual siga os costumes de seu país; o brilho da verdadeira eqüidade teria sujeitado todos os povos, e os legisladores não teriam tomado por modelo, em vez dessa justiça constante, as fantasias e os caprichos dos persas e dos alemães[16].

Quando o critério que a noção de realidade fornece, a norma que ela determina, não é de fato contestado, ou quando a distinção que ela introduz é indeterminada demais para dar motivo à controvérsia, a realidade fica, sem a menor dúvida, valorizada em relação à aparência. Mas a própria dissociação entre aparência e realidade será rejeitada por certas filosofias que constatam que algumas concepções do real se opõem umas às outras e recusam qualquer razão de escolher entre elas. Tais filosofias, ditas antimetafísicas, positivistas, pragmáticas, fenomenológicas ou existencialistas, afirmam que a única realidade é a das aparências.

Nada mais claro a esse respeito do que a atitude de Sartre:

> O pensamento moderno realizou um progresso considerável ao reduzir o existente à série das aparições que o manifestam... As aparições que manifestam o existente não são nem interiores nem exteriores; todas elas se equivalem, todas remetem a outras aparições e nenhuma delas é privilegiada. ... o dualismo do ser e do parecer não poderia mais ter direito de cidadania em filosofia. A aparência remete à série total das aparências e não a um real oculto que teria atraído para si todo o *ser* do existente.
>
> Enquanto foi possível acreditar nas realidades numênicas, apresentou-se a aparência como um negativo puro... Mas

se nos desvencilhamos uma vez daquilo a que Nietzsche chamava "a ilusão dos mundos posteriores" e se já não acreditamos no ser-por-detrás-da-aparição, esta se torna, pelo contrário, plena positividade, sua essência é um "parecer" que já não se opõe ao ser, mas que é, ao contrário, sua medida. Pois o ser de um existente é precisamente o que ele *parece*. ... A essência de um existente... é a lei manifesta que preside à sucessão de suas aparições, é a razão da série... a essência, como razão da série, não passa do nexo das aparições, ou seja, ela própria uma aparição... Assim, o ser fenomênico se manifesta, manifesta sua essência, bem como sua existência, e nada mais é que a série bem conexa desses manifestações[17].

Mas, opondo-se à dissociação

$$\frac{\text{aparência}}{\text{realidade}},$$

deixa-se intocado o problema criado pela incompatibilidade das aparências. O critério da escolha que se deve efetuar entre elas será fornecido por outro par, concebido a partir do mesmo modelo do par "aparência-realidade", o que corresponde a uma distinção de natureza; ou então, na sua falta, estabelecer-se-á uma distinção puramente quantitativa, dando preferência ao todo sobre a parte, ao infinito sobre o finito, ao que apresenta num grau mais elevado a propriedade que serve de critério. Encontramos neste texto de Merleau-Ponty uma expressão característica dessa forma de proceder:

Atravesso as aparências, chego à cor ou à forma real, quando minha experiência está em seu grau mais elevado de nitidez...

Tenho objetos visuais porque tenho um campo visual onde a riqueza e a nitidez estão em razão inversa uma da outra e onde essas duas exigências, das quais cada qual tomada à parte chegaria ao infinito, uma vez reunidas, determinam no processo perceptivo um certo ponto de maturidade e um máximo. Da mesma maneira, chamo de experiência da coisa ou da realidade – não mais somente de uma realidade-para-a-vista ou para-o-tato, mas de uma realidade absoluta – minha plena coexistência com o fenômeno, o momento em que ele estaria sob todos os aspectos em seu máximo de articulação, e os "dados dos diferentes sentidos" estão orientados para esse pólo único como minhas observações ao microscópio oscilam ao redor de uma observação privilegiada[18].

§. 91 Os pares filosóficos e sua justificação

O par

$$\frac{\text{aparência}}{\text{realidade}}$$

foi escolhido como protótipo de dissociação nocional. Conquanto o processo possa ser esquematizado, nem por isso seu resultado é puramente formal ou verbal. A dissociação exprime uma visão do mundo, estabelece hierarquias, cujos critérios se esforça por fornecer. Isso não se dá sem o concurso de outros setores do pensamento. É comum ocorrer que uma discussão concernente ao termo II deva apoiar-se noutro par, cujos termos I e II não sejam, no caso, controvertidos.

Todos esses pares constituem o objeto próprio da investigação filosófica. Eis alguns exemplos, escolhidos entre os que se apresentam com mais freqüência no pensamento ocidental:

$$\frac{\text{meio}}{\text{fim}}, \quad \frac{\text{conseqüência}}{\text{fato ou princípio}}, \quad \frac{\text{ato}}{\text{pessoa}}, \quad \frac{\text{acidente}}{\text{essência}}, \quad \frac{\text{ocasião}}{\text{causa}},$$

$$\frac{\text{relativo}}{\text{absoluto}}, \quad \frac{\text{subjetivo}}{\text{objetivo}}, \quad \frac{\text{multiplicidade}}{\text{unidade}}, \quad \frac{\text{normal}}{\text{norma}},$$

$$\frac{\text{individual}}{\text{universal}}, \quad \frac{\text{particular}}{\text{geral}}, \quad \frac{\text{teoria}}{\text{prática}}, \quad \frac{\text{linguagem}}{\text{pensamento}}, \quad \frac{\text{letra}}{\text{espírito}}.$$

O fato de que sejamos capazes de indicar um grande número de pares, assinalando a cada um de seus termos um lugar determinado, sem dever, para consegui-lo, inseri-los num pensamento sistematizado – o que aliás não será possível para todos os pares, pois alguns são formados de modo diametralmente oposto e pertencem a pensamentos filosóficos de tendências diferentes – é revelador da influência que as elaborações filosóficas exerceram sobre o pensamento comum, lastrando-o de uma série de pares, resíduos de uma tradição cultural dominante.

Todo pensamento sistematizado se esforça em relacionar elementos que, num pensamento não-elaborado, constituem outros tantos pares isolados. Esse relacionamento dos pares é útil para evitar tomadas de posição que resultem em qualificar os mesmos fenômenos por meio de pares incompatíveis. Ele é indispensável quando, em vez de contentar-se em reutilizar dissociações aceitas num meio cultural, o pensador original cria novas dissociações ou se recusa a admitir certas dissociações de seus predecessores. Por causa dessa mudança radical e para mostrar as conseqüências dela no tocante aos outros pares, o filósofo estabelecerá um *sistema* que redundará, essencialmente, no relacionamento dos outros pares filosóficos uns com os outros.

Assim é que, em *Fedro*, o pensamento filosófico de Platão pode expressar-se pelos pares:

$$\frac{\text{aparência}}{\text{realidade}},\quad \frac{\text{opinião}}{\text{ciência}},\quad \frac{\text{conhecimento sensível}}{\text{conhecimento racional}},\quad \frac{\text{corpo}}{\text{alma}},$$

$$\frac{\text{devir}}{\text{imutabilidade}},\quad \frac{\text{pluralidade}}{\text{unidade}},\quad \frac{\text{humano}}{\text{divino}}$$ [19].

A *Ética* de Spinoza redunda nos pares:

$$\frac{\text{conhecimento inadequado}}{\text{conhecimento adequado}},\quad \frac{\text{imagem}}{\text{idéia}},\quad \frac{\text{imaginação}}{\text{entendimento}},$$

$$\frac{\text{universal}}{\text{individual}},\quad \frac{\text{abstrato}}{\text{concreto}},\quad \frac{\text{contingência}}{\text{necessidade}},\quad \frac{\text{mudança}}{\text{imutabilidade}},$$

$$\frac{\text{corpo}}{\text{razão}},\quad \frac{\text{paixão}}{\text{ação}},\quad \frac{\text{escravidão}}{\text{liberdade}},\quad \frac{\text{duração}}{\text{eternidade}},$$

$$\frac{\text{alegria}}{\text{beatitude}},\quad \frac{\text{superstição}}{\text{religião}}.$$

Nesta passagem de Lefebvre, encontrar-se-á a ligação dos pares:

$$\frac{\text{abstrato}}{\text{concreto}},\quad \frac{\text{metafísica}}{\text{dialética}},\quad \frac{\text{entendimento}}{\text{razão}},$$

$$\frac{\text{imobilidade}}{\text{movimento}},\quad \frac{\text{forma}}{\text{conteúdo}},$$

características do pensamento marxista:

> O poder de apartar do mundo certos objetos – por linhas divisórias ideais ou reais – e de imobilizar, de determinar esses objetos define, como já sabemos, a inteligência ou entendimento. Ela tem o pode de *abstrair*, de *reduzir* à sua expressão mais simples o conteúdo *concreto*.
>
> Se mantemos isolado pelo pensamento tal objeto, ele se imobiliza no pensamento, se torna "abstração metafísica". Perde a sua verdade; nesse sentido, esse objeto nada mais é. Mas se o consideramos como um objeto momentâneo, valendo não por sua forma e por seus contornos isolantes, mas por seu conteúdo objetivo; se é considerado não como um resultado definitivo, mas como um *meio* ou uma etapa intermediária para penetrar no real; se a inteligência se completa pela razão, então a abstração se legitima. Ela é uma etapa rumo ao concreto redescoberto, analisado e compreendido. É concreta num sentido... A *verdade do abstrato encontra-se, assim, no concreto*. Para a razão dialética, *o verdadeiro é o concreto*; e o abstrato só pode ser um grau na penetração desse concreto – um momento do movimento, uma etapa, um meio para apreender, analisar, determinar o concreto. *O verdadeiro é o racional, e é o real, o concreto*. Assim, a quantidade e o espaço geográfico só são *verdadeiros* se mantemos racionalmente suas relações com a qualidade, com o povoamento do espaço com objetos reais[20].

Aos pares filosóficos, resultantes de uma dissociação, poderíamos opor, de um lado os pares antitéticos, nos quais o segundo termo é o inverso do primeiro, tais como *alto-baixo, bem-mal, justo-injusto*; de outro, alguns pares classificatórios que, à primeira vista, são desprovidos de qualquer intenção argumentativa e parecem destinados unicamente a subdividir um conjunto em partes distintas (o passado em épocas, uma superfície em regiões, um gênero em espécies).

É possível, por certo, que muito amiúde esses pares se apresentem como dados, que não discutimos, como instrumentos que permitem estruturar o discurso de um modo que parece objetivo. Mas, num pensamento sistemático, os pares são relacionados uns com os outros e se influenciam mutuamente, alguns termos II de pares filosóficos serão normalmente aproximados, se houver meio, daquilo que tem valor positivo no par antitético, alguns termos I serão aproximados daquilo que tem valor negativo, daí a tendência à transformação do par antitético em par filosófico. Por outro lado, na elaboração dos pares que parecem classificatórios, as dissociações de natureza filosófica desempenham freqüentemente um papel essencial.

Em páginas penetrantes, L. Febvre analisa a criação, por Michelet, do conceito de *Renascimento*[21]. Michelet sentia a necessidade de discernir esse período situado antes dos tempos modernos, mas hesitava entre duas concepções: o Renascimento como ressurreição da Idade Média original ou como substituto da Idade Média. No momento em que opta definitivamente pela segunda solução, risca páginas admiráveis, redigidas em função da primeira. Na primeira opção, a nova realidade teria determinado uma Idade Média mais pura, mais verdadeira, do que a Idade Média anterior que não era mais do que a sua aparência. Na segunda opção, a época anterior constitui a Idade Média autêntica, que já não é aparência de Idade Média, mas aparência de civilização: o par

$$\frac{\text{aparência}}{\text{realidade}}$$

é aplicado a uma outra noção. Mas, uma vez que as noções adquiriram consistência, independente de suas origens, elas parecerão puramente classificatórias e poderão desempenhar um papel, até mesmo na construção do historiador que vê nos séculos que precedem o Renascimento um ápice da civilização.

Assim, as noções que resultam de uma dissociação podem, lançadas na comunidade lingüística, parecer independentes. As que serviram de base para o nosso estudo das ligações situam-se, todas, indistintamente, em pares filosóficos. Pondo-nos desse ponto de vista, encetamos, aliás, um estudo sistemático que é suficientemente avançado para que possamos afirmar ser ele realizável. Aí não se trata de construir uma filosofia particular, mas unicamente de observar o que se faz nas diversas sistematizações do pensamento, e nas diversas filosofias, seja qual for a sua tendência. Os pares

$$\frac{\text{meio}}{\text{fim}}, \quad \frac{\text{ato}}{\text{pessoa}}, \quad \frac{\text{indivíduo}}{\text{grupo}}, \quad \frac{\text{ato}}{\text{essência}},$$

$$\frac{\text{símbolo}}{\text{coisa}}, \quad \frac{\text{particular}}{\text{geral}},$$

suas variantes e conexões, fornecem-nos os termos das ligações mais usuais, bases das solidariedades argumentativas. O mesmo par de noções se apresenta, pois, ora como o resultado de uma dissociação, ora como duas noções independentes entre as quais existem ligações características, uma interação, mas também, como vimos nos capítulos anteriores, primazias de valor, ao qual o lugar delas como termo I ou II de um par filosófico não é alheio. Todas as vezes que se enfatiza esse lugar, assinala-se que a passagem de um termo ao outro não pode ser feita sem restrições. Se o ato possibilita julgar a pessoa, o fim julgar o meio, e reciprocamente, a evocação do par filosófico lembra que não se deve confundi-los.

Muitas vezes, a conexão entre pares não necessita ser explícita. Ela se estabelecerá, e se justificará se for possível, pelos mais diversos meios: ligação direta, fundamentada na estrutura do real, entre termo I de um par e termo I de outro, entre termo II de um par e termo II de outro; par considerado caso particular de outro par; argumentos de aspecto quase-lógico e, notadamente, afirmação da identidade de pares; enfim, sobretudo relações analógicas entre pares.

A essas conexões que qualificaremos de horizontais, que realizam cadeias de pares, se sobrepõem relações de outra espécie. Com efeito, na argumentação, o que se qualifica de aparência é geralmente o que, para qualquer outro, era o real, ou era confundido com o real, sem o que não lhe dariam esse novo estatuto. Conforme a extensão, a natureza e o papel do auditório que se presumia cometer a confusão, a argumentação se desenvolverá em planos diferentes. Ora ela parece referir-se ao objeto em causa, ora à idéia que certas pessoas faziam desse objeto, ora ao estatuto que certas pessoas lhe conferiam ou supostamente lhe conferiam com um objetivo argumentativo. Esses diferentes planos se embaralham esteando-se reciprocamente. Vamos dar esse exemplo. Um dos procedimentos utilizados nos conflitos ideológicos seria, como se observou:

> ... tratar a afirmação de um ideal como uma descrição de fatos e interpretar relatórios sobre situações reais como se elas fossem o ideal buscado[22].

Descobrimos aqui o emprego, por cada um deles, de um par

$$\frac{\text{normal}}{\text{norma}},$$

no que diz respeito a um, e de um par

$$\frac{\text{norma}}{\text{normal}},$$

no que diz respeito ao adversário. Mas apenas quem denuncia esse procedimento distingue entre fato e ideal, opera uma dissociação. Quanto ao autor, através desta ele resolveu uma dificuldade, efetuou uma escolha; ele se move, contudo, pretensamente, no não-diferenciado. E poderíamos ainda, a propósito dele, criar o par

$$\frac{\text{imparcialidade aparente}}{\text{imparcialidade real}}.$$

Os pares estabelecidos num plano podem, pois, dar origem a uma série de pares estabelecidos noutros planos. Assim é que, para evitar uma dificuldade no plano do objeto, será criado um par no plano da opinião. Quando o líder liberal belga Paul Janson pede a interdição do trabalho das crianças nas minas, não hesita em recorrer à noção de erro, em proclamar que, se certos interesses privados, contrariamente à doutrina liberal, não coincidem com o interesse público, esses só podem ser interesses aparentes:

> ... é incontestável que, quando os interesses privados se enganam, quando se desencaminham, quando se põem em contradição com o interesse social e com o interesse público, nosso dever é dizer-lhes isso e fazê-los voltar aos limites justos dos quais não devem sair[23].

De um modo geral, a noção de erro serve para afirmar que há uma regra, que ela subsiste apesar das observações que parecem desmenti-la e que o que se situa fora dela não deve ser levado em consideração, ou só deve sê-lo com reserva.

Mas o empenho para fazer que admitam uma dissociação em geral irá além. Tentar-se-á explicar por que há discordância entre termos I e II, por que, notadamente, à unicidade do termo II corresponde a multiplicidade, a parcialidade dos aspectos do I. A diversidade dos pontos de vista sobre o objeto, ou as metamorfoses do termo I, serão convocados, através de exemplo, para justificar a multiplicidade das aparências. Para explicar o surgimento do termo I, ele será situado num contexto que o torna normal. Far-se-á, notadamente, intervir o sujeito, sua paixão, sua impotência, sua ignorância, seu estado de pecado. Gide ouve estas palavras da boca do Salvador:

> Não te espantes de estar triste; e triste por minha causa. A felicidade que te proponho exclui para sempre o que tomavas por felicidade.

Essa felicidade, no sentido antigo, se torna o termo I de um par

$$\frac{\text{felicidade}}{\text{alegria}}:$$

> Alegria, Alegria... Sei que o segredo de vosso Evangelho, Senhor, está todo nessa palavra sublime[24].

Muitas vezes, a explicação da aparência será fornecida pela intervenção de um fator particular: os prestígios do Intelecto explicam, para Schopenhauer, nossa ilusão de liberdade[25]; para o psicanalista, o superego está na origem da pseudomoral[26]. Por vezes, o termo I será descrito como cumprindo uma função natural:

> Portanto, se a inteligência deveria ser detida, no início, numa inclinação perigosa para o indivíduo e para a sociedade, isso só poderia ocorrer mediante constatações aparentes, mediante fantasmas de fatos: na falta de experiência real, seria um arremedo da experiência que cumpriria suscitar[27].

Tais explicações não têm somente o objetivo de fazer que se admitam alguns pares. A dissociação

$$\frac{\text{fábula}}{\text{realidade}},$$

notadamente, não é questionada. Mas a explicação concorre para dar o critério do II e para inserir o par num conjunto de pensamento. Ela completa o trabalho efetuado pelo estabelecimento de conexões entre pares.

§ 92. O papel dos pares filosóficos e suas transformações

Conquanto o emprego de certas dissociações pareça não trazer muita coisa nova, pois que se citam noções elaboradas há muitíssimo tempo, ainda assim ele introduz remanejamentos dessas noções, por sua aplicação a uma nova área, pelos novos critérios adotados para o termo II, pelo relacionamento com novos pares.

Assim, um par tão corriqueiro como o par

$$\frac{\text{aparência}}{\text{realidade}}$$

será, indiretamente, objeto de uma remodelação constante. Uma dissociação tal como religião

$$\frac{\text{positiva}}{\text{religião natural}}$$

repercutirá sobre o par

$$\frac{\text{aparência}}{\text{realidade}},$$

ao qual poderá ter sido associada.

O empenho argumentativo consistirá ora em tirar partido de dissociações já aceitas pelo auditório, ora em introduzir dissociações criadas *ad hoc*, ora em apresentar a um auditório dissociações aceitas por outros auditórios, ora em lembrar uma dissociação que se presume ter sido esquecida pelo auditório. Quanto à oposição a uma dissociação, ela incidirá sobre as características de seus termos I ou II, ou sobre o próprio princípio da dissociação. Nesse caso, sustentar-se-á que era preciso ater-se a uma noção global. Mas é muito difícil renunciar a termos cuja existência, pela simples referência a eles, ainda que para combatê-los, é lembrada. O pensamento contemporâneo se empenha, em muitas áreas, em abolir alguns pares. Isso à custa de um grande esforço, pois o ouvinte só se sentirá satisfeito se puder, em seu pensamento, dar um espaço às noções antigas. Em geral o orador se apoiará, para a rejeição, noutro par. O mais fácil será pretender que a dissociação era ilusória, fundamentando-se num par

$$\frac{\text{verbal}}{\text{oral}};$$

outra técnica consistirá em mostrar que o problema, que a dissociação se destinava a resolver, era factício, baseando-se num par

$$\frac{\text{factício}}{\text{autêntico}};$$

ou então, até mesmo que o problema surgirá de novo exatamente nas mesmas condições, sem que o acordo provisório sobre a dissociação tenha trazido algum benefício à coerência do pensamento[28].

Mas o empenho argumentativo visa, com muita frequência, não à rejeição de pares estabelecidos, mas à sua inversão. Esta incindirá sobre um ou vários deles somente; pois o interesse dessas inversões provém precisamente de que elas se inserem num conjunto aceito alhures.

Nem é preciso dizer que uma inversão de par nunca é completa, no sentido de que uma noção tornada termo I não é mais o que era quando a conhecíamos como termo II, pois um termo só pode ser concebido em sua relação com o outro termo do par. Quase sempre, uma mudança de terminologia indicará a desvalorização que se prende à noção tornada termo I e a valorização que se prende àquela que se torna termo II; ela mostrará que a inversão se insere noutra visão da situação particular ou do mundo. Diante do par

$$\frac{\text{interpretação}}{\text{letra}}$$

existe o par

$$\frac{\text{letra}}{\text{espírito}}$$

(essa inversão é postulada correntemente quando um jurista sustenta uma determinada interpretação: a interpretação que prevalece se torna termo II). Diante do par

$$\frac{\text{teoria}}{\text{fato}},$$

teremos o par

$$\frac{\text{fenômeno}}{\text{princípio}}.$$

A utilização inusual de certas noções como termo II, mesmo ocasionalmente, marca a originalidade do pensamento. Conhecemos muito bem o par

$$\frac{\text{normal}}{\text{norma}},$$

ligado ao par

$$\frac{\text{exemplo}}{\text{arquétipo}}$$ [29];

ora, na peça de Salacrou, *Un homme comme les autres*, a realidade do herói, tanto buscada, o que define sua personalidade e lhe confere, finalmente, seu valor humano, é não a norma, mas o normal[30].

A inversão, sem mudança de nenhum termo, tem em geral um aspecto provocante, ainda que seja justificada por uma distinção de áreas:

> ... a palavra que, na expressão em prosa é o espectro do pensamento, torna-se, em verso, a própria substância da expressão, na qual, por irisação, aparece o pensamento[31].

Quando a inversão se assinala pelo lugar das palavras, pode assumir aspecto de figura. Certas antíteses, notadamente muitas *comutações* que certos autores chamam de *reversões*[32] consistem em considerar um mesmo fenômeno, ora como termo I, ora como termo II.

> É preciso comer para viver, e não viver para comer[33].
>
> Não devemos julgar regras e deveres pelos costumes e pelos usos, mas devemos julgar usos e costumes pelos deveres e pelas regras[34].

Segundo a *Rhetorica ad Herennium*, essas figuras "produzem a impressão de que a segunda parte é deduzida da primeira, conquanto a contradiga"[35]. De fato, aqui se trata de pôr o fenômeno em conexão com os pares

$$\frac{\text{meio}}{\text{fim}}\,^{36}, \qquad \frac{\text{normal}}{\text{norma}},$$

e de escolher seu lugar no par.

Algumas dessas comutações poderiam ser analisadas como uma inversão de metáfora:

> O poema deve ser uma pintura falante, e uma pintura, um poema mudo[37].

Encaram-se o lugar do mesmo objeto ora como foro, ora como tema, num par

$$\frac{\text{foro}}{\text{tema}}.$$

Pois, cumpre notar, é possível interpretar toda analogia como uma dissociação cujo tema seria o termo II, sendo os diferentes foros possíveis o termo I.

Há noções que, dados os nossos hábitos mentais, dificilmente tomam o lugar do termo I, notadamente a noção de real. Entretanto, ela se insere nesse termo no par

$$\frac{\text{real}}{\text{ideal}},$$

e as noções de "fato" ou de "dado", identificadas comumente com a de "real", se encontram como termo I, a primeira no par

$$\frac{\text{fato}}{\text{direito}},$$

> Para os homens do partido católico, a liberdade de consciência, a liberdade dos cultos, a liberdade da imprensa, a liberdade de associação, não são mais direitos naturais, inalienáveis, imprescritíveis; são fatos, meros fatos, que a Igreja romana tolera, porque não os pode impedir...[38]

a segunda no par

$$\frac{\text{dado}}{\text{explicação}},$$

> O dado, de que ninguém duvida, é considerado aparência, enquanto o que serve de explicação, embora raramente tão certo, é tratado como característico da realidade verdadeira[39].

O interesse das inversões deve-se em grande parte, mormente em filosofia, ao fato de as noções guardarem, por sua tradição, suas conexões, algo do que eram quando tinham seu lugar antigo nos pares:

> O que chamais de formas vazias e de exterior das coisas, parece-me as próprias coisas. Elas não são nem vazias, nem incompletas, salvo se admitirmos convosco que a matéria é uma parte essencial de todas as coisas corporais. Portanto, nós dois concordamos no ponto de vista de que percebemos somente formas sensíveis; mas divergimos no outro: sustentais que são aparências vãs, para mim são seres reais[40].

O termo I antigo se transforma em termo II; mas quantas lembranças, notadamente a palavra "matéria", para indicar o lugar primitivo das noções.

Nota-se bem a manutenção de certos termos tradicionais, por ocasião da inversão, nesta passagem de Bergson:

> ... a vida é uma evolução. Concentramos um período dessa evolução numa visão estável a que chamamos uma forma... não há forma, porquanto a forma é do imóvel e a realidade é movimento. O que é real é a mudança contínua de forma... Quando as sucessivas imagens não diferem demais umas das outras, consideramo-las, todas, como o aumento e a diminuição de uma única imagem *média*, ou como a deformação dessa imagem em sentidos diferentes. E é nessa média que pensamos quando falamos da *essência* de uma coisa ou da própria coisa[41].

Se bem que o ponto de vista do autor seja inteiramente novo, nota-se aqui o interesse filosófico que há para ele em salientar a inversão do par

$$\frac{\text{ato}}{\text{essência}},$$

num par

$$\frac{\text{essência}}{\text{devir}}, \quad \frac{\text{forma}}{\text{devir}}.$$

A originalidade da visão repousa num par bem conhecido que ela se empenha em refutar. A essência deixa de ser o real e torna-se a aparência, enquanto teoria torna-se forma; em contrapartida, o ato se torna termo II como concreto, vivo.

Uma dissociação de noção resguarda da incompatibilidade que ela resolve. Mas surgem novas dificuldades a propósito dos termos assim estabelecidos. Por isso observa-se, tanto no pensamento prático como no filosófico, uma tendência a novas subdivisões. Estas terão por objeto ora o I, ora o II, e estaremos em presença de esquemas do tipo abaixo, que poderíamos qualificar de dissociações em leque:

$$\frac{\text{I}}{\text{II} < \frac{\text{I}}{\text{II}}} \qquad \text{ou} \qquad \frac{\text{I} < \frac{\text{I}}{\text{II}}}{\text{II}}$$

A filosofia de Schopenhauer fornece excelentes exemplos disso. Nela encontramos um par característico

$$\frac{\text{objetividade}}{\text{vontade}}, \qquad \left(\frac{\text{Objektität}}{\text{Wille}}\right):$$

> Só há essa coisa em si... a vontade... ela não conhece multiplicidade, é única... A multiplicidade das coisas no espaço e no tempo, que em seu conjunto são a sua objetividade, não a toca[42].

Mas essa objetividade, essa representação, cinde-se ela própria em dois termos

$$\frac{\text{coisas}}{\text{idéias}},$$

(no sentido platônico), ao passo que o próprio termo idéias dá origem a um par

$$\frac{\text{conceito}}{\text{intuição}} \quad \left(\frac{\text{Begriff}}{\text{Anschauung}}\right):$$

vinculado ao par

$$\frac{\text{parcial}}{\text{total}}:$$

> As idéias são, na realidade, algo intuitivo e por isso... inesgotável... O simples conceito, em contrapartida, é algo completamente determinável, esgotável...[43]

Esses aprofundamentos sucessivos, que permitem não sacrificar os resultados já obtidos, os acordos conquistados, as noções de que se dispõe, apresentam-se em todos os setores do pensamento. Podemos perguntar-nos se não caracterizam sobretudo as áreas onde se hesita em operar uma inversão de par. Santo Tomás quer prender-se à letra, manter portanto o par

$$\frac{\text{interpretação}}{\text{texto}}.$$

Mas, para evitar as incompatibilidades com a ciência, preferirá a interpretação que, "superficialmente menos literal"[44], é racionalmente mais satisfatória, introduzindo assim um par

$$\frac{\text{letra aparente}}{\text{letra real}}.$$

As novas dissociações, em profundidade, são evidentemente feitas segundo critérios que podem ser totalmente diferentes daquele da dissociação na qual elas se inserem. E aí está o seu interesse. Entretanto, elas têm como efeito aproximar, do ponto de vista valor, todos os termos I. Mauriac introduz assim, por dissociação no interior de um termo II, severos juízos:

> Existe uma falsa santidade – não no sentido da grosseira impostura de Tartufo –, falsa a despeito ou talvez até por causa do esforço sincero, heróico, do homem que nela se aplica[45].

As poucas indicações que precedem mostram suficientemente o papel, tanto no pensamento filosófico como no pensamento diário, das dissociações. Limitar-nos-emos aqui a analisar alguns raciocínios que relacionam o par

$$\frac{\text{aparência}}{\text{realidade}},$$

com os pares

$$\frac{\text{meio}}{\text{fim}} \quad \text{e} \quad \frac{\text{conseqüência}}{\text{fato}}.$$

Quando se hesita entre condutas a serem adotadas e quando se trata de lhes conferir uma ordem de prioridade, é normal situá-las num conjunto que é sistematizado com relação a um fim que se procura realizar; o fim se torna um critério que possibilita apreciar e hierarquizar os meios, torna-se normativo, com relação aos meios, que são múltiplos, ao passo que ele é único. Em nossa atividade, o meio é apenas um fim aparente, enquanto o fim é o objeto real de nossas preocupações. Mas, de outro lado, podemos servir-nos do par

$$\frac{\text{meio}}{\text{fim}}$$

como critério do par

$$\frac{\text{aparência}}{\text{realidade}},$$

pois a realidade é o que queremos realmente conhecer e a aparência apenas um meio de consegui-lo através de vias múltiplas e equívocas. Assim é que Schopenhauer não verá na ilusão amorosa senão um meio pelo qual se manifesta a vontade da espécie, que é a realidade profunda e a única que importa[46]. Daí resulta que a jovem, que os pais querem casar com um velho rico e que se recusa obstinadamente a isso, por amor a um jovem, é egoísta apenas em aparência, e na realidade se sacrifica pelo bem da espécie[47]. O fato de, nesse caso, o desejo da jovem coincidir com o bem da espécie é apenas acidental; noutras circunstâncias, se, por exemplo, ela se recusar a ter filhos, haverá oposição. O amor individual é uma manifestação da vontade da espécie, a única essencial, sendo a própria manifestação apenas um meio, uma aparência, um acidente puramente contingente. O fim real permite, assim, opor o real às suas manifestações, aparentes, contingentes, acidentais.

Tratar algo como um meio é desvalorizá-lo, é tirar-lhe o seu valor absoluto, o valor que se confere ao que vale em si, ao que vale como um fim ou como um princípio. Vimos que esta é uma das críticas que os idealistas fazem à utilização do argumento pragmático: apreciando um fato consoante suas conseqüências, aparentamos considerá-lo um meio com vistas a essas conseqüências e, por isso mesmo, o desvalorizamos[48].

Vimos também que um mesmo fenômeno, tratado alternadamente como meio com vistas a um fim ou como um fato ou um princípio que acarreta uma conseqüência, não tem, nesses dois casos, o mesmo valor[49]. Isso porque se transforma em termo I de um par

$$\frac{\text{meio}}{\text{fim}},$$

o que era termo II no par

$$\frac{\text{conseqüência}}{\text{fato ou princípio}},$$

Considerar algo como meio equivale a dizer que apenas aparentemente é nossa preocupação. O elogio é uma conseqüência da virtude. Se esta é encarada como um meio de brilhar, é porque só lhe concedemos um valor secundário:

> Assim, o empenho que ele tem pela honra faz crer que não ama a virtude e, em seguida, o faz parecer indigno da honra[50].

Como se vê, certos efeitos só podem ser obtidos com a condição de não serem procurados ou, pelo menos, de se apresentarem como uma conseqüência de fatos independentes da vontade ou de uma conduta determinada por outras preocupações. Lembrem-se da passagem de Proust já citada[51]. Um fato é desvalorizado e suas conseqüências normais não se realizam, se for percebido como um meio com vistas a essas conseqüências. O meio, termo I, será qualificado pejorativamente de expediente. Veremos, mais adiante, de que modo as próprias técnicas argumentativas estão sujeitas a essa desqualificação.

A doença diplomática, aquela em que não se acredita, por ser de demasiada serventia para o suposto doente, permitindo-lhe apresentar sua ausência como algo não deliberado, já que não é a conseqüência de uma situação de fato, é o expediente por excelência.

Na medida em que o que é meio é alegado como fim, será qualificado de *pretexto*:

Henriette, entre nous, est um amusement,
Un voile ingénieux, un prétexte, mon frère,
A couvrir d'autres feux, dont je sais le mystère[52].
[Henriette, cá entre nós, é uma diversão,
Um véu engenhoso, um pretexto, meu irmão,
Que cobre outros fogos, cujo mistério conheço.]

O que passava por fim pode, pois, tornar-se termo I no par

$$\frac{\text{conseqüência}}{\text{fato}}$$

ou no par

$$\frac{\text{pretexto}}{\text{fim}}.$$

A valorização dos fenômenos dependerá estreitamente de seu lugar nos pares. O que não passa de conseqüência, o que não é fato ou princípio, tem menos importância: é por isso que todo estudo das causas da criminalidade, do qual resultaria que esta é apenas a conseqüência de um estado de coisas preexistente, sempre diminui um pouco, quer se queira quer não, a mais legítima indignação moral. Pelas mesmas razões, sente-se espontaneamente como uma inegável desvalorização a transformação dos fenômenos de consciência em epifenômenos, a tentativa de fazer do homem um produto de seu meio. Chaignet, ao avaliar as opiniões de Taine, que são uma apresentação dos fenômenos culturais como conseqüência, como termo I de um par cujo termo II seria o meio social, escreve espontaneamente:

> O homem já não é sequer a medida das coisas: é seu joguete. O gênio que nos aprouvemos, até agora, em considerar uma força, uma causa, não é mais que um resultado; já não é uma luz, é um reflexo; já não é uma voz, é um eco[53].

O homem, mesmo genial, já não é a realidade que conta; é um reflexo, um epifenômeno, uma aparência. A conseqüência, como o meio, são avaliados apenas em função do fato ou do fim de que dependem: a escolha de um dos dois pares,

$$\frac{\text{meio}}{\text{fim}} \quad \text{ou} \quad \frac{\text{conseqüência}}{\text{fato}},$$

redunda, pois, em valorizar ou em desvalorizar o mesmo fenômeno.

A liberdade é o valor fundamental dos existencialistas. No entanto, quando se trata de desvalorizar a liberdade da mulher romana na Antigüidade, S. de Beauvoir não hesita em transformar essa liberdade num meio e, além do mais, num meio para um fim sem consistência, numa liberdade "para nada"[54]. Inversamente, para valorizar a coragem, normalmente apreciada como um meio precioso na ação, Jankélévitch escreverá:

> ... essa virtude é simultaneamente formal e categórica; compreendam que é sempre bela e sempre virtuosa, seja qual for seu conteúdo, e não depende do valor de seu fim[55].

Ver o conhecimento como uma conseqüência do real, a ação como resultado do conhecimento, é afirmar um realismo ontológico, a primazia do teórico sobre o prático. O pragmatismo, em contrapartida, apreciará em função da ação, que é o único fim e o único critério, tanto do conhecimento como da concepção que se faz do real. Assim é que E. Dupréel não quer ver no ontologismo mesmo senão seu fim:

> ... o filósofo vai até o ser e nos diz o que ele é, para que? Para que fiquemos a par da *inevitável preliminar*, de tudo o que, na organização dos nossos atos e na colocação de nossos fins, se nos impõe como obstáculo ou se oferece como meio. Conhecer o ser, se é uma alegria descobri-lo, é também o princípio de uma resignação. Compreende-se que, no filósofo, essa seja uma resignação entusiasta, porque, sendo o primeiro resignado, ele fará figura, relativamente àqueles que informa, de guia e algumas vezes de chefe. Depois de ter dobrado o joelho perante o deus, o sacerdote se vira e comanda[56].

Um fim reconhecido não é, nem por isso, um fim absoluto: uma nova dissociação poderá transformá-lo em meio com vistas a um fim posterior. Este último permitirá discernir, no fim primitivo, que terá perdido seu valor de termo II, o que constitui um bom ou um mau meio, ou seja, o que, enquanto termo I, conserva certo valor.

Nada se opõe teoricamente à repetição indefinida dessa operação, a essa transformação de fins em meios pela dissociação e à desqualificação daí resultante. Esse processo permite a um adversário do racionalismo, como Buber, estigmatizar a visão do mundo daquele para quem tudo é apenas técnica, apenas relação de meio com fim. Para Buber, tudo quanto se prende ao útil faz parte do domínio do *isso*:

> A função de experimentação e de utilização, no homem, se desenvolve geralmente em detrimento da aptidão para a relação... O homem da arbitrariedade, incrédulo até a medula dos ossos, só vê em toda parte incredulidade e arbitrariedade, escolha dos fins e invenção dos meios. Um mundo privado do sacrifício e da graça, do encontro e da presença, um mundo encalacrado nos fins e nos meios, eis o seu mundo...[57]

O esforço filosófico de Buber, ao insistir na possibilidade constante de transformar em termo I o termo II de todo par

$$\frac{\text{meio}}{\text{fim}},$$

desqualifica por inteiro esse par e a visão do mundo que lhe é ligada, em proveito de um mundo onde primam o encontro e o amor humanos, o encontro e o amor de Deus. Ele fornece-nos uma amostra interessante, indicando como a técnica da dissociação dos pares filosóficos pode provocar a rejeição dos dois termos do par, a renegação do ponto de vista pressuposto pelo recurso a esse par, em nome de outra visão e de outro critério da realidade.

§ 93. A expressão das dissociações

A presença dos pares filosóficos se revela, a quem conhece os usos de uma língua, por expressões características que possibilitam, ao primeiro olhar, distinguir o termo I do termo II. Assim é que, a partir da oposição

$$\frac{\text{aparência}}{\text{realidade}},$$

qualquer noção que seja pode ser dissociada pela adição dos adjetivos "aparente" ou "real", ou dos advérbios "aparentemente" ou "realmente". De um modo geral, todas as vezes que uma dissociação é assinalada por um par de substantivos, os adjetivos e os advérbios derivados poderão indicar novas dissociações. O par

$$\frac{\text{nome}}{\text{coisa}}$$

permitirá opor o salário nominal ao salário real, e o par

$$\frac{\text{letra}}{\text{espírito}}$$

permitirá escrever que quando a palavra de Deus é falsa literalmente, é verdadeira espiritualmente[58].

O artigo definido (*a* solução), o demonstrativo (*este* mundo, *ille homo*) podem indicar que se trata da solução, do mundo, do homem verdadeiros, os únicos que contam. A maiúscula também anunciará o termo II: a *Guerra* é a verdadeira guerra; e Anfião cantará:

> *Ai-je blessé, heurté,*
> *Charmé, peut-être,*
> *Le Corps secret du monde?*
> ....
> *Et touché l'Être même que nous cache*
> *La présence de toutes choses?*[59]
> [Feri, pungi,
> Enfeiticei, talvez,
> O Corpo secreto do mundo?
> ....
> E toquei o próprio Ser que nos é ocultado
> Pela presença de todas as coisas?]

O termo II geralmente é denominado "propriamente dito". Em contrapartida, anexando a um substantivo um prefixo como *pseudo*, *quase*, *não*, anuncia-se a presença de um termo I:

> ... O *pseudo-ateu*, ao negar a existência de Deus, nega a existência de um ser de razão a quem chama Deus mas não é Deus, – ele nega a existência de Deus porque confunde Deus com esse ser de razão... o *verdadeiro ateu*, ao negar a existência de Deus, nega realmente, por um ato de seu intelecto

> que requer de si transformar toda a sua tábua de valores e descer às profundezas de seu ser, a existência desse Deus que é o objeto autêntico da razão e da fé e que ele apreende em sua noção verdadeira[60].

O termo II é aquele que é autêntico, verdadeiro, real; o termo I designa aqui, como sói acontecer, um ser de razão, uma construção ilusória, uma teoria inadequada.

Sartre falará de "quase-multiplicidade" que é, na verdade, "uma unidade que se multiplica"[61]. Husserl desqualifica as filosofias cépticas tratando-as de "não-filosofias":

> As lutas espirituais propriamente ditas, do humanismo europeu enquanto tal, se desenvolvem como *lutas entre filosofias*, a saber, entre as filosofias cépticas – são, antes, "Não-Filosofias" (Unphilosophien) que só lhes mantiveram o nome mas não a missão – e as filosofias verdadeiras e ainda vivas[62].

Ao lado dos prefixos desqualificadores, existe uma série de outras expressões que indicam tratar-se de um termo I, desde a palavra "pretender" até a colocação entre aspas.

Lefebvre dirá, a propósito dos argumentos do idealismo:

> O idealismo não encontra argumentos (se é que podemos dizer!) a não ser invertendo, não só o processo real do conhecimento...[63]

E escreverá também:

> O paradoxo, no qual está encurralado o idealismo moderno, julga o alcance de sua "crítica"...[64]

É conhecido o freqüente uso dessa forma de desqualificação na polêmica comunista[65].

Essas diferentes designações do termo I fazem alusão ao par

$$\frac{\text{opinião}}{\text{verdade}}, \quad \frac{\text{subjetivo}}{\text{objetivo}}, \quad \frac{\text{verbal}}{\text{real}},$$

que distinguem o que é pretendido por alguns do que é realmente.

Tais opiniões são desqualificadas como ingênuas[66], como erros, ilusões, mitos, devaneios, preconceitos, fantasias; seu objeto é ídolo, fantasmagoria; elas constituem um véu, um anteparo, uma máscara, um obstáculo ao conhecimento da realidade; isso porque o termo I é aparente e visível, imediatamente dado; na medida em que não nos revela o termo II, arrisca-se a no-lo ocultar. Essa é a forma habitual com que os filósofos hindus opõem a realidade à aparência:

> A alma, o ser psíquico, está em contato direto com a verdade divina, mas no homem a alma é mascarada pela mente, pelo ser vital e pela natureza física[67].

Da mesma forma, na fenomenologia de Levinas, a imagem não é reprodução do objeto, mas possui certa opacidade que nos vela a realidade[68].

Esta, num belo poema filosófico de Girolamo Fracastoro, é apresentada como o que transparece na noite:

> Não sabes que todas as coisas que a noite cobre
> Não são verdadeiras como são, mas sombras ou
> Espectros, através dos quais transparece uma Figura
> [Estrangeira?[69]

A menção de uma substituição assinala em geral a presença de uma dissociação: quer-se indicar que o sujeito, tomando por termo II o que é apenas termo I, acaba enganando-se:

> Sempre o intelecto põe suas próprias interpretações, construções e opiniões no lugar do conhecimento verdadeiro[70].

Com isso, o sujeito se proporciona razões aparentes de agir que é preciso exorcizar:

> Da submissão ao Divino não se deve fazer uma desculpa, um pretexto ou uma ocasião para submeter-se a seus próprios desejos, a seus movimentos inferiores, a seu ego ou a alguma força de ignorância e de obscuridade que falsamente se confere a aparência do Divino[71].

Para evitar essa esparrela, cumpre afastar toda impureza, que produz a perturbação e o erro. A purificação é um processo que permite isolar o termo II daquilo que só lhe tem a aparência, daquilo que só constitui uma aproximação mais ou menos imperfeita sua. O papel do psicólogo terapeuta, segundo Odier, é o de:

> reduzir obstáculos que se opõem ao livre progresso espiritual... É uma obra de purificação[72].

O aparente é o visível, que se encontra na superfície, que é superficial e, por isso, não é mais que um pequeno fragmento da realidade, que quer fazer-se passar pelo todo:

> ... esse pequeno mental, esse pequeno vital, esse pequeno corpo a que chamamos nós mesmos não passam de um movimento superficial e de modo algum o nosso verdadeiro "eu". Tudo isso não é mais que uma migalha totalmente exterior de personalidade, alegada durante uma breve existência para o jogo da ignorância[73].

Dá-se o mesmo com teses contraditórias numa discussão, que se superam na síntese:

> As teses em presença se descobrem então como incompletas, como superficiais, como aparências momentâneas, farrapos de verdade... "Damos o nome de *dialética* ao movimento mais elevado da razão no qual essas aparências separadas passam uma para a outra... e se superam (Hegel, *Grande lógica*, I, 108)"[74].

O fragmentário está destinado a desaparecer, é apenas fugidio e acidental; é real, em contrapartida, o que é profundo, duradouro, permanente, essencial. É normal que todas as atividades que visam a isolar o termo II em toda a sua pureza sejam concebidas como uma liberação, como uma luta contra os obstáculos acumulados pelo termo I. Para triunfar, cumpre tratar tudo o que concerne ao termo I como algo estranho, inimigo:

> Quando o indivíduo vive na verdadeira consciência, sente os desejos fora de si, vindos de fora... A primeira condi-

ção para se desvencilhar do desejo é, pois, adquirir a verdadeira consciência, pois é muito mais fácil expulsá-lo então do que se temos de lutar contra ele como contra uma parte constituinte do ser que seria preciso lançar longe de nós. É mais fácil desvencilhar-se de uma excrescência do que amputar o que sentimos ser um pedaço de nós mesmos[75].

Esta passagem é particularmente interessante, porque a rejeição num termo I, dos elementos de que se quer desvencilhar, é abertamente preconizada como sendo uma técnica mais eficaz do que a que consistiria em dominá-los por coerção moral, ou seja, pelo sacrifício de uma parte real de si próprio.

O termo I será em geral desqualificado como factício ou artificial, em oposição ao que é autêntico ou natural. Tarde se insugiu contra essa técnica de desqualificação, difundida pelos românticos, que tratavam de *artificial* tudo quanto lhes desagradava:

Tem-se o mau hábito de chamar de *artificial*, em toda categoria de fenômenos sociais, a ordem estabelecida por *uniconsciência*; artificiais, as codificações duradouras introduzidas nas línguas por algum gramático famoso, como Vaugelas; artificiais as codificações legislativas, as constituições rígidas, as sumas teológicas; artificiais, sobretudo, essas grandes filosofias enciclopédicas, brotadas da cabeça de um Aristóteles, de um Descartes, de um Kant, que de mil retalhos de ciência fazem uma única e rica vestimenta – ou disfarce – do verdadeiro...; artificial, enfim, segundo os economistas da velha escola, todo regime industrial e econômico que não for feito como de si próprio, toda hierarquia e toda disciplina das diversas produções, dos diversos interesses, que, mesmo liberal e, em certa medida, individualista, nasceria com o pecado original de ter sido sabiamente elaborado por uma única cabeça, utilizando os trabalhos de mil mentes anteriores...[76]

Tal desqualificação, enquanto factícia, será reconhecida em numerosíssimos casos: os adversários da metafísica qualificarão seus enunciados de "fictitious" em oposição a "genuine"[77]; Pareto, adversário do trato, do raciocínio persuasivo, qualificará este de "derivações" em relação aos "resíduos", que são a verdadeira realidade social[78]; os existencialistas contemporâneos se servirão, em suas tentativas de desqualificação, do adjetivo "inautêntico", outros, do termo "mecânico".

Cada doutrina elabora seus pares filosóficos, nos quais o termo II indica o que serve de critério de valor, o termo I o que não satisfaz a esse critério. Mas vemos que há certos traços que caracterizam da maneira mais geral o termo I. Não resistimos ao desejo de citar aqui, para salientá-lo bem, um longo trecho de uma página de Nelly Cormeau, que, tendo encontrado em Mauriac vários temas que agruparíamos normalmente em torno de um par central

$$\frac{\text{social}}{\text{individual}},$$

e, aplicando ao próprio autor os valores que este ressaltou, exprime-se assim em sua crítica:

> Há, em Mauriac, algo de audacioso e de *autêntico* – diríamos de bom grado de *impoluto* –, uma *integridade* individual, um *cerne de pureza* que não se deixa nem intimidar nem *falsear* pelo mundo e pela vida social... Mas tudo o que é *superestrutura* puramente social, é pouco dizer que isso o deixa indiferente: vimos com que virulência ele fustiga as "conveniências", os comprometimentos, os preconceitos... Tem horror das castas... agrupamentos *factícios*... O mundo *polui* a *pura natureza* modelada pelo Criador.. Seu meio verdadeiro é a *livre* natureza... Será preciso lembrar aqui todas as personagens que, numa sala, num bar – na atmosfera *adulterada* e *artificial* da "sociedade" –, sentiram-se de repente submersas por uma onda imensa de desespero?... Ora, Mauriac é sempre pela *verdade* contra a *mentira*, pelo *espírito* contra a *tradição*, pela *autenticidade* dos relacionamentos diretos de pessoa com pessoa... E é essa nobreza *inata*, essa *pureza* leal, essa *ingenuidade* incorruptível, essa resolução impávida de denunciar qualquer *falsificação*, que, de toda a obra mauriaciana, faz brotar um apelo premente ao que jaz em nós de mais palpitante e de mais *sincero*... É tudo isso também – essa *autenticidade sem disfarces*, essa ausência cândida e ousada de máscara e de *armadura* – que leva Mauriac, com tanta eqüidade e franqueza e apesar de seu catolicismo absoluto, ao encontro dos incréus[79].

Destacam-se aqui, espontaneamente agrupados pela pena de Cormeau, a maioria das expressões que consideramos características do termo II: impoluto, cerne, autêntico, verdade; as que caracterizam o termo I: impureza, superestrutura, factício, adulterado, artificial, mentira; a idéia de máscara, de disfarce; a idéia de que o termo I é obstáculo (armadura); enfim, também a do erro (falsear).

Essas poucas observações relativas ao enunciado dos pares não devem fazer-nos esquecer que uma expressão correntemente utilizada para indicar uma dissociação está longe de ter sempre esse significado. Assim, o adjetivo "eterno" designa em geral um termo II: para os alemães adversários do 3º Reich, a Alemanha eterna era a Alemanha verdadeira, em oposição à Alemanha nazista, transitória, aparente; mas, para Hitler, esse adjetivo juntado à palavra "Alemanha" era apenas uma forma do superlativo[80].

§ 94. Enunciados que incentivam a dissociação

Perante certos enunciados, não podemos evitar a dissociação nocional se prezamos, como é normal, o aspecto a um só tempo significativo e coerente do pensamento. Essas expressões convidam a dissociar uma noção, sem precisar, todavia, de que maneira deverá efetuar-se a dissociação. O contexto indicará o que deve ser considerado termo I ou termo II.

Assim, este dístico de Schiller

> Qual religião eu professo? Nenhuma de todas essas
> Que me nomeias. – E por que nenhuma? – Por religião![81]

obriga o leitor, para compreender o pensamento, a reconhecer, para a palavra religião, dois usos que correspondem a uma dissociação subentendida

$$\frac{\text{religião aparente}}{\text{religião verdadeira}} \quad \text{ou} \quad \frac{\text{religião positiva}}{\text{religião natural}},$$

em que as religiões rejeitadas correspondem ao termo I, a professada ao termo II do par.

O mesmo esforço de dissociação é exigido pela expressão:

> *Si duo faciunt idem, non est idem.*

ou por esta frase de Mirabeau:

> Ora, um rei, nesse caso, não é mais um rei[82].

Várias dessas expressões constituem o que chamamos de figuras quase-lógicas: tautologia aparente, negação de um termo por si próprio, identidade dos contraditórios[83]. Em expressões como "negócio é negócio", "um tostão não é um tostão", o mesmo termo não pode ser tomado duas vezes no mesmo sentido. O meio de resolver a dificuldade será dissociar em termos I e II.

Tal dissociação será ao mesmo tempo o objetivo visado pelo emprego da expressão e sua justificação. Assim, Sartre utiliza a expressão "o ser é o que ele é". Numa longa argumentação, ele lhe contesta o caráter analítico. A interpretação que lhe dá equivale a dissociar o ser em si do ser para si. A fórmula, diz ele,

> ... designa uma região singular do ser: a do *ser-em-si*. Veremos que o ser do *para si* se define, pelo contrário, como sendo o que não é e não sendo o que é... o fato de ser o que se é... é um princípio contingente do ser-em-si[84].

A exigência de dissociação poderá resultar de uma oposição entre uma palavra e o que é considerado, comumente, seu sinônimo, tal como esta constatação de Panisse:

> Morrer, para isso eu não ligo. Mas o que me dá pena é deixar a vida[85].

As expressões paradoxais sempre convidam a um esforço de dissociação. Toda vez que é anexado a um substantivo um adjetivo, ou um verbo, que parece incompatível com ele (douta ignorância, mal ditoso, alegria amarga, pensar o impensável, exprimir o inexprimível, as condições da capitulação incondicional)[86], apenas uma dissociação permitirá a compreensão.

Dá-se o mesmo quando é afirmada, entre duas noções, uma relação inadmissível, como, por exemplo, nesta definição do poeta feita em *Orphée*:

É escrever sem ser escritor[87].

ou nestes versos de *Plain-Chant*:

L'encre dont je me sers est le sang bleu d'un cygne,
Qui meurt quand il le faut pour être plus vivant[88].
[A tinta que uso é o sangue azul de um cisne,
Que morre quando é preciso para estar mais vivo.]

Poder-se-ia aproximar desses versos a acatada máxima da vida japonesa "perder para ganhar", cujas aplicações, descritas por Ruth Benedict, mostram que o que se perde é apenas termo I em relação ao que se ganha[89].

Quanto à relação de determinação entre termos idênticos, não só ela convidará a uma dissociação, mas sugerirá que esta aprofunda uma primeira dissociação, como atesta a expressão "a alma da alma" usada por Jankélévitch[90], a qual se sobrepõe a uma dissociação em que alma era termo II.

Construções como essas que acabamos de descrever formam o que se chamou de *paradoxismo*, antítese formulada por meio de uma aliança de palavras que parecem excluir-se mutuamente[91], ou a figura que Vico chama de *oxímoro* "negar de uma coisa que ela seja o que é"[92]. Encontramo-las também com muita freqüência no *poliptoto*, uso da mesma palavra em suas várias formas gramaticais, na *antimetátese* ou *antimetábole*[93], repetição em duas frases sucessivas das mesmas palavras numa relação inversa, às vezes confundida com a comutação[94].

§ 95. As definições dissociadoras

A definição é um instrumento da argumentação quaselógica[95]. É também um instrumento da dissociação nocional, notadamente todas as vezes que ela pretende fornecer o sentido verdadeiro, o sentido real da noção, oposto ao seu uso habitual ou aparente. Assim, Shrî Aurobindo, para definir o "trabalho", após ter eliminado concepções mais usuais, fornece-nos o que considera "a verdade mais profunda do trabalho":

Por "trabalho", entendo a ação feita para o Divino e cada vez mais em união com o Divino – apenas para o Divino, e nada mais[96].

A. Smith, rejeitando os outros critérios, mais fáceis de manipular, mais "naturais e evidentes", porém instáveis, pelos quais o valor dos bens é "comumente avaliado", havia declarado:

O trabalho é a medida real do valor de troca de todas as mercadorias[97].

Opondo a natureza das coisas ao significado das palavras, Spinoza nos adverte que suas definições se afastam do uso:

Sei que o uso dá a essas palavras outro sentido. Mas meu intuito é explicar, não o significado das palavras, mas a natureza das coisas, e basta-me designar as paixões da alma por nomes que não se afastam completamente do significado que o uso lhes deu; que o leitor fique de uma vez por todas ciente disso[98].

A rejeição da concepção antiga, como não correspondente à realidade, fica inteiramente explicitada nesta passagem de Berkeley relativa à possibilidade de manter a noção de matéria graças a uma nova definição:

... não há *matéria*, se por esse termo se entende uma substância não-pensante que existe fora da inteligência; mas se, por *matéria*, entende-se uma coisa sensível cuja existência consiste em ser percebida, então há uma *matéria*[99].

Qualquer tentativa de dar a conhecer discursivamente o termo II – que nunca é conhecido diretamente – poderá ser considerada uma definição desse termo, ou seja, a expressão dos critérios que devem permitir-nos delimitá-lo. O sistema inteiro poderá, assim, servir de definição. Mas certas expressões formam pausa, articulação, no encadeamento do pensamento, porque são uma expressão relativamente condensada daquilo que caracteriza um certo termo II.

Essa formulação pode ser muito variada; será, notadamente, o enunciado de uma condição:

> Um pensamento religioso é autêntico quando é universal por sua orientação[100].

Muitas vezes, afirmar que tal coisa está sujeita a tal conceito, ou não está, significa introduzir indiretamente uma definição dissociadora, sobretudo quando a introdução de uma nova característica se torna critério para o uso correto da noção. Assim, Isócrates diz, a propósito dos lacedemônios que reconhece terem sido esmagados nas Termópilas:

> ... não é permitido dizer que eles foram vencidos, pois nenhum deles aceitou fugir[101].

A extensão de certos conceitos corresponde às vezes a uma redefinição dissociadora, como nesta passagem de Cícero:

> Não, juízes, violência não é somente aquela que se exerce sobre o nosso corpo e sobre a nossa vida; há outra, muito mais grave, aquela que, por ameaças de morte, traz o terror à nossa mente e a deixa muitas vezes fora de si e de seu estado natural[102].

A extensão do conceito se combina com uma minimização daquilo que constituía o conceito usual: a violência sobre o corpo, a mais visível, se tornará facilmente, se não se tomar cuidado, termo I.

Um procedimento assaz curioso consiste em dar duas definições, que, em vez de serem tratadas como permutáveis[103], correspondem uma a um termo I, a outra a um termo II. É assim que Lecomte de Noüy trata da civilização:

> Em primeiro lugar, definição estática: a Civilização é o inventário descritivo de todas as modificações trazidas às condições morais, estéticas e materiais da vida normal do homem em sociedade, apenas pelo cérebro.
>
> Em segundo lugar, definição dinâmica: a Civilização é o resultado global do conflito entre a memória da evolução anterior do homem, que nele persiste, e as idéias morais e espirituais que tendem a fazê-lo esquecer-se dela[104].

Resulta claramente dos comentários que a definição dinâmica é primordial aos olhos do autor; ela corresponde ao real, ao que é profundo. A definição estática corresponde ao passageiro, à aparência; graças a ela, é introduzida o que é, *grosso modo*, a definição habitual. Mas as duas definições mantêm entre si uma relação correspondente a um par

$$\frac{\text{estático}}{\text{dinâmico}},$$

extraído da filosofia bergsoniana.

Stevenson, partindo de uma reflexão sobre o raciocínio moral, qualificou as definições do gênero das que citamos de "definições persuasivas"[105], porque elas conservam o sentido emotivo das noções, o que deve influenciar o interlocutor, modificando-lhes ao mesmo tempo o sentido descritivo. Indubitavelmente, trata-se para o orador, em grande número de casos, de uma simples técnica de persuasão. Mas, além de a distinção entre aspecto emotivo e descritivo de uma noção ser discutível[106], a modificação operada pode resultar de uma convicção íntima que o orador julga conforme à realidade das coisas e que estaria pronto para justificar. Preferimos insistir na maneira pela qual a definição dissocia uma noção em termos I e II, seja qual for a razão dessa dissociação. Cumpre observar, aliás, que pode acontecer, como no caso da definição do trabalho de Shrî Aurobindo, que o procedimento não tenha como meta transferir para um sentido novo um valor aceito, mas valorizar uma noção, conferir-lhe um prestígio de que era desprovida em seu uso anterior.

Por vezes a dissociação oporá um sentido técnico a um sentido mais usual. A adoção de um sentido técnico, reservado a uma área determinada, poderia não ter muita influência sobre o conceito antigo e passar por mera convenção de linguagem. Mas é raro que uma discussão se desenrole por inteiro no interior de uma ciência constituída[107]. E por ocasião do confronto entre noção técnica e noção usual, uma delas – a que conta para o auditório a que se dirige – poderá desempenhar, com relação à outra, o papel de termo II. O termo técnico é que usufruirá geralmente desse privilégio. Mas às vezes, pelo contrário, ele se tornará termo I, como neste argumento de Demóstenes:

> Longe de dizer que não estou sujeito à prestação de contas (como aquele indivíduo especificava ao caluniar-me), é durante a minha vida toda, reconheço-o, que tenho de prestar contas de tudo o que administrei ou realizei, perante vós, como político[108].

A "prestação de contas", no sentido administrativo, técnico, é substituída pela noção moral mais geral, mais essencial, e é baseando-se neste último sentido, considerado termo II, que se desenvolverá em grande parte a seqüência da argumentação.

Muitas *antíteses* são aplicações da definição dissociadora pelo fato de elas oporem ao sentido normal, que se poderia crer único, um sentido que seria mais o de um termo II. É o caso dessa antítese especial que era chamada *enantiose* e cujo exemplo Vico toma de Cícero:

> Esta é, não lei escrita, mas natural[109].

A definição é sempre uma escolha[110]. Aqueles que a ela procedem, mormente quando se trata de definição dissociadora, pretenderão geralmente ter discernido o verdadeiro, o único sentido da noção, pelo menos o único razoável ou o único correspondente a um uso constante. Tal como Simone Weil:

> Não se pode encontrar para a palavra nação outra definição que o conjunto dos territórios que reconhecem a autoridade de um mesmo Estado[111].

ou como Schopenhauer:

> A *arte* tem como objetivo facilitar o conhecimento das *Idéias* do mundo (no sentido platônico, o único que admito para a palavra Idéia)...[112]

Tal pretensão está ligada ao funcionamento do discurso não-formal. Não será estranha mesmo àqueles que denunciam o papel abusivo que a definição de certos termos desempenha: Crawshay-Williams acha que as discussões sobre o sentido da palavra "good" são inúteis, pois

> Na medida em que a palavra "bem" tem um sentido objetivo razoável "em uso", parece que devemos identificá-la com a felicidade e com o bem-estar das *pessoas*, e com tantas pessoas quanto for possível[113].

Pode ocorrer que, para justificar a definição, se apele à etimologia, erudita ou popular. Propor-se-á assim um uso da noção que se pretende ser primitivo, autêntico, ou seja, real, e que se distingue das falsificações ulteriores. Jean Paulhan teve, com razão, a atenção atraída para esse recurso à etimologia que lhe inspirou observações pertinentes[114].

Muito próxima da argumentação pela etimologia é a argumentação fundamentada na sintaxe, como nesta passagem de Sartre:

> O *si* não poderia ser uma propriedade do ser-em-si. Por natureza, ele é um *reflexivo*, como bem indica a sintaxe e, em particular, o rigor lógico da sintaxe latina e as distinções estritas que a gramática estabelece entre o uso do *ejus* e o do *sui*... Ele indica uma relação do sujeito consigo mesmo e essa relação é precisamente uma dualidade, mas uma dualidade particular, porquanto exige símbolos verbais particulares[115].

E muito vizinha, também, será a argumentação consistente em alegar instituições primitivas ou práticas elementares para dar a conceitos atuais seu verdadeiro significado, que não é o do vulgo[116].

Conhece-se o uso descomedido que os existencialistas, tanto franceses quanto alemães, fizeram da etimologia para apoiar suas teses. Pode acontecer porém que, em certas circunstâncias, um autor que normalmente se apóia na etimologia rejeite explicitamente esse vínculo entre a linguagem e o real:

> Essas necessidades da sintaxe nos obrigaram até agora a falar da "consciência não posicional *de* si". Mas não podemos usar por mais tempo essa expressão em que o "de si" desperta ainda a idéia de conhecimento. (Colocaremos de agora em diante o "de" entre parênteses para indicar que ele atende apenas a uma imposição gramatical)[117].

Para justificar essa rejeição da coerção sintática, invocada noutro trecho, o autor decerto recorreria a uma nova dissociação,

$$\frac{\text{gramática}}{\text{sintaxe}},$$

que rejeita na gramática, aqui termo I, o que não corresponde à realidade filosófica tal como é por ele concebida.

O recurso à etimologia não se aterá a redescobrir o "bom" sentido de uma palavra, a dissociá-lo como termo II, vinculando esse recurso, apesar de tudo, à idéia de um mundo que está degenerando. Por vezes a ênfase será dada à passagem de um termo a outro. Como Alain:

> Não há de modo algum pensamento sem cultura, e tampouco sem culto, pois se trata da mesma palavra[118].

Reconhecer a relação entre culto e cultura é apresentado como a descoberta de uma verdade; a evolução semântica é considerada a obra esquecida de uma humanidade racional, um caminho, que nos fora ocultado pelo véu da ignorância e que é preciso redescobrir.

Por ser técnica, ou por ser apresentada como a única válida, ou por estar inserida num conjunto de pares filosóficos vinculados entre si, a dissociação das noções tende a tornar-lhes o sentido mais preciso. Mas esse esforço de precisão só obtém êxito na medida em que nos colocamos no interior do contexto técnico, no qual se faz tábula rasa das outras acepções, no qual se adere a um sistema por inteiro. Para aquele que, ao contrário, não se encerra nesses limites, a definição dissociadora introduz, o mais das vezes, uma nova possibilidade de utilização da noção primitiva, que vem juntar-se aos usos anteriores, deixando, por isso mesmo, a noção mais confusa.

Acrescentaremos que a definição dissociadora de uma noção pode consistir em afirmar que ela é irremediavelmente confusa, que seu uso unívoco não passa de ilusão, termo I, uso parcial, momentâneo, e que para resolver as incompatibilidades que esses aspectos do termo I não deixam de suscitar, não há outro recurso senão distingui-los ciosamente de um termo II, que seria a noção real, essencial, inapreensível diretamente em sua plenitude e sua confusão.

§ 96. A retórica como expediente

As dissociações não incidem somente sobre as noções utilizadas na argumentação, mas também sobre o próprio discurso, pois o ouvinte pratica a respeito dele, seja espontaneamente, seja por ser convidado a fazê-lo, dissociações que são de capital importância.

Um expediente* é um modo de operar para obter um certo resultado, tal como o processo de fabricação, meio técnico para confeccionar um produto. O que se apresenta à primeira vista como meio, como expediente, é apreciado conforme sua eficácia, e em seu justo valor. Mas é muito comum acontecer que o termo "expediente" seja desqualificador, que designe o termo I de um par filosófico e seja sinônimo de falsa aparência. Entende-se denunciar dessa forma o que se pretende conseqüência natural de um estado de coisas que na realidade seria apenas simulação, artifício, meio imaginado para alcançar um fim; como as lágrimas insinceras ou os cumprimentos excessivos, expedientes para apiedar ou para lisonjear.

A argumentação destinada a outrem, a eloqüência sob todas as suas formas, teve de sofrer essa desqualificação e está constantemente exposta a ela. Esta pode atingir tal argumento, tal discurso particular, a arte oratória inteira. Qualificá-los de *retórica* basta, em geral, para eliminar a eficácia dos enunciados. Muitos são como esses atos cujos efeitos só se produzem quando não foram realizados em vista da obtenção desses efeitos[119].

Tratados como expedientes oratórios ou retóricos, os meios de persuasão são desqualificados como artificiais, formais, verbais – encontramos aqui os termos I característicos dos pares

$$\frac{\text{artificial}}{\text{natural}}, \quad \frac{\text{forma}}{\text{fundo}}, \quad \frac{\text{verbal}}{\text{real}}.$$

Essa desvalorização é tamanha que, ao discurso refletido, premeditado, mas percebido como expediente, será preferido o discurso espontâneo, não preparado, sejam quais forem suas imperfeições.

* Em francês, *procédé*, procedimento ou processo, tem também uma acepção pejorativa "receita estereotipada, que indica o artifício" (Dic. Robert), que traduzimos por "expediente". (N. do T.)

Não pode constituir um expediente o que é o resultado de um impulso irresistível. Por isso o escritor, o poeta, o orador se apresentará como estando sob o jugo de uma Musa que o inspira, de uma indignação que o anima; ele será o porta-voz de uma força que o domina e lhe dita a sua linguagem. Essa visão romântica traduz por meio de um clichê, bem gasto hoje, o que os professores de estilo e os grandes oradores, do pseudo-Longino a Bossuet, sempre salientaram: a eloqüência mais eficaz é aquela que parece ser a conseqüência normal de uma situação. Bossuet, parafraseando Santo Agostinho, dirá:

> ... a eloqüência, para ser digna de estar presente nos discursos cristãos, não deve ser buscada com demasiado estudo. Ela tem de vir por si só, atraída pela grandeza das coisas e para servir de intérprete à sabedoria que fala[120].

Será percebido como expediente o discurso sentido como não derivado de seu objeto. Quando os ouvintes comungam com o orador no respeito ou na admiração dos valores glorificados, por ocasião de um discurso epidíctico, este será raramente percebido como expediente; mas não se dará o mesmo com terceiros não interessados nesses valores. "São meras palavras" é uma acusação que se lança aos outros quando exaltam o que nos parece vazio, porque não são os nossos valores[121]. Quando Chaignet, depois de tantos predecessores, repete:

> É o natural que persuade, ao passo que o artifício de composição e de expressão parece, quando é percebido, uma cilada armada para a boa-fé do ouvinte, que se indigna com esse embuste e sente um descontentamento que não favorece a persuasão[122].

é incontestável que tem razão – notemos, de passagem, os termos "cilada", "artifício", "embuste", característicos daquilo que é transformado em termo I –, mas com a restrição de que, com muita freqüência, a qualificação de expediente resulta de um desacordo sobre o fundo. É por não imaginar que se possa ficar emocionado ante a evocação de certos valores que o ouvinte faz da expressão dessa emoção uma simulação, uma cilada armada para outrem.

A impressão de expediente pode, entretanto, ser sentida, mesmo em caso de acordo sobre os valores, quando o orador parece adotar regras e técnicas que, por causa de sua natureza uniforme ou rebuscada, não parecem naturalmente moldados no objeto. Não se achará reparo nenhum a fazer se, numa revista de propaganda suíça[123] que gabe os diferentes circuitos turísticos, ler-se a descrição do funicular mais longo, ou mais audacioso; mas se o mesmo folheto contiver vinte anúncios, cada qual iniciando com outro superlativo, a percepção do expediente se torna de uma comicidade irresistível. O tipo perfeito do expediente são as janelas falsas, inadequadas ao real pois que só existem para a simetria:

> Aqueles que fazem as antíteses forçando as palavras são como aqueles que fazem janelas falsas para a simetria: sua regra não é falar certo, mas fazer figuras certas[124].

Sem que os meios utilizados para persuadir tenham algo de mecânico, de forçado ou de factício, a simples presença de esquemas argumentativos, de técnicas de persuasão transponíveis, teoricamente, a outros discursos, pode bastar para sugerir a acusação de expediente.

Para que esta possa ser sustentada, é preciso que a técnica argumentativa, desqualificada como expediente, não possa ser interpretada de um modo ainda melhor, como correspondendo exatamente à própria natureza das coisas; ora, essa costuma ser, por causa da ambigüidade das situações argumentativas, uma questão incômoda de se resolver. Quando os antigos qualificavam de *cor* uma interpretação da realidade, favorável à tese defendida[125], supunham uma realidade objetiva dos fatos, distorcida, modificada, pelo orador – a própria terminologia, também aqui, lembra aquela bem conhecida dos termos I[126]. Mas a existência dessa realidade objetiva, que não coincidiria exatamente com a interpretação proposta, não é provada. Um expediente fácil de detectar não só seria pouco eficaz, mas também só serviria, tal qual uma mentira patente, para atrapalhar seu autor. No entanto, o preço que se paga pela dificuldade de despistar um expediente é que todo ato com conseqüências favoráveis ao agente é suscetível de ser considerado um expediente, o que lançará, no limite, uma suspeita sobre qualquer conduta consciente[127], e explica por que, cada qual julgando conhecer seus próprios móbeis,

> Persuadimo-nos melhor, a maioria das vezes, pelas razões que nós mesmos encontramos do que por aquelas que vieram à mente dos outros[128].

A dissociação só se opera, portanto, para remover uma incompatibilidade. Ela implica que se tenha – num plano que aliás pode variar – uma concepção do real, critério que permite detectar o expediente ("argumentos verdadeiros", "realidade dos sentimentos do orador", "realidade dos fatos enunciados"). Uma concepção da realidade e uma concepção do expediente se implicam mutuamente; como em toda dissociação, não há termo I sem termo II. Mas não se deve negligenciar o fato de que tudo o que favorece a percepção como expediente, o aspecto mecânico, exagerado, abstrato, codificado, formal, do discurso sugerirá a busca de uma realidade que se dissociaria dele.

Como reagir contra a desqualificação do discurso como expediente, ou, melhor ainda, como preveni-la?

Afirmando, como vimos, que o discurso é a conseqüência de um fato. Mas também mediante uma série de técnicas das quais umas tendem sobretudo a prevenir a evocação de uma dissociação, as outras, a fornecer indícios que garantem ser esta descabida.

A adequação do estilo ao objeto do discurso, tal como a concebe o ouvinte, evita as dissociações que se devem temer de imediato.

> O que contribui para persuadir é o estilo próprio para o assunto; nesse caso, a mente do ouvinte conclui inexatamente que o orador exprime a verdade, porque em tais circunstâncias os homens ficam animados de sentimentos que parecem ser os seus; e mesmo que assim não seja, os ouvintes pensam que as coisas são como o orador diz[129].

Certos oradores ou escritores, para salientar melhor o quanto a atitude deles é séria e sincera, contrapõem-na ao que seria um expediente. Como Mirabeau, em seu discurso sobre a contribuição da quarta:

> Ah! Senhores, a propósito de uma ridícula moção do Palais-Royal, de uma risível insurreição... ouvistes há pouco estas palavras exaltadas: *Catilina está às portas de Roma, e deliberam!* E na verdade, não havia à nossa volta nem Catilina, nem perigos, nem facções, nem Roma... Mas, hoje, a bancarrota, a hedionda bancarrota aí está...[130]

Simone Weil evoca igualmente o risco de vermos a propaganda apossar-se de uma fórmula:

> Desacreditar tais palavras [a espiritualidade do trabalho] lançando-as no domínio público sem infinitas precauções seria cometer um mal irreparável... Elas não devem ser uma palavra de ordem... A única dificuldade é a desconfiança dolorosa e infelizmente por demais legítima das massas, que vêem qualquer fórmula mais elevada como uma arapuca armada para tapeá-las[131].

Essa técnica, pelo próprio fato de aludir à existência de expedientes, não deixa de ter perigo, sobretudo quando a adequação do enunciado ao real não está fortemente protegida por outros fatores. Entretanto, o orador às vezes pode assumir esse risco ao máximo. Assim, P.-H. Spaak, ao tratar de "precaução oratória" uma homenagem à América inserida no meio de um discurso em favor da Europa, suscita voluntariamente a dissociação

$$\frac{\text{expediente}}{\text{realidade}},$$

enquanto o calor da homenagem incita a tomá-la por realidade, a dissociação permite evitar a acusação de americanofilia.

Um dos conselhos dados com mais insistência pelos mestres de retórica da Antigüidade era o de fazer o elogio das qualidades oratórias do adversário e de ocultar, de minimizar as próprias[132]. Conselho seguido por Antônio:

> Não sou um orador, como é Bruto[133].

e que Bismarck não menosprezava:

> Aliás, Senhores, eloqüência não é comigo... Não sou um orador (contestações em todos os bancos), vantagem que concedo de bom grado ao orador que me precedeu[134].

É bom não só elogiar em palavras a eloqüência do adversário, mas também jamais lhe refutar os argumentos de tal maneira que ele pareça advogado medíocre[135]. Embora a excessiva reputação de eloqüência seja um perigo[136], e sobretudo a reputação de habilidade, poder-se-á contudo tomar a dianteira, mostrando que, sendo inevitável a perda de persuasão que dela resulta, cumprirá levá-la em conta:

> ... foram meus próprios discursos que Lisímaco atacou caluniosamente a fim de que, se acharem que sou eloqüente, eu pareça merecer as censuras que ele me dirige a propósito de minha habilidade e de que, se meus discursos não corresponderem à expectativa que excitou em vós, penseis que minhas ações são piores ainda[137].

Tudo o que denuncia o talento deve ser proscrito, se se quiser evitar a dissociação. Nada de mais estudado para se precaver contra ela do que a naturalidade tão gabada pelos clássicos; certos textos do Cavalheiro de Méré são reveladores a esse respeito:

> A boa arte que faz alguém sobressair-se ao falar, não se mostra senão sob uma aparência natural: ela só gosta da beleza simples e ingênua, e, conquanto trabalhe para pôr seus ornamentos em evidência, pensa principalmente em ocultar-se... Acho que a mais perfeita é aquela que menos se nota e, quando as coisas cheiram à arte e ao estudo, pode-se concluir que aqueles que as dizem não têm muito nenhum dos dois ou que não sabem servir-se deles[138].

Os elementos que podem ser interpretados como indícios de espontaneidade serão particularmente eficazes para garantir a adequação ao real e também favorecer a persuasão:

> Escapa a uma moça pequenas coisas que persuadem muito e que lisonjeiam sensivelmente aquele para quem são feitas. Não escapa quase nada aos homens; seus agrados são voluntários; eles falam, agem, são solícitos, e persuadem menos[139].

Todavia esses próprios indícios podem ser considerados um expediente, sendo difícil, diante de um texto, determinar-lhe a espontaneidade. As efusões românticas ao luar se tornaram rapidamente um clichê difícil de levar-se a sério.

J. Paulhan descreveu sagazmente as ofensivas dos terroristas e dos contraterroristas em literatura[140]. Mostra que não há literatura sem retórica, a qual ele entende ser uma arte da expressão. Mas os meios dessa arte perdem sua eficácia à medida que vão sendo percebidos como expedientes. A argumentação não escapa a essa desvalorização, senão na medida em que o orador sugere, dos fatos e de si mesmo, uma imagem tal que o ouvinte não fica motivado a fazer uma dissociação

$$\frac{\text{expediente}}{\text{realidade}}.$$

Indícios de inabilidade, indícios de sinceridade serão igualmente úteis para evitar a dissociação

$$\frac{\text{expediente}}{\text{realidade}}.$$

e se confundem, aliás, em muitos casos. Eles atuarão ora por sua simples presença, ora por uma ênfase dada pelo orador ou por um terceiro. Todas as imperfeições que parecem, à primeira vista, nocivas ao efeito argumentativo, podem, por esse viés, favorecê-lo, e uma das vantagens da improvisação seria dar origem, de modo espontâneo a indícios de inabilidade ou de sinceridade.

Tais indícios concernem não só à expressão formal mas também à própria natureza dos argumentos. A escolha de argumentos irrelevantes ao debate mas estreitamente vinculados às emoções do orador será, assim como o som de sua voz, indício de sinceridade. A renúncia a certas técnicas, o fato de produzir argumentos mal adaptados ao auditório, pode ter a sua eficácia, e o argumento sob medida nem sempre é, afinal de contas, o melhor. Da mesma forma que Montaigne reconhece a sinceridade de Tácito, porque seus relatos "nem sempre se aplicam às conclusões de seus juízos"[141], Pascal vê a prova da sinceridade dos Evangelistas naquilo que parecem imperfeições de Jesus:

> Por que o fazem fraco em sua agonia [Lc., XXII, 41-44]? Não saberão pintar uma morte constante? Sim, pois o mesmo São Lucas pinta a de Santo Estêvão mais forte que a de Jesus Cristo [At. VII, 59][142].

Os indícios de paixão podem, pois, dar azo a figuras: a *hesitação*[143], o *hipérbato* ou *inversão*, que substitui a ordem natural da frase por uma ordem nascida da paixão; a ausência de nexos, a mistura de figuras, como testemunho da paixão, foram muito bem descritas pelo pseudo-Longino[144]. Estudando as degradações que a emoção inspira à língua, um psicólogo experimentado, A. Ombredane, assinala que:

> Todas essas degradações da língua podem ser buscadas por procedimento literário e muitas delas se integram na estilística: repetição, litania, empobrecimento do vocabulário, hipérbole, supressão do verbo, substituição da subordinação pela coordenação, supressão das cópulas, ruptura da construção, etc.[145]

Tornamos a encontrar aqui grande número de traços, tais como a assíndeto, a hipérbole, já encontrados e que, além de seu papel argumentativo, podem ser indícios de sinceridade.

Tudo quanto fornece um argumento contra a tese defendida pelo orador, inclusive a refutação de suas próprias hipóteses[146], transforma-se em indícios de sinceridade, de lealdade e aumenta a confiança dos ouvintes. Todo enunciado penoso, notadamente as confissões, será presumido sincero[147]. Também todo enunciado que ameaça alienar o auditório. E aqui, ainda, teremos figuras da sinceridade: a *licença*[148] e a *pseudolicença*[149], às vezes chamada de *asteísmo*[150].

Uma vez que toda técnica que parece contrária ao objetivo visado produz grande impressão, não se hesitará em usá-la como um procedimento supremo:

> A Vida Humana, escreve Gracián, é um combate contra a malícia do próprio Homem. O Homem hábil nela emprega como armas os estratagemas da intenção... E depois, quando seu artifício fica conhecido, aprimora a dissimulação, servindo-se da própria verdade, para enganar. Ele muda de jogo e

> de bateria, para mudar de ardil. Seu artifício é não os ter mais, e toda a sua sagacidade está em passar da dissimulação precedente à candura. Aquele que o observa e tem penetração, conhecendo a habilidade de seu rival, acautela-se e descobre as trevas revestidas de luz. Decifra um procedimento tanto mais oculto quanto tudo nele é sincero[151].

Assim a confissão, num tom irônico, de um amor fingido, dá chances ao herói de ser levado a sério. Sensibilidade moderna, explica-nos o romancista[152], mas sobretudo mecanismo normal da persuasão.

Quando a conduta é sincera? Quando não passa de um expediente que só tem da sinceridade as aparências? Na falta de critério indiscutível, a dissociação

$$\frac{\text{expediente}}{\text{realidade}}$$

pode ser continuada indefinida e contraditoriamente. É o emprego dessa oposição que caracteriza, ao que parece, uma das mais antigas *téchne*, aquela atribuída a Córax[153], que uma troca de cartas publicadas há alguns anos no *New York Herald Tribune*[154] permitirá ilustrar satisfatoriamente.

Um missivista havia dirigido ao jornal uma carta, de aspecto pró-fascista, e insultante para os Estados Unidos. Vários leitores a comentaram, tendo um deles visto nela uma forma sutil de propaganda comunista. Mas, perguntam-se outros leitores, não teria sido um fascista que escreveu uma carta que deseja ver atribuída à propaganda comunista, para excitar a opinião pública contra ela? Poder-se-ia continuar o jogo das interpretações para atribuir, alternadamente, ao autor intenções pró-comunistas ou pró-fascistas.

Aristóteles classifica esse procedimento entre os entimemas aparentes, fornecendo o seguinte exemplo dele:

> Se um homem não dá motivos à acusação dirigida contra ele, se, por exemplo, um homem fraco é processado por sevícias, sua defesa será de que não é verossímil que seja culpado; mas se o réu dá motivos à acusação, se, por exemplo, é forte, sua defesa será de que não é verossímil que seja culpado, porque era verossímil que o julgassem culpado[155].

que já encontramos desenvolvido, mas com muito mais nitidez, no *Fedro* de Platão[156].

Trata-se de argumentos que opõem o que Aristóteles denomina o verossímil absoluto ao verossímil relativo e que alegam uma verossimilhança baseada no que sabemos do normal, sendo que esses elementos variam constantemente no decorrer da argumentação. Supõe-se que o agente que realiza um ato, ou argumenta, conheça os critérios do real que seu auditório aplicará e aja em consonância com eles.

Esse procedimento é utilizado com freqüência no pretório, como nesta passagem de Antifonte:

> Se o ódio que eu sentia pela vítima torna verossímeis as atuais suspeitas, não é verossímil também que, prevendo essas suspeitas antes do crime, eu não me tenha abstido de cometê-lo?
>
> ... E aqueles que odiavam a vítima tanto quanto eu – havia mais de um – não é mais verossímil que tenham sido eles, e não eu, que a tenham assassinado? Quanto a eles, não há dúvida alguma de que as suspeitas se voltariam contra mim, ao passo que eu bem sabia que seria incriminado no lugar deles[157].

O *córax* não passa de uma aplicação da dissociação

$$\frac{\text{expediente}}{\text{realidade}}$$

ao campo da conjetura. Ele incita à realização de certos atos precisamente por serem eles inverossímeis e diminui, por razões inversas, as possibilidades de ver os atos verossímeis efetuarem-se[158]. Quintiliano aconselha a tomar precauções quando o juiz é nosso amigo pois:

> há juízes sem consciência (a quem acontece) de cometer uma injustiça para não parecer praticá-la[159].

A reincidência do *córax* pode prosseguir indefinidamente? Sim. Mas num dado momento ele se tornará muito pouco persuasivo e até mesmo cômico, porque implica uma excessiva capacidade de previsão. Aliás, não convém esquecer que muitas vezes, quando se trata de um processo, não basta desenvolver o *córax* em função de somente uma das partes. Às previsões de uma deverão corresponder previsões inversas atribuídas à outra.

Já que o *córax* está ligado ao conhecimento que o agente pode ter do que será suposto verossímil, uma das réplicas será alegar a ignorância dos critérios que servem de base a essa determinação, o que excluiria a interpretação da situação em função do procedimento. Mas este é em geral um modo de agir difícil. O simples fato de não poder ter previsto que haveria um litígio, um problema de conjetura que surgir, pode entretanto bastar para afastar a suspeita.

O *córax* é um procedimento de argumentação tipicamente retórico, porque baseado em múltiplas possibilidades de interpretação; é apropriado para um discurso não-formal e só é imaginável ante uma situação ambígua.

Capítulo V
A interação dos argumentos

§ 97. Interação e força dos argumentos

Insistimos, antes de empreender o estudo analítico dos argumentos, em seu caráter esquemático e arbitrário[1]. Os elementos isolados com vistas ao estudo formam, na realidade, um todo; estão em interação constante, e isso em vários planos: interação entre diversos argumentos enunciados, interação entre estes e o conjunto da situação argumentativa, entre estes e sua conclusão e, enfim, interação entre os argumentos contidos no discurso e aqueles que têm este último por objeto.

Os limites ao jogo de elementos em questão são de todos os lados imprecisos.

De fato, a descrição dos argumentos chamados a interagir sempre pode ser estendida numa direção dupla: por uma análise mais aprofundada dos enunciados, análise mais acurada ou, também, diversamente conduzida, e pela consideração de um número crescente de argumentos espontâneos tendo o discurso como objeto.

Por outro lado, os juízos admitidos que determinam a situação argumentativa sempre constituem um conjunto com contornos mal definidos: ampliável, conforme as áreas levadas em consideração; movente, conseqüência dos momentos sucessivos da argumentação; divisível de modo variado, ao sabor dos cortes diversos que nela se praticam.

Enfim, o próprio discurso, embora tenha uma unidade relativamente bem definida na defesa do advogado ou no sermão do pregador, pode, nos debates parlamentares ou familiares, estender-se por vários dias e resultar da intervenção de várias pessoas. Há mais. Pode acontecer que a tese em discussão não seja concebida pelos adversários da mesma forma, que, termo do debate para um, ela seja para outro apenas uma etapa rumo a uma conclusão posterior; daí, sendo diferente o corte da realidade que serve de base para a argumentação, um mesmo parecer, uma mesma decisão num sentido não são exatamente o oposto do parecer ou da decisão em sentido contrário. Assim, a fixação do ponto que vai ser julgado é uma das preocupações fundamentais num debate judiciário; é uma tentativa para isolar este, para inseri-lo num âmbito convencionalmente ou legalmente estabelecido.

Por mais imprecisas que sejam as condições em que se desenvolvem os fenômenos de interação, são eles contudo que determinam em grande parte a escolha dos argumentos, a amplitude e a ordem da argumentação.

Para guiar-se em seu empenho argumentativo, o orador utiliza uma noção confusa, mas ao que parece indispensável: a de *força dos argumentos*.

Esta é certamente vinculada, de um lado, à intensidade de adesão do ouvinte às premissas, inclusive às ligações utilizadas, de outro, à relevância dos argumentos no debate em curso. Mas a intensidade de adesão e, também, a relevância, estão à mercê de uma argumentação que viria combatê-las. Por isso a força de um argumento se manifesta tanto pela dificuldade que haveria para refutá-lo como por suas qualidades próprias.

A força dos argumentos variará, pois, conforme os auditórios e conforme o objetivo da argumentação. Aristóteles havia notado que "os exemplos pertencem sobretudo ao gênero deliberativo, ao passo que os entimemas convêm mais ao gênero judiciário"[2] e Whately aconselha, conforme o orador se dirija a mentes desejosas de instruir-se ou a adversários cujas críticas devem ser refutadas, utilizar argumentos de causa e efeito ou servir-se de exemplos[3]. Esses dois pareceres equivalem a preconizar o exemplo, ou seja, o que é capaz de fundar novas ligações, quando se dispõe de menos premissas.

O princípio capital, nessa matéria, continua a ser a adaptação ao auditório, às teses por ele admitidas, levando em conta a intensidade dessa adesão. Não basta escolher premissas nas quais se apoiar; cumpre prestar atenção, uma vez que a força do argumento se deve em grande parte à sua possível resistência às objeções, a tudo quanto o auditório admite, mesmo ao que não se tem nenhuma intenção de usar, mas que poderia vir opor-se à argumentação[4].

Na refutação, mesmas condições. Nela a escolha é, ademais, guiada pelo argumento que se combate.

Indicamos com freqüência, no curso de nossa exposição, a qual refutação tal argumentação se expunha: a ligação, à recusa da ligação[5]; o exemplo, ao exemplo invalidante[6]; a analogia, ao prolongamento da analogia[7], a dissociação, à inversão do par[8]. Esses modos de refutação têm a vantagem de pretender facilmente a relevância; mas todos os outros modos de refutação podem ser utilizados. Todavia, a objeção se manterá normalmente no âmbito adotado pelo orador: opor-se-á um lugar da qualidade a um lugar da quantidade, a um lugar da ordem, os do existente[9], ao costume, opor-se-á o costume de outro grupo ao qual igualmente se pertence. Dentre todas as razões que poderiam ser dadas para não usar luto por um parente, alguém dirá, de preferência,

> em minha família, não se costuma usar luto[10].

E se um evoca o valor do útil, o outro se fundamentará no da justiça.

Dada a complexidade dos fatores que devem ser levados em consideração, ainda que seja para avaliar se um argumento possui uma força qualquer, é curioso constatar que os autores de tratados de retórica costumam afirmar sem hesitar, e como que incidentemente, que a força dos argumentos nos é conhecida, e baseiam seus conselhos, relativos à ordem do discurso, ao encadeamento das réplicas, no grau de convicção que os argumentos deveriam acarretar:

> o que não nos será difícil saber, pois sabemos o que normalmente a determina[11].

Ilusão, poder-se-ia crer, depois do que acabamos de dizer e se nos lembrarmos que Pascal ficou desanimado quando se propôs examinar as diversas maneiras de agradar[12].

O simples conhecimento de reações individuais e os estudos mais acurados de psicologia diferencial não poderiam, de fato, bastar para medir essa força, pois nela entra um elemento normativo que pode ser considerado uma das premissas da argumentação ou que, no mínimo, é inseparável da noção de força. Com efeito, um argumento forte é um argumento *eficaz*, que determina a adesão do auditório, ou um argumento *válido*, que deveria determiná-la? A força de um argumento constitui uma qualidade descritiva ou normativa? E seu estudo depende da psicologia individual e social ou, ao contrário, da lógica?

Essa distinção de dois pontos de vista, fundamentada numa dissociação

$$\frac{\text{normal}}{\text{norma}},$$

não pode ser absoluta – pois o normal, como a norma, só se define em relação a um auditório, cujas reações fornecem a medida do normal e cuja adesão fundamenta as normas de valor. Entretanto, a distinção é preciosa quando as reações de um certo auditório é que determinam o normal e as concepções de um outro que fornecem o critério da norma. A superioridade da norma sobre o normal seria correlativa àquela de um auditório sobre um outro, e é a essa hierarquização dos auditórios que corresponde, conforme já constatamos, a distinção entre persuadir e convencer[13]. Ao dissociar a eficácia de uma argumentação de sua validade, conseguir-se-á suspeita lançar sobre ela, diminuir-lhe a eficácia, mesmo se reconhecida por aquele que ela logrou persuadir, como neste diálogo entre duas personagens de Sartre:

> Hugo. – Que queres que eu pense? Eu tinha te dito que ele era chinês.
>
> Jessica. – Hugo! ele tinha razão.
>
> Hugo. – Minha pobre Jessica! Que é que tu podes saber sobre isso?
>
> Jessica. – E tu, que é que sabes? Ficavas em apuros diante dele.

> Hugo. – Ora essa! Se le estava com a faca e o queijo nas mãos!...
>
> ....
>
> Jessica. – Hugo! Falas contra o teu coração. Olhei-te enquanto discutias com Hoederer: ele te convenceu.
>
> Hugo. – Ele não me convenceu. Ninguém pode convencer-me de que se deve mentir aos companheiros. Mas se ele me tivesse convencido, seria uma razão a mais para desmerecê-lo, porque isso provaria que ele convenceria outros disso[14].

Uma conclusão ante a qual não nos queremos inclinar faz duvidar da validade dos argumentos cuja eficácia nós mesmos experimentamos.

A interação entre o normal e a norma atua nos dois sentidos. Se a eficácia, em certas circunstâncias, fornece o critério do válido, a idéia que se faz do válido não pode deixar de ter efeito sobre a eficácia das técnicas que visam persuadir e convencer.

O que é que garante essa validade? O que é que lhe fornece o critério? O mais das vezes é uma teoria do conhecimento, que consiste na adoção de técnicas que se revelaram eficazes em diversas áreas do saber ou na transposição de técnicas bem-sucedidas a uma área privilegiada e que forneceriam um modelo para outras; daí o conflito bem conhecido entre o reconhecimento de metodologias múltiplas, cada qual eficaz numa área limitada, e a concepção da unidade da ciência, fundamentada numa metodologia ideal, extraída de uma ciência prestigiosa, que seria aplicável a qualquer ciência digna desse nome. Neste último caso, o critério da evidência, racional ou sensível, dispensará a dissociação entre normal e normativo: o evidente é simultaneamente eficaz e válido, convence porque deve convencer. É em nome do evidente, tornado o critério do válido, que se desqualificará *toda argumentação*, já que ela se mostra eficaz sem fornecer, porém, prova verdadeira, só podendo portanto prender-se à psicologia e não à lógica, mesmo no sentido amplo dessa palavra[15].

Seja qual for a importância dessas tomadas de posição filosóficas, seja qual for a repercussão sobre a apreciação da força dos argumentos, de seu aspecto duplo, a um só tempo descritivo e normativo, ou seja, das noções de eficácia ou de validade, seja qual for a complexidade dos elementos intervenientes, uma coisa é certa: é que, na prática, distinguem-se argumentos fortes e argumentos fracos.

Nossa hipótese é de que essa força é apreciada graças à regra de justiça: o que pôde, numa certa situação, convencer, parecerá convincente numa situação semelhante ou análoga. A aproximação entre situações será objeto, em cada disciplina particular, de um exame e de um aprimoramento constantes. Qualquer iniciação a um domínio racionalmente sistematizado não só fornece o conhecimento dos fatos e das verdades do ramo em questão, de sua terminologia própria, da maneira de usar os instrumentos de que dispõe, mas educa também na apreciação da força dos argumentos empregados nessa matéria.

A força dos argumentos depende, pois, largamente, de um contexto tradicional. Às vezes o orador pode abordar todos os assuntos e valer-se de toda espécie de argumentos; às vezes sua argumentação é limitada pelo hábito, pela lei, pelos métodos e técnicas próprias da disciplina em cujo seio se desenvolve seu raciocínio. Esta determina amiúde o nível da argumentação, o que pode ser considerado fora de discussão, o que deve ser considerado irrelevante no debate.

É óbvio que as diversas filosofias, pela determinação da estrutura do real e pelas justificações que elas lhe dão, pelos critérios do conhecimento e da prova válidos, pela hierarquia dos auditórios que elas adotam, influenciam a força deste ou daquele esquema argumentativo. O contexto filosófico dá uma força maior a certos gêneros de argumentos: o realismo das essências favorecerá todas as formas de argumentação que se apóiam nas essências, trate-se de argumentos por divisão ou por dissociação

$$\frac{\text{ato}}{\text{essência}};$$

uma visão do universo que admite a existência de graus de realidade hierarquizados favorecerá a argumentação por analogia; o empirismo favorecerá os argumentos baseados nos fatos apresentados como indiscutíveis, o racionalismo favorecerá a argumentação por meio de princípios, o nominalismo, o recurso ao caso particular. Mas o filósofo, não esqueçamos, se servirá, como cada um de nós, dos argumentos mais diversos, permitindo-se atribuir a alguns, em seu sistema – se tivesse de tomar posição a respeito deles – uma situação subordinada e até mesmo ignorá-los[16].

§ 98. A apreciação da força dos argumentos, fator de argumentação

A própria força dos argumentos pode ser utilizada, explícita ou implicitamente, pelo orador ou pelos ouvintes, como fator argumentativo. Daí a maior riqueza das interações que se deverá levar em conta.

A superestimação voluntária, pelo orador, da força dos argumentos por ele propostos tende, geralmente, a aumentá-la. Apresentar uma conclusão como mais certa do que é aos nossos próprios olhos significa comprometer a nossa pessoa, usar de seu prestígio, acrescentar desde então aos argumentos um argumento suplementar. Essa atitude é considerada por Bentham um estado médio entre a má-fé e a temeridade[17]. Decerto o orador pode estar convencido por outras razões, além daquelas que ele encontra em sua argumentação, e seus móbeis podem ser honoráveis. Mas ele deverá eventualmente prestar contas de sua atitude.

Um outro modo de superestimar consiste em estender os acordos particulares, obtidos durante a discussão, sem que o interlocutor tenha dado sua adesão explícita. Schopenhauer vê um artifício no fato de tratar a adesão aos exemplos como tendo acarretado o acordo acerca da generalização que deles deriva[18], ou ainda no fato de considerar aceita uma conclusão contestável[19].

De fato, em todo discurso que não se declara explicitamente retórico, superestima-se a força dos argumentos aventados. É o que ocorre em particular na argumentação quase-lógica que se faz passar por demonstrativa, ao passo que só o seria mediante premissas sobre as quais é possível uma contestação. E o artifício denunciado por Schopenhauer, que consiste em concluir sem haver obtido a adesão a todas as premissas[20], não é mais que a forma grosseira de um processo inexorável.

Uma técnica inversa, muito eficaz, será a de restringir o alcance de uma argumentação, de manter a conclusão aquém do que o autor podia esperar. Assim, Reinach, depois de um longa defesa em favor da autenticidade da tiara de Saitafernes, conclui na expectativa:

> Na hora atual, penso que nenhum arqueólogo tem o direito de ser absolutamente taxativo acerca da tiara. Deve pesar os prós e os contras, estudar... e esperar[21].

O leitor, tornado confiante por esse excesso de moderação, vai espontaneamente mais longe nas conclusões do que se o autor tivesse desejado conduzi-lo à força a ela.

Todas as técnicas de atenuação[22] dão uma impressão favorável de ponderação, de sinceridade, e concorrem para arredar da idéia de que a argumentação é um expediente, um artifício[23].

Certas figuras, como a *insinuação*[23], a *reticência*[24], a *lítotes*[26], a *diminuição*[27], o *eufemismo*, se reportam a essas técnicas de atenuação, na medida em que se espera vê-las interpretar como que a expressão de uma vontade de moderação; elas têm, sob esse aspecto, uma função comum, ainda que, em outros casos, suas funções possam ser muito diversas e essas figuras encontrem decerto sua origem em setores muito diferentes do pensamento e do comportamento.

Pode-se também atenuar as pretensões da argumentação recorrendo à hipótese. Assim, a analogia é muitas vezes apresentada como uma hipótese, o que parece moderado, mas seus efeitos parecem desde então conduzir, de modo coercivo, à conclusão[28].

As utopias apresentam o mesmo caráter de hipótese a partir da qual as conseqüências, entretanto, se desenvolveriam de uma forma inteiramente racional.

Tal como se pode aumentar a força dos argumentos agindo como se sua força fosse superior ao que teríamos motivos de acreditar, ou ainda moderando-lhes as pretensões, também se pode, por técnicas inversas, diminuir a força dos argumentos, em especial os do adversário. O próprio orador se expõe a isso com freqüência. Assim, a emoção exagerada, desproporcional ao assunto, ao objetivo visado ou à natureza dos argumentos, sugere pretensões que farão qualquer argumentação parecer fraca.

Pode-se também minimizar, de antemão ou retrospectivamente, o efeito de certos argumentos, atribuindo-o não ao valor próprio deles, mas a outros fatores inerentes à pessoa do orador. Tudo quanto se concede à pessoa será retirado de algumas de suas manifestações.

Essa técnica atua em diferentes níveis.

No do juízo, diminui-se o alcance de uma apreciação severa mencionando a severidade habitual de tal pessoa: não a consideramos mais um juiz objetivo, mas alguém cujo coeficiente de severidade deve ser esperado. Esse mesmo raciocínio permitirá, nem é preciso dizer, conceder mais importância ao menor elogio, à menor aprovação.

No nível do discurso, insistir-se-á nas qualidades do orador, no seu espírito, humor, talento, prestígio, poder de sugestão. Operar-se-á assim uma dissociação entre a força real, intrínseca, dos argumentos, e seu poder aparente, no qual se mescla o que se deve a eles e o que se deve a outros fatores. Essa dissociação corresponde a outras dissociações tendentes ao mesmo objetivo, aquela entre auditório universal, que escapa aos prestígios do orador, e auditórios particulares que os sofrem, aquela entre validade e eficácia. Vale lembrar o diálogo entre Hugo e Jessica em *Les mains sales de Sartre*, citado mais acima[29] e ao qual poderiam ser aplicadas essas três dissociações.

No nível da teoria da argumentação, por fim, negar-se-á às vezes qualquer força aos próprios argumentos, atribuindo o efeito deles a fatores inteiramente irracionais ou apenas à forma dos discursos[30].

Outro meio de diminuir a força dos argumentos será o de salientar-lhes o caráter genérico, previsto, fácil de encontrar, já ouvido.

Todos os mestres de retórica insistiram na vantagem da argumentação "própria para a causa", que não é um mero lugar-comum ao qual se poderia opor outro lugar-comum. Dirigindo-se a um sacerdote adúltero que, apoiando-se numa lei que lhe permitia indultar um condenado, queria aplicá-la a si mesmo, Quintiliano propõe esta réplica, que julga própria para a causa:

> "Não era um culpado que tu indultavas, mas dois, porquanto, por não estares implicado, é impossível matar tua cúmplice"; esse argumento é fornecido pela lei que veda matar a mulher adúltera sem seu cúmplice[31].

A característica do argumento próprio para a causa é que, ao contrário dos argumentos mais genéricos, que poderiam ter sido encontrados espontaneamente por qualquer um, sem o auxílio do orador, ele em geral acrescenta algo à nossa informação ou aos nossos hábitos de pensamento. Diríamos de bom grado que se trata, desenvolvendo-se sobre um fundo de argumentos genéricos não-explicitados, apenas de um argumento complementar, mas que não sofre a desvalorização peculiar a tudo o que, sendo aplicável a todos os casos, conhecido de todos, pode ser facilmente considerado expediente[32].

O argumento previsto é um argumento banal. É também um argumento que, conquanto se tenha tido conhecimento dele, não impediu a adoção da decisão que se defende[33]; daí a presunção de que sua força não era muito grande. Prever um argumento é, além disso, prova de competência. A previsão impede que, uma vez enunciado pelo adversário, esse argumento diminua a confiança que se tem no orador; este não poderá ser confundido; seus juízos não deverão ser revisados; em suma, o argumento previsto, produza-se ele em seguida efetivamente ou não, perdeu seu poder crítico. Acrescentemos que as razões pelas quais um argumento é previsível contribuem freqüentemente para sua desvalorização; é decerto por ser banal que ele pode ser considerado um expediente, mas talvez seja também por se relacionar com a pessoa do adversário, com seus preconceitos bem conhecidos, com o que se sabe de seu caráter. Os danos da previsão se prendem, de outro lado, aos discursos cuja conclusão, conhecida de antemão, não dá nenhum espaço à liberdade do orador; daí certas dificuldades particulares ao sermão, ao discurso epidíctico em geral[34].

Um argumento também pode perder um tanto de sua força não porque foi previsto em sua singularidade concreta, mas pura e simplesmente porque se pôde mostrar, qualificando-o com um termo técnico, que ele entra na categoria dos raciocínios aventurosos, previstos e classificados pelos teóricos[35]. O auditório, mais bem informado, tornado capaz de reconhecer a banalidade do argumento, seu caráter de expediente, modificará retrospectivamente a apreciação de sua força. Por outro lado, aquele que o ataca terá atestado utilmente sua competência.

As vantagens que se reconhecem ao argumento próprio para a causa e ao argumento imprevisto formam por certo grande parte da força que se vincula à reprodução de um argumento do adversário, para dele tirar uma conclusão diferente, e mesmo contrária àquela lhe era vinculada. Assim é que Bossuet, em seu sermão sobre a esmola, mostra longamente que o grande número de filhos, longe de constituir obstáculo ao exercício da caridade, como se podia sustentar, devia ao contrário favorecê-lo. Repete, notadamente, uma exortação de São Cipriano:

> "Mas tendes vários filhos e uma família numerosa..." É isso que vos impõe a obrigação de uma caridade mais abundante, pois tendes mais pessoas pelas quais deveis apaziguar Deus...
>
> Portanto, se amais vossos filhos, se abris sobre as suas necessidades a fonte de uma caridade e de uma doçura verdadeiramente paterna, recomendai-os a Deus por vossas boas obras...
>
> Vós que dais o exemplo a vossos filhos de conservar antes o patrimônio da terra do que o do céu, sois duplamente criminoso, tanto por não granjeardes para vossos filhos a proteção de tal Pai, quanto por lhes ensinardes mais a amar a seu patrimônio ao que o próprio Jesus Cristo...[36]

Toda refutação – seja ela a de uma tese aceita, de um argumento do adversário, de um argumento não expresso, de uma objeção a um argumento – implica a atribuição, ao que é refutado, de certa força que convenha à aplicação útil de nosso esforço: consideraremos o que combatemos elevado o bastante para tornar a refutação importante, digna de ser levada em consideração, e isso não só com um objetivo de prestígio, mas também a fim de atrair melhor a atenção do auditório, de assegurar aos argumentos empregados uma certa força para o futuro; e o consideraremos baixo o bastante para tornar a refutação suficiente.

Essa avaliação da força do que se combate pode ser enunciada mais ou menos explicitamente, ou ser inferida da maneira pela qual o tratamos, até mesmo pela forma como reproduzimos tal argumento do adversário. Por vezes, valer-nos-emos, para descrever o poder de certas afirmações do adversário, do comportamento dele, de sua segurança ou falta de segurança.

Tal comportamento poderá ser utilizado igualmente para dele inferir a força de nossos próprios argumentos: será a cólera de um adversário que se vê acuado na discussão, o fato de que ele utiliza diversões, questiona em vez de responder[37]. Fazer alusão a essas reações será uma maneira de salientar e com isso aumentar a força dos argumentos que as provocaram.

Tais reações poderão aliás esclarecer o orador, permitir-lhe prosseguir a argumentação no terreno em que o adversário demonstra ter sido abalado, e isso mesmo quando o orador ignora exatamente o que tocou tão profundamente seu interlocutor. Pois a eficácia de seu próprio discurso poderá surpreender o orador e influenciar-lhe a argumentação subseqüente. Montaigne, e Pascal depois, enfatizaram a surpresa, o incentivo que a reação do auditório pode causar; e o meio que há, em contrapartida, de fazer o orador duvidar de seus próprios argumentos:

> Outrora empreguei, premido pela necessidade e tumulto da luta, réplicas que foram muito mais eficazes do que meu desígnio e minha esperança: dava-as apenas como quantidade, recebiam-nas como peso[38].
>
> ... não dêem ao que ele diz a estima que seu valor merece: veremos o mais das vezes que o farão desmentir-se na mesma hora, e que o afastarão para bem longe desse pensamento melhor do que ele crê, para lançá-lo num outro deveras baixo e ridículo[39].

§ 99. A interação por convergência

O cálculo das probabilidades elaborou técnicas muito precisas para determinar a probabilidade de uma conclusão fundamentada em várias premissas cuja probabilidade é fixada e cujas relações são dadas e, reciprocamente, para avaliar a probabilidade dessas premissas a partir de uma conclusão observada. Mas a interação entre argumentos só muito raramente pode ser tratada dessa maneira, pois, a não ser que estejam inseridos num sistema, eles jamais oferecem a precisão e a univocidade indispensáveis. Ninguém ignora, porém, que existem interações entre argumentos. Uma das mais importantes deriva daquilo que, de um modo geral, chamaremos *convergência*.

Se vários argumentos distintos redundarem numa mesma conclusão, seja ela geral ou parcial, definitiva ou provisória, o valor conferido à conclusão e a cada argumento será com isso acrescido, pois parece pouco verossímil que vários raciocínios inteiramente errôneos conduzam a um mesmo resultado. Essa interação entre argumentos isolados convergentes pode resultar de sua simples enumeração, de sua exposição sistematizada, ou ainda de um "argumento de convergência" explicitamente alegado.

A força desse argumento não é, praticamente, jamais ignorada. Por certo algumas discussões teóricas versarão sobre o ponto de saber em que medida a convergência basta, por si só, para ocasionar a persuasão[40], em que medida o acréscimo de verossimilhança exige uma probabilidade inicial mínima, mas trata-se então dos fundamentos do argumento de convergência e não de sua utilização nos debates.

A própria convergência é, todavia, uma afirmação que sempre pode, num sistema não-formal, ser contestada, pois depende da interpretação dada aos argumentos: a identidade das conclusões destes jamais é absoluta, porquanto estas formam um todo com os argumentos e adquirem seu significado da maneira pela qual se chega a elas[41].

Por vezes, entretanto, a convergência é verificável experimentalmente, é a *consiliência* de Whewell, a qual constitui, segundo ele, o fundamento mais sólido do raciocínio indutivo. O exemplo mais notável de consiliência é a determinação, através de métodos diferentes, do número de Avogadro.

É também a base experimental que caracteriza a noção de *congruência* que amiúde é oposta à simples coerência: quando quatro jogadores de baralho recebem sucessivamente, no início de um jogo, o ás, o rei, a dama e o valete de copas, a probabilidade de que o baralho nunca foi embaralhado ou que foi arrumado de novo antes da distribuição, muito fraca para cada um dos jogadores, aumenta pelo cotejo de suas observações[42]. Da mesma forma, se algumas testemunhas, individualmente pouco dignas de fé, depõem, sem entendimento prévio, de um modo concordante, o valor de cada um desses testemunhos ficará com isso reforçado. Assim também, a concordância de opiniões entre um grande número de pessoas pode reforçar as opiniões individuais.

A convergência entre argumentos perderá eventualmente seu peso se o resultado do raciocínio provocar, por outras vias, uma incompatibilidade que o torne inaceitável. E isso nos leva a salientar um novo tipo de convergência. É aquela que se pode constatar entre um conjunto conhecido, crença religiosa, sistema científico ou filosófico, e um argumento que o vem confirmar: fato novo que corrobora um sistema científico, interpretação de um texto particular que corrobora um sistema jurídico, uma concepção de valores.

A afirmação de semelhante convergência não tem necessariamente um efeito favorável sobre a adesão ao sistema e sobre os novos argumentos alegados. Às vezes considerar-se-á a convergência irrelevante porque o ouvinte não concede ao sistema em questão a mesma importância que o orador ou porque essa convergência é considerada desprovida de sentido. Para quem recusa a relação entre ciência e ideologia, pouco importa que as teorias científicas de Lysenko sejam mais ou menos conformes ao materialismo dialético[43]. O problema do significado da convergência surgirá todas as vezes que se quiser relacionar áreas consideradas isoladas uma da outra e entre as quais, antes de poder falar de convergência, será preciso remover as barreiras. Sem dúvida, no limite, é com o *corpus* inteiro do saber, das crenças, que a argumentação tenderá a ser convergente, mas trata-se então de uma convergência difusa, que não poderia ser explicitamente alegada; a noção de convergência assim ampliada se confunde com a exigência geral formulada acima, a saber, que se deve levar em conta, para dar força plena a um argumento, tudo o que o auditório admite.

A convergência também pode provocar a desconfiança: recear-se-á que os novos elementos hajam sido arranjados tendo em vista essa convergência. Plebiscitos ou eleições demasiado favoráveis às teses ou aos candidatos do governo raramente foram considerados a expressão sincera da opinião dos votantes. E não levaram muito a sério a argumentação de Chasles, em defesa da autenticidade dos autógrafos, por ele apresentada à Academia de Ciências de Paris, mostrando que uma peça sustentava a outra[44]. Era fácil demais responder que as peças antigas e novas levadas ao debate eram todas fabricadas com o intuito de formar um conjunto coerente. Pode ocorrer, aliás, que a convergência entre argumentos, como aquela entre argumentos e um conjunto doutrinal, só seja percebida quando cada elemento tomou seu lugar num complexo: a desconfiança, que não atingia certos discursos isolados, os atingirá a partir do momento em que forem inseridos num conjunto demasiado coerente. Percebe-se claramente esse fenômeno nas reações do público ante certas propagandas políticas.

A desconfiança para com a coerência excessiva faz com que certo grau de incoerência seja tomado como indício de sinceridade e de seriedade. Tendo perguntado a uma série de sujeitos qual era a maior virtude e qual o maior vício, M.-L. Silberer constata com satisfação que as duas respostas raramente são o inverso uma da outra e vê nisso a prova de que suas perguntas foram levadas a sério[45].

A força persuasiva da convergência pode, pois, ser modificada graças a uma reflexão sobre essa mesma convergência. Já não se trata aqui da interação entre argumentos situados num mesmo plano, mas entre argumentos estreitamente dependentes um do outro, sendo os primeiros o objeto nos quais se baseiam os segundos. Medita-se notadamente sobre as relações entre conclusão e argumentos, indaga-se em que medida estes são influenciados por aquela.

Sabe-se que a maioria dos homens admite com maior boa vontade as teses que lhes agradam[46]. Mas essa tendência da mente humana ao "wishful thinking" pode ser levada em conta e assim será diminuída a força dos argumentos que redundam em teorias ou previsões demasiado conformes aos desejos. Muito mais. Mostrar-se-á que um juízo, por causa de sua própria ação, tende a modificar o que descreve: o derrotista, em tempo de guerra, é aquele que não só prevê a derrota porque ela não lhe repugna o suficiente, mas também aquele que, pela afirmação desse temor, contribui para a derrota. Pretende-se, com a acusação de derrotismo, obrigá-lo a tomar consciência, tanto das origens turvas de seu juízo quanto das conseqüências que dele poderiam resultar.

§ 100. A amplitude da argumentação

De duas demonstrações, ambas coercivas, partindo das mesmas premissas para chegar às mesmas conclusões, a mais curta quase sempre parecerá a mais elegante; produzindo os mesmo efeitos, acarretando o mesmo grau de convicção, sendo igualmente satisfatória e completa, sua brevidade só apresenta vantagens. Não se dá o mesmo no caso da argumentação: a amplitude desta desempenha um papel que manifesta de modo flagrante a diferença entre demonstração e argumentação.

Nesta última, a não ser que ela se desenvolva no interior de um contexto previamente dado, as premissas sempre podem ser utilmente esteadas ao serem tornadas solidárias de outras teses aceitas. Da mesma forma, no que se refere às conclusões, salvo quando o ponto que deve ser julgado está bem determinado, podemos torná-las solidárias de algumas de suas conseqüências, o que permite prolongar a argumentação, transpondo o objeto do debate.

Se os pontos de partida e o final de uma argumentação não são estritamente circunscritos, os elos intermediários são muito mais indeterminados ainda. Numa demonstração rigorosa, deve-se indicar apenas os elos indispensáveis ao desenvolvimento da prova, mas deve-se indicar todos eles. Numa argumentação, não há limite absoluto para a acumulação útil dos argumentos, sendo permitido não enunciar todas as premissas indispensáveis ao raciocínio.

As vantagens oferecidas pela acumulação dos argumentos são de dois tipos: devem-se elas, de um lado, às relações entre argumentos, de outro, à diversidade dos auditórios.

Vimos que alguns argumentos variados, que redundam numa mesma conclusão, se reforçam mutuamente[47]. A busca da convergência entre argumentos estimulará, pois, o aumento da amplitude da argumentação. Ocorre o mesmo com todo esforço para integrar os argumentos numa rede mais completa, com conexões mais variadas, uma rede mais bem especificada, mais abrigada das objeções possíveis. Essa extensão da argumentação não passa de uma nova forma do esforço para assegurar-se de premissas mais firmes.

Um caso de extensão merece atenção especial: é o dos argumentos introduzidos como complementares de argumentos anteriores, dos quais dependem portanto estreitamente. Toda dissociação do tipo

$$\frac{\text{aparência}}{\text{realidade}}$$

pode ser utilmente completada, como vimos, por uma explicação da diferença entre termos I e II[48]. O papel atribuído aos *ídolos* por Bacon, à imaginação e às paixões na filosofia racionalista, aos preconceitos na filosofia das luzes, aos hábitos e ao recalque na psicologia moderna, é concebido como complementar de uma dissociação prévia e dos critérios propostos para conhecer a realidade. Não nos limitaremos a explicar a possibilidade do erro por esses fatores de perturbação; tentaremos também combatê-los. É no uso desses argumentos complementares que Fénelon pensa quando descreve a técnica do orador hábil e experiente:

> ou ele remonta aos princípio dos quais dependem verdades de que quer persuadir; ou trata de curar as paixões, que impedem essas verdades de causar impressão[49].

Dado que a argumentação positiva não é coerciva, a argumentação negativa, que desvela e arreda os obstáculos que se opõem à eficácia da primeira, se revela eminentemente útil. Há que notar que as paixões, enquanto obstáculo, não devem ser confundidas com as paixões que servem de apoio a uma argumentação positiva e que habitualmente serão qualificadas por meio de um termo menos pejorativo, como valor, por exemplo.

A argumentação complementar, por explicar o atrativo da aparência, do mal ou do erro, pode dar azo, com a argumentação positiva, a um argumento de convergência que Pascal não deixa de usar em sua apologia do Cristianismo:

> ... que vantagem podem eles tirar quando, na negligência de buscar a verdade, em que declaram estar, bradam que nada a mostra a eles, pois que essa escuridão em que se encontram, e que objetam à Igreja, apenas estabelece uma das coisas que ela sustenta, sem tocar na outra, e estabelece sua doutrina, em vez de arruiná-la[50].

Encontrar-se na escuridão só pode reforçar a adesão à doutrina da Igreja, porquanto ela dá lugar a esse estado e o prevê expressamente.

A argumentação negativa, tendente a mostrar por que o auditório não reagiu como deveria aos acontecimentos ou aos discursos, acabará muitas vezes pondo a nu, para combatê-los, argumentos explícitos ou implícitos, que se supõe terem influenciado esse auditório[51]. Mostrar-se-á às vezes que o ouvinte obedece a razões que ele próprio desconhece, ou que não ousaria confessar. Isso dá à amplitude da argumentação um novo aspecto: não se contenta em combater a imaginação, as paixões, como tais; desenvolvem-se os argumentos que conseguiram seduzir, que são tornados responsáveis pela atitude tomada. A questão então é saber quais são os argumentos que há interesse em pôr em evidência, que o auditório reconhecerá como seus e que no entanto, uma vez descobertos, serão facilmente rebatidos.

Com muita freqüência, enfim, uma conseqüência depende de certo número de condições, sendo possível examiná-las sucessivamente a fim de decidir se, sim ou não, estavam presentes. Em lógica, a prova da falsidade de uma única premissa dispensa o exame das outras; mas, na argumentação, essa prova jamais é coerciva e o exame crítico das outras condições raramente é supérfluo. Só quando se dispõe de um argumento que parece dificilmente refutável é que é vantajoso dar-lhe muita ênfase, condensar a argumentação.

Um exemplo eminente de crítica sucessiva é, no tribunal, a defesa dupla, de direito e de fato[52]. Poderíamos aproximar dela muitas argumentações em outras áreas. Quando Berkeley faz Philonous dizer:

> As inovações em matéria de governo e de religião são perigosas e cumpre desestimulá-las, confesso-o francamente. Mas existirá uma razão análoga para desestimulá-las em filosofia?

e mais adiante:

> Mas não é minha função advogar pelas novidades e pelos paradoxos... É contra essas inovações e as outras análogas que tento defender o senso comum[53].

o que é, senão uma defesa dupla, uma referente à regra (o direito), a outra à sua aplicação (o fato)?

Os dois argumentos não são somente argumentos sobressalentes para auditórios recalcitrantes; eles interagem no sentido de que cada um será aceito com mais facilidade, porque se supõe que o orador, não estando na necessidade absoluta de valer-se deles, concede-lhes um valor real.

A diversidade dos auditórios basta, porém, para justificar a acumulação de argumentos, independentemente de qualquer interação entre eles; e isso mesmo quando o orador se dirige a um único ouvinte[54].

> Se tivéssemos de lidar apenas com um Juiz, talvez não fosse necessário senão uma espécie de argumento. A diversidade das Mentes requer provas de vários tipos. *Pego primeiro meu Adversário pela garganta*, diz um Orador em Plínio (Régulo, Plin, Ep. 20). *E eu*, diz Plínio, *que não sei onde está essa garganta, dirijo meus golpes a toda parte para encontrá-la*[55].

Tudo isto explica bastante bem que se encontrem, nos discursos, argumentos que parecem incompatíveis e no entanto não são, porque se aplicam a situações diferentes ou a auditórios diferentes. Nogaro, em sua crítica da teoria quantitativa da moeda, não hesita em escrever, em duas frases sucessivas, que os teóricos dedutivos preferem ignorar os fatos que infirmariam suas teorias e

> é muito raro que eles não encontrem em sua própria teoria os argumentos necessários para arredar a contradição que os fatos pretenderiam trazer-lhes[56].

Em seu sermão sobre a prédica evangélica, Bossuet nos apresenta o Evangelho como, ao mesmo tempo, uma ordem e um conselho:

> Os pregadores do Evangelho fazem a lei de Deus aparecer nos púlpitos com essas duas augustas qualidades: na qualidade de mando, na medida em que é necessária e indispensável; e na qualidade de conselho, na medida em que é útil e vantajosa[57].

O cômico da argumentação apoderou-se, aliás, dos efeitos estranhos que pode produzir a acumulação de razões diversas:

> Não brigue com uma pessoa enraivecida, mas responda gentilmente. A Santa Escritura o ordena e, além do mais, isso deixa a pessoa mais furiosa do que qualquer outra coisa que você poderia fazer[58].

Os diversos argumentos podem parecer, não incompatíveis, mas simplesmente supérfluos, porque o fato de admitir um deles tornaria os outros inúteis. É o caso dos dois argumentos sucessivos empregados por W. Churchill durante um debate parlamentar em 1939, concernente ao orçamento militar da Grã-Bretanha:

> Os partidos ou os políticos devem antes aceitar ser derrubados do que pôr a vida da nação em perigo. Além do mais, não existe exemplo em nossa história de que um governo tenha visto o Parlamento e a opinião pública lhe recusarem as medidas de defesa necessárias[59].

Esse caráter supérfluo ficará ao mesmo tempo mais claro e menos surpreendente quando os argumentos limitam-se a repetir-se. Isso porque a amplitude argumentativa pode resultar não do emprego de argumentos diferentes que se sustentam, se completam, se dirigem a auditórios variados, mas da simples reprodução, mais ou menos fiel, dos mesmo argumentos. Tal insistência tem o objetivo de dar presença aos argumentos. Encontramos aqui certas figuras como a repetição e a amplificação[60].

Além de ser plenamente justificada na argumentação, cumpre salientar que a superfluidade geralmente só é percebida se analisarmos os argumentos de uma certa maneira; pois a distinção entre argumentos não é um dado. Ela pode, em certos casos, ser fixada pela tradição, tal como a defesa de fato e de direito. Pode também resultar da apresentação do discurso. Assim, a divisão, no sentido de anúncio dos argumentos, ao acentuar os planos de argumentação, sublinhará que há acúmulo de argumentos. Em contrapartida, esse acúmulo fica muito menos acentuado quando o orador não isola suas razões umas das outras. Às vezes elas tenderão a confundir-se numa argumentação única, *a fortiori*, como na seguinte passagem:

> Vós julgareis se, em semelhante momento, convém, como homens de Estado, que anunciemos nossa própria fraqueza e incapacidade para continuar a luta, declaremos que estamos prontos para negociar imediatamente, sem sequer saber quem deve receber a declaração[61].

Todos os fatores que levam a alongar indefinidamente uma argumentação são, porém, postos em xeque, tanto para a fala como para a escrita, por certas considerações sociais e psicológicas. Alguns limites, temporais ou espaciais, são impostos por regras de procedimento às vezes muito estritas[62], ou de compostura, e sobretudo pela atenção que o auditório pode e quer conceder ao orador.

A amplitude do discurso depende também do número de oradores que tomam parte no debate, de uma eventual distribuição de seus papéis, da ocasião que cada qual terá de prosseguir a argumentação, seja para fornecer novos argumentos, seja para repetir ou desenvolver os argumentos já enunciados.

Ela dependerá, enfim, do gênero do discurso e das funções que se atribuem ao auditório: consideram-no parte de um auditório universal e renunciam a todos os argumentos que não teriam ação sobre ele? Querem persuadir os membros de um auditório particular e apóiam-se em suas particularidades? Vão apresentar todos os argumentos que julgam relevantes ao debate, porque podem ter alguma influência sobre seu desfecho, ou se propõem unicamente a desenvolver o que seria favorável a determinado ponto de vista, criticando o que se lhe poderia opor? Conforme se tratar de deliberação íntima ou pública, de arrazoado ou de discurso epidíctico, a amplitude se situará num âmbito diferente.

Compreende-se, ante a profusão dos fatores que devem ser levados em consideração, que Pródico, ficando imparcial ante os partidários do discurso longo e do discurso breve, tenha proclamado que a única regra válida é a de que o discurso seja conforme a uma medida justa[63]. A medida justa deve ser recomendada para não cansar o auditório, mas também porque o uso de certos argumentos, isolados ou em conjunção com outros, não deixa de ter inconvenientes. Pode ser até que a medida justa consista em calar-se.

§ 101. Os perigos da amplitude

Para bem avaliar os perigos da amplitude, conviria considerar, de um lado, a argumentação que fornece as razões para acreditar no que já se admite e, de outro, aquela que tende a solicitar nossa adesão; em outros termos, distinguir aquela que concerne às premissas e aos esquemas argumentativos, daquela que concerne a uma tese com a função de conclusão.

Acerca do primeiro caso, cabe lembrar que toda argumentação é o indício de uma dúvida, pois supõe que convém precisar ou reforçar o acordo sobre uma opinião determinada, que não estaria suficientemente clara ou não se imporia com força suficiente. A dúvida levantada pelo simples fato de argumentar a favor de uma tese será tanto maior quanto mais fracos parecerem os argumentos utilizados, pois a tese parecerá depender desses argumentos. O perigo reside, pois, tanto na simples adjunção de provas como na qualidade destas. Assim, salvo quando se trate de uma técnica científica ou profissional reconhecida, a indicação da fonte de uma informação deixa pairar certa dúvida sobre esta, seja porque isso implica que o orador não se responsabiliza por ela, seja simplesmente porque isso desperta o espírito crítico. Em contrapartida, ao apresentar uma notícia como um fato, sem mais, deixa-se crer que não pode haver a menor dúvida a seu respeito, que nem sequer se pensa dever justificá-lo; ademais, a indicação da fonte será tanto mais perigosa quanto menor for o seu prestígio. Assim também, a quem acredita dispor de uma autoridade indiscutível repugna expor os motivos de seus decretos. E significa ter maior confiança na perfeição divina pretender que tudo o que Deus faz é bom do que fornecer provas de sua bondade. Assim como uma prova coerciva torna supérflua qualquer prova ulterior, uma verdade evidente torna supérflua qualquer prova em geral.

Napoleão temia que os longos preâmbulos às leis lhes prejudicassem a autoridade. Bentham já havia notado que a invocação de um motivo pode resultar na rejeição de uma proposição e que os adversários de uma moção têm a oportunidade de torpedeá-la acrescentando ao seu teor uma motivação inaceitável. Descreve longamente como um projeto, que reduzia o imposto sobre o sabão, foi descartado por causa de considerandos destinados a desagradar, e mostra o efeito que teria certa motivação sobre um projeto que abolia as leis penais relativas à blasfêmia:

> "Considerando que não há Deus, todas as leis penais relativas à natureza da divindade estão abolidas". Mesmo se todos os membros da assembléia fossem unânimes quanto à abolição dessas leis penais, talvez não se encontrasse nem um que não ficasse revoltado com essa declaração de ateísmo, e eles prefeririam rejeitar a medida por inteiro a obtê-la por esse preço[64].

Quando a argumentação se mostra indispensável porque, estando a questão sujeita a controvérsia, nenhuma das teses em presença usufrui um acordo suficiente, poder-se-ia crer que todo argumento cujo valor não é nulo seria lançado com vantagem no debate. Não é o que ocorre porém. Há, ninguém ignora, perigo em usar certos argumentos, e isso, essencialmente, por causa da interação entre todos os argumentos em questão.

Aqueles que são utilizados contribuem para a idéia que os ouvintes fazem do orador e, por intermédio dessa idéia, podem afetar o conjunto do discurso. Se formulado, um argumento fraco, facilmente refutável, prejudica o prestígio de quem se compromete, com isso, a defendê-lo contra as eventuais objeções.

De outro lado, todo argumento, por sua presença, chama a atenção do auditório sobre certos fatos, o introduz à força em certas áreas em que talvez ele não houvesse pensado antes e, desse modo, suscita objeções contra o que talvez já estivesse adquirido pelo orador:

> Falar a um indivíduo de uma coisa, quer para dizer bem, quer para dizer mal, pode dispor esse indivíduo, se ainda não o estiver, a ocupar-se dessa coisa, ou aumentar essa disposição, se já a tiver[65].

O mesmo mecanismo da presença intervém quando se repete, para refutá-la, uma afirmação do adversário: a maioria dos oradores prefere, por essa razão, passar sob silêncio uma objeção à qual só poderia opor uma fraca refutação. No curso de experiências sobre a mudança de atitudes provocada pelo discurso, oral ou escrito, constatou-se que a opinião dos ouvintes às vezes era realmente modificada por ele, mas num sentido oposto ao desejado[66]. Decerto é porque o discurso fizera entrar no campo da atenção elementos pelos quais os ouvintes até então estavam completamente desinteressados. Ademais, cada argumento convida a uma apreciação de sua força, e essas tentativas repetidas de refutação mental, ainda que sejam bem-sucedidas algumas vezes, podem degenerar num negativismo sistemático cuja influência não se deve ignorar, mesmo na deliberação íntima.

Enfim, os novos argumentos introduzidos num debate podem parecer incompatíveis, quer com as asserções do orador, o que o torna ridículo ou faz duvidar de sua sinceridade, quer com teses já admitidas pelo auditório, o que, se der algum crédito a esses novos argumentos, o deixa na penosa situação de ter por sua vez de procurar ajustes para essa incompatibilidade.

Esse inconveniente se prende também ao caso em que os argumentos são emitidos apenas a título de hipótese. Assim, à primeira vista, nada se opõe a que se apresente uma multiplicidade de hipóteses para explicar um acontecimento, mesmo que elas sejam incompatíveis, pois parece que a acumulação delas não tem outro efeito senão tornar o acontecimento mais verossímil. E no entanto desqualificarão amiúde o adversário sugerindo que as novas hipóteses são prova de que ele não tinha grande confiança em seus argumentos anteriores. O estudante Huber, defensor dos "iconolitos" de Würzburg, zomba de um de seus censores que

> passa da hipótese de um capricho da natureza à de vestígios pagãos, e desta à idéia de uma impostura...[67]

O perigo será tanto maior quanto mais essenciais parecerem os pontos sobre os quais incide a incompatibilidade. Hipóteses vizinhas, se nos colocamos numa perspectiva muito geral, podem confundir-se num argumento único. Daí a ocasião de uma nova argumentação referente ao fato de saber se, sim ou não, alguns argumentos devem ser encarados como um único argumento, com pequenas variações.

A incompatibilidade ficará manifesta sobretudo se se tratar de afirmações de fato. O ridículo que atinge então o orador se revela em muitas histórias divertidas, relativas ao cômico da argumentação, tal como a defesa da dona de casa, acusada de não querer devolver um pote: "Este pote, primeiro nunca o vi; depois, não o tomei emprestado; além do mais, já o devolvi e, de resto, estava trincado." Vê-se aqui, claramente, os danos da acumulação, pois, tomados dois a dois, vários desses argumentos não seriam inconciliáveis.

O ouvinte considerará as incompatibilidades no âmbito estrito de um ponto particular em discussão? Serão consideradas num âmbito mais extenso? Ao juiz, por exemplo, cabe decidir se tal posição adotada por um jurista, numa obra doutrinal, lhe poderá ser imputada quando, atuando como advogado, desenvolve argumentos incompatíveis com ela.

O perigo se estende ao uso de uma noção, numa mesma obra, sob aspectos múltiplos? Lefebvre utilizará a referência aos "primitivos", ora para desqualificar o idealismo no qual se encontram traços de pensamento antigo, ora para desqualificar as teorias de Comte, mostrando que o pensamento primitivo contém elementos superiores aos do pensamento posterior[68]. Cada argumento tem suas qualidades. Cabe ao leitor decidir se os aceitará, cada um em seu lugar, se ele próprio arranjará a incompatibilidade ou se criticará o autor por ela.

O perigo dos argumentos supérfluos, e mormente incompatíveis, determina muitas vezes a renúncia a certos argumentos. Renuncia-se por causa de outros elementos do discurso, mas também por causa das opiniões professadas pelo auditório, seja pelo auditório particular a que se dirige, seja por um auditório de que o próprio orador faz parte. Os defensores de Rutílio teriam renunciado – para sua perda – ao uso de argumentos que não convinham a estóicos[69]. A atitude de Sócrates, recusando-se a implorar a indulgência dos seus juízes, é um dos mais célebres casos de renúncia.

Em geral, quem se preocupa com a adesão do auditório universal renunciará, mesmo perante um auditório particular, a argumentos inadmissíveis para esse auditório universal, tal como ele o imagina; julgará quase imoral recorrer à argumentação que, a seus próprios olhos, não seria racional.

Por outro lado, geralmente é uma atitude inábil contrariar ou simplesmente chocar um auditório particular. Mais vale renunciar, por exemplo, a citar de enfiada, perante um auditório cristão – como já foi feito –, os profetas, Jesus, Spinoza e Marx, como ilustração da tendência universalista do povo judaico. Cícero dava uma série de conselhos relativos ao que convinha evitar: fazer elogios exagerados que despertam a inveja, exaltar-se contra uma pessoa estimada pelos juízes, censurar a alguém defeitos que os juízes possuem, parecer, ao advogar por alguém, advogar por si próprio[70].

Independentemente de qualquer incompatibilidade entre eles ou com as opiniões do auditório, um magote de argumentos faz crer que não se tem confiança suficiente em nenhum deles. Na refutação, o emprego aparatoso de argumentos é com freqüência mais perigoso ainda: ele faz crer que uma mera observação do adversário era amplamente justificada, uma vez que nada pode ser negligenciado para combatê-la[71].

Ademais, dado que se supõe que o orador conhece os perigos dos argumentos fracos, capazes de prejudicar-lhe o prestígio, o emprego deles introduz uma grave presunção: a de que não tem melhores à sua disposição, até mesmo que não existem outros[72]. Assim, ao enunciar argumentos fracos, o orador pode destruir, sem sequer pensar nisso, outros argumentos mais fortes, que teriam vindo espontaneamente à mente do ouvinte. O silêncio poderá desempenhar o mesmo papel que o argumento fraco, fazer crer que não há argumentos úteis. O argumento canhestro e o silêncio podem, assim, ser causas semelhantes de uma mesma derrota. Cumpre notar a esse respeito que, em tudo isso, o ouvinte supõe que o orador conhece as técnicas argumentativas e as utiliza com conhecimento de causa. De fato, é normal, mesmo acerca de uma pessoa que não é tida como particularmente hábil, argumentar citando seus conhecimentos: ouvir-se-á, por exemplo, B pretender que A não tinha, desde o início de uma controvérsia, determinada interpretação de um texto que teria sido decisiva a seu favor, senão A não teria produzido os argumentos fracos que alegou a favor de sua tese.

Perigoso também será todo argumento que permite uma réplica fácil; no final das contas ele redundará em proveito daquele que não o introduziu no debate[73]. Ou ainda, mais simplesmente, o argumento que pode ocasionar no ouvinte uma interpretação desfavorável. Tal folheto em favor de uma nova vacina, se insistir na dificuldade da descoberta, nas ilusões e nos fracassos anteriores, poderá sugerir a idéia de que, dessa vez ainda, a confiança seria infundada.

Outros argumentos são, com toda evidência, utilizáveis por todas as partes, como a afirmação:

> É porque minha causa é boa, juízes, que fui breve[74].

O perigo de tal argumento não é tanto que o adversário empregue um semelhante – geralmente se absteria ciosamente de fazê-lo –, mas ser qualificado de expediente[75].

Entre os problemas vinculados aos perigos da amplitude, cumpre dar um lugar especial à diversão, deslocamento da discussão para outro objeto julgado irrelevante[76]. Seria um procedimento perigoso e que partilha todos os inconvenientes do argumento fraco, se houvesse porém acordo sobre esse aspecto irrelevante. Mas isso quase nunca acontece. A acusação de diversão e a de sofisma se parecem por suporem uma argumentação cientemente irrelevante ou falaciosa. Ora, a acusação só se sustenta na medida em que a argumentação se afasta de um modo apreciável do que é usual. Seria teoricamente possível, de fato, negar qualquer valor real argumentativo a certas partes do discurso, tais como o exórdio ou a peroração, e tratá-los como diversão. A regra de justiça é que permite formar uma opinião sobre essa matéria.

O que se qualifica de diversão consiste amiúde em basear a discussão em pontos secundários, nos quais a defesa é cômoda, o triunfo fácil. Um caso mais caracterizado consiste em introduzir no debate elementos e distinções que depois ficarão inutilizados; introduzidas talvez por precaução, tais distinções são perigosas porque se tirará facilmente de seu não-emprego uma confissão implícita de seu caráter irrelevante.

Quando o tempo de que se dispõe é limitado, a diversão pode não ter outro objetivo senão esquivar os pontos delicados. O estudante ignorante e hábil pratica comumente essa técnica nos exames. Na controvérsia, semelhante diversão visa impedir a discussão, não é mais que uma sabotagem das condições prévias a esta. No limite, teremos o *filibuster* [obstrução], no qual não subsiste nenhum desejo de dissimular o alcance das intervenções. O perigo de muitas argumentações desenvolvidas demais seria fazer pensar no *filibuster*.

A diversão se presta à caricatura. Grande número de anedotas provém da comicidade da diversão:

> O marido que chega de madrugada é recebido pela mulher, que brande um taco de golfe. "Como, pergunta ele, vai jogar golfe a esta hora?"

A observação não deixa de estar relacionada com a situação, mas resulta de uma reinterpretação dela: transpõe a discussão para um novo terreno, proporciona a quem a utiliza certo prestígio, faz ganhar tempo, em suma, presta, comicamente, os serviços que habitualmente se requer da diversão.

§ 102. Os paliativos para os perigos da amplitude

Para paliar os perigos que acabamos de apontar, podem-se utilizar todos os procedimentos destinados a evitar ou tornar mais difícil a refutação.

Se se trata de proteger a pessoa do orador contra o efeito negativo que certos argumentos produzirão, declarar-se-á que eles foram sugeridos, até mesmo impostos ao orador. Assim é que Demóstenes mostra que as circunstâncias ou a atitude de seu adversário o obrigam a fazer seu autoelogio[77], a afastar-se do assunto[78], ou a utilizar um gênero de argumentos que lhe desagrada[79].

Quando um orador se dá conta de que o conjunto dos argumentos concernentes a uma tese contém incompatibilidades tais que aquele que expusesse sucessivamente esses argumentos seria tachado de incoerência, opera normalmente uma escolha entre eles. Mas se não quiser resolver-se a isso, usará de diversos meios para assegurar a coerência: fará os argumentos serem apresentados por várias personagens – como no diálogo, na peça de teatro, no romance. Ou então apresentará as diversas opiniões, atribuindo-as a autores diferentes: os pseudônimos sob os quais Kierkegaard escreveu representam a maior dissociação à qual pode levar o desejo de incluir todas as alternativas, de nada sacrificar dos argumentos incompatíveis[80].

De um modo geral, para evitar os efeitos negativos de argumentos incompatíveis, o orador deverá introduzir uma argumentação complementar, que salientará a incompatibilidade aparente entre os diversos argumentos enunciados ou entre estes e as crenças do auditório, e que se empenhará em prevenir-lhes os inconvenientes. Explicará as mudanças de ponto de vista, apresentará as hipóteses como sucessivas, delimitará o campo de aplicação das normas, a fim de que elas não se excluam.

Para precaver-se contra o perigo de um argumento fraco, dir-se-á que este só foi introduzido como elemento subsidiário. Se o orador receia que o interlocutor subestime um argumento que não é desprovido de força, poderá transformá-lo em móbil do debate, obrigando assim os adversários a levá-lo a sério; aproximamo-nos aqui da técnica consistente em assinalar de antemão seu acordo acerca de certas provas[81].

Por fim, para paliar os inconvenientes da diversão e acautelar-se contra a acusação de praticá-la, insistir-se-á no caráter relevante de tudo quanto se adianta.

Para evitar ter de empregar certos argumentos, agir-se-á de modo que a parte contrária não dê ensejo a tanto; se uma das partes renuncia à inquirição de certas testemunhas, pode esperar que a outra parte fará o mesmo.

Entretanto, o paliativo específico, quando se temer a utilização de certos argumentos, será o de deixá-los subentendidos[82]. Existem argumentos cujo uso demasiado explícito é indelicado, perigoso, até mesmo vedado. Pode-se referir-se a eles apenas por insinuação, alusão ou ameaçando utilizá-los. A própria ameaça pode, aliás, fazer parte desses argumentos vedados.

Essa semi-renúncia a certos argumentos ocasiona figuras de renúncia que não exprimem unicamente a moderação do orador[83]. A *reticência* permite evocar uma idéia, ao mesmo tempo que deixa seu desenvolvimento ao ouvinte; esse desenvolvimento poderá ser sugerido por certas formas de expressão, como o ritmo, a aliteração. A *preterição* é o sacrifício imaginário de um argumento. Esboça-se este último anunciando ao mesmo tempo que se renuncia a ele. Eis um exemplo corriqueiro tirado da *Rhetorica ad Herennium*:

> Tua infância, que prostituíste a todos, eu falaria dela, se achasse que chegara a hora. Mas calo-me de propósito[84].

O sacrifício satisfaz às conveniências; faz crer, além disso, que os outros argumentos são suficientemente fortes para que se possa dispensar este. Pode-se reportar à preterição esta passagem onde parece repugnar a Demóstenes fazer seu auto-elogio:

> Filipe punha à prova todos nós. Como? Enviando alguma coisa a cada um pessoalmente, oferecendo-nos dinheiro e, atenienses, em profusão. Como não tivera sucesso junto de alguém (não compete a mim nomear-me a mim mesmo, mas os próprios fatos e as ações designarão o homem), pensava que todos aceitariam ingenuamente o dinheiro oferecido em comum; assim aqueles que se haviam vendido pessoalmente ficariam ao abrigo, se todos nós participássemos, ainda que por uma pequena parte, do lucro comum[85].

Trata-se de uma figura argumentativa? Alguns hesitariam em dizê-lo, tanto a inserção no texto parece normal; estamos, em todo caso, diante de um paliativo.

Às vezes a semi-renúncia se expressa de uma maneira mais indireta ainda: um silêncio significativo, até mesmo o emprego ostentatório de argumentos fracos, irrelevantes, para assinalar que existem outros.

Todas as renúncias e semi-renúncias podem ser consideradas concessões. Todavia, a função principal desta não se refere tanto à amplitude da argumentação quanto à extensão das pretensões e ao dinamismo dos acordos.

A concessão se opõe mormente aos perigos da desmesura; expressa o fato de que se reserva uma acolhida favorável a certos argumentos reais ou presumidos do adversário. Restringindo as pretensões, abandonando certas teses, renunciando a certos argumentos, o orador pode tornar sua posição mais forte, mais cômoda de defender, e demonstrar ao mesmo tempo *fair-play* e objetividade no debate. Vistos por esse ângulo, os efeitos da concessão devem ser aproximados daqueles que se obtêm ao não se eliminar sistematicamente de uma exposição todas as circunstâncias desfavoráveis[86]. A concessão será entretanto desastrosa se introduzir uma brecha num conjunto cujos elementos são todos supostamente solidários. Em contrapartida, ela só terá efeitos positivos se tiver como objeto elementos secundários. Por isso, em vez de irritar-se com perguntas irrelevantes, deve-se ver nelas uma ocasião favorável para fazer concessões:

> ... a maior parte do tempo, a confusão daqueles que formulam as perguntas fica maior se, depois que todas as proposições desse gênero lhes foram concedidas, eles não conseguem tirar conclusões[87].

A concessão por vezes enseja uma figura, a *epítrope*, pela qual, diz Vico,

> concedemos ao adversário coisas até iníquas, até falsas, até ineptas ou duvidosas, por superabundância de direito...[88]

Com muita freqüência, um dos interlocutores parece intimar o outro, seja a reconhecer a legitimidade de uma posição (confesse que tenho razão nesse ponto), seja a reconhecer que ele tem certas inclinações que lhe explicam a atitude (confesse que gosta do paradoxo), seja a reconhecer que é partidário de certas idéias ("confesse que você é reacionário", dirá o liberal a seu interlocutor conservador). No primeiro caso, apenas, procura-se captar um acordo que poderá servir diretamente ao bom andamento da discussão. No segundo, procura-se minimizar os argumentos do adversário, diminuindo-lhes a seriedade e o alcance. No último, insinua-se que, se ele reconhecer ser reacionário, isso facilitará a discussão; nessa posição mais conforme com os fatos, a discussão poderá assumir uma nova feição. Em todos os casos, a confissão que se solicita é considerada uma concessão, que deve beneficiar em certa medida o adversário, sem o que não se ousaria exigi-la[89].

Cada vez que se segue o interlocutor em seu próprio terreno é-lhe feita uma concessão, mas esta pode estar repleta de ciladas.

Uma delas consiste em reconhecer que a posição do adversário não pode ser infirmada; renuncia-se a combatê-la num certo plano; mas, ao mesmo tempo, mostrar-se-á a pouca importância deste. É a atitude bem conhecida dos neopositivistas com respeito aos enunciados metafísicos.

Outra forma é conceder para logo em seguida voltar à carga. O orador reconhece que a opinião que lhe atribuem seria errônea, nega mesmo tê-la expresso, mas só para formular outra mais desagradável.

> Eu, reprovar-te a hospitalidade de Alexandre?... não sou tão louco para isso; a menos que se devam chamar os ceifeiros, ou aqueles que fazem alguma outra coisa mediante salário, de amigos e de hóspedes daqueles que os pagam[90].

A seguinte anedota, tirada de Quintiliano, provém da comicidade da denegação:

> Domícia se queixava de que Júnio Basso, para censurar-lhe a avareza, dissera que ela tinha o hábito de vender seus sapatos velhos: "De modo algum, respondeu ele, jamais disse isso; disse que tinhas o costume de comprar sapatos velhos"[91].

A negação, em geral, desempenha um papel próximo do da concessão: renuncia-se a uma afirmação que se poderia ter sustentado, ou que terceiros sustentam, mas conservando um traço dela, como prova da riqueza de informação e da clarividência de quem reconheceu o não-valor de uma proposição.

A comicidade se prende a esse aspecto da negação nesta passagem de Tristram Shandy:

> Em suma, minha obra regride, mas progride também, e ao mesmo tempo. Isso, senhor, em nada se parece com o duplo movimento da terra...[92]

Desse significado argumentativo da negação resulta que a negação dupla raramente é, na argumentação, o equivalente da afirmação: uma frase como "estou contente por não ter não estado lá" indica relações complexas, sugere as razões de nossas razões. A negação dupla pode reproduzir numa forma condensada toda uma argumentação subjacente.

Os problemas levantados pela amplitude, seus perigos, seus paliativos dependem das pretensões daqueles que argumentam: contentar-se-ão com uma atitude passiva, com assinalar claramente seu desacordo, recusando, apoiados em razões, a aderir às opiniões do interlocutor ou, ao contrário, querem modificar o ponto de vista deste último, influenciar-lhe as crenças? A primeira atitude permite utilizar certos argumentos que, na segunda, seriam perigosos; ela possibilita assinalar todos os pontos; a segunda exige arranjos, procede através de abordagens sucessivas, prudentes. Por isso os problemas da amplitude deveriam ser retomados e examinados consoante cada situação argumentativa.

§ 103. Ordem e persuasão

A ordem das questões que serão tratadas, a ordem dos argumentos que serão desenvolvidos tem, desde sempre, sob o aspecto das noções de *exposição*, de *disposição* ou de *método*, preocupado os teóricos da dialética e sobretudo da retórica.

Não é de espantar, pois é na argumentação, e não na demonstração, que tais problemas se colocam essencialmente.

Numa demonstração formal, parte-se dos axiomas para terminar nos teoremas. Logo, existe uma ordem. Mas sua importância é limitada, porque suas variantes são estritamente equivalentes. Pouco importa, de fato, a ordem na qual são apresentados os axiomas, pouco importa a sucessão das etapas, contanto que cada uma delas possa ser percorrida em aplicação das regras de inferência adotadas.

Apenas se levarmos em conta a adesão das mentes, se passarmos de um ponto de vista formal para um ponto de vista psicológico, argumentativo, é que a ordem, na demonstração, adquirirá importância: quando, em vez de considerar os axiomas como arbitrários, preocupamo-nos com seu caráter evidente ou aceitável; quando, na escolha das etapas, preocupamo-nos com a maior ou menor inteligibilidade de tal ordem demonstrativa. Assim é que Wertheimer mostrou, através de interessantes experiências, que a compreensão de certas demonstrações matemáticas difere conforme a maneira pela qual se apresenta a figura que as ilustra. As variantes deixam então de ser equivalentes, nesse caso, porque nos afastamos das condições puramente formais da demonstração para examinar a força persuasiva das provas[93].

Numa argumentação, em todo caso, a ordem não pode ser indiferente: a adesão depende de fato do auditório. Ora, à medida que se desenvolve a argumentação, a situação deste se modifica, pelo próprio fato dessa argumentação, e isso seja qual for a acolhida dada aos argumentos. Sabemos que o condicionamento do auditório pode ser realizado por todos os meios auxiliares: perfumes, música, reunião de massas; mas ele é realizado também de uma maneira discursiva. O discurso não deixa o ouvinte tal como era no início, mas tampouco modifica-lhe as crenças de um modo irremediável, como fazem os elos de uma demonstração. Pois, se assim fosse, a ordem não teria todo o seu peso. É precisamente porque as modificações do auditório são, a um só tempo, efetivas e contingentes, que importa tanto a ordem adotada.

Isso vale tanto para as diversas personificações do auditório universal como para os auditórios particulares. À primeira vista, a ordem não importa para o auditório universal. Mas o auditório universal é, como os outros, um auditório concreto, que se modifica no tempo, com as concepções que dele tem o orador.

Na deliberação íntima, a ordem também parece perder toda a importância. Não é nada disso por certo. Quando muito podemos admitir que, nela, a repetição, numa ordem nova, é mais fácil. Ela pode até constituir a nova argumentação que será oposta à primeira para confrontá-las.

Se a argumentação é, essencialmente, adaptação ao auditório[94], a ordem dos argumentos de um discurso persuasivo deveria levar em conta todos os fatores suscetíveis de favorecer-lhes a acolhida pelos ouvintes. Três pontos de vista, pelo menos, podem ser adotados na escolha da ordem persuasiva: o da situação argumentativa, ou seja, da influência que terão, sobre as possibilidades argumentativas de um orador, as etapas anteriores da discussão; o do condicionamento do auditório, ou seja, das modificações de atitude geradas pelo discurso; enfim, o das reações suscitadas, no auditório, pela apreensão de uma ordem no discurso.

Trata-se, nos três casos, dos efeitos sobre o auditório. O que distingue essas três perspectivas é que, na primeira, pensa-se sobretudo nas premissas que o auditório é levado progressivamente a admitir; na segunda – que será objeto de nosso próximo parágrafo –, pensa-se sobretudo nos sucessivos efeitos sofridos pelo ouvinte; na terceira, enfim – que será objeto de nosso último parágrafo –, considera-se a ordem do discurso como matéria para a reflexão.

Numa demonstração, tudo é dado, quer se trate de um sistema hipotético-dedutivo, quer sejam os axiomas fornecidos pela intuição racional ou sensível. Na argumentação, pelo contrário, as premissas são alteráveis. No decorrer da argumentação, elas podem enriquecer-se; mas são, por outro lado, sempre precárias, a intensidade com que se lhes adere se modifica. A ordem dos argumentos será portanto ditada, em grande parte, pelo desejo de ressaltar novas premissas, de dar presença a certos elementos e de obter certos envolvimentos de parte do interlocutor[95].

A ordem em que são obtidos esses compromissos não é indiferente. Sabe-se que, no curso das intermináveis reuniões do pós-guerra entre representantes dos Estados Unidos, da França, da Grã-Bretanha e da U.R.S.S, estes discutiram demoradamente sobre o estabelecimento da ordem do dia de suas negociações. Normalmente, "negociar" não é discutir e persuadir, é fazer concessões mútuas, e a ordem dos problemas não deveria ter exercido tanta influência se, encarando estes como relacionados, houvessem negociado com o desejo de chegar a uma conclusão. Mas a falta de espírito de entendimento fazia com que as condições fossem antes as de uma discussão do que de uma negociação. Daí a preeminência dada à ordem, pois toda tomada de posição constituía um envolvimento sem contrapartida.

É na discussão com perguntas e respostas que esse papel dos envolvimentos se manifesta mais claramente. Isso porque a modificação da situação no curso da argumentação é sempre profunda, trate-se de discurso contínuo ou de controvérsia. Mas, no primeiro caso, apenas o orador enuncia suas tomadas de posição; no segundo, encaminha-se para uma conclusão com base nos sucessivos pontos de apoio resultantes de envolvimentos explícitos do ouvinte.

O fato de poder perguntar, de escolher como lhe apraz as perguntas e a ordem na qual são formuladas, é uma vantagem incontestável para quem argumenta. É do uso hábil desse privilégio que depende a eficácia do método socrático.

As perguntas tendem com freqüência a fazer que se escolha entre várias possibilidades; então elas não dão outra coisa senão uma informação acerca das opiniões do interlocutor, mas a resposta também é um envolvimento e muitas vezes uma adesão ao que pretende o orador. Ora, não convém dissimular que, no final das contas, a discussão visa geralmente modificar uma opinião, que ela pressupõe, portanto, um desacordo fundamental entre as partes. Assim, a ordem adotada para as perguntas terá amiúde objetivo de mascarar enquanto for possível a relação entre esses acordos parciais e o desacordo fundamental: perguntas apresentadas sem ordem aparente[96], perguntas das quais não se apreende a respectiva importância[97], até mesmo perguntas inúteis[98].

No curso da maioria das discussões, os dois interlocutores usufruem o privilégio de perguntar e de escolher, em parte, a ordem de seus argumentos. Usufruem também a possibilidade de dar presença a certos elementos.

A esse respeito, um estudo recente[99] mostrou que, se a discussão dirigida permite, num problema concreto – tratava-se de organização do trabalho –, levar a uma solução que o grupo julga satisfatória, mas à qual, sem essa direção, ele não teria chegado, isso se dá sobretudo graças à ordem posta no debate por alguém que sabe para qual conclusão seria desejável encaminhar-se. Pois a ordem é também uma das condições que determinam a amplitude; é a seleção do que será levado em consideração pelos participantes. Não se procura somente que a reflexão individual não se extravie em pistas erradas, mas também – e este último ponto é o mais interessante – que caminhos úteis não sejam prematuramente abandonados, ou seja, que se dê a certas premissas uma presença suficiente para que sirvam de ponto de partida para a reflexão.

Esse cuidado de orientar o pensamento para direções propícias antes de impulsioná-lo para mais longe é decerto a base de certas figuras, como a *subjeção* (*sustentatio*)[100]. O orador interroga, ele próprio responde logo depois, mas essa resposta não passa de uma hipótese que, o mais das vezes, será rejeitada por seu autor.

Certos argumentos só podem ser compreendidos, aceitos, se outros forem conhecidos. A ordem é então imposta. Por vezes pode-se até dizer que o argumento é constituído por essa ordem, como o argumento da direção, a gradação, a amplificação. Não se dará o mesmo com todo argumento? Quase nunca há modificação de ordem que não seja, ao mesmo tempo, modificação do argumento ou, melhor, criação de um novo argumento. Mesmo numa demonstração formal, em que as variantes de ordem são equivalentes, as etapas não são somente modificadas em sua seqüência mas, ao mesmo tempo, as operações efetuadas podem ser outras. Na argumentação, a modificação de ordem quase nunca é uma simples permutação. Isto se aplica até ao que se poderia considerar elementos da argumentação. Uma vez que, em geral, se trata, numa argumentação, de assegurar-se de premissas firmes, pode-se admitir que a exposição de fatos, ou seja, daquilo que usufrui acordo mais amplo, será colocado favoravelmente no início de um discurso. A maioria das memórias científicas, das explanações políticas, jurídicas, procedem dessa maneira. Mas não convém esquecer que os fatos, embora desempenhem importante papel como elemento de acordo, muitas vezes só são admitidos porque sua interpretação permanece aberta. Como observa muito bem Quintiliano:

> "O assassínio foi cometido por ti, pois tuas vestes estavam ensangüentadas." Há menos força no argumento se o réu confessa do que se é provado que incorreu em mentira. Se ele confessa, muitas razões podem explicar o sangue em suas vestes...[101]

Os mesmo fatos, precedidos de sua interpretação, decerto já não usufruiriam a adesão unânime e suscitariam dissociações entre aparência e realidade. Isto quer dizer que o lugar dado aos elementos modifica-lhes o significado.

Os argumentos podem, entretanto, ser encarados, em certa medida, como enunciados distintos que interagem, por certo, mas que podemos dispor com grande margem de liberdade. Assim, o elogio de uma personalidade pode, conforme o caso, preceder ou seguir a afirmação de que a propomos como modelo. Assim também, os argumentos convergentes podem ser agrupados ou dispersados sem que essa dispersão exclua o efeito de convergência. A solução escolhida não deixará, porém, de repercutir na argumentação. O agrupamento dos argumentos, notadamente, acentuará o efeito de convergência, ao passo que a dispersão o atenuará. Por isso, numa acusação, a pessoa do réu poderá constituir utilmente um centro para o qual convergem de modo cerrado todas as flechas, ao passo que, na defesa, se fará de modo que o conjunto dos argumentos que são refutados pareça como que um mosaico de peças separadas, cujo vínculo é o mais tênue possível[102]. Da mesma forma, agrupar-se-ão utilmente os exemplos para favorecer a generalização; da mesma forma ainda, agrupar-se-ão utilmente os argumentos do adversário entre os quais se quer mostrar uma incompatibilidade. Em geral, numa discussão, as razões que fazem uma das partes adotar uma ordem deveriam tender a fazer a parte contrária adotar uma ordem diferente. Mas outras considerações desviarão com freqüência de semelhante subversão[103].

§ 104. Ordem do discurso e condicionamento do auditório

Pode-se reduzir uma exposição demonstrativa, como as dos tratados de geometria, ao enunciado da tese seguido de sua demonstração. Um discurso argumentativo será quase sempre mais complexo. Isso sempre foi reconhecido, e Platão enumera, com uma complacência destinada a ridicularizá-las, as partes do discurso preconizadas pelos sofistas[104]; Aristóteles não é muito menos severo[105]; a maioria dos autores antigos admite, não obstante, que o discurso judiciário comporta normalmente, por baixo, exórdio, narração, prova, refutação, conclusão, epílogo; no discurso deliberativo, as duas primeiras partes seriam menos úteis[106].

É digno de nota que, dentre as partes do discurso, aquela que, à primeira vista, parecerá menos útil, o exórdio, reteve contudo a atenção de todos. Aristóteles, Cícero, Quintiliano, tratam longamente dele[107]; o autor da *Rhetorica ad Herennium* se gaba de ser o primeiro a ter reconhecido certas modalidades suas[108]. Ora, o exórdio é a parte do discurso que visa mais especificamente atuar sobre as disposições do auditório; é por isso que será objeto de nossa análise.

Seu objetivo será conquistar o auditório, captar a benevolência, a atenção, o interesse[109]. Fornecerá também certos elementos dos quais nascerão argumentos espontâneos tendo o discurso e o orador como objeto.

Aristóteles o compara ao prólogo e ao prelúdio[110], o que parece transformá-lo em algo acessório, cujo significado seria sobretudo estético[111]. Mas em muitos casos ele é indispensável para o efeito persuasivo do discurso. Garante as condições prévias para a argumentação[112]. Com efeito, enquanto pode ser encurtado e até suprimido, quando essas condições prévias estão completamente asseguradas, ele se torna indispensável se for preciso completar essas condições num ou noutro ponto, em especial no tocante à qualidade do orador, a suas relações com o auditório, ao objeto ou à oportunidade do discurso.

O orador tentará, em seu exórdio, dar a conhecer sua competência, sua imparcialidade, sua honestidade,

> pois é sobretudo às pessoas honestas que se concede atenção[113].

Ainda que o discurso pretenda convencer o auditório universal, nem por isso o exórdio será excluído; o orador mostrará mormente seu respeito pelos fatos, sua objetividade.

Algumas singelas observações preliminares às vezes darão um prestígio útil ao orador. Se Robert Browning começa a apologia do bispo Blougram por algumas alusões desdenhosas à decoração arquitetônica de sua igreja, esta é por certo uma maneira, para o poeta, de situar discursos e personagens na mente de seu leitor, mas é também – e desse papel duplo provém a inteira justificação desses versos – uma espécie de exórdio que confere ao bispo, aos olhos de seu interlocutor, as vantagens de um homem refinado, de gosto delicado[114].

O orador se empenhará sobretudo em valorizar as qualidades das quais se poderia duvidar e cuja ausência lhe prejudicaria o crédito; quem é comumente acusado de excessiva habilidade, tentará ganhar a confiança do público; quem, por sua situação social, seus interesses, seus antecedentes, é dado como arrogante, alheio ou hostil a seu auditório, começará por desmentir tal suspeita insistindo em sua comunhão com o auditório[115]. A alusão à amizade entre dois povos, a alusão a um fato cultural em comum, uma citação bem escolhida bastarão para suscitar a confiança, mostrando que há entre orador e auditório uma afinidade de valores.

O exórdio sempre será adaptado às circunstâncias do discurso, ao orador e ao auditório, ao assunto tratado, aos eventuais adversários.

Nada ilustra melhor essa exigência do que a declaração preliminar "não sou um orador", e outras precauções mais ou menos equivalentes. Recomendável em geral, é severamente criticada por Dale Carnegie[116]. É que, embora ela permita evitar a acusação de expediente[117] e que uma parte da força de um argumento seja atribuída ao talento do orador[118], não pode convir a quem, sem grande reputação e sem a isso ser obrigado, toma a palavra ou a pena. Nesse caso, a dificuldade será ter uma audiência suficiente, e o exórdio que insiste no fato de se ser inábil ou incompetente não contribui muito para superá-la. Catão zombava do autor que começava se desculpando por escrever em grego, quando nada o forçava a isso[119].

Em certas circunstâncias, em vez de minimizar sua habilidade oratória, o orador pode até, se gozar de reputação suficiente, prevalecer-se dela. Como Isócrates, no início do *Panegírico de Atenas*, e isso para mostrar melhor, na peroração, que, seja qual for seu talento, sua tarefa o excede[120].

O exórdio que se refere ao auditório visará a estimular o amor-próprio deste, falando de suas capacidades, de seu bom senso, de sua boa vontade. O pregador que se dirige publicamente a Deus para pedir-lhe a abertura dos corações[121], reconhecendo assim, aliás, que sua argumentação não será uma demonstração coerciva, dispõe favoravelmente o auditório com essa mesma evocação.

O exórdio que se refere ao assunto chamará a atenção para o interesse que este apresenta por sua importância, por seu caráter extraordinário, paradoxal, pelo fato de ser menosprezado, incompreendido ou deturpado[122]. Tratar-se-á também da oportunidade do discurso, mostrando por que é o momento de falar, em que as circunstâncias impõem tomar posição. O exórdio variará conforme o caso for "nobre, confuso, paradoxal ou vergonhoso"[123].

O exórdio às vezes é inútil, ou é substituído por outras técnicas: a apresentação do orador pelo presidente da sessão não tem outro objetivo senão dispensar o orador de fazer seu auto-elogio[124]. Ademais, o exórdio, quando é percebido como expediente destinado a paliar a insuficiência de certas condições prévias, pode atrair a atenção do auditório para essa falha. É por isso que muitos oradores, mencionando essa correlação entre a amplitude do exórdio e as lacunas que ele deve preencher, centralizarão todo o seu exórdio na inutilidade deste. Isto pressupõe, claro, que o auditório esteja consciente das razões que normalmente justificam o exórdio. Uma vez mais, vemos aqui que a argumentação pressupõe no auditório o conhecimento, intuitivo pelo menos, de suas próprias regras.

Acrescentemos que, por ocasião de uma importante articulação do discurso, o orador às vezes introduz um novo exórdio, especialmente apropriado. V. Goldschmidt notou com razão que, nos diálogos platônicos,

> Essas invocações solenes dos deuses são algo muito diferente desses floreados literários ou dramáticos e, em muitos casos, enfatizam a importância filosófica das passagens[125].

Tendo o auditório sido preparado para escutar o que constitui a matéria própria do discurso, cumpre começar por indicar a tese que se defenderá ou, ao contrário, cumpre concluir após ter desenvolvido suas razões? Nas *Partitiones oratoriae*, Cícero aconselha proceder diferentemente conforme o gênero de argumentação:

> A argumentação tem dois modos, um dos quais tende diretamente a convencer, ao passo que o outro faz um rodeio e dirige-se à emoção. Diretamente, quando ela expôs um ponto que deseja ser aceito, quando adiantou as razões nas

quais se apóia e, estas estabelecidas, retornou ao ponto exposto e concluiu. A outra argumentação, a segunda, segue uma marcha por assim dizer inversa e contrária; adianta primeiro as razões escolhidas e as estabelece solidamente, depois, quando emocionou vivamente as almas, lança enfim o que deveria ter exposto ao começar[126].

A tese que não requer preparação especial do auditório, por não conter nada de extraordinário ou de chocante, deveria ser enunciada logo de início[127]. A tese orienta o discurso, mas é também uma tomada de posição, um envolvimento do orador. Seu enunciado imediato tem a vantagem de esclarecer os ouvintes; é uma ocupação do terreno. Mas outra tática, para o orador, consiste em retardar o envolvimento e em formular sua tese em função do desenvolvimento da discussão, de forma que ele leve em conta objeções e se apresente então com uma proposição que terá todas as possibilidades de ser admitida[128]. A vantagem de falar em primeiro ou em último lugar deve ser examinada em função das considerações precedentes. São elas que, em parte, determinarão a ordem dos argumentos no discurso.

Na medida em que essa ordem pode ser livremente fixada pelo orador, um dos fatores que será levado em conta é a respectiva força dos argumentos. Quando esta é irresistível, pode-se condensar a argumentação, contentar-se com o argumento que, o orador tem certeza, granjeará a convicção. Mas é muito raro que tal aconteça[129]. Quando se dispõe, para estear a tese defendida, de certo número de argumentos, de que maneira deve-se dispô-los?

Três ordens foram examinadas: a ordem de força decrescente, a ordem de força crescente e, por fim, a mais recomendada, a ordem homérica, ou nestoriana, assim chamada porque Nestor havia colocado no meio suas tropas menos confiáveis[130], segundo a qual cumpre começar e terminar com os argumentos mais fortes[131].

O inconveniente da ordem crescente é que a apresentação, para principiar, de argumentos medíocres pode indispor o ouvinte e torná-lo recalcitrante. O inconveniente da ordem decrescente é deixar os ouvintes com uma última impressão desfavorável, muitas vezes a única que permanece em sua mente. É para evitar esses dois escolhos que se preconiza a ordem nestoriana, destinada a valorizar, oferecendo-os logo de início ou em último lugar, os argumentos mais sólidos, sendo todos os outros agrupados no meio da argumentação.

Há que observar que essas considerações pressupõem que a força dos argumentos continua a mesma seja qual for o lugar deles no discurso. Ora, com muita freqüência é apenas graças à preparação, por meio de argumentos prévios, que um argumento parecerá forte. Assim é que, no *Júlio César* de Shakespeare, Antônio só revela no final do discurso o argumento de peso, o testamento de César em favor do povo, e isto depois de ter criado todo o contexto que faria atribuir a esse testamento a interpretação desejada[132].

Portanto, a ordem dos argumentos deverá ser tal que lhes dará a maior força: o orador principiará geralmente por aquele cuja força é independente da dos outros. Na defesa dupla, que abrange a um só tempo o fato e o direito, a ordem não é indiferente: sempre se começará pela defesa mais forte, esperando que a convicção estabelecida pelo primeiro ponto contribuirá para a aceitação do segundo[133]. Em geral, devem-se apresentar os argumentos numa ordem tal que pareçam plausíveis, dado o que já se sabe dos elementos do debate. Em sua apologia do cristianismo, Pascal recomenda uma ordem em que a prova da verdade só vem quando foi criado o contexto que a tornará mais facilmente admissível:

> ... cumpre começar por mostrar que a religião não é contrária à razão, venerável, dar-lhe respeito; torná-la em seguida agradável, fazer os bons desejarem que seja verdadeira; e depois mostrar que ela é verdadeira[134].

Quando uma objeção grave pode pesar sobre todo o desenvolvimento do discurso, de nada serve adiantar argumentos que seriam todos interpretados em função dessa objeção. Cumpre antes de mais nada refutá-la, para deixar o campo livre para interpretações mais favoráveis[135]. Quintiliano aconselhara, pelos mesmos motivos, começar por refutar uma acusação que deixa pairar uma dúvida sobre a integridade moral do acusado, a não ser que certas recriminações menos graves sejam notoriamente falsas; nesse caso, cumpre começar por refutá-las, para tirar toda a credibilidade dos acusadores[136].

Em certos casos, não se esperará que a acusação seja formulada; será refutada antecipadamente. Esse procedimento tem seus inconvenientes. Obriga a enunciar a acusação, atribuindo assim ao adversário idéias que nem sempre teria ou nem sempre se atreveria a exprimir. A refutação antecipada implica que a acusação é normal, que deve, pois, ser levada em conta. Ela pode ensejar, por este motivo, efeitos cômicos, como mostra esta anedota citada por Quintiliano:

> Fúlvio Propínquo, a quem o legado do imperador perguntava se os documentos que apresentava estavam assinados, respondeu: "Sim, Senhor, e a assinatura não é falsa"[137].

Quando assume a forma de uma objeção que o indivíduo faz a si mesmo, a refutação antecipada pode ocasionar uma figura, a *prolepse*, sumamente argumentativa[138].

Essa refutação antecipada pode assumir também a forma de uma concessão. Já vimos as vantagens desta[139]. Posterior a uma observação do adversário, ela constitui um trato. Mas anterior, colocada notadamente no início do discurso, consiste em defender-se, de antemão, de haver descurado de um valor ou de um fato importante. Compartilha as vantagens e os inconvenientes da refutação antecipadora. Pode também seguir o enunciado de certos argumentos fracos, atestar a boa-fé do orador. É, segundo Quintiliano, uma das razões que pode levar a iniciar por argumentos fracos, que logo serão abandonados[140]. Vê-se aqui um vínculo particular muito estreito entre a importância dada aos argumentos e o papel que se lhes atribui no condicionamento do auditório.

A desqualificação do adversário, se houver motivo para realizá-la, será colocada no final do discurso, na acusação, no início da réplica[141]. Os antigos oradores tinham o hábito, nos debates judiciários, de terminar seus discursos com um ataque contra aquele que acusavam, de modo que se suprimisse, de antemão, todo o valor de sua defesa; quem se defendia, em contrapartida, deveria recobrar, no exórdio, a benevolência de seus ouvintes e juízes, esforçando-se em modificar o estado de espírito desfavorável criado pela peroração do adversário. Nesse caso, como na maior parte dos outros, sendo a ordem dos discursos adaptação ao auditório e à situação argumentativa, todas as regras que poderiam ser formuladas a esse respeito são funcionais. Alguns preceitos mais precisos são apenas a codificação daquilo que normalmente obtém êxito, mas esse normal em que se inspiram não tem, por sua vez, nenhuma fixidez.

A tática utilizada variará, aliás, conforme as características do auditório. Aristóteles havia notado que certos ouvintes dão provas de mais senso crítico no final do que no início de um debate[142]; para outros, será o inverso. As reações que se esperam poderão ser de ordem emotiva. Chegar-se-á até a incitar gradualmente o ouvinte à cólera[143]. À proporção que a tática utilizada conta com as fraquezas do interlocutor que não parecem dever ser compartilhadas por todos, notadamente pelo auditório universal, o sucesso que se obtiver perderá o valor aos olhos dos terceiros. Não existe, todavia, limite rígido entre as técnicas da ordem destinadas ao auditório universal e aquelas que só valem para um ouvinte determinado, pois o auditório universal coincidirá sempre, em certos traços, com o homem real, concreto; ele só se afastará de um auditório particular na medida em que a concepção que dele se tem transcender certos auditórios particulares determinados.

Por outro lado, as reações de um auditório dado, mesmo que possam ser interpretadas em termos psicológicos, ou mesmo políticos, não deixam de ser com muita freqüência explicáveis e justificáveis por razões que poderiam ser admitidas pelo auditório universal e que tornam essas reações, em certa medida, racionais.

§ 105. Ordem e método

Sem dúvida, a ordem é objeto de uma escolha cuja única regra é a melhor adaptação possível aos sucessivos estados do auditório, tais como os imagina o orador, e este último poderá mesmo reivindicar como um direito

> deixar cada parte empregar o plano e a defesa que escolheu e adotou[144].

Entretanto Demóstenes, após ter exigido assim toda a liberdade, declara, na mesma defesa:

> ... adotarei uma ordem igual à da queixa para vos falar de cada ponto sucessivamente e nada omitirei conscientemente[145].

Mera cortesia para com o ouvinte, para facilitar-lhe a tarefa? Costume a ser seguido?

Isto nos leva a um ponto importantíssimo: a ordem adotada pode ser, por si só, matéria de reflexões por parte do ouvinte e, por esse ângulo, influenciar diretamente o resultado da argumentação. Ressaltamos várias vezes os argumentos espontâneos que têm o discurso como objeto e cujos efeitos se sobrepõem aos dos argumentos enunciados[146]. A ordem dos argumentos fornece um caso eminente disso.

Para ser objeto de reflexões, é preciso que uma ordem possa ser apreendida como tal. Dar-se-á isso todas as vezes que a ordem dos enunciados estiver vinculada a uma ordem exterior ao discurso, conhecida dos ouvintes, ou que pelo menos puder ser imediatamente compreendida por eles. A ordem cronológica, quando é adotada para a exposição dos fatos, seria o exemplo mais característico de ordem exterior ao discurso. Ela representa, parece, a forma mais simples dessa "ordem natural" que tanto preocupou os teóricos[147].

Mas essa ordem cronológica está longe de ser a única que possa servir de esquema de referência para o ouvinte. Assim, o costume oratório, também ele, fornece esquemas que, a título de *padrões* (*patterns*), parecem exteriores ao discurso particular; e vemos que é difícil discernir, sobretudo na audição do discurso contínuo, a parte que cabe ao hábito, à tradição, na percepção do discurso como correspondente a uma ordem normal.

A ordem adotada pelo adversário não é menos apta a servir de esquema de referência, assim como determinada parte do discurso já pronunciada pelo orador e que servirá de esquema argumentativo, para o mesmo orador, numa segunda parte de sua exposição. Muito mais, é verossímil que certos argumentos sejam apreendidos em função do ritmo que sugeriram: podemos perguntar-nos se o sorites chinês não tira uma parte de sua eficácia do esquema que aciona: os primeiros elos fariam apreender os seguintes como elementos sucessivos de um mesmo encaminhamento; dar-se-ia o mesmo com certas analogias, com certas hierarquias duplas.

A ordem exterior, tal como a ordem cronológica, costumeira, e também a ordem nascida da argumentação, constituiriam *formas* corretas que se desenrolam no tempo, com todas as características que a psicologia "gestaltista" deu a esse termo, ou seja, facilmente apreensíveis, satisfatórias para a mente e, além do mais, suscetíveis de trazer de volta a elas as percepções que delas se afastariam levemente, e também de permitir que certos elementos encontrem seus respectivos lugares numa série. Assim, é possível que certos argumentos subentendidos sejam compreendidos graças ao lugar que ocupam em semelhante sucessão ordenada.

A *forma correta*, pelo próprio fato de se desenvolver no tempo, se caracteriza em geral por uma intensidade crescente, por uma soma. É o que acontece, por exemplo, na *gradação* (clímax), que é uma figura da ordem. A ligação verbal entre cláusulas, a repetição de certos temas sugerem um crescimento de intensidade. A repetição não proporciona apenas a presença[148], faz mais. Como diz Quintiliano "antes de subir o degrau seguinte, detemo-nos nos precedentes"[149]. A passagem adiante, extraída de Demóstenes, costuma ser dada como exemplo disso:

> E não é verdade que eu tenha falado assim sem redigir projeto de decreto; que eu tenha redigido um projeto sem ir em embaixada; que eu tenha ido em embaixada sem persuadir os tebanos[150].

Tratar-se-á de ações que requerem uma determinação crescente? Não se tratará também de lacuna cada vez mais fraca na ação? O ponto de vista difere, decerto, conforme os ouvintes. Se não se fala muito de uma figura que seria o anticlímax, é porque a percepção de uma ordem pode, quase sempre, ser concebida como uma progressão.

As relações entre discurso e série exterior a ele se precisarão às vezes, quando uma ligação do real os une em um argumento de hierarquia dupla caracterizado[151]. Assim é que a ordem dos argumentos conforme sua força crescente será, por certos autores, aconselhada como a mais natural, pela seguinte razão:

> Parece que se é arrastado a essa ordem por uma lei da natureza que inflama, exalta e arrebata a imaginação e o raciocínio, como a voz do orador à medida que fala[152].

Conselho ingênuo, se se trata de preconizar a ordenação dos argumentos de acordo com sua força – pois vimos que essa força mesma depende em grande parte do lugar dos argumentos –, mas observação interessante, se se trata de mostrar o papel desempenhado pelas hierarquias duplas nas reflexões sobre a ordem. A ordem dos argumentos, desde que suas características permitam percebê-los com bastante facilidade como estando inseridos em semelhante hierarquia dupla, será por isso mesmo justificada: sua organização não parecerá expediente, porquanto se torna a conseqüência de um fato[153].

Toda indicação relativa à ordem facilitará sua apreensão como tal: isto poderá ser feito por simples alusão, por exemplo, alusão à ordem costumeira, ou ainda pela técnica bem conhecida da divisão, ou seja, o anúncio das partes que serão tratadas: quer partes do discurso, quer pontos por debater, quer provas que serão fornecidas. Foram salientadas, mormente neste último caso, os inconvenientes da divisão. Para Quintiliano, ela tira do discurso o encanto da espontaneidade, faz que se vejam de longe certos argumentos difíceis de admitir, priva da vantagem de uma surtida em massa[154]. No entanto a divisão tem a vantagem de criar, a partir do momento em que é proposta, e mesmo que não corresponda a nenhuma ordem exterior ao discurso, um esquema de referência. A prova disso é que toda infração divisão parecerá uma infração a uma ordem aceita e deverá ser justificada.

Essa justificação é aquela reclamada por toda mudança[155]. Isso porque há o risco de o ouvinte atribuir a uma ruptura da ordem esperada, seja ela qual for, valor de indício ou de sinal: desejo de embaralhar as idéias do auditório, vontade de pôr em evidência um argumento reputado forte, desejo de passar sob silêncio certas questões.

A ordenação que se espera importa tanto que muitas vezes será adotada em detrimento de uma outra, tão favorável quanto ela de outro ponto de vista. É à expectativa frustrada que se deve reportar o perigo dos argumentos procrastinados, os quais perdem sua força por não terem sido enunciados em tempo oportuno[156]. Decerto poderemos romper com qualquer ordem prevista a fim de espicaçar a curiosidade, de parecer original, mas a ruptura, longe de dar a impressão de naturalidade e de sinceridade, arrisca-se a favorecer a dissociação

$$\frac{\text{expediente}}{\text{realidade}}.$$

Tão logo um discurso segue um esquema percebido como exterior a ele, a ordem assim adotada parecerá, como vimos, uma ordem natural, seja ela a ordem cronológica ou a que corresponde à exaltação crescente do orador. Mas a reflexão sobre a ordem considerada natural foi levada a muito mais adiante. Quando Agricola[157] e Ramus[158] tentam separar nitidamente dialética e retórica, reduzindo esta última ao estudo dos meios de expressão adornados e agradáveis, transferem para a dialética os problemas de ordem, de exposição, de método que eram tradicionalmente tratados nas obras de retórica. Decerto, com isso, a retórica penetra na dialética, apesar do empenho para separá-las[159]. Todavia, os problemas se transformam. Isso porque nos perguntamos acima de tudo, e cada vez mais, se não existe uma ordem única que se impõe, a da natureza das coisas, à qual o discurso racional deveria amoldar-se. Ao método de prudência, que é relativo à opinião, contraporemos o método de doutrina ou de natureza, "em que o que é naturalmente mais evidente deve preceder"[160]. O método de natureza, para os pensadores clássicos, será o encadeamento das razões apropriado a uma ordem natural, objetiva, inerente ao mundo ou também ao pensamento, pois se presume que o método representa as operações de uma mente que se adapta ao real. O modelo desse método universal é geralmente tomado de empréstimo às ciências; todo o esforço de Descartes consistirá em dar a essa ordem natural o aspecto construtivo das matemáticas.

A unicidade dessa ordem racional a distingue muito, tanto de uma ordem argumentativa quanto de uma ordem puramente formal, no sentido em que a entenderia a lógica moderna. Demonstração formal e método racional têm em comum o rigor; mas o segundo pretende a objetividade; é vinculado a noções como clareza, simplicidade e também evidência, que garantem as premissas, os raciocínios e as conclusões.

Essa ordem única, que goza de um privilégio tão eminente, nós a encontraremos na maioria dos teóricos, que embora se afastem do pensamento clássico, conservam-lhe as aspirações. Whately atém-se a firmar que a ordem natural é aquela na qual o que é mais óbvio (*obvious*) precede o que se segue[161]. Para Tarde, existe uma ordem racional dos erros bem como das verdades:

> ... não há... entre todas as maneiras de expor os dogmas da religião mais extravagante, os mitos da mitologia mais fantasista, uma combinação mais própria do que qualquer outra para fazer sentir a razão de ser de cada um deles?[162]

Essa maneira de expor não reproduziria uma ordem de aparecimento, mas a relação interna natural, que une efetivamente os elementos dessa construção.

A ordem natural ou racional não é independente de todo auditório, mas adaptada ao auditório universal e à racionalidade que lhe é atribuída. Se consideram única a ordem racional, é porque figuram esse auditório como uma entidade abstrata, fora do tempo, e não como um auditório concreto, isto é, variável, em função da imagem que formam dele[163]. Esquecem que as noções que servem de base para a ordem racional, como clareza e simplicidade, foram psicologicamente elaboradas e tornadas, depois, absolutas. A argumentação racional não passa, na realidade, de um caso particular de argumentação *ad hominem*, aquele que qualificamos de argumentação *ad humanitatem*. Contudo, a idéia de uma ordem natural, que seria objetiva, trazia a conseqüência de que o discurso, na medida em que era algo diferente da aplicação de um método conforme a essa ordem, se reduzia a uma atividade sobressalente, um mal menor. Apenas se a entrada do "verdadeiro caminho" lhe está fechada é que o dialético

> abrir-se-á outra via mercê de muito espírito e prudência, e buscará em todas as partes todas as ajudas de costume e de uso...[164]

Essa atividade interessa ainda Ramus, porque é, segundo ele, ao menos parcialmente, a do filósofo, assim como do poeta, do orador. Já não interessará Descartes.

A busca de um método natural, objetivo, único, mostra-se quase sempre correlativa de uma concepção segundo a qual a retórica é pura técnica de ornamento. Com efeito, esse método deixa indeterminada a forma do discurso; todos os elementos variáveis deste, tudo quanto não é imposto pela ordem natural parece exterior; renuncia-se, nesse ponto, a justificar a forma pelo fundo.

O discurso, entre os partidários de um método dialético natural, universal, conforme à natureza das coisas, pode ser considerado por si só uma obra de arte, uma entidade. A esse respeito, a analogia entre um discurso e um organismo, por exemplo, um "ser animado com corpo, cabeça e pés"[165], é uma maneira de separar a forma do discurso de seu conteúdo, mas dando à forma uma ordem estruturada, que lhe é própria. A analogia se atém a afirmar uma relação entre partes, sem fornecer nenhuma determinação quanto à natureza dessas relações. Encara o discurso como algo isolado, auto-suficiente. O mesmo se dá com analogias entre discursos e obras de arte pertencentes a outras áreas. Assim como G. Dorfles aproxima teatro e música, pela instrumentação limitada, pela sucessão dos movimentos rítmicos, pela entrada de personagens ou de instrumentos, pelas ações retrocessas, pelas repetições e transposições[166], assim também pode-se aproximar, tanto de um como de outro, o discurso, ver, notadamente no discurso indireto, uma perspectiva dentro da perspectiva. Estas são analogias que virão à mente de certos ouvintes e poderão aumentar-lhes a boa vontade, por intermédio de uma alegria estética. Não esclarecem o teórico da argumentação.

Quanto a nós, pensamos que uma teoria da argumentação não deve nem buscar um método conforme à natureza das coisas, nem encarar o discurso como uma obra que encontra em si própria sua estrutura. Tanto uma como outra dessas concepções complementares separam fundo e forma, esquecem que a argumentação é um todo, destinado a um auditório determinado. Passa-se, assim, de um problema de comunicação a uma ontologia e a uma estética, ao passo que a ordem ontológica e a ordem orgânica são apenas dois desvios de uma ordem adaptativa. As exigências da adaptação ao auditório é que devem guiar no estudo da ordem do discurso; essa adaptação atuará, quer diretamente, quer por intermédio das reflexões do ouvinte acerca da ordem. O que ele encara como ordem natural, as analogias que ele percebe, com um organismo ou com uma obra de arte são apenas argumentos entre outros argumentos; o orador deverá levar isso em conta, da mesma forma que todos os fatores suscetíveis de condicionar o auditório. Método e forma poderão assumir, respectivamente, maior ou menor importância conforme se tratar de auditório particular, técnico ou universal. Mas uma teoria da argumentação que não abrangesse todos esses elementos conjuntamente sempre se afastará de seu objeto. A dissociação entre forma e fundo, que conduziu à desumanização da própria noção de método, conduziu também à acentuação do aspecto irracional da retórica. O ponto de vista argumentativo introduzirá por certo, em questões geralmente consideradas referentes unicamente à expressão, visões que mostram a secreta racionalidade delas.

Conclusão

Não foi sem dificuldade que reduzimos às dimensões da presente obra nosso tratado da argumentação. Longe de haver esgotado seu material, apenas iniciamos sua exploração, e às vezes assinalamos sua riqueza. Esquemas esquecidos de há muito, outros cujo estudo é recentíssimo, foram esclarecidos uns pelos outros e integrados numa disciplina antiga, mas há séculos deturpada e atualmente menosprezada. Alguns problemas abordados em geral de um ponto de vista puramente literário, outros com os quais se preocupa a especulação mais abstrata – relacionada com as correntes existencialistas ou com a filosofia analítica inglesa – encontram-se situados num contexto dinâmico, que lhes salienta o interesse e permite apreender ao vivo as relações dialéticas entre o pensamento e a ação.

Cada um dos pontos, cujo exame mal foi esboçado, mereceria um estudo aprofundado. As diversas espécies de discurso, a variação delas em função das disciplinas e dos auditórios, a maneira pela qual as noções se modificam e se organizam, a história dessas transformações, os métodos e os sistemas que puderam ser criados pela adaptação de conjuntos nocionais a problemas de conhecimento, tantas outras questões que só foram levantadas de passagem, apresentam ao estudo da argumentação um terreno de pesquisas de incomparável riqueza.

Todas essas questões foram até hoje, quer inteiramente menosprezadas, quer estudadas com um método e num espírito alheios ao ponto de vista retórico. Com efeito, a limitação da lógica ao exame das provas que Aristóteles qualificava de analíticas e a redução a estas das provas dialéticas – quando se dava algum interesse à sua análise – eliminou do estudo do raciocínio toda referência à argumentação. Esperamos que nosso tratado provocará uma salutar reação e que sua simples presença impedirá, futuramente, que se reduzam todas as técnicas da prova à lógica formal e que se veja na razão apenas uma faculdade calculadora.

Se uma concepção estreita da prova e da lógica acarretou uma concepção tacanha da razão, o alargamento da noção de prova e o enriquecimento da lógica daí resultante têm de reagir, por sua vez, sobre a maneira pela qual é concebida a nossa faculdade de raciocinar. É por isso que gostaríamos de concluir com considerações que extrapolam, por sua generalidade, uma teoria da argumentação, mas lhe fornecem um contexto que ressalta seu interesse filosófico. Assim como o *Discurso do método*, mesmo sendo uma obra de matemática, assegura ao método "geométrico" seu mais vasto campo de aplicação – conquanto nada impeça alguém de ser geômetra sem ser cartesiano –, assim também as visões que propomos, conquanto a prática e a teoria da argumentação não lhe sejam solidárias, conferem à argumentação um espaço e uma importância que elas de modo algum possuem numa perspectiva mais dogmática do universo.

Combatemos as oposições filosóficas, taxativas e irredutíveis, que nos são apresentadas pelos absolutismos de todo tipo: dualismo da razão e da imaginação, da ciência e da opinião, da evidência irrefragável e da vontade enganadora, da objetividade universalmente aceita e da subjetividade incomunicável, da realidade que se impõe a todos e dos valores puramente individuais.

Não cremos em revelações definitivas e imutáveis, seja qual for, aliás, sua natureza ou origem; os dados imediatos e absolutos, sejam eles chamados sensações, evidências racionais ou intuições místicas, serão arredados de nosso arsenal filosófico. Essa rejeição não implica, nem é preciso dizer, que arredamos o efeito, sobre nossas opiniões, da experiência ou do raciocínio, mas não faremos nossa a pretensão exorbitante de erigir em dados definitivamente claros, inabaláveis, certos elementos de conhecimento, idênticos em todas as mentes normalmente constituídas, independentes das contingências sociais e históricas, fundamento das verdades necessárias e eternas.

Essa forma de dissociar certos elementos irrefragáveis do conjunto de nossas opiniões, cujo caráter imperfeito e perfectível ninguém entretanto contestou, de torná-los independentes das condições de percepção e de expressão lingüística, objetiva subtraí-los a toda discussão e a toda argumentação. Conceber todo progresso do conhecimento unicamente como uma extensão do campo aberto por esses elementos claros e distintos, chegar mesmo a imaginar que, no limite, num pensamento perfeito, que imita o pensamento divino, poderíamos eliminar do conhecimento tudo o que não se conformasse com esse ideal de clareza e de distinção, seria querer reduzir progressivamente o recurso à argumentação até o momento em que seu uso se tornaria completamente supérfluo. Provisoriamente, sua utilização estigmatizaria os ramos do saber que dela se servem, como áreas imperfeitamente constituídas, ainda em busca de seu método e não merecedoras do nome de *ciência*. Não é de espantar que esse estado de espírito tenha desviado os lógicos e os filósofos do estudo da argumentação, considerada indigna de suas preocupações, deixando-o por conta dos especialistas da publicidade e da propaganda, que caracterizavam sua falta de escrúpulos e sua oposição constante a qualquer busca sincera da verdade.

Nossa posição será bem diferente. Em vez de fundamentarmos nossa filosofia em verdades definitivas e indiscutíveis, partiremos do fato de que homens e grupos de homens aderem a toda espécie de opiniões com uma intensidade variável, que só é conhecida quando posta à prova. As crenças em questão nem sempre são evidentes, e seu objeto consiste raramente em idéias claras e distintas. As crenças mais comumente admitidas ficam muito tempo implícitas e não-formuladas, pois, o mais das vezes, é somente por ocasião de um desacordo relativo às conseqüências delas resultantes que surge o problema da formulação ou da determinação mais precisa delas.

O senso comum opõe regularmente os fatos às teorias, as verdades às opiniões, o que é objetivo ao que não o é, apontando assim quais opiniões devem ser preferidas a outras, seja essa preferência fundamentada ou não em critérios geralmente aceitos. J. S. Mill ou A. Lalande, ao solicitarem que confrontemos nossas crenças com os fatos ou com os enunciados verdadeiros, não inovam muito, e se é fácil seguir a opinião deles quando os fatos e verdades não são objeto de nenhuma contestação, infelizmente nem sempre é esse o caso. Todos estão dispostos a reconhecer aos fatos e às verdades um papel normativo com relação às opiniões, mas quem contesta um fato ou duvida de uma verdade hesitará em lhe reconhecer esse estatuto vantajoso e qualificará de modo totalmente diferente a afirmação que ele recusa aceitar; assim também, a maioria dos homens está normalmente disposta a agir conformemente ao que lhe parece lógico ou racional, mas recusa esse adjetivo às soluções cuja legitimidade não reconhece.

Aqueles para quem os fatos e as verdades fornecem as únicas normas que devem reger as opiniões procurarão reportar suas convicções a uma ou a outra forma de evidência indubitável e indiscutível. Nessa perspectiva, não se trata de fundamentar essas evidências, por seu turno, pois sem elas a própria noção de fundamento pareceria incompreensível. A partir delas, a prova assumirá a forma de um cálculo ou de um recurso à experiência.

A confiança acrescida, dessa forma, nos procedimentos e nos resultados das ciências matemáticas e naturais ia de par com o refugo de todos os outros meios de prova, considerados desprovidos de valor científico. E essa atitude era, aliás, justificável enquanto não se podia esperar encontrar para todos os problemas humanos reais uma solução cientificamente defensável, graças à aplicação cada vez mais extensa do cálculo das probabilidades. Em contrapartida, embora problemas essenciais, em se tratando de questões morais, sociais ou políticas, filosóficas ou religiosas, escapem, por sua própria natureza, aos métodos das ciências matemáticas e naturais, não parece razoável afastar com desprezo todas as técnicas de raciocínio próprias da deliberação, da discussão, numa palavra, da argumentação. É fácil demais desqualificar como "sofísticos" todos os raciocínios não conformes às exigências da prova que Pareto denomina lógico-experimental. Se tivéssemos de considerar como raciocínio enganador toda argumentação dessa espécie, a insuficiência das provas "lógico-experimentais" deixaria, em todas as áreas essenciais da vida humana, o campo inteiramente livre à sugestão e à violência. Pretendendo que o que não é objetiva e indiscutivelmente válido se prende ao subjetivo e ao arbitrário, cavar-se-ia um fosso intransponível entre o conhecimento teórico, o único racional, e a ação, cujas motivações seriam inteiramente irracionais. Em semelhante perspectiva, a prática já não pode ser racional, pois nela a argumentação crítica se torna inteiramente incompreensível e não podemos levar a sério a própria reflexão filosófica. Isso porque apenas as áreas de onde toda controvérsia foi eliminada podem então pretender certa racionalidade. Assim que há controvérsia e que os métodos "lógico-experimentais" não podem restabelecer o acordo das mentes, encontrar-nos-íamos no campo do irracional, que seria o da deliberação, da discussão, da argumentação.

A distinção, tão freqüente na filosofia do século XX, entre os juízos de realidade e os juízos de valor, caracteriza uma tentativa – que julgamos, sob essa forma, desesperada – daqueles que, embora reconhecendo um estatuto particular e eminente à investigação científica, queriam salvar, porém, do arbitrário e do irracional as normas de nossa ação. Mas tal distinção, conseqüência de uma epistemologia absolutista que tendia a isolar nitidamente duas faces da atividade humana, não deu os resultados esperados, e isto por duas razões: o fracasso na elaboração de uma lógica dos juízos de valor e a dificuldade de definir de modo satisfatório juízos de valor e juízos de realidade.

Conquanto seja possível, como fizemos, discernir, na prática argumentativa, enunciados referentes a fatos e outros referentes a valores, a distinção entre esses enunciados jamais está assegurada: ela resulta de acordos precários, de intensidade variável, em geral implícitos. Para poder distinguir claramente duas espécies de juízo, seria preciso poder propor critérios que permitissem identificá-los, critérios que deveriam escapar, por sua vez, a qualquer controvérsia; mais particularmente, seria preciso um acordo relativo aos elementos lingüísticos sem os quais nenhum juízo pode ser formulado.

Para que juízos de realidade fornecessem um objeto indiscutível de um saber comum, cumpriria que os termos que eles contêm fossem desprovidos de qualquer ambigüidade, seja porque há meios de conhecer o verdadeiro sentido deles, seja porque uma convenção unanimemente aceita suprime qualquer controvérsia a esse respeito. Essas duas eventualidades, que são as do realismo e do nominalismo em matéria lingüística, são ambas insustentáveis, pois consideram a linguagem um reflexo do real ou uma criação arbitrária de um indivíduo, e esquecem um elemento essencial: o aspecto social da linguagem, instrumento de comunicação e de ação sobre outrem.

Toda linguagem é linguagem de uma comunidade, que se trate de uma comunidade unida por laços biológicos ou pela prática de uma disciplina ou de uma técnica em comum. Os termos utilizados, seu sentido, sua definição, só são compreendidos no contexto fornecido pelos hábitos, pelos modos de pensar, pelos métodos, pelas circunstâncias exteriores e pelas tradições conhecidas dos usuários. Um desvio do uso deve ser justificado, e tanto o realismo como o nominalismo constituem a esse respeito apenas duas tentativas, diametralmente opostas aliás, de justificação, ambas vinculadas a filosofias da linguagem igualmente insuficientes.

À adesão a certos usos lingüísticos é normalmente a expressão de tomadas de posição, explícitas ou implícitas, que não são nem o reflexo de uma realidade objetiva nem a manifestação de uma arbitrariedade individual. A linguagem faz parte das tradições de uma comunidade e, como elas, só se modifica de um modo revolucionário em caso de inadaptação radical a uma nova situação; senão sua transformação é lenta e insensível. Mas um acordo sobre o uso dos termos, assim como aquele concernente à concepção do real e à visão do mundo, ainda que seja indiscutido, não é indiscutível: está ligado a uma situação social e histórica, a qual condiciona fundamentalmente qualquer distinção que se quisesse estabelecer entre juízos de realidade e juízos de valor.

Querer transcender essas condições sociais e históricas do conhecimento, transformando certos acordos de fato em acordos de direito, só é possível graças a um posicionamento filosófico que só se concebe, se for racional, como conseqüência de uma argumentação prévia[1]. A prática e a teoria da argumentação são, a nosso ver, correlativas de um racionalismo crítico, que transcende a dualidade juízos de realidade-juízos de valor, e torna tanto uns como outros solidários da personalidade do cientista e do filósofo, responsável por suas decisões, tanto no campo do conhecimento como no da ação[2].

Apenas a existência de uma argumentação, que não seja nem coerciva nem arbitrária, confere um sentido à liberdade humana, condição de exercício de uma escolha racional. Se a liberdade fosse apenas adesão necessária a uma ordem natural previamente dada, excluiria qualquer possibilidade de escolha; se o exercício da liberdade não fosse fundamentado em razões, toda escolha seria irracional e se reduziria a uma decisão arbitrária atuando num vazio intelectual[3]. Graças à possibilidade de uma argumentação que forneça razões, mas razões não-coercivas, é que é possível escapar ao dilema: adesão a uma verdade objetiva e universalmente válida, ou recurso à sugestão e à violência para fazer que se admitam suas opiniões e decisões. O que uma lógica dos juízos de valor tentou em vão fornecer – a saber, a justificação da possibilidade de uma comunidade humana no campo da ação, quando essa justificação não pode ser fundamentada numa realidade ou verdade objetiva –, a teoria da argumentação contribuirá para elaborar, e isto a partir de uma análise dessas formas de raciocínio que, embora indispensáveis na prática, foram menosprezadas, depois de Descartes, pelos lógicos e teóricos do conhecimento.

Notas

Introdução

1. Cf. Ch. PERELMAN, Raison éternelle, raison historique, *Actes du VIe Congrès des Sociétés de Philosophie de Langue Française*, Paris, pp. 347-54. [Vide no final do volume as referências bibliográficas precisas relativas às obras citadas. Para comodidade do leitor, os textos em língua estrangeira foram traduzidos. A tradução foi realizada por nós, exceto quando indicamos a tradução utilizada.]

2. DESCARTES, *Oeuvres*, t. XI: *Règles pour la direction de l'esprit*, pp. 205-6.

3. J. S. MILL, *Système de logique déductive et inductive*, liv. III, cap. XXI, § 1, vol. II, p. 94.

4. Cf. Ch. PERELMAN, De la preuve en philosophie, em *Rhétorique et philosophie*, pp. 123 ss.

5. PASCAL, Bibl. de la Pléiade, *De l'art de persuader*, Règles pour les demonstrations, p. 380.

6. LEIBNIZ, ed. Gerhardt, vol. 5, *Nouveaux essais sur l'entendement*, p. 67.

7. Cf. notadamente R. D. D. WHATELY, *Elements of Rhetoric*, 1828; cardeal NEWMAN, *Grammar of Assent*, 1870.

8. Para a bibliografia, vide H. D. LASSWELL, R. D. CASEY e B. L. SMITH, *Propaganda and Promotional Activities*, 1935; B. L. SMITH, H. D. LASSWEL e R. D. CASEY, *Propaganda, Communication and Public Opinion*, 1946.

9. ARISTÓTELES, *Tópicos*, liv. I, cap. 1, 100 *a*.

10. Cf. ARISTÓTELES, *Retórica*, liv. I, cap. 2, 1357 *a*.

11. PLATÃO, *Górgias*, cf. notadamente 455, 457 *a*, 463, 471 *d*.

12. PLATÃO, *Fedro*, 273 *e*.

13. ARISTÓTELES, *Retórica*, liv. I, cap. 2, 1355 *b*.

14. Consultar notadamente H. L. HOLLINGWORTH, *The Psychology of the Audience*, 1935; C. I. HOVLAND, Effects of the Mass Media of Communication, cap. 28 do *Handbook of Social Psychology*, editado por G. LINDZEY, 1954.

15. R. WHATELY, *Elements of Rhetoric*, 1828, Prefácio.

PRIMEIRA PARTE

Os âmbitos da argumentação

1. L. CARROLL, *Alice's Adventures in Wonderland*, p. 41.
2. *Id.*, p. 82.
3. *Id.*, p. 65.
4. *Id.*, p. 44.
5. E. CASSIRER, Le langage et la construction du monde des objets, *J. de Psychologie*, 1933, XXX, p. 39.
6. BACON, *Of the Advancement of Learning*, p. 25.
7. ARISTÓTELES, *Tópicos*, liv. VIII, cap. 14, 164 *b*.
8. K. J. BRUNER, Of Psychological Writing, *Journal of Abnormal and Social Psychology*, 1942, vol. 37, p. 62.
9. Cf. H. SULLIVAN, *The Interpersonal Theory of Psychiatry*, Nova York, 1953.
10. M. MILLIOUD, La propagation des idées, *Revue philosophique*, 1910, vol. 69, pp. 580-600; vol. 70, pp. 168-91.
11. H. I. MARROU, *Histoire de l'éducation dans l'Antiquité*, p. 278.
12. ARISTÓTELES, *Retórica*, liv. II, caps. 12 a 17, 1388 *b* a 1391 *b*. Vide estudo de S. DE COSTER, L'idéalisme des jeunes, em *Morale et enseigment*, 1951-52, nºs 2 e 3.
13. CÍCERO, *Partitiones oratoriae*, § 90.
14. QUINTILIANO, *De institutione oratoria*, vol. I, liv. III, cap. VIII, §§ 38 ss.
15. M. MILLIOUD, *op. cit.*, vol. 70, p. 173.
16. M. WERTHEIMER, *Productive Thinking*, pp. 135-6.
17. ARISTÓTELES, *Retórica*, liv. I, cap. 3, 1358 *b* 2-7; CÍCERO, *Orator*, § 37; *Partitiones oratoriae*, § 10; QUINTILIANO, vol. I, liv. III, cap. IV.
18. Cf. § 11: O gênero epidíctico.
19. STERNE, *Vie et opinions de Tristram Shandy*, liv. I, cap. XVIII, p. 45.
20. Cf. as observações de L. FESTINGER sobre a menor tendência à comunicação entre os defensores de opiniões medianas, *Psychol. Review*, vol. 57, n. 5, set. 1950, p. 275.
21. VICO, ed. Ferrari, vol. II, *De nostri temporis studiorum ratione*, p. 10.
22. GRACIÁN, *L'homme de cour*, trad. AMELOT DE LA HOUSSAIE, p. 85.
23. M. PRADINES, *Traité de psychologie générale*, vol. II, pp. 324-5.
24. BOSSUET, *Sermons*, vol. II: *Sur la parole de Dieu*, p. 153.
25. DEMÓSTENES, *Orações e discursos políticos*, t. I: *Sobre a organização financeira*, § 36.
26. Cf. § 2: O contato dos espíritos.
27. SAINT-EVREMOND, t. IX, p. 19, segundo PETRÔNIO, *Satiricon*, III, p. 3.
28. QUINTILIANO, vol. I, liv. III, cap. VIII; vol. IV, liv. XII, cap. I.
29. QUINTILIANO, vol. I, liv. II, cap. XV, § 34.
30. ARISTÓTELES, *Retórica*, liv. I, cap. 2, 1357 *a* e 1358 *a*.

31. R. D. D. WHATELY, *Elements of Rhetoric*, parte III, cap. I, § 2, p. 174.

32. A. REYES, *El deslinde*, p. 40. (Jules ROMAINS, *Les hommes de bonne volonté*, vol. XII: *Les créateurs*, caps. I a VII); cf. Y. BELAVAL, *Les philosophes et leur langage*, p. 138.

33. J. MAROUZEAU, *Précis de stylistique française*, p. 208.

34. E. HUSSERL, *La crise des sciences européennes*, p. 142.

35. J. BENDA, *La trahison des clercs*, 1928.

36. Cf. Ch. PERELMAN e L. OLBRECHTS-TYTECA, *Rhétorique et philosophie*, pp. 3 ss. (Lógica e retórica).

37. R. D. D. WHATELY, *Elements of Rhetoric*, parte II: *Of Persuasion*, cap. I, § 1, p. 115. Cf. Ch. L. STEVENSON, *Ethics and Language*, pp. 139-40.

38. ROUSSEAU, *Émile*, liv. III, p. 203.

39. PASCAL, Bibl. de la Pléiade, *Pensées*, 470 (195), p. 961 (252 ed. Brunschvicg).

40. G. DUMAS, *Traité de psychologie*, t. II, p. 740.

41. W. D. SCOTT, *Influencing Men in Business*, p. 32.

42. Cf. KANT, *Critique de la raison pure*, p. 9.

43. KANT, *Critique de la raison pure*, pp. 634-5.

44. Cf. notadamente FÉNELON, *Dialogues sur l'éloquence*, ed. Lebel, t. XXI, p. 43.

45. Ed. CLAPARÈDE, *La genèse de l'hypothèse*, Avant-propos.

46. KANT, *Critique de la raison pure*, p. 635.

47. G. DUMAS, *Traité de psychologie*, t. II, pp. 197-8, 200.

48. V. PARETO, *Traité de sociologie générale*, t. I, cap. IV, §§ 589 e 599.

49. Notadamente H. LEFEBVRE, *À la lumière du matérialisme dialectique*, I, *Logique formelle, logique dialectique*, p. 29.

50. J. N. FINDLAY, Morality by Convention, *Mind*, vol. LIII, p. 160. Cf. Arthur N. PRIOR, *Logic and the Basis of Ethics*, p. 84.

51. J.-P. SARTRE, *Situations*, II, pp. 192-3.

52. QUINTILIANO, vol. I, liv. I, cap. II, § 29; cf. também D. CARNEGIE, *L'art de parler en public*, p. 154, e a distinção de K. RIEZLER entre "one-way communication" e "two-way communication" em Political Decisions in Modern Society, *Ethics*, jan. 1954, 2, II, pp. 45-6.

53. QUINTILIANO, vol. I, liv. II, cap. XX, § 7.

54. PLATÃO, *Górgias*, 487, *d-e*.

55. V. PARETO, *Traité de sociologie générale*, t. I, § 612, p. 329.

56. E. GOBLOT, *La logique des jugements de valeur*, p. 17.

57. E. DUPRÉEL, *Les sophistes*, pp. 76, 77, 260, 263.

58. Cf. Ch. PERELMAN, La méthode dialectique et le rôle de l'interlocuteur dans le dialogue, *Revue de méthaphysique et de morale*, 1955, pp. 26-31.

59. Cf. K. DÜRR, Die Entwicklung der Dialektik von Platon bis Hegel, *Dialectica*, vol. I, n. 1, 1947; R. McKEON, Dialectic and Political Thought and Action, *Ethics*, out. 1954.

60. Cf. A. C. BAIRD, *Argumentation, Discussion and Debate*, p. 307.

61. SCHOPENHAUER, ed. Piper, vol. 6: *Eristische Dialektik*, p. 394.

62. A. REYES, *El deslinde*, p. 203.

63. BENTHAM, t. I: *Tactique des assemblées politiques délibérantes*, p. 391.

64. RONSARD, Bibl. de la Pléiade, vol. I: *Sonnets pour Hélène*, liv. II, XLIII, p. 260.

65. PASCAL, Bibl. de la Pléiade, *Pensées*, 249 (561), p. 891 (260 ed. Brunschvicg).

66. Cf. Prefácio do autor ao leitor.

67. SCHOPENHAUER, ed. Brockhaus, vol. 3: *Die Welt als Wille und Vorstellung*, 2. Band, cap. IX, p. 112.

68. J. S. MILL, *Système de logique*, vol. I, Introdução, p. 5.

69. A. Ed. CHAIGNET, *La rhétorique et son histoire*, p. 93.

70. ISÓCRATES, *Discursos*, t. II: *A Nícocles*, § 8.

71. R. CRAWSHAY-WILLIAMS, *The Comforts of Unreason*, pp. 74 ss.

72. SCHOPENHAUER, ed. Brockhaus, vol. 6: *Parerga und Paralipomena*, II, cap. VIII: "Zur Ethik", § 118, p. 249.

73. J. S. MILL, *Système de logique*, vol. I, liv. II, cap. III, § 3, p. 213.

74. Analisado por E. AUERBACH, *Mimesis*, pp. 234-5. (O reconforto de Madame du Fresne, publicado por J. NÈVE, *Antoine de La Salle*, pp. 109-40.)

75. LEIBNIZ, ed. Gerhardt, vol. 5: *Nouveaux essais sur l'entendement*, pp. 445-8.

76. QUINTILIANO, vol. I, liv. II, cap. I, §§ 1, 2, 8, 9. Cf. A. E. CHAIGNET, *La rhétorique et son histoire*, p. 235.

77. Cf. A. GWYNN, *Roman Education from Cicero to Quintilian*, pp. 98-9.

78. Cf. ARISTÓTELES, *Retórica*, liv. I, cap. 3, 1358 *b* 2-7 e 1358 *b* 20-29. V. mais acima o auditório como espectador no § 4: O auditório como construção do orador.

79. R. D. D. WHATELY, *Elements of Rhetoric*, parte III, cap. I, § 6, p. 190.

80. DEMÓSTENES, *Orações e discursos políticos*, t. I: *Primeira filípica*, § 30.

81. *Id.*, *Terceira olintíaca*, § 14.

82. Se bem que o passar do tempo geralmente diminua o efeito de um discurso, nem sempre ocorre assim. Os psicólogos americanos tiveram a surpresa de descobrir, em certos casos, um efeito retardado, "sleeper effect". Cf. C. I. HOVLAND, A. A. LUMSDAINE e F. D. SHEFFIELD, *Experiments on Mass Communication*, pp. 71, 182, 188-200. Para a interpretação do fenômeno, cf. C. I. HOVLAND e W. WEISS, The influence of source credibility on communication effectiveness, *Publ. Op. Quarterly*, 1952, 15, pp. 635-50; H. C. KELMAN e C. I. HOVLAND, "Reinstatement" of the Communicator in Delayed Measurement of Opinion Change, *J. of Abn. and Soc. Psych.*, 48, 3, pp. 327-35; W. WEISS, A "Sleeper Effect" in Opinion Change, *J. of Abn. and Soc. Psych.*, 48, 2, pp. 173-80.

83. V. L. SAULNIER, *L'oraison funèbre au XVIe siècle*, Bibliothèque d'Humanisme et Renaissance, t. X, 1948, pp. 126-7.

84. BOSSUET, *Sermons*, vol. II: *Sur la parole de Dieu*, pp. 148-9.

85. LA BRUYÈRE, Bibl. de la Pléiade, *Les caractères*, *De la chaire*, 11, p. 460.

86. A. BOULANGER, *Aelius Aristide*, p. 94.

87. G. TARDE, *La logique sociale*, p. 439.

88. TIMON (Cormenin), *Livre des orateurs*, pp. 152-72.

89. J. DRIENCOURT, *La propagande. Nouvelle force politique*, 1950.

90. Harold D. LASSWELL, *The Sudy and Practice of Propaganda*, em H. D. LASSWELL, R. D. CASEY e B. L. SMITH, *Propaganda and Promotional Activities, an Annotated Bibliography*, 1935, p. 3.

91. ISÓCRATES, *Discursos*, t. I: *Busíris*, § 47.

92. S. WEIL, *L'enracinement*, p. 164.

93. ARISTÓTELES, *Refutações sofísticas*, cap. 2, 165 *b*.

94. Cf. § 26: Acordos de certos auditórios particulares.

95. Cf. Ch. PERELMAN, Éducation et rhétorique, *Revue belge de psychologie et de pédagogie*, dez. 1952.

96. Cf. E. WEIL, *Logique de la philosophie*, p. 24.

97. Fragments pour la théorie de la connaissance de M. E. DUPRÉEL, *Dialectica*, 5, p. 76. Sobre a retórica como triunfo da persuasão sobre a força bruta, cf. G. TOFFANIN, *Storia dell'umanesimo*, pp. 173-5.

98. G. CALOGERO, Why do we ask why, *Actes du XIe Congrès International de Philosophie*, XIV, p. 260.

99. G. CALOGERO,Vérité et liberté, *Actes du Xe Congrès International de Philosophie*, p. 97. Em italiano, em apêndice a *Logo e dialogo*, p. 195.

100. ARISTÓTELES, *Tópicos*, liv. I, cap. 11, 105 *a*.

101. ARISTÓTELES, *id.*, livro VIII, cap. 9, 160 *b*.

102. Cf. § 71: As técnicas de ruptura e de refreamento opostas à interação ato-pessoa.

103. Sobre a tendência à unanimidade, cf. L. FESTINGER, Informal Social Communication, *Psychol. Rev.*, 57, 1950, pp. 271-82, e experiências de L. FESTINGER e J. THIBAUT, Interpersonal Communication in Small Groups, *J. of Abnormal and Social Psychol.*, 46, 1951, pp. 92-9, de K. W. BACK, Influence Through Social Communication, *J. of Abn. and Social Psychol.*, 46, 1951, pp. 9-23.

104. DEMÓSTENES, *Orações e discursos políticos*, t. I: *Primeira olintíaca*, § 19. Cf. nota de M. CROISET, p. 93.

105. Cf. E. N. GARLAN, *Legal Realism and Justice*, p. 78.

106. PASCAL, Bibl. de la Pléiade, *De l'art de persuader*, p. 376.

107. PASCAL, *id.*, *Pensées*, 472 (141), p. 962 (99 ed. Brunschvicg).

108. W. JAMES, *Essays in Pragmatism*, p. 31.

109. R. CRAWSHAY-WILLIAMS, *The Comforts of Unreason*, pp. 8 ss.

110. LUND, The Psychology of belief, *J. of Abn. and Social Psychology*, XX, abr. e jul. 1925.

111. Ch. BIRD, *Social Psychology*, p. 211.

SEGUNDA PARTE

O ponto de partida da argumentação

1. H. POINCARÉ, *La valeur de la science*, Introdução, p. 65.

2. Cf. Ch. PERELMAN e L. OLBRECHTS-TYTECA, *Rhétorique et philosophie*, p. 2 (Lógica e retórica), p. 51 (Ato e pessoa na argumentação).

3. J. PIAGET, *Traité de logique*, p. 30.

4. G. T. KNEEBONE, Induction and Probability, *Proceedings of the Aristotelian Society*, New Series, vol. L, p. 36.

5. Cf. F. GONSETH, La notion du normal, *Dialectica*, 3, pp. 243-52.

6. M. PROUST, *À la recherche du temps perdu*, vol. VII: *Le côté de Guermantes*, II, p. 85.

7. F. HOYLE, *The Nature of the Universe*, p. 90.

8. DESCARTES, *Discours de la méthode*, IIIª Parte, p. 75.

9. E. DUPRÉEL, *Sociologie générale*, pp. 181-2.

10. KOU HON MING e F. BORREY, *Le catéchisme de Confucius*, p. 69, segundo o *Tchung-yung*, cap. XX, § 7 (G. PAUTHIER, *Confucius et Mencius*, p. 83); cf. também o *Hsiao King* (*clássico da piedade filial*). *Sacred Books of the East*, vol. III, traduzido por J. LEGGE, notadamente p. 482.

11. LEIBNIZ, ed. Gerhardt, vol. 4, *Discours de métaphysique*, II, p. 427.

12. K. BURKE, *A Rhetoric of Motives*, pp. 299-300.

13. ARISTÓTELES, *Tópicos*, liv. III, cap. 2, 118 *a*.

14. FÉNELON, ed. Lebel, t. XXI: *Dialogues sur l'éloquence*, pp. 24-5.

15. M. SCHELER, *Der Formalismus in der Ethik und die materiale Wertethik*, pp. 98-9.

16. PLOTINO, *Enéades*, V, 5, § 12.

17. Cf. GILSON, *Le thomisme*, pp. 240-2.

18. ISÓCRATES, *Discursos*, t. I: *Elogio de Helena* , § 5.

19. E. GILSON, *Le thomisme*, p. 40. (Cf. *Sum. theol.*, I, 1, 5, ad 1ᵐ; *id.*, I-II, 66, 5, ad 3ᵐ; *Sup. lib. de causis*, lect. I).

20. J. BENDA, *Du style d'idées*, p. 82, nota.

21. Cf. B. BERELSON, Content Analysis, *Handbook of Social Psychology*, org. por G. LINDZEY.

22. H. D. LASSWELL, N. LEITES et allii, *Language of Politics*, p. 66, nota.

23. Cf. § 46: Contradição e incompatibilidade.

24. ARISTÓTELES, *Tópicos*, liv. VIII, cap. 14, 163 *b*.

25. CÍCERO, *Tópicos*, II, § 7; *Partitiones oratoriae*, § 5: QUINTILIANO, vol. II, liv. V, cap. X, § 20.

26. ARISTÓTELES, *Retórica*, I, cap. 2, 1358 *a*; cf. Th. VIEHWEG, *Topik und Jurisprudenz*; J. STROUX, *Römische Rechtswissenschaft und Rhetorik*.

27. *Loc. cit.*

28. VICO, *Instituzioni oratorie*, p. 20.

29. Cf. ARISTÓTELES, *Tópicos*, liv. III, 116 *a*-119 *a* e *Retórica*, liv. I, cap. 6, 7, 1362 *a*-1365 *b*.

30. ARISTÓTELES, *Tópicos*, liv. III, cap. 2, 117 *a*.

31. *Id.*, liv. III, cap. 3, 118 *b*.

32. *Id.*, liv. III, cap. 1, 116 *a*.

33. ISÓCRATES, *Discursos*, t. II: *A Nícocles*, § 8.

34. *Id.*, t. II: *Panerígico de Atenas*, § 2.

35. TIMON, *Livre des orateurs*, pp. 90-1.

36. BERGSON, *Evolution créatrice*, pp. 341-2 (grifo de Bergson).

37. PLATÃO, *Fedro*, 273 *d-e*.

38. ARISTÓTELES. *Tópicos*, liv. III, cap. 2, 117 *a*, 35.

39. ROUSSEAU, *Émile*, pp. 11-2.

40. ARISTÓTELES, *Tópicos*, liv. III, cap. 2, 117 *a-b*.
41. CÍCERO, *Tópicos*, XVIII, § 70.
42. A. QUETELET, *Physique sociale*, t. II, p. 386.
43. PASCAL, Bibl. de la Pléiade, *Pensées*, 184 (484), p. 871 (414, ed. Brunschvicg).
44. M. OSSOWSKA, *Podstawy nauki o moralnosci* (Os fundamentos de uma ciência da moral), p. 83.
45. DESCARTES, *Discours de la méthode*, parte III, pp. 73-4.
46. CALVINO, *Institution de la religion chrétienne*, *Au roy de France*, p. 5.
47. *Id.*, p. 11.
48. *Id.*, p. 13.
49. M. JOUHANDEAU, *Essai sur moi-même*, p. 153.
50. SHAKESPEARE, *Hamlet*, ato II, cena II.
51. M. BUBER, *Je et Tu*, p. 46.
52. G. MARCEL, *Le monde cassé*, seguido de *Position et approches concrètes du mystère ontologique*, pp. 270-1.
53. QUINTILIANO, vol. IV, liv. XII, cap. VII, § 8.
54. GRACIÁN, *L'homme de cour*, pp. 2, 8, 102, 113, etc.
55. ARISTÓTELES, *Tópicos*, liv. III, cap. 2, 117 *b*.
56. *Id.*, 117 *a*, 35-39.
57. Segundo BARON, *De la rhétorique*, p. 212.
58. BARON, *De la rhétorique*, n. 5, p. 451.
59. PASCAL, Bibl. de la Pléiade, *Pensées*, 240 (429), p. 889 (301, ed. Brunschvicg).
60. PLOTINO, *Enéades*, V, 3, § 10.
61. J. WAHL, Sur les philosophies de l'existence, *Glanes* 15-16, p. 16.
62. S. BECKETT, *Molloy*, p. 132.
63. Citados por LA HOUSSAIE em sua epístola a Luís XIV, no início de sua tradução de B. GRACIÁN, *L'homme de cour*, *a* 4, nota.
64. PROUST, *À la recherche du temps perdu*, t. 8: *Le côté de Guermantes*, III, p. 74.
65. M. MARANGONI, *Apprendre à voir*, p. 103.
66. SAINT-EXUPÉRY, *Vol de nuit*, p. 131.
67. ARISTÓTELES, *Tópicos*, liv. III, cap. 2, 118 *a*.
68. PASCAL, Bibl. de la Pléiade, *Pensées*, 216 (c. 53), p. 884 (170 ed. Brunschvicg).
69. Ver exemplos em RIVADENEIRA, *Vida del bienaventurado Padre Ignacio de Loyola*, p. 194 e em PITT, *Orations on the French War*, p. 42 (30 de maio de 1794).
70. R. BENEDICT, *The Chrysanthemum and the Sword*, pp. 20 ss.
71. CALVINO, *Institution de la religion chrétienne*, liv. II, cap. V, § 6.
72. KANT, *Critique de la raison pure*, pp. 305 ss.
73. Cf. Ch. PERELMAN, La vulgarisation scientifique, problème philosophique, *Revue des Alumni*, março de 1953, XXI, 4.
74. Cf. VAYSON DE PRADENNE, *Les fraudes en archéologie préhistorique*, notadamente p. 637.
75. E. ROGGE, *Axiomatik alles möglichen Philosophierens*, pp. 100 ss.
76. AUBRY e RAU, *Cours de droit civil français*, t. XII, pp. 73-4.
77. AUBRY e RAU, t. XII, p. 63, nota 2 *bis* de BARTIN.

78. *Id.*, p. 100, nota 1 *bis* de BARTIN.

79. M. JOUHANDEAU, *De la grandeur*, p. 98.

80. SCHOPENHAUER, ed. Piper, vol. 6: *Eristische Dialektik*, p. 418 (Kunstgriff 28).

81. Cf. § 49: O ridículo e seu papel na argumentação.

82. L. CARROLL, *Through the Looking-Glass*, p. 293.

83. J. PAULHAN, *Les fleurs de Tarbes*, p. 212.

84. W. PITT, *Orations on the French War*, p. 93 (27 de maio de 1795).

85. *New York Herald Tribune* (edição de Paris), de 12 de março de 1948.

86. BENTHAM, *Oeuvres*, t. I: *Traité des sophismes politiques*, pp. 449-50.

87. Cf. R. DEMOGUE, *Les notions fondamentales du droit privé*, p. 543.

88. Citado por ARISTÓTELES (segundo ISÓCRATES, *Sobre a troca*, 173), para ilustrar o lugar do antecedente e do conseqüente, *Retórica*, liv. II, cap. 23, 1399 *b*.

89. DEMÓSTENES, *Orações e discursos políticos*, t. III: *Sobre a embaixada*, § 241.

90. QUINTILIANO, vol. II, liv. V, cap. X, § 13.

91. *Rhétorique et philosophie*, p. 20. Segundo D. CARNEGIE, p. 344.

92. QUINTILIANO, vol. II, liv. VI, cap. IV, § 17.

93. DEMÓSTENES, *Orações e discursos políticos*, t. III: *Sobre a embaixada*, § 203.

94. Cf. § 103: Ordem e persuasão.

95. Cf. SCHOPENHAUER, ed. Brockhaus, vol. 6: *Parerga und Paralipomena*, II, p. 29.

96. SCHOPENHAUER, ed. Piper, vol. 6: *Eristische Dialektik*, p. 415 (Kunstgriff 16).

97. LA BRUYÈRE, Bibl. la Pléiade, *Les caractères*, *Des jugements*, 47, p. 379.

98. Ch. L. STEVENSON, *Ethics and Language*, p. 127.

99. ARISTÓTELES, *Primeiros analíticos*, liv. II, cap. 16, 64 *b* 26-65 *a* 36.

100. O. NAVARRE, *Essai sur la rhétorique grecque avant Aristote*, p. 141, n. 1. Cf. F. BLASS, *Die attische Beredsamkeit*, I, p. 122.

101. BENTHAM, *Oeuvres*, t. I: *Traité des sophismes politiques*, p. 481.

102. SCHOPENHAUER, ed. Piper, vol. 6: *Eristische Dialektik*, p. 414 (Kunstgriff 12).

Capítulo II

1. Cf. G. T. KNEEBONE, Induction and Probability, *Proceedings of the Aristotelian Society*, vol. L, 1949-1950, p. 35. Quanto à matemática, cf. R. L. WILDER, The Origin and Growth of Mathematical Concepts, *Bull. Amer. Math. Society*, set. 53, pp. 424-5.

2. Cf. C. COSSIO, Phenomenology of the Decision, em *Latin-American Legal Philosophy*, p. 399. Citado por V. GOLDSCHMIDT, *Le système stoïcien*, p. 97, n. 7.

3. *Rhetorica ad Herennium*, liv. I, § 12. CÍCERO, *De inventione*, liv. I, § 30. QUINTILIANO, vol. II, liv. IV, cap. II, cf. notadamente § 57.

4. MENG-TSEU, *Primeiro livro*, § 7 (PAUTHIER, *Confucius et Mencius*, pp. 230 ss.). Resumido por PARETO, *Traité de sociologie*, I, p. 600 (§ 1135) a respeito de sua análise da piedade como resíduo.

5. PIAGET, *Introduction à l'épistémologie génétique*, vol. I, pp. 174-5.

6. R. LENOBLE, Histoire et physique, *Rev. d'histoire des sciences et de leurs applications*, 1953, p. 125.

7. BACON, *Of the Advancement of Learning*, 2º livro, p. 156.

8. *Id.* p. 157.

9. C. I. LEWIS, *An Analysis of Knowledge and Valuation*, p. 493.

10. R. D. D. WHATELY, *Elements of Rhetoric*, Apêndice C, pp. 366 ss.

11. Cf. § 6: Persuadir e convencer.

12. No livro coletivo editado por R. CROSSMAN, *The God That Failed*, pp. 253-4.

13. *Id.*, p. 80.

14. Cf. R. ARON, *Introduction à la philosophie de l'histoire*, p. 115.

15. Cf. § 37: Problemas técnicos de apresentação dos dados; § 42: As figuras da escolha, da presença e da comunhão.

16. Cf. os anais dos Terceiros Simpósios de Zurique sobre o princípio de dualidade, *Dialectica*, 22 a 25.

17. Cf. E. GELLNER, Maxims, *Mind*, Jul. de 1951, p. 393.

18. PASCAL, Bibl. de la Pléiade, *De l'esprit géométrique et de l'art de persuader*, seção II, p. 378.

19. QUINTILIANO, vol. II, liv. IV, cap. II, § 88.

20. Cf. CLAPARÈDE, *La genèse de l'hypothèse*; MERLEAU-PONTY, *Phénoménologie de la perception*. [*Fenomenologia da percepção*, trad. bras. Carlos Alberto Ribeiro de Moura, São Paulo, Martins Fontes, 1994.]

21. K. JASPERS, *Psychopathologie générale*, cap. III.

22. I. A. RICHARDS, *The Philosophy of Rhetoric*, p. 3.

23. I. A. RICHARDS, *Principles of Literary Criticism*, p. 226.

24. *Id.*, *Interpretation in Teaching*, p. 68.

25. *Id.*, pp. VIII, 48, 62, RICHARDS e GIBSON, *Learning basic English*, p. 88.

26. Cf. K. BURKE, *A Grammar of Motives*, p. 77.

27. I. A. RICHARDS, A symposium on emotive meaning, *The philosophical Review*, 1948, p. 145.

28. PASCAL, Bibl. de la Pléiade, *Pensées*, 555 (31), p. 1003 (687 ed. Brunschvicg).

29. ISÓCRATES, *Discursos*, t. I: *Sobre a parelha*, § 4.

30. LOCKE, *An Essay Concerning Human Understanding*, liv. III, cap. IX, § 9, p. 389.

31. ARISTÓTELES, *Retórica*, liv. III, cap. 2, § 14, 1405 *b*.

32. Cf. Ch. PERELMAN e L. OLBRECHTS-TYTECA, Les notions et l'argumentation, vol. Semantica, *Archivio di filosofia*, 1955.

33. Estas considerações relativas ao epíteto e à inserção de um ser numa classe valem, *mutatis mutandis*, para os advérbios e os verbos, que, tanto uns como os outros, permitem escolher certos aspectos dos dados para pô-los em evidência. A escolha expressa pelo advérbio será mais visível do que a expressa pelo verbo. Em vez de “avançar penosamente”, empregar-se-ão em geral, com muito mais eficácia, os verbos “rastejar”, “esgueirar-se” (cf. R. WEAVER, *The Ethics of Rhetoric*, p. 135). Todavia, a

eficácia é, antes, a da metáfora adormecida (cf. § 88: As expressões com sentido metafórico ou metáforas adormecidas).

34. Cf. B. L. WHORF, The Relation of Habitual Thought and Behavior to Language in Language, *Meaning and Maturity*, org. por S. I. HAYAKAWA, p. 225.

35. H. LEFEBVRE, *À la lumière du matérialisme dialectique*, I: *Logique formelle, logique dialectique*, p. 25.

36. S. de BEAUVOIR, *Le deuxième sexe*, vol. I, p. 25.

37. *Ibid.*, vol. II, p. 449.

38. GILSON, *Le thomisme*, p. 523.

39. W. PITT, *Orations on the French War*, p. 90.

40. Cf. § 41: Figuras de retórica e argumentação.

41. BOSSUET, *Sermons*, vol. II: *Sur l'intégrité de la pénitence*, p. 616.

42. GIDE, *Prétextes*, p. 135.

43. *Id.*, p. 175.

44. Cf. § 28: A argumentação *ad hominem* e a petição de princípio.

45. Cf. PASCAL, Bibl. de la Pléiade, *De l'esprit géométrique*, pp. 363-4.

46. M. BLACK, Vagueness, em *Philosophy of Science*, 4, 1937.

47. V. artigos de HEMPEL, COPILOWISH e BENJAMIM, em *Philosophy of Science*, 6, 1939.

48. *Id.*, p. 430.

49. F. WAISMANN, Verifiability, em A. FLEW, *Essays on Logic and Language*, p. 120.

50. Cf. Ch. PERELMAN, Problèmes de logique juridique, em Essais de logique juridique, *Journal des Tribunaux*, 22 de abril de 1956, p. 272.

51. Cf. N. BOBBIO, Scienza del diritto e analisi del linguaggio, em *Saggi di critica delle scienze*, p. 55.

52. H. KELSEN, *Reine Rechtslehre*, 1934.

53. Cf. Ch. PERELMAN, Le rôle de la décision dans la théorie de la connaissance, *Atas do II Congresso Internacional de Filosofia das Ciências*, I, p. 150.

54. Cf. Ch. PERELMAN, *De la justice*.

55. Cf. E. DUPRÉEL, Sur les rapports de la logique et de la sociologie, ou théorie des idées confuses, *Rev. de métaphysique et de morale*, julho de 1911; *Le rapport social*, pp. 227 ss.; La logique et les sociologues, *Rev. de l'Institut de Sociol. Sovay*, 1924, n. 1, 2; La pensée confuse, *Annales de l'École des Hautes Études de Gand*, t. III, 1939, republicado em *Essais pluralistes*.

56. Cf. Ch. PERELMAN e L. OLBRECHTS-TYTECA, Les notions et l'argumentation, *Archivio di filosofia*, 1955.

57. Cf. B. PARAIN, *Recherches sur la nature et les fonctions du langage*, p. 96.

58. E. DUPRÉEL, *Essais pluralistes*, pp. 328-9 (O pensamento confuso).

59. S. DE MADARIAGA, *Anglais, français, espagnols*, pp. 70, 77-8.

60. *Autour de la nouvelle déclaration universelle des droits de l'homme*, Introdução, p. 12.

61. K. BURKE, *A Grammar of Motives*, p. 55.

62. LA BRUYÈRE, Bibl. de la Pléiade, *Caractères*, *De quelques usages*, 56, p. 442.

63. *Annales parlementaires de Belgique*, Câmara dos Representantes, sessão de 5 de fevereiro de 1947, p. 6.

64. C. § 82: Que é a analogia.

65. Ch. CHASSÉ, La clé de Mallarmé est chez Littré, *Quo vadis*, março-maio de 1950; *Les clés de Mallarmé*, 1954.

66. G. JAMATI, Le langage poétique, em *Formes de l'art, formes de l'esprit*, pp. 271-2. R. CAILLOIS, *Poétique de St-John Perse*, pp. 22 ss.

67. H. LEFEBVRE, *À la lumière du matérialisme dialectique*, I: *Logique formelle, logique dialectique*, pp. 38-9.

68. *Id.*, p. 20.

69. Ch. PERELMAN, Philosophies premières et philosophie régressive, em *Rhétorique et philosophie*, pp. 85 ss.

70. CLAPARÈDE, *La genèse de l'hypothèse*, p. 45.

71. OGDEN e RICHARDS, *The Meaning of Meaning*, Ch. L. STEVENSON, *Ethics and Language*; cf. também A Symposium on Emotive Meaning, *Phil. Rev.*, 1948, pp. 111-57.

72. C. Ch. PERELMAN e L. OLBRECHTS-TYTECA, *Les notions et l'argumentation*.

Capítulo III

1. ARISTÓTELES, *Retórica*, I, cap. 2, 1357 a, 18-21.

2. QUINTILIANO, vol. III, liv. VII, cap. I, § 29.

3. VICO, *Delle instituzioni oratorie*, p. 87.

4. A. REYES, *El deslinde*, p. 101.

5. Cf. J. COCTEAU, *La difficulté d'être*, p. 177.

6. ARAGON, *Les yeux d'Elsa*, p. 23.

7. FLÉCHIER, *Oraison funèbre de Henri de La Tour d'Auvergne, vicomte de Turenne*, Paris, 1676, pp. 100-1.

8. PROUST, *À la recherche du temps perdu*, vol. 12: *La prisonnière*, II, p. 190.

9. *Id.*, p. 191.

10. DEMÓSTENES, *Orações e discursos políticos*, t. III: *Sobre a embaixada*, § 214.

11. R. RUYER, *L'utopie et les utopies*, cap. II.

12. PLATÃO, Leis, VII, 794 *d* ss.; cf. P.-M. SCHUHL, *Le merveilleux, la pensée et l'action*, p. 186.

13. Emoção e presença são intimamente ligadas e supõe-se, como faz D. O. HEBB em *The Organization of Behavior*, que a emoção desacelera o processo de pensamento, tornando assim o objeto “interessante”. Cf. HEBB e THOMPSON, *Handbook of Social Psychology*, editado por LINDZEY, vol. I, p. 553.

14. WHATELY, *Elements of Rhetoric*, p. 130, nota.

15. *Id.*, pp. 194-7.

16. Cf. notadamente SCHOPENHAUER, ed. Brockhaus, vol. 2: *Die Welt als Wille und Vorstellung*, Band I, § 9, p. 49.

17. HAYAKAWA, *Language in Thought and Action*, p. 127.

18. *Id.*, p. 169.

19. SCHOPENHAUER, ed. Brokhaus, vol. 6: *Parerga und Paralipomena*, II, § 283, p. 552.

20. Valer-nos-emos várias vezes das noções de juízo de valor e de juízo de fato no sentido geralmente aceito hoje. Por outro lado, o nosso tratado tende a mostrar que não existe distinção clara e fundamental entre essas duas espécies de juízos.

21. Cf. G. MANNOURY, *Handboek der analytische signifika*, I, pp. 43, 126; B. STOKVIS, *Psychologie der suggestie en autosuggestie*, p. 19.

22. O termo *quase-sinônimo* deve ser tomado aqui no sentido mais amplo, pois pode englobar palavras de forma gramatical muito diversa, tal como "necessário" e "por causa de".

23. As noções de *Sprachfeld* (campo lingüístico), de *Bedeutungsfeld* (campo de significação), introduzidas pela lingüística estrutural, poderiam também servir ao estudo da escolha argumentativa. Cf. J. TRIER, *Der deutsche Wortschatz im Sinnbezirk des Verstandes*, pp. 1-26; Sprachliche Felder, *Zeitsch, für deutsche Bildung*, jan. 1932, pp. 417-27; Das Sprachliche Feld, *Neue Jahrbücher für Wissenschaft und Jugendbildung*, 1934, 5, pp. 428-80. Sobre esses "campos semânticos", cf. S. ULLMANN, *Précis de sémantique française*, pp. 303-9.

24. Cf. ARISTÓTELES, *Retórica*, liv. II, cap. 23, 1397 *a*; cf. também os argumentos "aparentados", CÍCERO, *Tópicos*, § 12: QUINTILIANO, vol. II, liv. V, cap. X, § 85.

25. B. NOGARO, *La valeur logique des théories économiques*, p. 155.

26. M. JOUHANDEAU, *Un monde*, p. 17.

27. Yves GANDON, *Le démon du style*, p. 16.

28. QUINTILIANO, vol. III, liv. VIII, apresentação, § 25.

29. Cf. § 96: A retórica como expediente.

30. SAINT-AUBIN, *Guide pour la classe de rhétorique*, p. 136.

31. BOSSUET, *Sermons*, vol. II: *Sermon sur la mort*, p. 449.

32. Cf. MORRIS, *Signs, Language and Behavior*, pp. 62 ss., pp. 82, 93, 103, nota A, p. 257.

33. Cf. BRUNOT, *La pensée et le langage*.

34. F. ROSTAND, *Grammaire et affectivité*.

35. Cf. GUILLAUME, *Manuel de psychologie*, p. 261.

36. BERGSON, *L'évolution créatrice*, pp. 315-6.

37. "Yet I'll not shed her blood." SHAKESPEARE, *Otelo*, ato V, cena II; cf. W. EMPSON, *Seven Types of Ambiguity*, pp. 185-6; K. BRITTON, *Communication*, p. 12.

38. F. ROSTAND, *Grammaire et affectivité*, p. 66.

39. PASCAL, Bibl. de la Pléiade, *Pensées*, 580 (137), p. 1016 (575, ed. Brunschvicg).

40. *Id.*, *Pensées*, 400 (465), p. 933 (598, ed. Brunschvicg).

41. *Contra os galileus*, 306 B. Citado por J. BIDEZ, *La vie de l'empereur Julien*, p. 305.

42. AUERBACH, *Mimesis*, p. 92.

43. *Id.*, p. 74.

44. É. NOULET, *Le premier visage de Rimbaud*, p. 183.

45. R. M. WEAVER, *The Ethics of Rhetoric*, p. 125.

46. CRAWSHAY-WILLIAMS, *The Comforts of Unreason*, p. 176.

47. WITTGENSTEIN, *Philosophische Untersuchungen*, p. 10.
48. RIMBAUD, Bibl. de la Pléiade, *Poésies*, LXXXIII, p. 139.
49. J.-P. SARTRE, *Situations*, II, pp. 68-9.
50. A. GIDE, *Journal*, 1939-1942, p. 132.
51. Cf. LONGINO, *Tratado do sublime*, cap. XXI, p. 112.
52. N. CORMEAU, *L'art de François Mauriac*, pp. 348-9 (*Génitrix*, p. 42).
53. Y. GANDON, *Le démon du style*, p. XV, p. 86.
54. C. MÉRÉ, *Oeuvres*, II, p. 34 (Des agrémens).
55. JOUHANDEAU, *Un monde*, p. 80.
56. E. PICHON, *Le développement psychique de l'enfant*, p. 96.
57. LA BRUYÈRE, *Les caractères de Théophraste*, *Du débit des nouvelles*, p. 51.
58. Cf. V. KLEMPERER, L.T.I., *Notizbuch eines Philologen*, p. 186.
59. *Le mystère Frontenac*, p. 11, cf. Y. Gandon, *Le démon du style*, p. 65.
60. Cf. W. PORZIG, *Das Wunder der Sprache*, pp. 187-8.
61. H. PAECHTER, *Nazi-Deutsch*, citado segundo LASSWELL, *Language of Politics*, p. 385, nota.
62. H. PAECHTER, *Nazi-Deutsch*, p. 6.
63. ARISTÓTELES, *Retórica*, liv. II, cap. 21, 1394 *a* ss.
64. *Id.*, 1395 *b*, 11.
65. SCHOPENHAUER, ed. Piper, vol. 6: *Eristische Dialektik*, p. 401, nota.
66. Cl.-L. ESTÈVE, *Études philosophiques sur l'expression littéraire*, p. 217.
67. J. PAULHAN, *Les hain-tenys*, p. 37.
68. Cf. L. BELLAK, The Nature of Slogans, *Journal of Abnormal and Social Psychology*, vol. 37, 1942, pp. 496-510.
69. SÊNECA, *Controversiae et suasoriae*, t. I, liv. I, Prefácio, § 24.
70. QUINTILIANO, vol. III, liv. IX, cap. I, § 19 a 21.
71. *Rhetorica ad Herennium*, liv. IV, § 68; cf. QUINTILIANO, vol. III, liv. IX, cap. II, § 40.
72. QUINTILIANO, vol. III, liv. IX, cap. I, § 10; liv. IX, cap. III, § 99.
73. J. PAULHAN, Les figures ou la rhétorique décryptée, *Cahiers du Sud*, n. 295 (1949), p. 387.
74. COURNOT, *Essai sur les fondements de nos connaissances*, II, p. 12.
75. AUDOMARI TALEI, *Rhetoricae libri duo*, p. 16.
76. R. VOLKAMANN, *Hermagoras oder Elemente der Rhetorik*, p. 275.
77. A. SMITH, *The Wealth of Nations*, p. 423.
78. J.-P. SARTRE, *L'être et le néant*, p. 179.
79. LONGINO, *Tratado do sublime*, cap. XV, p. 97.
80. SÊNECA, *Controversiae*, liv. I, I, § 15.
81. BARON, *De la rhétorique*, p. 61.
82. RACINE, Bibl. de la Pléiade, *Athalie*, ato I, cena I, p. 896.
83. Cf. § 75: A ligação simbólica.
84. QUINTILIANO, vol. III, liv. IX, cap. II, § 18.
85. *Ibidem*.

86. *Rhetorica ad Herennium*, liv. IV, § 36.
87. DUMARSAIS, *Des tropes*, p. 161.
88. Citado por VICO, *Della instituzioni oratorie*, p. 142.
89. *Id.*, pp. 142 ss.
90. Cf. § 51: Analiticidade, análise e tautologia.
91. *Rhetorica ad Herennium*, liv. IV, § 38.
92. QUINTILIANO, vol. III, liv. IX, cap. III, § 28.
93. CHAIGNET, *La rhétorique et son histoire*, pp. 515-6.
94. Cf. § 56: A divisão do todo em suas partes.
95. VICO, *Delle instituzioni oratorie*, p. 81.
96. CORNEILLE, *Le Cid*, ato I, cena VI.
97. *Rhetorica ad Herennium*, liv. IV, § 38.
98. Cf. VICO, *Delle instituzioni oratoriae*, p. 151.
99. Cf. § 37: Problemas técnicos de apresentação dos dados.
100. Cf. LONGINO, *Tratado do sublime*, cap. XXI, p. 112.
101. RACINE, Bibl. de la Pléiade, *Phèdre*, ato V, cena VI, pp. 817-8.
102. BARON, *De la rhétorique*, p. 335.
103. Cf. § 70: O argumento de autoridade.
104. SCHOLEM ALEIHEM, *L'histoire de Tèvié*.
105. LA BRUYÈRE, Bibl. de la Pléiade, *Caractères*, *Des jugements*, 64, p. 385.
106. VICO, *Delle instituzioni oratorie*, p. 147.
107. Citado por SAINT-AUBIN, *Guide pour la classe de rhétorique*, p. 91. MASSILLON, *Carême*, Sermon XIX: *Sur le petit nombre des élus*, t. I, col. 722.
108. LONGINO, *Tratado do sublime*, cap. XXII, pp. 112-3.
109. MASSILLON, Sermon IV. Pour le second dimanche de l'avent. *Sur les afflictions*, t. I, col. 241.
110. K. BRITTON, *Communication*, p. 48.
111. Cf § 38: Formas verbais e argumentação.
112. VAYSON DE PRADENNE, *Les fraudes en archéologie préhistorique*, p. 244.
113. QUINTILIANO, vol. II, liv. VI, cap. III, § 74.
114. Exemplos citados por DUMARSAIS, *Des tropes*, p. 70.
115. Discours sur l'éducation des femmes à tous les degrés, 22-23 de março de 1871, segundo E. DESCAMPS, *Études d'art oratoire et de législation*, p. 40.
116. R. CAILLOIS, Poétique de St-John Perse, pp. 33-4.
117. BROWNING, *Poems*, *Bishop Blougram's Apology*, p. 140.

All we have gained then by our unbelief
Is a life of doubt diversified by faith,
For one of faith diversified by doubt:
We called the chess-board white, – we call it black.

Cf. § 56: A divisão do todo em suas partes
118. J. RIVIÈRE, *Aimée*, p. 131.

119. N. BOBBIO, Libertà dell'arte e politica culturale, *Nuovi argomenti*, 1953, n. 2.

120. SHAKESPEARE, *Julius Caesar*, ato III, cena II.

Had you rather Caesar were living, and die all slaves, than that Caesar were dead, to live all free men?

TERCEIRA PARTE

As técnicas argumentativas

1. G. RYLE, *Dilemmas*, p. 102.
2. Cf. Reflexões de WITTGENSTEIN, em Philosophische Untersuchungen.
3. BOSSUET, *Sermons*, vol. II: *Sur l'impénitence finale*, pp. 221-2.
4. Cf. A. GURWITSCH, *Actes du XIe Congrès International de Philosophie*, vol. II, pp. 43-7.
5. QUINTILIANO, vol. II, liv. V, cap. X, § 89.

Capítulo I

1. LA BRUYÈRE, *Oeuvres*, Bibl. de la Pléiade, *Caractères*, *Des femmes*, 50, p. 142.
2. E. DUPRÉEL, *Sociologie générale*, p. 143.
3. W. PITT, *Orations on the French War*, p. 116 (15 de fevereiro de 1796).
4. M. PROUST, *Oeuvres complètes*, vol. 8: *Le côté de Guermantes*, III, p. 70.
5. R. BENEDICT, *The Chrysanthemum and the Sword*, p. 156.
6. M. PROUST, *Le côté de Guermantes*, III, p. 90.
7. V. JANKÉLÉVITCH, *Traité des vertus*, p. 435.
8. J.-P. SARTRE, *L'être et le néant*, p. 95.
9. *Id.*, p. 109.
10. G. MARCEL, *Position et approches concrètes du mystère ontologique*.
11. BENTHAM, *Oeuvres*, t. I: *Traité des sophismes politiques*, p. 479.
12. LEIBNIZ, *Oeuvres*, ed. Gerhardt, vol. 5: *Nouveaux essais sur l'entendement*, pp. 79-80.
13. ARISTÓTELES, *Retórica*, II, cap. 23, 1399 *b*, *5*.
14. V. mais adiante § 53: Argumentos de reciprocidade.
15. LOCKE, *The Second Treatise of Civil Government and a Letter Concerning Toleration*, p. 137.
16. R. BENEDICT, *The Chrysanthemum and the Sword*, pp. 30 e 41.
17. PASCAL, *Oeuvre*, Bibl. de la Pléiade, *Pensées*, 185 (81), p. 871 (374 ed. Brunschvicg).
18. Cf. G. ISAYE, La justification critique par rétorsion, *Revue philosophique de Louvain*, maio de 1954, pp. 205-33. Cf. também *Dialectica*, 21, p. 32.
19. L. WOOD, *The Analysis of Knowledge*, pp. 194 ss.

20. Cf. a esse respeito F. GONSETH, *Dialectica*, 21, p. 61, e H. FEIGL, *De principiis non disputandum...?*, em *Philosophical Analysis*, editado por M. BLACK, p. 125.

21. BENTHAM, *Oeuvres*, t. I: *Sophismes anarchiques*, p. 524.

22. EPICTETO, *Dissertações*, liv. I, 23, § 7.

23. Cf. o uso desses termos em PASCAL, Bibl. de la Pléiade, *Pensées*, 4 (213), p. 823 (273 ed. Brunschvicg).

24. E. DUPRÉEL, *Essais pluralistes* (Le problème sociologique du rire), p. 41.

25. LA BRUYÈRE, Bibl. de la Pléiade, *Les caractères*, *Des jugements*, 47, p. 379.

26. H. S. SULLIVAN, *The Interpersonal Theory of Psychiatry*, p. 268; cf. também, para a relação entre ansiedade e incompatibilidade, pp. 170, 190, 346 e sobre a inatenção seletiva que permite evitar essas incompatibilidades, A. H. STANTON, Sullivan's Conceptions, em P. MULLAHY, *The Contributions of Harry Stack Sullivan*, p. 70.

27. Não o ignora Platão, que prevê oportunadamente o riso que suscitarão algumas de suas proposições que se chocam violentamente com os costumes estabelecidos, PLATÃO, *República*, liv. V, 452, 457 *b*, 473 *c*.

28. PLATÃO, *República*, liv. VI, 504 *e*. No que toca à argumentação por hierarquia dupla, cf. nosso § 76.

29. LA BRUYÈRE, Bibl. de la Pléiade, *Dialogues sur le quiétisme*, I, p. 532; V, p. 576.

30. P. JANSON, *Discours parlementaires*, vol. I, p. 19 (6 de junho de 1877).

31. Cf. R. D. D. WHATELY, *Elements of Rhetoric*, parte I, cap. III, § 6, nota, p. 100.

32. DUMARSAIS, *Des tropes*, p. 131.

33. DEMÓSTENES, *Orações e discursos políticos*, t. II: *Terceira filípica*, § 66.

34. No tocante ao seu papel no diálogo platônico, cf. R. SCHAERER, Le mécanisme de l'ironie dans ses rapports avec la dialectique, *Rev. de métaph. et de morale*, julho de 1941.

35. Cf. jornal *Le Soir* de 3 de junho de 1950.

36. BOILEAU, *Satire IX*, citado por DUMARSAIS, *Des tropes*, p. 132.

37. P. BAROJA, *La caverna del humorismo*, p. 96.

38. Cf. AUERBACH, *Mimesis*, pp. 213-4, excelente análise de uma passagem irônica de Boccaccio.

39. Por exemplo, carta de Jdanov a Stálin, em J. HUXLEY, *Soviet Genetics and World Science*, pp. 230-4 (Pós-escrito II).

40. VAYSON DE PRADENNE, *Les fraudes en archéologie préhistorique*, p. 538.

41. Cf. ISÓCRATES, *Discursos*, t. I: *Busíris*, § 26.

42. ARISTÓTELES, *Tópicos*, liv. I, cap. 2, 104 *b*, 19-24.

43. Cf. A. NAESS, *Interpretation and Preciseness*, cap. IV.

44. J. S. MILL, *Système de logique déductive et inductive*, vol. I (liv. II, cap. I, § 1), pp. 176-7.

45. *Id.*, *L'utilitarisme*, p. 8.

46. J. M. KEYNES, *A Treatise on Money*, 1930; *The General Theory of Employment Interest and Money*, 1936.

47. Que poderiam ser aproximadas da noção carnapiana de "explicação"; cf. C. G. HEMPEL, *Fundamentals of Concept Formation in Empirical Science*, pp. 11-2.

48. Vide, a esse respeito, *The General Theory...*, pp. 60-1.

49. F. GONSETH, *Dialectica*, 6, pp. 123-4.

50. Exemplo em MORRIS, *Signs, Language and Behavior*, p. 12, e n. G, p. 250.

51. Cf. QUINTILIANO, vol. II, liv. V, cap. X, § 55; cf. J. PAULHAN, *La preuve par l'étymologie*.

52. Cf. definição do milagre em S. WEIL, *L'enracinement*, pp. 225 ss.

53. SPINOZA, *Ética*, liv. I, defs. I e III.

54. J. WISDOM, Logical Constructions, *Mind*, 1931 a 1933, e A. H. S. COOMBE-TENNANT, Mr. Wisdom on Philosophical Analysis, *Mind*, out. de 1936.

55. L. S. STEBBING, The Method of Analysis in Metaphysics, *Proceedings of the Aristotelian Society*, vol. XXXIII, 1932-33.

56. Cf. K. BRITTON, *Communication*, p. 139.

57. Cf. A discussão dos fatos e das verdades no § 16.

58. M. BLACK, *Philosophical Analysis*, Introdução.

59. B. NOGARO, *La valeur logique des théories économiques*, pp. 12-3.

60. K. BRITTON, *Communication*, p. 179.

61. VICO, *Delle instituzioni oratorie*, p. 142.

62. DUMARSAIS, *Des tropes*, p. 173.

63. BARON, *De la rhétorique*, p. 337.

64. Ch. MORRIS, *Signs, Language and Behavior*, p. 171.

65. S. I. HAYAKAWA, *Language in Thought and Action*, pp. 213-4.

66. J. PAULHAN, *Entretien sur des faits divers*, p. 145.

67. M. JOUHANDEAU, *Les ana de madame Apremont*, p. 61.

68. Cf. § 42: As figuras da escolha, da presença e da comunhão.

69. V. mais adiante § 94: Enunciados que incentivam a dissociação. [Em português, esta máxima recebeu a tradução: "não podes entrar duas vezes no mesmo rio. N. do T.]

70. VICO, *Delle instituzioni oratorie*, p. 142.

71. Cf. § 27: Acordos próprios de cada situação.

72. Ch. PERELMAN, *De la justice*, p. 27.

73. DEMÓSTENES, *Orações*, t. II: *Sobre o tratado com Alexandre*, § 18.

74. C. V. GHEORGHIU, *La vingt-cinquième heure*, p. 274.

75. LOCKE, *The Second Treatise of Civil Government and a Letter Concerning Toleration*, p. 136.

76. ARISTÓTELES, *Retórica*, liv. II, cap. 23, 1397 *a*.

77. QUINTILIANO, vol. II, liv. V, cap. X, § 78.

78. LA BRUYÈRE, Bibl. de la Pléiade, *Caractères*, *De quelques usages*, 21, p. 432.

79. ROUSSEAU, *Émile*, p. 18.

80. J. PIAGET, *Le jugement et le raisonnement chez l'enfant*, pp. 252 ss.; *La causalité physique chez l'enfant*, pp. 278-280; cf. Ch. ODIER, *Les deux sources, consciente et inconsciente, de la vie morale*, pp. 263-8.

81. Cf. *Rhetorica ad Herennium*, liv. II, § 25.

82. ISÓCRATES, *Discursos*, t. II: *Panegírico de Atenas*, § 81.

83. DEMÓSTENES, t. I: *Primeira olintíaca*, § 24.

84. DEMÓSTENES, t. III: *Sobre a embaixada*, § 214.

85. LA BRUYÈRE, Bibl. de la Pléiade, *Les caractères, Du souverain ou de la république*, 12, pp. 295 ss.

86. QUINTILIANO, vol. II, liv. V, cap. X, § 79.

87. Segundo a carta do Ministro W. P. Preble a Martin van Buren, Secretário de Estado, de 16 de novembro de 1830, reproduzida em Sophie PERELMAN, Introduction aux relations diplomatiques entre la Belgique et les États-Unis, *Bull. de la Commission Royale d'Histoire*, Bruxelas, 1949, p. 209.

88. QUINTILIANO, vol. II, liv. V, cap. X, § 76.

89. PASCAL, Bibl. de la Pléiade, 175 (25*), p. 869 (136 ed. Brunschvicg).

90. CALVINO, *Institution de la religion chrétienne*, liv. II, cap. I, § 6.

91. PASCAL, Bibl. de la Pléiade, *Les provinciales*, Quinta Carta, p. 473.

92. ARISTÓTELES, *Retórica*, II, cap. 23, 1397 *a*.

93. GIBERT, *Jugements des savans sur les auteurs qui ont traité de la rhétorique*, vol. III, p. 154.

94. Cf. QUINTILIANO, vol. II, liv. V, cap. X, § 79, e ARISTÓTELES, *Retórica*, II, cap. 23, 1399 *b*, entimema XVII. Cf. § 48: Técnicas visando apresentar teses como compatíveis ou incompatíveis.

95. MONTAIGNE, Bibl. de la Pléiade, *Essais*, liv. I, cap. XX, p. 105.

96. Citado segundo Ch. LALO, *Esthétique du rire*, p. 159.

97. L. STERNE, *Vie et opinions de Tristram Shandy*, liv. IV, cap. XXIX, p. 275.

98. ARISTÓTELES, *Retórica*, II, cap. 23, 1397 *a*.

99. G. RYLE, *The Concept of Mind*, pp. 71-4.

100. M. JOUHANDEAU, *Un monde*, p. 251.

101. SÊNECA, *Controversiae et suasoriae*, t. I: *Controversiae*, liv. I, I, § 7.

102. *Id.*, § 8.

103. DEMÓSTENES, *Orações*, t. I: *Pela liberdade dos ródios*, § 33.

104. E. DUPRÉEL, *Sociologie générale*, pp. 140-5.

105. ROUSSEAU, *Émile*, pp. 35-6.

106. ARISTÓTELES, *Retórica*, liv. I, cap. 1, 1335 *a*; liv. II, cap. 22, 1395 *b*.

107. QUINTILIANO, vol. II, liv. V, cap. XIV, § 14.

108. Cf. CÍCERO, *Tópicos*, § 54 ss.

109. Cf. § 66: O argumento da direção.

110. O *Tao Hio*, Primeira Parte, § 4. Tradução para o francês próxima das de J. LEGGE, *The Sacred Books of the East*, vol. XXVIII, pp. 411-2, e *The Chinese Classics*, vol. I, 2ª ed., pp. 357-8. As outras interpretações, notadamente a de G. PAUTHIER, *Les Sse Chou ou les quatre livres de philosophie morale et politique de la Chine*, I, pp. 21-3, conservam o andamento geral do raciocínio. Mas os comentadores, antigos e modernos, discutem para saber qual é o seu ponto central.

111. LOCKE, *The Second Treatise of Civil Government and a Letter Concerning Toleration*, p. 135.

112. ISÓCRATES, *Discursos*, t. II: *A Nícocles*, § 8; cf. também t. II: *Panegírico de Atenas*, § 2; t. II: *Arquidamo*, § 54; t. III: *Sobre a troca*, § 79.

113. H. POINCARÉ, *La valeur de la science*, Introdução, p. 65. Cf. § 16: Os fatos e as verdades.

114. PLATÃO, *República*, liv. IX, 582 *b* - 583 *b*.
115. MERLEAU-PONTY, *Phénoménologie de la perception*, p. 33.
116. PASCAL, Bibl. de la Pléiade, *Pensées*, 39, 40, 41, 42 (129*, 440*, 11, 49), pp. 832-3 (34, 35, 36, 37, ed. Brunschvicg).
117. V. JANKÉLÉVITCH, *Traité des vertus*, p. 18.
118. *Id.*, p. 28.
119. ARISTÓTELES, *Retórica*, liv. II, cap. 23, IX, 1398 *a*.
120. *Id.*, liv. II, cap. 23, XII, 1399 *a*.
121. ARISTÓTELES, *Tópicos*, liv. II, cap. 4, 111 *a*.
122. *Id.*, liv. II, cap. 4, 111 *b*.
123. CÍCERO, *Tópicos*, §§ 28 a 30.
124. QUINTILIANO, vol. II, liv. V, cap. X, § 63.
125. *Id.*, § 67.
126. Cf. § 42: As figuras da escolha, da presença e da comunhão.
127. BERGSON, *Les deux sources de la morale et de la religion*, p. 35.
128. Cf. § 76: O argumento de hierarquia dupla aplicado às ligações de sucessão e de coexistência.
129. PASCAL, Bibl. de la Pléiade, *Pensées*, 521 (37), p. 979 (762, ed. Brunschvicg).
130. CÍCERO, *De inventione*, liv. I, § 83.
131. VAYSON DE PRADENNES, *Les fraudes en archéologie préhistorique*, p. 533.
132. DEMÓSTENES, *Orações*, t. I: *Primeira olintíaca*, §§ 25 e 27.
133. L. STERNE, *Vie et opinions de Tristram Shandy*, p. 220.
134. *Rhetorica ad Herennium*, liv. II, § 38.
135. DEMÓSTENES, *Orações e discursos políticos*, t. IV: *Sobre a coroa*, § 217.
136. SCHOPENHAUER, ed. Piper, vol. 6: *Eristische Dialektik*, p. 414.
137. PASCAL, Bibl. de la Pléiade, *De l'esprit géométrique*, p. 369.
138. LA BRUYÈRE, Bibl. de la Pléiade, *Caractères*, *Des esprits forts*, 13, p. 472.
139. E. DUPRÉEL, *Essais pluralistes* (Da necessidade), p. 77.
140. Cf. § 32: A escolha das qualificações.
141. H. LEFEBVRE, *À la lumière du matérialisme dialectique*, I, p. 43.
142. J. LOCKE, *The Second Treatise of Civil Government and a Letter Concerning Toleration*, p. 136.
143. *Rhetorica ad Herennium*, liv. IV, § 40.
144. Cf. § 42: As figuras da escolha, da presença e da comunhão.
145. E. DUPRÉEL, *Esquisse d'une philosophie des valeurs*, pp. 68-9.
146. R. BROWNING, *Poems*, *Bishop Blougram's Apology*, p. 140.

All we have gained then by our unbelief
Is a life of doubt diversified by faith,
For one of faith diversified by doubt:
We called the chess-board white, – we call it black.

Cf. § 43: O estatuto dos elementos de argumentação e sua apresentação.

147. CÍCERO, *De oratore*, liv. II, § 172.

148. HEMPEL e OPPENHEIM, *Der Typusbegriff im Lichte der neuen Logik.*

149. E. GILSON, *Le thomisme*, p. 281 (cf. *Suma teológica*, I, 77, 2, *ad Resp.*).

150. Cf. §: 20: As hierarquias.

151. Cf. H. HELSON, Adaptation-level as a basis for a quantitative theory of frames of reference, *The Psychol. Review*, nov. de 1948, p. 302.

152. PLOTINO, t. VI, 2, *Enéades* VI, 9, § 9, p. 185.

153. BOSSUET, *Sermons*, t. II: *Sur l'ambition*, p. 395.

154. PLOTINO, t. VI, 2, *Enéades*, 8, § 8, p. 143.

155. Segundo o jornal *Le Soir*, de 20-6-1950.

156. W. PITT, *Orations on the French War*, p. 123 (9 de dezembro de 1795).

157. *Id.*, p. 133 (10 de maio de 1796).

158. Cf. Y. GANDON, *Le démon du style*, p. 140.

159. LA BRUYÈRE, *Oeuvres*, Bibl. de la Pléiade, *Caractères, De la société et de la conversation*, 19, p. 176.

160. QUINTILIANO, vol. III, liv. VIII, cap. IV, § 7.

161. *Id.*, § 6 (*Eneida*, canto VII, 649-650).

162. LA BRUYÈRE, *Oeuvres*, Bibl. de la Pléiade, *Caractères, Du mérite personnel*, 24, p. 118.

163. R. BROWNING, *Poems, Bishop Blougram's Apology*, p. 141.

164. J.-P. SARTRE, *L'être et le néant*, p. 569.

165. L. KLAGES, Notions fondamentales de la caractérologie, em *Le diagnostic du caractère*, p. 16.

166. CALVINO, *Institution de la religion chrétienne, Au roy de France*, p. 8.

167. PASCAL, Bibl. de la Pléiade, *Pensées*, 397 (159), p. 932 (593 ed. Brunschvicg).

168. CORNEILLE, *Polyeucte*, ato V, cena V.

169. BOSSUET, *Sermons*, vol. II: *Sur la parole de Dieu*, p. 157.

170. ISÓCRATES, *Discursos*, t. I: *Elogio de Helena*, §§ 48 ss.

171. FÉNELON, *Oeuvres*, ed. Lebel, t. XXI: *Dialogues sur l'éloquence*, p. 75.

172. PLOTINO, t. VI, 2, *Enéades*, VI, 7, § 34, p. 108.

173. S. WEIL, *L'enracinement*, p. 114.

174. Cf. § 65: O argumento do desperdício.

175. Cf. EPICTETO, *Dissertações*, liv. I, 4, § 27, p. 20; R. CROSSMAN, *Palestine Mission, with Speech Delivered in the House of Commons*, 1º de julho de 1946, p. 250.

176. J. PAULHAN, *Le guerrier appliqué*, pp. 132-3.

177. BOSSUET, *Sermons*, vol. II: *Sur la compassion de la Sainte Vierge*, p. 645.

178. CALVINO, *Institution de la religion chrétienne, Au roy de France*, p. 13.

179. Ch. ODIER, *L'angoisse et la pensée magique*, p. 214.

180. Cf. § 64: Os fins e os meios.

181. ISÓCRATES, *Discursos*, t. II: *Panegírico de Atenas*, § 84.

182. P. JANSON, *Discours parlementaires*, vol. I, p. 124, sessão da Câmara dos Representantes, 26 de fevereiro de 1880.

183. ISÓCRATES, *Discursos*, t. II: *Panegírico de Atenas*, § 82.
184. FUN FARE, *Reader's Digest*, 1949, p. 62.
185. V. JANKÉLÉVITCH, *Traité des vertus*, p. 795.
186. BOSSUET, *Sermons*, vol. II: *Sur l'ardeur de la pénitence*, p. 588.
187. ARISTÓTELES, *Tópicos*, liv. III, cap. 2, 118, a, 26.
188. G. BERNANOS, *La joie*, p. 35.
189. MONTESQUIEU, *De l'esprit des lois*, liv. XI, cap. VI, p. 267.
190. E. GILSON, *Le thomisme*, pp. 215-216 (cf. *Cont. Gent.*, II, 45, ad Cum enim, *Sum. theol.*, I, 47, 1, *ad Resp.*).
191. B. RUSSELL, *Political Ideals*, segundo S. I. HAYAKAWA, *Language in Thought and Action*, p. 139.
192. SÃO JERÔNIMO, *Epistolae*, liv. XVI, 5; *Patrologie latine*, t. XXII, col. 642.
193. E. AUERBACH, *Mimesis*, p. 70.
194. ISÓCRATES, *Discursos*, t. I: *Contra Eutínoo*, §§ 8, 10.
195. LECOMTE DU NOÜY, *L'homme et sa destinée*, pp. 37 ss.
196. ISÓCRATES, *Discursos*, t. II: *Arquidamo*, § 4.
197. PLATÃO, *Fedro*, 231 *d*.
198. LOCKE, *The Second Treatise of Civil Government and a Letter Concerning Toleration*, p. 128.
199. PASCAL, Bibl. de la Pléiade, *Pensées*, 451 (7), p. 955 (233 ed. Brunschvicg).
200. LEIBNIZ, ed. Gerhardt, vol. 5: *Nouveaux essais sur l'entendement*, pp. 445 ss.
201. BENTHAM, *Oeuvres*, t. II: *Traité des preuves judiciaires*, cap. XVII, p. 262.
202. Cf. I. J. GOOD, *Probability and the Weighing of Evidence*.
203. Cf. notadamente I. D. J. BROSS, *Design for Decision*.
204. Cf. L.-E. HALKIN, *Initiation à la critique historique*, p. 22.
205. Cf. KEYNES, *A Treatise on Probability*, p. 311, nota.
206. D. VAN DANTZIG, *Blaise Pascal en de betekenis der wiskundige denkwijze voor de studie van de menselijke samenleving*, p. 12.
207. Cf. KEYNES, *A Treatise on Probability*, p. 308.
208. COURNOT, *Essai sur le fondements de nos connaissances et sur les caractères de la critique philosophique*, vol. I, pp. 171-2.

Capítulo II

1. BOSSUET, *Sermons*, vol. II: *Sur la parole de Dieu*, pp. 143-5.
2. BOSSUET, *Sermons*, vol. II: *Sur la soumission due à la parole de Jésus-Christ*, p. 133.
3. PLAUTO, *Comédias*, vol. VII: *Trinummus*, ato V, cena II, vv. 1159-60.
4. Cf. § 16: Os fatos e as verdades; § 17: As presunções.
5. R. BROWNING, *The Ring and the Book*, p. 56.
6. *Id.*, p. 97:

   – who knows?
   Sleeping perhaps, silent for certain,...

7. ARISTÓTELES, *Retórica*, II, cap. 23, XXVII, 1400 *b*.
8. R. ARON, *Introduction à la philosophie de l'histoire*, p. 164.

9. CURTIS-BENNETT, defensor do Dr. Fuchs, no processo de abr. de 1950.

10. CERVANTES, *El ingenioso hidalgo Don Quijote de la Mancha*, vol. VI, II, cap. XXIII, pp. 112-3.

11. ANNAMBHATTA, *Le compendium des topiques*, p. 46.

12. Cf. § 68: A pessoa e seus atos.

13. LOCKE, *The Second Treatise of Civil Government and a Letter Concerning Toleration*, p. 135.

14. BENTHAM, *Oeuvres*, t. I: *Principes de législation*, cap. XIII, p. 39.

15. Cf. CÍCERO, *De inventione*, liv. II, § 86; *Rhetorica ad Herennium*, liv. II, § 26.

16. Cf. H. FEIGL, De principiis non disputandum?... em *Philosophical Analysis*, editado por M. BLACK, p. 122, sobre a oposição entre *justificatio actionis*, por ele denominada *vindication*, e *justificatio cognitionis ou validation*.

17. Cf. observações de D. VAN DANTZIG em *Democracy in a World of Tensions*, org. por R. McKEON, p. 55.

18. Ch. ODIER, *L'angoisse et la pensée magique*, p. 121.

19. CALVINO, *Institution de la religion chrétienne*, liv. II, cap. II, § 1.

20. Cf. G. MARCEL, *Un homme de Dieu*; C.-A. PUGET, *La peine capitale*.

21. GUIGUES LE CHARTREUX, *Meditaciones*, cap. II, *Patrologie latine*, t. CLIII, col. 610 *b*, citado em E. GILSON, *L'esprit de la philosophie médiévale*, p. 268.

22. QUINTILIANO, vol. II, liv. V, cap. X, § 84.

23. ARISTÓTELES, *Retórica*, II, cap. 23, XIII, 1399 *a*.

24. MONTAIGNE, Bibl. de la Pléiade, *Essais*, liv. III, cap. VIII, pp. 904-5.

25. S. WEIL, *L'enracinement*, p. 213.

26. LEIBNIZ, *Oeuvres*, ed. Gerhardt, vol. 5: *Nouveaux essais sur l'entendement*, pp. 60-1.

27. E. GILSON, *Le thomisme*, p. 223. (Cf. *Sum. theol.*, 49, 2, *ad Resp.*)

28. QUINTILIANO, vol. II, liv. VI, cap. III, § 77.

29. Citado de Ch. LALO, *Esthétique du rire*, p. 159.

30. J. PAULHAN, *Entretien sur des faits divers*, p. 54; cf. sobre este ponto M.-J. LEFEBVE, Jean Paulhan, pp. 91 ss.

31. A. SMITH, *The Wealth of Nations*, p. 13.

32. M. PROUST, *À la recherche du temps perdu*, vol. 12: *La prisonnière*, II, p. 210, citado em *Rhétorique et philosophie*, p. 30 (Lógica e retórica).

33. Cf. § 96: A retórica como expediente.

34. PAGNOL, *César*, p. 60.

35. R. AMY, *Hommes et bêtes*, pp. 106 ss. (*Rev. de l'Inst. de Sociol.*, 1954, n. 1, pp. 166 ss.).

36. CÍCERO, *Paradoxa stoicorum*, IV., § 29.

37. Cf. W. BARNES, Ethics Without Propositions, *Aristotelian Society Supplementary*. Vol. XXII, p. 16.

38. BOSSUET, *Sermons*, vol. II: *Sur la pénitence*, p. 71.

39. J.-P. SARTRE, *L'être et le néant*, pp. 531 ss., 562 ss.

40. E. GOBLOT, *La logique des jugements de valeur*, pp. 55-6.

41. Cf. Ch. L. STEVENSON, *Ethics and Language*, p. 193.

42. S. WEIL, *L'enracinement*, p. 57.

43. V. JANKÉLÉVITCH, *Traité des vertus*, p. 38.

44. RIVADENEIRA, *Vida del bienaventurado padre Ignacio de Loyola*, p. 277.

45. DEMÓSTENES, *Orações*, t. II: *Sobre a paz*, § 4.

46. PLUTARCO, *Obras morais*, t. II: *Como se pode elogiar a si próprio sem se expor à inveja*, p. 343.

47. Citado por S. de BEAUVOIR, *Le deuxième sexe*, I, p. 343.

48. Cf. V. GOLDSCHMIDT, *Le système stoïcien et l'idée de temps*, pp. 146-9.

49. Cf. § 92: O papel dos pares filosóficos e suas transformações.

50. M. J. WHITE, em *The Contributions of Harry Stack Sullivan*, editado por P. MULLAHY, p. 147.

51. QUINTILIANO, vol. III, liv. VII, cap. IV, §§ 9 e 12.

52. SANTA TERESA DE ÁVILA, *Vida*, p. 115.

53. BERRIAT SAINT-PRIX, *Manuel de logique juridique*, pp. 47-8.

54. SANTA TERESA DE ÁVILA, *Vida*, p. 96.

55. BOSSUET, *Sermons*, vol. II: *Sur la pénitence*, p. 72.

56. J. VOLKELT, *Gewissheit und Wahrheit*, p. 169, n. 1.

57. CORNEILLE, *Polyeucte*, ato IV, cena III.

58. Cf. § 74: Outras ligações de coexistência, o ato e a essência.

59. J. ROMAINS, *Psyché*, III: *Quand le navire...*, pp. 194-5.

60. M.-J. LEFEBVE, *Jean Paulhan*, p. 165 (*Le guerrier appliqué*, pp. 122-3).

61. LEIBNIZ, *Oeuvres*, ed. Gerhardt, vol. 4: *Discours de métaphysique*, pp. 445-6.

62. G. RYLE, *The Concept of Mind*, p. 31.

63. BENTHAM, *Oeuvres*, t. I: *Traité des sophismes politiques*, p. 463.

64. H. BARUK, Le psychiatre dans la société, *La Semaine des Hôpitaux de Paris*, 25º ano, n. 74, pp. 3046-7.

65. BERKELEY, *Oeuvres choisies*, t. II: *Les trois dialogues entre Hylas et Philonous*, 3º diál., p. 171.

66. B. S. CHLEPNER, Réflexions sur le problème des nationalisations, *Revue de l'Institut de Sociologie*, 1949, p. 219.

67. DEMÓSTENES, *Orações*, t. I, *Para os megalopolitanos*, §§ 20-21.

68. W. PITT, *Orations on the French War*, p. 61, 30 de dezembro de 1794.

69. A. CAMUS, *Actuelles*, p. 57.

70. QUINTILIANO, vol. II, liv. VI, cap. III, § 67.

71. M. JOUHANDEAU, *Un monde*, p. 251.

72. CALVINO, *Institution de la religion chrétienne*, *Au roy de France*, p. 7.

73. W. PITT, *Orations on the French War*, p. 93 (27 de maio de 1795).

74. J.-P. SARTRE, *L'être et le néant*, p. 109. Cf. § 48: Técnicas visando a apresentar teses como compatíveis ou incompatíveis.

75. CLAPARÈDE, La genèse de l'hypothèse, p. 45; cf. Ch. PERELMAN e L. OLBRECHTS-TYTECA, *Les notions et l'argumentations*, pp. 260-1 e § 35: Usos argumentativos e plasticidade das noções.

76. Cf. PLOTINO, *Enéades*, I, 2, § 6.

77. LECOMTE DU NOÜY, *L'homme et sa destinée*, p. 100.

78. PASCAL, *Oeuvre*, Bibl. de la Pléiade, *De l'esprit géométrique et de l'art de persuader*, p. 362.

79. DUMARSAIS, *Des tropes*, p. 98.

80. Citado por QUINTILIANO, vol. III, liv. VIII, cap. VI, § 68 (*Eneida*, canto I, vv. 162-3).

81. Citado por SAINT-AUBIN, *Guide pour la classe de rhétorique*, p. 90. (Texto extraído de BOSSUET, Bibl. de la Pléiade, *Oraison funèbre de Louis de Bourbon, prince de Condé*, p. 216.)

82. K. O. ERDMANN, *Die Bedeutung des Wortes*, p. 224.

83. J. PAULHAN, Les figures ou la rhétorique décryptée, *Cahiers du Sud*, p. 370.

84. QUINTILIANO, vol. III, liv. VIII, cap. VI, § 73.

85. DUMARSAIS, *Des tropes*, p. 97.

86. CORNEILLE, *Le Cid*, ato III, cena IV.

87. Cl.-L. ESTÈVE, *Études philosophiques sur l'expression littéraire*, p. 87.

88. LONGINO, *Tratado do sublime*, cap. XXXI, p. 151.

89. Igualmente, A. ANGYAL, *Foundations for a Science of Personality*, cap. VIII.

90. Para os §§ 68 a 71, cf. Ch. PERELMAN e L. OLBRECHTS-TYTECA, *Rhétorique et philosophie*, pp. 49-84: (Ato e pessoa na argumentação).

91. Cf. N. LEITES, The Third Internationnal on its Changes of Policy, na obra coletiva organizada por H. LASSWELL, *Language of Politics*.

92. K. BURKE, *A Grammar of Motives*, p. 42.

93. E. BERL, *Sylvia*, p. 86.

94. Cf. J. PAULHAN, *Entretien sur des faits divers*, p. 67.

95. Cf. J.-P. SARTRE, *L'être et le néant*, pp. 158 ss.

96. R. ARON, *Introduction à la philosophie de l'histoire*, p. 80.

97. ISÓCRATES, *Discursos*, t. I: *Contra Loquités*, § 14.

98. PASCAL, *Oeuvre*, Bibl. de la Pléiade, *Pensées*, 364 (61), p. 922 (257 ed. Brunschvicg).

99. LA BRUYÈRE, *Oeuvres*, Bibl. de la Pléiade, *Caractères, Des grands*, 8, p. 270.

100. A. VAYSON DE PRADENNE, *Les fraudes en archéologie préhistorique*, pp. 536-7.

101. CALVINO, *Intitution de la religion chrétienne, Au roy de France*, p. 15.

102. ISÓCRATES, *Discursos*, t. I: *Contra Calímaco*, § 57.

103. Cf. também QUINTILIANO, vol. II, liv. V, cap. X, § 87.

104. S. WEIL, *L'enracinement*, p. 207.

105. ISÓCRATES, *Discursos*, t. I: *Contra Calímaco*, § 63.

106. LA BRUYÈRE, *Oeuvres*, Bibl. de la Pléiade, *Caractères, De la société et de la conversation*, 66, pp. 188-9.

107. A. MALRAUX, *Saturne, Essai sur Goya*, p. 18.

108. PASCAL, *Oeuvre*, Bibl. de la Pléiade, *Pensées*, 401 (457), p. 933 (597 ed. Brunschvicg).

109. Ch. ODIER, *L'angoisse et la pensée magique*, p. 128.

110. ISÓCRATES, *Discursos*, t. I: *Elogio de Helena*, §§ 21-22.

111. PASCAL, *Oeuvre*, Bibl. de la Pléiade, *Pensées*, 751 (461), p. 1065, (836 ed. Brunschvicg).

112. CALVINO, *Institution de la religion chrétienne*, liv. I, cap. XVIII, § 1.
113. A. LALANDE, *La raison et les normes*, pp. 196-7.
114. ISÓCRATES, *Discursos*, t. I: *Sobre a parelha*, § 4; cf. § 31: A interpretação do discurso e seus problemas.
115. E. DUPRÉEL, *Sociologie générale*, p. 66.
116. R. LIPPITT, N. POLANSKY e S. ROSEN, The Dynamics of Power, *Human Relations*, vol. V, n. 1, 1952.
117. Cf. notadamente B. STOKVIS, *Psychologie der suggestie en autosuggestie*, pp. 36 ss.
118. B. GRACIÁN, *L'homme de cour*, p. 217.
119. C. DE MÉRÉ, *Oeuvres*, t. II: *Des agréments*, p. 20.
120. W. WHITE, Deus races se rencontrent en moi, *Echo*, jun. de 1948, p. 417.
121. Cf. § 58: A argumentação pelo sacrifício.
122. VAYSON DE PRADENNE, *Les fraudes en archéologie préhistorique*, pp. 398-9.
123. SHAKESPEARE, *Júlio César*, ato III, cena II.
124. *Rhetorica ad Herennium*, liv. II, § 35: cf. PLAUTO, *Trinummus*, ato I, cena I, vv. 23-7; citado igualmente por CÍCERO em *De inventione*, liv. I, § 95.
125. Cf. § 80: O modelo e o antimodelo.
126. LOCKE, *An Essay Concerning Human Understanding*, p. 581 (liv. IV, cap. XVII, § 19).
127. V. PARETO, *Traité de sociologie générale*, I, cap. IV, § 583, p. 312.
128. BERRIAT SAINT-PRIX, *Manuel de logique juridique*, pp. 77, 85, 89.
129. FUN FARE, 1949, p. 21.
130. PASCAL, Bibl. de la Pléiade, *Pensées*, 301 (440*), p. 902 (333 ed. Brunschvicg).
131. *Id.*, 625 (270*), p. 1032 (812 ed. Brunschvicg); 804 (109), p. 1083 (869 ed. Brunschvicg).
132. P. JANSON, *Discours parlementaires*, I, p. 82 (17-19 de maio de 1879).
133. PASCAL, Bibl. de la Pléiade, *Pensées*, 335 (C. 209-217), pp. 917, 918 (194, ed. Brunschvicg).
134. H. LEFEBVRE, *À la lumière du matérialisme dialectique*, I, p. 29.
135. PLOTINO, *Enéades*, I, 2, § 1.
136. BOSSUET, *Sermons*, vol. II: *Sur la soumission due à la parole de Jésus-Christ*, pp. 117, 120, 121.
137. Cf. BIRD, *Social Psychology*, pp. 284 ss.
138. SCHOPENHAUER, ed. Piper, vol. 6: *Eristische Dialektik*, p. 423, Kunstgriff 31.
139. BENTHAM, *Oeuvres*, t. I: *Traité des sophismes politiques*, pp. 458-459.
140. M. PROUST, *À la recherche du temps perdu*, vol. 7: *Le côté de Guermantes*, II, p. 73.
141. Cf. CÍCERO, *Tópicos*, § 75.
142. LEIBNIZ, ed. Gerhardt, vol. 6: *Essais de Théodicée*, p. 71.
143. *Id.*, pp. 70-1.
144. *Id.*, p. 74.
145. BOSSUET, *Sermons*, vol. II: *Premier sermon sur les démons*, p. 11.

146. A. FRANCE, *La rôtisserie de la reine Pédauque*, p. 45 (comunicado por R. SCHAERER).

147. LA BRUYÈRE, Bibl. de la Pléiade, *Caractères*, *Des jugements*, 47, p. 379.

148. LOCKE, *An Essay Concerning Human Understanding*, liv. IV, cap. XV, § 5, p. 557.

149. Cf. § 70: O argumento de autoridade.

150. V. PARETO, *Traité de sociologie générale*, II, § 1444, p. 817.

151. *Id.*, § 1756, pp. 1103-4.

152. WHATELY, *Elements of Rhetoric*, Parte II, cap. III, § 4, pp. 162 e 164.

153. R. BENEDICT, *The Chrysanthemum and the Sword*, *Patterns of Japanese Culture*, p. 151.

154. SCHOPENHAUER, ed. Brockhaus, vol. 6: *Parerga und Paralipomena*, II, *Zur Ethik*, § 118, p. 245.

155. M. JOUHANDEAU, *Un monde*, p. 35.

156. BOSSUET, *Sermons*, vol. II: *Sur les vaines excuses des pécheurs*, p. 489.

157. Cf. *Rhetorica ad Herennium*, liv. I, § 24.

158. Cf. Ch. L. STEVENSON, *Ethics and Language*, p. 128.

159. L. CARROLL, *Alice's Adventures in Wonderland*, Introdução, p. XI.

160. Debate na Câmara dos Comuns de 4 de outubro de 1949, segundo *N. Y. Herald Tribune* de 5 de out., ed. de Paris.

161. S. E. ASCH, The Doctrine of Suggestion, Prestige and Imitation in Social Psychology, *Psychological Review*, vol. 55, pp. 250-76. Cf. também, do mesmo autor, *Social Psychology*, pp. 387-449.

162. Cf. § 104: Ordem do discurso e condicionamento do auditório.

163. ARISTÓTELES, *Retórica*, liv. III, cap. XV, § 7, 1416 *a*.

164. LA BRUYÈRE, Bibl. de la Pléiade, *Caractères*, *De la chaire*, 24, p. 464.

165. QUINTILIANO, vol. IV, liv. XI, cap. 1, § 37.

166. ARISTÓTELES, *Retórica*, liv. I, cap. 2, 1356 *a*; liv. II, cap. 21, 1395 *b*; *Tópicos*, liv. VIII, cap. 9, 160 *b*; CÍCERO, *Partitiones oratoriae*, § 22; QUINTILIANO, vol. II, liv. VI, cap. II, § 8 ss.; cf. W. SÜSS, *Ethos, Studien zur älteren griechischen Rhetorik*.

167. ISÓCRATES, *Discursos*, t. I: *A Demonicos*, § 37.

168. PLUTARCO, *Obras morais*, t. II: *Como se pode elogiar a si mesmo sem se expor à inveja*.

169. Cf. § 64: Os fins e os meios.

170. Cf. § 104: Ordem do discurso e condicionamento do auditório.

171. *Rhetorica ad Herennium*, liv. IV, § 39.

172. M. JOUHANDEAU, *Essai sur moi-même*, p. 146.

173. Cf. C. K. OGDEN e I. A. RICHARDS, *The Meaning of Meaning*, p. 225.

174. Cf. § 12: Educação e propaganda.

175. Cf. § 5: Adaptação do orador ao auditório; § 6: Persuadir e convencer; cf. também, § 97: Interação e força dos argumentos. Encontrar-se-á em C. I. HOVLAND, A. A. LUMSDAINE e F. D. SHEFFIELD, *Experiments on Mass Communication*, pp. 166-168, 190-194, 275-278, uma tentativa de caracterizar e hierarquizar as opiniões conforme os auditórios que as admitem.

176. JOUHANDEAU, *Un monde*, p. 251.

177. VAYSON DE PRADENNE, *Les fraudes en archéologie préhistorique*, p. 314.

178. WHATELY, *Elements of Rhetoric*, parte II, cap. III, § 3, pp. 159-60.

179. Cf. § 43: O estatuto dos elementos de argumentação e sua apresentação.

180. RACINE, Bibl. de la Pléiade, I, Prefácio à Phèdre, p. 763.

181. PASCAL, Bibl. de la Pléiade, *Pensées*, 714 (161), p. 1053 (481 ed. Brunschvicg).

182. E. DUPRÉEL, *Essais pluralistes*, pp. 71-2 (De la nécessité).

183. Cf. § 90: O par "aparência-realidade".

184. H. WUNDERLICH, *Die Kunst der Rede in ihren Hauptzügen an den Reden Bismarcks dargestellt*, p. 85.

185. Cf. BENTHAM, *Oeuvres*, t. I: *Traité des sophismes politiques*, p. 473.

186. G. BERNANOS, *Scandale de la vérité*, p. 27.

187. B. GRACIÁN, *L'homme de cour*, p. 8 (Máxima IX: Desmentir os defeitos de sua nação).

188. J. ZOBEL, *La rue Cases-Nègres*, p. 292.

189. Cf. § 68: A pessoa e seus atos.

190. Cf. J. WEILER, *Problèmes d'économie internationale*, vol. II, pp. 282-300.

191. BENTHAM, *Oeuvres*, t. I: *Traité des sophismes politiques*, pp. 479-80.

192. BOSSUET, *Sermons*, vol. II: *Premier sermon sur les démons*, p. 6.

193. C. BOWLES, *Ambassador's Report*, p. 106.

194. Cf. V. KLEIN, The Feminine Character, *History of an Ideology*, pp. 72 e 83.

195. J.-P. SARTRE, *L'être et le néant*, p. 223.

196. BOSSUET, *Sermons*, vol. II: *Sur la Providence*, p. 208.

197. J.-P. SARTRE, *La nausée*, p. 213.

198. STERNE, *Vie et opinions de Tristram Shandy*, liv. III, cap. I, p. 135.

199. SHAKESPEARE, *Júlio César*, ato III, cena II.

200. DEMÓSTENES, *Orações*, t. II, *Terceira filípica*, § 5.

201. Segundo Cassirer, na visão mítica, como a parte se identifica ao todo, símbolo e simbolizado são indiscerníveis. Cf. E. CASSIRER, *The Philosophy of Symbolic Forms*, vol. II: *Mythical Thought*.

202. H. LASSWELL, *Language of politics*, Introdução, p. 11.

203. Citado por AUERBACH, *Mimesis*, p. 416. Cf. também E. POE, *The Fall of the House of Uscher*; VILLIERS DE L'ISLE-ADAM, *L'intersigne*.

204. Cf. AUERBACH, *Mimesis*, pp. 183-96.

205. Cf. S. CECCATO, *Divagazioni di animal semioticum*, *Sigma*, 4-5, 1947.

206. Cf. notadamente BARON, *De la rhétorique*, pp. 341-5; Cl.-L. ESTÈVE, *Études philosophiques sur l'expression littéraire*, pp. 223-5.

207. DUMARSAIS, *Des tropes*, p. 53. Cf. FLÉCHIER, *Oraison funèbre de Turenne*, p. 4.

208. DUMARSAIS, *Des tropes*, p. 85.

209. SANTO ANSELMO, *De libero arbitrio*, cap. I, *Patrologie latine*, t. CLVIII, col. 490 C-491 A.

210. E. CASSIRER, *The Philosophy of Symbolic Forms*, vol. I, p. 199.

211. J.-P. SARTRE, *L'être et le néant*, pp. 695-6; M. MERLEAU-PONTY, *Phénoménologie de la perception*, p. 329; E. MINKOWSKI, *Le language et le vécu*, em vol. *Semantica* do *Archivio di filosofia*, 1955, pp. 358-62.

212. G. MARCEL, *Le monde cassé e Position et approches concrètes du mystère ontologique*, p. 259.

213. ARISTÓTELES, *Tópicos*, liv. III, cap.1, 116 *b*, 25-30.

214. LEIBNIZ, ed. Gerhardt, vol. 4: *Discours de métaphysique*, XXXVII, p. 463.

215. BOSSUET, *Sermons*, vol. II: *Sur l'efficacité de la pénitence*, p. 567.

216. BOSSUET, *Sermons*, vol II: *Premier sermon sur les démons*, p. 16.

217. ARISTÓTELES, *Tópicos*, liv. III, cap. 1, 116 *b*, 20-25.

218. *Id.*, 116 *b*, 10-13.

219. SÓFOCLES, *Antígona*, trad. fr. de LECONTE DE LISLE, p. 249.

220. PASCAL, Bibl. de la Pléiade, *Pensées*, 286 (157*), p. 898 (393 ed. Brunschvicg).

221. ARISTÓTELES, *Retórica*, II, cap. 23, 1398 *a*.

222. ARISTÓTELES, *Tópicos*, liv. III, cap. 2, 117 *b*.

223. ARISTÓTELES, *Retórica*, liv. I, cap. 7, 1363 *b*.

224. CÍCERO, *De oratore*, liv. II, § 169.

225. S. AUROBINDO, *O guia da ioga*, p. 90.

226. ARISTÓTELES, *Retórica*, liv. II, cap. 23, 1397 *a*; cf. QUINTILIANO, vol. II, liv. V, cap. X, § 73.

227. PLOTINO, t. VI, II parte: *Enéades* VI, 9, § 3.

228. ARISTÓTELES, *Retórica*, II, cap. 23, XVI, 1399 *a*.

229. QUINTILIANO, vol. III, liv. VIII, cap. IV, § 24.

230. *Id.*, § 19.

231. *Id.*, § 4.

232. ARISTÓTELES, *Retórica*, II, cap. 23. IV, 1397 *b*.

233. Cf. M. PROUST, *À la recherche du temps perdu*, vol. 8: *Le côté de Guermantes*, III, p. 234.

234. ISÓCRATES, *Discursos*, t. II: *Arquidamo*, § 54.

235. R. CROSSMAN, *Palestine Mission, with Speech Delivered in the House of Commons*, 1º de julho de 1946, p. 254.

236. *Rhetorica ad Herennium*, liv. IV, § 25.

237. CÍCERO, *Paradoxa stoicorum*, III, § 20.

238. DEMÓSTENES, *Orações*, t. II: *Terceira filípica*, §§ 15-16.

239. BERGSON, *L'évolution créatrice*, p. 359.

240. Cf. E. GARIN, *L'umanesimo italiano*, pp. 175-7.

241. Por exemplo, F. L. POLAK, *Kennen en Keuren in de Sociale Wetenschappen*, pp. 95 e 180.

242. *Id.* p. 171.

243. Cf. § 74: Outras ligações de coexistência, o ato e a essência.

244. MONTAIGNE, Bibl. de la Pléiade, *Essais*, liv. I, cap. XX, p. 104.

245. BOSSUET, *Sermons*, vol. II: *Sur l'honneur*, p. 173.

246. Cf. Ch. PERELMAN e L. OLBRECHTS-TYTECA, *Rhétorique et philosophie*, p. 35 (Lógica e retórica).

247. Cf. § 66: O argumento da direção.

248. Cf. acima, em § 76, o argumento dos contrários.

Capítulo III

1. Cf. § 27: Acordos próprios de cada discussão.
2. Cf. § 52: A regra de justiça.
3. Cf. M. AYMÉ, *La tête des autres*.
4. R. CAILLOIS, *Poétique de Saint-John Perse*, p. 152.
5. ANNAMBHATTA, *Le compendium des topiques*, pp. 128 ss.
6. SCHOPENHAUER, ed. Brockhaus, vol. 6: *Parerga und Paralipomena*, Zweiter Band, *Zur Logik und Dialektik*, § 26 (Achtes Stratagem), p. 31.
7. ARISTÓTELES, *Retórica*, liv. II, cap. 20, 1393 *b*.
8. S. WEIL, *L'enracinement*, p. 25.
9. BERKELEY, *Oeuvres choisies*, t. II: *Les trois dialogues entre Hylas et Philonous*, 3º diál., p. 157.
10. Cf. a esse respeito M. POLANYI, *The Logic of Liberty*, p. 21.
11. ARISTÓTELES, *Retórica*, II, cap. 23, X, 1398 *b*.
12. WHATELY, *Elements of Rhetoric*, parte I, cap. II, p. 60.
13. Citado segundo Ch. LALO, *Esthétique du rire*, pp. 159-60.
14. K. POPPER, *Logik der Forschung*, especialmente as pp. 12-4.
15. Cf. F. WAISMANN, Verifiability, em A. FLEW, *Essays on Logic and Language*, p. 125.
16. Cf. F. KAUFMANN, *Methodology of the Social Sciences*.
17. P. GUILLAUME, *Manuel de psychologie*, p. 274. Cf. também W. G. ELIASBERG, Speaking and Thinking, em *Symposium: Thinking and Speaking*, editado por G. RÉVÉSZ, pp. 98-102.
18. Cf. notadamente R. L. DRILSMA, *De woorden der wet of de wil van de wetgever*, pp. 116 ss.
19. ARISTÓTELES, *Retórica*, liv. II, cap. 20, 1394 *a*.
20. BACON, *Of the Advancement of Learning*, liv. II, XXIII, 8, p. 197.
21. WHATELY, *Elements of Rhetoric*, parte I, cap. III, p. 78.
22. CÍCERO, *De officiis*, liv. III, XI, § 49.
23. DESCARTES, *Discours de la méthode*, ed. Gilson, p. 55, n. 1.
24. R. H. THOULESS, *How to Think Straight*, p. 103.
25. Cf. § 82: Que é a analogia.
26. Cf. § 40: Forma do discurso e comunhão com o auditório.
27. ARISTÓTELES, *Retórica*, III, cap. IX, § 2, 1409 *a*.
28. LEIBNIZ, *Oeuvres*, ed. Gerhardt, vol. 6: *Théodicée*, p. 117.
29. C. DE MÉRÉ, *Oeuvres*, t. II: *Des agréments*, p. 29.
30. Cf. também, no § 74, a qualificação como expressão da essência.
31. SHAKESPEARE, *Júlio César*, ato III, cena II.
32. Cf. S. DE BEAUVOIR, *Le deuxième sexe*, vol. I, p. 315.
33. Cf. § 57: Os argumentos de comparação.
34. EPICTETO, *Dissertações*, liv. I, 24, § 1.
35. J. GIRAUDOUX, *Lectures pour une ombre*, p. 216.
36. Cf. E. MACH, *Erkenntnis und Irrtum*; RIGNANO, *Psychologie du raisonnement*; E. GOBLOT, *Traité de logique*; R. RUYER, *L'utopie et les utopies*; P.-M. SCHUHL, *Le merveillleux, la pensée et l'action*.
37. PLATÃO, *República*, liv. VI, 488 *b*-489 *d*; cf. ARISTÓTELES, *Retórica*, II, cap. 20, 1393 *b*; R. D. D. WHATELY, *Elements of Rhetoric*, parte I, cap. II, p. 69.
38. *Rhetorica ad Herennium*, liv. IV, §§ 1-10.

39. G. TARDE, *Les lois de l'imitation*; E. DUPRÉEL, *Sociologie générale*, pp. 66 ss.

40. Cf. notadamente um exemplo interessantíssimo em que a identificação é verbalizada em M.-A. SECHEHAYE, *Journal d'une schizophrène*, p. 118.

41. Cf. 27: Acordos próprios de cada discussão.

42. Cf. § 52: A regra de justiça.

43. ARISTÓTELES, *Retórica*, liv. II, cap. 21, XI, 1398 *b*.

44. Cf. § 70: O argumento de autoridade.

45. J.-J. ROUSSEAU, *Émile*, p. 95.

46. Cf. um comovente emprego da valorização como modelo em M. DE VIVIER: *Le mal que je l'ai fait*, p. 155, "à Sébastien Galois, que a eternidade se pareça contigo, ou não exista."

47. ISÓCRATES, *Discursos*, t. II: *A Nícocles*, § 31; cf. também *Panegírico de Atenas*, § 39.

48. DESCARTES, *Discours de la méthode*, p. 87.

49. P. RAMUS, *Dialecticae libri duo Audomari Talaei praelectionibus illustrati*, 1566, nota, p. 9.

50. DESCARTES, *Méditations*, prefácio; cf. no mesmo sentido E. HUSSERL, *Die Krisis der europäischen Wissenschaften und die transcendentale Phänomenologie*, p. 143.

51. PASCAL, Bibl. de la Pléiade, *XIe Provinciale*, pp. 551-3.

52. PLATÃO, *República*, liv. VI, 500 *c*, *d*.

53. Dom Quixote será para alguns um modelo, por ser capaz de seguir, com paixão, o modelo que escolhera para si.

54. C.-A. PUGET, *La peine capitale*, ato II, p. 64.

55. PASCAL, Bibl. de la Pléiade, *Pensées*, 182 (227), p. 870 (103 ed. Brunschvicg).

56. C. DE MÉRÉ, *Oeuvres complètes*, t. II: *Des agréments*, p. 21.

57. ISÓCRATES, *Discursos*, t. II: *A Nícocles*, § 26.

58. MONTESQUIEU, *Lettres persanes*, LXXXIV, Usbek a Rhédi, p. 58.

59. Cf. § 57: Os argumentos de comparação.

60. ISÓCRATES, *Discursos*, t. II: *A Nícocles*, § 50.

61. MONTAIGNE, Bibl. de la Pléiade, *Essais*, liv. III, cap. VIII, p. 893.

62. C. DE MÉRÉ, *Oeuvres complètes*, t. II: *Des agréments*, pp. 30-1.

63. Cf. G. MARCEL, *Rome n'est plus dans Rome*, ato III, cena IV.

64. BOSSUET, *Sermons*, vol. II: *Premier sermon sur les démons*, p. 13.

65. Cf. C. MEREDITH JONES, The Conventional Saracen of the Songs of Geste, *Speculum*, vol. XVII, n. 2, abril de 1942, p. 202.

66. E. DUPRÉEL, *Sociologie générale*, p. 157.

67. Cf. J. GIRAUDOUX, a propósito da criação do Comissariado para a Informação, *La française et la France*, pp. 234-7, 241.

68. E. KANT, *Critique de la raison pure*, p. 305.

69. *Id.*, pp. 476-7.

70. TARDE, *La logique sociale*, p. 308.

71. BOSSUET, *Sermons*, vol. II: *Sur la prédication évangélique*, p. 50.

72. *Id.*, vol. II: *Sur l'ambition*, p. 411.

73. LOCKE, *The Second Treatise of Civil Government and a Letter Concerning Toleration*, p. 125.

74. *Id.*, p. 137.

75. Cf. § 79: A ilustração.

76. C. DE MÉRÉ, *Oeuvres complètes*, t. II: *Des agréments*, p. 28.

77. BOSSUET, *Sermons*, vol. II: *Sur l'ambition*, p. 394.

78. S. WEIL, *L'enracinement*, p. 82.

79. HUME, *Traité de la nature humaine*, t. I, p. 226.

80. J. S. MILL, *Système de logique*, vol. II, p. 90.

81. KANT, *Prolégomènes à toute métaphysique future*, pp. 146-7.

82. R. D. D. WHATELY, *Elements of Rhetoric*, p. 359, Apêndice da p. 67 (B).

83. A.-A. COURNOT, *Essai sur les fondements de nos connaissances*, vol. I, pp. 93-4.

84. P. GRENET. *Les origines de l'analogie philosophique dans les dialogues de Platon*, p. 10. Cf. Monsenhor DE SOLAGES, *Dialogue sur l'analogie*, p. 15.

85. Cf. M. DOROLLE, *Le raisonnement par analogie*, cap. I.

86. ARISTÓTELES, *Metafísica*, Liv., 993 *b*.

87. SANTA CATARINA DE GÊNOVA, *Oeuvres*, Traité du Purgatoire, cap. XVII, p. 150.

88. COLETTE, *Le fanal bleu*, p. 34.

89. Cf. notadamente N. BOBBIO, *L'analogia nella logica del diritto*, em especial p. 34.

90. EZEQUIEL, XI, 19.

91. LEIBNIZ, ed. Gerhardt, vol. 4: *Discours de métaphysique*, XXXII, p. 457.

92. P. GRENET, *Les origines de l'analogie philosophique dans les dialogues de Platon*, p. 108, n. 367. (Fragmentos Diels, 79, Bywater, 97.)

93. E. GILSON, *Le thomisme*, p. 31 (*Contra Gentiles*, I, 7).

94. *Id.*, p. 35.

95. Cf. em PASCAL uma analogia de quatro termos e uma analogia de três termos hierarquizados num mesmo raciocínio. Bibl. de la Pléiade, *Pensées*, 452 (130), p. 958 (234 ed. Brunschvicg).

96. DEMÓSTENES, *Orações*, t. II: *Sobre a paz*, § 11.

97. Cf. notadamente TARDE, *La logique sociale*, pp. 98-9.

98. G. FRACASTORO, *Opera omnia*, De sympathia et antipathia rerum, cap. II: *De analogia rerum in agendo*, pp. 65 *b* ss.; De contagione, cap. 8: *De analogia contagionum*, pp. 81 ss. Cf. também *Sifilide*, liv. I, vv. 258-306.

99. PLOTINO, *Enéades*, V, 5, § 3.

100. CALVINO, *Institution de la religion chrétienne*, *Au roy de France*, p. 13.

101. STERNE, *Vie et opinions de Tristram Shandy*, liv. VIII, cap. XIX, p. 495.

102. LOCKE, *The Second Treatise of Civil Government and a Letter Concerning Toleration*, p. 138.

103. L. RÉAU, L'influence de la forme sur l'iconographie médiévale em *Formes de l'art, formes de l'esprit*, pp. 91-2.

104. BOSSUET, Bibl. de la Pléiade, *Oraisons funèbres. Oraison funèbre de Louis de Bourbon, prince de Condé*, p. 218.

105. PLOTINO, t. V, Apresentação, p. 129.

106. PLOTINO, t. VI, parte II: *Enéades VI*, 7, § 35.

107. KANT, *Critique dela raison pure*, p. 45.

108. QUINTILIANO, vol. III, liv. VIII, cap. III, § 76.

109. BOSSUET, *Sermons*, vol. II: *Sur la pénitence*, p. 83.

110. EPICTETO, *Dissertações reunidas por Arriano*, liv. III, cap. IX, p. 259.

111. JOANNIS SCOTI, *Liber de praedestinatione*, IV, 8. *Patrologie latine*, t. CXXII, col. 374-5.

112. Cf. PLOTINO, *Enéades*, III, 2, § 15.

113. PLOTINO, t. VI, parte II: *Enéades* VI, 8, § 18.

114. DEMÓSTENES, *Orações*, t. II: *Terceira filípica*, §§ 30-31.

115. PLOTINO, *Enéades*, I, 2, § 3.

116. J. MARITAIN, *Raison et raisons*, pp. 212-3.

117. PASCAL, Bibl. de la Pléiade, *Pensées*, 555 (31), p. 1003 (687 ed. Brunschvicg).

118. E. BEVAN, *Symbolism and Belief*, pp. 121-2.

119. M. W. STEARNS, A Note on Chaucer's Attitude Toward Love, *Speculum*, vol. XVII, 1942, pp. 570-4.

120. Cf. R. D. D. WHATELY, *Elements of Rhetoric*, p. 361 (apêndice à p. 67).

121. Cf. J. GUITTON, *Les temps et l'éternité chez Plotin et saint Augustin*, pp. 154-5.

122. T. S. HARDING, Science at the Tower of Babel, *Philosophy of Science*, jul. de 1938, p. 347.

123. I. A. RICHARDS, *The Philosophy of Rhetoric*, p. 133.

124. KANT, *Prolégomènes à toute métaphysique future*, p. 15.

125. LA BRUYÈRE, *Oeuvres*, Bibl. de la Pléiade, *Caractères, De la cour*, 65, p. 257.

126. J. PIAGET, *Introduction à l'épistémologie génétique*, III, p. 102.

127. J. PIAGET, *ibid.*

128. F. BERRIAT SAINT-PRIX, *Manuel de logique juridique*, p. 66, nota.

129. A propósito do que Platão considera falsos paradigmas, cf. V. GOLDSCHMIDT, *Le paradigme dans la dialectique platonicienne*, pp. 38-39.

130. *Rhetorica ad Herennium*, liv. IV, § 59.

131. Cf. § 84: Efeitos da analogia.

132. J. S. MILL, *Système de logique*, liv. VI, cap. XI, § 3, v. II, pp. 541-2.

133. *Id.*, p. 542.

134. LEIBNIZ, *Oeuvres*, ed. Gerhardt, vol. 5: *Nouveaux essais sur l'entendement*, p. 45.

135. Cf. LEIBNIZ, *id.*, pp. 131-2.

136. M. POLANYI, *The Logic of Liberty*, pp. 87-9.

137. W. MOORE, Structure in Sentence and in Fact, *Philosophy of Science*, janeiro de 1938, p. 87.

138. A aplicação do raciocínio por analogia ao próprio discurso assume as mais variadas formas. Aqui, é a relação entre língua e fatos que é o tema, sendo o foro tirado do âmbito familiar. Com freqüência, a própria linguagem é um foro, cuja estrutura deve dar a conhecer a do mundo. Com freqüência, também, a organização do discurso é tema, esclarecido pela analogia com um organismo vivo; cf. § 105: Ordem e método.

139. I. A. RICHARDS, *The Philosophy of Rhetoric*, p. 92.

140. Cf. E. BEVAN, *Symbolism and Belief*, pp. 85-94.

141. Cf. A leitura e as viagens em DESCARTES, *Discours de la méthode*, p. 47 e em SCHOPENHAUER, ed. Brockhaus, vol. 6: *Parerga und Paralipomena*, Zweiter Band, Selbstdenken, § 262, p. 525.

142. Cf. § 83: Relações entre os termos da analogia.

143. Cf. V. GOLDSCHMIDT, *Le système stoïcien et l'idée de temps*, §§ 89-91.

144. Cf. N. CORMEAU, *L'art de François Mauriac*, pp. 341-2.

145. C. G. JUNG, *Psychologie und Religion*, p. 93.

146. LECOMTE DU NOÜY, *L'homme et sa destinée*, pp. 76-80.

147. CERVANTES, *El ingenioso hidalgo Don Quijote de la Mancha*, vol VI, II, cap. XXXII, pp. 271-2.

148. Cf. LOCKE, *The Second Treatise of Civil Government and a Letter Concerning Toleration*, p. 138.

149. VICO, *Opere*, ed. Ferrari, vol. 6: *Orazione in morte di Angiola Cimini*, p. 301.

150. Cf. § 87: A metáfora.

151. Cf. BENARY, Studien zur Untersuchung der Intelligenz bei einem Fail von Seelenblindheit, *Psychologische Forschung*, 2 (3-4), 1922, pp. 257-63, 268-72.

152. S. WEIL, *L'enracinement*, p. 248.

153. M. BUBER, *Je et Tu*, p. 151.

154. PASCAL, Bibl. de la Pléiade, *Pensées*, 572 (270), p. 1013 (673 ed. Brunschvicg).

155. SCHOPENHAUER, ed. Brockhaus, vol. 6: *Parerga und Paralipomena*, Zweiter Band, *Psychologische Bemerkungen*, § 307, p. 619.

156. E. D'ORS, *Coupole et monarchie*, seguido de outros estudos sobre a morfologia da cultura.

157. FÉNELON, ed. Lébel, t. XXI: *Dialogues sur l'éloquence*, p. 76.

158. VERLAINE, *Oeuvres*, Bibl. de la Pléiade, *Romances sans paroles*, III, p. 122.

159. LEIBNIZ, ed. Gerhardt, vol. 5: *Nouveaux essais sur l'entendement*, p. 222.

160. G. TARDE, *La logique sociale*, cap. II, pp. 87 ss.

161. Ch. ODIER, *L'homme esclave de son infériorité*, I: *Essai sur la genèse du moi*, cap. III, pp. 93 ss.

162. *Id.*, p. 123.

163. G. TARDE, *op. cit.*, p. 114.

164. Ch. ODIER, *op. cit.*, p. 122.

165. G. TARDE, *op. cit.*, p. 113.

166. COURNOT, *Essai sur les fondements de nos connaissances*, II, pp. 237-8.

167. Cf. § 83: Relações entre os termos de uma analogia.

168. F. PONGE, *Le lézard, in fine*.

169. N. ROTENSTREICH, The Epistemological Status of the Concrete Subject, *Rev. int. de philosophie 22*, pp. 414-5.

170. W. PITT, *Orations on the French War*, pp. 3-4 (1º de fevereiro de 1793).

171. J.-P. SARTRE, *L'être et le néant*, pp. 695-6.

172. Cf. M. R. COHEN, *A Preface to Logic*, p. 83.

173. QUINTILIANO, vol. III, liv. VIII, cap. VI, § 1; cf. VOLKMANN, *Rhetorik der Griechen und Römer*, p. 40.

174. DUMARSAIS, *Des tropes*, pp. 167-8.

175. *Id.*, p. 103.

176. I. A. RICHARDS, *The Philosophy of Rhetoric*, pp. 93 ss.

177. I. A. RICHARDS, cf. A Symposium on Emotive Meaning, *The Philosophical Review*, 1948, p. 146.

178. ARISTÓTELES, *Arte poética*, cap. XXI, §§ 7 ss.; *Retórica*, liv. III, cap. X, § 7: J. S. MILL, *Système de logique*, vol. II, liv. V, cap. V, § 7, p. 375.

179. ARISTÓTELES, *Arte poética*, cap. XXI, § 13.

180. PLOTINO, *Enéades*, III, 2, § 17.

181. RONSARD, *Oeuvres complètes*, Bibl. de la Pléiade, vol. I: *A sa maistresse*, Ode XVII, pp. 419-20.

182. BERKELEY, *Les trois dialogues entre Hylas et Philonous*, 3º diál., p. 207.

183. Cf. § 83: Relações entre os termos de uma analogia.

184. Cf. § 84: Efeitos da analogia.

185. Cf. § 86: O estatuto da analogia.

186. BARON, *De la rhétorique*, p. 324.

187. CÍCERO, *De oratore*, liv. III, § 165; QUINTILIANO, vol. III, liv. VIII, cap. III, § 37; DUMARSAIS, *Des tropes*, p. 115.

188. CÍCERO, *loc. cit.*

189. LA BRUYÈRE, *Oeuvres*, Bibl. de la Pléiade, *Caractères*, *De la cour*, 99, p. 266.

190. Cl.-L. ESTÈVE, *Études philosophiques sur l'expression littéraire*, p. 268. Literalmente, "barco-mosca", barco de passeio do rio Sena, em Paris. (N. do T.)

191. Cf. R. ROLLAND, *Colas Breugnon*, p. 27; cf. já em BALZAC: "gens-pille-hommes" (gente-pilha-homens; note-se também o trocadilho: salvo o p, a pronúncia é a mesma de "gentilhomme", gentil-homem. N. do T.), Bibl. de la Pléiade, vol. VII, *Les Chouans*, p. 808.

192. CALDERÓN, *La vida es sueño*, I, 2.

193. I. A. RICHARDS, *The Philosophy of Rhetoric*, p. 16.

194. Cf. a crítica de um poema de LAMARTINE, por BARON, *De la rhétorique*, pp. 325-7.

195. QUINTILIANO, vol. III, liv. VIII, cap. VI, § 44.

196. Cf. § 67: A superação.

197. PASCAL, *Oeuvre*, Bibl. de la Pléiade, *Pensées*, 264 (65), p. 894 (347 ed. Brunschvicg).

198. CÍCERO, *De oratore*, liv. III, § 155; QUINTILIANO, vol. III, liv. VIII, cap. VI, § 4; cf. Cl.-L. ESTÉVE, *Études philosophiques sur l'expression littéraire*, pp. 227 ss.

199. Cf. § 76: O argumento de hierarquia dupla aplicado às ligações de sucessão e de coexistência; § 86: O estatuto da analogia.

200. G. MARCEL, *Position et approches concrètes du mystère ontologique*, p. 296; G. BERNANOS, *La joie*, p. 119.

201. R. D. D. WHATELY, *Elements of Rhetoric*, pp. 360-1, Apêndice (B) à p. 67.

202. Ch. L. STEVENSON, *Ethics and Language*, p. 143.
203. BOSSUET, *Sermons*, vol. II: *Sur l'ardeur de la pénitence*, p. 588.
204. KANT, *Prolégomènes à toute métaphysique future*, p. 10.
205. PASCAL, *Oeuvre*, Bibl. de la Pléiade, *Pensées*, 223 (442*), p. 885, (180 ed. Brunschvicg).
206. DEMÓSTENES, *Orações*, t. I: *Terceira olintíaca*, § 31.
207. G. BACHELARD, *Le rationalisme appliqué*, p. 22.
208. Citado por A. DU BOUCHET, Envergure de Reverdy, *Critique 47*, abril de 1951, p. 315.
209. BERGSON, *L'évolution créatrice*, p. 362.
210. Cf. A. REYES, *El deslinde*, p. 204.
211. Cf. Cl.-L. ESTÈVE, *Études philosophiques sur l'expression littéraire*, p. 206.
212. DUMARSAIS, *Des tropes*, p. 2: BARON, *De la rhétorique*, p. 308. S. I. HAYAKAWA, *Language in Thought and Action*, p. 121.
213. *Rhetorica ad Herennium*, liv. IV, § 45.
214. VICO, *Delle instituzioni oratorie*, p. 137.
215. DUMARSAIS, *Des tropes*, pp. 32 ss.
216. BARON, *De la réthorique*, p. 349.
217. QUINTILIANO, vol. III, liv. VIII, cap. VI, § 34; Cl.-L. ESTÈVE, *Études philosophiques sur l'expression littéraire*, pp. 244 ss.; cf. S. ULLMANN, *Précis de sémantique française*, pp. 253 ss.
218. H. KELSEN, *Reine Rechtslehre*, p. 131.
219. BACON, *Of the Advancement of Learning*, p. 35.
220. W. KÖHLER, *The Place of Value in a World of Facts*, p. 320.
221. *Id.*, p. 357.
222. Cf. C. F. P. STUTTERHEIM, Psychologische interpretatie van taalverschijnselen, Nieuwe Taalgids, XXXI, p. 265 e *Het begrip metaphoor*, pp. 188 ss., pp. 525 ss.
223. Cf. § 93: A expressão das dissociações.

Capítulo IV

1. DEMÓSTENES, *Orações*, t. I: *Primeira filípica*, § 38.
2. LOCKE, *The Second Treatrise of Civil Government and a Letter Concerning Toleration*, p. 139.
3. *Id.*, pp. 148-9.
4. R. DE GOURMONT, *La culture des idées*, pp. 79 ss.
5. K. BURKE, *A Rhetoric of Motives*, p. 150.
6. KANT, *Critique de la raison pure*, pp. 457-60.
7. PASCAL, Bibl. de la Pléiade, *Pensées*, 438 (261), p. 948 (434 ed. Brunschvicg).
8. ANNAMBHATTA, *Le compendium des topiques*, pp. 146-7.
9. R. DEMOGUE, *Les notions fondamentales du droit privé*, notadamente, pp. 38, 75, 196 e 198.
10. B. N. CARDOZO, *The Paradoxes of Legal Science*, p. 4.
11. F. BERRIAT SAINT-PRIX, *Manuel de logique juridique*, p. 233.
12. Ch. PERELMAN, Réflexions sur l'explication, *Revue de l'Institut de Sociologie*, 1939, n. 1, p. 59.

13. C. J. DUCASSE, *Philosophy as a Science*, p. 148.
14. W. PITT, *Orations on the French War*, p. 90 (27 de maio de 1795).
15. B. GRACIÁN, *L'homme de cour*, p, 158.
16. PASCAL, Bibl. de la Pléiade, *Pensées*, 230 (69), p. 886 (294 ed. Brunschvicg).
17. SARTRE, *L'être et le néant*, pp. 11-3.
18. MERLEAU-PONTY, *Phénoménologie de la perception*, pp. 367-8.
19. PLATÃO, *Fedro*, 247 *e*, 248 *b*.
20. H. LEFEBVRE, *À la lumière du matérialisme dialectique*. I: *Logique formelle, logique dialectique*, pp. 83-4 (grifo do autor).
21. L. FEBVRE, Comment Jules Michelet inventa la Renaissance, em *Studi in onori di Gino Luzzatto*, t. III, pp. 1-11.
22. R. McKEON, *Democracy in a World of Tensions*, p. 524.
23. P. JANSON, *Discours parlementaires*, vol. I, pp. 35-6 (sessão da Câmara dos Representantes de 13 de fevereiro de 1878).
24. A. GIDE, *Journal*, Bibl. de la Pléiade, p. 600 (*Numquid et tu...*).
25. SCHOPENHAUER, ed. Brockhaus, vol. 6: *Parerga und Paralipomena*, Zweiter Band, *Zur Ethik*, § 118, pp. 249-50.
26. Ch. ODIER, *Les deux sources, consciente et inconsciente, de la vie morale*, pp. 42, 58-9.
27. BERGSON, *Les deux sources de la morale et de la religion*, p. 113.
28. Cf., por exemplo, G. RYLE, *The Concept of Mind*, pp. 25 ss.
29. Cf. KANT, *Critique de la raison pure*, p. 305.
30. A. SALACROU, *Un homme comme les autres*, cf. ato I, p. 242; ato II, pp. 277, 298; ato III, pp. 310-1, 325.
31. J. BOUSQUET, em ARAGON, *Les yeux d'Elsa*, p. 146.
32. BARON, *De la rhétorique*, p. 360.
33. Citado pela *Rhetorica ad Herennium*, liv. IV, § 39.
34. Citado por BARON, *De la rhétorique*, p. 360 (Bourdaloue).
35. *Rhetorica ad Herennium*, *ibid*.
36. Cf. § 64: Os fins e os meios.
37. *Rhetorica ad Herennium*, *ibid*.; cf. VICO, *Instituzioni oratorie*, p. 150.
38. P. JANSON, *Discours parlementaires*, I, p. 53 (sessão da Câmara dos Representantes de 17 de maio de 1878).
39. Ch. PERELMAN, Réflexions sur l'explicatiom, *Revue de l'Institut de Sociologie*, 1939, n. 1, p. 59.
40. BERKELEY, *Les trois dialogues entre Hylas et Philonous*, p. 175.
41. BERGSON, *L'évolution créatrice*, p. 327.
42. SCHOPENHAUER, ed. Brockhaus, vol. 2: *Die Welt als Wille und Vorstellung*, Erster Band, § 25, p. 152.
43. *Id.*, Zweiter Band, cap. 34, p. 466.
44. E. GILSON, *Le thomisme*, p. 246.
45. F. MAURIAC, *Les maisons fugitives*, p. 19.
46. SCHOPENHAUER, ed. Brockhaus, vol. 3: *Die Welt als Wille und Vorstellung*, Zweiter Band, cap. 44, p. 636.
47. *Id.*, p. 640.
48. Cf. § 62: O argumento pragmático.
49. Cf. § 63: O vínculo causal como relação de um fato com sua conseqüência ou de um meio com um fim.

50. BOSSUET, *Sermons*, vol. II: *Sur l'honneur du monde*, p. 726.
51. M. PROUST, *À la recherche du temps perdu*, vol. 12: *La prisonnière*, II, p. 210; cf. § 63.
52. MOLIÈRE, *Femmes savantes*, II, 3; cf. LITTRÉ no verbete *prétexte*.
53. A. E. CHAIGNET, *La rhétorique et son histoire*, p. XV.
54. S. DE BEAUVOIR, *Le deuxième sexe*, I, p. 153.
55. V. JANKÉLÉVITCH, *Traité des vertus*, p. 189.
56. E. DUPRÉEL, *Esquisse d'une philosophie des valeurs*, p. 24.
57. M. BUBER, *Je et Tu*, pp. 71 e 95.
58. Cf. § 84: Efeitos da analogia. Cumpre notar que o conteúdo de uma dissociação pode corresponder ao tema ou ao foro de uma analogia (cf. p. 572).
59. P. VALÉRY, *Poésies. Amphion*, cena V, p. 283.
60. J. MARITAIN, *Raison et raisons*, p. 161.
61. J.-P. SARTRE, *L'être et le néant*, p. 179.
62. E. HUSSERL, La crise des sciences européennes et la phénoménologie transcendantale, *Les études philosophiques*, 1949, n. 2, p. 139.
63. H. LEFEBVRE, *À la lumière du matérialisme dialectique*, I: *Logique formelle, logique dialectique*, p. 24.
64. *Id.*, p. 24.
65. Cf. A. KOESTLER, em R. CROSSMAN, *The God That Failed*, p. 56.
66. E. HUSSERL, *op. cit.*, p. 140; cf. também o verso do poeta negro CÉSAIRE, que chama os brancos de "vencedores onipotentes e ingênuos", comentado por J.-P. SARTRE, *Situations*, III, p. 265.
67. S. AUROBINDO, *Le guide du yoga*, p. 187.
68. E. LEVINAS, La réalité et son ombre, *Les temps modernes*, nov. de 1948, pp. 777 e 780.
69. G. TOFFANIN, *Storia dell'umanesimo*, p. 303. G. FRACASTORO, *Opera omnia*: Carminum liber unus, *Ad. M. Antonium Flaminium et Galeatium Florimontium*, p. 206 *a*.
70. S. AUROBINDO, *Le guide du yoga*, p. 186.
71. *Id.*, p. 56.
72. Ch. ODIER, *Les deux sources, consciente et inconsciente, de la vie morale*, p. 31.
73. S. AUROBINDO, *Le guide du yoga*, p. 189.
74. H. LEFEBVRE, *À la lumière du matérialisme dialectique*, I: *Logique formelle, logique dialectique*, p. 148.
75. S. AUROBINDO, *Le guide du yoga*, p. 99.
76. TARDE, *La logique sociale*, pp. 203-4.
77. A. J. AYER, *Language, Truth and Logic*, pp. 37, 40, 43 e 50.
78. V. PARETO, *Traité de sociologie générale*, II, § 1403, p. 791.
79. N. CORMEAU, *L'art de François Mauriac*, pp. 183-4. Grifo nosso.
80. V. KLEMPERER, *L. T. I., Notizbuch eines Philologen*, pp. 202 e 277.
81. *Welche Religion ich bekenne? Keine von allen*
Die du mir nennst. – Und warum Keine? – Aus Religion!
citado por ERDMANN, *Die Bedeutung des Wortes*, p. 61.
82. Cf. Timon, *Livre des orateurs*, p. 193.
83. Cf. § 51: Analiticidade, análise e tautologia.

84. J.-P. SARTRE, *L'être et le néant*, p. 33.
85. M. PAGNOL, *César*, p. 24.
86. Quanto a este último paradoxo, cf. *The Memoirs of Cordell Hull*, pp. 1570-8.
87. J. COCTEAU, *Orphée* (filme), em *Empreintes*, número dedicado a Jean Cocteau, maio-jul., 1950, p. 163.
88. J. COCTEAU, *Plain-Chant*, *id.*, em epígrafe, p. 9.
89. R. BENEDICT, *The Chrysanthemum and the Sword*, p. 266.
90. V. JANKÉLÉVITCH, *Traité des vertus*, p. 58.
91. BARON, *De la rhétorique*, p. 361.
92. VICO, *Instituzioni oratorie*, p. 151.
93. *Id.*, p. 150.
94. Cf. § 92: O papel dos pares filosóficos e suas transformações.
95. Cf. § 50: Identidade e definição na argumentação.
96. S. AUROBINDO, *Le guide du yoga*, pp. 207-8.
97. A. SMITH, *The Wealth of Nations*, pp. 31-2.
98. SPINOZA, *Éthique*, parte III, Apêndice, 2º, explicação.
99. BERKELEY, *Les trois dialogues entre Hylas et Philonous*, 3º diál., p. 213.
100. S. WEIL, *L'enracinement*, p. 84.
101. ISÓCRATES, *Discursos*, t. II: *Panegírico de Atenas*, § 92.
102. Citado por QUINTILIANO, vol. III, liv. VII, cap. III, § 17.
103. Cf. § 50: Identidade e definição na argumentação.
104. LECOMTE DU NOÜY, *L'homme et sa destinée*, pp. 123-4.
105. Ch. L. STEVENSON, *Ethics and Language*, p. 210; cf. também, em *The Emotive Theory of Ethics, symposium, Aristotelian Society Supplementary*, vol. XXII, 1948, comunicações de R. ROBINSON, pp. 89-92, e de H. J. PATON, p. 112.
106. Cf. § 35 e Ch. PERELMAN e L. OLBRECHTS-TYTECA, Les notions et l'argumentation, no vol. *Semantica, Arch. di Filosofia*, 1955, p. 254.
107. Cf. § 50: Identidade e definição na argumentação.
108. DEMÓSTENES, *Orações e discursos políticos*, t. IV: *A oração da coroa*, § 111.
109. VICO, *Instituzioni oratorie*, p. 150 (CÍCERO, *Pro Milone*).
110. Cf. § 50: Identidade e definição na argumentação.
111. S. WEIL, *L'enracinement*, p. 90.
112. SCHOPENHAUER, ed. Brockhaus, vol. 3: *Die Welt als Wille und Vorstellung*, Zweiter Band, cap. 34, p. 466.
113. R. CRAWSHAY-WILLIAMS, *The Comforts of Unreason*, p. 125.
114. J. PAULHAN, *La preuve par l'étymologie*.
115. J.-P. SARTRE, *L'être et le néant*, pp. 118-9.
116. Ex. G. BATAILLE: Le temps de la révolte (II), *Critique 56*, p. 33, a respeito do amoque e da soberania autêntica.
117. J.-P. SARTRE, *L'être et le néant*, p. 20.
118. ALAIN, *Histoire de mes pensées*, p. 217, assinalada por J. PAULHAN, *La preuve par l'etymologie*, p. 17.
119. Cf. § 92: O papel dos pares filosóficos e suas transformações.
120. BOSSUET, *Sermons*, vol. II: *Sur la parole de Dieu*, p. 151.
121. Cf. J. PAULHAN, *Les fleurs de Tarbes*, p. 84.
122. A. E. CHAIGNET, *La rhétorique et son histoire*, p. 455.

123. *La Suisse*, ago.-set. de 1948.
124. PASCAL, *Oeuvre*, Bibl. de la Pléiade; *Pensées*, 49 (127), p. 834 (27 ed. Brunschvicg).
125. Cf. § 30: A interpretação dos dados.
126. QUINTILIANO, vol. II, liv. IV, cap. II, §§ 88 e 97: SÊNECA O RETOR, *Controverses et suasoires*, Introdução, p. IX.
127. SCHOPENHAUER, ed. Brockhaus, vol. 6: *Parerga und Paralipomena*, Zweiter Band, *Psychologische Bemerkungen*, § 340, p. 637.
128. PASCAL, Bibl. de la Pléiade, *Pensées*, 43 (201*), p. 833 (10 ed. Brunschvicg).
129. ARISTÓTELES, *Retórica*, III, cap. VII, § 4, 1408 *a*.
130. V. R. MIRABEAU, Coleção completa dos Trabalhos na Assembléia Nacional, vol. 2; *Discours sur l'établissement de la contribution patriotique*, pp. 186-7.
131. S. WEIL, *L'enracinement*, pp. 88-9.
132. QUINTILIANO, vol. II, liv. IV, cap. I, § 8; vol. IV, liv. XI, cap. I, §§ 15, 17 e 19.
133. SHAKESPEARE, *Júlio César*, ato III, cena II.
134. Citado por H. WUNDERLICH, *Die Kunst der Rede in ihren Hauptzügen an den Reden Bismarcks dargestellt*, p. 1.
135. Cf. QUINTILIANO, vol. II, liv. V, cap. XIII, § 37.
136. Cf. CÍCERO, *De oratore*, liv. II, § 4, a respeito da ignorância arvorada por Crasso e por Antônio; R. D. D. WHATELY, *Elements of Rhetoric*, parte II, cap. III, pp. 154-6.
137. ISÓCRATES, *Discursos*, t. III: *Sobre a troca*, § 16.
138. C. DE MÉRÉ, *Oeuvres complètes*, t. I: *Les conversations* (3ª), p. 47.
139. LA BRUYÈRE, Bibl. de la Pléiade, *Caractères, Des femmes*, 14, p. 130.
140. J. PAULHAN, *Les fleurs de Tarbes*.
141. MONTAIGNE, Bibl. de la Pléiade, *Essais*, liv. III, cap. VIII, p. 913.
142. PASCAL, Bibl. de la Pléiade, *Pensées*, 741 (49), p. 1063 (800 ed. Brunschvicg).
143. QUINTILIANO, vol. III, liv. IX, cap. II, § 19.
144. LONGINO, *Tratado do sublime*, cap. XVII, pp. 102-4.
145. A. OMBREDANE, *L'aphasie et l'élaboration de la pensée explicite*, p. 268.
146. ARISTÓTELES, *Tópicos*, liv. VIII, cap. I, 156 *b*.
147. Cf. E. DUPRÉEL, *Essais pluralistes*, p. 114 (A segunda virtude do século XIX).
148. *Rhetorica ad Herennium*, liv. IV, § 48.
149. *Id.*, § 49.
150. Cf. BARON, *De la rhétorique*, p. 365; J. PAULHAN, Les figures ou la rhétorique décryptée, *Cahiers du Sud*, p. 371.
151. B. GRACIÁN, *L'homme de cour*, p. 12.
152. J.-L. CURTIS, *Chers corbeaux*, p. 96.
153. ARISTÓTELES, *Retórica*, II, cap. 24, 1402 a. Cf. O. NAVARRE, *Essai sur la rhétorique grecque avant Aristote*, pp. 16 ss.
154. De 24 de abril a 4 de maio de 1948 (ed. de Paris).
155. ARISTÓTELES, *Retórica*, II, cap. 24, 1402 *a*.
156. PLATÃO, *Fedro*, 273 *b-c*.

157. ANTIFONTE, *Primeira tetralogia*, 2. 3; 2. 6. Citado por O. NAVARRE, *Essai sur la rhétorique grecque avant Aristote*, p. 139.

158. Cf. ARISTÓTELES, *Retórica*, I, cap. 12. 1372 *a*.

159. QUINTILIANO, vol. II, liv. IV, cap. I, § 18.

Capítulo V

1. Cf. § 44: Generalidades.

2. ARISTÓTELES, *Retórica*, liv. III, cap. XVII, § 5, 1418 *a*; cf. R. VOLKMANN, *Rhetorik der Griechen und Römer*, p. 33.

3. R. D. D. WHATELY, *Elements of Rhetoric*, parte I, cap. III, § 1, p. 74.

4. Cf. § 29: A seleção dos dados e a presença.

5. Cf. § 89: Ruptura de ligação e dissociação.

6. CF. § 78: A argumentação pelo exemplo.

7. Cf. § 85: Como se utiliza a analogia.

8. Cf. § 92: O papel dos pares filosóficos e suas transformações.

9. Cf. § 25: Utilização e redução dos lugares: espírito clássico e espírito romântico.

10. G. SMETS, Carnet sociologique, n. 50, *Revue de l'Institut de Sociologie*, 1950, n. 1, pp. 148-9.

11. *Rhetorica ad Herennium*, liv. I, § 10.

12. PASCAL, *Oeuvre*, Bibl. de la Pléiade, *De l'esprit géométrique et de l'art de persuader*, pp. 375-9.

13. Cf. § 6: Persuadir e convencer.

14. J.-P. SARTRE, *Les mains sales*, 5º quadro, cena 5, pp. 214-5.

15. Ch. PERELMAN, *Rhétorique et philosophie*, p. 121 (Da prova em filosofia).

16. Cf. H. GOUHIER, La résistance au vrai et le problème cartésien d'une philosophie sans rhétorique, em *Retorica e barocco*, pp. 85-97.

17. BENTHAM, *Oeuvres*, t. I: *Traité des sophismes politiques*, p. 503.

18. SCHOPENHAUER, ed. Piper, vol. 6: *Eristische Dialektik*, p. 413 (Kunstgriff 11).

19. *Id.*, p. 414 (Kunstgriff 14).

20. *Id.*, p. 416 (Kunstgriff 20).

21. VAYSON DE PRADENNE, *Les fraudes en archéologie préhistorique*, p. 545.

22. R. D. D. WHATELY, *Elements of Rhetoric*, parte II, cap. II, § 5, p. 137.

23. Cf. § 96: A retórica como expediente.

24. QUINTILIANO, vol. III, liv. IX, cap. II, §§ 65 ss.

25. *Rhetorica ad Herennium*, liv. IV, § 67.

26. Cf. § 67: A superação.

27. *Rhetorica ad Herennium*, liv. IV, § 50.

28. Cf. § 85: Como se utiliza a analogia.

29. Cf. 97: Interação e força dos argumentos.

30. Cf. a teoria das derivações opostas aos resíduos em PARETO.

31. QUINTILIANO, vol. II, liv. V, cap. X, § 104.

32. Cf. § 96: A retórica como expediente.

33. Cf. § 9: A deliberação consigo mesmo.

34. Cf. Cl.-L. ESTÈVE, *Études philosophiques sur l'expression littéraire*, pp. 62-3.

35. Cf. SCHOPENHAUER, ed. Brockhaus, vol. 2: *Die Welt als Wille und Vorstellung, Erster Band*, § 9, p. 55; vol. 3: *Zweiter Band*, p. 113; ed. Piper, vol. 6: *Eristische Dialektik*, nota, p. 409.

36. BOSSUET, *Sermons*, vol. II, pp. 690-1.

37. Cf. SCHOPENHAUER, ed. Piper, vol. 6: *Eristische Dialektik*, p. 424 (Kunstgriff 34).

38. MONTAIGNE, Bibl. de la Pléiade, *Essais*, liv. III, cap. VIII, p. 908.

39. PASCAL, *Oeuvres*, Bibl. de la Pléiade, *De l'esprit géométrique et de l'art de persuader*, p. 383.

40. V. PARETO, *Traité de sociologie générale*, I, cap. IV, §§ 563 ss., pp. 304-6.

41. Cf. § 34: Aclaramento e obscurecimento das noções.

42. C. I. LEWIS *An Analysis of Knowledge and Valuation*, pp. 338 ss.

43. J. HUXLEY, *Soviet Genetics and World Science*, p. 33.

44. VAYSON DE PRADENNE, *Les fraudes en archéologie préhistorique*, pp. 391-5.

45. M.-L. SILBERER, Autour d'un questionnaire, em *Le diagnostic du caractère*, p. 197.

46. Cf. § 14: Argumentação e envolvimento.

47. Cf. § 99: A interação por convergência.

48. Cf. § 91: Os pares filosóficos e sua justificação.

49. FÉNELON, *Oeuvres*, ed. Lebel, t. XXI: *Dialogues sur l'éloquence*, p. 65.

50. PASCAL, Bibl. de la Pléiade, *Pensées*, 335, (C. 209), p. 911 (194 ed. Brunschvicg).

51. Cf. J. WISDOM, *Gods*, em A. FLEW, *Essays on Logic and Language*, pp. 199-200.

52. Cf. QUINTILIANO, vol. II, liv. IV, cap. V, § 13.

53. BERKELEY, *Oeuvres choisies*, t. II: *Les trois dialogues entre Hylas et Philonous*, 3º diál., pp. 171 e 173.

54. Cf. § 4: O auditório como construção do orador.

55. GIBERT, *Jugements des savans sur les auteurs qui ont traité de la rhétorique*, III, p. 147. Cf. PLÍNIO O JOVEM, *Cartas*, t. I, liv. I, 20, §§ 14-6.

56. B. NOGARO, *La valeur logique des théories économiques*, p. 37.

57. BOSSUET, *Sermons*, vol. II: *Sur la prédication évangélique*, p. 53.

58. FUN FARE, *Reader's Digest*, 1949, p. 64.

59. W. CHURCHILL, *Mémoires sur la deuxième guerre mondiale*, t. I, vol. 1, p. 112.

60. Cf. § 42: As figuras da escolha, da presença e da comunhão.

61. W. PITT, *Orations on the French War*, p. 107 (29-10-1795).

62. Cf. Cônego ROME, La vitesse de parole des orateurs attiques, *Bulletin de la Classe des Lettres de l'Académie Royale de Belgique*, 5ª série, 1952, 12.

63. PLATÃO, *Fedro*, 267 *b*.

64. BENTHAM, *Oeuvres*, t. I: *Tactique des assemblées politiques délibérantes*, p. 378-9.

65. V. PARETO, *Traité de sociologie générale*, II, § 1479, pp. 1089-90.

66. Cf. Ch. BIRD, *Social Psychology*, pp. 215 ss. (experiências de F. H. KNOWER, Experimental Studies of Changes in Attitudes, *J. of Soc. Psych.*, 1935, 6, pp. 315-47; *J. of Abnormal and Soc. Psych.*, 1936, 30, pp. 522-32; *J. Applied Psych*, 1936, 20, pp. 114-27). Cf. também C. I. HOVLAND, A. A. LUMSDAINE e F. D. SHEFFIELD, *Experiments on Mass Communication*, pp. 46-50 e 215-6.

67. Memória de Huber, em VAYSON DE PRADENNE, *Les fraudes en archéologie préhistorique*, p. 41.

68. H. LEFEBVRE, *À la lumière du matérialisme dialectique*, I: *Logique formelle, logique dialectique*, pp. 20 e 40.

69. CÍCERO, *De oratore*, liv. I, § 230.

70. *Id.*, liv. II, §§ 304-5.

71. Cf. A. C. BAIRD, *Argumentation, Discussion and Debate*, pp. 330-1.

72. Cf. DEMÓSTENES, *Orações e discursos políticos*, t. III: *Sobre a embaixada*, § 213.

73. Cf. § 98: A apreciação da força dos argumentos, fator de argumentação.

74. CÍCERO, *De inventione*, liv. I, XLVIII, § 90.

75. Cf. § 96: A retórica como expediente.

76. Cf. ARISTÓTELES, *Tópicos*, liv. II, cap. 5, 112 a; SCHOPENHAUER, ed. Brockhaus, vol. 6: *Parerga und Paralipomena*, Zweiter Band, *Zur Logik und Dialektik*, § 26, p. 31 (Neuntes Stratagem); ed Piper, vol. 6: *Eristische Dialektik*, p. 416 (Kunstgriff 18); p. 419 (Kunstigriff 29).

77. DEMÓSTENES, *Orações e discursos políticos*, t. IV: *A oração da coroa*, § 3.

78. *Id.*, § 9.

79. *Id.*, § 123.

80. Cf. P. L. HOLMER, Kierkegaard and Ethical Theory, *Ethics*, abr. de 1953, p. 159.

81. Cf. § 27: Acordos próprios de cada discussão.

82. QUINTILIANO, vol. III, liv. IX, cap. II, § 73.

83. Cf. § 98: A apreciação da força dos argumentos, fator de argumentação.

84. *Rhetorica ad Herennium*, liv. IV, § 37.

85. DEMÓSTENES, *Orações e discursos políticos: Sobre a embaixada*, § 167.

86. Cf. BENTHAM, *Oeuvres*, t. I: *Traité des sophismes politiques*, p. 473.

87. ARISTÓTELES, *Tópicos*, liv. II, cap. 5, 112, *a*.

88. VICO, *Instituzioni oratorie*, p. 148.

89. Cf. J. PAULHAN, *Entretien sur des faits divers*, pp. 135-8.

90. DEMÓSTENES, *Orações e discursos políticos*, t. IV: *Oração da coroa*, § 51.

91. QUINTILIANO, vol. II, liv. VI, cap. III, § 74.

92. L. STERNE, *Vie et opinions de Tristram Shandy*, liv. I, cap. XXII, p. 64.

93. M. WERTHEIMER, *Productive Thinking*, cap. I: "The Area of the Parallelogram".

94. Cf. § 4: O auditório como construção do orador.

95. Cf. § 27: Acordos próprios de cada discussão.

96. Cf. ARISTÓTELES, *Tópicos*, liv. VIII, cap. 1, 156 *a*; *Refutações sofísticas*, cap. 15, 174 *a*; SCHOPENHAUER, ed. Piper, vol. 6: *Eristische Dialektik*, p. 413 (Kunstgriff 9).

97. *Id.*, p. 412 (Kunstgriff 7).

98. ARISTÓTELES, *Tópicos*, liv. VIII, cap. 1, 157 *a*; cf. § 101: Os perigos da amplitude.

99. N. R. F. MAIER, The Quality of Group Decisions as Influenced by the Discussion Leader, *Human Relations*, vol. III, 2, 1950, pp. 162-3.

100. QUINTILIANO, vol. III, liv. IX, cap. II, § 22.

101. QUINTILIANO, vol. II, liv. V, cap. XII, § 3.

102. Cf. QUINTILIANO, vol. II, liv. V, cap. XIII, § 15.

103. Cf. § 105: Ordem e método.

104. PLATÃO, *Fedro*, 266 *d*-267 *a*.

105. ARISTÓTELES, *Retórica*, liv. III, cap. XIII, §§ 3-5, 1414 *a*-1414 *b*.

106. R. VOLKMANN, *Rhetorik der Griechen und Römer*, p. 33.

107. ARISTÓTELES, *Retórica*, liv. III, cap. XIV, 1414 *b*-1416 *a*; Cícero, *De inventione*, liv. I, §§ 20 ss.; QUINTILIANO, vol. II, liv. IV, cap. I.

108. *Rhetorica ad Herennium*, liv. I, 16.

109. CÍCERO, *De oratore*, liv. II, § 323; QUINTILIANO, vol. II, liv. IV, cap. I, § 5.

110. ARISTÓTELES, *Retórica*, liv. III, cap. XIV, § 1, 1414 *b*.

111. A. E. CHAIGNET, *La rhétorique et son histoire*, pp. 359-60.

112. Cf. 1ª Parte: Os âmbitos da argumentação.

113. ARISTÓTELES, *Retórica*, liv. III, cap. XIV, § 7.

114. R. BROWNING, *Poems, Bishop Blougram's Apology*, pp. 136-7.

115. Cf. D. CARNEGIE, *L'art de parler en public et de persuader dans les affaires*, pp. 228 e 230.

116. *Id.*, p. 207.

117. Cf. § 96: A retórica como expediente.

118. Cf. § 98: A apreciação da força dos argumentos, fator de argumentação.

119. Citado por A. GWINN, *Roman Education from Cicero to Quintilian*, p. 45, segundo POLÍBIO, XXXIX, 1 (ed. Büttner-Wobst).

120. ISÓCRATES, *Discursos*, t. II: *Panegírico de Atenas*, §§ 13 e 187.

121. Cf. BOSSUET, *Sermons*, vol. II: *Sur la prédication évangélique*, p. 50.

122. Cf. R. D. D. WHATELY, *Elements of Rhetoric*, parte I, cap. IV: "Of Introductions", pp. 109 ss.

123. Principia Rhetorices, em Apêndice a Santo Agostinho, *Patrologie latine*, t. XXXII, col. 1447 e 1448; cf. CÍCERO, *De inventione*, liv. I, § 20; *Rhetorica ad Herennium*, liv. I, § 5.

124. Cf. § 72: O discurso como ato do orador.

125. V. GOLDSCHMIDT, *Le paradigme dans la dialectique platonicienne*, nota, p. 16.

126. CÍCERO, *Partitiones oratoriae*, § 46.

127. R. D. D. WHATELY, *Elements of Rhetoric*, parte I, cap. III, § 4, p. 87.

128. Cf. T. KOTARBINSKI, *Traktat o dobfej robocie* (*Tratado dó bom trabalho*), cap. XIII.

129. Cf. § 100: A amplitude da argumentação.

130. Cf. HOMERO, *Ilíada*, cap. IV, vv. 297 ss.

131. CÍCERO, *De oratore*, liv. II, § 313; *Rhetorica ad Herennium*, liv. III, § 18; QUINTILIANO, vol. II, liv. V, cap. XII, § 14; vol. III, liv. VII, cap. I, § 10; cf. R. VOLKMANN, *Hermagoras oder Elemente der Rhetorik*, p. 197; cf. Argumento de LIBÂNIO, § 6, e Argumento anônimo, § 5, acerca da oração da coroa, DEMÓSTENES, *Orações e discursos políticos*, t. IV

132. SHAKESPEARE, *Júlio César*, ato III, cena II.

133. Cf. § 100: A amplitude da argumentação.

134. PASCAL, *Oeuvre*, Bibl. de la Pléiade, *Pensées*, 1 (27), p. 823 (187 ed. Brunschvicg).

135. Cf. R. D. D. WHATELY, *Elements of Rhetoric*, parte I, cap. III, § 6, p. 90.

136. QUINTILIANO, vol. III, liv. VII, cap. I, § 11.

137. QUINTILIANO, vol. II, liv. VI, cap. III, § 100.

138. Cf. § 41: Figuras de retórica e argumentação.

139. Cf. § 102: Os paliativos para os perigos da amplitude.

140. QUINTILIANO, vol. III, liv. VII, cap. I, § 16.

141. Cf. ARISTÓTELES, *Retórica*, liv. III, cap. XIV, § 7, 1414 *b*; cf. WHATELY, *Elements of Rhetoric*, parte II, cap. III, § 5, p. 169.

142. Cf. ARISTÓTELES, *Tópicos*, liv. VIII, cap. I, 156 *b*.

143. Cf. SCHOPENHAUER, ed. Piper, vol. 6: *Eristische Dialektik*, p. 413 (Kunstgriff 8). ARISTÓTELES, *Refutações sofísticas*, cap. 15, 174 *a*.

144. DEMÓSTENES, *Orações e discursos políticos*, t. IV: *Oração da coroa*, § 2.

145. *Id.*, § 56.

146. Cf. § 72: O discurso como ato do orador; § 96: A retórica como expediente.

147. Cf. R. AGRICOLA, *De inventione dialectica*, liv. III, pp. 167 ss.; J. L. VIVES, *Obras completas*, t. II: *Arte de hablar*, liv. III, cap. III, p. 783.

148. Cf. § 42: As figuras da escolha, da presença e da comunhão.

149. QUINTILIANO, vol. III, liv. IX, cap. III, § 55.

150. DEMÓSTENES, *Orações e discursos políticos*, t. IV: *Oração da coroa*, § 179.

151. Cf. § 76: O argumento de hierarquia dupla aplicado às ligações de sucessão e de coexistência.

152. A. E. CHAIGNET, *La rhétorique et son histoire*, p. 401.

153. Cf. § 96: A retórica como expediente.

154. QUINTILIANO, vol. II, liv. IV, cap. V, §§ 4-8; cf. FÉNELON, ed. Lebel, t. XXI: *Dialogues sur l'éloquence*, pp. 68-71.

155. Cf. § 27: Acordos próprios de cada discussão.

156. Cf. QUINTILIANO, vol. II, liv. IV, cap. V, § 18; liv. V, cap. XIII, § 51; vol. III, liv. VII, cap. I, § 11.

157. R. AGRICOLA, *De inventione dialectica libri tres*, liv. II, pp. 132 ss.

158. P. RAMUS, *Dialecticae libri duo*, Paris, 1560, liv. I, nota p. 10; edição de 1566, liv. I, nota p. 156 (mais desenvolvida).

159. Cf. G. MORPURGO TAGLIABUE, La retorica aristotelica e il barocco, em *Retorica e barocco*, p. 124.

160. P. RAMUS, *Dialecticae libri duo*, Paris, 1560, liv. II, p. 208.

161. R. D. D. WHATELY, *Elements of Rhetoric*, parte I, cap. III, § 7, p. 107.

162. G. TARDE, *La logique sociale*, p. 180.

163. Cf. § 7: O auditório universal.

164. Ch. WADDINGTON, *Ramus, sa vie, ses écrits et ses opinions*, p. 372.

165. Cf. PLATÃO, *Fedro*, 264 *c*.

166. G. DORFLES, *Discorso tecnico delle arti*, pp. 180-1.

Conclusão

1. Cf. Ch. PERELMAN, Philosophies premières et philosophie régressive, em *Rhétorique et philosophie*, pp. 99-100 e 105, e Réflexions sur la justice, *Revue de l'Institut de Sociologie*, 1951, pp. 280-1.

2. Cf. Ch. PERELMAN, La quête du rationnel, em *Rhétorique et philosophie*, pp. 110-20, e Le rôle de la décision dans la théorie de la connaissance, em *Actes du IIe Congrès International de l'Union Internationale de Philosophie des Sciences*, vol. I, pp. 150-9.

3. Cf. Ch. PERELMAN, Liberté et raisonnement, em *Rhétorique et philosophie*, pp. 44-8, Le problème du bon choix, *id.*, p. 160.

Lista das obras citadas

ABBAGNANO, BOBBIO, BUZANO, CODEGONE, FROLA, GEYMONAT, NUVOLI, DE FINETTI, *Saggi di critica delle scienze*, De Silva, Turim, 1950, série Maestri e compagni (Biblioteca di studi critici e morali), 17, Centro de Estudos metodológicos de Turim.

AGOSTINHO, Santo, (pseudo) Principia Rhetorices, *Patrologie latine de* MIGNE, t. XXXII, Paris, 1865, no Apêndice das obras de Santo Agostinho, colunas 1439-1448.

AGRICOLA, Rodolphus, *Rodolphi agricolae phrisii de inventione dialectica libri tres, Argentinae apud Joannem Knoblouchum*, 1521.

ALAIN, *Histoire de mes pensées*, Paris, Gallimard, 1936, N.R.F., 8ª ed., Les Essais.

AMY, René, Hommes et bêtes. Action réciproque, *Revue de l'Institut de Sociologie*, Bélgica, 1953, n. 4, pp. 520-98; 1954, n. 1, pp. 105-216.

ANGYAL, Andras, *Foudantions for a Science of Personality*, Nova York, The Commonwealth Fund; Londres, Humphrey Milford, Oxford, Univ. Press, 2ª ed, 1946 (1ª, 1941).

Annales parlementaires de Belgique. Câmara dos Representantes, Bruxelas, Imprimerie du Moniteur belge.

ANNAMBHATTA, *Le compedium des topiques* (*Tarka-Samgraha*) com trechos de três comentadores indianos. Texto, tradução e comentário de A. FOUCHER, Paris, Maisonneuve, 1949.

ANSELMO, Santo, *Oeuvres philosophiques*, trad. P. ROUSSEAU, Paris, Aubier, 1947, Bibliothèque philosophique.

— Dialogus de libero arbitrio, *Patrologie latine* de MIGNE, t. CLVIII, colunas 489-506.

ARAGON, *Les yeux d'Elsa*, Bruxelas, Ed. Cosmopolis, 1945.

ARISTÓTELES, *Metafísica*, trad. e notas de J. TRICOT, Paris, J. Vrin, Bibliothèque des Textes Philosophiques, dir. Henri GOUHIER, 1933, vol. 2.

— *Organon*, trad. e notas de J. TRICOT, Bibliothèque des Textes Philosophiques, dir. Henri GOUHIER, Paris, J. Vrin; vol. III: *Les premiers analytyques*, 1947; vol. V, *Tópicos*, 1950; vol. VI, *Refutações sofísticas*, 1950.

— *Retórica*, Paris, Les Belles Lettres, Collection des Universités de France sob o patrocínio da Association Guillaume Budé, 1932, vol. 2 (liv. I e II), texto estabelecido e traduzido por Médéric DUFOUR (todas as referências aos liv. I e II são tiradas dessa edição).

— *Arte retórica e arte poética*, tradução com texto, introdução e notas de J. VOILQUIN e J. CAPELLE, Paris, Garnier, 1944.

ARON, Raymond, *Introduction à la philosophie de l'histoire. Essai sur les limites de l'objectivité historique*, Bibliothèque des Idées, Paris, Gallimard, 1948.

ASCH, S. E., The Doctrine of Suggestion, Prestige and Imitation in Social Psychology, *Psychological Review*, vol. 55, 1948, pp. 250-76.

— *Social Psychology*, Nova York, Prentice-Hall, 1952.

AUBRY e RAU, *Cours de droit civil français*, 5ª ed., t. XII, revisão e atualização da legislatura e da jurisprudência de M. Etienne BARTIN, Paris, Godde, 1922.

AUERBACH, Erich, *Mimesis, Dargestellte Wirklichkeit in der abendländischen Literatur*, Berna, A. Francke, 1946.

AUROBINDO, Shrî, Le guide du Yoga (*Oeuvres complètes*, 3), Paris, Albin Michel, coleções "Spiritualités vivantes", publicadas sob a direção de P. MASSON-OURSEL e Jean HERBERT, 1951.

AYER, Alfred Jules, *Language, Truth and Logic*, Londres, Victor Gollancz, 1947, (1ª ed. 1936), com introdução à 2ª ed., 1946.

AYMÉ, Marcel, *La tête des autres*, peça em 4 atos, Paris, Grasset, 1952.

BACHELARD, Gaston, *Le rationalisme appliqué*, Paris, P.U.F., 1949.

BACK, Kurt W., Influence Through Social Communication, *Journal of Abnormal and Social Psychology*, vol. 46, 1951, pp. 9-23.

BACON, Francis, *Of the Advancement of Learning*, Oxford Univ. Press, Humphrey Milford, 1944.

BAIRD, A. Craig, *Argumentation, Dicussion and Debate*, Nova York, McGraw-Hill Book Cy, 1950, McGraw-Hill Series in Speech (Clarence T. Simon, editor consultor).

BALZAC, Honoré de, *La comédie humaine*, Texto estabelecido e prefaciado por Marcel BOUTERON, Paris, Gallimard, 1935-1937, N.R.F. Bibliothèque de la Pléiade, vol. 10.

BARNES, Winston H. F., Ethics without Propositions, em *Logic Positivism and Ethics*. Palestra realizada em sessão da Sociedade Aristotélica e Associação da Mente em Durham, 9 a 11 de julho, 1948. Aristotelian Society Supplementary, vol. XXII, 1948.

BAROJA, Pio, *La caverna del humorismo*, Madri, Rafael Caro Raggio, 1920.

BARON, A., *De la rhétorique ou de la composition oratoire et littéraire*, 4ª ed., Bruxelas e Liège, Librairies polytechniques de Decq, 1879, (1ª ed., 1849).

BARUK, Henri, Le psychiatre dans la société, *La Semaine des Hôpitaux de Paris*, 25º ano, n. 74, 6 out. de 1949, pp. 3041-8.

BATAILLE, Georges, Le temps de la révolte: I. *Critique* 55, 1951, pp. 1019-27; II. *Critique* 56, 1952, pp. 29-41.

BEAUVOIR, Simone de, *Le deuxième sexe*, Paris, Gallimard, 1949, vol. 2.

BECKETT, Samuel, *Molloy*, Paris, Éditions de Minuit, 1953.

BELAVAL, Yvon, *Le philosophes et leur langage*, Paris, Gallimard, Les Essais L, 1952.

BELLAK, Léopold, The Nature of Slogans, *J. of Abnormal and Social Psychology*, vol. 37, 1942, pp. 496-510.

BENARY, Wilhelm, Studien zur Untersuchung der Intelligenz bei einem Fall von Seelenblindheit, VIII, Beitrag zu den "Psychologischen Analysen hirnpathologischer Fälle auf Grung von Untersuchungen Hirnverletzter", herausgegeben von GELB u. GOLDSTEIN, *Psychologische Forschung*, 2 (3-4), 1922, pp. 209-327.

BENDA, Julien, *La trahison des clercs*, Paris, Grasset, 1928.

— *Du style d'idées. Réflexions sur la pensée. Sa nature, ses réalisations, sa valeur morale*, Paris, Gallimard, 1948, N.R.F.

BENEDICT, Ruth, *The Chrysanthemum and the Sword. Patterns of Japanese Culture*, Boston, Houghton Mifflin Cy, Cambridge, Massachusetts, The Riverside Press, 1946.

BENJAMIN, A. Cornelius, Science and Vagueness, *Philosophy of Science*, vol. 6, n. 21, abril de 1939, pp. 422-31.

BENTHAM, Jeremy, *Oeuvres*, Bruxelas, Société belge de Librairie, Hauman & Cie., 3ª ed., 1840, segundo a edição francesa de Et. Dumont, vol. 3.

BERELSON, Bernard, Content Analysis, em *Handbook of Social Psychology*, vol. I, pp. 488-522 (v. LINDZEY).

BERGSON, Henri, *L'évolution créatice*, Paris, Alcan, 39ª ed., 1932.

— *Les deux sources de la morale et de la réligion* Paris, Alcan, 3ª ed., 1932.

BERKELEY, *Les trois dialogues entre Hylas et Philonous*, em *Oeuvres choisies*, t. II, trad. de A. LEROY, Paris, Aubier, 1944.

BERL, Emmanuel, *Sylvia*, Paris, Gallimard, 1952, N.R.F..

BERNANOS, Georges, *La joie*, Coleção "La Palatine", Paris, Plon, 1929.

— *Scandale de la vérité*, Paris, Gallimard, 1939, N.R.F..

BERRIAT SAINT-PRIX, F., *Manuel de logique juridique*, Paris, Cotillon, 2ª ed., s/d.

BEVAN, Edwyn, *Symbolism and Belief*, Gifford Lectures, Londres, Allen and Unwin, 1938.

BIDEZ, J., *La vie de l'empereur Julien*, Paris, Les Belles-Lettres, 1930, Collection des études anciennes, sob o patrocínio da Associação Guillaume Budé.

BIRD, Charles, *Social Psychology*, Nova York, D. Appleton, Century Cy, 1940, The Century Psychology Series, ed. Richard M. Elliott.

BLACK, Max, Vagueness, An Exercice in Logical Analysis, *Philosophy of Science*, vol. 4, 1937, pp. 427-55.

— *Philosophical Analysis.* A colletion of essays, Ed. por..., Nova York, Ithaca, Cornell University Press, 1950.

BLASS, Friedrich, *Die attische Beredsamkeit*, Leipzig, Teubner, 1887-1898, vol. 4, 2ª ed.

BOBBIO, Norberto, *L'analogia nella logica del diritto*, Turim, Instituto Jurídico da R. Universidade, 1938. Memorie dell'istituto giuridico, Série II, memória XXXVI.

— Libertà dell'arte e politica culturale, *Nuovi Argomenti*, n. 2, 1953, pp. 245-59. Republicado em

— *Politica e cultura*, Turim, Einaudi, 1955.

— Scienza del diritto e analisi del linguaggio, em *Saggi di critica della scienze*, pp. 23-66 (v. ABBAGNANO).

BOILEAU-DESPRÉAUX, Nicolas, *Oeuvres, avec éclaircissemens historiques donnez par lui-même*, Amsterdam, François Changuion, 1729, 4 vols.

BOSSUET, *Sermons*, Paris, Garnier, vol. 4.

— *Oraisons funèbres, Panégyriques*. Texto estabelecido e anotado por Bernard VELAT, Paris, Gallimard, Bibliothèque de la Pléiade, 1936, N.R.F.

BOULANGER, André, *Aelius Aristide et la sophistique dans la province d'Asie au IIe siècle de notre ère*, Bibliothèque des Écoles françaises d'Athènes et de Rome, Paris, E. de Boccard, 1923.

BOWLES, Chester, *Ambassador's Report*, Nova York, Harper and Brothers, 1954.

BRITTON, Karl, *Communication. A Philosophical Study of Language*, Londres, Kegan Paul, Trench, Trubner and Co., 1939, International Library of Psychology, Philosophy and Scientific Method.

BROSS, Irwin D. J., *Design for Decision*, Nova York, Macmillan, 1953.

BROWNING, Robert, *The Ring and the Book*, Oxford Edition, Humphrey Milford, Oxford Univerty Press, 1912.

— *Poems*, Oxford Edition, Humphrey Milford, Oxford Univerty Press, 1919.

BRUNER, Katherine Frost, Of Psychological Wrinting: Being Some Valedictory Remarks on Style, *J. of Abnormal and Social Psychology*, vol. 37, 1942, pp. 52-70.

BRUNOT, Ferdinand, *La pensée et la langue. Méthode, principes et plan d'une théorie nouvelle du langage appliquée au français*, Paris, Masson, 1922.

BUBER, Martin, *Je et Tu*, trad. de Geneviève BIANQUIS, com prefácio de Gaston BACHELARD, Paris, Aubier, 1938, Philosophie de l'Esprit.

BURKE, Kenneth, *A Grammar of Motives*, Nova York, Prentice-Hall, 1945.

— *A Rhetoric of Motives*, Nova York, Prentice-Hall, 1950.

CAILLOIS, Roger, *Poétique de St-John Perse*, Paris, Gallimard, 1954, N.R.F.

CALDERÓN DE LA BARCA, D. Pedro, *La vida es sueño. Comedia em tres jornadas*, Biblioteca Universal, Madri, Perlado, Páez y compañia, 1922.

CALOGERO, Guido, Vérité et liberté. *Actes du Xe Congrès International de Philosophie, Amsterdam, 1948*, North-Holland Publishing Cy, 1949, pp. 96-8.

— *Logo e dialogo. Saggio sullo spirito critico e sulla libertà di coscienza*, Milão, Edizione di Comunità, 1950. Contém em apêndice I, pp. 193-8, Verità e Libertà. Comunicação apresentada no X Congresso Internacional de Filosofia (Amsterdam, agosto de 1948) e publicada em francês nas Atas do Congresso.

— Why Do We Ask Why? Some observations on the ethics of dialogue: the will to understand as the absolute foundation of liberalism and morals, *Actes du XIe Congrès International de Philosophie, Bruxelas, 20-26 agosto de 1953*, Amsterdam, North-Holland Publishing Cy, Louvain, E. Nauwelaerts, vol. XIV, pp. 260-5.

CALVINO, Jean, *Institution de la religion chrétienne*, ed. revista e corrigida a partir da edição francesa de 1560 por Frank BAUMGARTNER, Genebra, Beroud & Cie, 1888. Precedido de *Lettre au Roy de France très chrétien François premir de ce nom*.

CAMUS, Albert, *Actuelles, Chroniques* 1944-1948, Paris, Gallimard, 1950, N.R.F.

CARDOZO, Benjamin N., *The Paradoxes of Legal Science*, Columbia University Lectures, Fundação James Carpentier, Nova York, Columbia University Press, 1928.

CARNEGIE, Dale, *L'art de parler en public et de persuader dans les affaires*, trad. de Maurice BEERBLOCK e Marie DELCOURT, Liège, Desoer, 1950.

CARROLL, Lewis, *Alice's Adventures in Wonderland. Through the Looking-glass. The Hunting of the Snark*, introdução de Alexander WOOLLCOTT, Nova York, The Modern Library.

CASEY, Ralph, v. LASSWELL.

CASSIRER, Ernst., Le langage et le construction du monde des objets, *J. de Psychologie*, 1933, vol. XXX, pp. 18-44.

— *The Philosophy of Symbolic Forms*, trad. de Ralph MANHEIN, prefácio e introdução de Charles W. HENDEL, New Haven, Yale University Press, London Cumberlege, Oxford University Press; vol. I: *Language*, 1953; vol. II: *Mythical Thought*, 1955.

CASTELLI, E., *Atti congresso internazionale di studi umanistici a cura di...*, Veneza, 1954: *Retorica e barocco*, Roma, Fratelli Bocca, 1955.

CATARINA DE GÊNOVA, Santa, *Les oeuvres*. Precedidas de sua vida escrita pelo visconde Marie-Théodore de BUSSIERRE, Paris, A. Tralin, 1926.

CECCATO, Silvio, Divagazioni di animal semioticum, *Sigma*, 4-5, Roma, Partenia, 1947, pp. 294-302.

CERVANTES, *El ingenioso hidalgo Don Quijote de la Mancha*, Classicos castellanos, Madri, La Lectura, vol. 8, 1913, Notas de Francisco Rodríguez MARÍN.

CHAIGNET, A. E., *La rhétorique et son histoire*, Paris, E. Bouillon & E. Vieweg, 1888.

CHASSÉ, Charles, La clé de Mallarmé est chez Littré, *Quo Vadis*, março-abril-maio, 1950.

— *Les clés de Mallarmé*, Paris, Aubier, 1954, L'histoire littéraire.

CHLEPNER, B. S., Réflexions sur le problème des nationalisations. *Revue de l'Institut de Sociologie*, Bruxelas, 1949, n. 1, abr.-jun., pp. 207-32.

CHURCHILL, Winston, *Mémoires sur la deuxième guerre mondiale*, Paris, Plon, 6 tomos em 12 vols., 1948-1954.

CÍCERO, *De l'invention (De inventione)*, texto revisto e traduzido, com introdução e notas por Henri BORNECQUE, Paris, Garnier, 1932.

— *De l'orateur (De oratore ad quintum fratem libri tres)*, liv. I, texto estabelecido e traduzido por Edmond COURBAUD, 1938; liv. II, texto estabelecido e traduzido por Edmond COURBAUD, 1927; liv. III, texto estabelecido por Henri BORNECQUE e traduzido por Edmond COURBAUD e Henri BORNECQUE, 1930.

— *Divisions de l'art oratoire (Partitiones oratoriae)* e *Topiques (Topica)*, Collection des Universités de France, sob o patrocínio da Associação Guillaume Budé, Paris, Les Belles-Lettres, texto estabelecido e traduzido por Henri BORNECQUE, 1924.

— *L'orateur (Orator) e Du meilleur genre d'orateurs (De optimo genere oratorium)*, Collection des Universités de France, sob o patrocínio da Associação Guillaume Budé, Paris, Les Belles-Lettres, texto estabelecido e traduzido por Henri BORNECQUE, 1921.

— *De officiis*, The Loeb Classical Library, Londres, Heinemann; Nova York, Putnam's Sons: com tradução inglesa de Walter MILLER, 1928, (1ª ed. 1913).

— *Paradoxa stoicorum*, The Loeb Classical Library, Londres, Heinemann; Nova York, Putnam's Sons: com tradução inglesa de H. RACKHAM, 1948 (1ª ed., 1942).

CLAPARÈDE, E., La genèse de l'hypothèse, trecho dos *Archives de Psychologie*, vol. XXIV, Genebra, Kundig, 1934.

COCTEAU, Jean, *Plain-chant*, Paris, Stock, 1923.

— *Orphée* (filme). Trechos em *Empreintes*, Bruxelas, maio-julho de 1950, número sobre Jean Cocteau.

— *La difficulté d'être*, Mônaco, Editions du Rocher, 1953.

COHEN, Morris R., *A Preface to Logic*, Nova York, Henry Holt & Co., 1946, 4ª ed.

COLETTE, *Le fanal bleu*, Paris, Ferenczi, 1949.

CONFÚCIO, v. LEGGE, PAUTHIER.

COOMBE-TENNANT, A. H. S., Mr Wisdom on Philosophical Analysis, *Mind*, vol. XLV, n. 180, out. 1936, pp. 432-49.

COPILOWISH, Irving M., Border-Line Cases, Vagueness and Ambiguity, *Philosophy of Science*, vol. 6, n. 2, abril de 1939, pp. 118-449.

CORMEAU, Nelly, *L'art de François Mauriac*, Paris, Grasset, 1951.

CORNEILLE, *Oeuvres complètes* com as notas de todos os comentadores, Paris, Firmin-Didot, vol. 2, 1880.

COSSIO, C., Phenomenology of the Decision em *Latin-American Legal Philosophy*, Harvard University Press, 1948.

COURNOT, Antoine-Augustin, *Essai sur les fondements de nos connaissances et sur les caractères de la critique philosophique*, Paris, Hachette, vol. 2, 1851.

CRAWSHAY-WILLIAMS, Rupert, *The Comforts of Unreason. A Study of the Motives Behing Irrational Thought*, Londres, Kegan Paul, Trench, Trubner and Co., 1947.

CROSSMAN, Richard, *Palestine Mission. A Personel Record, with Speech Delivered in the House of Commons, 1st July 1946*, Londres, Hamish Hamilton, 1947.

— *The God That Failed*. Six Studies in Communism por Arthur KOESTLER, Ignazio SILONE, André GIDE, apresentado por Enid STARKIE, Richard WRIGHT, Louis FISCHER, Stephen SPENDER, com introdução de Richard CROSSMAN, Londres, Hamish Hamilton, 1950.

CURTIS, Jean-Louis, *Chers corbeaux*, Paris, Julliard, 1951.

DE COSTER, S., *L'idéalisme des jeunes*, *Morale et enseigment*, 1951-52, 2 e 3.

DEMÓSTENES, *Harangues et plaidoyers politiques*, Paris, Les Belles-Lettres, Collections des Universités de France, sob o patrocínio da Associação Guillaume Budé, vol. 4; Harangue, t. I, texto estabelecido e traduzido por Maurice CROISET, 1924; t. II, *id.*, 1925; *Plaidoyers politiques*, t. III, texto estabelecido e traduzido por G. MATHIEU, 1945, t. IV, *id.*, 1947.

DEMOGUE, René, *Les notions fondamentales du droit privé. Essai critique*, Paris, Arthur Rousseau, 1911.

DESCAMPS, Edouard, *Études d'art oratoire et de législation*, Louvain, Peeters, 1889.

DESCARTES, *Règles pour la direction de l'esprit* (*Regulae*), trad. de V. COUSIN em *Oeuvres*, Paris, 1826.

— *Méditations métaphysiques (Meditationes de prima philosophia)*, texto em latim e tradução do duque de LUYNES, introdução e notas de Geneviève LEWIS, Paris, Vrin, 1945.

— *Discours de la méthode*, com introdução e notas de E. GILSON, Paris, Vrin, 1946.

DE VIVIER, Marie, *Le mal que je t'ai fait*, Paris, Debresse, 1955.

DORFLES, Gillo, *Discorso tecnico delle arti*, Pisa, Nistri-Lischi, 1952, nota introdutória de Francesco FLORA.

DOROLLE, Maurice, *Le raisonnement par analogie*, Bibliothèque de Philosophie Contemporaine, Paris, Presses Universitaires de France, 1949.

DRIENCOURT, Jacques, *La propagande, Nouvelle force politique*, Paris, A. Colin, 1950.

DRILSMA, R. L., *De woorden der wet of de will van de wetgever, proeve ener Bijdrage tot de leer der rechtsuitlegging uitgaande van de beschouwingen van Raymond Saleilles en François Geny*, Academisch proefschrift, Amsterdam, Noord-Hollandsche uitgevers maatschappif, 1948.

DU BOUCHET, André, Envergure de Reverdy, *Critique 47*, abril de 1951, pp. 308-20.

DUCASSE, C.J., *Philosophy as a Science, its Matter and its Method*, Nova York, Oskar Piest, 1941.

DUMARSAIS, CHESNEAU, César, senhor DU MARSAIS, *Des tropes ou des differents sens dans lesquels on peut prendre un même mot dans une même langue*, Paris, Mme Vve Dabo, Librairie stéréotype, 1824 (1ª ed. 1730).

DUMAS, G., *Traité de psychologie*, t. II, Paris, Alcan, 1924.

DUPRÉEL, Eugène, Sur les rapports de la logique et de la sociologie ou théorie des idées confuses, *Revue de méthaphysique et de morale*, jul. de 1911, pp. 517-22.

— *Le rapport social. Essai sur l'objet et la méthode de la sociologie*, Paris, Alcan, 1912.

— La logique et les sociologues, *Revue de l'Institut de Sociologie*, Bruxelas, 1924, nºs 1 e 2, pp. 71-116 e 215-38.

— *De la nécessité*, Arquivos da Sociedade Belga de Filosofia, fasc. I, 1928. Republicado em *Essais pluralistes*.

— Le problème sociologique du rire, *Revue philosophique*, t. CVI, 1928. Republicado em *Essais pluralistes*.

— *La deuxième vertu du XIXe siècle*. Discurso pronunciado na sessão de início de ano letivo do Institut des Hautes Études, Bruxelas, Imprimerie médicale et scientifique. Republicado em *Essais pluralistes*.

— La pensée confuse, *Annales des Hautes Études de Gand*, t. III, *Études philosophiques*, pp. 17-26. Republicado em *Essais pluralistes*.

— *Esquisse d'une philosophie des valeurs*, Paris, Alcan, 1939, Bibliothèque de Philosophie contemporaine.

— *Sociologie générale*, Paris, Presses Universitaires de France, 1948, Travaux de la Faculté de Philosophie et Lettres, Université Libre de Bruxelles.

— *Les sophistes. Protagoras, Gorgias, Prodicus, Hippias*, Neuchâtel, ed. du Griffon, 1948. Bibliothèque scientifique 14.

— *Essais pluralistes*, Paris, Presses Universitaires de France, 1950.

— Fragments pour la théorie de la connaissance de M. E. DUPRÉEL, reunidos por Ch. PERELMAN, *Dialectica 4* e *5*, 1947,

DÜRR, Karl, Die Entwicklung der Dialektik von Platon bis Hegel, *Dialectica 1*, 1947.

ELIASBERG, W. G., Speaking and Thinking, em Simpósio *Thinking and Speaking*, pp. 93-110 (v. RÉVÉSZ).

EMPSON, William, *Seven Types of Ambiguity*, Londres, Chatto a. Windus, Toronto, Oxford University Press, 1947; Segunda edição, revista e corrigida (1ª ed., 1930).

EPICTETO, *Dissertações*, Paris, Les Belles-Lettres, Collection des Universités de France, sob o patrocínio da Associação Guillaume Budé. Texto estabelecido e traduzido por Joseph SOUILHÉ, vol. 2, liv. I, 1943; liv. II, 1949. (Todas as referências aos liv. I e II são tiradas dessa edição).

— *Dissertações* recolhidas por ARRIANO, trad. de V. COURDAVEAUX, Paris, Didier, 1862.

ERDMANN, Karl Otto, *Die Bedeutung des Wortes; Aufsätze aus dem Grenzgebiet der Sprach-psychologie und Logik*, Leipzig, Haessel, 1925, 4ª ed (1ª ed. 1904).

ESTÈVE, Claude-Louis, *Études philosophiques sur l'expression littéraire*, Paris, Vrin, 1938. Prefácio de M. GUEROULT.

FEBVRE, Lucien, Comment Jules Michelet inventa la Renaissance, *Studi in onore di Gino Luzzato*, t. III, pp. 1-11, Milão, Giufffré, 1950.

FEIGL, Herbert, De principiis non disputandum...? em *Philosophical Analysis*, pp. 119-56. (v. Max BLACK).

FÉNELON, *Oeuvres*, Paris, Lebel, 1824, t. XXI; *Dialogues sur l'éloquence en général et sur celle de la chaire en particulier*.

FESTINGER, Léon, Informal Social Communication, Centro de Pesquisas para dinâmicas de grupo, University of Michigan. *Psychological Review*, vol. 57, n. 5, set. de 1950, pp. 271-82.

FESTINGER, Léon e THIBAUT, John, Interpersonal Communication in Small Groups, *Journal of Abnormal and Social Psychology*, 1951, n. 46, pp. 92-9.

FINDLAY, J. N., Morality by Convention, *Mind*, 1944, vol. LIII, pp. 142-69.

FLÉCHIER, abade de S. Severin, *Oraison funèbre de tres-haut et tres-puissant prince Henri de La Tour d'Auvergne, Vicomte de Turenne*, pronunciada na Igreja de Saint Eustache em 10 de janeiro de 1676, Paris, 1676.

FLEW, A., *Essays on Logic and Language*, Oxford, Blackwell, 1951.

FRACASTORO, Girolamo, *Hieronymi Fracastorii Veronensis opera omnia*. In unum proxime post illius mortem collecta. Accessit index locupletissimus. Secunda editio, Veneza, Juntas, 1574.

— *Sifilide ossia del mal francese, libri III*. Tradução, introdução e notas de Fabrizio WINSPEARE, com o texto latino do poema impresso separadamente. Florença, Leo S. Olschki, 1955. Biblioteca della Rivista di storia delle scienze mediche e naturali, vol. VI.

FRANCE, A., *La rôtisserie de la reine Pédauque*, Paris, Calmann-Lévy, 58ª ed., sem data.

FUN FARE, *A Treasury of Reader's Digest Wit and Humour*, Nova York, Simon and Schusten, 1949.

GANDON, Yves, *Le démon du style*, Paris, Plon, 1938.
GARIN, Eugenio, *L'umanesimo italiano. Filosofia e vita civile nel rinascimento*, Biblioteca di cultura moderna, Bari, Laterza e figli, 1952 (fora publicado em alemão: *Der italienische Humanismus*, Berna, Francke, 1947).
GARLAN, Edwin N., *Legal Realism and Justice*, Nova York, Columbia University Press, 1941.
GELLNER, Ernest, Maxims, *Mind*, vol. LX, nova série, n. 239, jul. de 1951, pp. 383-93.
GHEORGHIU, C. Virgil, *La vingt-cinquième heure*, trad. do romeno por Monique SAINT-CÔME, coleção "Feux Croisés", Paris, Plon, 1949. Prefácio de Gabriel MARCEL.
GIBERT, Balthasar, *Jugements des savans sur les auteurs qui ont traité de la rhétorique, avec un précis de la doctrine de ces auteurs*, Paris, Estienne, vol. 3, 1713, 1716, 1719.
GIBSON, C., v. RICHARDS.
GIDE, André, *Journal (1889-1939)*, Paris, Gallimard, 1940, N.R.F., Bibliothèque de la Pléiade.
— *Journal (1939-1942)*, Paris, Gallimard, 1946, N.R.F.
— *Prétextes*, Paris, Mercure de France, 1947.
GILSON, Etienne, *L'esprit de la philosophie médiévale*, Paris, Vrin, 1944, 2ª ed.
— *Le thomisme*, 5ª ed., Paris, Vrin, 1945.
GIRAUDOUX, Jean, *Lectures pour une ombre*, Paris, Émile-Paul, 1930.
— *La française et la France*, Paris, Gallimard, 1951, N.R.F.
GOBLOT, Edmond, *La logique des jugements de valeur*, Paris, Colin, 1927.
— *Traité de logique*, Paris, Colin, 6ª ed., 1937.
GOLDSCHMIDT, Victor, *Le paradigme dans la dialectique platonicienne*, Paris, Presses Universitaires de France, Bibliothèque de philosophie contemporaine, 1947.
— *Le système stoïcien et l'idée de temps*, Collège philosophique, Paris, Vrin, 1953.
GONSETH, F., L'idée de dialectique aux Entretiens de Zurich, *Dialectica 1*, 1947, pp. 21-37.
— La notion du normal, *Dialectica 3*, 1947, pp. 243-52.
— Intervenções nos segundos Entretiens de Zurich, sobre a idéia de dialética, *Dialectica 6*, 1948, pp. 89-303.
— Resposta ao R. P. Isaye, *Dialectica 21*, 1952, pp. 53-66.
— Intervenções nos terceiros Entretiens de Zurich, Le principe de dualité, *Dialectica 22-25*, 1952-1953.
GOOD, I. J., *Probability and the Weighing of Evidence*, Londres, Charles Griffin and Co., 1950.
GOUHIER, Henri, La résistance au vrai et le problème cartésien d'une philosophie sans rhétorique, em *Retorica e barocco* (v. E. CASTELLI).
GOURMONT, Rémy DE, *La culture des idées*, Paris, Mercure de France, 1900.

GRACIÁN, Baltasar, *L'homme de cour (Oráculo manual y arte de prudencia)*, trad. e comentários do Sieur Amelot de La HOUSSAIE, Augsburgo, Paul Kühtze, 1710. Epître au Roi, Prefácio ("J'ai moissonné el Discreto, ainsi que le Héros pour enrichir ma traduction de tout ce qu'il y a de plus beau...").

GRENET, Paul, *Les origines de l'analogie philosophique dans les Dialogues de Platon*, Paris, Boivin, 1948.

GUIGUES, le Chartreux, Quinti meditaciones, *Patrologie latine* de MIGNE, t. CLIII, Paris, 1880.

GUILLAUME, Paul, *Manuel de psychologie*, Paris, Presses Universitaires de France, nova ed. revista e aumentada, 1948.

GUITTON, Jean, *Le temps et l'éternité chez Plotin et saint Augustin*, Paris, Boivin, 1933.

GURWITSCH, Aron, Sur une racine perceptive de l'abstraction, *Actes du XIe Congrès International de Philosophie*, Bruxelas, agosto de 1953, Amsterdam, North-Holland Publishing Cy, Louvain, E. Nauwelaerts, vol. II, pp. 43-7.

GWYNN, Aubrey, *Roman Education from Cicero to Quintilian*, Oxford, The Clarendon Press, 1926.

HALKIN, L.-E., *Initiation à la critique historique*, Cahiers des Annales, 6, Paris, Colin, 1953, 2ª ed.

HARDING, T. Swann, Science at the Tower of Babel, *Philosophy of Science*, vol. 5, n. 3, julho de 1938, pp. 338-53.

HAYAKAWA, S. I., in consultation com Basil H. PILLARD, *Language in Thought and Action*, Nova York, Harcourt, Brace and Co., 1949 (ed. aumentada e corrigida de Language in Action, 1941).

— *Language, Meaning and Maturity*. Selections from ETC: a Review of general semantics, 1943-1953, ed. por..., Nova York, Harper and Brothers, 1954.

HEBB, D. O., *The Organization of Behavior*, Nova York, Wiley, 1949.

HEBB, D. O. e THOMPSON, W. R., The Social Significance of Animal Studies, *Handbook of Social Psychology*, vol. I, pp. 532-61 (v. LINDZEY).

HELSON, Harry, Adaptation Level as a Basis for a Quantitative Theory of Frames of Reference, *The Psychological Review*, vol. 55, n. 6, nov. de 1948, pp. 297-313.

HEMPEL, Carl G. e OPPENHEIM, Paul, *Der Typusbegriff im Lichte der neuen Logik*, Leiden, Sythoff, 1936.

HEMPEL, Carl G., Vagueness and Logic, *Philosophy of Science*, vol. 6, n. 2, abril de 1939, pp. 163-80.

— *Fundamentals of Concept Formation in Empirical Science*, Chicago, University Press, 1955. 2ª ed. (1ª ed. 1952). International Encyclopedia of Unified Science, vols. I e II: Foundations of the Unity of Science, vol. II, n. 7.

HOLLINGWORTH, H. L., *The Psychology of the Audience*, Nova York, American Book Cy, 1935.

HOLMER, Paul L., Kierkegaard and Ethical Theory, *Ethics*, vol. LXIII, n. 3, parte I, abril de 1953, pp. 157-70.

HOMERO, *Ilíada*, texto estabelecido e traduzido por P. MAZON, Paris, Les Belles-Lettres, Collection des Universités de France, vol. 4 , I, 1937.
— (V. também KELMAN.)
HOVLAND, Carl I., Effects of the Mass Media of Communication em *Handbook of Social Psychology*, vol. II, pp. 1062-103 (v. LINDZEY).
HOVLAND, Carl I., LUMSDAINE, Arthur A., SHEFFIELD, Fred. D., *Experiments on Mass Communication*, Princeton University Press, 1949. Studies in Social Psychology in World War II, vol. III.
HOVLAND, Carl I., e WEISS, W., The Influence of Source Credibility on Communication Effectiveness, *Public Opinion Quarterly*, 1952, 15, pp. 635-50.
HOYLE, Fred, *The Nature of the Universe*. A Series of Broadcast Lectures, Oxford, Basil Blackwell, 1951, 10ª ed. (1ª ed., 1950).
HSIAO KING (v. LEGGE).
HULL, Cordell, *The Memoirs of...*, vol. 2, Nova York, Macmillan, 1948 (1º vol.: 1871-1941; 2º vol.: 1941-1945).
HUME, David, *Traité de la nature humaine. Essai pour introduire la méthode expérimentale dans les sujets moraux*, trad. de A. LEROY, Paris, Aubier, 1946, vol. 2.
HUSSERL, Edmund, *La crise des sciences européennes et la phénoménologie transcendantale*, trad. fr. de E. GERRER, *Études philosophiques*, 4º ano (1949), n. 2, pp. 127-59.
HUXLEY, Julian, *Soviet Genetics and World Science (Lysenko and the Meaning of Heredity)*, Londres, Chatto and Windus, 1949.

ISAYE, Gaston, La justification critique par rétorsion, *Revue philosophique de Louvain*, t. 52, 3ª série, n. 34, maio de 1954, pp. 205-33.
ISÓCRATES, *Discursos*, Paris, Les Belles-Lettres, Collection des Universités de France, sob o patrocínio da Associação Guillaume Budé, vol. 3, texto estabelecido e traduzido por Georges MATHIEU e Émile BRÉMOND, 1928; t. II, *id.*, 1942; t. III, texto estabelecido e traduzido por G. MATHIEU, 1942.

JAMATI, G., Le langage poétique, em *Formes de l'art, formes de l'esprit*, Paris, Presses Universitaires de France, 1951, pp. 261-79.
JAMES, William, *Essays in Pragmatism* (Primeiro ensaio: *The Sentiment of Rationality*), Nova York, Hafner Pub. Co., 1948, ed. e introdução de Albury CASTELL.
JANKÉLÉVITCH, V., *Traité des vertus*, Paris, Bordas, 1949.
JANSON, Paul, *Discours parlementaires*, vol. 2, Bruxelas, Viúva Monnom, 1905.
JASPERS, Karl, *Psychopathologie générale*, trad. da 3ª ed. alemã por A. KASTLER e J. MENDOUSSE, Paris, Alcan, 1927, Bibliothèque de Philosophie Contemporaine (1ª ed. alemão, 1913).
JERÔNIMO, São, Epistolae, *Patrologie latine* de MIGNE, t. XXII, Paris, 1845.
JOUHANDEAU, Marcel, *Essai sur moi-même*, Marguerat, 1946.
— *Un monde*, Paris, Gallimard, 1950, N.R.F.
— *De la grandeur*, Paris, Grasset, 1952.

— *Les ana de madame Apremont (Asperimontisana)*, Paris, Gallimard, 1954, N.R.F.

JUNG, Carl Gustav, *Psychologie und Religion*, Zurique, Rascher, 1940.

KANT, Emmanuel, *Critique de la raison pure*, trad. de A. TREMESAYGUES e B. PACAUD, Paris, Alcan, 1927.

— *Prolégomènes à toute métaphysique future*, trad. de J. GIBELIN, Paris, Vrin, 1930.

KAUFMANN, Felix, *Methodology of the Social Sciences*, Nova York, Oxford University Press, 1949, 2ª ed (1ª, 1944).

KELMAN, Herbert C., e HOVLAND, Carl I., "Renistatement" of the Communicator in Delayed Measurement of Opinion Change, *The Journal of Abnormal and Soc. Psychol.*, vol. 48, jul. 1953, n. 3, pp. 327-35.

KELSEN, Hans, *Reine Rechtslehre*, Leipzig, Wien, Deuticke, 1934.

KEYNES, John Maynard, *A Treatise on Probability*, Londres, Macmillan, 1921.

— *A Treatise on Money*, Londres, Macmillan, 1930, vol. 2.

— *The General Theory of Employment, Interest and Money*, Londres, Macmillan, 1936.

KLAGES, Ludwig, Notions fondamentales de la caractérologie, em *Le diagnostic du caractère*, Paris, Presses Universitaires de France, 1949, Bibliothèque scientifique internationale, pp. 4-20.

KLEIN, Viola, *The Feminine Character. History of an Ideology with a Foreword* by Karl MANNHEIM, Londres, Kegan Paul, Trench, Trubner and Co., Editor Karl Mannheim, The International Library of Sociology and Social Reconstruction, 1946.

KLEMPERER, Victor, *L. T. I., Notizbuch eines Philologen*, Berlim, Aufbau Verlag, 1947.

KNEEBONE, G. T., *Induction and Probability*, Proceedings of the Aristotelian Society, Novas Séries, vol. L, pp. 27-42, 1950.

KNOWER, F. H., Experimental Studies of Changes in Attitudes: I. A study of the effect of oral argument on changes of attitude, *Journal of Social Psychology*, 1935, 6, pp. 315-47; II. A study of the effect of printed argument on changes in attitudes, *Journal of Abnormal and Social Psychology*, 1936, 30, pp. 522-32; III. Some evidence of attitude changes, *Journal of Applied Psychology*, 1936, 20, pp. 114-27.

KOESTLER, Arthur, v. CROSSMAM, *The God That Failed.*

KÖHLER, Wolfgang, *The Place of Value in a World of Facts*, Nova York, Liveright Publishing Corporation, 1938.

KOTARBINSKI, T., *Traktat o dobrej robocie (Tratado do bom trabalho)*, Lodz, Societas scientiarum Lodziensis, 1955.

KOU HONG MING e BORREY, Francis, *Le Catéchisme de Confucius. Contribution à l'étude de la sociologie chinoise*, Paris, Marcel Rivière, 1927.

LA BRUYÈRE, *Oeuvres complètes*, texto estabelecido e anotado por Julien BENDA, Paris, N.R.F., 1941, Bibliothèque de la Pléiade.

LALANDE, André, *La raison et les normes*, Paris, Hachette, 1948, Coleção: "À la recherche de la vérité".

LALO, Charles, *Esthétique du rire*, Paris, Flammarion, 1949, Bibliothèque de Philosophie Scientifique.

LASSWELL, Harold D., CASEY, Ralph D., e SMITH, Bruce Lannes, *Propaganda and Promotional Activities, an Annoted Bibliography*, Minneapolis, University of Minnesota Press, Londres, Humphrey Milford, Oxford Univ. Press, 1935. Preparado sob a direção da Comissão consultiva sobre pressão dos grupos e propaganda. Conselho de Pesquisa de Ciência Social. Artigo inicial de LASSWELL, The Study and Practice of Propaganda (Para o volume seguinte v. SMITH).

LASSWELL, Harold D., LEITES, Nathan *et al.*, *Language of Politics. Studies in Quantitative Semantics*, Nova York, Stewart, 1949.

Le Tchoung-Young (v. PAUTHIER).

LECOMTE DU NOÜY, *L'homme et sa destinée*, Paris, La Colombe, Éditions du Vieux Colombier, 1948.

LEFEBVE, M.-J., Jean Paulhan. *Une philosophie et une pratique de l'expression et de la réflexion*, Paris, Gallimard, 1949, N.R.F., Les Essais, XXXIII.

LEFEBVRE, H., *À la lumièree du matérialisme dialectique*: I. *Logique formelle, logique dialectique*, Paris, Éditions sociales, 1947.

LEGGE, James, *The Sacred Books of the East*, trad. de vários especialistas e org. de F. Max MÜLLER, Londres, Henry Frowde, Oxford University Press, vol. III: *The Texts of Confucianism*. Parte I: *The Shû King..., the Hsiâo King or Classic of Filial Piety*, trad. de James LEGGE, 1879; vol. XXVIII: *The Texts of Confucianism*. Parte IV: *The Lî Kî*, book XXXIX, *Tâ Hsio or the Great Learning*, trad. de James LEGGE, 1885.

— *The Chinese Classics with a Translation*, critical and exegetical notes, prolegomena and copious indexes, Londres, Henry Frowde, Nova York, Macmillan, Oxford Clarendon Press, vol. 7, 2ª ed, 1893.

LEIBNIZ, Gottfried Wilhelm, *Die philosophischen Schriften*, Herausgegeben VON C.J. GERHARDT, 4. Band (*Discours de méthaphysique*), Berlim, Weidmann, 1880; 5. Band (*Nouveaux essais sur l'entendement*), *id.*, 1882; 6. Band (*Essais de Théodicée*), Leipzig, A. Lorenz, 1932.

LEITES, Nathan, Interaction: *The Third International on its Changes of Policy*. Revisão do documento 25, Experimental division for the study of war time communications, Library of Congress, 1º de maio, 1942, em *Language of Politics*, pp. 293-333 (v. LASSWELL).

LENOBLE, Robert, Histoire et Physique. À propos de conseils de Mersenne aux historiens et de l'intervention de Jean de Launoy dans la querelle gassendiste, *Revue d'histoire des sciences et de leurs applications*, Presses Universitaires de France, 1953, pp. 112-35.

LEVINAS, Emmanuel, La réalité et son ombre, *Les temps modernes*, nov. 1948, pp. 771-89.

LEWIS, Clarence Irving, *An Analysis of Knowledge and Valuation*, La Salle, Illinois, The open court publishing Co., 1946.

LINDZEY, Gardner, *Handbook of Social Psychology*, ed. por..., Cambridge, Mass., Addison Wesley Publishing Co., 1954, vol. 2.

LIPPITT, Ronald, POLANSKY, Norman e ROSEN, Sidney, The Dynamics of Power. A field study of social influence in groups of children, *Human Relations*, vol. V, n. 1, 1952, pp. 37-64.

LIPPMANN, Walter, The Election: Taft, Dewey and Vandenberg, *New York Herald Tribune*, ed. de Paris, 12 de março de 1948.

LOCKE, John, *An Essay Concerning Human Understanding*, Londres, Routledge, 1894.

— *The Second Treatise of Civil Government and a Letter Concerning Toleration*, ed. de J. W. GOUGH, Oxford, Blackwell, 1948.

LONGINO, pseudo, *Traité du sublime ou du merveilleux* dans le discours traduit du grec, em *Oeuvres* de Nicolas BOILEAU-DESPRÉAUX, Amsterdam, François Changuion, 1729, vol. III.

LUMSDAINE, Arthur A., v. HOVLAND.

LUND, Frederick Hansen, The Psychology of Belief, *J. of Abnormal and Social Psychology*, vol. XX, 1925, pp. 63-81 e 174-196.

MACH, Ernst, *Erkenntnis und Irrtum. Skizzen zur Psychologie der Forschung*, Leipzig, Barth, 1905.

MADARIAGA, Salvador de, *Anglais, Français, Espagnols*, precedido de nota de André Maurois, Paris, Gallimard, 1930, N.R.F.

MAIER, Norman R. F., The quality of group decisions as influenced by the discussion leader, *Human Relations*, vol. III, n. 2, 1950, pp. 155-74.

MALRAUX, André, *Saturne. Essai sur Goya*, Paris, Gallimard, 1950, N.R.F., La Galerie de la Pléiade.

MANNOURY, G., *Handboek der analytische signifika*. Bussum, F. G. Kroonder, Deel I: *Geschiedenis der begripskritiek*, 1947; Deel II: *Hoofdbegrippen en methoden der signifika. Ontogenese en fylogenese van het verstandhoudingsapparaat*, 1948.

MARANGONI, Matteo, *Apprendre à voir (Saper vedere)*, trad. de Denise LOMBARD da 9ª ed. italiana, Neuchâtel, ed. du Griffon, 1947.

MARCEL, Gabriel, *Un homme de Dieu*. Quatre actes, Paris, Grasset, 1925, Les Cahiers verts, 51.

— *Le monde cassé*, peça em 4 atos, seguida de *Position et approches concrètes du mystère ontologique*, Paris, Desclée de Brouwer, 1936.

— *Le chemin de crête*, peça em 4 atos, Paris, Grasset, 1936.

— *Rome n'est plus dans Rome*, peça em 5 atos, Paris, Théâtre, n. 56, jan. 1952.

MARITAIN, Jacques, *Raison et raisons. Essais détachés*, Paris, L.U.F., Friburgo, Egloff, 1947.

— Introdução em *Autour de la nouvelle déclaration universelle des droits de l'homme*, textos reunidos pela UNESCO, Paris, Sagittaire, 1949, pp. 11-8.

MAROUZEAU, J., *Précis de stylistique française*, Paris, Masson, 1950.

MARROU, H. I., *Histoire de l'éducation dans l'Antiquité*, Paris, Éditions du Seuil, 1948, coleção "Esprit".

MASSILLON, *Oeuvres complètes*, editadas pelo abade MIGNE, vol. 2, t. 42 e 43 da Collection intégrale et universelle des orateurs sacrés (60 vols.), Paris, 1854.

MAURIAC, François, *Génitrix*, Paris, Grasset, 1923, Les cahiers verts, 30.

— *Le mystère Frontenac*, Paris, Grasset, 1933.

— *Les maisons fugitives*, ilustrado com 100 fotografias de Jean-Marie MARCEL, Paris, Grasset, 1939.

McKEON, Richard, *Democracy in a World of Tensions*. Simpósio preparado pela UNESCO. Ed. por... com assistência de Stein ROKKAN, University of Chicago Press, 1951.

— Dialectic and Political Thought and Action, *Ethics*, vol. LXV, n. 1, out. 1954, pp. 1-33.

MENG-TSEU, v. PAUTHIER.

MÉRÉ, chevalier DE, *Oeuvres complètes*, Paris, Les Belles-Lettres, vol. 3, 1930, Collection des Universités de France.

MEREDITH JONES, C., The Conventional Saracen of the Songs of Geste, *Speculum*, vol. XVII, n. 2, abril 1942.

MERLEAU-PONTY, Maurice, *Phénoménologie de la perception*, Paris, Gallimard, 1945, N.R.F., Bibliothèque des Idées. [*Fenomenologia da percepção*, trad. bras. Carlos Alberto Ribeiro de Moura, São Paulo, Martins Fontes, 1994.]

MILL, John Stuart, *Système de logique déductive et inductive*. Exposição dos princípios da prova e dos métodos de pesquisa científica, trad. de Louis PEISSE da 6ª ed. inglesa, vol. 2, Paris, Ladrange, 1866.

— *L'utilitarisme*, 2ª ed., trad. de P.-L. LE MONNIER, Paris, Alcan, 1889.

MILLIOUD, Maurice, La propagation des idées, *Revue philosophique*, 1910, vol. 69, pp. 580-600; vol. 70, pp. 168-91.

MINKOWSKI, Eugène, Le langage et le vécu, *Archivio di filosofia*, vol. *Semantica*, Roma, Fratelli Bocca, 1955, pp. 351-72.

MIRABEAU, Victor RIQUETI, *Collection complète des travaux de... à l'Assemblée Nationale*, editada por M. Etienne MÉJAN, vol. 5, Paris, vols. I e II, Lejay, 1791; III a V, Devaux, 1792.

MOLIÈRE, *Oeuvres complètes*, texto estabelecido e anotado por Maurice RAT, Paris, Gallimard, 1932, N.R.F., Bibliothèque de la Pléiade, vol. 2.

MONTAIGNE, *Essais*, texto estabelecido e anotado por Albert THIBAUDET, Paris, Gallimard, 1946, N.R.F., Bibliothèque de la Pléiade.

MONTESQUIEU, *Oeuvres complètes*, com notas de DUPIN, CREVIER, VOLTAIRE, MABLY, SERVAN, LA HARPE, etc., Paris, Firmin Didot, 1843.

MOORE, Willis, Structure in Sentence and in Fact, *Philosophy of Science*, vol. 5, n. 1, jan. 1938.

MORPURGO TAGLIABUE, Guido, La retorica aristotelica e il barocco, em *Retorica e barocco*, pp. 119-95 (v. E. CASTELI).

MORRIS, Charles, *Signs, Language and Behavior*, Nova York, Prentice-Hall, 1946.

MULLAHY, Patrick, *The Contributions of Harry Stack Sullivan, A Symposium on Interpersonal Theory in Psychiatry and Social Science*, ed. por... Conferência da/na Associação William Alanson White, 13-14 out., 1951; Nova York, Hermitage House, 1953, 2ª ed.

NAESS, Arne, *Interpretation and Preciseness. A Contribution to the Theory of Communication*, Oslo, Dybwad, 1953.

NAVARRE, Octave, *Essai sur la rhétorique grecque avant Aristote*, Paris, Hachette, 1900.

NÈVE, Joseph, *Antoine de La Salle. Sa vie et ses ouvrages* – seguido do Réconfort de Mme Du Fresne segundo o manuscrito único da Biblioteca Real da Bélgica, Paris, Champion, Bruxelas, Falk, 1903.

NEWMAN, cardeal John Henry, *Grammaire de l'assentiment*, trad. de Mme Gaston PARIS, Paris, Bloud, 1907, Études de philosophie et de critique religieuse (ed. inglesa, 1870).

NOGARO, Bertrand, *La valeur logique des théories économiques*, Paris, Presses Universitaires de France, 1947, Bibliothèque de Philosophie Contemporaine.

NOULET, E., *Le premier visage de Rimbaud, Huit poèmes de jeunesse. Choix e commentaire.* Bruxelas, Academia Real de Língua e Literatura Francesas da Bélgica, 1953.

O *Tá Hio* (v. LEGGE, PAUTHIER).

ODIER, Dr. Charles, *Les deux sources, consciente et inconsciente, de la vie morale*, Neuchâtel, Éditions de la Baconnière, 2ª ed., 1947, coleção "Être et Penser", Cahiers de philosophie, 4-5.

— *Le rôle des fonctions du moi dans l'évolution psychique*, Neuchâtel e Paris, Delachaux & Niestlé. Atualidades pedagógicas e psicológicas do Instituto J.-J. Rousseau, Genebra, t. I: *L'angoisse et la pensée magique. Essai d'analyse psychogénétique appliquée à la phobie et la névrose d'abandon*, 1948; t. II: *L'homme esclave de son infériorité*; vol. I: *Essai sur la genèse du moi*, 1950.

OGDEN, C. K., e RICHARDS, I. A., *The Meaning of Meaning. A Study of the Influence of Language upon Thought and of the Science of Symbolism*, Londres, Kegan Paul, Trench, Trubner and Co., 4ª ed., 1936 (1ª ed., 1923).

OLBRECHTS-TYTECA, Lucie (v. PERELMAN, Ch.).

OMBREDANE, Dr. André, *L'aphasie et l'élaboration de la pensée explicite*, Paris, Presses Universitaires de France, 1950.

ORS, Eugenio D', *Coupole et monarchie.* Seguido de outros estudos sobre a morfologia da cultura. Trad. fr. de Andrée de STOUTZ, Les cahiers d'Occident, 6, 2ª série, pp. 1-112, Paris, Librairie de France, 1929.

OSSOWSKA, Marie, *Podstawy Nauki o Moralnosci (Os fundamentos de uma ciência da moral)*, Varsóvia, Czytelnik, 1947.

PAECHTER, Heinz, com HELLMAN, Bertha, PEACHTER, Hedwig, PAETEL, Karl O., *Nazi-Deutsch. A Glossary of Contemporary German Usage*, Nova York, Frederik Ungar Publ. Co., 1944.

PAGNOL, Marcel, *César*, Lausanne, Henri Kaeser, 1949.

PARAIN, Brice, *Recherches sur la nature et les fonctions du language*, Paris, Gallimard, 1942, N.R.F., Bibliothèque des Idées.

PARETO, Vilfredo, *Traité de sociologie générale*, ed. fr. de Pierre BOVEN, revista pelo autor, Paris, Payot, 1917-1919, vol. 2.

PASCAL, *L'oeuvre*, texto estabelecido e anotado por Jacques CHEVALIER, Paris, Gallimard, 1950, N.R.F., Bibliothèque de la Pléiade.

PATON, H. J., The Emotive Theory of Ethics. Comunicação lida no Joint Session da Sociedade Aristotélica e Associação Mente em Durham, jul. 1948, em *Logical Positivism and Ethics*, Aristotelian Society Supp., vol. XXII, Londres, Harrison and Sons, 1948, pp. 107-26.

PAULHAN, Jean, *Le guerrier appliqué*, Paris, Gallimard, 1930, N.R.F.

— *Les hain-tenys*, Paris, Gallimard, 1938, N.R.F. (editado em 1914 por Genthner).

— *Les fleurs de Tarbes ou la terreur dans les lettres*, Paris, Gallimard, 1941, N.R.F.

— *Entretien sur des faits divers*, Paris, Gallimard, 1945, ed. ilustrada por André LHOTE.
— Les figures ou la rhétorique décryptée, *Cahiers du Sud*, n. 295, 1949, 36º ano, (Pesquisa de Francis PONGE, *Questions rhétoriques*) pp. 361-95.
— *La preuve par l'étymologie*, Paris, Les Éditions de Minuit, 1953, coleção "Métrique".
PAUTHIER, G., *Les Sse Chou, ou les quatre livres de philosophie morale et politique de la Chine: I. Le Tá-Hio ou la grande étude*, obra de Kung-Fu-Tseu e de seu discípulo Theng-Tseu, traduzida para o francês com uma versão latina e o texto chinês lado a lado; acompanhada do comentário completo de Tchu-Hi, Paris, Firmin-Didot, 1837.
— *Confucius et Mencius. Les quatre livres de Philosophie morale et politique de la Chine*, Paris, Charpentier, 1852.
PERELMAN, Chaim, Réflexions sur l'explication. Note sociologique, *Revue de l'Institut de Sociologie*, Bruxelas, 19º ano, n. 1, jan.-mar., 1939.
— *De la justice*, Bruxelas, Office de Publicité, 1945. Actualités sociales, nova série, Université Libre de Bruxelles, Instituto de Sociologia Solvay.
— Philosophies premières et philosophie régressive, *Dialectica 11*, 1949 (republicado em *Rhétorique et philosophie*).
— La quête du rationnel. *Études de philosophie des sciences, en hommage à F. Gonseth*, Neuchâtel, éd. du Griffon, 1950 (republicado em *Rhétorique et philosophie*).
— Réflexions sur la justice, *Revue de l'Institut de Sociologie*, 1951, n. 2, pp. 255-81.
— De la preuve en philosophie, *Mélanges G. Smets*, Bruxelas. Librairie Encyclopédique, 1952 (republicado em *Rhétorique et philosophie*).
— Raison éternelle, raison historique, em *L'homme et l'histoire, Actes du VI*[e] *Congrès des Sociétés de Philosophie de Langue Française*, Paris, Presses Universitaires de France, 1952 (republicado em *Rhétorique et philosophie*).
— Éducation et Rhétorique, *Revue belge de psychologie et de pédagogie*, t. XIV, n. 60, dez. 1952, pp. 129-38.
— La vulgarisation scientifique, problème philosophique, *Revue Alumni*, Bruxelas, março 1953, pp. 321-3.
— Le rôle de la décision dans la théorie de la connaissance, *Actes du II*[e] *Congrès international de l'Union internationale de Philosophie des Sciences*, Zurique, 1954, I, pp. 150-9; Neuchâtel, éd. du Griffon, 1955.
— La méthode dialectique et le rôle de l'interlocuteur dans le dialogue, Comunicação nas Conferências de Atenas do Instituto Internacional de Filosofia sobre o tema "Diálogo e Dialética" (abril 1955), *Revue de métaphysique et de morale*, jan.-jun. 1955, pp. 26-31.
— Problèmes de logique juridique. Comunicação IV em Essais de logique juridique. A propósito do usufruto de um crédito, *Journal des Tribunaux*, 71º ano, n. 4104, 22 de abril de 1956, pp. 272-4.
PERELMAN, Chaim e OLBRECHTS-TYTECA, Lucie, Logique et rhétorique, *Revue philosophique*, jan.-mar. 1950 (republicado em *Rhétorique et philosophie*).
— Acte et personne dans l'argumentation, texto inglês em *Ethics*, jul. 1951 (republicado em *Rhétorique et philosophie*).

— *Rhétorique et philosophie. Pour une théorie de l'argumentation en philosophie*, Paris, Presses Universitaires de France, 1952, Bibliothèque de Philosophie contemporaine, com prefácio de Émile BRÉHIER.

— Les notions et l'argumentation, *Archivio di filosofia*. Vol. *Semantica*, Roma, 1955, pp. 249-269.

PERELMAN, Sophie, Introduction aux relations diplomatiques entre la Belgique et les Etats-Unis (septembre 1830-janvier 1832), *Bulletin de la Commission Royale d'Histoire*, t. CXIV, Bruxelas, Academia Real da Bélgica, 1949, pp. 189-226.

PETRÔNIO, Petronius Arbiter Titus, *Satiricon*, texto estabelecido e traduzido por Alfred ERNOUT, Paris, Les Belles-Lettres, 1931, Collection des Universités de France, sob o patrocínio da Associação Guillaume Budé.

PIAGET, Jean, *Le jugement et le raisonnement chez l'enfant*, Neuchâtel, Paris, Delachaux & Niestlé, 1924.

— *La causalité physique chez l'enfant*, Paris, Alcan, 1927.

— *Traité de logique*, Paris, Colin, 1949.

— *Introduction à l'épistémologie génétique*, Paris, Presses Universitaires de France, 1950, vol. 3.

PICHON, E., *Le développement psychique de l'enfant et de l'adolescent. Évolution normale-pathologie-traitement*, Paris, Masson, 1936.

PITT, William, *Orations on the French War to the Peace of Amiens*, Londres, J. M. Dent, Nova York, E. P. Dutton, Everyman's Library.

PLATÃO, *Oeuvres complètes*, Paris, Les Belles-Lettres, Collection des Universités de France, sob o patrocínio da Associação Guillaume Budé; t. III, parte II, *Górgias*. Texto estabelecido e traduzido por Alfred CROISET e Louis BODIN, 1923; t. IV, parte III, *Fedro*. Texto estabelecido e traduzido por Léon ROBIN, 1933; t. VI, VII, partes I e II, *República*. Texto estabelecido e traduzido por Émile CHAMBRY, 1932-1934; t. XI, *Leis*. Tradução E. DES PLACES, 1951. Livros I a VI; t. XII, *Leis*, livros VII a X, tradução Auguste DIÈS, 1956.

PLAUTO, Comédias VII, *Trinummus*, Paris, Les Belles-Lettres, Collection des Universités de France, sob o patrocínio da Associação Guillaume Budé. Texto estabelecido e traduzido por Alfred ERNOULT, 1940.

PLÍNIO O JOVEM, *Cartas*, Paris, Les Belles-Lettres. Collection des Universités de France, sob o patrocínio da Associação Guillaume Budé, vol. 4 Texto dos vols. 1 a 3 estabelecido e traduzido por Anne-Marie GUILLEMIN, 1927-1928.

PLOTINO, *Enéades*, Paris, Les Belles-Lettres. Collection des Universités de France, sob o patrocínio da Associação Guillaume Budé. Texto traduzido por Émile BRÉHIER, 6 tomos em 7 vols., 1924-1938.

PLUTARCO, *Obras morais*, traduzidas por RICARD, Paris, Lefèvre et Charpentier, 1844.

POE, Edgar Allan, *The Fall of the House of Usher* (1838) em *Tales of Mystery and Imagination*, Londres, J. M. Dent, Nova York, E. P. Dutton, 1908, Everyman's library.

POINCARÉ, Henri, *La valeur de la science*. Com introdução de Louis ROUGIER, Genebra, Constant Bourquin, 1946, Éditions du Cheval Ailé. Classiques français du XXe siècle.

POLAK, Dr. Fred. L., *Kennen en keuren in de sociale wetenschappen*, Leiden, Stenfert Kroese, 1948.

POLANSKY, Norman, v. LIPPITT.

POLANYI, Michael, *The Logic of Liberty*, Londres, Routledge and Kegan Paul, 1951. International Library of Sociology and Social Reconstruction.
PONGE, Francis, *Le lézard*, Paris, Galerie Jeanne Bucher, 1953.
POPPER, Karl, *Logik der Forschung*, Viena, Springer, 1935.
PORZIG, Walter, *Das Wunder der Sprache. Probleme, Methoden und Ergebnisse der modernen Sprachwissenschaft*, Berna, Francke, 1950.
PRADINES, Maurice, *Traité de psychologie générale*, Paris, Presses Universitaires de France, 1946, Logos, (Introdução aos estudos filosóficos), vol. 2.
Principae Rhetorices (v. Santo AGOSTINHO).
PRIOR, Arthur N., *Logic and the Basis of Ethics*, Oxford, Clarendon Press, 1949.
PROUST, Marcel, *Oeuvres complètes*, Paris, Gallimard, 1946-1947: *À la recherche du temps perdu*, vol. 15.
PUGET, Claude-André, *La peine capitale*, drama em 3 atos, Paris, Stock, 1948.

QUETELET, Adolphe, *Physique sociale*, Bruxelas, C. Mucquardt, vol. 2, 2ª ed., 1869.
QUINTILIANO *Institution oratoire (De institutione oratoria)*, texto revisto e traduzido por Henri BORNECQUE, Paris, Garnier, 1933-34, vol. 4.

RACINE, *Théâtre* (*Oeuvres complètes*, t. I), texto estabelecido por R. GROOS, E. PILON e R. PICARD. Apresentação, notas e comentários de Raymond PICARD, Paris, Gallimard, 1951, N.R.F., Bibliothèque de la Pléiade.
RAMUS, Pierre, *Dialecticae libri duo, Audomari Talaei praelectionibus illustrati*, Paris, apud Wechelum 1560.
— *Dialecticae libri duo, Audomari Talaei praelectionibus illustrati*, Paris, *apud* Andream Wechelum, 1566 (difere da precedente).
RÉAU, L., L'influence de la forme sur l'iconographie médiévale, em *Formes de l'art, formes de l'esprit*, pp. 85-105, Paris, Presses Universitaires de France, 1951.
RÉVÉSZ, G., *Thinking and Speaking*, simpósio editado por..., Amsterdam, North-Holland Publ. Co., 1954.
REYES, Alfonso, *El deslinde. Prolegomenos a la teoria literaria*, México, Centro de Estudos Literários do Colégio do México, I, 1944.
Rhetorica ad Herennium (*Ad. C. Herennium de ratione dicendi*). Obra por muito tempo atribuída a Cícero, texto revisto e traduzido por Henri BORNECQUE, Paris, Garnier, 1932.
RICHARDS, Ivor Armstrong, *Principles of Literary Criticism*, Londres, Routledge a. Kegan Paul. 13ª ed. 1952. (1ª publicada em 1924. 2ª ed. com dois novos apêndices, 1926).
— *The Philosophy of Rhetoric* (Mary Flexner Lectures at Bryn Mawr), Nova York, Londres, Oxford University Press, 1936.
— *Interpretation in Teaching*, Londres, Routledge a. Kegan Paul; 2ª ed., 1949 (1ª ed., 1938).
— Intervenções em A Symposium on Emotive Meaning, *The Philosophical Review*, 1948, pp. 145-57.

RICHARDS, Ivor Armstrong, e GIBSON, Christine, *Learning Basic English. A Pratical Handbook for English Speaking People*, Nova York, W. W. Norton and Cy, 1945.
— (V. também OGDEN.)
RIEZLER, Kurt, Political Decisions in Modern Society, *Ethics*, vol. LXIV, n. 2, parte II, jan. 1954, pp. 1-55.
RIGNANO, Eugenio, *Psychologie du raisonnement*, Paris, Alcan, 1920, Bibliothèque de Philosophie contemporaine.
RIMBAUD, Arthur, *Oeuvres complètes*, texto estabelecido e anotado por Rolland de RENÉVILLE e Jules MOUQUET, Paris, Gallimard, 1951, N.R.F., Bibliothèque de la Pléiade.
RIVADENEIRA, Padre Pedro DE, *Vida del bienaventurado padre Ignacio de Loyola, fundador de la religión de la Compañía de Jesús*, Madrid, Administración del apostolado de la prensa, 1920.
RIVIÈRE, Jacques, *Aimée*, Paris, Gallimard, 1922, N.R.F.
ROBINSON, Richard, The Emotive Theory of Ethics. Comunicação lida na Joint Session da Sociedade Aristotélica e Associação Mente em Durham, jul. 1948, em *Logical Positivism and Ethics*, Aristotelian Society Supp., vol. XXII, Londres, Harrison and Son's, 1948, pp. 79-106.
ROGGE, Eberhard, *Axiomatik alles möglichen Philosophierens. Das grundsätzliche Sprechen der Logistik, der Sprachkritik und der Lebens-Metaphysik*, Meisenheim, Haim, 1950 (obra póstuma).
ROLLAND, Romain, *Colas Breugnon*, Paris, Albin Michel, Le livre de poche.
ROMAINS, Jules, *Les hommes de bonne volonté*, Paris, Flammarion, vol. 27, vol XII: *Les créateurs*, 1936.
— *Psyché*, vol. 3, Paris, 1929, Gallimard, N.R.F., vol. III: *Quand le navire...*
ROME, cônego A., La vitesse de parole des orateurs attiques, *Bulletin Classe des Lettres de l'Académie Royale de Belgique*, 5ª série, 1952, 12.
RONSARD, *Oeuvres complètes*, texto estabelecido e anotado por Gustave COHEN, Paris, Gallimard, vol. 2, 1938, N.R.F., Bibliothèque de la Pléiade.
ROSEN, Sidney (v. LIPPITT).
ROSTAND, François, *Grammaire et affectivité*, Paris, J. Vrin, 1951.
ROTENSTREICH, Nathan, The Epistemological Status of the Concrete Subject, *Revue internationale de philosophie* 22, 6º ano, 1952, fasc. 4, pp. 409-27.
ROUSSEAU, Jean-Jacques, *Émile ou De l'éducation*, Paris, Firmin-Didot, 1898.
RUSSELL, Bertrand, *Political Ideals*, Nova York, Century Cy, 1917.
RUYER, Raymond, *L'utopie et les utopies*, Paris, Presses Universitaires de France, 1950.
RYLE, Gilbert, *The Concept of Mind*, Londres, Hutchinson, 1949, reeditado em 1950.
— *Dilemmas*. The Tarner Lectures 1953, Cambridge University Presse, 1954.

SAINT-AUBIN, *Guide pour la classe de rhétorique. Philosophie, éloquence et didactique*, Namur e Bruxelas, La Procure, Gembloux, Duculot, 1945.
SAINT-EVREMOND, *Oeuvres*, sem local nem nome de editor, 1753, vol. 12.
SAINT-EXUPÉRY, Antoine DE, *Vol de nuit*, prefácio de André GIDE, Paris, Gallimard, 1931, N.R.F.

SALACROU, Armand, *Théâtre*, III: *Un homme comme les autres*, Paris, Gallimard, 1942, N.R.F.
SARTRE, Jean-Paul, *La nausée*, Paris, Gallimard, 1938, N.R.F., 12ª ed.
— *L'être et le néant. Essai d'ontologie phénoménologique*, Paris, Gallimard, 1943, N.R.F., Bibliothèque des Idées.
— *Les mains sales*, peça em 7 quadros, Paris, Gallimard, 1948, N.R.F.
— *Situations*, Paris, Gallimard, I. 1947; II. 1948; III. 1949, N.R.F.
SAULNIER, Verdun L., L'oraison funèbre au XVIe siècle, Genebra, Droz, *Bibliothèque d'Humanisme et Renaissance*, Travaux et documents, t. X, 1948.
SCHAERER, René, Le mécanisme de l'Ironie dans ses rapports avec la Dialectique, *Revue de métaphysique et de morale*, 48º ano, jul. 1941, pp. 181-209.
SCHELER, Max, *Der Formalismus in der Ethik und die materiale Wertethik, Neues Versuch der Grundlegung eines ethischen Personalismus*. Halle a.d.S., M. Niemeyer, 1927, 3ª ed. (1ª ed. 1916), *Sonderdruck aus Jahrbuch für Philosophie und phänomenologische Forschung*, Bd. I u. II herausgegeben von E. HUSSERL, Freiburg i. B.
SCHOLEM ALEI'HEM, RABINOVITCH, *L'histoire de Tévié, mise en judéo-français d'Alsace* por Edmond FLEG, Paris, Rieder, 1925 (Judaïsme, Oeuvres 1).
SCHOPENHAUER, Arthur, *Sämtliche Werke*, Nach der ersten von Julius FRAUENSTÄDT besorgten Gesamtausgabe neu bearbeitet und herausgegeben von Arthur HÜBSCHER, Leipzig, Brockhaus, vol. 6, 1937-1939.
— *Sämtliche Werke*, herausgegeben von Dr. Paul DEUSSEN, 6r Band, herausgegeben von Franz MOCKRAUER, Munique, Piper und Co., 1932 (Eristische Dialektik, pp. 393-428).
SCHUHL, Pierre-Maxime, *Le merveilleux, la pensée et l'action*, Paris, Flammarion, 1952.
SCOTT, Walter Dill, *Influencing Men in Business. The Psychology of Argument and Suggestion*, Nova York, Ronald Press & Co., 1920, 2ª ed. revista e aumentada em 1916 (1ª ed. 1911).
SCOTUS ERIGENA, Joannis Scoti liber de praedestinatione, *Patrologie latine* de MIGNE, t. CXXII, Paris, 1853.
SECHEHAYE, M.-A., *Journal d'une schizophrène. Auto-observation d'une schizophrène pendant le traitement psychothérapique*, Paris, Presses Universitaires de France, 1950, Bibliothèque de Psychanalyse et de psychologie clinique.
SÊNECA O RETOR, *Controversiae et suasoriae (Controversiarum liber I-X; Suasoriarum liber)*, nova edição revista e corrigida por Henri BORNECQUE, Paris, Garnier, 1932, vol. 2.
SHAKESPEARE, *Works*, Londres, Ward Lock and Co., vol. 1.
SHEFFIELD, Fred D. (v. HOVLAND).
SILBERER, M.-L., Autour d'un questionnaire, em *Le diagnostic du caractère*, pp. 187-201, Paris, Presses Universitaires de France, 1949, Bibliothèque scientifique internationale.
SMETS, Georges, Carnet sociologique, note 50, *Revue de l'Institut de Sociologie*, Bruxelas, 1940, n. 1, pp. 148-9.
SMITH, Adam, *An Inquiry Into the Nature and Causes of the Wealth of Nations*, ed. por Edwin CANNAN, com nova introdução de Max LERNER, Nova York, Random House, 1937, The Modern Library.

SMITH, Bruce Lannes, LASSWELL, Harold D. e CASEY, D., *Propaganda, Communication and Public Opinion. A Comprehensive Reference Guide*, Princeton University Press, Londres, Cumberlege, Oxford University Press, 1946 (v. também LASSWELL).

SÓFOCLES, *Antígona*, tradução de LECOMTE DE LISLE, Paris, Lemerre, s/d.

SOLAGES, Mons. Bruno de, *Dialogue sur l'analogie à la société toulousaine de philosophie*, Paris, Aubier, 1946.

SPENDER, Stephen (v. CROSSMAN, *The God That Failed*).

SPINOZA, *Oeuvres*, t. III: *Ethique*, trad. Émile SAISSET, Paris, Charpentier, 1861.

STANTON, Alfred H., Sullivan's conceptions, em *The Contributions of Harry Stack Sullivan*, pp. 61-100 (v. MULLAHY).

STEARNS, Marshall W., A Note on Chaucer's Attitude Toward Love, *Speculum*, vol. XVII, 1942, pp. 570-4.

STEBBING, L. S., The Method of Analysis in Metaphysics, *Proceedings of the Aristotelian Society*, novas séries, vol. XXXIII, 1932-33, pp. 65-94.

STERNE, Laurence, *Vie et opinions de Tristram Shandy*, traduzido do inglês por Charles MAURON, Paris, Robert Laffont, 1946, Amalthée.

STEVENSON, Charles L., *Ethics and Language*, New Haven, Yale University Press; Londres, Geoffrey Cumberlege, Oxford University Press, 1947 (1ª ed., 1945).

— Meaning: Descriptive and Emotive, em A Symposium on Emotive Meaning, *The Philosophical Review*, 1948, pp. 127-42.

STOKVIS, Dr. Berthold, *Psychologie der suggestie en autosuggestie met een inleiding over significa en moderne begripscritiek* door Prof. G. MANNOURY, Lochem, De Tijdstroom, 1947.

STROUX, Johannes, *Römische Rechtswissenschaft und Rhetorik*, Potsdam, Eduard Stichnote, 1949.

STUTTERHEIM Jr., C. F. P., Psychologische interpretatie van taal-verschijnselen (Een immanente critiek), *De Nieuwe Taalgids*, XXXIe, 1937, pp. 259-71.

— *Het begrip metaphoor. Een taalkundig en wijsgerig onderzoek*, Amsterdam, H. J. Paris, 1941.

SULLIVAN, Harry Stack, *The Interpersonal Theory of Psychiatry* (obra póstuma). Editado por Helen Swick PERRY e Mary Ladd GAWEL, com introdução de Mabel Balke COHEN, Nova York, W. W. Norton and Co., 1953. Comissão da Fundação Psiquiátrica William Alanson White para publicação das obras de Sullivan (v. também MULLAHY).

SÜSS, Dr. Wilhelm, *Ethos, Studien zur älteren griechischen Rhetoric*, Leipzig, Teubner, 1910.

TALON, Omer, *Audomari Talaei rhetoricae libri duo P. Rami praelectionibus illustrati*, Coloniae Agrippinae, 1572.

TARDE, G., *Les lois de l'imitation. Étude sociologique*, 2ª ed. revista e aumentada, Paris, Alcan, 1895. Bibliothèque de Philosophie Contemporaine.

— *La logique sociale*, Paris, Alcan, 1895, Bibliothèque de Philosophie Contemporaine.

TERESA DE ÁVILA, Santa, *Vida*, publicada pela Sociedad Foto-tipográfico-católica, conforme o original autografado, Madri, D. E. Aguado, 1873.

THIBAUT, Jones (v. FESTINGER).
THOMPSON, W. R. (v. HEBB).
THOULESS, Robert H., *How to Think Straight*, Nova York, Simon and Schuster, 1948.
TIMON (CORMENIN), *Livre des orateurs*, Bruxelas, Société Belge de Librairie, Hauman & Cie, 1843, 12ª ed.
TOFFANIN, Giuseppe, *Storia dell'umanesimo (dal XIII al XVI secolo)*, Nápoles, Francesco Perrella, prefácio datado 1933.
TOMÁS DE AQUINO, Santo, *Somme théologique*, texto e trad. Société Saint Jean l'Évangeliste, Paris, Tournai, Roma, Desclée et Co., 1925-1945.
— *Opera omnia* Secundum impressionem Petri Fiaccadori Parmae 1852-1873 photolithographice reimpressa. Introdução de Vernon J. BOURKE, Nova York, Musurgia, 1948-1950, 25 volumes.
TRIER, Jost, *Der deutsche Wortschatz im Sinnbezirk des Verstandes*. Band I, Von den Anfängen bis zum Beginn des 13. Jahrhunderts, Heidelberg, Winters, 1931, Germanische Bibliothek, II, 31.
— Sprachliche Felder, *Zeitschrift für deutsche Bildung*, 8 Jahrg., I Heft, jan. 1932, pp. 417-27.
— Das sprachliche Feld. Eine Auseinandersetzung. *Neue Jahrbücher für Wissenschaft und Jugendbildung*, 10. Jahrgang, 1934, Heft 5, pp. 428-80.

ULLMANN, S., *Précis de sémantique française*, Berna, A. Francke, 1952.

VALÉRY, Paul, *Poésies*, Paris, Gallimard, 1942, 11ª ed., N.R.F.
VAN DANTZIG, D., *Blaise Pascal en de betekenis der wiskundige denkwijze voor de studie van de menselijke samenleving*, Groningen-Batávia, P. Noordhoff, 1949 (Rede uitgesproken op. 4 out. 1948).
— *Democracy in a World of Tensions*, pp. 46-61 (v. McKEON).
VAYSON DE PRADENNE, *Les fraudes en archéologie préhistorique avec quelques exemples de comparaison en archéologie générale et sciences naturelles*, Paris, Émile Nourry, 1932.
VERLAINE, Paul, *Oeuvres poétiques complètes*, texto estabelecido e anotado por Y. G. LE DANTEC, Paris, Gallimard, 1951, N.R.F., Bibliothèque de la Pléiade.
VICO, Giambattista, *Opere*, Ordinate ed illustrate coll'analisi della mente di Vico in relazione alla scienza della civiltá da Giuseppe FERRARI, Milão, Soc. Tipogr. de' classici italiani, 1837, vol. 6 (vols. 2-6, Gênova, 1835-1836).
— *Delle instituzioni oratorie*, opera inedita volgarizzata dal latino dal padre Don Luigi PARCHETTI C. R. Somasco, Novi, Moretti, 1844 (não publicado na ed. Ferrari, 1837). A respeito do texto latino ver:
— *Opere*, VIII: *Versi d'occasione e scritti di scuola con appendice e bibliografia generale delle opere*, a cura di Fausto NICOLINI, Bari, Laterza, 1941, Scrittori d'Italia, 183, e ver também:
— *Opere* a cura di Fausto NICOLINI, Milão-Nápoles, Ricardo Ricciardi, 1953, La letteratura italiana, vol. 43.
VIEHWEG, Theodor, *Topik und Jurisprudenz*, Munique, Beck, 1953.

VILLIERS DE L'ISLE-ADAM, L'intersigne, em *Contes cruels*, Calmann-Lévy, 1889, pp. 238-62.

VIVES, Juan Luis, *Obras completas*, Primeira tradução castelhana integral e direta por Lorenzo RIBER, Madri, Aguilar, vol. 2, 1947-1948.

VOLKELT, Johannes, *Gewissheit und Wahrheit. Untersuchung der Geltungsfragen als Grundlegung der Erkenntnis Theorie*, Munique, Beck, 2ª ed., 1930 (1ª ed., 1918).

VOLKMANN, Richard, *Hermagoras oder Elemente der Rhetorik*, Stettin, von der Nahmer, 1865.

— *Rhetorik der Griechen und Römer*, Dritte Auflage besorgt von Caspar HAMMER, Handbuch der klassischen Altertumswissenschaften herausgegeben von Dr. Iwan VON MÜLLER, Zweiter Band, 3. Abteilung, Munique, Beck, 1901, pp. 1-61.

WADDINGTON, Charles, *Ramus (Pierre de la Ramée). Sa vie, ses écrits et ses opinions*, Paris, Meyrueis, 1855.

WAISMANN, F., Verifiability, em *Essays on Logic and Language*, pp. 17-144 (v. FLEW).

WEAVER, Richard M., *The Ethics of Rhetoric*, Chicago, Henry Regnery Comp., 1953.

WEIL, Eric, *Logique de la philosophie*, Paris, Vrin, 1950.

WEIL, Simone, *L'enracinement. Prélude à une déclaration des devoirs envers l'être humain*, Paris, Gallimard, 1949, Coleção "Espoir", dirigida por Albert CAMUS.

WEILER, Jean, *Problèmes d'économie internationale*, Paris, Presses Universitaires de France, vol. I: *Les échanges du capitalisme libéral*, 1946; vol II: *Une nouvelle expérience: l'organisation internationale des échanges*, 1950, Centro Nacional de Informação Econômica.

WEISS, Walter, A "Sleeper" Effect in Opinion Change. *Journal of Abnormal and Social Psychology*, vol. 48, n. 2, abril 1953, pp. 173-80.

— (Ver também HOVLAND.)

WERTHEIMER, Max., *Productive Thinking*, Nova York, Londres, Harper and Brothers, 1945. Obra póstuma editada por S. E. ASCH, W. KÖHLER, C. W. MAYER.

WHAL, Jean, Sur les philosophes de l'existence, *Glanes*, Cahiers de l'amitié franco-néerlandaise, 15-16, 3º ano, nov. 1950-fev. 1951, Amsterdam, pp. 10-32.

WHATELY, Richard D. D., *Elements of Rhetoric*. Comprising the substance of the article in the Encyclopaedia metropolitana with additions, etc. Londres, John Murray; Oxford, J. Parker, 1828.

WHITE, Mary J., *Sullivan and Treatment* (v. O. MULLAHY).

WHITE, Walter, Deux races se rencontrent en moi, *Echo*, jun. 1948, pp. 415-420. Segundo *The Saturday Review of Literature*, Nova York.

WHORF, Benjamin Lee, The Relation of Habitual Thought and Behavior to Language, em *Language, Meaning and Maturity*, pp. 225-51 (v. S. I. HAYAKAWA).

WILDER, R. L., The Origin and Growth of Mathematical Concepts, *Bulletin Amer. Mathem. Society*, vol. 59, n. 5, set. 1953, pp. 423-48.

WISDOM, John, Gods, em *Essays on Logic and Language*, pp. 187-206 (v. FLEW).

— Logical constructions, *Mind*, vol. XL, 1931, pp. 188-216; XL, 1931, pp. 460-75; XLI, 1932, pp. 441-64; XLII, 1933, pp. 43-66; XLII, 1933, pp. 186-202.

WITTGENSTEIN, Ludwig, *Philosophische Untersuchungen. Philosophical Investigations*, trad. de G. E. M. ANSCOMBE (texto alemão e inglês, Oxford, Blackwell, 1953).

WOOD, Ledger, *The Analysis of Knowledge*, Londres, Allen and Unwin, 1940.

WUNDERLICH, Hermann, *Die Kunst der Rede in ihren Hauptzügen an den Reden Bismarcks dargestellt*, Leipzig, S.Hirzel, 1898.

ZOBEL, Joseph, *La rue Cases-Nègres*, Paris, Jean Froissart, 1950.

Este livro foi composto na fonte ITC Garamond e impresso pela gráfica Vox, em papel Lux Cream 60 g/m^2, para a Editora WMF Martins Fontes, em setembro de 2025.